裁判事務手続講座［第18巻］

書式 個人再生の実務

全訂六版

——申立てから手続終了までの書式と理論

個人再生実務研究会 編

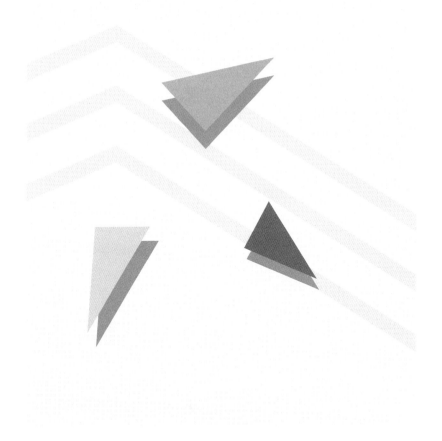

発行 民事法研究会

全訂六版はしがき

　本書の「初版」は平成15年（2003年）7月に発行され、何度か改訂を重ね、「全訂五版」は平成23年6月に発行されました。爾来7年が経過したため、このたび全訂六版を出版することとしました。

　この個人再生手続は、平成13年（2001年）4月1日に誕生しましたが、はや17年が経過しました。この手続の創設と周知を求めてきた私たちとしては感慨深いものがあります。

　司法統計等によれば、平成29年までに合計28万人以上の人がこの申立てをして多重債務から救済されています。この手続の利用者は、平成19年の2万7672件をピークに、その後、自己破産同様に減少傾向となり、平成25年以降は1万件未満の状況が続いていました。しかし、再び数年前から上昇に転じ、平成29年は1万件を超えています。

　この間、個人再生手続にはいくつかの特徴がみられます。

　たとえば、サラリーマン等を主たる利用者層と想定していた給与所得者等再生と個人事業者を主たる利用者層と想定した小規模個人再生の利用割合は、当初は7：3でしたが、サラリーマン等でも小規模個人再生を利用する人がほとんどとなり、最近では給与所得等再生の利用率は8％程度にとどまっています。

　住宅ローンを正常に返済しながらこの制度を利用する人もかなり増え、住宅資金特別条項の利用者は全利用者の約半分となっています。

　また、全件に個人再生委員を選任する裁判所と、例外的にしか個人再生委員を選任しない裁判所とがあり、準備すべき申立費用にも差が出ています。

　さらに、平成22年6月18日から完全施行された改正貸金業法ではいわゆるグレーゾーン金利がなくなり「みなし弁済規定」（同法43条）が廃止されたため、今後は利息制限法による引直し計算の必要はなく貸金残債権額を確定しやすくなり、申立段階で「異議留保」をしておく必要性はそれほどありません。

　このほか、個人再生手続の利用件数が随分と増えてきましたので、いろいろな法律上・運用上の問題も出ています。個人再生手続に関する最高裁判決や下級審の裁判例は、公表されているだけでも10数件あります。

　そこで、申立件数等のデータを更新し、変更された実務上の書式（特に大阪

地裁と東京地裁）を最近のものとなるよう反映しました。また、住宅資金特別条項等でいろいろな実務上の問題が生じていますので、最近の議論や判例も可能な範囲で取り入れています。

　なお、今回の改訂作業は、時間の関係もあって、全訂五版と同じく鈴木嘉夫、白崎識隆各弁護士で担当してもらいました。

　アメリカでは日本の個人再生手続に相当する第13章手続があります。最近は少し減少傾向にありますが、それでも平成29年は約29万件の申立てがなされているようです（American Bankruptcy Institute より）。人口比を考慮しても、わが国での個人再生手続の利用がもっと増えてもよいと思います。

　本書が、真に健全な市民社会が実現するためにその役割の一端を担えることを、今後も期待し続けたいと思います。

　　令和元年7月

個人再生実務研究会　代表　小　松　陽一郎

は し が き（初版）

　サラリーマンや主婦、あるいは零細企業の個人事業主等の個人の多重債務者は、破産予備軍ともいわれ、全国に少なくとも150万人以上存在すると推測されています。今日、個人破産は激増を続け、平成10年には10万件を超え、同13年には16万457件、平成14年にはなんと21万件を超えてしまいました。昭和55年頃までは、年間の全破産件数が3000件を超えることはなかったという事実と比べると、まさにスカイロケット（sky rocket＝急上昇）という言葉がピッタリくるような深刻な状況です。

　ところで、これらの人々が多重債務から逃れ、フレッシュ・スタートをする手段としては、平成13年３月までは、自己破産の申立て、民事調停法による債務弁済協定調停の申立て、特定債務等の調整の促進のための特定調停に関する法律による特定調停手続、任意整理による解決等しかメニューがなく、その限界がつとに指摘されてきました。そして、学者や日本弁護士連合会をはじめとする関係者は、アメリカ連邦倒産法の13章手続等をベースとして、定期的収入のある支払困難な債務者が債務の一部弁済を内容とする計画案を立案した場合、法定の要件を満たす計画については裁判所がこれを認可して、定期的収入の一部を弁済原資として計画に基づいて配当させ、配当が実行されたときは広い範囲で免責を与える、という消費者債務調整手続の創設を求めていました。

　このような動きの中で、平成12年４月から施行された民事再生法の制定後、その特別法ともいうべき「個人債務者再生手続」（当初は「個人債務者更生手続（仮称）」という名称で検討されていました）の制定に向けて法制審議会倒産法部会で精力的に検討され、民事再生法の成立後10カ月余りという短時間で、「内外の社会経済情勢の変化とこれに伴う個人倒産事件の増加……にかんがみ、住宅ローンその他の債務を抱えて経済的に窮境にある個人債務者の経済生活の再生を迅速かつ合理的に図るための再生手続の特則を設ける」必要性から、改正法案が国会に提出され、ついに平成12年11月２日に成立し、平成13年４月１日から施行されました（なお、この特則に対応した民事再生規則の改正も平成12年12月20日に最高裁判所でなされ、改正法と同じく４月１日に施行されました）。

　この特則の内容については、アメリカの13章手続などに比較すると必ずしも

十分なものではないとの意見もあります。本書の研究会の代表らは、アメリカやドイツ、オーストリア等の同種の制度を見聞してきましたが、この特則は、消費者サイドからみると、ドイツ等よりは穏やかなものの、アメリカに比べると厳しい内容との印象をもっています。また、住宅ローンに関する条文が11カ条、小規模個人再生に関する条文が18カ条、給与所得者等再生に関する条文が７カ条と条文としてはそれほど多くはないものの、これら各条文の大部分が長文からなっており、しかも民事再生法の他の条文が適用されたり排除されたりと極めて複雑な関係にありますので、この特則を理解するためには通常の民事再生手続の理解も必要となります。

　そうしたこともあり、この特則の利用者が個人の消費者を中心とすることからすれば、この特則が早期に社会にうまく定着するのか心配されていました。参議院の附帯決議において、「民事再生手続の特則が低所得者等の個人債務者の再生に資するためのものであることにかんがみ、その趣旨、内容、手続等について、関係団体のほか、広く国民に十分周知徹底するよう努めること」と指摘され、衆議院の附帯決議でも、「民事再生手続の特則が、破産手続を回避しながら個人債務者の経済生活の再生を図るための手続であること、……等の制度の趣旨・内容について、関係団体はじめ広く国民に十分周知徹底されるよう努めること」と指摘されていたところです。しかし、心配は杞憂だったようです。当初は様子見と不慣れのため、申立件数はそれほど多くありませんでしたが、徐々に件数が増え、平成14年の１年間では１万3495件（概数）となりました。施行後１年半を経過してみると、条文としては難解なこの制度も、ようやく定着してきたと思われます。

　本書の前身である、『書式　民事再生・個人再生の実務〔全訂増補版〕』は、通常の民事再生と個人再生の両方の手続の書式を紹介して読者の便宜に供してきましたが、通常の民事再生も３年が経過し、個人再生も実務上の運用改善等が進捗したため、１冊の本で改訂等を続けることは分量的にも困難となりました。

　そこで、旧版の両手続を分けて別冊とし、本書では個人再生手続のみを扱い、旧版の著者の了解を得て旧版の内容を基にして、さらに、最高裁方式がベースとなっている全国版・東京地裁方式・大阪地裁（本庁）方式と呼ばれるそれぞ

れ特徴のある書式を追加紹介することにしました。また執筆にあたっては、難解な条文構成からなるこの特則をできるだけ平易に解説しながら、最新のデータも織り交ぜつつ実務を踏まえ、実際にこれらの書式を比較的容易に利用できるような内容となるように心がけました。なお、正常返済しながら住宅ローン特則を利用できるように法改正（法197条３項を新設。平成15年４月１日から施行）された最新の内容も取り入れています。もちろん、消費者破産の実務についても各地の裁判所の取扱いに個性があるように、この特則の解釈・運用についても相違点がありますが、全体の枠組みだけは変わりませんし、この特則の制度自体は個人の多重債務者の窮境を救うためのものとして極めてユーザー・フレンドリーで利用しやすいものです。もし、この手続の利用を躊躇する人があるとすれば、「食べず嫌い」という表現が当てはまります。一度利用した人は、「なんだ、そんなに難しくないね」と利用した感想を言われます。したがって、この制度をより一層社会に定着されるために弁護士等に課された責務は大変重いといえます。

　本書の執筆者は、全員が何度も個人再生の申立てを自ら申立代理人として経験していますし、大阪地裁ではほとんど選任されない個人再生委員の経験者も複数います。また、執筆者のほとんどは、消費者破産等の実務にも精通しており、過去に個人再生の解説書等の執筆の経験もあります。

　完全失業率約６％という長引く不況の中で、一人でも多くの人が、本書によってこの個人再生の手続を利用され、生活再建されるための一助となれば幸いです。

　最後に、忙しい実務の中で執筆をされた各位に感謝するとともに、本書の刊行にあたってお世話になった民事法研究会の編集部の田中敦司氏、軸丸和宏氏に厚くお礼申し上げます。

　平成15年６月

個人再生実務研究会　代表　小　松　陽一郎

書式　個人再生の実務〔全訂六版〕

目　次

第1章　個人再生の概要 ……………………………… 1

一　民事再生法改正の背景事情 ……………………………… 1

 1　200万人以上存在する多重債務者 …………………… 1

 2　従来の債務整理制度の問題点 ………………………… 2

 3　いわゆる消費者破産の限界 …………………………… 3

 4　弁護士会等の動き ……………………………………… 4

二　法制審議会での倒産法見直し作業 …………………… 5

 1　倒産法部会の設置 ……………………………………… 5

 2　個人再生の特則の成立 ………………………………… 5

三　個人再生手続の特徴 ……………………………………… 7

四　小規模個人再生と給与所得者等再生 ………………… 9

五　通常の民事再生手続と個人再生手続との違い ……… 10

六　通常の民事再生手続と小規模個人再生・給与所得者等再
 生の異同のイメージ ……………………………………… 11

七　個人再生手続における民事再生法の適用関係 ……… 11

 〔図1〕　通常の民事再生と小規模個人再生・給与所得者等再生の
  イメージ ………………………………………………… 12

八　個人再生手続と法曹の役割 …………………………… 13

 1　裁判所の役割 …………………………………………… 13

 2　弁護士の役割 …………………………………………… 13

  （資料1）　個人再生チェックリスト ………………… 14

九　法施行後の利用状況 …………………………………… 21

 1　個人再生手続の利用実績 …………………………… 22

  ⑴　1年間8545件の申立件数と今後の増加傾向 ……… 22

  ⑵　地域差とその原因 …………………………………… 22

  〈表1〉　個人再生事件数一覧表（地裁管内別） …………… 23

目　次

　　2　個人再生手続利用の特徴…………………………………………………26

　　　⑴　給与所得者等再生と小規模個人再生の割合……………………………26

　　　　〈表2〉　個人再生事件新受月別件数（全国）…………………………26

　　　⑵　債務者像…………………………………………………………………28

　　　⑶　申立代理人等の関与……………………………………………………29

　　　⑷　異議の留保………………………………………………………………29

　　　⑸　再生計画案における再生債権の減免率………………………………29

　　　⑹　再生計画認可率…………………………………………………………30

　　　⑺　平均審理期間……………………………………………………………30

　　3　最近の新受件数……………………………………………………………30

第2章　小規模個人再生…………………………………………………31

　一　小規模個人再生の概要……………………………………………………31

　　1　個人債務者の手続…………………………………………………………31

　　2　将来において継続的にまたは反復して収入を得る見込みのある者……31

　　3　債務総額による利用制限…………………………………………………32

　　4　弁済期間……………………………………………………………………33

　　5　最低弁済額…………………………………………………………………34

　二　手続の流れ…………………………………………………………………34

　　1　申立書の提出………………………………………………………………34

　　2　申立書の記載事項、添付書類……………………………………………35

　　3　裁判所の決定………………………………………………………………35

　　　〔図2〕　小規模個人再生フローチャート………………………………36

　　4　開始決定の効果……………………………………………………………38

　　5　個人再生委員の選任………………………………………………………38

　　6　債権届出……………………………………………………………………39

　　7　再生計画案の作成、可決…………………………………………………39

　　　【書式2-1】　上申書──報告書の提出を求められた場合………………39

　　8　再生計画案の認可と手続の終了…………………………………………40

　三　小規模個人再生の申立て…………………………………………………41

7

目　次

1　小規模個人再生の開始原因⋯⋯⋯⋯⋯⋯⋯⋯⋯⋯⋯⋯⋯⋯⋯⋯41

⑴　支払不能⋯⋯⋯⋯⋯⋯⋯⋯⋯⋯⋯⋯⋯⋯⋯⋯⋯⋯⋯⋯⋯⋯41

⑵　支払不能の「おそれ」⋯⋯⋯⋯⋯⋯⋯⋯⋯⋯⋯⋯⋯⋯⋯⋯⋯42

⑶　債務総額⋯⋯⋯⋯⋯⋯⋯⋯⋯⋯⋯⋯⋯⋯⋯⋯⋯⋯⋯⋯⋯⋯42

2　免責不許可事由がある場合⋯⋯⋯⋯⋯⋯⋯⋯⋯⋯⋯⋯⋯⋯⋯⋯43

3　小規模個人再生の申立準備⋯⋯⋯⋯⋯⋯⋯⋯⋯⋯⋯⋯⋯⋯⋯⋯44

⑴　取立行為の阻止と債務額の調査⋯⋯⋯⋯⋯⋯⋯⋯⋯⋯⋯⋯⋯44

【書式2-2】　債権調査照会書・回答書⋯⋯⋯⋯⋯⋯⋯⋯⋯⋯44

⑵　清算価値の調査⋯⋯⋯⋯⋯⋯⋯⋯⋯⋯⋯⋯⋯⋯⋯⋯⋯⋯⋯46

【書式2-3】　清算価値算出シート（全国版）⋯⋯⋯⋯⋯⋯⋯47

4　小規模個人再生の申述⋯⋯⋯⋯⋯⋯⋯⋯⋯⋯⋯⋯⋯⋯⋯⋯⋯⋯48

⑴　申述の方式⋯⋯⋯⋯⋯⋯⋯⋯⋯⋯⋯⋯⋯⋯⋯⋯⋯⋯⋯⋯⋯48

⑵　申立書⋯⋯⋯⋯⋯⋯⋯⋯⋯⋯⋯⋯⋯⋯⋯⋯⋯⋯⋯⋯⋯⋯⋯49

⑶　申立書の添付書類⋯⋯⋯⋯⋯⋯⋯⋯⋯⋯⋯⋯⋯⋯⋯⋯⋯⋯51

⑷　債権者一覧表⋯⋯⋯⋯⋯⋯⋯⋯⋯⋯⋯⋯⋯⋯⋯⋯⋯⋯⋯⋯52

（A）　提出の必要性⋯⋯⋯⋯⋯⋯⋯⋯⋯⋯⋯⋯⋯⋯⋯⋯⋯⋯52

（B）　記載事項⋯⋯⋯⋯⋯⋯⋯⋯⋯⋯⋯⋯⋯⋯⋯⋯⋯⋯⋯52

⑸　申立書⋯⋯⋯⋯⋯⋯⋯⋯⋯⋯⋯⋯⋯⋯⋯⋯⋯⋯⋯⋯⋯⋯⋯54

（A）　東京地裁・大阪地裁以外の場合⋯⋯⋯⋯⋯⋯⋯⋯⋯⋯54

【書式2-4】　小規模個人再生開始申立書⑴（全国版）⋯⋯⋯⋯54

【書式2-5】　債権者一覧表（全国版）⋯⋯⋯⋯⋯⋯⋯⋯⋯71

（B）　東京地裁の場合⋯⋯⋯⋯⋯⋯⋯⋯⋯⋯⋯⋯⋯⋯⋯⋯⋯73

【書式2-6】　小規模個人再生開始申立書⑵（東京地裁）⋯⋯⋯73

【書式2-7】　債権者一覧表（東京地裁）⋯⋯⋯⋯⋯⋯⋯⋯75

【書式2-8】　提出書類一覧（東京地裁）⋯⋯⋯⋯⋯⋯⋯⋯77

（C）　大阪地裁の場合⋯⋯⋯⋯⋯⋯⋯⋯⋯⋯⋯⋯⋯⋯⋯⋯⋯78

【書式2-9】　小規模個人再生開始申立書⑶（大阪地裁、債権者一
覧表等含む）⋯⋯⋯⋯⋯⋯⋯⋯⋯⋯⋯⋯⋯⋯⋯⋯⋯79

5　管　轄⋯⋯⋯⋯⋯⋯⋯⋯⋯⋯⋯⋯⋯⋯⋯⋯⋯⋯⋯⋯⋯⋯⋯⋯106

⑴　原則的土地管轄⋯⋯⋯⋯⋯⋯⋯⋯⋯⋯⋯⋯⋯⋯⋯⋯⋯⋯⋯106

(2)　補充的土地管轄··106

　　(3)　再生事件の係属によって生じる管轄·······················107

　　(4)　移　　送···107

　6　費　　用··108

　7　疎明・審尋··109

　8　保全処分等··109

　　【書式 2 -10】　保全命令申立書····································111

　　【書式 2 -11】　抵当権の実行としての競売手続の中止命令申立書·······113

四　小規模個人再生の申立てに対する裁判·······························114

　1　申立ての却下··114

　2　申立ての棄却··115

　　(1)　小規模個人再生固有の開始原因がないことが明らかである

　　　　場合··115

　　(2)　民事再生手続一般の棄却事由·······························115

　　(3)　棄却決定後···115

　3　申立ての取下げ··115

　4　小規模個人再生の開始···116

　　(1)　小規模個人再生開始決定·······································116

　　(2)　開始決定事項···116

　　(3)　公告および送達··117

　　　【書式 2 -12】　個人再生標準スケジュール（東京地裁）·······117

　　　【書式 2 -13】　個人再生参考スケジュール（大阪地裁）·······118

　　　【書式 2 -14】　小規模個人再生開始決定(1)（全国版）·············119

　　　【書式 2 -15】　小規模個人再生開始決定(2)（東京地裁）·········120

　　　【書式 2 -16】　小規模個人再生開始決定(3)（大阪地裁）·········121

　　　【書式 2 -17】　通知書(1)（全国版）·······························122

　　　【書式 2 -18】　通知書(2)（大阪地裁）···························122

　5　即時抗告··123

　6　開始の効果··124

　　(1)　再生債権の弁済の禁止···124

⑵	他の手続の中止等	124
⑶	契約関係に及ぼす影響	124

（A）　手続開始後の権利取得 124

（B）　手続開始後の登記および登録 125

（C）　手続開始後の手形の引受け等 125

（D）　共有関係 125

（E）　双務契約 125

五　当事者と機関 127

1　再生債務者 127

⑴　地　位 127

⑵　再生債務者の行為の制限 127

⑶　財産調査・報告手続 127

【書式2-19】　財産状況等報告書（全国版） 128

【書式2-20】　再生債務者の報告書（東京地裁） 131

【書式2-21】　財産目録（東京地裁） 133

2　個人再生委員 137

⑴　個人再生委員制度 137

⑵　個人再生委員の選任とその職務 138

（A）　再生債務者の財産および収入の状況を調査すること 138

（B）　異議のあった再生債権の評価に関し、裁判所の補助をする
こと 139

（C）　再生債務者が適正な再生計画案を作成するために必要な勧
告をすること 140

⑶　個人再生委員の選任状況 141

【書式2-22】　個人再生委員選任決定⑴（東京地裁） 141

【書式2-23】　個人再生委員の意見書⑴（東京地裁） 142

【書式2-24】　個人再生委員選任決定⑵（大阪地裁） 143

【書式2-25】　個人再生委員の意見書⑵（大阪地裁——開始要件） 144

【書式2-26】　個人再生委員の意見書⑶（大阪地裁——書面決議
・手続廃止） 144

【書式 2 -27】 個人再生委員の意見書(4)（東京地裁──書面決議
・手続廃止）……………………………………………… 145

【書式 2 -28】 個人再生委員の意見書(5)（大阪地裁──認可要件）…… 146

【書式 2 -29】 個人再生委員の意見書(6)（東京地裁──認可要件）…… 146

六 債権調査……………………………………………………………… 147

1 はじめに……………………………………………………………… 147

2 債権者一覧表の提出および送達……………………………………… 148

3 再生債権の届出……………………………………………………… 148

【書式 2 -30】 再生債権届出書(1)（全国版）………………………… 149

【書式 2 -31】 再生債権届出書(2)（東京地裁）…………………… 155

4 異議申述……………………………………………………………… 157

【書式 2 -32】 異議申述書(1)（全国版）…………………………… 158

【書式 2 -33】 異議申述書(2)（東京地裁）………………………… 159

【書式 2 -34】 異議申述書(3)（大阪地裁）………………………… 160

5 異議の通知…………………………………………………………… 161

【書式 2 -35】 異議通知書（全国版）……………………………… 161

6 異議の撤回と異議の撤回の通知…………………………………… 162

【書式 2 -36】 異議一部撤回書（大阪地裁）……………………… 162

7 再生債権の評価……………………………………………………… 163

⑴ 評価の申立て………………………………………………………… 163

⑵ 費用の予納…………………………………………………………… 163

【書式 2 -37】 再生債権の評価の申立書（全国版）……………… 164

⑶ 個人再生委員の選任………………………………………………… 165

【書式 2 -38】 個人再生委員選任決定(1)（全国版）……………… 166

【書式 2 -39】 個人再生委員選任決定(2)（大阪地裁）…………… 167

⑷ 再生債権の評価……………………………………………………… 167

【書式 2 -40】 調査結果の報告および意見書（全国版）………… 168

【書式 2 -41】 評価決定(1)（全国版）……………………………… 169

【書式 2 -42】 評価決定(2)（大阪地裁）…………………………… 170

8 債権者一覧表等の開示……………………………………………… 170

目　次

七　小規模個人再生の再生計画 …………………………………………… 171

　1　再生計画の内容 …………………………………………………… 171

　　⑴　再生計画の条項 ……………………………………………… 171

　　　㈠　必要的な条項 ……………………………………………… 171

　　　㈡　設けることができない条項 …………………………… 172

　　⑵　平等原則 ……………………………………………………… 172

　　　㈠　形式的平等 ………………………………………………… 172

　　　㈡　平等原則の例外 …………………………………………… 172

　　　㈢　住宅資金特別条項の場合の特則 ……………………… 173

　　⑶　最低弁済額基準 ……………………………………………… 174

　　　㈠　清算価値保障原則 ………………………………………… 174

　　　㈡　小規模個人再生の最低弁済額 …………………………… 174

　　　㈢　減免率の状況 ……………………………………………… 174

　　⑷　再生債権の弁済方法 ………………………………………… 174

　　　㈠　弁済期が3カ月に1回以上到来する分割払いの方法による
　　　　こと …………………………………………………………… 175

　　　㈡　原則として、最終の弁済期を再生計画認可決定の確定日か
　　　　ら3年後の日が属する月中の日とすること ………………… 175

　　　　【書式2-43】　弁済期間延長に関する上申書 ………………… 176

　2　再生計画案の提出 ………………………………………………… 177

　　⑴　提出権者 ……………………………………………………… 177

　　⑵　提出時期 ……………………………………………………… 177

　　⑶　その他 ………………………………………………………… 178

　　⑷　作成の具体的手順 …………………………………………… 178

　　　㈠　再生計画案作成の具体的手順 …………………………… 178

　　　㈡　弁済計画表作成の具体的手順 …………………………… 179

　　　　【書式2-44】　再生計画案⑴（全国版） ……………………… 181

　　　　【書式2-45】　再生計画案⑵①（東京地裁） ………………… 183

　　　　【書式2-46】　再生計画案⑵②（東京地裁・被減免債権がある場合）… 184

　　　　【書式2-47】　再生計画案⑶（大阪地裁） …………………… 185

目　次

　　　【書式2-48】　弁済計画表（大阪地裁版をもとにしたもの）…………187
　　　【書式2-49】　返済計画表（東京地裁版をもとにしたもの）…………188
　3　再生計画案の修正・排除………………………………………………189
　4　再生計画案の決議………………………………………………………189
　⑴　決議の手続………………………………………………………………189
　⑵　再生計画案の可決………………………………………………………190
　⑶　不同意の意見の状況……………………………………………………190
　　　【書式2-50】　書面決議付議決定（大阪地裁）……………………191
　　　【書式2-51】　通知書⑴（全国版）……………………………………191
　　　【書式2-52】　通知書⑵兼議決権行使書（東京地裁）………………192
　　　【書式2-53】　通知書⑶（大阪地裁）…………………………………193
　　　【書式2-54】　再生計画案に賛同を求める依頼文書…………………194
　5　再生計画の認可要件……………………………………………………195
　⑴　通常再生手続と共通の不認可事由……………………………………195
　⑵　小規模個人再生固有の不認可事由……………………………………195
　⑶　住宅資金特別条項を定めた再生計画案の不認可事由………………195
　　　【書式2-55】　再生計画認可決定⑴（東京地裁）……………………196
　　　【書式2-56】　再生計画認可決定⑵（大阪地裁）……………………196
　6　認可決定後の手続………………………………………………………197
　⑴　手　続……………………………………………………………………197
　⑵　認可率の状況……………………………………………………………198
　7　再生計画認可決定の効力………………………………………………198
　⑴　権利の変更………………………………………………………………198
　⑵　変更後の再生債権の弁済………………………………………………199
　⑶　住宅資金特別条項のある場合の特則…………………………………200
八　再生計画の遂行等…………………………………………………………201
　1　手続の終結と再生計画の遂行…………………………………………201
　　　【書式2-57】　官報公告…………………………………………………201
　2　再生計画の変更…………………………………………………………202
　　　【書式2-58】　再生計画変更申立書……………………………………202

13

目　次

　　　　【書式2-59】　再生変更計画案……………………………204
　　　　【書式2-60】　再生変更計画による弁済計画表…………206
　　　　【書式2-61】　再生変更計画による弁済充当表…………207
　　3　ハードシップ免責……………………………………………208
　　⑴　要　件………………………………………………………208
　　⑵　申立手続……………………………………………………208
　　　　【書式2-62】　免責申立書…………………………………209
　　　　【書式2-63】　ハードシップ免責決定……………………211
　　⑶　免責の効力…………………………………………………212
　　4　再生手続の再申立て…………………………………………212
九　再生計画の取消し…………………………………………………212
　　1　要　件…………………………………………………………212
　　2　申立書の記載…………………………………………………213
　　3　効　果…………………………………………………………214
一〇　再生手続の廃止…………………………………………………214
一一　牽連破産…………………………………………………………215

第3章　給与所得者等再生………………………………………216

一　給与所得者等再生の概要…………………………………………216
　　1　特　徴…………………………………………………………216
　　2　小規模個人再生との相違点…………………………………217
　　3　申立件数………………………………………………………217
　　　〔図3〕　給与所得者等再生フローチャート…………………218
二　給与所得者等再生の開始原因……………………………………220
　　1　小規模個人再生と共通の開始原因…………………………220
　　2　給与所得者等再生固有の開始原因…………………………221
　　⑴　趣　旨………………………………………………………221
　　⑵　労働の対価性の要否………………………………………221
　　⑶　就職予定者等………………………………………………222
　　⑷　「額の変動の幅が小さい」…………………………………222

14

(5)　具体例…………………………………………………………223

　3　再申立ての制限………………………………………………224

三　給与所得者等再生の申立準備………………………………225

　1　可処分所得の事前調査………………………………………225

　2　可処分所得の計算……………………………………………225

　　【書式3-1】　可処分所得額算出シート…………………227

　3　具体例による可処分所得額の計算………………………231

　　【書式3-2】　可処分所得額算出シート記入例…………233

　4　可処分所得額算定の基礎資料……………………………234

四　給与所得者等再生と小規模個人再生の選択………………235

五　申立て・管轄・審理・保全処分……………………………236

　　【書式3-3】　給与所得者等再生開始申立書(1)（全国版）…………236

　　【書式3-4】　債権者一覧表(1)（全国版）………………255

　　【書式3-5】　給与所得者等再生開始申立書(2)（東京地裁）…………257

　　【書式3-6】　債権者一覧表(2)（東京地裁）……………259

　　【書式3-7】　提出書類一覧（東京地裁）………………260

　　【書式3-8】　給与所得者等再生開始申立書(3)（大阪地裁、債権
　　　　　　　　者一覧表等含む）…………………………262

六　給与所得者等再生の開始……………………………………287

　　【書式3-9】　給与所得者等再生開始決定(1)（東京地裁）…………288

　　【書式3-10】　再生手続開始通知書(1)（東京地裁）……288

　　【書式3-11】　給与所得者等再生開始決定(2)（大阪地裁）…………289

　　【書式3-12】　再生手続開始通知書(2)（大阪地裁）……290

七　再生債務者による財産管理…………………………………291

八　債権調査………………………………………………………292

　1　目　的…………………………………………………………292

　2　債権調査手段…………………………………………………292

九　給与所得者等再生の再生計画………………………………293

　1　再生計画案の内容……………………………………………293

　　(1)　再生計画案の提出………………………………………293

15

(2) 再生計画案の条項······························293

(3) 形式的平等·······································294

(4) 再生債権の弁済方法····························294

　(A) 弁済期が３カ月に１回以上到来する分割払いの方法による
　こと···294

　(B) 最終の弁済期を再生計画認可決定の確定日から３年後の日
　が属する月中の日（特別の事情のある場合には、再生計画認
　可の決定の確定の日から５年を超えない範囲で、３年後の日
　が属する月の翌月の初日以降の日）とすること··········295

　(C) 弁済開始日·································295

(5) 計画弁済総額··································296

(6) 減免率の状況··································298

(7) 住宅資金特別条項······························298

(8) 具体的事例に基づく記載例······················298

　【書式3-13】 再生計画案(1)（全国版）··············300

　【書式3-14】 弁済計画表(1)（全国版）··············302

　【書式3-15】 再生計画案(2)①（東京地裁）··········303

　【書式3-16】 再生計画案(2)②（東京地裁）··········304

　【書式3-17】 再生計画案(3)（大阪地裁）············305

　【書式3-18】 弁済計画表(2)（大阪地裁版をもとにしたもの）··········307

　【書式3-19】 返済計画表（東京地裁版をもとにしたもの）··········308

2 再生計画案の提出································309

3 再生計画案の修正································309

4 再生計画案についての意見聴取····················309

　【書式3-20】 意見聴取決定(1)（全国版）············310

　【書式3-21】 意見聴取決定(2)（大阪地裁）··········311

　【書式3-22】 意見聴取通知書(1)（全国版）··········311

　【書式3-23】 意見聴取通知書(2)（大阪地裁）········312

　【書式3-24】 意見書（全国版）····················313

5 再生計画の認可要件······························314

【書式 3 -25】 再生計画認可決定（大阪地裁）………………………… 316

6 再生計画認可決定確定の効力………………………………………… 316

二 再生計画の遂行等………………………………………………………… 317

1 手続の終結………………………………………………………………… 317

2 再生手続の廃止…………………………………………………………… 317

3 再生計画の変更等………………………………………………………… 317

4 再生計画の取消し………………………………………………………… 318

5 牽連破産…………………………………………………………………… 318

第4章 住宅資金貸付債権に関する特則 …………… 320

一 制度の目的 ………………………………………………………………… 320

二 平成14年改正 ……………………………………………………………… 321

三 適用対象…………………………………………………………………… 322

1 住宅資金特別条項を定めることができる場合 ……………………… 322

⑴ 住宅資金特別条項……………………………………………………… 322

⑵ 住 宅………………………………………………………………… 322

㈠ 個人である再生債務者が所有している建物であること………… 322

㈡ 再生債務者自身の居住の用に供する建物であって、その床
面積の 2 分の 1 以上に相当する部分がもっぱら自己の居住の
用に供されていること……………………………………………… 322

㈢ ㈠と㈡の要件を満たす建物が 2 以上ある場合には、これら
の建物のうち、再生債務者が主として居住の用に供する 1 の
建物に限られる……………………………………………………… 323

⑶ 住宅資金貸付債権……………………………………………………… 324

㈠ 住宅の建設もしくは購入に必要な資金（住宅の用に供する
土地または借地権の取得に必要な資金を含む）、または住宅
の改良に必要な資金の貸付にかかる再生債権であること………… 324

㈡ 分割払いの定めがある再生債権であること……………………… 324

㈢ 当該再生債権または当該再生債権を保証会社が代位弁済し
た場合の求償権を抵当権が被担保債権としていること…………… 325

17

　　　　(D)　抵当権が住宅に設定されていること……………………………325

　　2　住宅資金特別条項を定めることができない場合……………………325

　　(1)　住宅等について他の抵当権が設定されている場合等………………325

　　　(A)　住宅に、住宅資金貸付債権を担保する抵当権以外に、一般
　　　　債権を担保する別除権が設定されている場合…………………………325

　　　(B)　住宅に加えて住宅以外の他の不動産にも、住宅資金貸付債
　　　　権を担保するための共同抵当が設定されている場合において、
　　　　その不動産に住宅資金貸付債権を担保する抵当権の後順位抵
　　　　当権が設定されている場合……………………………………………328

　　(2)　住宅資金貸付債権を有する再生債権者が、住宅資金貸付債権
　　　　を代位弁済によって取得した場合………………………………………328

　　(3)　保証会社が住宅資金貸付債権の保証債務を履行した場合で、
　　　　その履行日から6カ月間が経過した後に民事再生手続開始の申
　　　　立てがされた場合………………………………………………………329

　　3　住宅資金貸付債権を有する者が複数いる場合………………………330

　　4　住宅資金貸付債権のほかに再生債権がない場合……………………330

四　申立て・債権調査等 ………………………………………………………331

　　1　申立て時の留意点……………………………………………………331

　　2　住宅資金特別条項を定めるか否かの選択……………………………332

　　(1)　住宅資金特別条項を定める場合………………………………………332

　　(2)　住宅資金特別条項を定めない場合……………………………………333

五　事前協議………………………………………………………………333

　　（資料2）　住宅資金特別条項手順例（全国銀行協会）………………335

六　住宅資金特別条項の内容……………………………………………335

　　1　原則——期限の利益の回復……………………………………335

　　(1)　期限の利益を回復させる再生計画案の定め……………………335

　　　【書式4-1】　住宅資金特別条項(1)（期限の利益回復型）の定めの
　　　　ある再生計画案（全国版）…………………………………………336

　　(2)　住宅資金貸付債権に遅滞がない場合……………………………341

　　　(A)　問題点………………………………………………………………341

(B)　法律の改正……………………………………………………… 342

　　　　　【書式 4 - 2 】　弁済許可申立書（大阪地裁）……………………… 344

　　　　　【書式 4 - 3 】　住宅資金貸付債権の一部弁済許可申立書（東京地裁）… 345

　　　(C)　すでに遅滞している場合の協議によるリスケジュール……… 346

　　　　　【書式 4 - 4 】　住宅資金特別条項(2)（住宅ローンを遅滞していない

　　　　　　　　場合）の定めのある再生計画案（大阪地裁）…………… 346

　　2　例外 1 ──弁済期間の延長……………………………………… 349

　　　　　【書式 4 - 5 】　住宅資金特別条項(3)（弁済期間の延長型）……… 350

　　3　例外 2 ──元本の一部についての一定期間内の支払猶予……… 352

　　　　　【書式 4 - 6 】　住宅資金特別条項(4)（元本一部支払猶予型）…… 352

　　4　例外 3 ──住宅資金貸付債権者の同意がある場合………………… 354

　　　　　【書式 4 - 7 】　住宅資金特別条項(5)（同意型）の定めのある再生計

　　　　　　　　画案……………………………………………………… 354

　　5　事前協議の重要性………………………………………………… 356

　　　　　【書式 4 - 8 】　受任通知および書類送付依頼状………………… 357

　　　　　【書式 4 - 9 】　受任通知および事前協議協力依頼状…………… 358

七　再生計画案の決議…………………………………………………… 359

　　1　議決権………………………………………………………………… 359

　　2　住宅資金貸付債権者からの意見聴取…………………………… 359

　　　　　【書式 4 -10】　意見聴取通知書(1)（全国版）……………………… 360

　　　　　【書式 4 -11】　意見聴取通知書(2)兼意見書（東京地裁）………… 361

　　　　　【書式 4 -12】　意見聴取通知書(3)（大阪地裁）………………… 362

八　再生計画の認可……………………………………………………… 363

九　再生計画の効力……………………………………………………… 364

　　1　住宅資金貸付債権についての効力……………………………… 364

　　2　保証人等に対する効力…………………………………………… 364

　　　　　【書式 4 -13】　通知書……………………………………………… 365

　　3　保証会社が保証債務を履行した場合の法律関係……………… 366

　　　(1)　巻戻し条項…………………………………………………… 366

　　　(2)　保証会社が行った再生債権者としてした行為の効力……… 366

19

目　次

　　⑶　保証会社が債権者として債務者から弁済を受領していた場合……367
　　⑷　債権者一覧表の記載……367
　　　　【記載例】　債権者一覧表──「巻戻し」の記載例（抜粋）……367
　　⑸　競売費用の取扱い……367
三　抵当権の実行としての競売手続の中止命令……368
　　1　他の中止命令との異同……368
　　2　法197条に基づく中止命令の活用……369
　　　　【書式4-14】　競売手続中止命令の申立書……369
二　住宅資金特別条項の不履行……371
　　1　抵当権の実行……371
　　2　残債権についての権利行使等……371
　　3　再生債務者側の対応……372

資料編 ……373

　〈資料①〉　個人債務者再生手続に関する運用方針（東京地裁民事第20部）
　　　　　……374
　〈資料②〉　個人債務者再生手続に関する東京地裁の運用方針の解説……375
　〈資料③〉　個人再生事件の申立代理人の方へ（お願い）（大阪地裁）……382
　〈資料④〉　通常の民事再生事件申立要領（東京地裁）……384
　〈資料⑤〉　民事再生事件の手続費用一覧（大阪地裁）……388
　〈資料⑥〉　民事再生法……390
　〈資料⑦〉　民事再生規則……479
・索　引……512
・執筆者一覧……515

凡　例

凡　例

1　法　令

・規則　　　　　民事再生規則

・特調法
　特定調停法　　特定債務等の調整の促進のための特定調停に関する法律

・出資法　　　　出資の受入れ、預り金及び金利等の取締りに関する法律

・政令　　　　　民事再生法第241条第3項の額を定める政令

・法　　　　　　民事再生法

・民訴費
　民訴費用法　　民事訴訟費用等に関する法律

・民訴法　　　　民事訴訟法

2　出　典

・大阪再生物語Ⅱ　　大阪個人再生手続運用研究会編『大阪再生物語Ver.2』

・尾川「運用状況（大阪）」　尾川雅清「個人再生手続の運用状況──大阪の
　　場合」自由と正義644号69頁以下

・畑野＝岩波「概況」　畑野健＝岩波秀明「個人再生事件の概況──法施行
　　後1年間の状況を踏まえて」NBL741号17頁以下

・園尾ほか「概況（東京）」　園尾隆司＝飛田千絵＝瀬川元伸＝松島健二「東
　　京地裁における個人再生事件の概況」銀行法務21・604号6頁以下

第1章　個人再生の概要

一　民事再生法改正の背景事情

1　200万人以上存在した多重債務者

　個人の多重債務者は、少なくとも200万人は存在するといわれていたが、その状況は、消費者破産の申立件数によってその実態の一端を把握することができた。

　司法統計年報等によれば、1980年（昭和55年）までは全破産申立件数が3000件を超えることはなかった。ところが、高金利・過剰融資・過酷な取立て（サラ金3悪と呼ばれていた）を背景とする第2次サラ金パニックの時代が1980年前後に訪れ、それに対抗する手段として、各地の裁判所の運用で個人破産の同時廃止手続が低廉な費用で認められるようになり、急激に個人破産事件が増加した。1984年には個人の自己破産申立件数が2万1000件を超え、その後しばらくは減少傾向にあったが、1990年に再び増加に転じ、1992～1995年までは4万件台、1996年は約5万6000件、1997年は約7万1000件、1998年は約10万4000件、1999年は約12万3000件、2000年は約13万9300件、2001年は16万457件、2002年は、さらなる不況の深刻化やヤミ金の跋扈等の影響で、21万4660件、2003年は24万2357件と激増した。なお、2004年は21万1402件、2005年は18万4422件、2006年は16万5932件、2007年は14万8248件、2008年は12万9510件、2009年は12万6265件、2010年は12万930件、2012年には10万件を切り、2015年には6万4081件となったが、最近は上昇傾向に転じている。

　他のデータをみると、1997年の全国の簡裁・地裁への貸金訴訟の新受件数は約25万件、2000年の全国の簡裁・地裁への金銭を目的とする訴訟の新受件数は約39万件、2000年の支払督促の発令が約60万件（2004年は少し減少して約50万件）、同年の貸金業関係の調停は約16万件、同年の強制執行および担保権の実行は約26万件という数字であった。従来から債務弁済協定調停といわれる多重債務整理のための民事調停制度が個人の多重債務者が生活再建をするために利用され

1

ていたところ、平成12年（2000年）2月17日から「特定債務等の調整の促進の
ための特定調停に関する法律」（特定調停法）が施行され、同法による特定調停
も利用されるようになったが、簡易裁判所での特定調停の利用件数も激増し、
2000年は21万785件、2001年には29万4426件となっていた（事件数は債権者別で
カウントされているので、一人の債務者に平均7名の債権者があるとすると、約4
万人の多重債務者がこの制度を利用していたこととなる）。その後も激増し、2003
年は60万件を超えたが、2004年・2005年は減少してそれぞれ約44万件、約27万
件そして、その後は激減し、2014年は3371件となっている。任意整理の件数に
ついてのデータはないが、少なくとも3万件との推測もある。住宅ローンの不
払いで公庫住宅融資保証協会が1999年に代位弁済した件数が約1万5000件、さ
らに、警察庁の発表等によれば、経済・生活苦を原因とする自殺者が1999年は
6758人、2000年は6838人、2001年は6845人、2004年は約8000人、経済苦を原因
とする家出人が1998年で推計約1万8000人というデータもあった。

　また、クレジットカードの発行枚数は、2000年で約2億3168万枚、2003年で
約2億6362万枚、消費者信用供与額は73兆円、1990年以降で可処分所得に対す
る消費者信用残高の割合がアメリカを超している状態が続いていたようであり
（なお、アメリカでは、2002会計年度（2001年10月～2002年9月）の非事業者の破産
が200万件を超えており、うち約40万件が個人再生と同じ13章手続の利用によるもの）、
全国銀行協会信用情報センターの平成14年3月末時点での保有情報量7238万件
中1.8％に当たる約130万件が事故情報となっていること、等からすれば、破産
予備軍と呼ばれている個人の多重債務者が少なくとも200万人というのはむし
ろ少なすぎるくらいと思われていた。

　そして、これらの人たちがその経済的窮境からなかなか容易に立ち直ること
ができていないことも、これらのデータから十分に読みとることができた。

　なお、上記各データは最近大きく減少しているが、それは、改正貸金業法の
施行により、いわゆる「みなし弁済規定」（旧法43条）が廃止された影響等が
大きいと考えられる。

2　従来の債務整理制度の問題点

　従来、これら個人の多重債務者が経済的再出発を図る選択肢としては、まず、

①任意整理、②簡易裁判所による債務弁済協定調停（特定調停も含む）、③破産手続後に強制和議の提供をする等の負債整理の方法があった。

しかし、①任意整理においては、利息制限法に計算し直して和解案を提示しようとしても、債権者からなかなか取引当初からの資料提供がなされず、整理案への同意も得られにくいこと、また個別交渉によることから全体としては債務者の支払能力を超えた和解案となりがちなこと、残元金全額の分割支払いを余儀なくされること（現在では分割払いの場合には元本カットは極めて難しい）、等の限界があった。②債務弁済調停については、特定調停法によってかなり調停が利用しやすくなったというものの、調停委員会の主導ではあっても任意の話合いが前提であり、個別交渉に多大の労力を要し、また債権者が同意しない場合に裁判所が弁済内容を決定で示す民事調停法17条（特調法20条）による決定もその数は必ずしも多くないという限界がある（もっとも、17条決定は、2000年には既済件数に対し約29.5％、2001年は36.5％となっている）、③強制和議の場合には認可要件（債権者の頭数で過半数、債権額の4分の3の同意が必要）や、破産管財人の費用を少なくとも30万円は予納する必要があること等が、この制度の利用を制限することとなっていた。

3　いわゆる消費者破産の限界

そこで、多重債務者を救済する方法として、最もその実効性を認められているのが清算型の破産・免責手続であることに異論はなかった。しかし、以下のような問題点が指摘されていた。

第1に、間口の狭さによる制度利用の困難性がある。すなわち、「支払不能」を破産手続開始決定の要件としているため、収入に対する負債額の割合がそれほど大きくなく、支払困難ではあるが支払不能には至らない多重債務者の場合には、破産・免責手続の利用が困難である。

第2に、保証人の存在が債務者に与える有形無形のプレッシャーがある。保証人が存在する場合、多重債務者は支払不能となった段階でも保証人の立場を考えて、あるいは保証人からの圧力により破産申立てを思いとどまるということになり、さらなる多重債務へと債務者を陥れる一因となっていた。

第3に、破産法の不明確な免責不許可事由による萎縮的効果が挙げられる。

消費者破産申立ては免責を得るためになされるが、その免責を得られる可能性が少ない場合には、破産手続を取り得ないこととなり、これは免責不許可事由の不明確さと相まって、多重債務者の破産制度利用を阻害していると言われていた（かつては積立方式で任意配当して免責が認められることもあったが、その基準や運用等が不明確なままであった。もっとも、各地の裁判所で運用されだしていた「少額管財」「小規模管財」「簡易管財」等の名称で行われてきた簡易破産制度の運用の中で、比較的少額な費用で破産管財人を選任して、免責不許可事由の調査をさせる（免責観察型）という手段もあり、これが現行の破産法下でも利用されているようである）。

　第4に、破産制度に対する正しい理解の欠如が挙げられる。多重債務者の多くは、すでに支払不能となっているにもかかわらず、破産手続を行うと公民権を喪失するのではないかとの思い込み等から法的救済を受けずに、債務の支払いを続けようとして新たな借入れを繰り返し、多重債務のさらなる深みに陥る傾向が顕著であった。

　第5に、わが国の劣悪な住宅事情から、無理な返済計画であるにもかかわらず住宅ローンを支払い続け、それが家計を逼迫させ、ひいては多重債務者を産み出している一原因となっている。特に、サラリーマンに対するリストラ等の影響やいわゆる「ゆとりローン」の増額返済期を迎えた人が多数存在していた等の深刻な状況もあった。

　したがって、多重債務者救済のための新たな倒産手続のメニューの創設が求められていたところであった。

4　弁護士会等の動き

　新しい解決メニューとして、従来から、一定期間の債務者の収入を弁済原資にして債務の一部を弁済することにより残債務の弁済を免れる手続の導入が検討されてきた。

　たとえば、1983年には消費者破産研究会「定期的かつ安定した収入を得る見込みのある誠実な債務者の債務の調整に関する法律案（中間案）」ジュリスト801号が、1986年には五十部豊久「消費者和議手続試案」東京都立大法学会27巻2号37頁が発表されている。1988年の日本弁護士連合会（以下、本書では「日

弁連」ともいう）「消費者破産に対応するための破産法一部改正に関する意見書」
でも、米国倒産法13章手続のような制度を立法化する方向で検討することの提
言がなされ、1989年の国際消費者破産研究会・労働金庫研究所「消費者破産の
国際比較研究－新しい消費者破産のあり方－」でも、このような制度の導入を
求めていた。そして1994年日弁連人権大会（山形）においては、「定期収入の
ある支払不能あるいは支払困難な債務者に債務の一部弁済を内容とする計画案
を立案させ、法定の要件を充たす計画については裁判所がこれを認可し、定期
収入の一部を弁済原資として計画に基づいて配当させ、配当が実行されたとき
には広い範囲で免責を与える」という消費者債務調整手続の創設が提言されて
いたところであった。

二　法制審議会での倒産法見直し作業

1　倒産法部会の設置

　バブル経済が崩壊した1991年以降、企業倒産を含め法的倒産の利用件数が増
加の一途をたどってきた影響も受けて、法務大臣の諮問機関である法制審議会
（以下、本書では「法制審」ともいう）は、1996年（平成8年）10月8日に法務大
臣から「破産、和議、会社更生等に関する制度を改善する必要があるとすれば、
その要綱を示されたい」との諮問を受け、倒産法部会が設置された。
　そして、約1年間をかけて倒産法全体についての見直しを検討すべく論点整
理が行われ、1997年に「倒産法制に関する改正検討事項」が発表され、その後、
先行して和議法を中心に企業倒産法制の改正が検討されて、1999年12月には民
事再生法が制定された（施行は2000年4月1日）。また、議員立法であったが、
同時期に特定調停法（施行は2000年2月17日から）が制定された。

2　個人再生の特則の成立

　ところで、「倒産法制に関する改正検討事項」には、「個人（自然人）に対す
る倒産処理手続」の項が設けられ、「個人を対象とする新しい手続の導入」と
して「個人債務者更生手続（仮称）」を導入する考えが示されていた。そして、
1997年12月に法務省参事官室は、この「改正検討事項」について1998年5月ま

でに各界への意見照会を行い、その結果、個人債務者更生手続（仮称）の導入自体については大多数が賛成した（NBL649号39頁参照）。

　もっとも、上記のとおり、1998年夏以降は主として事業者向けの新再建型である民事再生法の立法化が先行することとなり、個人債務者更生手続（仮称）に対する検討は一時棚上げ状態となった。しかし、民事再生法が国会で可決・成立した直後の1999年12月16日、法務大臣から、「個人債務者の再建型倒産処理手続の整備について民事再生法の制定に引き続くべき喫緊の立法課題」との認識のもとで、倒産法制に関する他の立法課題とは切り離して、2000年秋の臨時国会に法案を提出できるように作業の前倒しが指示された。この頃にはすでに、個人債務者更生手続（仮称）についての検討事項に関する第1読会は終わっており、1999年夏以降要綱案に関する第2読会から再スタートし、ようやく2000年7月に部会での要綱案が確定、同9月には法制審は要綱を発表、同10月には国会（参議院）に法律案が上程され、遂にこの個人再生の特則が成立したのである。

　個人再生の特則の内容については、個々の論点に関し消費者側と債権者側との対立等があり、最後まで要綱案の成否が危ぶまれる状態が続いたのも事実である。

　たとえば、自動取立禁止効を認めるべきか否か（否定）、手続の利用者との関係では、債務総額の上限を定めるとしていくらにすべきか（3000万円か5000万円かの対立があり、3000万円に決定後、平成16年の改正により5000万円に変更）、再生計画の認可に債権者の同意は不要ではないか（結局、給与所得者については同意不要、それ以外の小規模個人再生については債権者の消極的同意という2メニューで決着）、再生計画での最低弁済条件の設定の要否（100万円で決着）、債権調査手続の簡略化と執行力の付与の可否（債権者一覧表に対する異議留保を認め、債権者に資料提出義務を規定。また手続内での債権の確定にとどめることで決着）、給与所得者等再生について再申立制限を設けることの可否（再申立制限を創設）、個人再生の前置主義の可否（自由選択制で決着）等について、弁護士会内部でも相当激論が繰り返された。なお、住宅ローンの特別条項については、比較的スムーズに要綱が作成された。

三　個人再生手続の特徴

　以上のような、社会背景と立法経過をたどって、個人再生手続の特則が成立した。その特徴としては、以下のようなものが挙げられる。

①　個人債務者は、任意整理、強制和議、調停、破産・免責、通常の民事再生手続を従来どおりに利用できるとともに、この個人再生手続も加えた多数のメニューの中から自由に選択にしてフレッシュ・スタートをすることができる。

②　特に、個人の多重債務者が破産・免責によって再出発をする傾向が強まっているが、破産手続における免責不許可事由として、詐術による借財、浪費、賭博等が存在している（破産法252条1項）。したがって、これらの事由に該当すれば、当該債務だけではなく全体についての免責が得られなくなる場合がある。そこで、かかる事由に該当する可能性のある債務者は上記のように自己破産の申立てを躊躇せざるを得なかった。また、かかる事由があっても破産手続開始決定後の新たな収入を積み立てて任意配当することにより、裁量免責が認められる実務も相当広汎に存在しているが、どの程度の配当が必要なのか等、その基準や運用実態が不明確なため破産制度の利用の足かせになっていたのも事実である。あるいは、多くの多重債務者は途中から借りては返し、返しては借りるといういわゆる自転車操業に陥っているが、これを詐術による借財であるとして免責不許可が多発された事例もあり、その不許可事由の不明確さの問題点も以前から指摘されてきたところである。

　このように、免責不許可事由の存在によって免責を受けられない人、受けられない可能性のある人も、この個人再生手続を利用することによって、弁済計画が認可され、計画どおりに支払いをすれば残りの支払いはしなくてもよいようになったのである。

　もちろん、破産手続の開始原因である「支払不能」の要件を満たさないが「支払不能のおそれ」のある、比較的借財の少ない人たちも重傷に至る前にフレッシュ・スタートが可能となったのは特筆すべきである。

③　債務者に取引経過の資料の提出権を認め、また異議の申述のあった債権

について評価の申立てがなされた場合にその評価手続を補助する個人再生委員には罰則付の資料提出請求権を認めたので、これによって特定調停法と同様に、かなり正確に利息制限法引き直し計算を前提とした再生計画の立案が可能になると期待されている。

④　給与所得者等再生では、最低弁済額と一定の可処分所得からの弁済という要件を備えている場合には、債権者の意向にかかわりなく再生計画が認可され、また小規模個人再生では、書面決議（平成14年改正により、「書面等投票による決議」に変更された）の手続により再生計画に反対の積極的意思を示す債権者が多数でなければ賛成の決議があったこととみなされるという簡易な決議方法がとられている。この点は、債務者にとって有利な制度であるが、返済条件に関して一定の条件が法定されることによって債権者の立場にも配慮されているのである。

⑤　個人再生手続は、通常の民事再生手続とは異なり、監督委員等の機関は設置されず、適正な再生計画作成の勧告などの職務権限が与えられる個人再生委員が任意に選任されることがあるだけなので、この手続が機動的で適正に行われるかは、申立代理人や個人再生委員の活動に期待されているところが大である。

　　また再生計画が認可されると裁判所（および個人再生委員）の関与は終了し、あとの弁済は債務者の自助努力で行われる。ただし、再生計画どおりの返済をしないなど一定の要件を満たせば、再生計画が取り消され、場合によれば破産に移行するなどのサンクションもある。

⑥　住宅ローンの支払いで苦しんでいる債務者も多数存在する。これは、破産制度を選択した場合には財産の清算が前提であるから、抵当権の設定された自宅も当然のことながら手放さなければならない。しかし、この特則の目玉の一つともいえるが、住宅ローンの支払いが延滞している人でも一定の要件をみたせば再計画（リスケジュール）を立てて、住宅を保持したままフレッシュ・スタートをすることができるのである。

　　また、平成15年4月1日からは住宅ローンを正常返済しながらこの制度を利用する途もできた。

四　小規模個人再生と給与所得者等再生

　個人再生手続は、「小規模個人再生」と「給与所得者等再生」の2種類あるが、両者は基本的には性質の異なる別個の倒産手続である。小規模個人再生は、債権者の決議による事業および生活の再建の手続、給与所得者等再生は、債権者の意思とは切り離された膨張型の清算手続と位置づけることができる。

　法制審議会倒産法部会においては、当初から、個人再生手続における再生債権の減免を再生債権者の同意にかからしめるか否かにつき、大きな対立があった。しかし、その後それぞれの手続の長所・短所の比較検討の中で、両手続がともにクローズアップされ、個人債務者の経済的再建のための制度として並行して提案されるに至ったものである。

　すなわち、小規模個人再生は、主として事業者を対象とする通常の民事再生手続の簡素化をめざした簡易再生手続の自然人版である。大量事件の迅速かつ適正な処理のための工夫が取り入れられたが、再生債権者の書面決議にかからしめるという点で、多数決原理（もっとも、債権者の反対が過半数かどうかが可決要件であるという点では消極的同意が要件とされている）が維持されている。

　給与所得者等再生のほうは再生債権者の意思とは無関係に進行する代わりに、再生計画の作成に際して可処分所得要件が導入されている。すなわち、一定の方式により算定される再生債務者の年収から所得税等を控除した額から、再生債務者とその被扶養者の最低限度の生活を維持するために必要として政令（「民事再生法第241条第3項の額を定める政令」）で定める1年分の費用の額をさらに控除した残額（可処分所得）の2年分を3年間で弁済することが求められている。2年分を3年間でとしたのは、仮に可処分所得の3年分を3年間で弁済させる場合には、生活の費用の決め方いかんによっては、再生計画の弁済原資を控除すると、残額が最低限度の生活費を下回ってしまうことが懸念されるからである。可処分所得の2年分を3年間で弁済させることにしたことによって、膨張主義的な給与所得者等再生の申述のインセンティブ（動機づけ）を高め、将来の収入の変動リスクをも吸収できるようにしたものである。

　もっとも、実際に運用されだしてみると、この可処分所得要件は、高収入のサラリーマン等にはかなり負担の重いものとなっており、給与所得者等再生の

第1章　個人再生の概要

利用を躊躇させ、最近ではサラリーマンなどの定期収入のある人でもかなりの人が小規模個人再生を利用している。

五　通常の民事再生手続と個人再生手続との違い

小規模個人再生と給与所得者等再生の二つの手続の共通点を整理し、通常の再生手続との違いを整理すると、次のとおりである。

① 再生手続の申立てによって手続が始まるが、申立ての際に小規模個人再生または給与所得者等再生の手続による旨の申述をすることが必要である。この申述は再生債務者本人に限ってすることができる。

② 再生計画における弁済期間は原則として3年とされるなど、再生計画の内容についても、通常の再生手続（弁済期間原則10年）とは異なる規律が設けられている。

　しかし、通常の再生手続と大きく異なるのは再生計画の認可手続である。小規模個人再生では書面等投票による決議に付されるが、不同意再生債権者が議決権者総数の2分の1未満、議決権総額の2分の1以下であれば、可決とみなされて、再生計画は認可される。さらに、給与所得者等再生では、決議の制度がなく、裁判所が債権者の意見を聴取したうえで、認否を決定する制度となっている。

③ 個人再生手続では、通常の再生手続における債権調査制度が排除されている。したがって、無届債権は失権せず、債権調査の結果に執行力が付与されることもない。

　債権調査は、個人再生手続における債権額要件等の判断のためと、小規模個人再生における議決権額および計画弁済期間内の弁済対象債権の確定のために行われるにすぎない（「手続内確定」といわれる）。

④ 個人再生手続は、再生計画の認可決定によって終了する。

　その後再生計画の取消しができることや、手続の挫折によって牽連破産に移行する制度のあることは通常の再生手続と同様であるが、通常の再生手続と異なり、手続終結後であっても計画の変更をすることができる。

　また、再生計画の履行を完了することができなくても、裁判所からハードシップ免責（第2章八3参照）の決定を得ることができる場合もある。

六　通常の民事再生手続と小規模個人再生・給与所得者等再生の異同のイメージ

　通常の民事再生手続と小規模個人再生・給与所得者等再生の異同のイメージを図示すれば、次頁〔図1〕のように表せるであろう。

　手続利用（開始）要件（いわば入口）に着目すれば、通常の民事再生が最も要件が緩やかであり、小規模個人再生、給与所得者等再生の順に厳しくなる。しかし、再生計画認可（いわば出口）の要件に着目すると、給与所得者等再生が最も緩やかで、小規模個人再生、通常の民事再生の順に厳しくなる。

七　個人再生手続における民事再生法の適用関係

　個人再生手続については、通常の再生手続に関する規定の一部の適用を除外する旨定められている（法238条・245条）。

　主たる適用除外事項は次のとおりであり、法律はさらに多くの適用除外規定をおいているが、通常の民事再生手続の場合とあまり変わらない規定をあらためて設けたことによる適用除外も少なくない。

① 　訴訟手続の中断等（法40条）
② 　監督委員（法第3章第1節）、調査委員（法第3章第2節）
③ 　再生債権の調査および確定（法第4章第3節。ただし、再生手続開始前の罰金等に関する規定を除く）、並びに関連する規定（法180条・185条）
④ 　債権者集会および債権者委員会（法第4章第4節）
⑤ 　財産状況報告集会（法126条）
⑥ 　否認権（法第6章第2節）
⑦ 　再生計画の内容と提出方法の一部（法155条1項・2項・157条～159条・163条2項・164条2項後段・165条1項）
⑧ 　再生計画案の決議（法第7章第3節。ただし、議決権の行使の方法等を除く）
⑨ 　簡易再生および同意再生（法第12章）

　給与所得者等再生においては、さらに議決権に関連する規定の適用が除外されている（法245条・87条・172条・191条）。

　さらに、通常の再生手続に関する規定のうち法人のみに関する規定は、当然

第1章　個人再生の概要

〔図1〕　通常の民事再生と小規模個人再生・給与所得者等再生のイメージ

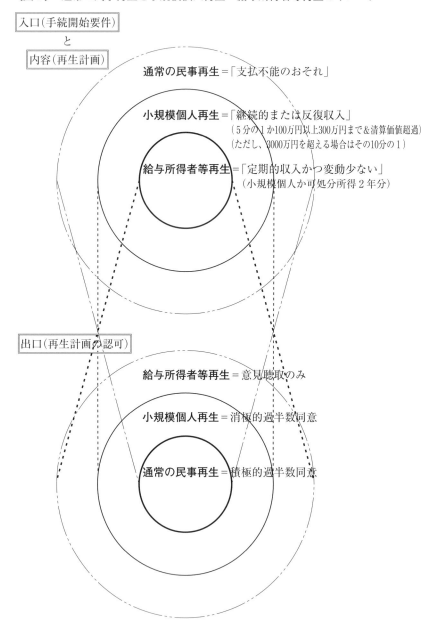

に、個人再生手続には適用されない。その主なものは次のとおりである。

① 事業譲渡に関する代諾許可（法43条）

② 管財人（法第3章第3節）、保全管理人（法第3章第4節）

③ 法人役員の責任追及（法第6章第3節）

④ 清算会社の法人継続（法173条）

八 個人再生手続と法曹の役割

1 裁判所の役割

　個人再生手続に関する民事再生法の条文は難解であるが、この手続は極めてテクニカルな手続であるため、再生債務者による手続の遂行を一定の方式に正確に準拠させることによって、適法かつ円滑な進行を期することができる。

　そのため、最高裁判所が、全国の地方裁判所との間で情報交換するなどして検討した結果（再生手続開始申立書・清算価値チェックシート・再生計画案等の書式例。以下、本書では「全国版」という）が紹介され、全国の多くの裁判所がこれらをベースにして定型書式を定めている（須藤英章ほか編著『個人再生手続の運用モデル』等参照。また日弁連のホームページ上でも公開されている）。

　これに対し、東京地裁・大阪地裁では、大量申立てに対応するため、従前の破産・免責制度の運用により蓄積したノウハウ等に基づき、独自の書式を準備している。東京地裁の書式（これも日弁連のホームページからダウンロード可能である）は、個人債務者再生の申立てを全件弁護士が代理し、かつ、個人再生委員が選任されることを前提としているため、他の書式との相違点が多い。

2 弁護士の役割

　個人再生手続は、再生債務者が自らの責任で再生しようとするDIP型の法的倒産手続であるから、弁護士が受任し、代理人として関与しながら再生債務者を監督するとともに、再生計画認可決定確定後も弁済に関与することが好ましい。申立代理人をしている大部分の弁護士は、実際に債務者による履行のチェックを行っており、それがこの制度の信用性を担保しているといえる。利息制限法超過利息による金融取引がある場合の債権者一覧表の作成にも、法律

第1章　個人再生の概要

的な専門知識が欠かせない。

「改正法対応事例解説個人再生～大阪再生物語～」には、弁護士が受任する際のチェック項目を掲載されており、このチェックリストに従って検討することにより、個人再生手続に適した事件を選別することができる。

本書の旧版でも紹介されていたが、若干内容に変更があるので以下にあらためて紹介する。

（資料1）　個人再生チェックリスト

受任時チェックリスト

第1　自己破産，特定調停，任意整理と個人債務者再生（小規模個人再生・給与所得者等再生）の概略

1　自己破産
① 着手金約30万円が必要である。
② 予納金等が必要である。
③ 支払不能の要件がある。
④ 資格制限がある。
⑤ 破産者への偏見・誤解がある。
⑥ 免責不許可事由がある。
⑦ 自宅を失う可能性がある。
⑧ 原則7年間は再度の免責が困難である。
⑨ 連帯保証人があるとき，連鎖破産の危険がある。

2　特定調停
① 費用が安い。
② 調停委員が債権者との調整を促進する。
③ 個別に全員の合意が必要。
④ 利息制限法引き直しはあるが元本カットは難しい。

3　任意整理
① 債権者1名当たり弁護士の着手金2万円程度（大阪弁護士会総合法律相談センターの事件受任審査基準では，着手金は債権者1名当たり2万円，ただし，5万円を最低限とする。報酬の定めも一定の範囲で可能）である。
② 分割弁済で利息制限法引き直し後の元本カットは困難。

4　小規模個人再生（給与所得者等再生に共通なものは〔◎〕，異なる点は

14

〔★〕）
① 弁護士に委任した場合，着手金30万円程度である。〔◎〕
　（大阪弁護士会法律相談センターでは，着手金40万円・報酬はなし〔住宅資金特別条項を定める時は40万円まで受領可能である〕）
② 費用は，大阪地方裁判所第6民事部の場合，1万円（印紙）＋予納金1万1,928円である（個人再生委員が選任されないとき）。〔◎〕
③ 支払不能のおそれでよい（法21条1項）。〔◎〕
④ 負債5,000万円（住宅ローン等除く）以下である（法221条1項・239条1項）。〔◎〕
⑤ 将来において継続的又は反復して収入を得る見込みが必要である。〔◎〕
⑥ 給料差押えの中止が可能である（法26条・39条）。〔◎〕
⑦ 場合によれば自宅の保持が可能である（住宅資金特別条項・抵当権実行中止もあり得る）。〔◎〕
⑧ 3（～5）年間での分割払いである（法229条2項2号・244条）。〔◎〕
⑨ 最低弁済額は基準債権（無異議と評価済み）の5分の1か100万円の多い方である（例えば，当初の負債額700万円，債権調査で元本充当の結果に基づき630万円になったならば，その5分の1は126万円（＞100万円），それを3年間〔月35,000円〕。ただし，基準債権が100万円未満のときは全額，基準債権が3000万円まではその5分の1が300万円を超えるときは300万円，また基準債権が3000万円を超える場合は，その10分の1が最低弁済額となる）。〔★〕
⑩ 最低弁済額は仮に破産した場合の配当額を上回る必要がある。〔◎〕
⑪ 年4回以上の分割支払いが求められる（法229条2項1号・244条）。〔◎〕
⑫ 債権者の消極的同意でよい（例えば，議決権者6名で700万円なら，反対が2名まで，かつ，合計350万円までならば計画案は可決されたとみなされる。法230条6項）。〔★〕
⑬ 借入の主たる原因が浪費・賭博でも手続きの利用は可能であり，再生計画にしたがった返済が途中で支払が著しく困難となれば2年間の延長が可能である。（法234条・244条）。ハードシップ免責がある（法235条・244条）。〔◎〕
⑭ 不法行為等により生じた債権については、再生計画で債権額を減免できない場合がある（法229条）。〔◎〕

5　給与所得者等再生

① 小規模個人のうち給与又はこれに類する定期的収入を得る見込みがあり，かつ変動の幅の小さい者（年間で見て5分の1以内のぶれならば可。なお，転職や再就職で5分の1以上のぶれがあっても給与所得者等再生は利用できる。法239条1項。法241条2項7号イ参照）

② 小規模個人の最低弁済額か可処分所得（収入－最低生活費←政令で当てはめる〔最低生活費の額を自動的に算定するソフトをインターネットで入手できる。「松尾さんの Home Page」http://www.wh2.fiberbit.net/mats/toybox/index.htm。現在、生年月日を入力すれば年齢等反映されるように改良され定期的に更新されている。なお，大阪地方裁判所第6民事部の場合は，給与明細書等から通勤手当が判明する場合は，収入金額からの控除をすることができる）の2年分（これを原則3年間で支払う）の多い方を支払うこととなる。

【例1】 大阪市在住，夫（32）・妻（30）・子（5）同居，家賃10万，清算価値50万の場合
　　　・手取年収（税込み年収－源泉税－地方税－社会保険料）
　　　　　＝377万円→ 99万円
　　　・手取年収
　　　　　＝477万円→299万円

【例2】 大阪府南河内郡千早赤阪村在住，男（32）独身
　　　・手取年収
　　　　　＝217万円→ 98.2万円
　　　・手取年収
　　　　　＝317万円→298.2万円

（年収が高額の時，300万円以上支払わねばならないことがある。債権者の消極の同意で足りる小規模個人再生との選択について検討が必要である。給与所得者であっても，実際の家計支出額が多く，3年間（最長5年間）で可処分所得の2年分を弁済することができない場合は，小規模個人再生の選択をすることになろう。cf.先に小規模個人再生の申立てをして不認可決定のあと，給与所得等再生の申立ても可）

③ 債権者の同意が不要である（法240条）。

④ 再申立ての制限がある（法239条5項2号）等。

第2　個人債務者再生の個別チェックリスト

□ 負債総額（住宅ローンの額，別除権の行使で弁済が受けられる額及び罰金を除く。保証債務も含む）が5,000万円以下か

・自宅建物に分割払いの住宅ローンの抵当権があるときは（さらに後順位抵当権が付いていても）全額無視できる（法239条1項・221条1項）。

・それ以外の抵当権付き不動産があるときは，残被担保債権から抵当権実行で配当されると予想される額を控除して負債額の計算に入れる（不動産の簡易評価が必要である）。

・例えば，自宅の住宅ローン5,000万円，それ以外の抵当権付き不動産（残債権5,000万円，実行による配当予想額4,000万円），その他の借金800万円とすると，0＋（5,000万円－4,000万円＝）1,000万円＋800万円＝1,800万円＜5,000万円であるので，要件を満たす。

☐ **職業は何か**

・サラリーマン→給与所得再生・小規模個人再生可

・歩合給，パート・アルバイトも同じ。

・年金・恩給収入も同じ。

・農業従事者・季節労働者は小規模個人再生は可。

・個人と同視できるような小規模な会社の代表取締役は小規模個人の方が無難である。

☐ **給与等の年収が変動している場合，過去2年間（相談の年の前年度と前々年度）の年収の比較で20％以上の違いがないか**

・給与所得者等再生についての民事再生法239条1項の「変動の幅が小さいと見込まれる」とは，年収で2年間比較して20％以上の違いがないとき，と一般にいわれている。20％を超えるときは，小規模個人再生を選択すべきである（なお，途中で転職したり，就職したりして20％以上変動ある時は給与所得者等再生の申立てが可能である）。

・再生債務者の年収額が再生計画案提出前2年間の途中で5分の1以上の変動があった場合には，変動後の収入をもとに可処分所得を計算し，また，再生計画案提出前の2年間の途中で給与所得者等に新たになった場合には，そのようになった後の収入額をもとに可処分所得を計算する。

☐ **毎月の返済可能額が月2万7,778円程度支払えるか（最低弁済額100万円÷3年÷12ヶ月＝約2万7,778円〔なお，特別の事情があり返済期間を5年間とすると100万円÷5年÷12ヶ月＝約1万6,667円）**

・民事再生法241条2項5号で引用する231条2項4号，244条で準用する229条2項2号。これも無理なら，破産か。

・配偶者その他の同居世帯の家族に収入があるときは，再生計画案のイメージを描くときに，その収入も履行可能性の要素として考慮してよい（これに対し，政令の可処分所得額を計算する際には，配偶者等の収入

を可処分所得額算出の基礎となる収入の金額に算入しなくてよい。例えば，本人の年収が300万円，配偶者の年収がパートで50万円とすると，350万円の年収があるとして政令の可処分所得額を計算するのではなく，本人の年収300万円のみがその計算の基礎となる。また，配偶者に収入があっても，税込み年収が103万円以下の場合には，その配偶者は被扶養者のままであり，法241条3項の「1年分の費用」の算出に際しては，その配偶者に係る控除費目も控除してよいが，配偶者の年収が103万円を超える場合は，被扶養者にカウントできず，その配偶者に係る控除費目を控除することはできない。なお，大阪地裁第6民事部では，再生債務者が離婚して子と別居している場合であっても一定額以上の養育費を支払っている場合には，政令で定める個人月生活費までの範囲で，支払った額を被扶養者の個人別生活費として控除することを認めている）。

☐ **計画弁済額が清算価値以上か**

・計画弁済額は破産の場合の清算価値以上でなければならない。そうでなければ再生債権者の一般の利益に反することになる（法230条2項・174条2項4号・241条2項2号）。最低弁済額は原則100万円なので，消費者破産で任意配当しない同時廃止相当の事案の場合は問題ない。

・退職金は大阪地方裁判所では原則8分の1（各地の裁判所で異なる）とし，借家の敷金・保証金は解約返戻金から60万円及び滞納家賃をさし引いて算定する（他に一定額の控除を認める裁判所もある）。預貯金・保険金は借入があれば相殺し，動産類については時価10万円以上のものを記載する。

☐ **過去に破産免責を受けていないか**

・免責決定を受けている場合は，免責決定確定から7年経過しているか（法239条5項2号）。

・7年経過していなければ，小規模個人再生の申立てをする。

☐ **着手金が準備できるか**

☐ **勤務先に知られずに申立てが可能か**

・給与所得者等再生の関係で，定期的収入の疎明のための添付書類（規則136条3項1号）として，確定申告書写し，源泉徴収票写し，給与支給明細書，退職金証明が必要である。確定申告書は納税額が多くなくても税金還付の申告のときのものがあろう。2年分も残していない人が多いかも知れない。給与支給明細書が一部欠けていても説明書なりで補足説明すればよいだろう。しかし，法241条2項7号の関係で，手取額を明らかにするためには，所得税・地方税・社会保険料（所得税等という）

の額が必要である。

・源泉徴収票が入手できない場合は課税証明書（市町村で発行）の総収入等の記載から，所得税額等を計算しなければならない。

・退職金証明が入手できない場合は就業規則及び計算式等でも代替可能である。

・いずれにしても，会社等から受け取るこれらの書類を保管するよう指導することが大切である。

□　**在日外国人でも申立てできるか**

・現在は可能である。民事再生法３条で「外国人…は，再生手続に関し，日本人…と同一の地位を有する。」（破産法も同様に改正された）と定める。

□　**連帯保証人がいる場合でも利用できるか**

・個人再生手続の申立てにより連帯保証人の返済義務が具体化するので，連帯保証人についても倒産手続の検証が必要である。住所が異なっても同一の裁判所へ双方が個人再生手続の申立てをすることが可能である（夫婦の場合も同じ）。

□　**住宅資金特別条項が利用できるか**

・居住用建物の建設・購入・増改築資金（敷地や借地権取得費用も含む）で，分割ローンであること，そのローン債権か保証会社の求償権担保の抵当権が建物に設定されている場合に利用できる（法196条１～３号、198条１項本文）。ただし、住宅の上に他の使途に関する抵当権が設定されている場合は原則として利用することができない（商工ローンなどが設定する仮登記を含む（法198条１項但書））。

・住宅兼店舗でも住宅の床面積が２分の１以上であれば利用できる（法196条１号）。

・延滞により保証会社が代位弁済していても代位弁済から６ヶ月以内なら申立てができる（法198条２項）。

・抵当権が実行されていても，競売手続の中止が可能である（法197条。なお，借地権付き建物で底地の抵当権実行により借地権がなくなるとき，定期借地権で期間満了が近いとき，滞納処分による差押えがあり処分解除の合意ができないなどで，所有権を失う見込みがあるときは不認可となる，法202条２項３号）。

・住宅ローン以外に負債がなくてもこの制度を利用できる。

・期限の利益回復型（延滞分を上乗せして３（５）年間で支払う），最終弁済期延長型（10年延長かつ70歳まで），元本据置型，同意型がある（法

199条)。

・再生計画に住宅資金特別条項を定める場合には，一般債権者への弁済額以外で支払わねばならないので，それが可能か見定める必要がある。実際には，ローンを延滞していれば，かなりの額を支払うこととなるので，同意型が相当の割合を占める実情がある。また，債権者一覧表に住宅資金特別条項を定める記載をしたのにあとで遂行可能性がないとして定めない場合には再生計画案が排除されたり不認可となり手続が廃止される可能性があるので注意が必要である（法230条2項，231条2項4号，241条2項5号）。

・したがって，事前に住宅ローン債権者と交渉することが必要である（規則101条1項）。特に同意型を予定している場合，具体的な弁済計画について同意が得られる見通しをつけた上で申し立てる必要性が高く，このような見通しのないまま申立てをして開始決定がなされると，計画案の提出期限内（大阪地方裁判所第6民事部では開始決定後約7週間後）に同意を得ることができず，手続廃止となるおそれもある。

・マンション管理費に滞納がある場合は住宅資金特別条項が利用できない（∵別除権付債権として扱われる）。

□ **返済の経過を証する領収証等が殆どなく債権額が確定できない場合，この制度は利用できないか**

・申立てを急がなければならないときは（給料差押え等があり早く申立てをして，早く開始決定をしてもらう必要がある場合など），とりあえずの金額を債権者一覧表に記載しておき（ただし，定型書式では債権者一覧表に「異議の留保」欄があるので，かならずマークをしておかなければならない〔法226条1項但書・244条〕ので注意を要する），開始決定後に債権者から資料送付を求めればよい。

・過払いが明らかと思われる場合には「0円」と記載することも許されると思われる。

□ **家計簿や日計表をつけていなければならないか**

・家計管理等をしていない債権者が多いと思われる。再生計画の立案に際しては，将来の（定期的）収入を予想する必要がある。任意整理では一般に少なくとも3ヶ月程度の収支状況をみて履行可能性とその継続性を検討する。したがって，相談を受け個人債務者再生の申立てが可能性であると判断すれば，直ちに家計簿等の作成（なお，【書式⑧ 家計収支表】参照）を指導する。

□ **再生計画の立案について**

・再生計画の立案については，申立後（相談後）返済資金のプールが可能な状態となっているかを見定める必要がある。したがって，きめ細かなサポートが不可欠である。弁護士等が受任後直ちに「口座」を設けて積立てをすることが望ましい。再生手続開始決定後は必ず積立てを行い，通帳を示すことができるようするものとする。

・小規模個人再生での計画弁済総額の最低額，給与所得者等再生の場合の可処分所得2年分で本当に返済が可能か，多少の余裕があるか，等について本人とよく協議しなければならない（途中で挫折したときは破産に移行する可能性があることをよく説明する）。

・手続内で確定した基準債権が630万円とする。この場合には，小規模個人再生では収入如何に関わらず3年間（〜5年間）で126万円以上（基準債権の5分の1）の返済が必要。一方，給与所得者等再生では，仮に標準3人世帯で税込み500万円を超えるような場合には，1年分の費用を控除した2年分の可処分所得が126万円を超えることがある（これを3〜5年で返済する必要がある）。126万円を3年で弁済するのであれば月35,000円というように月額ベースでの返済額を計算してイメージを掴むこととなろう。

□ **再生計画が認可された場合，弁護士等のサポートはどうなるか**

・再生計画に対し認可決定がなされ公告の後確定すれば，再生手続は終結する。通常の民事再生のように監督委員が履行の監督をするのでもなく，本人が支払っていくこととなる。もし途中で支払を延滞すれば再生計画が取消されることもある（法189条1項2号，3項）し，再生計画変更の申立て（法234条・244条）が必要なこともあろう。

・履行についても弁護士等が引き続いて支援していくことが大切である。弁護士が顧問となったり，弁済毎に一定の費用（振込送金料も含めて）を支払う（例えば，債権者1名あたり1,000円とか）という方法も考えられる（大阪弁護士会総合法律相談センターの事件受任審査基準では，再生計画履行補助費用として，月額2,000円以下〔金融機関への振込手数料は除く〕と定められている）。このような場合には，あらかじめ債務者に十分な説明を行い，弁済額の計算の際にも，この費用を予定しておく必要がある。

九　法施行後の利用状況

個人再生手続が施行されて一定期間が経過した。そこで、この手続の利用状

第1章　個人再生の概要

況を概観してみることとする（以下は、旧版の内容も再録する）。

1　個人再生手続の利用実績

⑴　1年間8545件の申立件数と今後の増加傾向

　平成13年4月から施行されている多重債務者救済のためのニュー・メニュー、個人再生手続の利用実績については、平成14年7月に発表された集計表（畑野＝岩波「概況」。ただし30庁の調査）によると、平成13年4月から平成14年3月末までの1年間の申立件数が、8545件であった。

　制度施行までの予測としては、1万件程度ではないかという説や、5万件でもおかしくないという説等が混在したが、スタート時点としては、低めの1万件説に落ち着いたといえよう。

　ただ、月々の件数を追ってみると、平成13年4月は338件、5月468件、6月641件、7月689件、8月668件、9月681件という数字であったが、10月には860件、11月857件と800件台になり、12月には1008件と1000件台を突破した。その後、平成14年1月は570件であったが、2月848件、3月917件、4月1059件、5月1035件と顕著に増加傾向を示しており、制度施行2年目には1万件以上になったようであった。

　なお、平成13年4月～平成14年9月までの申立件数の概数は〈表1〉のとおりである。また、平成14年には、合計1万3495件（概数）となった。

⑵　地域差とその原因

　申立件数にはっきりと地域差が出ていた。畑野＝岩波「概況」の集計表によれば、この1年間の申立件数をみると、1位の大阪地裁管内は999件、2位の東京は751件、3位の福岡505件、4位の神戸474件、5位の名古屋422件、6位のさいたま411件、と続いた。

　一方、申立件数の少ないところをみると、旭川15件、福井16件、甲府19件、宇都宮31件、釧路33件と続いた。

　この地域差は何に基づくのであろうか。もちろん、各地の人口とも関係するが、個人再生手続は多重債務者救済の法的手続であるから、参考までに平成13年破産申立件数（最高裁集計の概数）と比較してみることとした。

　個人再生と破産の割合を比較すると、個人再生の多い地域では、

22

〈表１〉　個人再生事件数一覧表（地裁管内別）

	平成13年（4月～12月）						平成14年（1月～9月累計）					
	新受			既済			新受			既済		
	小規模	給与	計	小規模	給与	計	小規模	給与	計	小規模	給与	計
全　国	1,732	4,478	6,210	520	1,419	1,939	3,645	5,297	8,942	2,294	4,704	6,998
東　京	168	401	569	71	157	228	321	394	715	178	359	537
横　浜	70	197	267	25	66	91	176	224	400	97	222	319
さいたま	89	205	294	33	77	110	194	251	445	115	234	349
千　葉	88	162	250	18	61	79	138	167	305	100	150	250
水　戸	12	72	84	2	15	17	62	58	120	23	77	100
宇都宮	7	16	23	1	3	4	20	22	42	8	9	17
前　橋	11	27	38	0	7	7	23	31	54	17	32	49
静　岡	44	135	179	13	40	53	106	103	209	48	102	150
甲　府	3	13	16	0	5	5	6	6	12	1	2	3
長　野	17	64	81	3	14	17	31	53	84	21	51	72
新　潟	41	66	107	6	15	21	78	87	165	41	69	110
大　阪	238	453	691	79	174	253	524	607	1,131	384	565	949
京　都	51	146	197	7	39	46	76	213	289	67	173	240
神　戸	102	222	324	20	52	72	242	281	523	157	262	419
奈　良	15	44	59	5	10	15	40	50	90	22	50	72
大　津	22	52	74	5	12	17	52	50	102	24	47	71
和歌山	15	20	35	7	4	11	26	32	58	12	24	36
名古屋	132	185	317	47	100	147	245	199	444	193	187	380
津	27	71	98	11	25	36	70	48	118	39	49	88
岐　阜	22	29	51	3	4	7	53	36	89	35	32	67
福　井	2	12	14	2	6	8	9	11	20	2	8	10
金　沢	9	31	40	0	13	13	10	46	56	12	27	39
富　山	16	72	88	5	29	34	28	53	81	17	58	75
広　島	16	69	85	5	15	20	35	81	116	22	82	104
山　口	26	56	82	6	11	17	36	55	91	30	55	85
岡　山	20	120	140	7	36	43	20	114	134	16	113	129
鳥　取	2	35	37	1	11	12	4	46	50	2	37	39
松　江	4	27	31	1	8	9	4	44	48	5	29	34
福　岡	122	230	352	45	73	118	289	306	595	167	249	416
佐　賀	12	28	40	3	7	10	19	42	61	12	28	40
長　崎	18	74	92	3	18	21	43	103	146	24	75	99
大　分	6	61	67	2	14	16	12	41	53	6	57	63
熊　本	66	120	186	9	31	40	114	185	299	86	128	214
鹿児島	5	49	54	0	10	10	29	86	115	15	69	84
宮　崎	37	46	83	7	3	10	80	116	196	49	69	118
那　覇	8	27	35	3	6	9	9	36	45	5	29	34
仙　台	33	103	136	12	35	47	41	99	140	33	97	130
福　島	11	123	134	3	29	32	39	144	183	15	137	152
山　形	22	62	84	6	12	18	19	89	108	19	65	84
盛　岡	14	42	56	3	7	10	23	54	77	9	43	52
秋　田	4	43	47	1	19	20	9	53	62	4	36	40
青　森	2	32	34	1	8	9	9	59	68	6	27	33
札　幌	21	165	186	6	60	66	67	262	329	42	212	254
函　館	32	69	101	12	29	41	122	33	155	62	52	114
旭　川	1	11	12	0	2	2	3	16	19	1	11	12
釧　路	0	26	26	0	4	4	10	31	41	1	29	30
高　松	15	50	65	6	13	19	19	27	46	16	46	62
徳　島	1	29	30	1	6	7	14	39	53	2	29	31
高　知	14	35	49	5	9	14	17	63	80	13	49	62
松　山	19	51	70	9	15	24	29	51	80	19	62	81

（注）　平成14年の数値は概数である。
（注）　小規模は、小規模個人再生事件を示す。
（注）　給与は、給与所得者等再生事件を示す。

第 1 章　個人再生の概要

・大阪　（999 : 16,582）≒ 6 : 100

・東京　（751 : 18,973）≒ 4 : 100

・福岡　（505 : 10,111）≒ 5 : 100

・神戸　（474 : 7,227）≒ 6.6 : 100

・名古屋（422 : 7,142）≒ 5.9 : 100

・さいたま（411 : 6,913）≒ 5.9 : 100

となっている。

　逆に個人再生の少ない地域では、

・旭川　（15 : 958）≒ 1.6 : 100

・福井　（16 : 769）≒ 2 : 100

・甲府　（19 : 715）≒ 2.7 : 100

・宇都宮（31 : 1,834）≒ 1.7 : 100

・釧路　（33 : 957）≒ 3.4 : 100

となる。

　そうすると、個人再生の多い地域では、破産件数に対する割合が平均で5.5％であるが、少ない地域では平均が2.5％となり、半分以下ということになる。

　この数字を分析してみると、いろいろな評価ができる。

①　アメリカでは、日本の個人再生手続の母法であるともいえる（アメリカ倒産法）13章手続が全倒産事件に占める割合は、平均で約3割であるが、プエルトリコ72％、ジョージア州68％、アラバマ州64％等であるのに対し、ノースダコタ州4％、ロードアイランド州5％、サウスダコタ州6％、ニューハンプシャー州7％等（日弁連消費者問題対策委員会「第3次アメリカ破産事情調査報告」（1997年12月）47頁）と極端に地域差が出ている。このことからすれば、日本での上記の差はたいしたことがなく、比較的順調に全国的に定着していっているとの評価ができる。

②　2002年6月15日に日弁連で行われた「多重債務者救済事業拡大に関する

24

第4回協議会」で発表された全国の弁護士会アンケートの結果によれば、
ⓐ大部分の弁護士会では申立件数が少ないとみており、ⓑ少ない原因として、第1に弁護士の不慣れ、力量不足が指摘され、第2に制度の使いづらさが指摘されている。筆者がアメリカの破産事情調査にいった際にも、地域差が生じる原因として、弁護士が13章手続を勧めようとするかどうか、弁護士がこの手続に慣れているかどうか、という理由も指摘されていた。また、一部の地域では、申立てのための弁護士費用が消費者破産より高いために利用件数が少ないと指摘する声も聞いた。

　大阪地裁倒産部（第6民事部）の森宏司部長（当時）が、「私達が個人再生手続に携わっていて、非常にうれしいのは、債務者の方が前向きだということです。お会いしていて、普通の破産事件の当事者と雰囲気が違います」（座談会「最近の大阪地裁の倒産実務について」銀行法務21・605号27頁）という言葉は、印象的であり、弁護士等としてあらためて考えるべき時期にきていると思われる。

③　破産事件数が全国一の東京に比べて大阪のほうが個人再生の事件数が多く、東京の破産事件数に対する割合も4％にとどまっているが、これをどうみるべきであろうか。東京では、極めて簡単な申立書式となっており、全件に個人再生委員が選任されるという特殊な運用方針であるのに対し、大阪では、申立て前に債権調査を先行させ、原則として個人再生委員は選任されない方式であり、東京よりは手続が重いともいえる。東京では、任意整理事件が大阪に比べて多いことが影響しているのではないかともいわれている。もっとも、任意整理では、利息制限法に引き直した残元本の全額の分割支払いが原則であるのに対し、個人再生では残元本の5分の1（ただし、100万円以上の残元本の場合は最低100万円）でよいこととの関係はどうなっているのであろうか。また、大阪では、裁判所と弁護士会との合作で、大阪弁の会話まで入った大阪個人再生手続運用研究会編『大阪再生物語～ストーリーによる個人債務者再生手続解説～』というマニュアル本が発行されており、2002年7月には、より使いやすいものにした大阪再生物語Ⅱも発行され、さらに、2004年1月には「最新版事例解説個人再生～大阪再生物語」が出版され、小規模個人再生の部分では、リース物件の処理

25

にまで触れたり、Q＆Aを加えたりしていることも影響していたのであろうか。

2　個人再生手続利用の特徴

(1)　給与所得者等再生と小規模個人再生の割合

　畑野＝岩波「概況」によれば、給与所得者等再生と小規模個人再生の全体の割合は、7：3であった。しかし、小規模個人再生の割合の高い地域もあった。たとえば、比較的申立件数の多い地域から抽出すると、名古屋では全件のうち45％、函館44％、大阪・福岡37％となっていた。

　もともとは、小規模個人再生は商店主や農家等の個人事業者を予想していた

〈表2〉　個人再生事件新受月別件数（全国）

区分	平成23年			平成24年			平成25年		
		うち,小規模	うち,給与		うち,小規模	うち,給与		うち,小規模	うち,給与
1月	974	905	69	655	606	49	495	457	38
2月	1,350	1,249	101	947	872	75	675	609	66
3月	1,425	1,307	118	993	910	83	759	698	61
4月	1,326	1,230	96	884	798	86	695	625	70
5月	1,136	1,042	94	874	775	99	715	638	77
6月	1,368	1,280	88	848	775	73	714	654	60
7月	1,255	1,146	109	822	742	80	750	691	59
8月	1,141	1,050	91	790	715	75	749	689	60
9月	1,085	985	100	728	665	63	636	590	46
10月	1,108	1,013	95	821	745	76	733	672	61
11月	992	905	87	790	707	83	656	602	54
12月	1,102	996	106	869	786	83	797	730	67
総計	14,262	13,108	1,154	10,021	9,096	925	8,374	7,655	719

が、実際には小規模個人再生に占める非事業者の割合が73％となっていた。サラリーマン等では、再生計画案に対する債権者の同意が不要の給与所得者等再生が利用されると予想されていたが、現実には可処分所得の2年分を3年間で返済するという可処分所得弁済要件が少し給与の高い人にとっては厳しいこと、小規模個人再生を利用しても破産の場合よりも配当額が多い返済計画が必要であるという清算価値保障原則があるため、債権者の反対も少ないことが、この傾向を裏づけていると評価できる（実際にも、債権者の不同意によって再生計画案が不認可となったものはかなり少ない、といわれている。なお、特定の政府系金融機関が不同意にするようなので気を付ける必要がある）。

平成26年			区分	平成27年			平成28年		
	うち，小規模	うち，給与			うち，小規模	うち，給与		うち，小規模	うち，給与
485	440	45	1月	533	489	44	577	535	42
607	555	52	2月	690	645	45	750	701	49
643	582	61	3月	685	631	54	847	782	65
636	585	51	4月	705	661	44	776	706	70
616	559	57	5月	604	565	39	649	609	40
684	624	60	6月	734	679	55	908	832	76
680	632	48	7月	746	684	62	843	768	75
629	568	61	8月	680	618	62	788	730	58
584	539	45	9月	716	643	73	780	715	65
738	669	69	10月	760	690	70	835	765	70
583	534	49	11月	722	664	58	873	780	93
783	695	88	12月	902	829	73	976	918	58
7,668	6,982	686	総計	8,477	7,798	679	9,602	8,841	761

第1章　個人再生の概要

⑵　債務者像

　畑野＝岩波「概況」によれば、平均年収額は360万円、年収額500万円以下が全体の82.5％であり、200万円までが16.3％、100万円までが3.5％となっていた。平均再生債権額は846万円、再生債権300万円以下が全体の14.7％、900万円以下が69.3％である。また、債権者数は、5人までが10.8％、10人までが47.7％、15人までが84.4％、20人までが95.4％であった。

　なお、日弁連消費者問題対策委員会による「2000年破産記録全国調査」（有効データ1226件）によれば、自己破産を申し立てた人で、年収250万円未満が79％、債権額700万円以下が60％、債権者数20名未満が87％という数字が出ていた。

　これらのデータを比較すると、かなりの債務者像がオーバーラップしている

平成29年			平成30年			対前年比		
	うち，小規模	うち，給与		うち，小規模	うち，給与		うち，小規模	うち，給与
603	568	35	746	691	55	123.7%	121.7%	157.1%
839	771	68	938	881	57	111.8%	114.3%	83.8%
1,011	943	68	1,139	1,064	75	112.7%	112.8%	110.3%
932	868	64	1,125	1,056	69	120.7%	121.7%	107.8%
832	764	68	1,093	1,030	63	131.4%	134.8%	92.6%
995	919	76	1,133	1,064	69	113.9%	115.8%	90.8%
925	854	71	1,148	1,070	78	124.1%	125.3%	109.9%
1,002	930	72	1,141	1,069	72	113.9%	114.9%	100.0%
975	913	62	1,016	933	83	104.2%	102.2%	133.9%
989	918	71	1,185	1,106	79	119.8%	120.5%	111.3%
1,021	958	63	1,227	1,141	86	120.2%	119.1%	136.5%
1,160	1,082	78	1,319	1,249	70	113.7%	115.4%	89.7%
11,284	10,488	796	13,210	12,354	856	117.1%		

ようであるが、低所得者の多重債務者ではまだまだ個人再生を利用できず、自己破産によってフレッシュ・スタートしている層が存在していたものと思われる。

(3) 申立代理人等の関与

畑野＝岩波「概況」によれば、弁護士が申立代理をしているのは全体の86.4％、司法書士関与は12.2％、本人申立ては1.4％（20人）という状況である。2000年破産記録全国調査では弁護士代理69％であった（司法書士関与の比率は不明）。自己破産のように破産手続開始決定後はほとんど仕事がないのと異なり、個人再生では、債権届への対応、再生計画案の作成、履行のサポート等が要請されるので、本人申立比率が極端に低いことは制度への信頼を高めるためにも好ましいことである。

なお、大阪では、弁護士申立て以外は原則全件に個人再生委員を選任する予定でスタートし、司法書士関与の場合も予納金を30万円としていたが、実際には、個人再生委員が選任されたのは数件だけであり、他はすべて認可後に予納金が返却されていた（平成15年３月時点では、この予納金が15万円（ただし、官報掲載費用として別途１万円程度必要）に下げられているようである）。一部において、司法書士関与事件で個人再生委員選任決定に対し抗告のなされる例があると仄聞するが、どのような事案であろうか。

(4) 異議の留保

債権者一覧表に異議の留保を記載しているのは、全体の79.7％である。その後に異議の申述がなされる例は、全国的なデータは知らないが、東京地裁では16.5％、それに対する評価の申立ては0.9％ということであった（園尾ほか「概況（東京）」11頁）。大阪で勧められている「残債推計表」を使って異議を述べる方法をとれば、評価の申立てはさらに減少すると思われていた。

特定調停の利用件数はむしろ増加していることは冒頭でも説明したが（債務者数としては４万人程度とみられていた）、個人再生が一層定着してくるようになれば、特定調停でもこれらの減免率の実績が影響し、元本割れの調停も可能になってくるのではないかと指摘されていた。

(5) 再生計画案における再生債権の減免率

再生計画案における再生債権の減免率も興味のあるところであるが、小規模

個人再生では平均減免率が73％、全体の87.5％が減免率60〜80％台に集中しており、給与所得者等再生では平均減免率62％、60〜70％台に集中していた（畑野＝岩波「概況」）。両手続における減免率の相違は給与所得者等再生の可処分所得要件が影響していると推測されている。

(6) 再生計画認可率

再生計画案は、小規模個人再生では190件中175件（92.1％）、給与所得者等再生では437件中409件（93.6％）が認可されており、大部分の事件が順調な手続を踏んでおり好調であった（畑野＝岩波「概況」）。

なお、弁済期間を「特別の事情」で5年にしているものが、東京で8％、大阪で15％あるようであった（園尾ほか「概況（東京）」14頁、尾川「運用状況（大阪）」）。

(7) 平均審理期間

申立てから認可決定までの平均審理期間は152日、東京では173日、90日以内が1.5％、100日以内が3.6％であり、ほぼ5カ月程度が平均的な審理期間のイメージである。迅速な計画審理がなされているといえた（畑野＝岩波「概況」、園尾ほか「概況（東京）」13頁）。

仮に弁護士等が債権調査のために受任通知を申立て前1カ月に行い、認可決定確定が認可決定後1カ月目になされるとすると、債務者としては、弁護士等に委任して平均7〜8カ月程度経過してから第1回の弁済に入るというのが一般的なパターンであろう。

3 最近の新受件数

平成23年から30年までの個人再生事件新受件数は〈表2〉のとおりであり、平成26年まで若干の減少傾向にあったが、平成27年から微増に転じている。なお、小規模個人再生の利用率が極めて高くなっている。

第2章　小規模個人再生

一　小規模個人再生の概要

　小規模個人再生とは、総債務額が5000万円以下の個人債務者で、かつ、将来において継続的にまたは反復して収入を得る見込みのある者が、原則としては3年間、一定額を弁済すれば、残額の免除が受けられる手続である（法221条1項）。

1　個人債務者の手続

　小規模個人再生は、個人債務者しか利用できない。したがって、株式会社や有限会社、医療法人等の法人は利用できない（法221条1項）。

　小規模個人再生が当初予定していた利用者像は中小・零細の個人事業者であるが、サラリーマンも利用することができる。むしろ、可処分所得要件によって返済額が高くなり、給与所得者等再生の利用が困難なサラリーマンについては、小規模個人再生のほうが利用しやすいといえる。

2　将来において継続的にまたは反復して収入を得る見込みのある者

　将来において、継続的にまたは反復的に収入を得る見込みのある者が利用することができる（法221条1項）。

　小規模個人再生は、債務者がその収入の中から、原則として3年間、3カ月に1回以上の割合で債権者に弁済するという再生計画を作成し（法229条2項）、これを遂行することで残債務の免除を受けて（法232条2項）、その経済生活を再生する手続である。したがって、小規模個人再生の利用者は、このような再生手続を遂行する見通しが立つ者でなければならず、このため法は、利用者に将来にわたって、継続的にまたは反復的に収入を得る見込みのあることを求めている。

　かかる趣旨に照らせば、3年間にわたって、3カ月に1回以上の割合で収入

を得る見込みのある者は、「将来において、継続的に又は反復して収入を得る見込み」があるといえる。

　収入を得る間隔が3カ月に1回以上の割合を超える場合や、収入が不定期の者についても、1回の収入から弁済資金をプールしておくことによって、次に収入を得るまでの間、3カ月に1回以上の割合で弁済を継続できるのであれば、再生計画を遂行する見通しが立つから、同様に「将来において、継続的に又は反復して収入を得る見込み」があるといえる。たとえば、農業に従事している者も、少なくとも1年に1回以上は農業収入を得る見込みがあり（たとえば、米作農家であって、少なくとも秋には収入を得る見込みがある等）、この収入をプールしておくことで、次の収入を得るまでの間（たとえば、翌年の秋まで）、3カ月に1回以上の割合で弁済を継続できるから、「将来において、継続的に又は反復して収入を得る見込み」がある。

3　債務総額による利用制限

　債務総額が5000万円以下の者しか利用できない（法221条1項）。

　ただし、ここにいう5000万円には、住宅ローンや別除権の予定不足額を含まないので（法221条1項）、大雑把にいえば、もっぱらサラ金やクレジット会社からの借金が5000万円以下の者が利用できると理解してよい。

　また、ここにいう5000万円は、利息制限法適用後の残債務が5000万円以下の場合である。サラ金やクレジット会社の金利のうち、改正貸金業法の完全施行後の契約については、貸金業者が利息制限法の上限利率を超過する利息を徴収することができなくなったが、施行前の契約については、従前の例によるとされている（貸金業の規制等に関する法律等の一部を改正する法律（平成18年法律第115号）附則25条・26条・31条）。そして、その施行前の契約については、その大部分は利息制限法に違反しているから、サラ金やクレジット会社からの請求額の合計が5000万円を超えていたとしても、すぐにはあきらめる必要はない。

一　小規模個人再生の概要

参考（利息制限法の制限利息）

元本が10万円未満	年20％
元本が10万円以上100万円未満	年18％
元本が100万円以上	年15％

　小規模個人再生は債務総額は5000万円以下の者しか利用できないから（法221条1項）、債務総額が5000万円を超える債務者は、自己破産か、通常の民事再生手続を選択することになる。

　しかし、通常の民事再生手続においては監督委員が選任されるため、この手続を選択した場合、申立て時、裁判所に300万円以上の予納金を納付する必要がある。このため、実際上は、零細な個人事業者が通常の民事再生手続を申し立てることは困難といえる。

　この点、近時東京地裁では、零細な個人事業者の場合、債務総額が5000万円を超えていても、予納金として100万円の納付を命じたうえで、監督委員を選任している。各地の裁判所においても、これに追随する動きがあるようである。なお、東京地裁においてはきめ細かな基準を用意しているので、資料編資料④を参照されたい。また、大阪地裁における予納金に関しては資料編資料⑤を参照されたい（ただし、予納郵券については7020円（内訳：500円5枚、100円20枚、82円15枚、50円15枚、20円20枚、10円10枚、2円10枚、1円20枚）。なお、予納郵券については、消費税引上げによる変更が予定されているので留意されたい）。

4　弁済期間

　弁済期間は原則として3年であるが、特別な事情があるときは、5年まで伸長することができる（法229条2項2号）。

　個人債務者は、この期間中、3カ月に1回以上の割合で分割弁済を継続する（法229条2項1号）。

　また再生計画の認可後、やむを得ない事由で分割弁済が著しく困難になったとき、再生債務者の申立てにより、2年以内の範囲で弁済期間を延長することができる（法234条1項）。

5 最低弁済額

原則として３年間に弁済すべき額（最低弁済額）は、基準債権総額が3000万円以下の場合は、５分の１以上、または100万円のいずれか多い額であるが、基準債権の総額が100万円を下回っているときはその全額、基準債権の総額の５分の１が300万円を超えるときは300万円である（法231条２項４号）。そして、基準債権総額が3000万円を超え、5000万円以下の場合は、基準債権の総額の10分の１である（同条３号）。したがって、最低弁済額の上限は500万円になる。

なお、ここにいう「基準債権」とは、配当の対象になる債権（無異議債権および評価済債権）の総額から、抵当権の実行のように別除権の行使によって弁済を受けることができると見込まれる債権や、手続開始後の利息や遅延損害金を除いたものを指している（法231条２項３号・４号）。

二　手続の流れ

手続の流れは、〔図２〕（36頁）のとおりである。

1 申立書の提出

まず裁判所に申立書を提出しなければならない（規則112条１項）。

申立書は債務者の住所地の地方裁判所に提出する（法５条１項、民訴法４条２項）。なお、「住所地」とは、人の生活の本拠をいう（民法21条）。必ずしも住民票上の住所に限定されない。

ただし、次のような例外が認められている（法５条７項）。

① 連帯債務者　連帯債務者の関係にある者についてすでに再生手続が係属しているときは、他の連帯債務者である個人は、先に再生手続が係属している地方裁判所に対しても申し立てることが可能である。

② 主債務者と保証人　すでに主債務者について再生手続が係属しているとき、保証人である個人は、主債務者の再生手続が係属している地方裁判所に対しても申し立てることが可能である。

　逆に保証人について先に再生手続が係属したときも、主債務者である個人は、保証人の再生手続が係属している地方裁判所に対しても申し立てる

二　手続の流れ

ことが可能である。

③　夫婦　　夫婦のうち一方についてすでに再生手続が係属しているときは、他の一方も先に再生手続が係属している地方裁判所に対しても申し立てることが可能である。

なお、法文の表現とは異なり、複数の連帯債務者あるいは主債務者と保証人、夫婦がそろって、同時に同じ裁判所に申し立てることも実務上は可能である。

2　申立書の記載事項、添付書類

申立書には①個人債務者の氏名、住所、②職業、収入その他生活状況、③債務総額を記載する（規則112条2項・12条1項）。

またⓐ確定申告書のコピーや源泉徴収票のコピー等、再生債務者の収入の額を明らかにする書面、ⓑ預貯金通帳のコピーや登記簿謄本、固定資産税評価証明書等重要な財産の価額を明らかにする書面を添付する（規則112条3項・14条4号）。

加えて、債権者の氏名や名称、債権額と原因、担保不足見込額、手続開始後の利息等を含むときはその旨、公正証書のある債権や判決、和解を経た債権であるときはその旨を記載した債権者一覧表を提出しなければならない（法221条3項）。

さらに、申立てにあたっては、申立て後に小規模個人再生の要件を具備しないことが判明した場合、民事再生手続の開始を求める意思があるか、否かを明らかにしなければならない（法221条6項）。小規模個人再生固有の要件（債務額5000万円以下の個人からの申立てか等）を満たしていないとき、民事再生手続の開始を求める意思を表示していた場合は民事再生手続が開始され、民事再生手続の開始を求める意思を表示していない場合は申立ては棄却される（同条7項）。

3　裁判所の決定

申立書を受理した裁判所は、小規模個人再生固有の要件を審査し、あわせて下記棄却事由に該当しないか検討する（法25条）。

35

第 2 章 小規模個人再生

[図 2] 小規模個人再生フローチャート（条数は民事再生法）

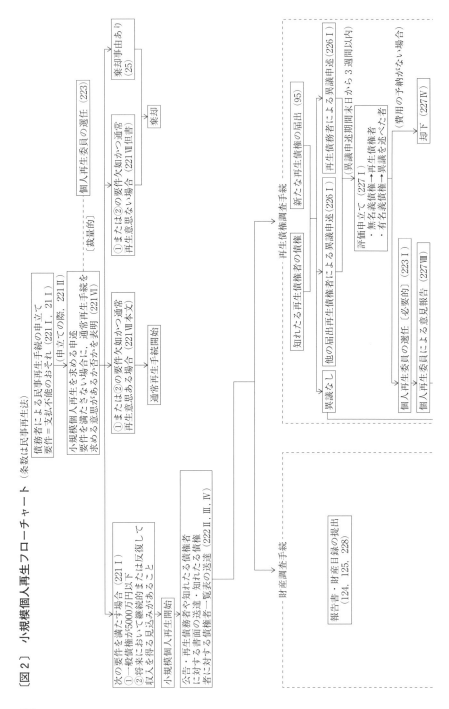

二 手続の流れ

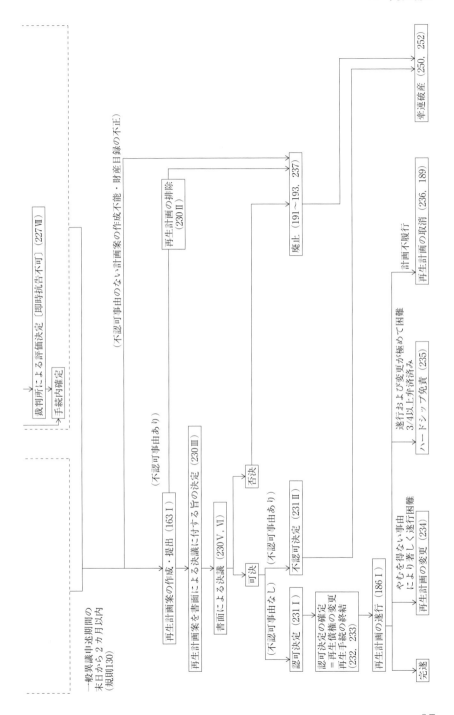

第 2 章　小規模個人再生

①　予納金が納付されているか。

②　破産手続が係属していないか、そして破産手続によるほうが債権者一般の利益にならないか（法文には、整理、特別清算手続が挙げられているが、これらは個人に関する手続ではない）。

③　再生計画作成、可決、あるいは認可される見込みのないことが明らかであるか。

④　不当な目的での申立て、不誠実な申立てではないか。

4　開始決定の効果

裁判所は 3 記載の棄却事由がないことを確認した後、小規模個人再生の開始を決定し（法33条）、同時に、債権の届出期間と異議申述期間を定める（法222条 1 項）。

そのうえで、開始決定の主文と上記期間を公告するとともに（法222条 2 項）、再生債務者および知れている再生債権者に書面で知らせる（同条 3 項）。

5　個人再生委員の選任

小規模個人再生が開始されても、民事再生のように監督委員が選任されたり、管財人が選任されることはない。

監督委員に代わって、個人再生委員が選任されることがある（法223条 1 項）。

もっとも、実務上大阪地裁等多くの庁では、申立代理人として弁護士が申し立てた小規模個人再生、給与所得者等再生には個人再生委員は選任されない。本人申立事件には、本人の手続遂行をサポートするために個人再生委員が選任されている。これに対して、東京地裁本庁等では全件個人再生委員が選任されている（東京地裁の運用方針については、資料編資料①②参照）。

個人再生委員は、裁判所の指定に基づき、債務者の財産や収入、担保不足見込額を調査し、債務者が再生計画案を作成するにあたって必要な勧告を行う（法223条 2 項）。

なお、大阪地裁では、平成17年 1 月 1 日から申立人が個人事業者であり、保証債務および住宅ローンを除いた債務が3000万円を超える場合には、原則として個人再生委員を選任することとしている。

二　手続の流れ

6　債権届出

上記のとおり申立てに際して、再生債務者は債権者一覧表を提出するが、債権者一覧表に記載された再生債権者に関してはあらためて届け出る必要はない（法224条1項）。

再生債務者あるいは再生債権者は、届出債権あるいは担保不足見込額について異議を述べることができる（法226条1項）。

異議を述べられた再生債権者は、裁判所に対して、異議申述期間の末日から3週間以内に再生債権の評価の申立てを行わなければならないが、債権者がすでに債務名義を得ているときや判決を得ているときは、逆に異議を述べた者が評価の申立てを行わなければならない（法227条1項）。

評価の申立てに対して、裁判所は、個人再生委員の意見を聴いた後、債権の存否および額を決定する（法227条7項・8項）。

7　再生計画案の作成、可決

再生債務者は、債権届出期間満了後、裁判所の定める期間内に、再生計画案を自ら作成して、裁判所に提出する（法163条1項）。

なお、法文上は、裁判所は再生債務者から申立てに至った事情や、仕事や財産の経緯、状況に関する報告書が提出された後に、再生計画案を書面等投票による決議に付すと規定している（法230条1項・3項）。

しかし、大阪地裁の実務では、申立書に「なお、民事再生法124条2項の財産目録及び125条1項の報告書としては、添付の財産目録等を援用することとする」と記載して、上記報告書の提出に代えている。大阪地裁以外の裁判所から、上記報告書の提出を求められたときは、【書式2-1】のとおり提出すれば足りる。

【書式2-1】　上申書──報告書の提出を求められた場合

令和○○年（再イ）第○○号
申立人　○○○○

上　申　書

第 2 章　小規模個人再生

> 上記当事者に対する頭書事件につき，下記の通り上申します。
> 　令和○○年○○月○○日
>
> 　　　　　　　　　　　　　　　　　　申立人代理人
> 　　　　　　　　　　　　　　　　　　　弁護士　○　○　○　○　印
>
> ○○地方裁判所　御中
>
> 　　　　　　　　　　　　　　　　記
> 　財産目録及び報告書につきましては，申立書添付のものを引用致します。

　債権者集会は開催されない。書面等投票による決議の結果、議決権者のうち不同意がその総数の半数に満たず、かつ議決権総額の２分の１を超えないとき、再生計画案は可決される（法230条６項）。

　なお、再生計画において、再生債務者は原則として３年間で（法229条２項２号）、基準債権総額が3000万円以下の場合にはその５分の１以上、または100万円のいずれか多い額（ただし、基準債権の総額が100万円を下回っているときはその全額、基準債権の総額の５分の１が300万円を超えるときは300万円）、基準債権総額が3000万円を超え5000万円以下の場合はその10分の１以上を分割弁済しなければならないこと（法231条２項３号・４号）は、すでに説明したとおりである。

8　再生計画案の認可と手続の終了

　再生計画案が可決されると、裁判所は以下の場合を除いて再生計画を認可する（法174条２項・231条２項）。

① 　法律に違反しているとき

② 　遂行される見込みがないとき

③ 　不正な方法で決議が成立したとき

④ 　債権者の一般の利益に反するとき（清算価値保障原則）

⑤ 　債務者が将来において継続的にまたは反復して収入を得る見込みがないとき

⑥ 　無異議債権と評価済債権の総額が5000万円を超えるとき

⑦　前記一5記載の最低弁済額を下回っているとき

　したがって、小規模個人再生における最低弁済額は、清算価値保障原則（④）と最低弁済基準（⑦）によって画されることになる。

　再生計画認可決定が確定すると、再生計画のとおり権利は変更され（法232条1項）、これによって手続は終結する（法233条）。

三　小規模個人再生の申立て

1　小規模個人再生の開始原因

⑴　支払不能

　小規模個人再生は民事再生の特則として規定されている。したがって、小規模個人再生を利用する前提として、「支払不能のおそれ」が要件として備わっていなければならない（法21条1項前段、破産法15条1項）。

　それでは、どのような場合に「支払不能のおそれ」に陥ったと評価できるであろうか。

　平成12月7月から施行された出資法では、業として金銭の貸付を行う場合の上限金利が29.2％に引き下げられたが（旧出資法5条2項）、それまでの上限金利は40.004％であった。

　上限金利が40.004％の時代、大手サラ金やクレジット会社も含めた平均貸出金利は30％前後であったから、平均的なサラリーマンの場合、サラ金やクレジット会社から400万円の借入れがあれば、もはや支払不能だと考えられていた（たとえば、澤井裕ほか『カードトラブルハンドブック』27頁、クレジット・カード研究会編著『Q&A カード破産解決法』89頁）。というのも、400万円の借金について年30％の金利を支払うと、毎月10万円あて返済しても金利にしかならず、したがって借金はいっこうに減らないし、永遠になくならないからである。もちろん、将来支払うべき利息について、法律上は利息制限法の上限金利までで足りるのだが、債務者個人において、利息制限法を援用することは容易ではないし、サラ金も直ちに応じるはずがない。仮に18％に引き下げる交渉に成功したとしても、毎月6万円は利息として取られてしまうから、元金はあまり減らない。

そのような中でも現在は出資法の上限金利が20％に引き下げられたが、その施行（平成22年6月18日）以前の契約についての平均貸出金利は旧出資法の上限金利（29.2％）に近いものであり、ほとんど下がっていないように思われる。したがって、20％に引き下げられた現在でも平均的なサラリーマンならば、サラ金やクレジット会社から400万円の借入れがあれば支払不能だと考えてよい。

それゆえ、平均的なサラリーマンが、サラ金やクレジット会社から400万円の借入れがあれば自己破産の申立ても可能であり、小規模個人再生の申立ても可能である。

(2) 支払不能の「おそれ」

自己破産の場合の「支払不能」ではなく、小規模個人再生の申立ては「支払不能のおそれ」があれば可能である。それゆえ、債務額がもっと少なくとも「支払不能のおそれ」があると認定できるはずである。

具体的に「支払不能のおそれ」があるといえる債務額を特定することは困難であるが、たとえば配偶者と子供二人の4人家族のサラリーマン（仮にAさんとする）が、手取りで30万円の収入を得ていると仮定した場合、子供の年齢にもよるが、子供が中学生になっていたら、塾の授業料や家賃、光熱費等で支出を25万円以下に切り詰めることは困難と思われる。子供が高校生以上なら、公立高校に通っていても、授業料の無償化の制度があるものの、結構な費用が必要となる。

このような前提でAさんが、サラ金3社に50万円あて、合計150万円の借金があるとすれば、概ねサラ金1社あたり月額2万円程度の返済である。1社ならたいしたことはないかもしれないが、3社なら6万円になる。生活費を24万円に切り詰めても、借金を返済すれば剰余は残らない。病気やけが、あるいは残業の減少程度でも、サラ金への毎月の返済が不可能になってしまう。

それゆえ、説例のAさんについてはもはや「支払不能のおそれ」があると認定できるはずである。

このように破産の場合よりも、小規模個人再生は間口が広いといえるであろう。

(3) 債務総額

小規模個人再生を申し立てることができる者は、債務額が5000万円以下の個

人債務者で、かつ、将来において継続的にまたは反復して収入を得る見込みのある者に限られている（法221条1項）。

すなわち、法人は申し立てることができず、債務額が5000万円を超える者も申し立てることができないことは、一1ないし3に述べたとおりである。

2 免責不許可事由がある場合

ギャンブルにのめり込み、多額の借金を抱えてしまったというような多重債務者に関しては、自己破産申立てでは必ずしも十分な救済が図られなかった。というのも、破産法は浪費や賭博その他の射幸行為を免責不許可事由と定めているからである（破産法252条1項）。

確かに、もっぱらギャンブルで借金を重ねたにもかかわらず、破産手続によってすべて免責されてしまうのは、国民感情からしても容認し難いと思われる。

しかし、過度の飲酒によって肝臓病になってしまった患者に対して、医者は「死になさい」というであろうか。われわれ弁護士も、借金の原因に反省すべき点はあったとしても「死になさい」とか「夜逃げしなさい」とはいえるはずもなかった。それゆえ、これまでも一部弁済等により裁量免責を求める実務上の工夫が重ねられてきた。

これに対して、小規模個人再生においては、破産法の免責不許可事由に相当する条文はない。むしろ、再生計画が認可されると、再生計画のとおり債権者の権利は再生債権に変更されるから（法232条1項）、再生計画のとおり弁済を終了すれば債務はすべて消滅する。

したがって、免責不許可事由があって、破産申立てでは十分な更生を図ることができないケースでは小規模個人再生（あるいは給与所得者等再生）を申し立てることが適当といえる。

多重債務者が以前破産手続開始決定を受けたことがある場合も同様である。免責を申し立てた前7年以内にも免責を得ていたことは、破産法上、免責不許可事由に該当する（破産法252条1項10号）。したがって、このケースでも自己破産を申し立てることは適当ではないが、小規模個人再生なら経済的更生を図ることが可能である。ただし、7年以内に免責を得ていたケースに関しては、給与所得者等再生を利用することはできない（法239条5項2号）。

3 小規模個人再生の申立準備

(1) 取立行為の阻止と債務額の調査

弁護士に自己破産か、個人再生手続を委任したいと思って、相談に訪れた多重債務者は、たいてい、サラ金等への支払いが遅滞していて、その結果、サラ金等から厳しい取立てを受けている。このため、債務者本人はもちろん、家族も疲弊してしまっているケースが大半である。

しかし、債権者すなわちサラ金やクレジット会社が、債務者がその債務の処理を弁護士に委任した、あるいは自己破産や個人再生手続、調停等の裁判を申し立てた旨の通知を受領したときは、直接債務者に対して支払請求することを禁止される（貸金業法21条・47条の3）。それゆえ、まずは取立行為を止めるため、あわせて申立て時に提出する債権者一覧表の記載に正確を期するために、債権者に対して【書式2-2】のような通知書を発送する必要がある。

【書式2-2】 債権調査照会書・回答書

つきましては、まず、貴社の債務者に対する債権額を確定する必要があります。ご多用とは存じますが、**同封の「債権調査票」に必要事項をご記載の上、貴社と債務者との借用書又は契約書の写し等債権の存在を明らかにする書面と**ともに、当職宛　月　日（　）までに速やかにご送付くださるようお願い申し上げます。

　また、その際、**利息制限法の制限利率を超える貸付けを行っている場合は、当初契約から現在までの全ての取引履歴及び利息制限法による計算書のご送付をお願いいたします**（最高裁判所平成17年7月19日判決、貸金業法19条の2）。ご送付がない場合、異議を述べることとなる予定です。

　なお、債務者本人及び家族は完全に疲弊しておりますので、債務者の窮状にご理解を賜り、貸金業法に従って、本人には一切ご連絡なきようお願い申しあげます。万一、信用毀損、威迫等の言動があった場合には、断固たる措置をとる所存ですので念のため申し添えます。

　貴社には誠にご迷惑をおかけいたしますが、債務者の窮状をご賢察下さりご協力いただきたくお願いする次第です。

　なお、過払金が存在する場合は、本通知によって催告いたします。また、本通知によって債務を承認するものではありません。

草々

【債務者の表示】

氏　　名	○　○　○　○
生年月日	昭和○○年○○月○○日生
住　　所	○○市○○町○-○-○

※当てはまる□をチェックしてください。必ず、この書式でご回答願います。＊印の欄は弁護士が記入します。

債権調査票

債権者番号　＿＿＿＿＿＿＿＿　＊

【債務者　　○　○　○　○　　＊】　【記入日　令和　　年　　月　　日】

貴社（貴殿）名	＿＿＿＿＿＿＿＿＿＿＿＿＿＿＿　印
会社所在地（住所）〒	＿＿＿＿＿＿＿＿＿＿＿＿＿＿＿
TEL	FAX
担当部課	ご担当者名

1　債権残高　＿＿＿＿＿＿＿＿＿＿＿円

2　初回の取引　＿＿＿＿＿年＿＿月＿＿日　＿＿＿＿＿＿＿円

（貴社が保証人の場合、保証委託契約日を記載し、代位弁済日は4に記載ください。）

3 債権の種類
　　□　貸付金（□住宅ローン　□それ以外）　　□　立替金　　□　売掛金
　　□　保証債務履行請求権（主債務者名＿＿＿＿＿＿＿＿）　　□　求償権
　　□　その他（＿＿＿＿＿＿＿＿＿＿＿＿＿＿＿＿＿＿＿）
4 （債権の種類が求償権の場合）代位弁済について
　　原債権者名　＿＿＿＿＿＿＿＿＿＿＿＿＿＿＿＿＿＿＿
　　代位弁済　□　未了　　　□　済（＿＿＿＿＿年＿＿月＿＿日）
5 （債権譲渡を受けた場合）債権譲渡について
　　譲渡債権者名　＿＿＿＿＿＿＿＿＿＿＿＿＿＿＿＿＿＿
　　譲受日　　　＿＿＿＿＿＿＿年＿＿月＿＿日
6 保証人の有無
　　□　なし　　□　あり（保証人名＿＿＿＿＿＿＿＿＿＿＿＿＿＿＿＿）
利息制限法の制限利率を超える貸付を行っている場合は、必ず当初契約から現
在までの全ての取引履歴及び利息制限法による計算書を添付ください。

(2)　清算価値の調査

　二8に記述したとおり、「債権者の一般の利益に反するとき」、再生計画は不認可になる（法174条2項4号）。したがって、再生計画においてはこの条件をクリアするために、破産手続によって債権者らが配当を受け得る額よりも多くを弁済しなければならない。これを「清算価値保障原則」と呼んでいる。

　したがって、小規模個人再生を申し立てるに先立って、債務者の清算価値を把握する必要がある。

　この点で、【書式2-3】の清算価値算出シートを利用するのも一方法ではあるが、大阪地裁の実務においては後掲【書式2-9】の添付書類にあるような財産目録を提出しており、この財産目録を使用すれば、別途清算価値算出シートを利用する必要はない。

　なお、大阪地裁以外では、清算価値算出シートの提出を求める裁判所も多く、その提出時期も申立て時としている扱いが多いようであるので、清算価値算出シートの提出の要否は、実際に各地方裁判所の窓口に問い合わせる必要がある。

三 小規模個人再生の申立て

【書式2-3】 清算価値算出シート（全国版）

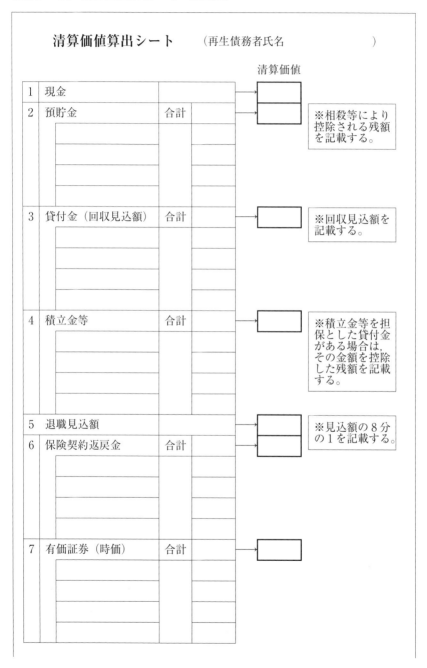

47

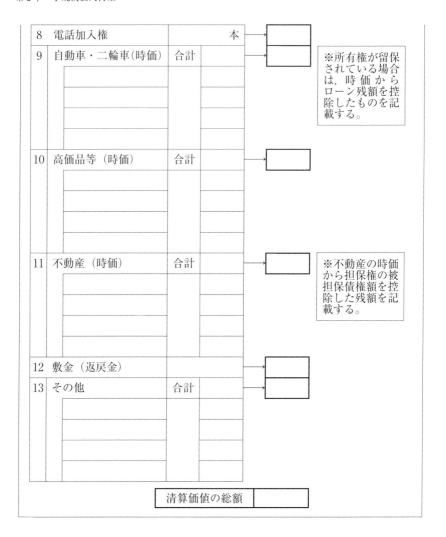

4 小規模個人再生の申述

(1) 申述の方式

　小規模個人再生の申立てには、再生手続開始の申立てとともに、小規模個人再生の申述をしなければならない（法221条2項）。実際には、後述の書式のように申立書において、申立ての趣旨欄に「申立人について、小規模個人再生による再生手続を開始する」旨の記述がなされる。

この申述資格は、再生債務者に限定されている。債権者から再生手続開始の申立てをされた場合であっても、再生手続開始前であれば、裁判所からの通知を受けてこの申述をすることができる（同項かっこ書）。

(2) 申立書

再生手続開始の申立ても、小規模個人再生の申述も書面によってしなければならない（規則2条1項・112条）。後掲【書式2-4】は全国版、【書式2-6】は東京地裁、【書式2-9】は大阪地裁として公表されている申立書書式である。

申立書の記載事項は次のとおりである（規則12条1項・13条1項、法221条6項）。

① 再生債務者の氏名または名称および住所並びに法定代理人の氏名および住所　実際の住所と住民票上の住所が異なるときは、その両方を記載すべきである。

② 申立ての趣旨　「申立人について、小規模個人再生による再生手続を開始する」と表記される。民事再生手続のうち、どの手続を申し立てるのかを明確にするためである。

③ 再生手続開始の原因たる事実　小規模個人再生も再生手続である以上、その開始原因が必要であることは前述したとおり（前記1参照）であるが、これを申立書において明示しなければならないことは当然といえる。申立書においては通常「申立ての理由」として記載される。もっとも、その記載内容は、陳述書や債権者一覧表、財産目録を同時に提出することから、これらの記載を引用する形で簡略化されている。

④ 再生計画案の作成の方針についての申立人の意見　再生手続が、一定金額を再生債権者に対し債権額に応じて平等に権利変更したうえでこれを支払う形の再生計画案を提示するものである以上、再生計画案を提示することができなければならない。そうであるならば、申立時点においても、再生計画案を提示することができるものであることを示すべく、その方針についての意見を申立人に要求することとしたのである。

かかる申立人の意見の記載は、できる限り、予想される再生債権者の権利の変更の内容および利害関係人の協力の見込みを明らかにしてしなければならない（規則12条2項）。

⑤ 再生債務者の職業、収入その他生活の状況（規則112条2項2号）

第 2 章　小規模個人再生

⑥　再生債務者の資産、負債その他の財産の状況

⑦　再生手続開始の原因の生ずるに至った事情

⑧　再生債務者の財産に関してされている他の手続または処分で申立人に知れているもの

以上の⑤～⑧の事項については、申立人が再生手続を申し立てるに至った事情をより詳細にするために要求される。もっとも、個人再生手続においては、実際には、再生債務者の陳述書、債権者一覧表、財産目録の提出をもってかえる取扱いがなされている。

⑨　再生債務者が事業を行っているときは、その事業の内容および状況、営業所または事務所の所在地並びに使用人その他の従業者の状況

⑩　再生債務者の使用人その他の従業者で組織する労働組合があるときは、その名称、組合員の数および代表者の氏名

以上の⑨⑩については、再生債務者が事業を営んでいた場合に必要とされるが個人再生手続においても同様である。

⑪　再生債務者について法207条 1 項に記載する外国倒産処理手続があるときは、その旨

⑫　小規模個人再生の要件を欠く場合に、通常再生手続の開始を求める意思の有無（規則112条 2 項 1 号）　小規模個人再生が民事再生手続の特則として規定されていることから、小規模個人再生を開始することができない場合であってもなお、原則である通常の民事再生手続を開始することが可能な場合には、従前の手続を流用することで迅速かつ経済的な再生手続の進行を図ったものといえる。ただ、小規模個人再生がもっぱら債務者からの申立てを認めたものである（すなわち、債務者は個人再生手続の特別のメリットを受けるべく申し立てることが多い）以上、債務者自身がかかる手続を望まない場合にまで、通常の再生手続への移行を認める必要はないことから、通常再生の手続の開始を求めるかどうかを明確にさせるためにこれを記載させるものとした（なお、伊藤眞ほか編著『新注釈民事再生法（下）〔第 2 版〕』418頁参照）。

　　実務上は、かかる意思の有無については、申立ての趣旨の中に記載する（大阪地裁の書式）か、申立ての理由欄に記載する（東京地裁の書式）。

50

(3) 申立書の添付書類

小規模個人再生の申立書の添付書類は次のとおりである（規則14条）。

① 再生債務者の住民票の写し　　最近３カ月以内のものでなければならない。また、世帯全員の記載があり、本籍・続柄等が省略されていないものを提出する。

② 債権者一覧表　　これについては、債権者の氏名または名称、住所、郵便番号および電話番号（ファクシミリの番号を含む）並びにその有する債権および担保権の内容を記載する必要がある（規則114条１項。なお、後述(4)参照）。

③ 再生債務者の財産目録　　清算価値保障原則（3(2)）がある以上、申立人の清算価値を明示する必要がある。また、財産目録に記載された財産についてはその価格を明らかにする書面も提出することが要求されている（規則112条３項２号）。もっとも実際には、定型の財産目録に、その清算価値を記載する工夫がなされている（【書式２-９】）。

④ 再生債務者の確定申告書の写し、源泉徴収票の写しその他の再生債務者の収入の額を明らかにする書面（規則112条３項１号）　　小規模個人再生が、再生債務者の収入から少しずつでも支払うことを最終目的とする以上、再生債務者の収入が安定していることは不可欠である。そのため、再生債務者の支払能力について、過去の実績を明らかにするとともに、将来にわたって支払いが可能かどうかを判断する資料として、これらの資料が要求されるものである。「その他の再生債務者の収入の額を明らかにする書面」は源泉徴収票も確定申告書もない場合に提出することになるが、たとえば、日雇い扱いの事業者のような場合（いわゆる「一人親方」のような場合である）、元請先からの支払証明などが考えられる。

⑤ 再生債務者の財産のうち、登記、登録がある権利については、登記簿謄本または登録事項証明書　　再生債務者の財産の権利内容を明らかにするために必要とされる。

　以下の書類は、再生債務者が事業者である場合に必要であるとされている。もっとも、小規模個人再生においては、必ずしも貸借対照表および資金繰り予定表は要求されていないようであり、また資金繰り実績表についても、極めて

第2章　小規模個人再生

簡略化された事業収支実績表（【書式2-9】参照）で足りるとされているようである。

⑥　再生手続開始前3年以内に法令の規定に基づき作成された再生債務者の貸借対照表および損益計算書

⑦　再生手続開始の申立て前1年間の資金繰り実績表および再生手続開始の申立て後6カ月間の資金繰り予定表

⑧　再生債務者が労働協約を締結し、または就業規則を作成しているときは、当該労働協約または就業規則

⑷　債権者一覧表

⒜　提出の必要性

小規模個人再生の申述をするには、申立書のほかに債権者一覧表を提出しなければならない（法221条3項）。通常の民事再生手続において債権者一覧表の提出は申立て時に必須ではないが、小規模個人再生においては、債権者一覧表の提出が義務づけられており、この提出がない場合には、申述は認められない（法221条7項、伊藤ほか・前掲413頁）。

⒝　記載事項

債権者一覧表の記載事項は次のとおりである（法221条3項・226条1項ただし書）。

①　再生債権者の氏名または名称並びに各再生債権の額および原因　　なお、これに加えて、規則114条1項では、その後の手続の便宜を考えて、ⓐ債権者の住所、郵便番号および電話番号（ファクシミリの番号を含む）、ⓑ再生手続開始後の利息等の劣後的債権（法84条2項）についてはその旨、ⓒ執行力ある債務名義または終局判決のある債権については、その旨を記載すべきこととした。

②　別除権者については、その別除権の行使によって弁済を受けることができないと見込まれる再生債権の額　　別除権の行使によって、弁済を受けることができる再生債権の額は、5000万円の限度額要件（第2章一3参照）の枠外となる（法221条1項）ところから、その記載が求められる。

③　住宅資金貸付債権については、その旨

④　住宅資金特別条項を定めた再生計画案を提出する意思があるときは、そ

の旨　　住宅資金貸付債権（第4章参照）についても②と同様に5000万円
の限度額要件の枠外になる（法221条1項）ことから、その記載が求められ
るのである。なお、住宅資金貸付債権については、法196条3号の要件に
該当することを明らかにしなければならない。

⑤　再生債務者が再生債権に対する異議権を留保する場合にはその旨
　個人再生債務者については借入額や残存債務額を正確に把握していない場
合があるが、このような場合であっても債権者一覧表に債権額を記載する
ことが要求されている。しかし、このような場合において再生債務者が、
後に債権額について争えないとするのは、再生債務者にとって酷である。
そこで、かかる再生債権については、将来その全部または一部について「異
議を述べることがある旨」を記載しておけば、その後異議申述期間中に、
その債権者一覧表に記載した債権額について異議を申し立てることができ
るとした（法221条4項・226条1項本文）。他方、再生債務者がこの異議を
留保していない場合には、債権者一覧表に記載した再生債権についてその
後異議を述べることはできなくなる（法226条1項ただし書）。ただし、改
正貸金業法が平成22年6月18日に完全施行され、出資法の上限金利が利息
制限法の上限金利まで引き下げられ、みなし弁済規定が撤廃されたために
（同法12条の8第1項、旧法43条の削除）、いわゆるグレーゾーン金利がなく
なった。そのため、完全施行後の契約については、貸金業者が利息制限法
の上限利率を超過する利息を徴収することができなくなった。そこで、完
全施行後の契約については、この異議留保の必要がほとんどなくなること
になろう。また、改正貸金業法の完全施行前の契約については、従前の例
によるとされているが（貸金業の規則等に関する法律等の一部を改正する法
律（平成18年法律第115号）附則25条・26条・31条）、貸金業者に対し、最
判平成17・7・19民集59巻6号178頁により、信義則上、取引履歴の開示
義務が課せられており、さらに債務者等から貸金業者に対する帳簿の閲
覧・謄写請求権を定め、貸金業者は当該請求が請求を行った者の権利行使
に関する調査を目的とするものではないことが明らかであるときを除き、
当該請求を拒めないとされていることから（貸金業法19条の2）すれば、
ほとんどの場合、債務額の把握ができるようになってきた。そのため、完

第2章　小規模個人再生

全施行前の契約についても、異議留保する必要性も低くなっている。(伊藤ほか・前掲416頁)。

なお、異議留保については、その記載欄に○を付することで足りることに注意されたい(【書式2-5】【書式2-7】参照)。

⑸　**申立書**

(A)　**東京地裁・大阪地裁以外の場合**

全国版(東京地裁や大阪地裁以外)として公表されていた書式は最高裁が作成したものであり、申立書自体の書式はもっぱら給与所得者等再生のもののみ公表されていた。ただ、これを参考に小規模個人再生用の申述書を作成することは可能であると思われるので、本書においては、思い切ってかかる書式をも用意してみた。ただし、あくまでこれは最高裁が公表した書式ではないので、使用にあたっては注意されたい(給与所得者等再生用書式からの変更点は、主に、再生手続開始申立書の中では「申立ての趣旨等の内容の変更、申立ての理由等の第2項の削除であり、陳述書の中では第1の3および第5の削除である)。

【書式2-4】　小規模個人再生開始申立書⑴(全国版)

再生手続開始申立書 (小規模個人再生)

　　○○　地方裁判所　○○　支部　　御中

令和○○年○○月○○日

＝＝＝＝＝＝＝＝＝＝＝　申　立　人　＝＝＝＝＝＝＝＝＝＝＝

氏　　名：　　　　国　立　　直　　　　　　　㊞
ふりがな(くにたち　なおる)

生年月日：□大正☑昭和○○年　5月　6日　　年齢：　47歳

住民票上の住所：　○○県○○市○○町○丁目○○－○

現　住　所：〒000－0000　同上

連絡先電話番号：0000 (00) 0000　☑自宅□勤務先□その他 (　　　　)

ＦＡＸ番号：0000 (00) 0000　☑電話共用

送達場所の届出(※現住所と異なる場所で裁判所からの書類を受け取ることを希望する場合にのみ, その住所を記入してください。)

〒＿＿＿＿＿＿＿＿＿＿＿＿＿＿＿＿＿＿＿＿＿＿＿＿＿＿＿＿＿

＝＝＝＝＝＝＝＝＝＝　申立人代理人　＝＝＝＝＝＝＝＝＝＝

氏　　名：　日　本　太　郎　　　　　　　　　　　　　　　㊞
事務所住所　　〒〇〇〇-〇〇〇〇
（送達場所）：　　〇〇県〇〇市〇〇町〇丁目〇〇-〇　　〇〇ビル〇階
　　　　　　　　〇〇法律事務所
電話番号：　〇〇〇〇(〇〇)〇〇〇〇　ＦＡＸ番号：　〇〇〇〇(〇〇)〇〇〇〇

- 1 -

申立ての趣旨等

1　申立人について，小規模個人再生による再生手続を開始する。
との決定を求める。

※　あなたについて小規模個人再生による再生手続を行うことが相当でないと
　裁判所が判断することになった場合に備えて，あらかじめ，通常の再生手続
　により手続開始を決定することを求めておくことができます。あなたが通常
　の再生手続を希望する場合には以下の□に✓印を付けてください。
　　印がない場合には，小規模個人再生以外では再生手続の開始を求めていな
　いものとして取り扱われることになります。

2　小規模個人再生を行うことが相当と認められない場合には，
□　通常の再生手続の開始を求める。

申立ての理由等

1　申立人の負担する債務は，添付の債権者一覧表に記載したとおりであり，
　総額5000万円（※住宅ローン債権の額及び担保権による回収見込額を除く。）
　を超えていないが，申立人の財産の状況及び収入の額等は，この申立書に添
　付した陳述書に記載したとおりであり，申立人には，破産の原因となる事実
　の生ずるおそれがある。
　　申立人は，陳述書の「第1　職業，収入の額及び内容等」（5ページ）に
　記載したとおり，定期的又は反復して収入を得る見込みがあり，下記3の方
　針により再生計画案を作成し，再生債権者の一般の利益に反しない弁済を行
　うことができる。

2　再生計画案の作成の方針についての意見

- 2 -

第2章　小規模個人再生

　各再生債権者に対する債務について，相当部分の免除を受けた上，法律の要件を充たす額の金銭を分割して支払う方針である。

□住宅資金特別条項（※　住宅ローン債務について再生計画で特別な条項を定める予定がある場合には，□に✓印をつけてください。）

　なお，申立人所有の住宅（財産目録「11不動産」記載の土地，建物等）に関する住宅資金貸付債権については，債権者と協議の上，住宅資金特別条項を定める予定である。

添付書類
別添の「再生手続開始申立書（小規模個人再生）の添付書類一覧表」のとおり

－ 3 －

陳　述　書

令和　　年　　月　　日

申立人　氏　名　　国　立　　直　　㊞

═══　こ　の　陳　述　書　の　書　き　方　═══

　この陳述書は，該当する事項を○で囲んだり，□に✓チェック）印を付けたり，空白のところに必要事項を記入することによって作成することができるようになっています。必要事項を記入するようになっている欄が不足する場合には，この陳述書の用紙と同じ規格（A4判）の紙に記入し，そのことがわかるようにして，陳述書の末尾に付け足してください。

－ 4 －

第1　職業，収入の額及び内容等
　1　職　業

現在の職業・仕事の内容（　　お好み焼き店自営　　　　　　　　　）

現在の職業についた時期：(昭和)・平成・令和○○年　５月

　事業の具体的な内容：

　　客席が８席あるが，持ち帰りのお客さんが多い。店の切り盛りは基本的には私が全部おこなっており，忙しいときには妻に手伝ってもらっている。アルバイト等は雇っていない。

営業所名：　まんぷく亭

営業所の所在地：　○○県○○市○○町○丁目○番○号

２　収　入

　あなたの得ている収入について，以下に当てはまるものがあれば，その全部について記入をしてください。

☑　事業収入

月額売上額　　70万　　　　　円～　80万　　　　　円の間

月額利益額　　20万　　　　　円～　30万　　　　　円の間

＊　直近２年分の確定申告書をコピーして添付してください。添付できない場合は，その理由を説明した説明書を添付してください。

□給与所得

※各欄の金額は，税金や社会保険料を控除した後の「手取額」を記入してください。

(1)　月　収：　　　　　万　　　　　　　円

(2)　賞与（ボーナス）□なし

－ 5 －

□あり（最近１年間に受け取った額及びその時期）

　　　　　　万　　　　　　円平成・令和　　　年　　　月

　　　　　　万　　　　　　円平成・令和　　　年　　　月

　　　　　　万　　　　　　円　　　　　　　　　年　　　月

＊最近３か月の給与明細書及び過去２年間の源泉徴収票又は課税証明書（所得税や市町村・県民税の額や社会保険料の額が分かるもの）をそれぞれコピーして添付してください。

□年金，各種扶助等の受給（下表に必要事項を記入してください。）

種　　類	金額（月額）	受給開始の時期

第2章　小規模個人再生

		円	平・令　年　　月ころ
		円	平・令　年　　月ころ
		円	平・令　年　　月ころ

　　＊　年金や各種扶助の受給証明書のコピーを添付してください。

　□その他（具体的に：＿＿＿＿＿＿＿＿＿＿＿＿＿＿＿＿＿）

　(1)　1か月当たりの収入の額：＿＿＿＿万＿＿＿＿円（手取額）

　(2)　収入を得る時期や額についての説明

　　─────────────────────────────

　　─────────────────────────────

　　─────────────────────────────

　　─────────────────────────────

　　＊　上記の収入について，支払を受ける時期や額が明らかになる書類の
　　　コピーを添付してください。

－ 6 －

第2　生活の状況

　1　家族関係

氏　　名	申立人との関係	生年月日	職　業	月　収	同居の有無
国立明子	⟨妻⟩・夫	○○・4・5	主婦	0円	☑同居□別居
登　　子	子	○○・8・17	高校生	0円	☑同居□別居
		・・		円	□同居□別居
		・・		円	□同居□別居
		・・		円	□同居□別居

＊　同居者に収入がある場合は，それがわかる資料を添付してください。

※　家族（配偶者や子どもなど）の収入に関する記載は，あなたが扶養すべき
　家族の範囲を確定するとともに，あなたがこの手続の中で作成する再生計画
　のとおり返済を続けて行くことに無理がないかを判断するために必要ですの
　で必ず記入してください。

58

三　小規模個人再生の申立て

2　住居の状況
(1)　現在の住居の状況
　　□申立人所有の家屋　□親族所有の家屋（無償）
　　☑借家・賃貸マンション・アパート　□社宅・寮　□公営，公団の賃貸
　　住宅
　　□その他：＿＿＿＿＿＿＿＿＿＿＿＿＿＿＿＿＿＿＿＿＿＿＿＿＿

－ 7 －

　　　現在の住居について，申立人が家賃又は住宅ローンを支払っている場
　合は，次に記入してください。
　　　1年間に支払う家賃（管理費込み）又は住宅ローンの額
　　　　　＿77＿万＿7600＿円
＊　家賃を支払っている場合には，賃貸借契約書や住宅使用許可書のコ
　ピーを，住宅ローンを支払っている場合には，住宅ローンの契約書や返
　済予定表などを添付してください。
(2)　別居している被扶養者の住居の状況
　※　家族に別居者がいて，あなた自身がその別居者を扶養しているとき
　　は，次の欄に必要事項を記入してください。
　別居先の住所：＿＿＿＿＿＿＿＿＿＿＿＿＿＿＿＿＿＿＿＿＿＿＿＿
　上記住所に居住する家族の氏名：＿＿＿＿＿＿＿＿＿＿＿＿＿＿＿＿
　別居先の住居の状況
　□申立人所有の家屋　□親族所有の家屋（無償）
　□借家・賃貸マンション・アパート　□社宅・寮　□公営，公団の賃貸
　　住宅
　□その他：＿＿＿＿＿＿＿＿＿＿＿＿＿＿＿＿＿＿＿＿＿＿＿＿＿
　　　上記の住居について，申立人が家賃又は住宅ローンを支払っている場
　合は，次に記入してください。
　　　1年間に支払う家賃（管理費込み）又は住宅ローンの額
　　　　＿＿＿＿＿万＿＿＿＿＿円
＊　家賃を支払っている場合には，賃貸借契約書や住宅使用許可書のコ
　ピーを，住宅ローンを支払っている場合には，住宅ローンの契約書や返
　済予定表などを添付してください。

－ 8 －

3 家計の状況

　　別紙「家計全体の状況」記載のとおり

第3　財産の状況

　　別紙「財産目録」記載のとおり

第4　負　債

1 負債の状況

　　申立書添付の「債権者一覧表」記載のとおり

2 公租公課（税金など），罰金等の滞納の状況

　　納付すべき税金，社会保険料，罰金（反則金），刑事訴訟費用，過料等

　の　滞納をしている事実が

　☑ない

　□ある（下の表に必要事項を記入してください。）

種　　　類	納付すべき金額	納　付　時　期		
	円	令・平　　年	月	日
	円	令・平　　年	月	日
	円	令・平　　年	月	日
	円	令・平　　年	月	日
	円	令・平　　年	月	日

3 再生手続開始の申立てをするに至った事情

　　＊　債権者一覧表に記載した債務を負うことになった原因について，次

　　の①から⑦の中から当てはまるもの（複数の原因がある場合はそのすべ

　　てに）を選んで，その事項の前にある□に✓印を付けてください。⑦に

　　印を付けた場合には，「具体的な事情」の欄に，その原因と事情につい

　　て具体的に記入してください。

　□　①　申立人の病気，勤務先の倒産・リストラ等による収入の減少

　□　②　自動車，家具等の高額商品の購入による支出の増大

　□　③　住宅の購入による支出の増大

三　小規模個人再生の申立て

☐　④　仕事上の接待費の立替払い，契約金の立替払い，営業の穴埋めな
　　　どのための借金による支出の増大

☑　⑤　事業の失敗による負債の発生

☑　⑥　他人の借金を保証し，保証人として義務の履行を求められている。

☐　⑦　その他の原因（下欄にその原因から具体的に記入してください。）
　　　具体的な事情

4　債権者との訴訟等の状況

　債権者との間で「調停」や「訴訟」中であったり，あなたの財産（売掛金
や不動産等）について裁判所による「差押え」，「仮差押え」，「仮処分」等の
処分がされている場合には，あなたが知っている限りの全部を下表に記入し
てください。

手続の種類	裁判所名	事件番号	相　手　方

＊　「調停申立書」や「訴状」及び「差押え，仮差押え，仮処分等の決定正本」
　などの書類がある場合には，その書類のコピーを添付してください。

－10－

家計全体の状況（令和○○年○○月分）

＊　この表は，申立前3か月分の状況について，1か月ごとに作成して，添付
してください。

収　　　入		支　　　出	
費　　目	金　　額	費　　目	金　　額

第 2 章　小規模個人再生

給与（申立人）	円	家賃（管理費を含む）	64,800円
給与（配偶者）	円	地代	円
給与（　　　　）	円	駐車場料金	円
自営収入（申立人）	250,000円	食費	85,000円
自営収入（配偶者）	円	電気料金	14,010円
年金（申立人）	円	ガス料金	9,110円
年金（配偶者）	円	水道料金	8,540円
年金（　　　　）	円	新聞料金	3,820円
児童手当	円	電話料金	5,220円
その他の扶助	円	ガソリン代	円
他からの援助	円	医療費	1,000円
（援助者の名前	）	教育費	25,000円
借　入	円	交通費	5,000円
その他（具体的に）		被服費	10,000円
	円	冷暖房燃料費	円
	円	交際費	8,000円
	円	娯楽費	5,000円
	円	各種保険料・掛金	円
	円	返済（住宅ローン分）	円
	円	返済（その他）	円
	円	その他（具体的に）	
	円		円
	円		円
	円		円
	円		円
	円		円
	円		円
	円		円
	円		円

三　小規模個人再生の申立て

前月からの繰り越し	円	翌月への繰り越し	5,500円
収入合計	250,000円	支出合計	250,000円

　※注意　支出に関する記載について，陳述書や財産目録等との矛盾が指摘されるおそれがある場合には，説明事項を表の中に適宜記入してください。

－11－

財　産　目　録

1　現　　金　　300,000円（申立日現在の額）

2　預金・貯金　　□なし　☑あり

金融機関（支店名）・郵便局の名称	口座種別	口座番号	預貯金残高(現在額)
○○銀行○○支店	普通	000000	220,170円
○○銀行○○支店	定期	000000	1,200,000円
○○信用金庫○○支店	総合	000000	45,637円

＊　上記預貯金の通帳について，表紙及び申立日時点での預貯金残高が分かる部分をコピーして添付してください。通帳を紛失している場合は，金融機関等から残高証明書を取得して添付してください。

3　貸付金　　□なし　☑あり

相手の名前	金　　額	貸付の時期	回収の見込み
銭良武雄	3,100,000円	㊵・令○○年9月ころ	□あり　☑なし　□不明
	円	平・令　年　月ころ	□あり　□なし　□不明
	円	平・令　年　月ころ	□あり　□なし　□不明

＊　貸付についての契約書などがあれば，そのコピーを添付してください。

－12－

4　積立金（社内積立，財形貯蓄等）　☑なし　□あり

種　　類	金　　額	積立開始時期

63

第 2 章　小規模個人再生

		円	平・令　　年　月ころ
		円	平・令　　年　月ころ
		円	平・令　　年　月ころ

*　金額は，申立時点での積立総額を記入してください。

5　退職金制度☑なし　□あり

　　仮に，今，退職したとしたら支払われるであろう退職金の見込額

　　　　　　　　　　　　　万　　　　　　　　　　　円

*　退職金の見込額を証明する書類を添付してください。

6　保険（生命保険，損害保険，火災保険等）　□なし　☑あり

保険会社名	保険の種類	証券番号	解約返戻金の額
○○生命株式会社	生命保険	○○-○○-○○○○○○	282,000円
			円
			円
			円

*　保険証券のコピー及びこの申立てをする時点での解約返戻金に関する証明書を添付してください。

7　有価証券等（株券，転換社債，ゴルフ会員権等）　☑なし　□あり

種　　類	取　得　時　期	時　　　価
	平・令　　年　月ころ	円
	平・令　　年　月ころ	円
	平・令　　年　月ころ	円

－13－

*　証券のコピー（表裏とも）とその証券の申立時の時価が分かる資料を添付してください。

8　電話加入権　　□なし　☑あり合計　　　1　　本

9　自動車，二輪車等　　☑なし　□あり

三　小規模個人再生の申立て

車　名	年　式	時　価	所有権留保
	年式	円	□あり　□なし
	年式	円	□あり　□なし
	年式	円	□あり　□なし

＊　車検証または登録事項証明書のコピーとその車両の申立時の時価が分かる
　資料を添付してください。

10　高価な品物（時価　　万円以下の品物を除く。）　☑なし　□あり

品　　物	現在の価値	購入の時期
	円	平・令　　年　月ころ
	円	平・令　　年　月ころ
	円	平・令　　年　月ころ

＊　高価な品物について，その現在の価値が分かるような資料があれば添付し
　てください（生活必需品については記載する必要はありません。）。

11　不動産（土地，建物，マンション）　☑なし　□あり

所　　　在	地番/家屋番号	地目/種類	地積/床面積	時　価
			㎡	円
			㎡	円
			㎡	円

－14－

＊　前記の不動産について，登記簿謄本，時価及び課税額が分かる資料（例：
　固定資産税評価額証明書など）を添付してください。

12　敷　金　□なし　☑あり
　　現在預けている敷金の額：　　18万　2400円

＊　陳述書の「現在の住居の状況」（第2の8ページ）でコピーを添付する賃
　貸借契約書や住宅使用許可書に敷金に関する記載がある場合には，必ず記入
　してください。

13　相　続（遺産分割未了の財産も含む。）　☑なし　□あり

65

第2章　小規模個人再生

被相続人の名前	関　係	相続の時期	相続したもの
		平・令　　年　　月ころ	
		平・令　　年　　月ころ	
		平・令　　年　　月ころ	

－15－

再生手続開始申立書（小規模個人再生）の添付書類一覧表

※　申立書に添付して裁判所に提出する書類は，原本をコピーしたものでも結構です。

　　なお，裁判所でコピーと原本を照合することがありますので，裁判所に出頭する際には，必ず添付書類の原本を持参してください。

申立てに当たって添付すべき書類 ※提出するものは□に✓印を付けてください。	裁判所記入欄 ※この欄は裁判所で記入します。	
「申立書」の添付書類	添付書類の確認等	結　果
☑戸籍謄本 ☑住民票の写し ☑債権者一覧表	□確認 □補充	□補充済
「陳述書」の添付書類		
収　入	□確認	
☑申立人の確定申告書（２年分） □申立人の給与明細書（３か月分） □申立人の源泉徴収票（２年分） □申立人の課税証明書（２年分） □受給証明書（　　　　　　年金分） □受給証明書（　　　　　　　分） □受給証明書（　　　　　　　分） □その他（　　　　　　　　　　） □ □後から提出	□補充 （内容）	□補充済 □提出済

66

三　小規模個人再生の申立て

後から提出する書類（　　　　　　　　）		
（　　　　　　　　）	□確認	
過去の職業・収入等　☑添付書類なし □以前の就業先での給与証明書 □その他（　　　　　　　　　） □	□補充 （内容）	□補充済
□後から提出 後から提出する書類（　　　　　　）		□提出済
（　　　　　　　　）	□確認	
住居の状況　　　　□添付書類なし ☑賃貸借契約書, 住宅使用許可書(自宅分) □賃貸借契約書, 住宅使用許可書(別居者分) □住宅ローン契約書，返済予定表 □その他（　　　　　　　　） □	□補充 （内容）	□補充済 □提出済

－16－

□後から提出 後から提出する書類（　　　　　　）		
（　　　　　　　　）	□確認	
生活の状況　　　　☑添付書類なし □同居人（　　　　　　）の給与明細書 □同居人（　　　　）の源泉徴収票 □ □	□補充 （内容）	□補充済 □提出済
□後から提出 後から提出する書類（　　　　　　）		
（　　　　　　　　）	□確認	
債権者との訴訟等の状況　☑添付書類なし	□補充	□補充済

67

□支払督促（支払命令）正本 □調停（和解）調書正本 □判決正本 □差押命令正本 □仮差押命令正本 □仮処分命令正本 □ □後から提出 後から提出する書類（　　　　　　　）	（内容） □提出済
（　　　　　　　）	
「財産目録」の添付書類	□確認
預金・貯金　　　　□添付書類なし ☑通帳　　　（　3　　冊） □残高証明書　（　　　　通） □その他（　　　　　　　　　　　） □ □後から提出 後から提出する書類（　　　　　　　）	□補充　　　　　　□補充済 （内容） □提出済
（　　　　　　　）	□確認
貸付金　　　　　　□添付書類なし ☑契約書　　　（　1　　通） □その他（　　　　　　　　　　　） □ □後から提出 後から提出する書類（　　　　　　　）	□補充　　　　　　□補充済 （内容） □提出済
（　　　　　　　）	□確認
退職金制度　　　☑添付書類なし □退職金見込額証明書（内容） □その他（　　　　　　　　　　　） □ □後から提出 後から提出する書類（　　　　　　　）	□補充　　　　　　□補充済 □提出済

三　小規模個人再生の申立て

（　　　　　　　　　　）	□確認	
保　険　　　　　　　□添付書類なし	□補充	□補充済

☑保険証券
　内訳　生命保険（　1　通）
　　　　損害保険（　　　通）
　　　　その他　（　　　通）
□解約返戻金に関する証明書（　　　通）
□その他（　　　　　　　　　　　　）
□
□後から提出

（内容）

□提出済

－17－

後から提出する書類（　　　　　　　　）

（　　　　　　　　　　）	□確認	
有価証券等　　　　☑添付書類なし	□補充	□補充済

□証券のコピー　　（　　　通）
□証券の時価が分かる資料
　（　　　　　　　　　　　　　　　）
□その他（　　　　　　　　　　　）
□
□後から提出

（内容）

□提出済

後から提出する書類（　　　　　　　　）

（　　　　　　　　　　）	□確認	
自動車, 二輪車等　☑添付書類なし	□補充	□補充済

□車検証　　　　　（　　　通）
□登録事項証明書　（　　　通）
□車両の時価が分かる資料
　（　　　　　　　　　　　　　　　）
□その他（　　　　　　　　　　　）
□
□後から提出

（内容）

□提出済

69

第 2 章　小規模個人再生

後から提出する書類（　　　　　　）		
（　　　　　　）	☐確認	
高価な品物　　　　☑添付書類なし	☐補充	☐補充済
☐（内容）		
☐		
☐		
☐後から提出	☐提出済	
後から提出する書類（　　　　　）		
（　　　　　）	☐確認	
不動産　　　　☑添付書類なし	☐補充	☐補充済
☐土地登記簿謄本（登記事項証明書）（物件　分）（内容）		
☐建物登記簿謄本（登記事項証明書）（物件　分）		
☐固定資産額評価額証明書（　　物件分）		
☐評価書　　　　　（　　　　物件分）		
☐その他（　　　　　　　　）		
☐		
☐後から提出	☐提出済	
後から提出する書類（　　　　）		
（　　　　）	☐確認	
その他　　　　☑添付書類なし	☐補充	☐補充済
☐	（内容）	
☐		
☐後から提出		
後から提出する書類（　　　　）		☐提出済
（　　　　）		

－18－

三　小規模個人再生の申立て

債権者一覧表

○○地方裁判所　　　　支部
令和○○年（再イ）第○○○号

（再生債務者の氏名：国立　直）

債権者番号	債権者の氏名又は名称、住所、電話番号、ファクシミリ番号	債権番号	現在額（円）	発生原因（当初の契約年月日、契約の種別、元金額等を記入）	異議の留保	事件番号	その他の記載
1	（〒住所） （氏名）ローンズ○○ TEL：000-000-0000　FAX：000-000-0000	1	1,675,000	平成○○年3月借入、当初 元金2,000,000円	□あり　☑なし		□別紙の記載とおり
2	（〒住所） （氏名）○○○○株式会社 TEL：000-000-0000　FAX：000-000-0000	2	1,500,000	同上	□あり　☑なし		□別紙の記載とおり
3	（〒住所） （氏名）株式会社○○○○ TEL：000-000-0000　FAX：000-000-0000	3	1,134,415	平成○○年11月借入、当初 元金200,000円	☑あり　□なし		□別紙の記載とおり
4	（〒住所） （氏名）株式会社○○クレジット TEL：000-000-0000　FAX：000-000-0000	4	1,140,906	平成○○年3月借入、当初 元金200,000円	□あり　☑なし		□別紙の記載とおり
5	（〒住所） （氏名）○○○○株式会社 TEL：000-000-0000　FAX：000-000-0000	5	1,131,847	平成○○年10月借入、当初 元金500,000円	□あり　☑なし		□別紙の記載とおり
6	（〒住所） （氏名）○○県中小企業信用保証協会 TEL：000-000-0000　FAX：000-000-0000	6	1,205,483	銭良株式会社の連帯保証	☑あり　□なし		□別紙の記載とおり
	（〒住所） （氏名） TEL：　　　　FAX：				□あり　□なし		□別紙の記載とおり
	（〒住所） （氏名） TEL：　　　　FAX：				□あり　□なし		□別紙の記載とおり
	（〒住所） （氏名） TEL：　　　　FAX：				□あり　□なし		□別紙の記載とおり
債権者一覧表記載の再生債権の合計額（A）			7,787,651				

（別紙）

←住宅資金特別条項を定める予定がある場合には、「あり」の前の□にチェックをしてください。

* 注意 *

住宅資金貸付債権については、
表－2（別除権付債権）に記載する必要はありません。

表－1

住宅資金特別条項を定めた再生計画案の提出の予定　□あり　☑なし

住宅資金貸付債権	債権額（円）
1　債権者番号　　番の債権者の有する　債権番号　　番の債権	
2　債権者番号　　番の債権者の有する　債権番号　　番の債権	
3　債権者番号　　番の債権者の有する　債権番号　　番の債権	
住宅資金貸付債権の額の合計（B）	円

表－2

別除権付債権	別除権の行使により弁済が見込まれる額（円）	担保不足見込額（円）	別除権の目的
1　債権者番号　　番の債権者の有する　債権番号　　番の債権			
2　債権者番号　　番の債権者の有する　債権番号　　番の債権			
3　債権者番号　　番の債権者の有する　債権番号　　番の債権			
合　計　額	円（C）	0円	

再　生　債　権　の　総　額	7,787,651 円

計算方法：再生債権の総額＝
債権者一覧表記載の再生債権の総額（A）－住宅資金貸付債権の額の合計（B）－別除権の行使により弁済が見込まれる額（C）

三　小規模個人再生の申立て

(B)　東京地裁の場合

　以上に述べたように、申述にあたって、申述書に記載すべき事項およびその他添付すべき書類は多岐にわたる。ただ、実際には、定型の書式がいくつか公表されており、これらの書式に従って記載をしていけばほとんどの場合は事足りる。

　東京地裁は申立て時に必要とされる書類は極めて簡便であり、申立書のほか、収入および財産の一覧、債権者一覧表、住民票、委任状だけである（座談会「東京地裁の個人再生における新たな問題点と債権者の対応」金法1658号10頁）。申立書についても、記載事項は極めて簡略化されている。これは、東京地裁の場合は、個人再生委員を全件について選任し、また開始決定後の報告書（法125条1項）の提出を徹底することにより、開始決定後の手続を厳格に進行させることで、簡便な申立てについても手続的保障を確保しようとしたものである。

【書式2-6】　小規模個人再生開始申立書(2)（東京地裁）

再生手続開始申立書（小規模個人再生）

東京地方裁判所民事第20部　御中

令和＿〇〇＿年＿〇〇＿月＿〇〇＿日

　　　　　　　　　　　　　　　　　　　　　　　　　収入印紙

（ふりがな）　　とうきょう　たろう

申立人氏名：＿東　京　太　郎＿＿＿＿　　　　　　　10,000円

（ふりがな）　　　　　　（ふりがな）

（□旧姓＿＿＿＿＿＿□通称名＿＿＿＿＿＿旧姓・通称で借入れした場合のみ）

生年月日　：大・㊭・平　〇〇　年　3月　7　日生（　43歳）

職　　業　：＿自営業＿＿＿＿＿＿＿＿＿

現住所：■別添住民票記載のとおり（〒　〇〇〇-　〇〇〇〇　　）

　　　　　　※郵便番号は必ず記入すること

　　　　　　□住民票と異なる場合：〒＿＿＿-＿＿＿　＿＿＿＿＿＿＿

現居所（住所と別に居所がある場合）〒＿＿＿-＿＿＿　＿＿＿＿＿＿＿

　　　　　　□住民票上の住所が東京都外である場合：別紙「管轄についての意見書」のとおり

申立人代理人（代理人が複数いる場合には主任代理人を明記すること）

　事務所（送達場所）〒＿〇〇〇＿-＿〇〇〇〇＿

73

第2章　小規模個人再生

東京都〇〇区〇〇　〇-〇　〇〇法律事務所

電話　03（〇〇〇〇）〇〇〇〇　ファクシミリ　03（〇〇〇〇）〇〇〇〇

代理人氏名　　練　馬　幸　一　　　　　　　　印

申立ての趣旨

申立人について，小規模個人再生による再生手続を開始する。

印紙	10,000円
郵券	1,600円
係印	備考

申立ての理由等

1（申立要件及び手続開始要件）

　　申立人は，本申立書添付の債権者一覧表のとおりの債務を負担しているが，収入及び主要財産は別紙収入一覧及び主要財産一覧に記載のとおりであり，破産手続開始の原因となる事実の生じるおそれがある。

　　申立人は，将来においても継続的に又は反復して収入を得る見込みがあり，また，民事再生法25条各号に該当する事由はない。

2（再生計画案作成についての意見）

　　申立人は，各再生債権者に対する債務について，相当部分の免除を受けた上，法律の要件を満たす額の金銭を分割して支払う方針である。

　　なお，現時点での計画弁済予定額は，月額　30,000円であり，この弁済の準備及び手続費用支払の準備のため，申立て後1週間以内の日を第1回とし，以後毎月　27日までに個人再生委員の銀行口座に同額の金銭を入金する。

3（他の再生手続に関する申述）

　　申立人は，法律が定める他の再生手続開始を求めない。

4　関連申立ての有無　□関連当事者の破産事件　□関連当事者の再生事件
　□申立人の過去の再生事件

事件番号等　　地方裁判所　　令和　　年（　　　）第　　　号

申立人名・続柄（　　　　　　　・　　　　　）

（別紙）

収入一覧及び主要財産一覧

申立日現在

収入一覧

収入の別	金　額	備　考
手間請収入	320,000円	元請〇〇㈱への専属下請工として

三　小規模個人再生の申立て

	円	旋盤に従事している。
	円	
	円	
年収　約		3,840,000円

主要財産一覧

財産の別	金　額	備　考
現　金	300,000円	申立費として代理人弁護士が保管
預　金	450,000円	○○銀行○○支店　普通預金
保険返戻金	200,000円	○○生命保険
敷　金	200,000円	
自動車	150,000円	平成○年購入のカローラバン。事業用
	円	
	円	
	円	
主要財産の総額（担保差入分を含む）約		1,300,000円

【書式2-7】　債権者一覧表（東京地裁）

債権者一覧表

　　再生債務者　東　京　太　郎
　　債務合計額　6,986,334　円（申立後の利息・損害金を除いた額）
　　異議を留保する再生債権は，異議留保欄に○を付した。

債権者番号	債権者名	債　権　者　住　所	備　考	異議留保
	債権の種類	債　権　の　金　額		
1	株式会社○○銀行○○支店	〒000-0000 ○○区○○　○-○-○ 電話 00-0000-0000		

75

第2章　小規模個人再生

	☑貸付金 □立替金 □	金　1,500,000　円及び　これ　に対する 平成○年5月6日から完済まで年6％の金員	
2	○○信用金庫 ○○支店	〒000-0000 ○○区○○　○－○－○ 電話 00-0000-0000	
	☑貸付金 □立替金 □	金　900,000　円及び　これ　に対する 平成○年6月10日から完済まで年5％の金員	
3	ローンズ○○株式会社 ○○支店	〒000-0000 ○○区○○　○－○－○ 電話 00-0000-0000	○
	☑貸付金 □立替金 □	金　1,400,000　円及び　これ　に対する 平成○年1月17日から完済まで年15％の金員	
4	有限会社○○ こと△△△△	〒000-0000 ○○区○○　○－○－○ 電話 00-0000-0000	○
	☑貸付金 □立替金 □	金　700,000　円及び　これ　に対する 平成○年5月24日から完済まで年18％の金員	
5	株式会社○○ 信用保証	〒000-0000 ○○区○○　○－○－○ 電話 00-0000-0000	
	□貸付金 ☑立替金 □	金　　　0　　　円及び_____に対する 平成　年　月　日から完済まで年　％の金員	

（注）　銀行からの借入れについて保証会社が保証をしている場合には、原債権者である銀行とともに保証会社も債権者一覧表に記載し、その金額「0円」とする形で記載しておくべきである（その際、原債権者である銀行の異議留保欄に○を記載することを忘れないこと（「はい6民ですお答えします（49）」大阪弁護士会月報350号55頁参照））。

76

三 小規模個人再生の申立て

【書式2-8】 提出書類一覧（東京地裁）

個人再生手続の申立てに当たって

提 出 書 面

1 申立書類一式…正本（裁判所用）・副本（個人再生委員用）各1通を提出
してください。

(1) 申立書

(2) 収入一覧及び主要財産一覧

(3) 債権者一覧表

　＊(3)は，正本・副本各1通に加え，再生債権者の人数分の副本も必要です。

(4) 住民票の写し（マイナンバーの記載が無いもの。発行日から6か月以内
の原本（コピー不可））

(5) 委任状

2 添付書面

・ 申立て時に提出する場合，正本・副本各1通を裁判所に提出してくださ
い。

・ 申立て時に提出できない場合，速やかに，正本を裁判所に提出し，副本
を個人再生委員に直送してください。

・ マイナンバーの記載が有る書類は，当該部分にマスキングをしたコピー
を提出してください。

(1) 【小規模個人再生】（コピー可，いずれもマイナンバーの記載が無いもの）

　① 確定申告書，源泉徴収票，課税証明書又は所得証明書（直近1年分）

　② 給与明細書（直近2か月分）

　【給与所得者等再生】（コピー可，①②③につきマイナンバーの記載が無
いもの）

　① 源泉徴収票又は確定申告書（直近2年分）

　② 課税証明書又は所得証明書（直近2年分）

　③ 給与明細書（直近2か月分）

　④ 可処分所得額算出シート

(2) 住宅・敷地その他再生債務者が所有する不動産の登記事項証明書
　　（発行日から3か月以内の原本，コピー不可，共同担保目録付き）

(3) 財産目録及び清算価値算出シート

(4) 家計全体の状況（直近2か月分）

3 住宅資金貸付債権の一部弁済許可を申し立てる場合

第 2 章　小規模個人再生

　一部弁済許可申立書の正本（裁判所用）1 通・副本（個人再生委員用・申立代理人に交付する許可証明書用）2 通の合計 3 通を裁判所に提出してください。

※個人再生委員から提出を指示された書面

・正本を裁判所に提出し，副本を個人再生委員に直送してください。

手 続 費 用

1　申立手数料　1 万円（収入印紙）

2　裁判所予納金　1 万 4000 円（官報公告費用）

3　予納郵便切手　1600 円分（120 円切手×2 枚，82 円切手×10 枚，20 円切手×20 枚，10 円切手×13 枚，1 円切手×10 枚）

4　再生債務者代理人宛ての封筒 3 通（82 円切手を貼付）

　　　★申立て時に所定の封筒をお渡ししますので，申立て後速やかに提出してください。

　再生債権者宛ての封筒 2 組（120 円切手を貼付）

　　　★申立て時に所定の封筒（開始通知用，書面決議・意見聴取通知用）を再生債権者数分お渡ししますので，申立て後速やかに 1 組，再生計画案提出時に 1 組をそれぞれ提出してください。

5　分割予納金

　個人再生委員から分割予納金の振込口座の通知がありますので，再生債務者は，計画弁済予定額を，個人再生委員の指定した期限までに振り込んでください。

　　(C)　大阪地裁の場合

　これに対し、大阪地裁の書式は詳細である。また、申立て時に必要とされる添付書類もかなり多岐にわたる（【書式 2-9】参照）。その特徴は申立書が債務者の陳述書と一体をなしていることから、申立ての理由や経緯についてもこれに記載をすることでほぼ充足することとなる。したがって、大阪地裁の方式では、法 125 条 1 項の書面は、申立て時の書面提出をもって充足するものとし、実際にはあらためて提出を要求されることは稀である。

78

三　小規模個人再生の申立て

【書式2-9】　小規模個人再生開始申立書(3)（大阪地裁、債権者一覧表等含む）

個人再生添付書類一覧表 ver.4.3

申立人

	添 付 書 類	本人	配偶者	同居親族	確 認 事 項 （□に該当する場合のみチェック）
1	委任状★	○			□弁護士代理　＊住所の記載のあるもの
2	住民票の写し★	◎			＊3か月以内のもの ＊世帯全員の記載（省略のないもの）
	賃貸借契約書（住宅使用許可書，居住証明書等）	○	△	△	□住所が住民票と相違する
3	源泉徴収票等（直近2年分）	○	△	△	□給与を受給している
	給与明細書（直近2か月分）	○	○	○	□給与を受給している
	確定申告書（直近2期分）	○			□事業者（現在又は過去6か月）である
	課税証明書（直近1年分）		○	○	□給与以外の収入がある
	公的年金受給証明書	○	○	○	□公的年金を受給している
4	債権者一覧表	◎			
(1)	債権調査票	◎			
(2)	判決，支払督促，調停調書，公正証書等	○			□債務名義が存在する
5	財産目録	◎			
(1)	預貯金通帳・証書	◎	△	△	＊申立前2週間以内に記帳 ＊表紙，裏表紙，受任通知発送日の1年前から上記記帳日までの取引履歴部分（定期預金，積立預金，貯蓄預金部分を含む）

79

第 2 章　小規模個人再生

		○	△	△	□給与振込用口座がある
		○	△	△	□クレジットカード引落口座がある
		○	○	○	□光熱費引落口座（第三者名義含む）がある
	金融機関の取引明細書	○	△	△	□通帳を紛失又は一括記帳している部分がある
(2)	保険（共済）証券（又は契約書）	○	△	△	□保険（申立人が契約者）に加入している
	解約返戻金（見込）額証明書	○	△	△	
(3)	退職金（見込）額証明書	○	△	△	□勤続 5 年以上である
	退職金支給規程及び計算書	○	△	△	□証明書の収集が困難である
(4)	不動産の全部事項証明書★	○	○	△	□現在又は過去 2 年以内に不動産を（□申立人が，□配偶者が）所有している（いた）
	固定資産評価証明書★	○	△	△	＊共同担保が設定されている場合には共同担保目録付きのもの
	不動産の評価に関する書類	○	△	△	
	土地利用関係を示す資料	○	△	△	□土地又は建物の片方だけを所有している
(5)	自動車検査証（又は登録事項証明書）	○	△	△	□申立人が自動車を保有している
	自動車の評価に関する書類	○	△	△	□初年度登録から国産普通乗用車の場合 7 年，軽自動車・商用自動車の場合 5 年以内又は新車価格が 300 万円以上，輸入車
	所有権留保に係る契約書	○	△	△	□所有権留保がついている

80

(6)	積立額証明書	○			□積立金等がある
(7)	賃貸借契約書	○			□賃借保証金・敷金がある
(8)	契約書又は残額証明書	○			□貸付金・売掛金等がある
(9)	評価額の資料	○			□有価証券，ゴルフ会員権，その他の権利，10万円以上の価値のある動産を有している
6	家計収支（直近2か月分）	◎			＊同一家計の同居の親族分を含む　＊電気代ガス代水道代又は電話料金を口座引落以外の方法で支払っている場合には領収書
7	事業収支実績表（直近6か月分）	○			□事業者である
8	事業に関する報告書	○			□事業者である
9 (1)	可処分所得額算出シート	○			□給与所得者等再生を利用する
(2)	市民税・府民税通知書（直近2年分）	○			
(3)	所得税・社会保険料の計算書・課税証明書（直近2年分）	○			□給与所得者等再生を利用するが，源泉徴収票を提出できない場合
10	(仮)差押決定正本等	○	△	△	□(仮)差押えがある
	滞納処分差押通知	○	△	△	□差押え（滞納公租公課）がある
11	金銭消費貸借契約書・保証委託契約書・償還表・弁済許可申立書	○			□住宅資金特別条項がある場合　＊契約変更がある場合には変更契約書も

＜記号の見方＞
★……原本を提出していただくもの　◎……場合を問わず提出していただくもの　△……特に指示があるまでは提出不要なもの　○……確認事項欄の□の項目に当てはまる場合，提出が必要なもの
＜注意事項＞　＊必ず当該条件に当てはまる書類を提出してください。

第2章　小規模個人再生

再生手続開始申立書 ver.4.3
（小規模個人再生）

大阪地方裁判所　御中

　　申立人　陳述書記載のとおり

印紙

申立ての趣旨

　申立人について，小規模個人再生による再生手続を開始する（なお，通常の再生手続の開始は求めない。）。

申立ての理由

　申立人は，添付の債権者一覧表に記載したとおりの債務を負担しているが，申立人の資産，収入の状況は，添付の陳述書等に記載したとおりであり，申立人には破産の原因たる事実の生ずるおそれがある。

再生計画案の作成方針についての意見等

　債権者に対する債務について，相当部分の免除を受けた上，法律の要件を満たす額の金額を支払う方針である。

　なお，民事再生法124条2項の財産目録及び125条1項の報告書としては，添付の財産目録等を援用することとする（ただし，開始決定までにこれらの記載内容に変動があった場合には，改めて提出する。）。

添 付 書 類

　添付の「添付書類一覧表」に記載のとおり

　　　令和○○年4月17日

　　　　　申立人（代理人）　弁護士　鶴 見 浩 二　印

　　　　　　　　　　　　TEL　（06）○○○○-○○○○

　　　　　　　　　　　　FAX　（06）○○○○-○○○○

　　　　　送達場所　〒○○○○-○○○○　大阪市○○区○○　○-○-○

陳 述 書

陳　述　者	氏　名　大 阪 一 郎　印
（申立人債務者）	別　名　　まんぷく亭
年　　　齢	満 47 歳

（生年月日　☑昭和　□平成 ○○ 年 2 月 20 日）

住　居　所

☑　〒（○○○-○○○○）住民票のとおり

（住民票と異なる場合）

□　〒（　　-　　　）

_____

（連絡先　TEL（○○○-○○○○-○○○○）□自宅☑携帯 □　）

営業所の有無　☑有　□無

所在地

〒（○○○-○○○○）大阪市○○区□□　□-□-□

先行して係属している関連の民事再生事件 □有 ☑無

　大阪地方裁判所　令和　　年（再　）第　　　号

　申立人名_____　　続柄_____

貼用印紙	1万円
予納郵券	円
担当者印	

★　該当する□に印を付け，必要事項を記載してください。書く欄が不足した場合には，この陳述書と同じ大きさの用紙（A 4 判）に横書きで記入して，後ろに添付してください。各項目の必要資料については，添付書類一覧表に従って，その写しを添付してください。

第1　職業，収入の額及び内容等

　1　職業（現在から申立ての 3 年前まで）

就業期間	種　　　　別	月収(手取額・円)
就業先（会社名等）	地位・業務の内容	月収(手取額・円)
令和○年4月〜現　　在	□勤め □パート等 ☑自営 □法人代表者 □その他（　　　　　　）	35万
	お好み焼き店経営	420万
年　月〜　年　月	□勤め □パート等 □自営 □法人代表者 □その他（　　　　　　）	
年　月〜　年　月	□勤め □パート等 □自営 □法人代表者 □その他（　　　　　　）	

第 2 章　小規模個人再生

年　　月〜　年　　月	□勤め □パート等 □自営 □法人代表者 □その他（　　　　　　　　　　）	

2　現在の収入

	収入の種類		金額（手取額・円）
□	給与（月額）		
□	賞与（最近1年間）	年　　　月	
		年　　　月	
		年　　　月	
□	公的給付（月額）	□児童手当	
		□児童扶養手当	
		□公的年金	
		□その他（自営収入　　　）	
☑	給与以外の収入（月額）	具体的内容（　　　　　）	35万
	合　　計	月額（通常月）	35万
		年額	420万

3　過去2年度分の年収額

年　　　度	年収額（手取額・円）
申立ての前年度　　（1月1日〜12月31日）	420万
申立ての前々年度（1月1日〜12月31日）	450万

★　申立ての前年と前々年（いずれも1月1日から12月31日まで）の年収額（手取額）を確定申告書等に基づいて，ここに記載してください。転職等をした場合には，各年ごとに転職等の前後の収入額を合計して記載してください。

4　申立前2年間に，何らかの理由（就業先の変更など）により，年収の額が，それまでの額に比べて5分の1以上変動（例えば，それまで年収300万円であれば，60万円以上の年収額の増減）したこと

　　【☑無　　□有　→　その具体的事情は次のとおりです。】

84

5 事業の具体的内容（事業収入を得ている場合）

お好み焼き店自営。客席が8席あるが，持ち帰りのお客さんが多い。店の切り盛りは基本的に私が全部おこなっており，忙しいときには妻に手伝ってもらっている。アルバイト等は雇っていない。

6 今後の収入の見込み等（事業収入を得ている場合）

申立て後の事業収入については，

☑ 状況に大きな変化がない限り，申立て前6か月間の状況とほぼ同様の状況が続くものと見込まれます。

□ 今後，以下のような変化があると見込まれます。

第2 生活の状況

1 家族関係

氏　　名	続柄	年齢	職業・学年	同居・別居	平均手取月収（円）
大阪花子	妻	43	主婦	☑同　□別	0
太郎	長男	20	会社員	☑同　□別	18万
雪子	長女	16	高校1年	☑同　□別	0
				□同　□別	
				□同　□別	
				□同　□別	

別居している家族の住所 _____

2 現在の住居の状況

☑ 自己所有の家屋　□ 借家・賃貸マンション・アパート　□ 社宅・寮　□ 公営，公団の賃貸住宅　□ 親族所有の家屋　□ 親族以外の所有家屋　□ その他 _____

現在の住居について家賃を払っている場合

⑴ 1か月の家賃（管理費込み）_____万_____円

第2章　小規模個人再生

　　(2)　賃借人の氏名　＿＿＿＿＿＿＿＿
　　　　賃借人が申立人以外の場合　申立人との関係＿＿＿＿＿
　　(3)　居住を開始した日　□昭和　□平成＿＿年＿＿月ころ
　第3　負債等の状況
　　1(1)　公租公課（税金，社会保険料等）
　　　　納付すべき税金，社会保険料等を滞納している事実　【□有　☑無】

	種　　　類	納付すべき金額(円)	納付時期
①			年　月　日
②			年　月　日
③			年　月　日
	合　　　計		

　　(2)　課税（滞納）庁との弁済交渉結果又はその予定内容（滞納がある場合
　　　　に，滞納税の種類を明示して，分割金の支払月額，同期間を具体的に記
　　　　載する。）

	交渉結果又は予定
①	
②	
③	

　2　再生手続開始の申立てをするに至った事情
　　　多額の借金（以下，特に断らない限り，ここでいう借金には，連帯保証に
　　よる債務やクレジットカード利用による債務なども含みます。）をした理由
　　及び弁済が困難となった理由は，次のとおりです。

　┌─────────────────────────────────┐
　│★　次の中から，あてはまるもの（複数にあてはまる場合はそのすべて）│
　│を選んで記入してください。また，具体的な事情を，時間の流れに沿って，│
　│3に記載してください。│
　└─────────────────────────────────┘

　　☑　生活費が足りなかったためです。
　　□　飲食，飲酒，旅行，趣味としての商品購入（絵画，パソコン，衣服，健
　　　　康器具等），ギャンブル，風俗などにお金を使いすぎたためです。
　　☑　事業（店）の経営に失敗したためです。
　　　　事業資金としてつぎ込んだ金額：合計＿＿＿＿＿＿＿円
　　　　事業内容

86

会社名 <u>まんぷく亭</u>　　　従業員数 <u>0</u> 人

事業（店）の経営に失敗した理由

　2年前に怪我で3か月間店を閉めたために，常連客の足が遠のいたため，また，店の近くにハンバーガー店が出来たために売り上げが減少したため。

- ☐ 仕事上の接待費の立替払い，契約金の立替払い，営業の穴埋めなどによる借金が支払えなくなったためです。

　当時の職業 ＿＿＿＿＿＿＿＿＿＿

　☐仕事上の接待費の立替払い　☐契約金の立替払い　☐営業の穴埋め

　☐その他 ＿＿＿＿＿＿＿＿＿＿＿＿＿＿＿＿＿

　立替等した金額　合計 ＿＿＿＿＿＿＿ 円

- ☐ 住宅ローンが支払えなくなったためです。

　当時の職業 ＿＿＿＿＿＿＿＿＿＿

　購入物件　☐土地　☐建物　☐マンション　☐その他

　購入時期　☐昭和　☐平成＿＿年＿＿月ころ

　購入金額　合計 ＿＿＿＿＿＿＿ 円

　月々の返済金額　月額＿＿＿＿＿＿円　ボーナス月＿＿＿＿＿＿円

- ☐ 他人（会社）の債務を保証したためです。

主債務者	関　係	保証時期	保証金額(円)
		年　　月ころ	
		年　　月ころ	
		年　　月ころ	

- ☐ その他 ＿＿＿＿＿＿＿＿＿＿＿＿＿＿＿＿＿

3　以上の具体的な事情は，次のとおりです。

> ★　多額の債務を負うことになった事情及び民事再生手続の申立てをするに至った事情について，具体的かつ簡潔に記載してください。

　私は，18年ほど前から，現在と同じ店舗を借りて，お好み焼き屋をしています。当初は経営は苦しかったものの，2〜3年ほどしてからは地元の常連客も付き始め，ずっと順調に黒字経営を続けていました。

　ところが，2年ほど前に，私が階段で転んで大怪我をして，1か月間入院し，その後も2か月通院したため，店を閉めなければなりませんでした。その間，

第2章　小規模個人再生

貯金だけでは生活費が足りなかったので，いろいろなローン会社から借り入れをしてしまいました。退院した後は，私は必死で働いたのですが，一度離れた常連客はなかなか戻って来てくれず，また，退院と同時期に，歩いて1分くらいのところに新しくハンバーガー店が出来たため，なかなか売上は回復せず，借金も膨らんでいきました。

　1年ほど前からは，売上はほぼ怪我をする前と同じくらいに回復しましたが，借金も膨らんだため，生活は楽になりませんでした。今年の2月には，もともとの事業用の借り入れと合わせて，借金は約10社から約1800万円にもなり，月々の返済は20万円を超えるようになってしまいました。

4　過去2年間以内に処分した財産（保険，退職金，不動産，自動車，離婚に伴う財産分与，贈与等）（20万円以上の価値のあるもの）

【□有　☑無】

財産の種類	処分の時期	処分額(円)	使　途	相手方の氏名
	年　月			
	年　月			
	年　月			

5　支払不能の状態で，一部の債権者に弁済した債務　　　【☑有　□無】

時　　　期	相手方の氏名	弁　済　額　（円）
令和○○年　3月	○○電気クレジット	2万5,000
年　　　月		
年　　　月		

6　債権者に対する申立代理人等の受任通知発送日
　　令和○○年　2　月　10　日ころ

7　債権者との訴訟等の状況

⑴　債権者との話し合い，調停手続等の利用をしたこと　【□有　☑無】
　　　□　弁護士に依頼して債権者と交渉（任意整理）してもらった。
　　　□　＿＿＿＿＿＿＿簡易裁判所の調停手続を利用した。
　　　平成＿＿年＿＿月ころ申立て
　　　その結果，話合いが成立した債権者の数　＿＿＿社（人）
　　　話し合いのとおり支払をした期間
　　　平成＿＿年＿＿月ころから平成＿＿年＿＿月ころまで
　　　　毎月の支払総額　＿＿＿万＿＿＿円
　　　　支払の内訳（できるだけ具体的に記入してください。）

88

三　小規模個人再生の申立て

```
----------------------------------------------------------
----------------------------------------------------------
```

　　　□　その他　_____

(2)　支払督促，訴訟，差押，仮差押等　　　　　　【□有　☑無】

裁判所名	事件番号	相手方
	平成　　年（　）第　　　号	
	平成　　年（　）第　　　号	
	平成　　年（　）第　　　号	
	平成　　年（　）第　　　号	

(3)　給与の（仮）差押　　　　　　　　　　　　　【□有　☑無】

　　　給与の（仮）差押を受けているのは，上記(2)のうち，_____番（債権者一覧表の番号を記載）で，月_____円の差押を受けている。

(4)　不動産の競売手続【□有　☑無】

　　　不動産の競売手続をされているのは，上記(2)のうち，_____番（債権者一覧表の番号を記載）で，競売開始決定は平成___年___月___日に行われました。

　　　競売をされているのは，□自宅，□その他　です。

(5)　住宅ローンについて保証会社の代位弁済　　　【□有　☑無】

　　　代位弁済は，_____が，平成___年___月___日に行いました。

第4　過去の免責等に関する状況

1　過去に破産免責手続を利用して免責の決定を受けたこと

【□有　☑無】

　　　_____地方裁判所_____支部

　　　平成___年（フ）第_____号（平成___年（モ）第_____号）

　　　免責決定の確定日　平成___年___月___日

　　□上記事件番号・免責確定日については不明

2　過去に再生手続を利用したこと

【□有　☑無】

　　　□再生計画に定められた弁済を終了した。

　　　_____地方裁判所_____支部平成___年（再　）第_____号

　　　再生計画認可決定確定日　平成___年___月___日

　　□上記事件番号・確定日については不明

　　□再生計画による弁済を行っている途中で，弁済を続けることが

　　　極めて困難となり，免責の決定を受けた。

89

_____地方裁判所_____支部平成___年(再　)第_____号

平成　　年(モ)第　　　号

再生計画認可決定確定日　平成___年___月___日

└──□上記事件番号・確定日については不明

第5　再生債権に対する計画弁済総額及び弁済期間に関する具体的予定並びに
その履行可能性

1　再生債権に対する計画弁済総額　　　175　万　0000　円

2　弁済期間　☑3年間

□特別の事情があるので，___年間

3　1か月当たりの弁済額　　　　　　　4万　8611　円

4　弁済原資の積立額

□現在ある　　　　　　　　　　　　　　　　　_____円

今後再生計画認可確定時までの積立予定月額　_____円

☑現在ない

今後再生計画認可確定時までの積立予定月額　___4万9000___円

5　履行可能性（家計収支表，事業収支実績表の収支状況等に照らして弁済
原資とすることができる金額及び住宅資金特別条項を定める場合の計画弁
済額や家計が同一の者の債務等の弁済額等を説明するなどして，分かりや
すく記載する。）

月平均で75万円の売上があり，家賃，リース代等の経費の全てを差し引
いても約35万円の利益があるので，現在の家計収支表のとおり支出を維持
すれば，返済に約15万円分の余裕があり，月約5万円は十分に支払ってい
ける。仮に自宅を失うことがあったとしても，家賃8万円程度の賃貸ア
パートに移れば，十分に支払っていける。

	金額（円）
①　今後の平均収入の合計見込月額	35万
②　今後の平均支出の合計見込月額	20万
③　今後の弁済原資合計見込月額（①－②）	15万

6　5000万円要件及び最低弁済額

	金額（円）
①　負債総額	1675万
②　①のうち住宅資金貸付債権額	1000万
③　②のうち別除権行使による回収見込額	800万
④　①のうち別除権行使による回収見込額（③を除く）	0

⑤　うち開始前の罰金等の額	0

(5000万円要件)	
⑥　5000万円≧①−②−④−⑤	675万円
3000万円以下の場合　　→	A　　へ
3000万円を超える場合　→	B　　へ

Aの場合	
(最低弁済額)	
住宅資金貸付債権がある場合	
住宅資金特別条項を定める場合	
①−②−④−⑤　→　1/5	円
住宅資金特別条項を定めない場合	
①−③−④−⑤　→　1/5	175万円
住宅資金貸付債権がない場合	
①−④−⑤　→　1/5	円

【注・最高300万円，最低100万円，100万円以下は全額】

Bの場合	
(最低弁済額)	
⑥×1/10	円

7　住宅資金特別条項を定める場合

①　住宅ローンの約定弁済合計額（元利合計額，ボーナス加算後合計額，数社ある場合は合計額）

通常月　　　＿＿＿＿＿＿＿＿＿円

ボーナス月　＿＿＿＿＿＿＿＿＿円

②　申立時における住宅ローンの支払状況（遅滞の有無）

　　□遅滞ない

　　□遅滞ある　　＿＿＿＿＿＿＿＿＿円・＿＿＿＿＿か月分

　　⇒その支払い状況

第 2 章　小規模個人再生

③　住宅ローン債権者との事前協議の経過

　　　　　--
　　　　　--
　　　　　--
　　　　　--

④　予定している住宅資金特別条項の内容
　　□期限の利益回復型・約定型（199条1項）
　　□リスケジュール型（199条2項）
　　□元本猶予期間併用型（199条3項）
　　□同意型（199条4項）

　　　　　--
　　　　　--
　　　　　--

家計収支表 （個人再生用） ver.4.2

		申立前2か月分→	令和〇〇年2月分	令和〇〇年3月分
収	給与（申立人）			
	給与（配偶者）			
	給与（長男　　　　　）		30,000円	30,000円
	自営収入（申立人）		350,000円	350,000円
	自営収入（配偶者）			
	自営収入（　　　　　）			
	年金（申立人）			
	年金（配偶者）			
	年金（　　　　　）			
	雇用保険（申立人）			
	雇用保険（配偶者）			
	雇用保険（　　　　　）			
	生活保護（　　　　　）			
入	児童（扶養）手当			
	親類からの援助（　　　から）			
	その他（　　　　　）			

	その他（　　　　　　　）		
	その他（　　　　　　　）		
	収入合計	380,000円	380,000円
	前月からの繰越		0円
支出	住居費（家賃，地代等）		
	住宅ローン（管理費等を含む）		
	駐車場代（車の名義　　　　　）		
	食費	82,000円	80,000円
	嗜好品代	12,000円	15,000円
	外食費	13,250円	15,000円
	電気代	11,800円	10,500円
	ガス代	8,300円	8,000円
	水道代	6,100円	5,800円
	電話料金（携帯電話を含む）	7,800円	7,700円
	新聞代	3,980円	3,980円
	国民健康保険料（国民年金）	6,000円	6,000円
	保険料（任意保険） （保険の契約者　　大阪一郎　　）	25,200円	25,200円
	ガソリン代（車の名義　大阪一郎）	4,670円	5,600円
	日用品費		
	医療費	3,900円	6,500円
	被服費	6,000円	7,000円
	教育費（高校学費　　　　　　）	20,000円	20,000円
	交際費（長女の小遣い含む　　）	15,000円	15,000円
	娯楽費（　　　　　　　　　　）	10,000円	16,000円
	返済(借入れして返済した分除く　)	150,000円	
	その他（　　　　　　　　　　）		
	支出合計	380,000円	247,280円
	翌月への繰越	0円	132,720円

第 2 章　小規模個人再生

事業収支実績表 ver.4.3

	年							月平均額
	月							
収入（合計額）								
	現金売上額							
	売掛金回収額							
	受取手形取立額							
	商業手形割引額							
そ の 他 の 収 入	〔　　　　　〕							
	〔　　　　　〕							
	〔　　　　　〕							
	〔　　　　　〕							
	〔　　　　　〕							
	〔　　　　　〕							
支出（合計額）								
	現金仕入額							
	買掛金支払額							
	支払手形決済額							
	人件費額							
そ の 他 の 経 費	〔 店舗家賃 〕							
	〔 リース代 〕							
	〔 電気代 〕							
	〔 ガス代 〕							
	〔 水道代 〕							
	〔ガソリン代〕							
	〔　　　　　〕							
	支払手数料額							
そ の 他	〔税金，保険〕							
	〔　　　　　〕							
	〔　　　　　〕							
差引過不足								

前月繰越						
翌月繰越						

★ 申立前6か月分の事業収支状況について，事業の実体を記録した帳簿等から，月ごとの売上額等の収入額，仕入額，経費等の支出額，その月の事業利益額を整理して記載し，提出してください。

★ 支出のその他の経費については，電気代，ガス代，水道代，電話代，保険料，ガソリン代等，その具体的内容を〔　　　　　〕内に記載した上で金額を記載し，それに含まれないその他の支出についてはその他欄の〔　　　　　〕内に具体的内容を記載した上で金額を記載してください。

★ 人件費欄には，本人に対する報酬等は計上しないでください。

事業に関する報告書

令和○○年4月17日

大阪地方裁判所　☑第6民事部　　　御中
　　　　　　　　□　　　　支部

　　　　　　　　申立人（代理人）弁護士　鶴　見　浩　二　印

1　事業名称　　　　　　　　　　　　　　　　　【☑有　□無】
　　その店名・屋号　　　　まんぷく亭

2　事業所所在地（☑自宅兼店舗である。）

3　事業用賃借物件（営業所，店舗，倉庫）の有無　【☑有　□無】
　　その物件での賃料の滞納の有無　　　　　　　【□有　☑無】
　　　その滞納賃料　　　　　　　　か月分　合計　　　　　　円

4　具体的な事業の内容
　　お好み焼き店自営

5　過去3年間の年度別の営業状況

年度（平成）	売上（年間・円）	経費（年間・円）	従業員数（人）
○○	948万	480万	0
○○	960万	482万	0
○○	985万	495万	0

6　事業用の資産（□事業用設備・機械，□什器備品，□車両，□在庫，

第 2 章　小規模個人再生

□その他）の有無　　　　　　　　　　　　　　　　　　【□有　☑無】
　その評価額　　　　　　　　　　　　合計＿＿＿＿＿＿＿＿＿＿＿円

7　弁済協定締結予定の有無　　　　　　　　　　　　　【☑有　□無】
　①　リース物件等の品名（業務用冷蔵庫　　　　）
　　　　　　　　　　　　　（　　　　　　　　　　　　）
　②　相手方（債権者名）＿○　○　クレジット㈱＿＿＿＿＿
　③　リース代月額及び残期間　　月額2.5万円　残期間5年間＿
　④　弁済協定締結の必要性（事業継続に欠くことのできないという具体的
　　　理由）
　　野菜，豚肉等大量に仕入れた材料の保管のために，業務用冷蔵庫の使用
　は事業継続のために必要不可欠である。

8　従業員の有無　　　　　　　　　　　　　　　　　　【□有　☑無】
　その従業員に対する未払賃金の有無　　　　　　　　【□有　☑無】
　　その未払賃金の合計額・未払の期間

　＿＿＿＿＿＿＿＿＿＿＿＿＿＿＿＿＿＿＿＿＿＿＿＿＿＿＿＿＿＿＿

9　公租公課（税金や社会保険料）の滞納の有無　　　【□有　☑無】
　その滞納額　　　　　　　　　　　　合計　　　　　　　　　　円

10　売掛金等（事業により生じ，現在までに回収していない債権）の有無
　　　　　　　　　　　　　　　　　　　　　　　　　【□有　☑無】

相手の名前	金額(円)	時　　　期	回収見込み	回収できない理由
		年　　月	□有　□無	
		年　　月	□有　□無	
		年　　月	□有　□無	

11　負債総額－住宅資金貸付債権額－保証債務額＞3000万円　【□超　☑以下】

ver.4.3

債権者一覧表 ver. 4.3 (No. 1)

大阪地方裁判所　令和○○年(再イ)第　　　号
再生債務者（　大　阪　一　郎　）

債権現在額合計額①	住宅資金付債権合計額②	別除権の行使により弁済が見込まれる額の合計額③	①-②-③=
18,500,000 円	0 円	0 円	18,000,000 円

債権番号	債権者の氏名（会社名） 契約書と現在とで債権者の氏名・番号が変更されている場合は、（ ）内に旧氏名・番号を記載してください。	住所（TEL・FAX）	担保不足見込額（円）	債権現在額（円）	原因	当初の契約年月日等	内容	債務名義	住特条項	異議留保
1	○○銀行△△支店	〒○○○-○○○○ ○○県○○市○○町○-○-○ TEL ○○-○○○○-○○○○ FAX ○○-○○○○-○○○○		10,000,000		H○○・3・				○
2	○○信用保証協会	〒○○○-○○○○ ○○県○○市○○町○-○-○ TEL ○○-○○○○-○○○○ FAX ○○-○○○○-○○○○	0	0	4	H○○・3・	将来の求償権			○
3	○○クレジット株式会社	〒○○○-○○○○ ○○県○○市○○町○-○-○ TEL ○○-○○○○-○○○○ FAX ○○-○○○○-○○○○	1,000,000	1,500,000	4	H○○・11・	リース料債権			○
4	ローン○○こと○○○○	〒○○○-○○○○ ○○県○○市○○町○-○-○ TEL ○○-○○○○-○○○○ FAX ○○-○○○○-○○○○		250,000	1	H○○・7・				○
5	株式会社○○○ローン	〒○○○-○○○○ ○○県○○市○○町○-○-○ TEL ○○-○○○○-○○○○ FAX ○○-○○○○-○○○○		1,100,000	1	H○○・2・				○
6	○○商事株式会社	〒○○○-○○○○ ○○県○○市○○町○-○-○ TEL ○○-○○○○-○○○○ FAX ○○-○○○○-○○○○		1,400,000	1	H○○・4・				○
7	有限会社○○○	〒○○○-○○○○ ○○県○○市○○町○-○-○ TEL ○○-○○○○-○○○○ FAX ○○-○○○○-○○○○		900,000	1	H○○・5・				○
8	△△△株式会社	〒○○○-○○○○ ○○県○○市○○町○-○-○ TEL ○○-○○○○-○○○○ FAX ○○-○○○○-○○○○		550,000	1	H○○・4・				○
9	○○○クレジット株式会社	〒○○○-○○○○ ○○県○○市○○町○-○-○ TEL ○○-○○○○-○○○○ FAX ○○-○○○○-○○○○		1,200,000	1	H○○・6・				○
10	○○ファイナンス株式会社	〒○○○-○○○○ ○○県○○市○○町○-○-○ TEL ○○-○○○○-○○○○ FAX ○○-○○○○-○○○○		650,000	1	H○○・9・				○
11	○○○カード株式会社	〒○○○-○○○○ ○○県○○市○○町○-○-○ TEL ○○-○○○○-○○○○ FAX ○○-○○○○-○○○○		500,000	1	H○○・11・				○
12	○○○○こと□□□□	〒○○○-○○○○ ○○県○○市○○町○-○-○ TEL ○○-○○○○-○○○○ FAX ○○-○○○○-○○○○		450,000	1	H○○・12・				○
13						・				

小計（ 18,500,000円 ）

「原因」欄には、債権の原因について、次の中から該当する番号を記載し、その債権が住宅資金貸付債権に該当する場合には、その番号を0で囲む。
1 借入　2 物品の購入　（クレジット契約などによる立替払いを含む。）　3 保証（その他の保証の場合には、その原因が4であるときを含む。）　4 その他（保証委託に基づく求償債権を含む。）

この欄は住宅資金特別条項を定める債権については記載する必要はない。

別除権付債権 債権番号	別除権の行使により弁済が見込まれる額（円）	担保不足見込額（円）	別除権の目的である財産
2	0	0	
3	500,000	1,000,000	大阪市○○区○○○の土地・建物　平成12年式○○社製業務用冷蔵庫

第2章　小規模個人再生

★各項目の必要資料については，添付書類一覧表【書式④】に従って，その写しを添付する。

★預貯金の口座は，残高が少額でも必ず全部記載する。口座の種類欄には，普通，定期，当座，通常等の種類を記載し，払戻見込額欄には，金融機関からの借入がある場合の相殺を考慮し，払い戻されるであろう金額を記入する。【書式④5⑴】

★解約返戻金がない場合でも，必ず全部記載する。
★申立人以外の者が被保険者となっていても，申立人が契約者の場合には記載する。
★源泉徴収票，確定申告書，給与明細書，家計収支表【書式⑧㉚】，通帳等に保険の存在をうかがわせる記載がある場合は，忘れずに記載する。
★「解約返戻金」の欄には，貸付金等を控除した金額を記載する。【書式④5⑵】

★給与明細に財形貯蓄の計上がある人は，必ず記載する。【書式④5⑹】

★自宅，作業場，駐車場として申立人本人名義で賃借している土地・建物に関する差入保証金について記載する。【書式④5⑺】

★親族，友人・知人などに対する貸金で，契約書等の書面を作成していないものでも，およその金額を記載して，回収の見込みについても記載する。【書式④5⑻】
★未回収の過払金については，和解が成立している場合に限り，回収費用等を控除することができる。この場合，和解額から回収費用等を控除した残額を債権金額欄及び回収見込額欄に記載する。

★実質的に所有している不動産は，登記名義のいかんを問わず，記載する。特に，親族の死亡にともない不動産を相続している場合には，被相続人の登記名義のままの相続財産でも，必ず記載する。【書式④5⑷】

★「家計収支表【書式⑧㉚】」・「事業収支実績表【書式㉛】」で，駐車場代，ガソリン代の支出のある人は，忘れずに記載する。【書式④5⑸】

★担保（所有権留保，譲渡担保等）に供されている財産があるときは，担保設定（等）欄の「有」に印を付けた上，被担保債権残額も記載する。

★回収済みの過払金について，回収費用等の控除を希望するときは，時価欄に回収額を記載し，担保設定等欄の「有」に印を付けた上，被担保債権残額等欄に回収費用等の額を記載する。

★欄が足りない場合には，ここに記載するか，別紙に記載し直後に添付する。
（　　　　　　　　　　　）について

財 産 目 録 ver. 4.3

1　現金

2　預貯金（銀行以外の金融機関に対するものを含む）

	金融機関	支 店 名	口座の種類	口座番号
①	○○信用金庫	△△支店	普通	0000
②	〃	〃	定期	0000
③	○○銀行	□□支店	普通	0000
④	○○郵便局		通常	00-000000
⑤				
⑥				
⑦				

3　保険（生命保険，火災保険，車両保険等）

	保険会社	証券番号
①	△△生命	0000-0000
②	□□損害保険	00-0000
③	○○火災保険	0000000
④		
⑤		
⑥		

4　積立金等（社内積立，財形貯蓄等）

種　　　類

5　賃借保証金・敷金

賃借物件	契約の始期
店舗	H00年5月ころ
	年　　月ころ

6　貸付金，売掛金，未回収の過払金等

債務者名	債権金額(円)	時　　期
		年　　月ころ
		年　　月ころ
		年　　月ころ

7　退職金　　□有　□無

8　不動産（土地・建物・借地権付建物）

種　　　類	所　在　地
	地番又は家屋番号
□土地　□建物	大阪市○○区○○○
□借地権付建物	○番○号

9　自動車

車　　名	年式	登　録　番　号
○○○○	H○○	なにわ○×○○○○

10　その他の動産（貴金属，着物，パソコン等，10万円

品　　　名

11　その他（株式，会員権，回収済みの過払金等，1〜

財産の内容

三 小規模個人再生の申立て

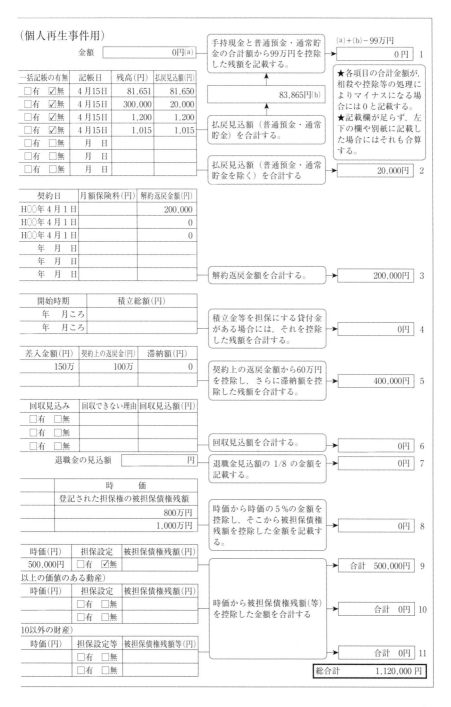

個人再生手続　申立てチェックリスト ver.4.3

　このチェックリストは，申立書の作成にあたり，各項目をチェック（確認・調査・検討）していくことにより，申立書を正確に作成するためのものです。

　各チェック項目は，添付書類一覧表で提出すべき資料としているにもかかわらず，これまで提出忘れが多かったものや，申立書や添付資料等の記載方法について過誤や不十分なものが多かった点を列挙しています。

　申立書の不備は，追完，修正等に時間を要し，速やかな再生手続を阻害する大きな原因となっていますので，申立代理人は，添付書類一覧表に従って添付書類を提出し，各添付資料の記載要領に従って記載した上で，このチェックリストの各項目すべてをチェックをして，申立時に提出してください。

1　住民票，委任状関係

　□　住民票の写しは申立日から３か月以内のものか。世帯全員について省略のないものか（個人番号及び住民票コードは省略されたものを提出してください）

　□　居所が住民票と異なっていないか。異なる場合で，賃借のときには賃貸借契約書を，無償居住のときには居住証明書原本と登記簿謄本若しくは全部事項証明書又は賃貸借契約書を提出しているか

　□　委任状に作成日付，弁護士の氏名，事件の表示，債務者の氏名，住所が記載されているか

2　申立書，陳述書関係

　□　第１の過去３年間の職歴，過去２年度分の年収，年収の変動の有無について記載漏れ，チェック漏れがないか

　□　第２の家族関係，特に同居別居の区別，月収額，別居家族の住所に記載漏れはないか，現在の住居の状況に○印を付けているか

　□　第３の１の公租公課の滞納の有無及び額について，記載漏れ，チェック漏れがないか，滞納がある場合，課税庁と支払方法について分納合意書又は交渉経緯報告書を提出しているか

　□　第３の２の申立てに至った事情についてチェック漏れがないか

　□　第３の３の具体的な事情について，借金の時期やその使途等について過不足なく記載しているか

　□　第３の７の差押え，訴訟の有無について，記載漏れ，チェック漏れがな

いか

- □ 第4についてチェック漏れ，記載漏れがないか，過去に免責決定を受けた場合，免責決定の写しを提出しているか
- □ 第5の履行可能性等に関する各項目について漏れがないか
- □ 積立予定月額欄には，月額を正確に記載しているか

3 収入証明書関係

- □ 給与所得者の場合，直近2か月の給与明細及び過去2年間の源泉徴収票（取得不可能な場合は，課税証明書及び所得税と社会保険料等の納税証明書）を提出しているか
- □ 事業者の場合，過去2年間の確定申告書，決算報告書及び事業収支実績表（直近6か月分）並びに事業に関する報告書を提出しているか
- □ 給与所得，事業所得以外に収入がないか，ある場合（年金，児童手当その他の手当等），その額が分かる書類（受給証明書あるいは通知書）を提出しているか
- □ 同居人に収入がある場合
  - □ 給与所得者の場合，直近2か月分の給与明細書を提出しているか
  - □ 給与以外の収入がある場合，直近1年分の課税証明書を提出しているか
  - □ 公的年金等を受給している場合，その額がわかる書類（受給証明書あるいは通知書）を提出しているか
  - □ 本人，同居人に年金収入がある場合で，その年金が担保に入っている場合は，その担保資料を提出しているか

4 債権者一覧表関係

- □ 事件符号（再イ，再ロ）に間違いはないか
- □ 債権者の氏名・商号，住所，債権現在額，原因の記載をしているか
- □ 債権者の氏名・商号について，契約時と現在とが異なる場合，旧氏名・商号を（　　）内に記載しているか，屋号がある場合に，屋号を記載しているか（例　○○商事こと阪神鯛賀寿）
- □ 債権額の合計額に間違いはないか
- □ 住宅資金特別条項を定めることができるか，検討したか（改正法対応事例解説個人再生〜大阪再生物語〜98〜102頁参照），検討する際，対象不動産の全部事項証明書（共同担保目録があるものは，それを含む）をすべて確認したか（定める場合は□Aに，定めない場合は□Bに）

第2章　小規模個人再生

　　　□A　住宅資金特別条項を定める場合，以下の4点を確認したか
　　　　1　住宅ローン債権者の原因欄を「①」としているか
　　　　2　住特条項欄に「○」を付しているか
　　　　3　異議留保欄を空欄にしているか（異議留保はできない）
　　　　4　保証会社の住特条項欄は空欄にしているか
　　　□B　住宅資金特別条項を定めない場合には，以下の3点を確認したか
　　　　1　住宅ローン債権者の原因欄を「①」としているか
　　　　2　別除権付債権欄に記載しているか
　　　　3　住特条項欄を空欄にしているか
　□　全債権につき，保証人，保証会社がいるか調査はしたか（債権調査票，不動産の全部事項証明書など）
　□　代位弁済をしていない保証人，保証会社を記載する場合には，債権現在額は0円，原因は4，将来の求償権○番の保証人と記載しているか
　□　債務の原因が物の購入で，物（例えば自動車）について所有権が留保されている場合，別除権付債権欄に記載しているか
　□　リース料債権について，別除権付債権欄に記載しているか
　□　勤務先からの借入れや家賃の滞納がある場合に，これらの債務を債権者一覧表に記載しているか
　□　給料債権を一覧表に記載していないか（一般優先債権となり分納合意が必要）
　□　マンションの管理費，修繕積立費を，別除権付債権欄に記載しているか
　□　債務名義（判決正本，和解調書正本，調停調書正本，公正証書など）がある債務について，債務名義欄に○印を付けているか
　□　債務名義がある場合，その写しを資料として提出しているか
　□　異議留保すべきものについて，異議留保欄に○印を付けているか
　□　債権現在額を「0」とした場合にまで，異議留保欄に○印を付けていないか

5　財産目録関係
　①　預貯金について
　　□　残高，払戻見込額が通帳の金額と一致しているか
　　□　申立前2週間以内に記帳をし，かつ，財産目録に記帳日を記載しているか
　　□　受任通知発送日の1年前から上記記帳日までの取引履歴部分，表紙，裏表紙，定期部分が漏れていないか

三　小規模個人再生の申立て

- □　取引履歴を点検し，一括記帳がないか，ある場合にはその期間の取引明細書を添付しているか
- □　通帳を紛失，破棄していないか，している場合に取引明細書（受任通知発送日の1年前以降の分）を提出しているか
- □　繰越しがある場合，繰越前の通帳か取引明細書（受任通知発送日の1年前以降の分）を提出しているか
- □　給与振込，光熱費の引落しがされている口座を記載しているか
- □　普通預金通帳の支払明細欄に「定期積立」の記載がある場合等に，定期預金通帳の提出を忘れていないか

② 保険について
- □　通帳，取引明細書に保険料の引落しはないか
- □　家計収支表に保険料の支出はないか
- □　通帳，取引明細書の引き落とし金額・口数と保険証書・返戻金証明書と財産目録の記載が一致しているか
- □　確定申告書，源泉徴収票又は給与明細書に「生命保険控除」「損害保険控除」の記載がないか
- □　失効・解約した保険を含めて，解約返戻金の調査をしたか
- □　源泉徴収票で10万円，課税証明書で7万円の保険控除がある場合，生命保険と年金保険に加入していないか
- □　解約返戻金に関する証明書は申立前3か月以内のものを提出しているか
- □　傷害保険，住宅保険で，一括して保険料を納入していないか，この場合は返戻金につき調査を経ているか
- □　以上をチェックのうえ，保険証券，解約返戻金（0円の場合も含む）など資料を漏れなく提出しているか

③ 積立金について
- □　給与明細書に「社内積立」「財形貯蓄」など積立金の存在を伺わせる記載がないか，ある場合には資料を提出しているか
- □　通帳に積立金の引き落としはないか，ある場合には資料を提出しているか
- □　金額が分かる資料（通帳，給与明細等）を提出しているか

④ 賃借保証金について
- □　契約書を提出しているか

⑤ 退職金について
- □　勤続5年以上の場合，退職金証明書（退職金額（0円の場合も含む）

が分かる資料）を提出しているか，それらが提出できない場合には，退職金規程とそれに基づく退職金計算書を提出しているか

⑥　不動産について
　　□　申立前3か月以内の全部事項証明書を提出しているか
　　□　共同担保が設定されている場合には，共同担保目録付きの全部事項証明書を提出しているか
　　□　申立前3か月以内の固定資産評価証明書を提出しているか
　　□　土地又は建物の片方だけを所有している場合，土地の利用関係を示す資料を提出しているか
　　□　査定書（敷地利用権がある場合の利用権についての査定を含む）を提出しているか

⑦　自動車及びその他の動産について
　　□　初年度登録国産乗用車の場合は7年以内か，軽自動車・商用自動車の場合は5年以内か，新車価格が300万円以上か，輸入車か
　　□　上記の場合には，自動車検査証又は登録事項証明書，自動車の評価に関する書類を提出しているか
　　□　所有者留保がついている場合には，自動車検査証又は登録事項証明書及び所有権留保に係る契約書（約款含む）

6　家計収支表について
　□　直近2か月分を提出しているか
　□　家計を同一にする同居家族がいるか，いる場合その全員の収入と支出を記載しているか，また同居人の収入を記載した場合，前記3の収入証明関係の項の必要書類をもれなく提出しているか
　□　収入項目（給与，自営収入，配偶者収入等）に間違いないか，給与明細書の転記ミスがないか，繰越金を正確に記載しているか
　□　収支がマイナスになっていないか
　□　財産目録に保険加入や自動車の所有の記載があるのに，保険料やガソリン代及び駐車場代を計上し忘れていないか
　□　事業者の場合，事業収支実績表の支出と家計支出で重複する支出を計上していないか
　□　支出に弁護士費用が計上されている場合，その回収の終期の報告書を提出しているか
　□　光熱費について，引き落とし口座がある場合に該当箇所にマーカーを付しているか，口座がない場合に領収書を添付しているか

三　小規模個人再生の申立て

7　可処分所得額算出シートについて（小規模個人再生では不要）
- [ ] 年齢は計画案を提出する日（予定）の以降の最初の４月１日現在の年齢か
- [ ] 被扶養者として記載されている者は本当に被扶養者か（課税証明書，確定申告書で確認すること，配偶者特別控除を受けていても，被扶養者でない場合もある。なお，納税証明書では不明な場合が多いので，課税証明書を提出する）
- [ ] 住居費について，政令の額以上を計上していないか
- [ ] 計算間違いはないか
- [ ] ①過去２年間の収入合計欄には，アルバイトを含めた総支給額（手取額ではない）を記載しているか
- [ ] 勤務期間が２年未満で，源泉徴収票の額に基づいて計算できない場合，その算出根拠について上申しているか
- [ ] 過去２年内に就職，転職，減給等の事由が生じ，当該事由が生じて以降の年収がそれまでの年収に比し，５分の１以上の増減が見込まれる場合，当該事由が生じて以降の見込み年収を基に可処分所得額を算出しているか

8　住宅資金特別条項を定める場合
- [ ] 金銭消費貸借契約書（申込書控えは不可），同変更契約書（変更契約を締結している場合），償還表，保証委託契約書（保証委託契約を締結している場合）を提出しているか
- [ ] 弁済許可の申立てを行っているか（なお，巻戻しの場合は弁済許可は必要ありません。）
- [ ] 弁済許可の申立ての第１の１の住宅資金貸付債権の表示部分の契約書作成日付，契約書名を誤って記載していないか。また契約の変更があった場合，これも併記しているか（例　ローン契約書（金銭消費貸借契約証書），○○銀行（旧商号　○○銀行））
- [ ] 弁済許可の申立てをしない場合，抵当権実行の関係から，住宅ローン債権者の了解を得ているか。

9　事業収支実績表等
- [ ] 収入，支出，差引過不足額の各欄に月平均額を記載しているか
- [ ] 確定申告書上，専従者がいる場合に，人件費につき金額を記載しているか

第 2 章　小規模個人再生

□　倉庫等賃借物件がある場合に，資料として賃貸借契約書を提出し，かつ
　　財産目録にも記載しているか

□　リース料について，開始後は引き上げられてもよい旨，または弁済する
　　場合に弁済協定の必要性につき主張しているか

□　リース物件がある場合に，契約書を添付して，物件，金額，期間等を特
　　定しているか

□　直近 6 か月間の純利益の変動が大きい場合に，その事情と今後の当該事
　　業の見込みを，陳述書や上申書で主張しているか

10　予納金

□　事業者の場合で，負債総額から住宅資金貸付債権，保証債務を除いた額
　　が，3000万円以上の場合，個人再生委員の費用（原則30万円）を含めた，
　　予納金31万2268円を準備しているか※
　　※現在は31万3744円に変更されている。

5　管　轄

⑴　原則的土地管轄

再生手続の管轄については、原則として、

①　再生債務者が営業者であるときはその主たる営業所の所在地

②　外国に主たる営業所を有するときは日本における主たる営業所の所在地

③　営業者でないときまたは営業所を有しないときはその普通裁判籍の所在
　　地

を管轄する地方裁判所が管轄する（法 5 条 1 項）。個人再生手続においても一般
の民事再生手続同様に地方裁判所の専属管轄であって（法 6 条）、簡易裁判所
には管轄はないことは注意を要する。なお、営業者であるかどうかは、申立て
の時点で判断されると考えられる。したがって、申立て時にすでに営業を廃止
している場合には、原則として営業所の所在地では申立てはできないと解され
る。

⑵　補充的土地管轄

⑴に述べた管轄地がない場合には、再生事件は、再生債務者の財産の所在地
を管轄する地方裁判所が管轄する（法 5 条 2 項）。再生債務者の財産が債権であ

るときは、裁判上の請求をすることができる地の管轄裁判所である。個人再生
手続において、これが問題になってくる場合は、たとえば、債務者についての
給料の支払われる地などが考えられる。

(3) 再生事件の係属によって生じる管轄

上記(1)(2)で述べた基準によって管轄が生じる場合でも、なお一定の関係にあ
る者のうちのいずれか一人について再生事件が係属しているときは、以下に掲
げる他の者について、再生手続開始の申立てをする際は、先行する再生事件が
係属している地方裁判所にも申立てをすることができる（法5条7項）。

① 相互に連帯債務者の関係にある者

② 相互に主たる債務者と保証人の関係にある者

③ 夫婦

これらの者については、たとえば、主たる債務者が大阪に在住し、保証人が
東京に在住している場合でも、主債務者について再生手続開始の申立てがなさ
れている場合には、保証人について大阪地裁に再生手続開始の申立てをするこ
とができる。さらに、主債務者と保証人とが同時に再生手続開始の申立てをす
る場合には双方まとめて大阪地裁（あるいは東京地裁）に申立てが可能である。

これらの場合、再生すべき原因が共通することが多く、審理を簡明迅速にす
るために認められたものである。したがって、先行する再生債務者と後から申
し立てようとする債務者がすべて（③はもちろんのことだが）相互に個人である
ことが要求される。たとえば、会社について民事再生手続が先行しており、再
生会社の債務を保証している代表者についても再生手続開始の申立てをするこ
ととなった場合には、以上の規定は適用されないことになる。

(4) 移 送

個人再生手続の申立てを受けた当該裁判所に管轄が認められる場合でも、裁
判所は「著しい損害又は遅滞をさける」必要がある場合には、再生事件を次に
掲げる裁判所のいずれかに移送することができる（法7条）。

① 再生債務者の主たる営業所または事務所以外の営業所または事務所の所
在地を管轄する地方裁判所

② 再生債務者の住所または居所の所在地を管轄する地方裁判所

③ 法5条7項に規定する裁判所へ移送する場合　　ⓐ相互に連帯債務者の

第 2 章　小規模個人再生

関係にある者、ⓑ相互に主たる債務者と保証人の関係にある者、ⓒ夫婦の
いずれか一方について再生事件が係属しているときに、先行する申立てと
は別の裁判所に再生手続開始の申立てがなされた場合に、後に申し立てら
れた再生手続について、先行する再生手続開始を申し立てられた裁判所へ
移送することができるわけである。

④　法 5 条 7 項に規定する裁判所からの移送　　③とは逆に、ⓐ相互に連帯
債務者の関係にある者、ⓑ相互に主たる債務者と保証人の関係にある者、
ⓒ夫婦、のいずれか一方について再生事件が係属しているときに、先行す
る再生手続が継続している裁判所に対して法 5 条 7 項に基づいて、再生手
続開始の申立てがなされたときに、なお裁判所は別の裁判所（法 5 条 1 項
または 2 項に規定される管轄を有する裁判所）へ移送できるとしたものである。
ⓐ〜ⓒの関係があるとしてもなお、別の裁判所において手続を進めること
が適当だと判断される場合には、裁判所は、別の裁判所において手続を進
めるべく移送ができる。

6　費　用

再生手続開始の申立てをするときは、再生債務者は費用を予納する義務を負
担し（法24条）、費用の予納をしないと申立ては棄却される（法25条 1 号）。具
体的な費用であるが、貼用印紙額は 1 万円とされているほか、郵券（切手）代
として、東京地裁では1600円、大阪地裁本庁では1078円（申立て時。ただし、
裁判所が渡す書類を取りにきてもらえる場合は 0 円）＋84円×債権者数× 2 （開始
決定等郵送分および再生計画案等郵送分）が必要とされる（ただし、大阪地裁堺支部、
岸和田支部では1670円のそれぞれ定額）。したがって、申立ての費用は 2 万円程
度である（なお、郵券については、予納の際、いかなる組み合わせにするかが決め
られている）。ただし、個人再生委員が選任される場合（東京地裁は個人再生委
員を選任するのが原則であるが、その他の地域でも本人申立ての場合などには選任
されることが多い）には、さらに15〜30万円程度の予納金が必要とされている。
これについては分納でもよい場合がある。たとえば、東京地裁本庁等では月 5
万円ずつ 6 回払いとされているようである。詳細は各申立裁判所へ問い合わせ
られたい。なお、大阪地裁の取扱いでは、司法書士が関与している申立ての場

108

合の予納金として30万円が必要とされていたが、現在では、申立段階での予納金は必要なく、個人再生委員が選任される場合には、30万円の予納金が必要となる（ただし、官報掲載費用として別途1万3744円が必要）。

弁護士が申立手続を受任した場合には、ほかに弁護士費用（着手金・報酬）が発生する。おおむね30万円から40万円の間で受任しているようである（分割払いが可能かどうかは受任する弁護士によって異なる）。報酬については、請求するかどうかは弁護士によってさまざまのようであるが、請求される場合、支払いを免れた金額の10％程度と考えられる。再生計画が認可され、履行の段階において、支払いの代行や監督をするという業務の手数料として履行期間内に月々5000円～1万円程度の分割金を弁護士に対して支払うこともある。

7　疎明・審尋

再生債務者は、再生手続の開始原因を疎明する必要がある（法23条1項）。

再生手続の審理は非公開で行われ（法8条1項）、裁判所は職権で必要な調査を行うことができる（同条2項）。この調査に関しては、民事訴訟法の規定が準用されるほか（法19条）、必要な事項は最高裁判所規則によって定められる（法20条）。現実の取扱いでは書面上の要件が充足されている場合には再生債務者を審尋することなく開始決定をするようである（大阪地裁等）。

8　保全処分等

小規模個人再生では、実務上、申立て後数週間内に開始決定がなされているが、それまでの間に債務者に対して差押えや仮差押えがなされる可能性がある。これを放置すれば、一部の債権者だけに再生手続によらない回収を認める結果となるばかりか、給料などが差し押さえられることによって、再生手続に支障を来しひいては債務者の再生を図ることが困難な状況に陥るおそれがある。特に再生債務者が事業者である場合には手形を振り出していることも少なくなく、手形の取立てを禁止しておかなければ再生が不可能となる場合がある。

そこで、小規模個人再生においても、その開始決定がなされる以前の段階で保全処分を申し立てることができるものとされている。小規模個人再生において再生債務者がなし得る保全処分には、以下のものがある。

① 他の手続の中止命令（法26条）　再生手続を遂行するため、他の法的倒産手続、強制執行手続、訴訟等を中止するものである。もっとも、個人再生手続の場合には、法人のみを対象とする特別清算手続、会社整理手続、会社更生手続に関する中止命令はあり得ない。

なお、個人再生手続には債権の実体的確定の制度がないため、訴訟手続のうち再生債権に関するものは、開始決定があっても中断せず（法238条・245条により法40条の適用が除外されている）、中止命令の対象にもならない。

② 包括的禁止命令（法27条）　再生債務者の財産が全国に散在している場合、強制執行、訴訟が多発する場合等に予定されている手続であり、個人再生手続においても適用は除外されていない。もっとも、個人再生手続の場合には適用の必要性は少ないものと考えられる。

③ 仮差押え・仮処分その他の保全処分（法30条）　一般的には債務弁済禁止、財産処分禁止、借財禁止等の保全処分がなされる。もっとも、通常の再生手続と同様、公租公課、公共料金の支払いについては弁済禁止命令から除外されることになる。

また、小規模個人再生の場合で、再生債務者が個人事業主であるときには、業務に関する保全処分がなされる可能性もある。

④ 担保権の実行としての競売手続の中止命令（法31条）　個人再生手続においても抵当権、質権、譲渡担保権等の担保権は別除権として扱われるため、再生債権者は、個人再生手続の申立て後も、担保権に基づく競売申立てを行うことができる。

しかし、その場合でも、再生債務者の一般の利益に適合し、かつ、競売申立人に不当な損害を及ぼすおそれがないと認められるときに限り、裁判所は競売手続の中止命令を発することができるものとされている。もっとも、通常、個人再生手続の場合には、このような要件を満たすことは困難であると思われる。

そのほか、住宅資金特別条項を定めた再生計画の認可の見込みがあるときは、再生債務者は再生裁判所に対して、相当の期間を定めて住宅等に設定されている抵当権の実行としての競売手続の中止命令を申し立てることができる（法197条）。

三　小規模個人再生の申立て

　小規模個人再生との関係において、実際に問題となるのは給与の差押え・仮差押えへの対応である。上記のとおり、中止命令等の保全処分を申し立てるのも一つの対応といえるが、むしろ小規模個人再生の開始決定が出てしまえば、差押え・仮差押えはすることができず、またこれを中止しなければならないから、開始決定を早められたい旨の上申書を係属する裁判所へ提出することにより開始決定が早まることもあるので、事情によってはそのような方法も検討に値する。

【書式2-10】　保全命令申立書

令和○○年（再イ）第○○○号　再生手続開始申立事件

債権差押手続中止命令の申立書

令和○○年○○月○○日

大阪地方裁判所第6民事部　御中

申立人代理人弁護士　　鶴　見　浩　二　印

〒000-0000　大阪市○○区○○　○-○-○

申立人（再生債務者）　大　阪　一　郎

〒000-0000　大阪市○○区○○　○-○-○

申立人代理人弁護士　　鶴　見　浩　二

（電話）00-0000-0000（FAX）00-0000-0000

〒000-0000　大阪市○○区○○　○-○-○

相　　手　　方　　株式会社××ローン

代表者代表取締役　　○　○　○　○

申立ての趣旨

　相手方が申立人に対し，別紙債権目録記載の債権についてした大阪簡易裁判所令和○○年（ト）第○○号債権仮差押命令申立事件による債権執行手続は，御庁令和○○年（再イ）第○○○号小規模個人再生手続開始申立事件の申立てにつき決定があるまでの間，中止する。
との決定を求める

申立ての理由

1　申立人は，令和○○年12月28日，御庁に対し，小規模個人再生手続開始の

111

申立てをなし，令和○○年（再イ）第○○○号事件として係属し，現在，御
庁において審理中である。

2　相手方は，申立人に小規模個人再生手続開始の申立てに先立ち，大阪簡易
裁判所に対し，申立人の有する別紙債権目録記載の債権（以下「本件債権」
という）について差押命令を申し立て（令和○○年（ト）第○○号事件），
同地方裁判所により令和○○年12月7日，債権仮差押命令が発令され，この
債権仮差押命令は，同月7日に申立人に送達された。

3　申立人としては，申立人について個人再生手続開始決定が発令されること
は確実であると考えているが，同決定の発令までには，なお2週間程度の期
間が必要な状況である。

　　しかるに債権仮差押命令が申立人に送達された平成○○年12月7日以降，
本件債権についての第三債務者が申立人への給料債権をプールしている状態
にある。

　　かかる事態は，申立人の生活資金の一部を奪うのみならず，仮差押えによ
り申立人が現在受領している給料より差し引かれる金額は，個人再生手続に
よる弁済計画案が認可されれば支払が予定される金額（現時点で考えられる
再生計画案は約100万円を3年間で支払うことを予定しており，この場合の
支払は月額約3万円弱となる。）を大幅に上回っており，再生手続において
平等に返済するための資金をプールすることも不可能となるおそれが生じて
いる。

　　一方，相手方は信用力のある優良企業であるから，本件債権の回収ができ
ないことによって倒産するなどの事態はあり得ないので，債権仮差押手続の
中止命令によって相手方に不当な損害を及ぼすおそれもない。

4　以上の次第で，申立人は，民事再生法第26条に基づき，債権仮差押手続の
中止命令の発令を求めて，本申立てに及んだものである。

疎明方法

1　債権差押命令　　　　　　　　　1通
2　その他は再生手続開始申立書に添付の疎明方法を援用する。

添付書類

疎甲号証写　　　　　　　　　　　各1通
資格証明書（相手方）　　　　　　1通
委任状　　　　　　　　　　　　　1通

三　小規模個人再生の申立て

【書式2-11】　抵当権の実行としての競売手続の中止命令申立書

令和○○年（再イ）第○○○号

担保権の実行としての競売手続の中止命令の申立書

令和○○年○○月○○日

○○地方裁判所民事第○部　御中

申立人代理人弁護士　　○　○　○　○　印

当事者の表示

〒○○○-○○○○　○○県○○市○○町○番○号

申立人（再生債権者）　　○○有限会社

代 表 者 代 表 取 締 役　○　○　○　○

〒○○○-○○○○　東京都○○区○○町○番○号

申立代理人弁護士　○　○　○　○

電　話　03-○○○○-○○○○

ＦＡＸ　03-○○○○-○○○○

〒○○○-○○○○　東京都○○区○○町○番○号

相手方（競売申立人）　　株式会社○○銀行

代 表 者 代 表 取 締 役　　○　○　○　○

電　話　03-○○○○-○○○○

ＦＡＸ　03-○○○○-○○○○

第1　申立ての趣旨

　　相手方が，申立人に対して行った，別紙物件目録記載の不動産に対する○○地方裁判所令和○○年（ケ）第○○○号の競売手続を中止するとの決定を求める。

第2　申立ての理由

1　再生債務者（申立人）は，令和○○年○○月○○日御庁に対し，再生手続開始の申立てをし，令和○○年（再イ）第○○○号再生事件として係属している。

2　相手方は，貸付金を被担保債権とする別紙「担保権目録」記載の根抵当権に基づき，令和○○年○○月○○日○○地方裁判所に対し，別紙「物件目録」記載の不動産（以下「本件不動産」という。）について競売手続開始の申立てをし，令和○○年（ケ）第○○○号不動産競売事件として係属し，差押登記がされている。

3　本件不動産は，再生債務者の商品を製造する主力工場であり，再生債務

113

第2章　小規模個人再生

者の事業の継続に欠くことができないものである。もし，本件不動産が競
売された場合，新たに工場を建設するか，賃借し，現在と同等の能力を有
する設備をしなければならない。しかし，規模的にも，立地条件的にも，
本件不動産と同等の能力の工場を設置することは，現実には困難ないし不
可能である。つまり，再生債務者の事業の再生は，不可能ないし著しく困
難となる。

4　再生債務者はスポンサーをさがし，その支援による再生を予定している
が，スポンサーからの支援により，相手方の被担保債権に対する弁済を検
討している。その交渉が成立した場合には，相手方にとっても競売の実行
より有利な債権回収を図ることができ，本件競売手続を中止しても，相手
方に不当な損害を及ぼすおそれはない。

添付書類

1　甲第1号証　不動産登記簿謄本
2　甲第2号証　不動産競売開始決定正本写

以　上

四　小規模個人再生の申立てに対する裁判

　小規模個人再生は、民事再生手続の申立てと小規模個人再生によるべき申述
を必要とし、開始原因としても民事再生手続一般の要件と、小規模個人再生固
有の要件を必要としている。

1　申立ての却下

　民事再生手続一般の開始原因の疎明がない場合には、申立ては不適法として
却下される。

　たとえば、通常の民事再生手続の申立権しかない債権者が、誤って小規模個
人再生の申立てを行った場合や、債務者申立てであっても印紙や郵券を納めず、
その追完も行わなかった場合である。

　畑野＝岩波「概要」によると、小規模個人再生では、却下決定がなされたケー
スは存在しないようである。

114

2　申立ての棄却

(1)　小規模個人再生固有の開始原因がないことが明らかである場合

民事再生手続一般の開始原因の疎明があっても、小規模個人再生固有の開始原因がないことが明らかである場合に、再生債務者が通常の民事再生手続の開始を求める意思がないことを表明している場合には、再生手続開始の申立てに対して棄却決定を下すことになる。

(2)　民事再生手続一般の棄却事由

民事再生手続一般の開始原因の疎明があっても、小規模個人再生固有の開始原因がないことが明らかであり、かつ再生債務者が通常の民事再生手続の開始を求める意思がないことを表明していない場合、および民事再生手続一般の開始原因および小規模個人再生固有の開始原因の疎明がある場合であっても、次のいずれかに該当することが判明した場合には、再生手続開始の申立てそのものが棄却される（法25条）。

① 費用の予納がないとき

② 裁判所に破産手続が係属し、その手続によることが債権者の一般の利益に適合するとき

③ 再生計画案の作成もしくは可決の見込みまたは再生計画の認可の見込みがないことが明らかであるとき

④ 不当な目的で再生手続の開始の申立てがされたとき、その他申立てが誠実になされたものでないとき

(3)　棄却決定後

これらの場合、裁判所の裁量により、職権で破産手続開始決定がなされることがある（「牽連破産」という（法250条1項））。

ただし、職権で破産手続開始決定させても破産手続における予納金が必要となってしまうことから、通常、個人再生手続においては牽連破産は行われない。

3　申立ての取下げ

畑野＝岩波「概要」によると、小規模個人再生の棄却決定が1件しかなされていないことからもわかるように、通常裁判所から棄却決定がなされる前に申

立人は申立てを取り下げる（取下件数は、20件）。

申立てを取り下げるのは棄却決定がなされる場合に限られず、ほかに、たとえば、①住宅資金特別条項の適用を求めて申し立てたものの、被担保債権が住宅資金貸付債権ではない他の抵当権の抹消ができず（法198条1項参照）、住宅資金特別条項の適用が受けられなくなった場合、②借地権を評価して申し立てたものの、再評価した際に予想外に高額に評価されてしまい清算価値保障原則を充足する再生計画案の作成が明らかに困難になった場合、③債務者が住宅を購入する際に職場から融資を受け、その際退職金が実質的な担保になっていたため住宅に抵当権が設定されていないにもかかわらず住宅資金特別条項の適用を受けるものと誤って申し立ててしまい、当該債権が住宅資金貸付債権ではないことから再生債権の総額が5000万円を超えた場合等がある。

最後の場合においては、申立てを取り下げる方法以外に、通常民事再生手続へ変更の申立てを行うこともできるが、高額な予納金等から通常行われない。ちなみに、畑野＝岩波「概要」によると、小規模個人再生事件として受理されたもののうち、通常民事再生手続により行う旨の決定がなされた事件はないようである。

4 小規模個人再生の開始

⑴ 小規模個人再生開始決定

裁判所が小規模個人再生の要件があると判断すれば、再生手続が開始されるが、主文には小規模個人再生により再生手続を開始する旨を記載しなければならない（規則116条1項1号。【書式2-14】【書式2-15】【書式2-16】参照）。再生債務者が給与所得者等再生の申述をしたが、要件は満たさず小規模個人再生の要件を満たした場合で、再生債務者があらかじめ小規模個人再生を開始する意思がない旨を明らかにしていなかったときも、同様である（同項2号）。

⑵ 開始決定事項

裁判所は、小規模個人再生開始決定と同時に、再生債権届出期間と異議申出期間とを定める。

再生債権届出期間は、原則として、再生手続開始の決定日から2週間以上1月以下であるが、知れている再生債権者で日本国内に住所、居所、営業所また

は事務所がないものがある場合には、4週間以上4月以下で定められる（規則116条2項1号）。

一般異議申述期間は、その期間の初日と債権届出期間の末日との間に2週間以下の期間をおき、1週間以上3週間以下で定められる（規則116条2項2号）。

(3) 公告および送達

裁判所は、小規模個人再生開始の決定をなした場合に、小規模個人再生の決定主文、再生債権届出期間および一般異議申述期間を公告するとともに（法222条2項）、それらの事項を記載した書面を知れたる債権者に送達する（法222条1項ないし3項。【書式2-17】【書式2-18】）。

再生債権届出期間または一般異議申述期間に変更を生じた場合には、あらためて公告および送達を行うが（法222条5項）、一般異議申述期間の変更については、公告を行わない（法222条5項ただし書）。

【書式2-12】 個人再生標準スケジュール（東京地裁）

個人再生手続標準スケジュール

東京地方裁判所民事第20部

手　　　続	申立日からの日数	開始決定日からの日数
申立て	0日	
個人再生委員選任	0日	
手続開始に関する個人再生委員の意見書提出	3週間※	
開始決定	**4週間※**	0日
債権届出期限	8週間	4週間
再生債務者の債権認否一覧表，報告書（法124条2項・125条1項）の提出期限	10週間	6週間
一般異議申述期間の始期	10週間	6週間
一般異議申述期間の終期	13週間	9週間
評価申立期限	16週間	12週間
再生計画案提出期限	18週間	14週間

第 2 章　小規模個人再生

※上記期限までに裁判所に提出されないときは，再生手続廃止の決定がされる（法191条 2 号）。		
書面決議又は意見聴取に関する個人再生委員の意見書提出	20週間	16週間
書面による決議に付する旨又は意見を聴く旨の決定	**20週間**	**16週間**
回答書提出期限	22週間	18週間
認可の可否に関する個人再生委員の意見書提出	24週間	20週間
再生計画の認可・不認可決定	**25週間**	**21週間**

※　給与差押えのおそれ等がある場合には，個人再生委員の意見を聴いた上，同委員の意見書の提出期限及び開始決定の時期を早めるものとする。

【書式 2 -13】　個人再生参考スケジュール（大阪地裁）

①　申立て　　　　　　　　　　　　　（かっこ内は申立てからの日数）

　　　↓　　 2 週間

②　手続開始決定（14日）

　　　↓　　 4 週間

③　債権届出期間の終期（42日）

　　　↓　　 3 日後

④　異議申述期間の始期（45日）

　　　↓　　 2 週間

⑤　異議申述期間の終期（59日）

118

四　小規模個人再生の申立てに対する裁判

↓　1週間

⑥　再生計画案提出期限（66日）

↓　3日後

⑦　書面による決議に付する旨の決定又は意見聴取決定（69日）

↓　4週間

⑧　書面による決議の回答期間又は意見聴取期間満了（97日）

↓　3日後

⑨　認可決定（100日）

【書式2-14】　小規模個人再生開始決定⑴（全国版）

令和○○年（再イ）第○○○号

決　　定

○○県○○市○○町○○○番地○　○○コーポ○○○号室
申　　立　　人　○　○　○　○
申立人代理弁護士　○　○　○　○

主　　文

1　申立人○○○○について，小規模個人再生による再生手続を開始する。
2⑴　再生債権の届出をすべき期間
　　　　令和○○年○○月○○日まで
　⑵　届出のあった再生債権に対する一般異議申述期間
　　　　令和○○年○○月○○日から同年○○月○○日まで
　⑶　財産目録（民事再生法124条），報告書（同法125条）の提出期限
　　　　令和○○年○○月○○日まで
　⑷　再生計画案の提出期間の終期
　　　　令和○○年○○月○○日まで

第 2 章　小規模個人再生

理　　由

　疎明及び債権者一覧表等の一件記録によれば，申立人は，再生手続開始の申立てに加えて，給与所得者等再生を行うことを求める旨の申述をしているが，
1　再生手続開始の申立てについては，申立人には破産の原因となる事実の生ずるおそれがあることが認められ，かつ，民事再生法25条各号に該当する事由はない。
2　申立人は，給与又はこれに類する定期的な収入を得る見込みがある者とはいえないが，将来において継続的に又は反復して収入を得る見込みがあり，給与所得者等再生を行うことを求める旨の申述において，給与所得者等再生を行うことが不相当と認められる場合には，小規模個人再生による再生手続の開始を求めている。
　よって，主文のとおり決定する。

令和○○年○○月○○日○○時○○分
○○地方裁判所○○支部
裁判官　　○　○　○　○　　印

【書式 2 -15】　小規模個人再生開始決定⑵（東京地裁）

　令和○○年（再イ）第○○○号　小規模個人再生手続開始申立事件

決　　定

東京都○○区○○　○丁目○番○号
再生債務者　東　京　太　郎

主　　文

1　東京太郎について小規模個人再生手続を開始する。
2　再生債権の届出期限　　令和○○年○○月○○日まで
3　届け出られた再生債権に対する異議申述期間
　　　令和○○年○○月○○日から令和○○年○○月○○日まで
4　再生計画案の提出期限　　令和○○年○○月○○日まで

理　　由

1　再生債務者には破産の原因たる事実の生じるおそれがある。
2　再生債務者には将来において継続的に又は反復して収入を得る見込みがあ

り，かつ，再生債権の総額は法定の額を超えないものと認められる。

3　本件において，民事再生法25条各号に該当する事実は認められない。

　　令和○○年○○月○○日午後○○時○○分

　　　　　　　　　　　　　東京地方裁判所民事第20部

　　　　　　　　　　　　　　　裁　判　官　○　○　○　○　印

【書式2-16】　小規模個人再生開始決定(3)（大阪地裁）

令和○○年（再イ）第○○○号　小規模個人再生事件

決　　　定

　　　　　　　　大阪市○○区△△△○丁目○番○号

　　　　　　　　　　　申　立　人　　大　阪　一　郎

　　　　　　　　　　　申立人代理人弁護士　　鶴　見　浩　二

主　　文

1　申立人大阪一郎について，小規模個人再生による再生手続を開始する。

2(1)　再生債権の届出をすべき期間

　　　　　令和○○年6月3日まで

　(2)　届出のあった再生債権に対する一般異議申述期間

　　　　　令和○○年6月6日から令和○○年6月20日まで

　(3)　再生計画案の提出期間の終期

　　　　　令和○○年6月27日まで

理　　由

　疎明及び債権者一覧表等の一件記録によれば，申立人は，再生手続開始の申立てに加えて，小規模個人再生を行うことを求める旨の申述をしているが，申立人には，破産の原因となる事実の生ずるおそれがあることが認められ，かつ，民事再生法25条各号に該当する事由及び同法221条7項により申立てを棄却すべき事由はないことが認められる。

　よって，主文のとおり決定する。

　　　　　　　　　令和○○年5月6日午後3時

　　　　　　　　　大阪地方裁判所第6民事部

　　　　　　　　　　　裁判官　　西　天　満　六　郎　㊞

第 2 章　小規模個人再生

【書式 2-17】　通知書(1)（全国版）

事件番号：令和○○年（再イ）第○○○号　小規模個人再生事件

通　知　書

再生債権者　各位

令和○○年○○月○○日

○○地方裁判所○○支部

裁判所書記官　　○　○　○　○　㊞

　頭書事件について，再生手続開始の決定があったので下記の事項を通知します。なお，再生債務者提出の債権者一覧表は別添のとおりです。

記

再 生 債 務 者 の 表 示　氏名　○○○○　　生年月日　昭和○○年 5 月 6 日

　　　　　　　　　　　　　住所　○○県○○市○○　○丁目○番

決　　定　　の　　日　令和○○年○○月○○日○○時○○分

決　定　の　主　文　再生債務者○○○○について小規模個人再生による再生手続を開始する。

債 権 届 出 期 間　上記決定の日から平成○○年○○月○○日まで

一 般 異 議 申 述 期 間　令和○○年○○月○○日から同年○○月○○日まで

再生計画案の提出期限　令和○○年○○月○○日まで

─────── 債権届出の状況や再生債務者の財産状況の開示について ───────

　民事再生規則（124条，129条）で再生債務者による備置きが定められている債権届出の状況や再生債務者の財産状況に関する書面は，裁判所で事件記録に閲覧できるほか，下記に照会することもできます。

　　　○○県○○市○○町　○−○−○

　　　　○○法律事務所（再生債務者代理人　弁護士　○　○　○　○）

　　電話　0000-00-0000　FAX　0000-00-0000

【書式 2-18】　通知書(2)（大阪地裁）

令和○○年（再イ）第○○○号

再生債権者　各位

令和○○年 5 月 6 日

四　小規模個人再生の申立てに対する裁判

大阪地方裁判所第6民事部

裁判所書記官　懸　命　一　所　印

通　知　書

　頭書事件について，再生手続開始の決定があったので下記の事項を通知します。なお，再生債務者提出の債権者一覧表は別添のとおりです。

記

再生債務者の表示（申立日　令和○○年4月28日）

　　　　　氏　　名　大阪一郎
　　　　　　　　　　おおさかいちろう
　　　　　生年月日　昭○○年2月20日
　　　　　住　　所　大阪市○○区△△△○丁目○番○号

1　決定の日時　令和○○年5月6日　午後3時
2　決定の主文　再生債務者について小規模個人再生による再生手続を開始する。
　⑴　再生債権の届出をすべき期間　　　令和○○年6月3日まで
　⑵　一般異議申述期間　　　　　　　　令和○○年6月6日から
　　　　　　　　　　　　　　　　　　　令和○○年6月20日まで
　⑶　再生計画案の提出期間の終期　　　令和○○年6月27日まで

【債権届出の状況，再生債務者の財産状況の開示について】

　民事再生規則で再生債務者による備置きが定められている債権届出の状況，再生債務者の財産状況に関する書面は，裁判所で事件記録が閲覧できるほか，下記の場所にも備え置かれています。

　　　　　大阪市○○区○○　○－○－○

　　　　　　再生債務者代理人　弁護士　鶴　見　浩　二
　　　　　　電話　06-○○○○-○○○○　FAX　06-○○○○-○○○○

＊　なお，同封した債権者一覧表に住宅資金特別条項を定めた再生計画案を提出する意思がある旨の記載がされている場合には，住宅資金貸付債権者は，当該住宅資金貸付債権につき債権届出をする必要がありません。

※　電算機処理のため，再生債務者の氏名等の表記が戸籍等のものとは異なる場合があります。

5　即時抗告

小規模個人再生開始の裁判については、即時抗告をすることができる（法36

条1項)。

開始決定に対する抗告期間は、公告が効力を生じた日（官報掲載の日の翌日）から起算して2週間であり（法9条後段）、この即時抗告には執行停止効がある（法19条、民訴法334条1項）。

棄却決定については、送達のみがなされた場合には、抗告期間は送達を受けた日から1週間であり（法19条、民訴法332条）、この即時抗告には執行停止の効力がない（法36条2項）。

6　開始の効果

再生手続開始決定の効果は通常の民事再生手続と概ね同じであるが、再生債権に関する訴訟の中断・受継の規定（法40条）と否認権に関する規定（法第6章第2節）の適用が除外されている（法238条）。

(1)　再生債権の弁済の禁止

再生債権は、再生計画の定めによらずに弁済を受けることができなくなる（法85条1項）。

(2)　他の手続の中止等

再生債権に基づく新たな強制執行は禁止され、再生債務者の財産に対してすでにされている強制執行等の手続は中止する（法39条1項）。

また、再生手続開始により破産の申立てをすることはできなくなり、従来の破産手続は中止する（法39条1項）。

中止になった手続は、再生手続認可決定の確定により効力を失う（法184条1項）。

ただし、通常の民事再生手続とは異なり、小規模個人再生における債権調査の結果には執行力が付されない関係で、再生債権に関する訴訟は禁止されることも中断することもない（法238条・40条）。

(3)　契約関係に及ぼす影響

(A)　手続開始後の権利取得

再生債権につき、再生債務者の財産に関して再生債務者の行為によらないで権利を取得しても、再生債権者は再生手続の関係では、その効力を主張できない（法44条）。

124

(B) 手続開始後の登記および登録

登記・登録ある権利につき、再生手続開始前に生じた原因に基づいて、開始後になされた登記・登録は、再生手続開始の事実を知らないでした場合を除き、再生手続の関係では、その効力を主張できない（法45条）。再生手続開始の公告前は善意が推定され、公告後は悪意が推定される（法47条）。

たとえば、債務者が自動車を購入した際に、ローン会社との契約書には所有権を留保する旨の記載があっても、登録名義人を債務者としていた場合には、別除権を主張するためには手続開始時において対抗要件を具備することが必要とされる以上、手続開始時において対抗要件を留保していた担保権者は、手続開始後に対抗要件を具備したとしても、別除権の主張をすることができず、再生債権として再生手続に従って弁済を受けるしかない。なお、最判平成22・6・4判タ1332号60頁によれば、ローン会社を所有とする登録がなされていない限り、販売会社を所有者とする登録がなされていても、ローン会社は別除権を行使することはできないとされている。これに対し、破産手続の事案ではあるが、自動車の売買代金債務の保証人が販売会社に代金残額を支払った後、購入者の破産手続が開始され、開始時に自動車につき販売会社名義の登録がなされているときは、保証人は別除権を行使することができるとされている（最判平成29・12・7金法2080号6頁）。

(C) 手続開始後の手形の引受け等

為替手形の振出人または予備支払人が、再生手続開始の事実を知らないで引受けまたは支払いをしたときは、その支払人または予備支払人は、これによって生じた債権を再生債権として行使できる（法46条1項）。

(D) 共有関係

再生債務者が他人と財産を共有している場合、分割禁止の定めがある場合でも、再生債務者および共有者は分割の請求ができ（法48条1項）、再生債務者以外の共有者は、相当の償金を支払って再生債務者の持分を取得することができる（同条2項）。

(E) 双務契約

双方未履行の双務契約について、再生債務者には、契約を解除するか、自ら履行し相手方にも履行を請求するかの選択権が与えられている（法49条1項）。

125

相手方は、再生債務者に対して、相当期間を定めて選択権の行使を催告することができ、再生債務者が確答しない場合には解除権を放棄して履行を選択したものとみなされる（同条2項）。再生債務者が履行を選択した場合の相手方請求権は、共益債権として扱われる（同条4項）。

　継続的給付を目的とする双務契約について、再生債務者に対して継続的給付の義務を負う相手方は、再生手続開始申立て前の給付に関する債務不履行を理由として、再生手続開始後の義務の履行を拒否できない（法50条1項）。この場合、再生手続開始申立て後、再生手続開始前にした給付に関する相手方請求権も、共益債権として扱われる（同条2項）。

　具体例を挙げると、債務者が家屋を賃借している場合には、債務者には契約を解除するか、自ら履行し相手方にも履行を請求するかの選択権が与えられているが、賃貸人からの解除はできない。ただし、長期にわたり賃料の滞納が続いている場合には、債務不履行を原因として賃貸借契約が解除されうることになるので注意が必要である。

　また、電気、ガス、水道、電話などの継続的給付の義務を負う相手方は、再生手続開始前の給付に係る再生債権についての弁済がないことを理由として、再生手続開始後は、その義務の履行を拒むことはできないことになる。もっとも、再生手続開始後にした給付についての請求権はもちろんのこと（法119条2号）、再生手続開始の申立て後再生手続開始前にした給付についての請求権につき共益債権として随時弁済を受けることができ（法50条2項。ただし一定の期間ごとに債権額を算定すべき継続的給付に該当するので、申立日に属する期間内の給付に係るすべての請求権が共益債権とみなされる（同項かっこ書））、再生手続開始申立て時までにした給付についての請求権も再生手続開始から最後の6カ月分につき一般優先債権となり（民法306条・310条）、随時弁済を受けることができる（法122条2項）。

　リース契約について、事業継続にとって必要不可欠なリース物件が別除権の行使により引き上げられるのを防止するため、再生債務者は再生手続開始後にリース業者と再リース契約あるいはリース料の支払いについての弁済協定を締結する等して、リース料債権を共益債権として支払うようにする。もっとも、別除権付再生債権でしかないリース料債権を共益債権として扱うことになるの

で、事業継続に必要不可欠かどうかは厳密に判断することが必要となる。

五　当事者と機関

　小規模個人再生には、個人再生委員の制度があるのみで、監督委員、調査委員、管財人の制度は適用されない。また、債権者集会は開催されず、債権者委員会も設置されない（法238条・法第3章第1節および第2節）。

1　再生債務者

⑴　地　位
　再生債務者は、再生手続が開始された後も、原則として自らの業務を遂行する権限と財産の管理処分権を有する（法38条1項）。ただし、再生債務者は、債権者に対して、公平かつ誠実に業務を遂行し財産を管理するとともに、再生手続を追行する義務を負う（同条2項）。

⑵　再生債務者の行為の制限
　再生債務者は、再生開始決定があると、財産の処分、借財、双方未履行契約の解除、訴えの提起、和解等や、裁判所の指定する行為をなす場合に、裁判所の許可が必要とされることがある（法41条）。

　しかし、個人再生手続において、裁判所から指定されることはない。リース債権についての弁済協定も裁判所に対する報告をもって済ませるのが通例である。

⑶　財産調査・報告手続
　再生債務者は、再生手続開始後遅滞なく一切の財産につき再生手続開始時における価額を評定し（法124条1項）、財産目録を作成して、裁判所に提出しなければならない（同条2項）。ただし、通常の再生手続とは異なり、貸借対照表の作成義務は免除されている（法228条）。財産状況報告集会も開催されない（法238条・126条）。

　また、再生債務者は、再生手続開始後遅滞なく、再生債権者への情報開示のために次の事項を記載した報告書を裁判所に提出しなければならない（法125条1項）。

　①　再生手続開始に至った事情

第2章　小規模個人再生

②　再生債務者の業務および財産に関する経過および現状

③　その他再生手続に関し必要な事項

さらに、債権者への情報開示を担保させるべく、再生債務者が、上記の財産目録または報告書を裁判所に提出したときは、再生債権者の閲覧に供するため、これらの書面を次の場所に備え置かなければならない（規則129条1項）。

①　債務者の主たる営業所もしくは事務所（事業者の場合）

②　再生債務者の代理人の事務所

③　その他の裁判所が相当と認める場所

ただし、再生債務者に営業所や事務所がなく、代理人が選任さなれず、申立書の作成を司法書士に委嘱したような場合には、その事務所が相当と認める場所とされることもあるが、非事業者の個人について、そのような者もいない場合には、据え置き場所が指定されないこともある。

なお、東京地方裁判所では、申立書の記載が簡略化されていることに対応し、報告書については、詳細な記述が求められる。大阪地方裁判所では、個人再生手続において簡略化が図られていることを踏まえ（規則140条・128条）、申立書に詳細な記述を求めるとともに、申立書に添付の財産目録および陳述書等を引用する旨記載し、その後開始決定までに変動があった場合のみそれらを提出させ、変動がなければあらためて提出させていない取扱いをしていることは、先述のとおりである。

【書式2-19】　財産状況等報告書（全国版）

令和○○年（再イ）第○○○号　小規模個人再生事件

財産状況等報告書
（民事再生法124条，125条）

令和○○年○○月○○日

○○地方裁判所○○支部　御中

再生債務者　　○　○　○　○

再生債務者代理人弁護士　○　○　○　○　印

再生債務者は，令和○○年○○月○○日に小規模個人再生による再生手続の開始決定を受けたので，民事再生法125条1項に定める事項を別紙「報告事項」のとおり報告します。

また，再生手続開始時の再生債務者の財産の状況及び価格については，

☑　再生手続開始申立書に添付した「財産目録」に記載したとおりですから，民事再生規則128条により，その記載を引用します。

☐　別紙財産目録に記載したとおりです。

以　上

報　告　事　項

1　再生手続開始に至った事情

再生手続開始申立書に添付した「陳述書」に記載したとおりであり，

☑　補足する点はない。

☐　下記のとおり事情を補足します。

補足説明（簡潔かつ具体的に記載してください。）

2　再生債務者の業務及び財産に関する経過及び現状

☑　再生手続開始申立書に添付した「陳述書」及び「財産目録」に記載したとおりであり，現在まで変動はありません。

☐　再生手続開始の申立後の変動があったので，下記のとおり報告します。

（下欄に変動の状況を簡潔かつ具体的に記載してください。）

3　その他再生手続に関して必要な事項

☑　報告事項特にありません。

☐　下記のとおり，報告します。

報告事項（簡潔かつ具体的に記載してください。）

第2章　小規模個人再生

```
------------------------------------------------------------
------------------------------------------------------------
------------------------------------------------------------
------------------------------------------------------------
```

(注)　財産目録の記載内容に変更があった場合は，次のような書式により報告
　　　をすることになる。

※注意　1　この財産目録の用紙は，あなたの財産の状況や財産の価格につい
　　　　　　て，再生手続開始決定の時点と再生手続開始の申立をした時点とで
　　　　　　比較して，特に報告すべき変動が生じた場合にのみ使用するもので
　　　　　　す。
　　　　2　この用紙を使用して財産目録を提出するときは，変動のあった財
　　　　　　産についてのみでなく，その項目の全部について，この財産目録を
　　　　　　作成する際の状況を記載してください。

財　産　目　録

1　現　金　□変動なし　☑変動あり
　　　　　　　350,000　円（再生手続開始決定の日時点での額）
2　預金・貯金　□変動なし　☑変動あり（下表のとおり）

金融機関(支店名)・郵便局の名称	口座種別	口座番号	預貯金残高(現在額)
○○銀行○○支店	普通	○○○○○	215,000円

　　＊　上記預貯金の通帳について，表紙及び再生手続開始決定の日の時点で
　　　の預貯金残高が分かる部分をコピーして添付してください。通帳を紛失
　　　している場合は，金融機関等から残高証明書を取得して添付してくださ
　　　い。

五　当事者と機関

【書式2-20】　再生債務者の報告書（東京地裁）

担当　個B　係

東京地方裁判所令和○○年（再イ）第○○○号

報告書（民事再生法124条2項，125条1項）

令和○○年○○月○○日

再生債務者　　　　　東　京　太　郎

再生債務者代理人　　練　馬　幸　一　印

民事再生法124条2項及び125条1項に基づき，以下のとおり報告します。

1　過去10年前から現在に至る経歴　　　　　　　　□補充あり

就業期間	□自営 □勤め □パート・バイト □無 □他（　）
就業先（会社名等）	地位・業務の内容
○○年○○月~○○年○○月	□自営 ☑勤め □パート・バイト □無 □他（　）
元請○○㈱	職人として雇用されていた
○○年○○月~○○年○○月	☑自営 □勤め □パート・バイト □無 □他（　）
元請○○㈱	専属下請工として稼働
年　　月~　年　　月	□自営 □勤め □パート・バイト □無 □他（　）
年　　月~　年　　月	□自営 □勤め □パート・バイト □無 □他（　）

＊時系列に記載します。10年前というのは一応の目安です。

2　家族関係等　　　　　　　　　　　　　　　　　□補充あり

氏名	続柄	年齢	職業	同居
東京花子	妻	45	主　婦	○
太郎	長男	20	会社員	○
雪子	長女	16	高校生	○

＊申立人の家計の収支に関係する範囲で記載します。

＊続柄は申立人から見た関係を記載します。

＊同居の場合は，同居欄に○印を記載します。

131

第2章　小規模個人再生

3　現在の住居の状況　　□補充あり
　　　ア　申立人が賃借　　イ　親族・同居人が賃借　　（ウ）申立人が所有・共
　　有　エ　親族が所有　　オ　その他（＿＿＿＿＿＿＿＿＿＿＿＿＿＿）
　　　　＊ア，イの場合は，次のうち該当するものに○印をつけます。
　　　　　a　民間賃借　　　b　公営賃借　　　c　社宅・寮・官舎
　　　　　d　その他（＿＿＿＿＿＿＿＿＿＿＿＿＿＿＿＿＿＿＿＿）

4　個人債務者再生手続を申し立てるに至った事情
　　　　　　　□　　補充あり
＊債務発生・増大の原因，破産の原因たる事実が生ずるおそれとなった経過
を，時系列で記載します。
　　私は，高校を卒業してから長年，○○㈱で職人として雇われておりました。
　　ところが，令和○○年4月頃，以前から○○㈱で一緒に働いていた○○が
独立したのに刺激を受け，私も独立し，○○鉄工という屋号で，4人の職人
を雇用して手広く下請を行うようになりました。
　　令和○○年5月6日，独立の際に，事務所開設や新たな道具を購入するた
めに，株式会社○○銀行○○支店から，150万円借入れを行い，全て事業資
金として使用しました。
　　さらに，令和○○年6月10日，○○信用金庫○○支店から同じく事業資金
として90万円借入れを行いました。なお，○○信用金庫○○支店の貸付債権
には，株式会社○○信用保証の保証が付いています。
　　ところが，不況のために土木建築工事の仕事も減っていく一方でした。そ
れにもかかわらず，職人には給料を支払わなければならなかったので，職人
への給料支払いのために，令和○○年1月27日，ローンズ○○株式会社○○
支店から140万円借入れました。
　　さらに，令和○○年5月24日，以前から顔見知りであった△△さん（有限
会社○○こと△△△△）に頼んで，70万円借入れを行い，職人の給料の支払
いに充てました。
　　請負工事は減る一方でしたので，令和○○年9月30日に，職人全て解雇し
て，回収した売掛金で職人の未払給料を払いました。
　　その後は，○○㈱の下請専属工として稼働して，月7万円ずつ借入金を返
済していきました。
　　しかしながら，下請専属工としての収入も多くは見込めませんので，これ
以上返済していくことも困難となってきたので，本申立てに及びました。

5　財産
　　　□　添付の財産目録記載のとおり

五　当事者と機関

> ☑　申立て時に提出した財産目録を引用する
6　債務
　　別途提出する債権認否一覧表記載のとおり
7　申立前7年内の免責等の有無
　⑴　破産又は再生手続による免責の有無
　　　　□　有（→免責決定書又は再生計画認可決定写し添付）　☑　無
　⑵　給与所得者等再生における再生計画の遂行の有無
　　　　□　有（→再生計画認可決定写し添付）　☑　無

【書式2-21】　財産目録（東京地裁）

東京地方裁判所　令和○○年（再イ）第○○○号
　　　　　　　　　　　　　再生債務者　　　氏　名　東　京　太　郎
　　　　　　　　　　　　　同代理人弁護士　氏　名　練　馬　幸　一　印

財産目録（一覧）

＊1から17までの項目について，あってもなくてもその旨を確実に記載します。
　【有】と記載したものは，別紙（細目）にその部分だけを補充して記載します。

1　申立て時に現金があるかどうか。　　　　　　　　　　　【㈲　　無】
2　弁護士預り金　　　　　　　　　　　　　　　　　　　　【㈲　　無】
3　預金・貯金　　　　　　　　　　　　　　　　　　　　　【㈲　　無】
　　□　過去2年以内に口座を保有したことがない。
4　公的扶助（生活保護，各種扶助，年金など）の受給　　　【有　　㊨】
5　報酬・賃金（給料・賞与など）　　　　　　　　　　　　【㈲　　無】
6　退職金請求権・退職慰労金　　　　　　　　　　　　　　【有　　㊨】
7　貸付金・売掛金等　　　　　　　　　　　　　　　　　　【有　　㊨】
8　積立金等（社内積立，財形貯蓄，事業保証金など）　　　【有　　㊨】
9　保険（生命保険，傷害保険，火災保険，自動車保険など）【㈲　　無】
10　有価証券（手形・小切手，株券，転換社債），ゴルフ会員権など
　　　　　　　　　　　　　　　　　　　　　　　　　　　　【有　　㊨】
11　自動車・バイク等　　　　　　　　　　　　　　　　　　【㈲　　無】
12　過去5年間において，購入価格が20万円以上の物　　　【有　　㊨】
　　　　　　　　　　　　　（貴金属，美術品，パソコン，着物など）
13　過去2年間に処分した評価額又は処分額が20万円以上の財産
　　　　　　　　　　　　　　　　　　　　　　　　　　　　【有　　㊨】

14　不動産（土地・建物・マンション）　　　　　　　　　【有　　㊅】

15　相続財産（遺産分割未了の場合も含みます）　　　　　【有　　㊅】

16　事業設備，在庫品，什器備品等　　　　　　　　　　　【有　　㊅】

17　その他，回収が可能となる財産　　　　　　　　　　　【㊒　　無】

　　□　過払による不当利得返還請求権　　□　その他

財産目録（細目）

＊該当する項目部分のみを記載して提出します。記入欄に記載し切れないとき
は，適宜記入欄を加えるなどして記載します。

1　現　金　　　　　　　　　　　　　　　　　　　　　　　　　　5万円
　＊申立て時に現金があれば全額記載します。

2　弁護士預り金　　　　　　　　　　　　　　　　　　　　　　10万円
　＊1の現金とは別に再生債務者代理人に預り金がある場合には全額を記載し
　　ます。

3　預金・貯金
　＊解約の有無及び残額の多寡にかかわらず，各通帳の表紙を含め，過去2年
　　以内の取引の明細が分かるように全ページの写しを提出します。

金融機関・支店名（郵便局・証券会社を含む）	口座の種類	口座番号	申立時の残額
○○銀行○○支店	普通	○○○○○○○	450,000円
			円

4　公的扶助（生活保護，各種扶助，年金など）の受給
　　公的扶助の受給は申立書添付の収入一覧記載のとおりです。

5　報酬・賃金（給料・賞与など）
　　報酬・賃金は申立書添付の収入一覧記載のとおりです。

6　退職金請求権・退職慰労金
　＊退職金の見込額を明らかにするため，使用者作成の退職金計算書を添付し
　　ます。
　＊使用者作成の退職金計算書が取得できない場合は，再生債務者代理人が退
　　職金規程に基づいて作成した退職金の計算書を提出します。

種　　類	総支給額（見込額）
	円

7 貸付金・売掛金等

＊相手の名前，金額，発生時期，回収見込みの有無及び回収できない理由を記載します。

＊金額は，回収可能な金額です。

相手方	金　額	発　生　時　期	回収見込み	回収不能の理由
	円	平・昭　年　月　日	□有　　□無	
	円	平・昭　年　月　日	□有　　□無	

8 積立金等（社内積立，財形貯蓄，事業保証金など）

＊給与明細等に財形貯蓄の計上があるものを記載します。

種　　　類	金　　　額	開　始　時　期
	円	平・昭　年　月　日
	円	平・昭　年　月　日

9 保険（生命保険，傷害保険，火災保険，自動車保険など）

＊再生債務者が契約者で，未解約のもの及び過去2年以内に失効したものを必ず記載します（出捐者が再生債務者か否かを問いません。）。

＊保険証券及び解約返戻金計算書の各写し，失効した場合にはその証明書（いずれも保険会社が作成します。）を提出します。

＊解約して費消していた場合には，「13　過去2年間に処分した評価額又は処分額が20万円以上の財産」に記載します。

保険会社名	証　券　番　号	解約返戻金額
○○生命保険	○○○○○	200,000円
		円

10 有価証券（手形・小切手，株券，転換社債），ゴルフ会員権など

＊種類，取得時期，担保差し入れの有無及び評価額を記載します。

＊証券の写しも提出します。

種　　　類	取　得　時　期	担保差し入れ	評　価　額
	平・昭　年　月　日	□有　　□無	円
	平・昭　年　月　日	□有　　□無	円

11 自動車・バイク等

＊車名，購入金額，購入時期，年式，所有権留保の有無及び評価額を記載します。

＊自動車検査証又は登録事項証明書の写しを提出します。

＊業者の評価書（査定書）を提出します。

＊所有権が留保されている動産については，評価額（査定額）から被担保債権残額（ローン残額）を控除したものを評価額に記載します。

車　名	購入金額	購　入　時　期	年式	所有権留保	評価額
マークX	1,200,000円	㊕・昭○年○月○日	H○年	□有 ☑無	150,000円
	円	平・昭　年　月　日	年	□有 □無	円

12　過去5年間において，購入価格が20万円以上の物

（貴金属，美術品，パソコン，着物など）

＊品名，購入価格，取得時期及び評価額（時価）を記載します。

品　名	購入金額	取　得　時　期	評　価　額
	円	平成　年　月　日	円
	円	平成　年　月　日	円

13　過去2年間に処分した評価額又は処分額が20万円以上の財産

＊過去2年間に処分した財産で，評価額又は処分額のいずれかが20万円以上の財産を全て記載します。

＊不動産の売却，自動車の売却，保険の解約，定期預金の解約，ボーナスの受領，退職金の受領，敷金の受領，離婚に伴う給付などを記載します。

＊処分に関する契約書・領収書の写しなど処分を証明する資料を提出します。

＊不動産を処分した場合には，処分したことが分かる登記事項証明書を提出します。

財産の種類	処分時期	評価額	処分額	相手方	使　途
	平成　年　月　日	円	円		
	平成　年　月　日	円	円		

14　不動産（土地・建物・マンション）

＊不動産の所在地，種類（土地・借地権付建物・マンションなど）を記載します。

＊共有などの事情は，備考欄に記入します。

＊登記事項証明書を提出します。

＊複数の業者が査定した不動産の評価書（査定書）を提出します。

＊不動産の評価額は複数の評価額の平均値を記載します。

＊遺産分割未了の不動産も含みます。

不動産の所在地	種　　類	評　価　額	備　　　考
		円	
		円	

15　相続財産

　＊被相続人，続柄，相続時期及び相続した財産を記載します。

　＊遺産分割未了の場合も含みます。

　＊相続関係の分かる資料（戸籍謄本，相続関係図等）を提出します。

　＊相続財産の分かる資料を提出します。

被相続人	続柄	相　続　時　期	相続財産	評　価　額
		平・昭　年　月　日		円
		平・昭　年　月　日		円

16　事業設備，在庫品，什器備品等

　＊品名，個数，購入時期及び評価額を記載します。

　＊評価額の疎明資料を提出します。

品　　　名	個　　数	購　入　時　期	評　価　額
		平・昭　年　月　日	円
		平・昭　年　月　日	円

17　その他，回収が可能となる財産

　＊相手方の名前，金額及び時期などを記載します。

　＊現存していなくても回収可能な財産は，清算価値算定の基礎となります。

　＊他の項目に該当しない財産（敷金，過払金，保証金など）もここに記入します。

相　手　方	金　　額	時　　期	備　　考
○○	200,000円	㊤・昭　年　月　日	敷金返還として
	円	平・昭　年　月　日	

2　個人再生委員

(1)　個人再生委員制度

通常の再生手続では、DIP型といわれるように、再生債務者に原則として

業務遂行権や財産の管理処分権を残して（法38条1項）、自らの力で事業や経済生活の再建再生をさせることとしており、それが適正に行われるかどうかをチェックするために、裁判所の監督とともに、その補助的な監督機関として監督委員（法54条以下）が選任され、また公認会計士等の専門家による調査が必要な場合には調査委員（法62条・63条）を選任することとされている。

しかし個人再生では、たとえば、再生債権の合計額（住宅ローン債権等を除く）が5000万円を超えないものに適用されるなどその適用規模が小さく、また通常の再生手続に比べて手続が簡素化されているため、費用対効果の点からも監督委員や調査委員の制度をそのまま適用されることは好ましくない。そこで、これらの制度は個人再生では適用除外とし（法238条・245条）、その代わりにその職務を必要最小限度とする個人再生委員の制度を設けているのである。

(2) 個人再生委員の選任とその職務

再生裁判所は、再生債務者の監督の職責を果たすために、裁判所の補助・協力機関として個人再生委員を選任することができる（法223条）。

個人再生委員の職務は次のようなものある。

① 再生債務者の財産および収入の状況を調査すること（法223条2項1号）

② 異議のあった再生債権の評価に関し、裁判所の補助をすること（同項2号）

③ 再生債務者が適正な再生計画案を作成するために必要な勧告をすること（同項3号）

個人再生委員は、原則として弁護士から選任されているが、調停委員や司法委員からの選任、司法書士からの選任の例もあるようである。

(A) 再生債務者の財産および収入の状況を調査すること

①の財産・収入の調査のために個人再生委員を選任するかどうかは、裁判所の裁量による。東京地裁本庁・東京地裁八王子支部・新潟地裁等では全件に個人再生委員を選任するという運用をしているようであるが、その他は任意に選任している。弁護士が申立代理人となっている場合には、選任されることはほとんどないであろうが、本人申立ての場合は全件、また司法書士申立ての場合にも選任される例がある。なお、大阪地裁では、申立人が個人事業者で保証債務および住宅ローンを除いた債務が3000万円を超える場合には原則として個人

再生委員が選任されることについては前述したとおりである。

選任された個人再生委員は、通常は申立書や添付資料をもとに申立人側から事情聴取する方法で調査することとなり、債務者の自宅や事業所に赴いて実査することはよほどのことがない限り行われていないようである。なお、個人再生委員には、再生債務者から財産および収入の状況について報告を求めることができる権限、さらには再生債務者の帳簿、書類その他の物件の検査権限が認められている（法223条8項）。個人再生委員等の調査に対し、その報告、検査を拒んだり虚偽の報告をした場合には、3年以下の懲役もしくは300万円以下の罰金（または併科）に処せられることとされ（法258条1項後段）、その調査権限の適正な行使が担保されている。

個人再生委員は、債務者の財産・収入の状況を迅速に調査して、申立てについて棄却事由の有無や再生手続を開始すべきか否かについてチェックし、【書式2-23】のような意見書を裁判所に提出する。

(B) 異議のあった再生債権の評価に関し、裁判所の補助をすること

②の再生債権の評価に関する職務については、評価の申立てがなされた場合には必要的に個人再生委員が選任され、調査して意見書を出すこととなる。すなわち、再生債権について異議が述べられた場合には、再生債権の評価の申立て（通常の民事再生における査定の申立手続と似ている）ができることとなっており、その場合には必ず個人再生委員が選任され、個人再生委員は債権の存在および額または担保不足見込額について意見を出し、裁判所はその意見を前提に債権額等を決定する、ということになる（法227条）。評価の申立てに際しての費用の予納については、数万円というところもあるが（この費用が予納されないと評価の申立ては却下される（同条4項））、東京地裁などは格別に予納させていない。

原則として個人再生委員が選任されない場合には、この評価の申立てがなされた場合にのみ、その点についての職務が指定されて個人再生委員が選任されることとなろう。個人再生委員は、再生債務者や再生債権者から資料提出を求めることができる（法227条6項）。個人再生では、再生債権の確定のために、貸金業者に対し、利息制限法超過利息の計算の必要のために資料提出を求めるというパターンが多いであろう。もし個人再生委員が求めているのに再生債権

者らが正当な理由がないのに資料の提出に応じないときには、10万円以下の過料に処せられる（法266条2項。なお、資料提出を求める場合にはこの制裁を告知しなければならない（規則127条））。ここでの資料提出の対象は、取引当初からの資料と解される。参考までに、特定調停でも同様の制度があるが、2000年2月から2002年6月までの特定調停の既済事件約63万件中、文書提出命令の発令が865件、過料の制裁が16件である（久保田衛＝永井英雄「統計数値から見た特定調停事件の最近の傾向」民事法情報193号2頁）。

　評価の申立てがない段階でも、債権の確定のために資料提出が必要な場合がある。個人再生委員には資料提出を求める権限はないが、本人申立ての場合には、一部で個人再生委員が債権者に事実上の協力を求め、債権者もそれに応じているようである。

⒞　再生債務者が適正な再生計画案を作成するために必要な勧告をすること

　③の再生債務者が適正な再生計画案を作成するためにする必要な勧告については、実際には、各月の家計簿や家計収支表の作成・提出を求めて再生債務者の生活状況と返済可能性をチェックすることが肝要である。特に、住宅資金特別条項を定める必要がある場合には、必ず住宅資金特別条項を定めた再生計画案を提出しなければならないから（法231条2項5号参照）、抵当権者の同意がとれているかどうかを事前に確認し（ただし、約定返済型の場合は不要）、また、積極的に再生計画が遂行可能であると認められなければならないから（法202条2項2号）、住宅資金特別条項に定める返済以外に一般債権や公租公課等の支払いが可能かを全体として慎重に見極めて指導する必要がある。

　再生計画案については、その記載形式が書式に合致しているか、毎月あるいは3カ月に1度等の債権者ごとの返済額の計算が合っているか、四捨五入計算も正確になされているか等、自ら計算してチェックする必要がある。本人申立ての場合には、実際には、個人再生委員が計画案の作成をしてあげたほうが早い場合が多いであろう。

　抵当権が存在するのに住宅資金特別条項を使わない場合には、抵当権が実行された後に予定不足額が確定したときに権利変更された内容で、すでに返済期が到来している部分について適確条項に従い過去分をまとめて返済することになるので（法159条）、資金を貯めておく必要がある。このような点についても

アドバイスをすることが必要であろう。

　なお、個人再生委員の職務は上記のように法文上は限定されているが、多く
の債務者個人はこの制度をうまく利用できないので、本人申立ての場合には、
個人再生委員が申立代理人のような立場で本人のサポートをせざるを得ないこ
とが多い。このような場合において、たとえば、明らかに利息制限法違反の債
権届がなされているのに本人が異議の申述をしない場合などに、法律実務家と
してどのような対応をすべきか、課題は残されている。

(3)　個人再生委員の選任状況

　畑野＝岩波「概況」によれば、全体の22.7％（330件）に個人再生委員が選
任され、弁護士からの選任が99.1％である（その他は調停委員や司法委員であり、
司法書士の選任も一部であるようである）。なお、実際には、個人再生委員候補
者名簿のような資料に基づいて選任が行われているところが多いようである。
また、1号～3号までの職務が指定されているのが全体の88.5％であり、1号
のみ、1・2号、2・3号は1件もないと報告されている。評価の申立てによっ
て必要的に選任され2号のみの職務を指定された事件は4件である。

【書式2-22】　個人再生委員選任決定(1)（東京地裁）

令和○年（再イ）第○○○号　小規模個人再生手続開始申立事件

決　　定

東京都○○区○○○丁目○番○号　
再生債務者　○　○　○　○　

主　　文

1　次の者を個人再生委員に選任する。
　　東京都○○区○○　○－○－○　○○法律事務所
　　弁護士　○○○○
2　個人再生委員の権限として、次に掲げる事項を指定する。
　(1)　再生債務者の財産及び収入の状況を調査すること
　(2)　再生債務者が適正な再生計画案を作成するために必要な勧告をすること
3　個人再生委員は、裁判所に対し、前項(1)の調査の結果については、認可要

第 2 章　小規模個人再生

件に係る意見書とともに書面で報告しなければならない。
　　令和○年○月○日

　　　　　　　　　　　　　　　東京地方裁判所民事第20部

　　　　　　　　　　　　　　　　裁判官　○　○　○　○　印

(注)　本文で指摘したとおり、東京地裁では、全件弁護士代理を慫慂するとともに、個人再生委員も選任している（東京地裁八王子支部、新潟地裁本庁も）。しかし、その他の庁では、弁護士が申立代理人に選任されている場合には、原則として個人再生委員は選任されないようである。

【書式 2 -23】　個人再生委員の意見書(1)（東京地裁）

　　　　　　　　　　　　　　　　　　　　　東京地方裁判所民事第20部

　　　　　　　　　　意　見　書（開始要件）

令和○○年（再イ）第○○○号　小規模個人再生事件
再生債務者　○　○　○　○
□　棄却事由が認められないので，再生手続を開始するのが相当である。
　　　（□　債権者一覧表訂正あり）
　　　（□　住宅資金貸付債権の一部弁済許可申立てを許可するのが相当である。）
□　棄却事由が認められるので，再生手続開始申立てを棄却するのが相当である。棄却事由の概要は，特記事項欄記載のとおりである。
　　　　　（分割予納金　合計　　　　　　　　　　　円）
　　〈特記事項〉

　　　　令和○○年○○月○○日

142

五　当事者と機関

　　　個人再生委員　　　　○　○　○　○
　　　　　　　　　　　　　　　　　　　　　　　　　　　　　　　　　　

【書式2-24】　個人再生委員選任決定⑵（大阪地裁）

令和○○年（再イ）第○○○号　小規模個人再生事件

決　　定

　　　　　　　　　　　　　大阪府○○市○○丁目○番○号
　　　　　　　　　　　　　　　再生債務者　○　○　○　○

主　　文

1　頭書事件について，次の者を個人再生委員に選任する
　　　弁護士　○　○　○　○
2　上記の個人再生委員の職務を次のとおり指定する。
　①　再生債務者の財産及び収入の状況を調査すること
　②　再生債務者が適正な再生計画案を作成するために必要な勧告をすること
3　個人再生委員は，
　　2－①の権限について，令和○○年○○月○○日までに，再生債務者の財
　産及び収入の状況を調査した結果を書面で当裁判所に報告しなければならな
　い。
　　2－②の権限について，令和○○年○○月○○日までに，結果を書面で当
　裁判所に報告しなければならない。
　　　　　　令和○○年○○月○○日
　　　　　　　大阪地方裁判所第6民事部
　　　　　　　　裁判官　○　○　○　○　印

（注）　当初の選任決定では、上記2－②の報告の必要性について特に指摘がなかっ
　　　たので、書面で適宜の報告をしたり、口頭で書記官に報告したりして済ませ
　　　ることもあったが、最近では、【書式2-26】や【書式2-28】の報告書を提出
　　　する扱いのようである。

第2章　小規模個人再生

【書式 2 -25】　個人再生委員の意見書⑵（大阪地裁──開始要件）

大阪地方裁判所第 6 民事部

担当　○○係

意　見　書（開始要件）

令和○○年（再イ）第○○○号　小規模個人再生事件

再生債務者　○　○　○　○

☑　棄却事由が認められないので，再生手続を開始するのが相当である。

□　棄却事由が認められるので，再生手続開始申立てを棄却するのが相当である。棄却事由の概要は，特記事項欄記載のとおりである。

〈特記事項〉

令和○○年○○月○○日

個人再生委員　　　○　○　○　○　印

【書式 2 -26】　個人再生委員の意見書⑶（大阪地裁──書面決議・手続廃止）

大阪地方裁判所第 6 民事部

担当　○○係

意　見　書（意見聴取・手続廃止）

令和○○年（再イ）第○○○号　小規模個人再生事件

再生債務者　○　○　○　○

□　再生計画案を書面決議に付するのが相当である。

□　特記事項欄記載の廃止事由が認められるので，廃止決定をするのが相当である。

☑　財産及び収入の状況は，概ね民事再生法124条 2 項の財産目録及び125条 1

144

五　当事者と機関

項の報告書記載のとおりである。

☐　財産及び収入の状況は，特記事項欄記載のとおりである。

〈特記事項〉

　　令和○○年○○月○○日

　　個人再生委員　　　○　○　○　○　印

【書式 2 -27】　個人再生委員の意見書(4)（東京地裁──書面決議・手続廃止）

東京地方裁判所民事第20部

意　見　書（書面決議・手続廃止）

令和○○年（再イ）第○○○号　小規模個人再生事件

再生債務者　○　○　○　○

☑　再生計画案（H○○．○○．○○付け）を書面決議に付するのが相当である。（☐再生計画案（H　．　．　修正）あり）

☐　特記事項欄記載の廃止事由が認められるので，再生手続を廃止するのが相当である。（分割予納金　合計　　　　　　円）

〈特記事項〉

　　令和○○年○○月○○日

145

第 2 章　小規模個人再生

個人再生委員　　　　○　○　○　○

【書式 2 -28】　個人再生委員の意見書(5)（大阪地裁——認可要件）

大阪地方裁判所第 6 民事部
担当　○○係

意　見　書（認可要件）

令和○年（再イ）第○○○号　小規模個人再生事件

再生債務者　○　○　○　○

☑　不認可事由が認められないので，再生計画を認可するのが相当である。

□　不認可事由が認められるので，再生計画を認可しないのが相当である。不認可事由の概要は，特記事項欄記載のとおりである。

〈特記事項〉

令和○○年○○月○○日

個人再生委員　　　　○　○　○　○　印

【書式 2 -29】　個人再生委員の意見書(6)（東京地裁——認可要件）

東京地方裁判所民事第20部

意　見　書（認可要件）

令和○年（再イ）第○○○号　小規模個人再生事件

再生債務者　○　○　○　○

☑　不認可事由が認められないので，再生計画を認可するのが相当である。

財産及び収入の状況は，おおむね民事再生法124条2項の財産目録及び125
条1項の報告書記載のとおりである。

□ 再生計画案が否決されたので，再生手続を廃止するのが相当である。

□ 不認可事由が認められるので，再生計画を認可しないのが相当である。
不認可事由の概要は，特記事項欄記載のとおりである。

〈特記事項〉

〈分割予納金〉　合計　　　　　　　25万円（入金明細書添付）

令和○○年○○月○○日
個人再生委員　　　○　○　○　○

六　債権調査

1　はじめに

　小規模個人再生においては、手続の簡易迅速性から、通常の再生手続のような再生債権の確定手続は行わないが、一方で、小規模個人再生においても、書面決議における議決権額の確定、債権額要件判断および最低弁済額基準の算定等の関係で再生債権を早期に把握する必要もあるので、小規模個人再生独自の債権調査手続が定められた。

　具体的な流れとしては、再生債務者の債権者一覧表の作成・提出に始まり、同債権者一覧表の債権者への送達、再生債権の届出、届出債権に対する異議申述、再生債権の評価へと続く。

　なお、再生手続開始前の罰金、および債権者一覧表に住宅資金特別条項を定

第2章　小規模個人再生

めた再生計画案の提出の意思があるものと記載された場合の住宅資金貸付債権
は、いずれも議決権がなく、再生計画による弁済の対象ともならないので、債
権調査の対象から除外される（法226条5項・227条10項）。

2　債権者一覧表の提出および送達

　再生債務者は、申立て時に把握している再生債権者の氏名・名称、再生債権
の原因・金額等を記載した債権者一覧表を提出しなければならず（法221条3項）、
裁判所は、個人再生手続の開始決定をしたとき、この再生債務者から提出され
た債権者一覧表を再生債権者に送達しなければならない（法222条4項）。

　もし、再生債務者が申立て時に債権額等を把握していない場合には、申立て
に先立って再生債権者に対し債権額と原因、取引履歴を開示した書面を提出す
るように通知を出し、回答を求めたうえでその回答を参考として一覧表を作成
する方法もあるが、他方、再生債務者は債権者一覧表において「異議」を留保
することが認められているので、さしあたり、手元にある資料と記憶に基づき
およその債権額等を記載し、同時に異議留保する方法もある。

　なお、改正貸金業法施行後の貸金の契約については、利息制限法による引直
し計算の必要はなくなるので、異議留保の必要性もなくなることは先述のとお
りである。

3　再生債権の届出

　債権者一覧表に記載されている再生債権は、再生債権届出期間内に、再生債
権の届出をしたか、または、再生債権を有しない旨の届出をした場合を除いて、
届出期間の初日に、一覧表記載のとおり届出をしたものとみなされることにな
る（再生債権のみなし届出（法225条））。したがって、債権者一覧表の記載に異
存のない再生債権者はあえて債権届出をする必要はない。

　これは、議決権を行使できるのが届出債権者に限られ、自認債権の債権者は
議決権が行使できないとされている通常の再生手続とは異なる点である。

　また、再生債権者が自ら債権届出をする場合でも、議決権額を届け出る必要
はない（法224条1項）。これは、通常の再生手続において再生債権の議決権の
計算にあたって控除される額は、小規模個人再生の再生債権額それ自体から控

148

六　債権調査

除されるため（法224条２項・221条５項・87条１項１号ないし３号）、再生債権の額と議決権の額が一致するからである。

　また、債権届出の時効中断効は、その起算日を当該債権届出期間の初日とすると定められた（法225条）。

　これとは異なり、債権者一覧表に記載がない場合または記載された再生債権の原因・額および担保不足見込額に異存がある再生債権者は、具体的に債権届出をする必要があることになる。その方式については、規則31条に規定する事項だけでなく、次の事項も記載しなければならない（規則118条）。

①　当該届出書に記載されている再生債権と債権者一覧表に記載されている再生債権との関係

②　債権者一覧表に記載されている再生債権を有しないときは、その旨

　そして、これまでの実績をみると、東京地裁においては、平成13年度の全手続対象債権者の22.5％の債権者から届出があり、これを事件単位でみると、債権届出書を提出した債権者は全事件の86.5％に存した。また大阪地裁では、2002年７月末までに全手続対象債権者の18.1％の債権者から届出があり、事件単位では、全事件の80.9％で債権届出がなされていた。

【書式２-30】　再生債権届出書(1)（全国版）

地方裁判所　　支部　御中　令和　年（再　）第　号 再生債務者の氏名：	裁 判 所 受付番号	

再生債権届出書（個人再生）

□　上記事件について再生手続に参加するため，以下のとおり再生債権の届出をする。

□　債権者一覧表に記載された再生債権は有していません。

　　　　令和　年　月　日

〒　　-　　　　住所（本店）

（送達場所）

届出債権者（商　　号）

　　　　（代表者）　　　　　　　　　　　　　　　印

　　　　　　　電　話　　-　　-　　　　　FAX　-　　-

第 2 章　小規模個人再生

	担当者名

〒　　－　　　住所
（送達場所）
　　　代　理　人　　　　　　　　　　　　　　　㊞
　　　　電　話　　　－　　　－　　　FAX　　　－　　　－

届　出　債　権　額	合　計	円

1　債権者一覧表に自己の債権についての 　　記載があるかどうか	□　あ　り（債権者番号　　番） □　な　し

※債権者一覧表の記載を変更する必要がない場合には，新たに債権届出をす
　る必要はありません。

2　債権者一覧表の記載を次のとおり変更する。（※変更する事項のみ記入
　してください。）

変更事項等	現在額	発生原因等	その他
債権者一覧表 債権番号　　番	円		
債権者一覧表 債権番号　　番	円		

3　新たに次の債権の届出をする。

番号	債権の金額	番号	利息・遅延損害金の額，利率，計算方法等	そ　の　他
	円		□利　息　　金額　　　　　円 □遅延損害金　金額　　　　　円	□別除権あり （担保不足見込額　　　円） □住宅資金貸付債権 □債務名義等あり
債権の内容及び原因				
	円		□利　息　　金額　　　　　円 □遅延損害金　金額　　　　　円	□別除権あり （担保不足見込額　　　円） □住宅資金貸付債権 □債務名義等あり
債権の内容及び原因				
別 除 権	種　　　類	□抵当権（順位　番）□根抵当権（極度額　円，順位　番）□その他（　　）		
	目的財産 債権番号 （　番）			
再生債権に関し再生手続開始当時係属する訴訟事件名及びその対象となる債権				

150

六　債権調査

裁判所　　支部，令和　年（　）第　　号　事件名	
原告　　　　　　被告　　　　　　対象債権（債権番号）	

債権明細目録（債権番号　　番の　　　　　債権につき）

番号	債権の金額	債権の内容及び原因	番号	（利息及び損害金）
				□利息　　　　　　　　　　円
	円			□遅延損害金　　　　　　　円 □開始決定日以降の利息・損害金
				□利息　　　　　　　　　　円
	円			□遅延損害金　　　　　　　円 □開始決定日以降の利息・損害金
				□利息　　　　　　　　　　円
	円			□遅延損害金　　　　　　　円 □開始決定日以降の利息・損害金
				□利息　　　　　　　　　　円
	円			□遅延損害金　　　　　　　円 □開始決定日以降の利息・損害金
				□利息　　　　　　　　　　円
	円			□遅延損害金　　　　　　　円 □開始決定日以降の利息・損害金
				□利息　　　　　　　　　　円
	円			□遅延損害金　　　　　　　円 □開始決定日以降の利息・損害金

手形債権目録

手 形 番 号					
金　　　　額	円	円	円	円	円
支 払 期 日	・　・	・　・	・　・	・　・	・　・
支　払　地					
支 払 場 所	銀行 支店				
振　出　日	・　・	・　・	・　・	・　・	・　・
振　出　人					
受　取　人					
為 替 手 形					
引　受　人					

151

裏　書　人					

(注)　欄に記載しきれない場合は，用紙をコピーなどして追加して記載してください。

再生債権届出書(個人再生)を提出する方のために(説明書)

1　はじめに

　この届出書は，同封した債権者一覧表に記載されたあなたの債権に関して，現在額や発生原因が異なるなどその記載内容が実際と異なることから，変更のために届出をする必要がある場合や，債権者一覧表に記載されていない再生債権を有している場合に，裁判所に対してその債権を届け出るためのもので，**必ず届出書を作成して提出しなければならないわけではありません。**

　再生債権の届出をしない場合には，債権者一覧表の記載内容と同一の内容で再生債権の届出をしたものとみなされます。

　再生債権の届出の必要がある場合には，この説明書を最後までよく読んで届出書を作成して，**下記4に記載されている裁判所へ提出**してください。また，この届出書の所定欄では記載し切れない場合には，同封の債権明細目録や別紙を用いて補完する等の方法により，記載事項に漏れのないようにしてください。

※　再生債務者に対して債権を有していないにもかかわらず，債権者一覧表に再生債権者として記載されている場合には，お手数ですが，同封の届出書用紙を使用してその旨の届出をしてください。

2　裁判所へ提出するもの等

(1)　再生手続開始決定通知書記載の届出期間内にこの届出書を**3通提出**してください。郵送で提出する場合には，封筒の表に「**令和○○年（再イ）第○○○○号**（裁判所からの書面に記載されている事件の番号です。）**の債権届出**」と朱書してください。なお，債権者一覧表に記載のない債権について所定の期間内にこの届出をしないと，**再生計画に基づく弁済を受けることができないおそれがあります。**

(2)　会社が有している債権の届出をするときは，**代表者の資格証明書**（商業登記簿謄本等・**1か月以内**のもの）が1通必要になりますから，会社の所在地を管轄する法務局から交付を受け，この届出書と一緒に裁判所に提出してください。

(3)　代理人によって届出をする場合は，**委任状**を提出してください。

六　債権調査

(4)　この届出書を提出する際に，**契約書等の証拠書類を添付する必要はあり**
ませんが，再生債務者から，届出債権についての証拠書類の送付を求めら
れた場合は，速やかに応じてください。

3　この届出書の記載方法について

(1)　「届出債権額」欄の金額は，開始決定日の前日までの確定金額の合計（担
保権付債権の場合は，担保不足見込額（債権額から担保権の行使により弁
済を受ける予定額を控除した額で開始決定日以降の未確定部分を除いた
額））を記載してください。

(2)　「利息」又は「遅延損害金」の記載は，開始決定日の前日までの期間に
より計算をして，その旨と金額を記載してください。

(3)　「債権の内容及び原因」欄の記載例

　(ア)　立替金の記載例

　　　令和　年　月　日付け立替払契約に基づき，令和年月日に立替払いした
○○万円の残元金

　(イ)　貸付金の記載例

　　　令和　年　月　日付けカードローン契約に基づき，令和年月日から平成
年月日までの間に貸し付けた金員

(4)　別除権（抵当権等の担保権）付債権の場合は，債権額と担保不足見込額
を記載してください。

4　この届出書の提出・問い合わせ先

　　この届出書の作成についてご不明な点やお分かりにならない点がありまし
たら，次の裁判所までお問い合わせください。

　　〒○○○－○○○○　○○県○○市○○町○丁目○番○○号

　　　　　　　　○○地方裁判所民事第○部　　　○○係

　　　　　　（電話）　　　－　　　－　　　　　（内線　　　　）

153

届出再生債権一覧表

再生債務者 ＿＿＿＿＿＿　代理人弁護士 ＿＿＿＿＿＿　地方裁判所 ＿＿＿＿ 支部　令和 ＿＿ 年（再イ）第 ＿＿ 号

債権届出番号	債権者の氏名・住所等	届出債権額			別除権の有無	別除権の行使による返済予定額	担保不足見込	債務名義の有無	備考
		元本の額	利息・損害金の額						
			開始決定日の前日まで	開始決定日以降					
1									
2									
3									
4									
5									
6									
7									
8									
9									
10									

六 債権調査

【書式 2 -31】 再生債権届出書⑵（東京地裁）

〔債権者一覧表の記載を争う意思がない場合は，提出する必要がありません。〕

事件番号　令和○○年（再○）第○○○○号　債権届出期限　令和○○年○○月○○日

再生債務者　○　○　○　○

令和　　年　　月　　日（届出書作成日）

東京地方裁判所民事第20部個 A 係　御中

再生債権届出書

債権者の表示

住所・氏名（法人の場合は商号・代表者名） 〒＿＿＿＿＿＿ 　　　　　　　　　　　　　　　　　　　㊞ 　　　　　　　　　電　話＿＿＿＿＿＿＿ （事務担当者名＿＿＿＿＿＿）ファクシミリ＿＿＿＿＿＿＿	（裁判所受付印）

債権届出額（内訳は下欄のとおり）　合計			円
番号	債権の種類	債 権 額	その他の記載 （債権者一覧表に記載がある債権については，争う部分を簡潔に説明し，記載がない債権については，新規届出と記載してください。）
1	□貸付金 □立替金 □その他 （　　　）	□金　　　　円及び内金　　　　円 に対する令和　年　月　日から 令和　年　月　日まで(年　%) □開始決定後の利息・損害金 額未定	
2	□貸付金 □立替金 □その他 （　　　）	□金　　　　円及び内金　　　　円 に対する令和　年　月　日から 令和　年　月　日まで(年　%) □開始決定後の利息・損害金 額未定	
3	□貸付金 □立替金	□金　　　　円及び内金　　　　円 に対する令和　年　月　日から	

155

第2章　小規模個人再生

| | □その他
（　　　） | 令和　年　月　日まで（年　%）
□開始決定後の利息・損害金　額未定 | |

別除権の種類（担保権を有する再生債権者のみ記入）

別除権	債権番号（　　）番	担保不足見込額（額未定は不可）　　　　　　　　円	
	種　　　類	□抵当権　　□根抵当権　　□その他（　　　　　）	
	目　的　物		

再生債権届出に関する説明

　再生債務者　　　　　　　　に対し，小規模個人再生手続開始の決定がありましたので，次の書面をお送りします。

　⑴　小規模個人再生手続開始決定通知書

　⑵　債務者が作成した債権者一覧表

　⑶　再生債権届出書

　債権者一覧表に記載されたあなたの債権の内容について，争う意思がある方は，期限までに再生債権届出書（2通）を提出してください。

　争う意思のない方は，提出する必要がありません。この場合は，債権者一覧表と同じ内容の債権届出をしたものとみなされます。

　　　　　　　届出期間　令和　年　月　日（　）まで　《必着》

注意事項

1　債権届出書に資料（契約書等）を添付する必要はありません。

　　ただし，再生債務者等から提出を求められた場合は，請求者に対して直接送付してください。

2　債権者一覧表中，債務者が異議を留保した債権（異議留保欄に○が付されているもの）については，異議申述期間内に債務者から異議申述がされることがあります。

3　債務者が異議の申述をしたときは，債務者から，当該債権者に対して，異議の通知がされます。

4　債権者一覧表の記載内容については，再生債務者代理人に直接お尋ねください。

債権者一覧表に関する問い合わせ先
再生債務者代理人

電話番号	－	－	ＦＡＸ番号	－	－

```
債権届出書の提出先
  〒100－8920　東京都千代田区霞ケ関1丁目1番4号
  東京地方裁判所　民事第20部　　　係
```

4　異議申述

　届出再生債権者および債権者一覧表で異議権を留保した再生債務者は、一般異議申述期間内に、裁判所に対し、届出されたか届出されたとみなされる再生債権の額または担保不足見込額について、書面で異議を述べることができる（法226条1項）。

　通常の再生手続では、再生債務者が認否書を作成して裁判所に提出し（法101条）、届出債権者のみが届出債権と認否書において債務者が自認した再生債権につき異議を述べることができるが、小規模個人再生では、認否書の制度を認めず、前記の制度を定めた。

　債権届出期間経過後においても、帰責事由のない債権者は、届出の追完（法95条）ができ、その場合には、裁判所は特別異議申述期間を定め（法226条2項）、再生債務者および届出再生債権者はこの期間内に書面で異議を述べることができる（同条3項）。

　異議が述べられなかった債権は（無異議債権）、手続内で確定し、議決権の額となり（法224条2項）、債務総額要件上限の算定の基礎（法231条2項2号）や最低弁済額の計算上の基準にもなる（同項3号）。

　なお、再生債務者が、異議を留保していたところ、再生債権者から債権者一覧表記載額と異なった額の届出があった場合には、再生債務者は、異議を述べるかどうかを判断するために必要があるときは、再生債権者に対し、当該再生債権の存否および額並びに担保不足見込額に関する資料の送付を求めることができる（規則119条）が、再生債権者がこの求めに応じない場合には、再生債務者としては異議を出さざるを得ないであろう。

第2章 小規模個人再生

　ところで、平成13年度に東京地裁において債権者の債権届出に対して再生債務者が異議を述べたのは全債権届出の16.5%であり、大阪地裁では2002年7月末までで、全債権届出の13.8%である。

【書式2-32】　異議申述書(1)（全国版）

令和○○年（再イ）第○○○号　小規模個人再生事件

異　議　書

○○地方裁判所○○支部　御中

令和○○年○○月○○日

再　生　債　務　者　○　○　○　○

再生債務者代理人弁護士　○　○　○　○　印

　頭書事件について，再生債務者は，届出のあった再生債権について下記のとおり異議を述べます。

1　相手方

　　再生債権者　有限会社○○○○

2　異議を述べる事項

　　相手方が令和○○年○○月○○日付け債権届出書により御庁に届出をした再生債権の額の全部について異議がある。

3　異議の理由

　　再生債務者は，相手方に対して，上記再生債権届出書記載の再生債権に対する弁済のため，令和○○年○○月○○日までに合計○○万○○円を相手方に支払った。この弁済を利息制限法による制限利率に引き直して計算すると，上記再生債権を消滅させるに足りる。

(注)　再生債務者が届出再生債権（法225条により届出をしたものとみなされるものを含む）について異議を述べる場合、異議書に異議の理由を記載する必要はない（規則121条1項ただし書）が、再生債務者に代理人がついている場合には、異議申述後の手続を円滑かつ早期に進めるために、異議の理由を記載しておくことも考えられる。

158

六　債権調査

【書式2-33】　異議申述書(2)（東京地裁）

令和○○年（再イ）○○○号
再生債務者　　○○○○

東京地方裁判所民事第20部　御中

異 議 申 述 書

令和○○年○○月○○日
再生債務者　　○　○　○　○
再生債務者代理人　○　○　○　○　印

　再生債務者は，下記の再生債権者の届出債権について，異議を述べる。

債権者番号	債 権 者 名	異議の理由
5	株式会社○○○○	債権認否一覧表記載のとおり
8	株式会社○○○	債権認否一覧表記載のとおり
11	○○株式会社	債権認否一覧表記載のとおり

　一般（特別）異議申述期間　令和○○年○○月○○日まで
　上記の再生債権者に対して，異議を述べた旨を，令和○○年○○月○○日普
通郵便により通知した。

債権認否一覧表

令和○○年○○月○○日
令和○○年（再イ）第○○○号
再生債務者　　○　○　○　○
同代理人弁護士　○　○　○　○　印

債権者番号	届出債権			認否の種類		備考（異議の理由等）
	債権者	種類	債権額	認める額	認めない額	
5	株式会社○○○○	借入	975,315	0	975,315	債権届出書の提出 ■あり　□なし

159

						債権届出書の提出
8	株式会社 ○○	借入	485,623	243,159	242.464	■あり　□なし
11	○○ 株式会社	借入	375,567	0	375,567	債権届出書の提出 ■あり　□なし
						債権届出書の提出 □あり　□なし
						債権届出書の提出 □あり　□なし

（注1）債権届出書の提出がない場合には，みなし届出として，債権者一覧表に記載した金額を記載し，附帯請求がある場合には開始決定日の前日までの金額を算出し，合計額を記載する。

（注2）提出時に認否の方針が確定していない場合は，認否欄を空欄とし，備考欄に認否留保と記載する。

（注3）債権者からの債権届出書の提出の有無を，備考（異議の理由等）の欄に記載する。

【書式2-34】　異議申述書(3)（大阪地裁）

令和○○年（再イ）第○○○号　小規模個人再生事件

令和○○年○○月○○日

異　議　書

大阪地方裁判所第6民事部　御中

再 生 債 務 者　　大 阪 一 郎

同代理人弁護士　　鶴 見 浩 二 印

　頭書事件について，再生債務者は，届出のあった再生債権について下記のとおり異議を述べます。

1　相手方

　　再生債権者　ローンズ○○こと○○○○

六　債権調査

　2　異議を述べる事項
　　相手方が令和○○年○○月○○日付け債権届出書により御庁に届出をした
　再生債権のうち○○万円を超える額について異議がある。
　3　異議の理由
　　再生債務者は，相手方に対して，上記再生債権届出書記載の再生債権に対
　する弁済のため，令和○○年○○月○○日までに合計○○万○○円を相手方
　に支払った。この弁済を利息制限法による制限利率に引き直して計算すると，
　その残額は，○○万円以下となる。

5　異議の通知

　再生債権の額または担保不足見込額について異議が述べられたときは、裁判
所書記官は、対象債権を有する再生債権者に通知しなければならない（規則
125条）。

【書式2-35】　異議通知書（全国版）

　　　　　　　　　　　　事件番号：令和○○年（再イ）第○○号
　　　　　　　　　　　　再生債務者：○　　○　　○　　○

異議通知書

相手方　有限会社○○○○
上記代表者代表取締役　○　　○　　○　　○　　殿
　頭書事件について，届出のあった再生債権について，別紙異議書（略）記載
のとおり異議が述べられましたので，通知します。
　　　　　　　　　　　　令和○○年○○月○○日
　　　　　　　　　　　　○○地方裁判所○○支部
　　　　　　　　　　　　裁判所書記官　○　○　○　○　印
※注意
1　異議の述べられた再生債権については，再生計画に従った弁済を受けるこ
　とができません。
2　再生計画に従った弁済を受けるためには，異議の述べられた再生債権が調
　査された異議申述期間の末日から3週間以内に，当裁判所に対して，異議を
　述べた者を相手方として再生債権の評価の申立てをしなければなりません。

161

第2章　小規模個人再生

ただし，異議の述べられた再生債権について執行力ある債務名義又は終局判決がある場合には，異議を述べた者が再生債権の評価の申立てをすることになります。(民事再生法227条1項)。

3　再生債権の評価の申立てに当たっては，手続の費用として　万円を裁判所に予納する必要があり（同条3項），この費用が予納されない場合には，申立てが却下されることになります（同条4項）。

6　異議の撤回と異議の撤回の通知

通常の民事再生手続においては、再生債務者等が認否書の提出後に再生債権の内容等についての認否を認める旨に変更することや、届出再生債権者等が再生債権の内容等について異議の撤回（一部の撤回を含む）をすることができることを前提として、その方法について規定をおいている（規則41条）。個人再生手続においても、法には明確な規定はないが、少なくとも評価の申立てがなされるまでに、再生債務者または届出再生債権者が異議を撤回することは可能である（些細な金額の争いによって次項7の再生債権の評価の手続を避けることができる）。そのような理解を前提に、異議の撤回の方法について、規則140条・122条で定められている。

異議の撤回は、裁判所にその旨を記載した書面を提出するとともに、当該再生債権を有する債権者に対し、その旨を通知しなければならない。

【書式2-36】　異議一部撤回書（大阪地裁）

令和○○年（再イ）第○○○号　小規模個人再生事件

異議一部撤回書

大阪地方裁判所第6民事部　御中

令和○○年○○月○○日

再　生　債　務　者　　大　阪　一　郎

同代理人弁護士　　鶴　見　浩　二　印

頭書事件について，再生債務者は，令和○○年○○月○○日付けで下記債権者の届出債権について述べた異議を一部撤回する。

記

六　債権調査

```
債 権 者 番 号　　4
債 権 者 名　　ローンズ○○こと○○○○
住　　　　　所　　大阪市○○区○○町　○－○－○
異議撤回後の金額　　300,000円
```

7　再生債権の評価

(1)　評価の申立て

再生債務者または届出再生債権者から異議の申述があった再生債権については、当該再生債権を有する債権者は裁判所に対して異議申述期間の末日から3週間の不変期間内に、再生債権の評価の申立てをすることができる（法227条1項本文）。

ただし、異議申述がなされた再生債権が有名義債権である場合には、異議を述べた者から評価の申立てをすることを要し、申立てがなかったときは、異議はなかったものとみなされる（法227条1項ただし書・2項）。なお、異議が述べられた無名義債権に対して評価の申立てがなされなかったときは、再生債権は、手続内での確定にとどまり、実体法上失権しないので、裁判等によって請求しうる。

平成13年度の東京地裁において、評価申立てがなされたのは、全債権届出の0.9%についてであり、2002年7月末までの大阪地裁では、合計で4件であり、全債権届出数の0.7%にすぎなかった（園尾ほか「概況（東京）」、尾川「運用状況（大阪）」）。

(2)　費用の予納

再生債権の評価の申立人は、裁判所の定める費用を予納しなければならず（法227条3項）、これに応じないときは評価の申立ては却下される（同条4項）。

ただし、東京地裁では、申立ての全件に個人再生委員を選任しているので、評価の申立てに費用の予納は不要である。大阪地裁では、基本的に個人再生委員を選任しない方針なので、評価の申立ての段階で、裁判所が予納金を求めている。現在は5万円である。

第 2 章　小規模個人再生

【書式 2 -37】　再生債権の評価の申立書（全国版）

令和○○年（再イ）第○○○号　小規模個人再生事件

再生債権の評価の申立書

令和○○年○○月○○日

○○地方裁判所○○支部御中

申立人代理人弁護士　　○　○　○　○　　印

〒000 - 0000　　○○県○○市○○町　○-○-○

申立人（再生債権者）　　有限会社○　○　○　○

上記代表者代表取締役　　○　○　○　○

〒000 - 0000　　○○県○○市○○町　○-○-○　　○○法律事務所

（送達場所）　　　　　　同　　　　　上

申立人代理人弁護士　　○　○　○　○

（電話番号）000 - 000 - 0000

（ＦＡＸ）000 - 000 - 0000

〒000 - 0000　　○○県○○市○○町　○-○-○　　○○コーポ○○号室

相手方（再生債務者）　　○　○　○　○

（電話番号）000 - 000 - 0000

（ＦＡＸ）000 - 000 - 0000

申立ての趣旨

1　申立人が令和○○年○○月○○日付債権届出書により届け出た貸金債権の
額を次のとおり評価する。

⑴　貸金債権元本　　　　　○○万円

⑵　確定遅延損害金　　　　○○万○○円

⑶　⑴の元本に対する再生手続開始決定の日である令和○○年○○月○○日
から支払済みまでの年21.9パーセントの割合による遅延損害金

2　申立ての費用は相手方の負担とする。

との決定を求める。

申立ての理由

1　申立人は，○○財務局長の許可を得て貸金業を営む者であるが，相手方で
ある再生債務者○○○○に対し，業として，令和○○年○○月○○日に○○
万円を，利息及び遅延損害金の利率をそれぞれ年29.2パーセント，弁済期限

164

令和○○年○○月○○日との約定で貸し渡し（以下「本件再生債権」という。），かつ，貸金業の規制等に関する法律（以下「貸金業法」という。）17条1項に規定する事項が記載された契約書を交付した。（甲第1号証，2号証）

2　再生債務者は，上記弁済期に約定に従った弁済をしなかったが，令和○○年○○月○○日に○○万円，同年○○月○○日に○○万円を利息及び損害金と指定して任意に弁済したので，申立人は，貸金業法18条に規定する受取証書を相手方に交付し，当該弁済金を別紙計算書（略）記載のとおり，上記各支払日までの遅延損害金，未収利息及び元本の順に順次充当した。（甲第3号証の1，2，3，4）

3　相手方（再生債務者）は，令和○○年○月○○日○○地方裁判所○○支部において，小規模個人再生による再生手続開始決定（令和○○年（再イ）第○○号）がされた。（甲第4号証）

4　そこで，申立人は，上記再生事件において，申立ての趣旨1記載の金員を再生債権として届け出たが，相手方は，本件再生債権につき，一般異議申述期間である○○月○○日に，貸金業法43条1項に規定する「みなし弁済」の要件に欠け，本件再生債権は弁済により消滅しているとの理由で，申立人の本件再生債権の額に異議を述べた。

5　しかし，甲各号証に示すとおり，本件弁済は，貸金業法43条の「みなし弁済」に該当する。

6　よって，申立人は，本件再生債権の評価を求めて，この申立てをする。

証拠方法

甲第1号証	貸金業法登録証明書
甲第2号証	金銭消費貸借契約書
甲第3号証の1，2	領収証
甲第3号証の3，4	受取証書
甲第4号証	小規模個人再生による再生手続開始決定通知書写し

添付書類

委任状
申立書副本の受領書
甲号証各写し

(3)　個人再生委員の選任

再生債権の評価の申立てがあったときは、裁判所は、当該申立てを不適法と

第2章　小規模個人再生

して却下する場合を除き、個人再生委員を選任し、評価に関し裁判所の補助を
させなければならない（法223条1項）。その際調査結果の報告期間も定められ
る（法227条5項）。

　個人再生委員は、再生債務者もしくはその法定代理人または再生債権者に対
して、再生債権の存否および額並びに担保不足見込額に関する資料の提出を求
めることができ（法227条6項）、これに従わない者には10万円以下の過料の制
裁が科せられる（法266条2項）ことがあるから、個人再生委員がそれらの資料
の提出を求める場合には、この制裁を告知しなければならない（規則127条）。

【書式2-38】　個人再生委員選任決定(1)（全国版）

令和○○年（再イ）第○○○号　小規模個人再生事件

決　　定

○○県○○市○○町○○○番地○
再生債務者　○　　○　　○　　○

主　　文

1　頭書事件について，次の者を個人再生委員に選任する。
　　○○県○○市○○町○○○番地の○　　○○○○
2　上記個人再生委員の職務を次のとおり指定する。
　　当庁令和○○年(モ)第○○○号再生債権の評価申立事件に係る再生債権の存否
　及び額を調査すること
3　個人再生委員は，令和○○年○○月○○日までに書面で上記2の調査の結
　果を報告するとともに，再生債権の評価の申立てに係る再生債権の評価につ
　いて意見を述べなければならない。
　　　令和○○年○○月○○日

○○地方裁判所○○支部
裁判官　○　○　○　○　印

六　債権調査

【書式2-39】　個人再生委員選任決定(2)（大阪地裁）

令和○○年（再イ）第○○○号　小規模個人再生事件

決　　定

　　　　　　　　　大阪府○○市○○町○○○番地○
　　　　　　　　　　再生債務者　　○　○　○　○

主　　文

1　頭書事件について，次の者を個人再生委員に選任する。
　　大阪府○○市○○町○○○番地○
　　　弁護士　　○　○　○　○
2　上記個人再生委員の職務を次のとおり指定する。
　　再生債務者○○○○の再生債権の評価申立事件に係る再生債権の存否及び
　額を調査すること
3　個人再生委員は，令和○○年○○月○○日までに，上記の調査結果を書面
　で当裁判所に報告しなければならない。
　　　令和○○年○○月○○日
　　　　大阪地方裁判所第6民事部
　　　　　　裁判官　○　○　○　○　印

(4)　再生債権の評価

　裁判所は、評価の申立てにかかる再生債権について、債権の存否および額ま
たは担保不足見込額を定めるが（法227条7項）、あらかじめ裁判所は個人再生
委員の意見を聴取しなければならない（同条8項）。この決定によって再生債
権の調査手続は終了する。

　その結果、裁判所が認めた金額の債権は、評価済債権と呼ばれ、以後は、無
異議債権と同様の扱いを受ける。

第2章　小規模個人再生

【書式2-40】　調査結果の報告および意見書（全国版）

令和○○年㊉第○○号　再生債権の評価申立事件
（基本事件：令和○○年（再イ）第○○○号　小規模個人再生事件）

調査結果の報告及び意見書

○○県○○市○○町○○○番地　　○○コーポ○○○号室

再生債務者　　○　　○　　○　　○

　令和○○年○○月○○日付けで調査を命ぜられた申立人（再生債権者）○○○○の有する再生債権の存否及び額について，以下のとおり調査の結果を報告し，個人再生委員の意見を述べます。

令和○○年○○月○○日

個人再生委員　　○　　○　　○　　○　　㊞

第1　調査の結果

　　本件で申立人が存在を主張する再生債権について，再生債権の評価の申立書の添付資料や，再生債務者及び再生債権者の双方から提供を受けた取引等に関する資料を総合し，検討すると，

　1　申立人は，契約日である令和○○年○○月○○日に行われた金銭の授受に当たって，金銭消費貸借契約書記載の貸付金額○○万円から，弁済期までの利息金○○万○○円をあらかじめ差し引いた○○万○○円を再生債務者に交付していることが認められる。

　2　再生債務者は，約定の弁済期に返済を怠ったが，令和○○年○○月○○日までに，申立人に対して合計○○万円を弁済している。この再生債務者の弁済は，……

　　　　　　……の事実が認められ，貸金業の規制等に関する法律43条に規定する「みなし弁済」とは認められない。そこで，本件弁済を利息制限法による制限利率による遅延損害金に引き直して別紙計算書（略）のとおり計算したところ，申立人が存在を主張する本件再生債権を消滅させるに足りるものであった。

第2　意　見

　　上記の調査の結果からすると，本件において申立人の主張する再生債権は，再生債務者の弁済により消滅したものと考えられるから，再生債権の評価に当たっては「0円」と評価すべきである。

以　上

168

六 債権調査

【書式2-41】 評価決定(1)（全国版）

令和○○年㊉第○○号　再生債権の評価申立事件
（基本事件：令和○○年（再イ）第○○○号　小規模個人再生事件）

決　　定

○○県○○市○○町○丁目○番○号
申立人（再生債権者）　　有限会社○○○○
代表者代表取締役　　　　○　○　○　○
申立人代理人弁護士　　　○　○　○　○
○○県○○市○○町○○○番地○　○○コーポ○○○号室
相手方（再生債務者）　　○　○　○　○

主　　文

1　頭書再生債権の評価申立事件に係る申立人（再生債権者）有限会社○○○
　○の再生債権の額を0円と評価する。
2　申立て費用は申立人の負担とする。

理　　由

1　頭書基本事件において，相手方は，一般異議申述期間内に，申立人の提出
　した再生債権届出書に記載されている再生債権の存在について異議を述べた。
2　申立人が再生債権の評価の申立て期間内に，上記の異議の述べられた再生
　債権について評価の申立てをしたので，当裁判所は，個人再生委員を選任し，
　上記の異議の述べられた本件再生債権の存否及び額について調査を命じた。
3　個人再生委員の調査の結果及び意見によれば，再生債務者がその債務の全
　額を弁済している事実が認められ，申立人の再生債権は存在しないことは明
　らかである。
4　よって，個人再生委員の意見を聴いた上で，当裁判所は主文のとおり決定
　する。

令和○○年○○月○○日
○○地方裁判所○○支部
裁判官　　○　○　○　○　㊞

169

【書式 2 -42】 評価決定(2)（大阪地裁）

令和○○年㊋第○○号　再生債権の評価申立事件
　（基本事件：令和○○年（再イ）第○○○号　小規模個人再生事件）

決　　　定

○○県○○市○○町○丁目○番○号
申立人（再生債権者）　　　○○株式会社
代表者代表取締役　　　○　○　○　○
○○県○○市○○町○○○番地○　○○コーポ○○○号室
相手方（再生債務者）　　○　○　○　○

主　　　文

1　申立人（再生債権者）○○株式会社の届け出た再生債権の額を０円と評価
　する。
2　申立費用は申立人の負担とする。

理　　　由

1　頭書基本事件において，相手方は，一般異議申述期間内に，申立人の提出
　した再生債権届出書に記載されている再生債権の存在について異議を述べた。
2　申立人が再生債権の評価の申立期間内に，上記の異議の述べられた再生債
　権について評価の申立てをしたので，当裁判所は，個人再生委員を選任し，
　上記異議の述べられた本件再生債権の存否及び額について調査を命じた。
3　個人再生委員の調査の結果及び意見によれば，申立人の再生債権は存在し
　ない。
4　よって，個人再生委員の意見を聴いた上で，当裁判所は主文のとおり決定
　する。

令和○○年○○月○○日
大阪地方裁判所第６民事部
裁判官　○　○　○　○　㊞

8　債権者一覧表等の開示

　小規模個人再生における債権調査・確定の経過については、再生債権者表が
作成されない関係で、債権届出があった場合で、裁判所が必要と認めたときは、

再生債務者に対して、届出再生債権につき届出債権者一覧表の提出を求めることができる（規則120条）。

また、その後の認否の経過等については、異議申述書（規則121条）、異議撤回書（規則122条）によって知ることができる。

そこで、再生債務者は、債権届出書や、これらの書面を、再生債権者の閲覧に供するため、次の場所に備え置かなければならず（規則124条1項）、再生債権者は、自己の債権が記載された部分の写しの交付を求めることができる（同条2項・43条3項）。

① 債務者の主たる営業所もしくは事務所（事業者の場合）

② 再生債務者の代理人の事務所

③ その他の裁判所が相当と認める場所

再生債務者が小規模個人再生の申立書の作成を司法書士に委嘱したような場合には、その事務所が相当と認める場所とされることがあるが、非事業者たる個人について、そのような者も代理人もいない場合には、住居が備え置き場所とされるようなことはない。

七　小規模個人再生の再生計画

1　再生計画の内容

⑴　再生計画の条項

⒜　必要的な条項

再生計画には、再生債権者の権利の変更条項、並びに共益債権および一般優先債権の弁済に関する条項を定めなければならない（法154条1項）。

再生債権者の権利の変更条項においては、債務の減免、期限の猶予その他権利の変更の一般的基準を定めなければならない（法156条）。

別除権付再生債権者の予定不足額については、不足額確定後の権利の行使に関する適確な措置を定めなければならない（法160条1項。（後掲【書式2-42】第4参照）。別除権付再生債権者は、不足額が確定しない限り、弁済を受けることができない（法182条）ところ、不足額が確定したときは平等原則に反しないよう他の再生債権者と同様の条件で支払いを受けることが保障されなけれ

ばならないからである。

なお、再生債権を担保する根抵当権の元本確定後であれば、極度額を超える債権について仮払いをし、不足額確定後精算する条項を設けることもできる（法160条2項）。

再生債務者が債権者一覧表に住宅資金特別条項を定めた再生計画案を提出する意思がある旨の記載をした場合、住宅資金特別条項を定めなければならない（法231条2項5号）。

(B) 設けることができない条項

再生債務者以外の第三者が、再生のために保証人になるなどして債務を負担したり、その第三者または再生債務者自身が再生のため担保を提供するような条項を設けることはできない（法238条で法158条の適用が除外されている。なお、法162条の特別利益供与に該当する行為は無効となる）。

(2) 平等原則

(A) 形式的平等

小規模個人再生における再生計画による変更は、原則として再生債権者間では平等でなければならない（法229条1項）。小規模個人再生は簡易迅速な手続で、管財人や監督委員の機関もおかれていないため、通常の民事再生以上に形式的平等を厳格化することで再生債権者全員の納得を図る趣旨と解される。

(B) 平等原則の例外

平等原則の例外が認められるのは、次の場合に限定される（法229条1項）。

(a) 不利益再生債権者の同意がある場合

実務上、親族に対する再生債務や履行期が到来していない保証債務等につき、再生債権者の同意を得て劣後的な取扱いをする場合が多いと考えられる。

履行期が到来していない保証債務の取扱いについては、現在も議論されているところである。将来債権の現在化の問題ということになるが、破産法26条（将来の求償権の規定）等の趣旨からも、再生債権者と合意がなされているのであれば、その一部のみを（あるいは0として）再生債権として計上することも許されるべきと考えられる。

(b) 少額の再生債権を弁済時期に関して有利に取り扱う場合

少額の再生債権に関する例外的取扱いは、あくまで弁済時期に関するものに

限られる。通常の民事再生のように弁済率について例外的取扱いをすることは許されない。

　実務上、少額の再生債権を一括弁済してしまう等、弁済時期に関して有利に取り扱うケースがよくみられる。その理由としては、1回のわずかな弁済額に対し過分な振込手数料がかかって再生債務者に負担になり、他方、わずかの債権額管理のために長期間にわたり過分なコストがかかるといった再生債権者の不利益を避けるためと考えられる。

　いかなる金額で少額債権といえるか議論があるところであるが、1回の弁済額が振込手数料にも満たないような場合は少額債権として取り扱っても問題はないと考えられる。たとえば、債権額が1万8000円程度（再生計画案の最低弁済額は3600円程度になる）で12回弁済ならば、他の銀行への振込みの場合はかえって振込手数料（165円以上必要となる）のほうが高くつくので、少額債権として取り扱って問題ないといえよう。

　ちなみに大阪地裁では1カ月あたりの弁済額が1000円に満たないことを基準としている（したがって、弁済総額でいえば、3年間で弁済する場合は3万6000円、5年間で弁済する場合には6万円ということになる）。そして、このような基準の範囲内の額について少額債権の定めをした場合には、補足説明を必要としない。これに対し、上記基準を超える額について少額債権の定めをする場合には、その理由の補足説明が必要となる。

　⒞　劣後的再生債権を劣後的に取り扱う場合

　①再生手続開始後の利息の請求権、②再生手続開始後の不履行による損害賠償および違約金の請求権、③再生手続参加の費用の請求権（法84条2項各号）は、他の倒産手続において劣後的な取扱いがなされ（破産法46条）、小規模個人再生においても一般の再生債権に比して劣後的取扱いをすることが、再生債権者間の衡平に資するため、例外的な取扱いが許容されている。

　実務上は100％免除の対象とする取扱いがなされる。

　Ⓒ　**住宅資金特別条項の場合の特則**

　住宅資金特別条項によって権利の変更を受ける者は、他の再生債権者との間では平等原則の適用はない（法199条5項で法155条1項の適用が除外されている）。その代わりに住宅資金貸付債権の債権者には議決権が与えられてない（法201

条1項）。

(3) 最低弁済額基準

(A) 清算価値保障原則

　再生計画による弁済は、破産した場合に配当できる以上の配当でなければならないことが前提である（清算価値保障原則。法174条2項4号）。

　具体的には、清算価値算出シート（【書式2‐3】）または財産目録（【書式2‐9】）の「総合計」欄記載の清算価値が、小規模個人再生の最低弁済額を超えるような場合は、弁済総額は清算価値以上の金額にならねばならない。

　実務上、不動産を所有している場合や、退職金見込額や保険解約返戻金が多額の場合等、清算価値が後述の最低弁済額を超過してしまい、清算価値の金額が弁済総額となることがある。

(B) 小規模個人再生の最低弁済額

　小規模個人再生の再生計画に基づく弁済の総額（計画弁済総額。法231条2項3号）は、基準債権総額が3000万円以下の場合はその5分の1または100万円のいずれか多い額（基準債権の総額が100万円を下回るときはその額、基準債権の総額の5分の1が300万円を超えるときは300万円）以上であることを要し、基準債権総額が3000万円を超え5000万円以下の場合はその10分の1以上であることを要する（法231条2項3号・4号）。

　基準債権とは、小規模個人再生における最低弁済額を画するための計算の基礎となるもので、無異議債権と評価済債権の合計額（非再生債権である再生手続開始前の罰金や、住宅資金特別条項を利用する場合の住宅資金貸付債権の全額は除外される）から、別除権付再生債権のうち別除権の行使による回収見込額や84条2項各号に掲げる請求権を控除したものである。

(C) 減免率の状況

　法施行後1年経過時の統計（畑野＝岩波「概況」25頁）によれば、全国の小規模個人再生の既済事件の平均減免率は73％であり、減免率が60％台から80％台に集中している状況であった。

　再生債権者も小規模個人再生に概ね協力的で、最低弁済額ギリギリの計画案であっても、不同意の意見が出されることは少ないようである。

(4) 再生債権の弁済方法

再生債権の弁済方法については、次に定めるところによらなければならない（法229条2項）。

(A) 弁済期が3カ月に1回以上到来する分割払いの方法によること

3カ月に1回以上との趣旨は、各弁済期の間隔を3カ月に1回以上あけてはならないということである。たとえば、収入見込みに応じて夏期は3カ月に1回、冬季は毎月といった再生計画案は許されるが、1年間据え置きといった再生計画案は許されない。

3カ月に1回の弁済とするメリットとしては、弁済資金を貯蓄することで不測の出費月に対応できること、1カ月ごとの弁済に比べ振込手数料の節約になること、再生債権者としても毎月の債権管理の負担を避けられること等が挙げられる。他方、3カ月に1回の弁済方法とすると、再生債務者が弁済を忘れたり、弁済を怠りやすくなるおそれも考え得る。弁済回数については、個々の再生債務者の状況に応じて具体的に決すべきである。

なお、3カ月に1回という弁済方法であっても、再生債権者から不同意の意見が出されることはほとんどないようである。

(B) 原則として、最終の弁済期を再生計画認可決定の確定日から3年後の日が属する月中の日とすること

(a) 3年が原則

最終の弁済期を再生計画認可決定の確定日から3年後の日が属する月中の日までとした趣旨は、最終の弁済日を月末や給料日にあわせ、最終回の弁済原資を確保できるようにすることにある。

3年間は法定されているので、たとえば2年間に短縮した再生計画案を作成することは許されない（もっとも、再生計画認可後の弁済期間中に資金に余裕ができた場合、予定より早く弁済することまでは禁止されていない）。

法施行後1年経過時の統計（尾川「運用状況（大阪）」75頁参照）によれば、大阪の小規模個人再生の既済事件全体の約9割が原則どおりの3年間の再生計画案という状況であった。

(b) 特別の事情による弁済期の延長

「特別の事情」があるときは、最終の弁済期を再生計画認可決定の確定日から5年を超えない範囲で弁済期を延長することができる（法229条2項2号かっ

こ書）。

　5年を超えないとは、3年半でも4年でもよいという趣旨である。

　法施行後1年経過時の統計（尾川「運用状況（大阪）」75頁参照）によれば、大阪の小規模個人再生の既済事件全体の約1割が弁済期延長による再生計画案という状況であった。裁判所は、「特別の事情」について、再生債務者に上申書（【書式2-41】参照）等による疎明を奨励しているようである（大阪地裁では申立て時に、陳述書中で弁済期間の具体的予定並びに履行可能性を記載する取扱いがなされている）。上申書による疎明があった場合はほとんど延長を認める傾向にあり、「特別の事情」については弾力的に解釈されているようである。

　小規模個人再生で弁済期が延長される例としては、清算価値が最低弁済額を超過してしまい3年間で弁済することが難しい場合、住宅ローンもあわせて支払うことや、子供の成長に伴い生活費が増加する等の事情により3年間で弁済することが難しい場合等が考えられる。

　もっとも、大きな冠婚葬祭、失業、賃金カット等、将来の不確定要素を考慮すると、3年程度の弁済であれば何とか乗り切れるが、5年という長期間になると途中で挫折してしまい完済は相当難しいというのが、多重債務者案件でよくいわれる経験則である。

　よって、弁済期の延長の是非は、当該再生債務者の諸要素を緻密に考慮し、個別具体的に判断していく必要がある。

【書式2-43】　弁済期間延長に関する上申書

令和〇〇年（再イ）第〇〇〇号　小規模個人再生事件

上　申　書

令和〇〇年〇〇月〇〇日

〇〇地方裁判所　御中

再生債務者　　　　　　〇　〇　〇　〇
再生債務者代理人　弁護士　〇　〇　〇　〇　印

本再生債務者には，以下述べるとおり，法229条2項2号かっこ書の「特別
の事情」がありますので，弁済期間を○年とする本再生計画案を認可されたく
上申致します。

1　本再生債務者は月収手取約○○万円で，扶養家族が3名いる。
　　このため，提出済みの家計収支表からも窺えるとおり，弁済原資に充てら
れるのは毎月×万円が限度である。
2　本再生債務者は当分の間昇給の見込みがない。他方，子供らの成長に伴い，
ここ数年は学費・食費等が増加する見込みである。
3　そうすると，最低弁済額である○○万円を3年間で支払うことは毎月○○
万円もの弁済原資が必要となり，これを履行するのは極めて困難な状況とい
わざるを得ない。3年間での弁済だと，本再生債務者家族の生活が成り立た
なくなる。
4　本再生債務者が万円を無理なく弁済するには，○年が必要である。
　　以上の次第により，本上申に及んだものである。

2　再生計画案の提出

(1)　提出権者

　小規模個人再生における再生計画案の提出者権者は再生債務者のみである
（法163条1項）。

(2)　提出時期

　提出時期は、債権届出期間の満了後裁判所が定める期間内であり（法163条
1項）、提出期間の末日は、一般異議申述期間（法222条2項）の末日から2カ
月以内の日とされなければならない（規則130条）。異議が出された等の場合、
裁判所は、申立てによりまたは職権で、提出期限を伸長することができる（法
163条3項）。なお、大阪地裁では届出債権に対して異議が述べられても再生計
画案の提出期限の伸張は原則としてしないこととしている。

　再生計画案は事前に提出することができる（法164条1項）。期間内に再生計
画案が提出されない場合、手続は廃止されてしまう（法191条2号）ので、でき
る限り事前に提出するよう心がけるべきである。

　そして、大阪地裁では、原則として再生計画案の提出期間の延長はしないこ

ととしているので、異議申述期限終了後、速やかに提出することを奨励している。

提出時期に再生計画案を提出することを失念したため、手続が廃止された例が現実に数件あるので要注意である（裁判所から電話で提出の催促がなされる扱いはなされていない）。

(3) その他

個人事業者たる再生債務者に労働組合がある場合には、裁判所は再生計画案について労働組合の意見を聴かなければならない（法168条）。

再生計画に住宅資金特別条項がある場合には、再生裁判所がその適否を判断するために不可欠な住宅資金貸付契約証書の写しや住宅およびその敷地の不動産登記簿謄本等をあわせて提出しなければならない（規則102条）。

(4) 作成の具体的手順

債権者10名（うち１名は別除権者）、担保不足見込額200万円を含めた負債総額が900万円、再生債務者（甲野太郎、代理人弁護士　乙野次郎）の収入が毎月25日にある事案を例に、以下、作成手順について説明する。

(A) 再生計画案作成の具体的手順

(a) 免除率の記載

(イ) 元　本

免除率は、「（確定再生債権額－計画弁済総額の最低弁済額）÷確定再生債権額×100」によって算出する。本事例では、「（900万円－180万円（注・900万円の５分の１））÷900万円×100」で「80％」となり、これを記載する。

実務上、免除率は百分率による記載の取扱いである。割り切れない場合、小数点３桁目を切り捨てる。

なお、分数による記載も考えられるが、庁によってはこの記載方法を認めないこともあるので、事前に裁判所と協議するとよい。

(ロ) 開始決定日以降の利息・遅延損害金

実務上100％免除の対象と記載することが多い。前述のとおり、かような取扱いでも平等原則に反しない。

(b) 分割弁済方法の記載

弁済期間を特定し、３カ月に１回以上到来する分割弁済の方法になるよう弁

済方法を選択する。そのうえで、弁済回数を計算し、1回当たりの弁済額の割合についても記載する。

本事例で、弁済期間を3年、3カ月に1回の分割弁済を選択した場合、弁済回数は「12回」となる。1回当たりの弁済率は、100%を「12」で除し「8.3333…」となり、小数点3桁目を切り上げ「8.34%」と記載する（切り下げにすると弁済回数を乗じても、100%に満たないからである）。

支払日も記載する。再生債務者の給料日を考慮し、支払いが確実に可能な日を選択すべきである。本事例では、再生債務者の収入のある日が「25日」なので実際の受取りに要する時間、再生債権者への振込手続に要する時間等を考慮し、余裕をもって「末日」としている。

　(c)　共益債権・一般債権の支払方法の記載

共益債権・一般債権の支払方法についても記載する。

実務上、支払方法は「随時」とされることが多い。リース料等、事前に弁済協定が締結されているような場合は、弁済方法ごとに個別に内容を記載する。

　(d)　別除権付再生債権の予定不足額についての適確な措置の記載

別除権付再生債権については、別除権の行使によって不足額が確定した場合に、その不足額が再生計画で定める債権カットの対象となる。別除権付再生債権者は、不足額が確定しない限り、弁済を受けることができない（法182条）。

よって、将来、不足額が確定した場合の弁済方法に関し、再生計画の中で適確条項を備えておかねばならない（法160条1項）。

そして、弁済にあてる予定の金額を各回の弁済期ごとに再生債務者の手元で積み立てておき、将来、不足額が確定したときに備えるべきである。

本事例では、「適確な措置」として、「不足額が確定した通知を受けた日」から「2週間以内に支払う」との弁済条件を記載している。

　(B)　**弁済計画表作成の具体的手順**

　(a)　弁済計画表作成の必要性

小規模個人再生における再生計画案には、権利変更の一般的基準を定めれば足り（法156条）、法律上は、個別再生債権ごとの変更の内容まで掲げることは要請されていない（法238条による法157条の適用除外）。上記の再生計画案の作成のみで足るが、権利変更の一般的基準の当てはめの結果につき、当事者間で

179

第 2 章　小規模個人再生

争いが生ずることを防止するために、最高裁では、再生債権者ごとの権利変更の内容を記載した再生計画による返済計画表（【書式 2 -45】）を作成添付することを奨励している。

　(b)　確定債権額と返済総額の記載

　債権者ごとに確定債権額を記載する。そして、その金額に（「100－免除率」）を乗じ、各再生債権者ごとの返済総額を記載する。

　再生債権者ごとに弁済総額を弁済回数で除し、 1 回当たりの各返済額を算出し、記載する。たとえば、再生債権者の確定債権額が「300万円」の場合、その債権者の返済総額は「300万円×（100－80）％」で「60万円」となる。これを弁済回数の「12回」で除し、各回の返済額は「 5 万円」となるのである。

　(c)　毎回の返済額合計の記載

　各再生債権者に対する 1 回当たりの返済額を合計したものを表の右下の欄に記載する。

　(d)　検算の必要性

　このように作成した返済計画表につき、毎回の支払額の合計が最低弁済額になるか等、計算に誤りがないか検算する。

　表の横の流れとして、再生債権者ごとに「毎回の額×返済回数＋最終回の額」の合計が再生計画による返済総額になっているかを確認する。

　表の縦の流れとして、再生計画による返済総額の合計が最低弁済額と矛盾していないか、毎回の額や最終回の額の合計が下段の表記と一致しているかを確認する。

　なお、表計算ソフトを用いて関数式を入力しておけば、検算の手間が省力でき便利である。以下は、マイクロソフト・エクセルを用いた例である。

　①　たとえば、免除率80％（弁済率20％）の場合、再生計画による返済総額のセルに、「＝ROUNDUP（C●＊0.20, 0 ）」と入力する。C●には、すぐ左隣のセル（確定債権額のセル）を表す記号を入力する。

　　　ROUNDUP とは切り上げを意味する関数で、ROUNDUP（ , 0 ）で小数点以下 0 桁（つまり 1 の位）にそろえる切り上げを行う。＊は掛け算の記号である。つまり、左隣のセルの数字に0.20を掛けて、整数になるよう切り上げを行っているのである。

七　小規模個人再生の再生計画

② 各回の返済額の初回の額・毎回の額のセルには、「＝ROUNDUP（D●
＊0.0834, -2）」と入力する（100円未満の端数を切り上げる場合）。

D●には、すぐ左隣のセルを表す記号を入力する。つまり、毎回の支払
額は総支払額の8.34％なので0.0834を掛ける（＊）わけである。
ROUNDUP（ , -2）は、100の位に揃える切り上げを意味する。

最終回の額のセルでは、「＝D●－F●＊11」と入力する（●には、当該
行を表す数字を入力する）。これは、再生計画による返済総額－（各回の返
済額×11）を意味する。

返済額合計のセルでは、SUM関数で縦方向での合計額を出すことにな
る。

③ 隣り合ったセルでの関数のコピーは、まずコピーする方のセルを選択し、
その右下のフィルハンドルを左クリックしてコピー先のセルへドラッグす
る方法もある。

たとえば、D16のセルにROUNDUP（C16＊0.20, 0）の関数を入力し
たあと、D17のセルにROUNDUP（C17＊0.20, 0）の関数を入力したい
場合には、D16のセルを選択してそのセルの右下のフィルハンドルを左ク
リックし、一つ下にドラッグする。

【書式2-44】　再生計画案⑴（全国版）

○○地方裁判所　令和○○年（再イ）第○○○号

再　生　計　画　案

令和○○年○○月○○日

　　　　　　　　　　　　再生債務者　　　氏　名　甲　野　太　郎　印
　　　　　　　　　　　　再生債務者代理人　氏　名　乙　野　次　郎　印

第1　再生債権に対する権利の変更
　　　再生債務者は、各再生債権者からそれぞれが有する再生債権について，
　1　再生債権の元本及び再生手続開始決定の日の前日までの利息・損害
　　　金についての合計額の _80_ パーセントに相当する額
　2　再生手続開始決定の日以降の利息・損害金については全額

181

第2章　小規模個人再生

について免除を受ける。

第2　再生債権に対する弁済方法

再生債務者は，各再生債権者に対し，第1の権利の変更後の再生債権について，次のとおり分割弁済をする。

（分割弁済の方法）

再生計画認可決定の確定した日の属する月の翌月から

☐　＿＿＿＿＿＿か月間は，各月＿＿＿＿日限り，＿＿％の割合による金員（1円未満の端数は切り捨てる）（合計＿＿回）

☐　毎年＿＿＿＿＿＿＿＿＿＿＿＿＿＿＿＿の＿＿日限り，＿＿％の割合による金員（1円未満の端数は切り捨てる）（合計＿＿回）

☑　その他：3か月ごとに支払う方法（当該翌月を第1回として，以後3か月ごとに合計12回，毎月末日限り，8.34％の割合による金額を支払う（通算期間3年)。）

第3　共益債権及び一般優先債権の弁済方法

共益債権及び一般優先債権は，

☑　随時支払う。

☐　令和　　年　　月　　日までに一括して支払う。

☐　下記のとおり支払う。

支払方法（具体的に）

第4　再生債権が確定しない再生債権に対する措置

(1)　再生債権者○○クレジット信用保証の再生債権について，別除権が行使されていない。

(2)　別除権の行使によって弁済を受けることができない債権の部分（以下「不足額」という。）が確定したときは，前記第2の定めを適用する。

(3)　再生債権者○○クレジット信用保証から不足額が確定した旨の通知を受けた日に既に弁済期が到来している分割金については，当該通知を受けた日から2週間以内に支払う。

(注)　3カ月に1回の支払いの場合は、元の書式の文言にあわないので、付け加える。

七　小規模個人再生の再生計画

また、支払日については、再生債務者の給料日からして、無理のない期日にするべきである。

もともと100％を支払回数12で除しても割り切れないが（8.333……）、「8.333」％とすることはできない。なぜなら、「8.33」に支払回数12を乗じても、100％に満たないからである。

そこで、やむなく「8.34」％とすることになり、これで法的に問題はなくなるが、若干ながら計画弁済総額が増えることになる。

もっとも、民事再生法および民事再生規則で、免除率等について、百分率による記載が求められているわけではないことから、分数による記載でも問題はないものと解される。分数による記載の場合は、「12分の1」となる。

【書式2－45】　再生計画案(2)①　（東京地裁）

東京地方裁判所民事第20部　御中
個人再生委員　　○　○　○　○　　殿
東京地方裁判所　令和○○年（再イ）第○○○号
　　　　　　　　　　　　　　　令和○○年○○月○○日（※1）

再　生　計　画　案

　　　　　　　　　再生債務者　　　　甲　野　太　郎
　　　　　　　　　同代理人弁護士　　　乙　野　次　郎　　　印

第1　再生債権に対する権利の変更
　　　再生債権の元本及び開始決定前に発生している利息・損害金の合計額の20％を後記第2の弁済方法のとおり弁済し（1円未満の端数は切り上げる。）、残元本及び開始決定前の利息・損害金の残額並びに開始決定後の利息・損害金の全額について免除を受ける。

第2　再生債権に対する弁済方法
　　　再生債務者は、各再生債権者に対し、第1の権利の変更後の再生債権について、再生計画認可決定の確定した日の属する月の翌月から、＿＿3＿＿年＿＿0＿＿か月間は、毎月＿末＿日限り、＿36分の1＿の割合による金員（1円未満の端数は切り捨て、最終回で調整する。）（合計＿36＿回）を支払う。
　　　権利の変更後の再生債権の額が3万6000円未満の場合は、再生計画認可の決定の確定した日の属する月の翌月の末日限り全額を支払う。

183

第2章　小規模個人再生

第3　共益債権及び一般優先債権の弁済方法
　　再生計画案提出時における未払の共益債権及び一般優先債権はない。
　　今後発生する共益債権及び一般優先債権は，随時支払う。

※1　再生計画案を修正した場合は，修正前の計画案作成日と修正後の計画案
　　作成日を併記してください。

【書式2－46】　再生計画案(2)②（東京地裁・非減免債権がある場合）

東京地方裁判所民事第20部　御中
個人再生委員　　○　○　○　○　殿
東京地方裁判所　令和○○年（再イ）第○○○号
　　　　　　　　　　　　　　　令和○○年○○月○○日（※1）

再　生　計　画　案

　　　　　　　　　　　再生債務者　　　　　甲　野　太　郎
　　　　　　　　　　　同代理人弁護士　　　乙　野　次　郎　印

第1　再生債権に対する権利の変更
　　再生債権の元本及び開始決定前に発生している利息・損害金の合計額の
　20％を後記第2の弁済方法のとおり弁済し（1円未満の端数は切り上げ
　る．），残元本及び開始決定前の利息・損害金の残額並びに開始決定後の利
　息・損害金の全額について免除を受ける。ただし，民事再生法229条3項
　各号に掲げる再生債権を除く。

第2　再生債権に対する弁済方法
　1　第1の権利の変更後の再生債権について
　　再生債務者は，各再生債権者に対し，第1の権利の変更後の再生債権に
　　ついて，再生計画認可決定の確定した日の属する月の翌月から，＿3＿年
　　＿0＿か月間は，再生計画認可決定の確定した日の属する月の3か月後を
　　第1回として，以後3か月ごとに各該当月＿末＿日限り，＿12分の1＿の
　　割合による金員（1円未満の端数は切り捨て，最終回で調整する．）（合計
　　＿12＿回）を支払う。

184

2　民事再生法229条3項各号に掲げる再生債権について
　　　再生債務者は，各再生債権者に対し，上記第1本文及び第2の1の一般
　　的基準に従って弁済し，弁済期間が満了する時に，弁済期間内に弁済をし
　　た額を控除した残額につき弁済する。

第3　共益債権及び一般優先債権の弁済方法
　　　再生計画案提出時における未払の共益債権及び一般優先債権はない。
　　　今後発生する共益債権及び一般優先債権は，随時支払う。

※1　再生計画案を修正した場合は，修正前の計画案作成日と修正後の計画案
　　作成日を併記してください。

【書式2-47】　再生計画案(3)（大阪地裁）

大阪地方裁判所　令和☆年（再イ）第○○○号

再 生 計 画 案（令和○○年6月27日）

再 生 債 務 者　　大 阪 一 郎
再生債務者代理人弁護士　　鶴 見 浩 二　　印
（電話　06-○○○○-○○○○）

1　再生債権に対する権利変更として，次の額について免除を受ける。免除
　額に1円未満の端数が生じたときは，切り捨てる。
　⑴　元本及び再生手続開始決定日の前日までの利息・損害金の［　80　］パー
　　セント相当額
　⑵　再生手続開始決定日以降の利息・損害金の［　100　］パーセント相当
　　額
2　上記1による権利変更後の再生債権について，再生計画認可決定確定日
　の属する月の翌月以降，下記の□に印を付した項に記載した方法により分
　割弁済をする。ただし，これにより算出される［　100　］円未満の端数は［
　切り上げ］，［　最終回　］で調整する。
　☑　3か月ごとに支払う方法
　　　上記確定日の属する月の［　翌　］月を第1回目として，以後3か月ご
　　とに合計［　12　］回，各月の［　28　］日限り，各［12分の1］の割合に

第2章　小規模個人再生

よる金額を支払う（通算期間［　３　］年［　０　］か月間）。

□　毎月支払う方法

上記確定日の属する月の翌月を第1回目として，毎月［　　　］日限り，各［　　　　］の割合による金額を支払う（通算期間［　　］年［　　］か月間）。

□　ボーナス時に支払う方法

［　　］年［　　］か月間，毎年［　　　］月及び［　　　］月の［　　　］日限り，各［　　　　］の割合による金額を支払う（合計［　　　］回）。

□　その他の方法

再生計画による弁済総額が［　　　　］円以下の再生債権者に対しては，上記確定日の属する月の［　　］月の［　　］日限り，［　　　　　　　］の割合による金額を支払う（合計［　　　　］回）。

3　共益債権及び一般優先債権は，随時支払う。

（上記債権［特に公租公課等］で未払分がある場合には，下記にその種目，金額を記載する。）

○○クレジット株式会社のリース料債権については，令和○○年12月8日締結の弁済協定により，令和○○年1月から同○○年12月まで，毎月末日に限り，1万円ずつ，合計24万円支払う。

4　再生債権額が確定していない再生債権に対する措置

⑴　再生債権者［　○○信用保証協会　］の再生債権について，別除権が行使されていない。

⑵　別除権の行使によって弁済を受けることができない債権の部分（以下「不足額」という。）が確定したときは，前記［1，2］の定めを適用する。

⑶　再生債権者［　○○信用保証協会　］から不足額が確定した旨の通知を受けた日に，既に弁済期が到来している分割金については，当該通知を受けた日から2週間以内に支払う。

以　　上

（注）　法229条2項2号が「最終の弁済期を再生計画認可の決定の確定の日から3年後の日が属する月中の日」と規定していることから、大阪地裁の書式では第1回目の弁済期日をどのように特定するかについては議論があったが、「当該翌月」と記載することは、再生債権者にとって不利にならないため、許されると解される。

【書式2-48】 弁済計画表（大阪地裁版をもとにしたもの）

照会先	弁護士 鶴見 浩二	照会先電話番号・ファックス番号 電話　06-0000-0000 ＦＡＸ　06-0000-0000

※この弁済計画表に関する問い合わせは、上記照会先に直接連絡をしてください。

再生計画による弁済計画表

大阪地方裁判所　令和○○年（再イ）第○○○号
再生債務者の氏名　大阪 一郎

1　再生計画による弁済率　[20]パーセント
2　弁済期間・弁済方法は、再生計画案記載のとおり
3　振込金の支払い方法
　　振込送金（振込先口座は再生債権者が指定、振込手数料は再生債務者が負担）

債権者番号	届出のあった再生債権者名	不足	協定	確定債権額：円	再生計画による弁済総額：円	各回の弁済額：円 1回目の額	2回目～11回目の額	最終回の額
2	○○信用保証協会	○		2,000,000	40,000	0	0	0
3	○○クレジット(株)		○	0	0			
4	ローンズ○○○○			300,000	60,000	5,000	5,000	5,000
5	(株)○○ローン			1,100,000	220,000	18,400	18,400	17,600
6	○○商事(株)			1,400,000	280,000	23,400	23,400	22,600
7	有限会社○○○			900,00	180,000	15,000	15,000	15,000
8	△△△(株)			550,000	110,000	9,200	9,200	8,800
9	○○○クレジット(株)			1,200,000	240,000	20,000	20,000	20,000
10	○○ファイナンス(株)			650,000	130,000	10,900	10,900	10,100
11	○○○カード(株)			500,000	100,000	8,400	8,400	7,600
12	○○○と□□□□			450,000	90,000	7,500	7,500	7,500
合　計				9,050,000	1,810,000	117,800	117,800	114,200

（注意）
1　「確定債権額」欄には確定した元本及び開始決定日の前日までの利息・損害金の合計額を記載する。
2　「再生計画による弁済総額」欄記載の各金額は、再生計画により算出される弁済額について1円未満の端数が生じたときは、切り上げた金額を記載する。
3　この弁済計画表は、再生計画案で「住宅資金特別条項」を定めた場合には、同条項による弁済以外のものである。
4　「不足」欄に○印がある場合。「確定債権額」の金額は「担保不足見込額」であることを表し、「再生計画による弁済総額」の金額も見込みであるため、確定した不足額の金額によっては変動することがある。
5　「協定」欄に○印があるのは、「弁済協定」を締結したことを表し、その協定によって支払う場合である。

第2章　小規模個人再生

[書式2-49]　返済計画表（東京地裁版をもとにしたもの）

照会先
再生債務者代理人弁護士　乙野　次郎　印
電話番号03-0000-0000
FAX番号03-0000-0000
※この返済計画表に関する問合せは、上記の照会先に直接連絡をしてください。

再生計画による返済計画表（案）

東京地方裁判所　令和○○年（再イ）第○○○○号
再生債務者　甲野　太郎

1　再生計画による弁済の率　→　確定債権額の20％に相当する額を弁済
2　返済期間　■ 3年　□ 5年　□ 　年　　月
3　再生計画による返済方法
　■ 毎月の返済 → 返済日：毎月　末　日限り
　□ ボーナスによる返済 → 返済時期：毎年　月と　月の　日限り
　□ その他の返済 → 返済時期：当該月の　日限り
　■ 少額債権について：初回の返済月の末日限り全額
4　返済金の支払方法
　■ 振込送金
　（振込口座は再生債権者が指定。振込手数料は再生債務者が負担）
　□ 持参払い
　□ その他（　　）

債権者番号	届出のあった再生債権者名	確定債権額（注1）	自認債権額	総債権額	再生計画による返済総額 弁済率20％（端数切上げ）（注2）	毎月（回）の額	最終回の額	ボーナス時の額（注3）
1	A社	2,000,000		2,000,000	400,000	11,200	8,000	
2	B社	150,000		150,000	30,000	30,000		
3	C社	3,000,000		3,000,000	600,000	16,700	15,500	
4	D社	500,000	200,000	700,000	140,000	3,900	3,500	
5	E社	200,000	100,000	300,000	60,000	1,700	500	
6								
7								
8								
9								
合計		5,850,000	300,000	6,150,000	1,230,000			

	毎月（回）分	最終回分	ボーナス時分
毎月（回）の返済額合計	33,500	27,500	
ボーナス時の返済額合計			

確定債権額5,850,000円×２０％＝1,170,000円となる。
清算価値＜1,170,000円とすると、最低弁済額要件を満たす金額は1,170,000円となる。
したがって、再生計画による返済総額は、自認債権額の20％に当たる金額を加算し1,230,000円となる。

（注）
1　確定債権額欄に記載の金額は利息・損害金を含む。
2　弁済率が変動する場合は、自認債権がある場合は総債権額に、自認債権がない場合は確定債権額に、弁済率をそれぞれ乗じた額を記入する。
　（自認債権がある場合「総債権額」×弁済率＝再生計画による返済総額。自認債権がない場合「確定債権額」×弁済率＝再生計画による返済総額）
3　各回の返済額欄記載の額は、再生計画により切り上げた額であり、最終回の返済で端数調整を行っている。
　円未満の端数が出た場合には毎月のB社への返済のほか、B社への返済額で端数が切れるようにすることになる。
4　初回の返済には通常毎月記載の返済月の末日限り全額される。

3　再生計画案の修正・排除

　裁判所が再生計画を審査して排除事由が発見された場合、修正が可能であれ
ばまず修正を命ずることになる（法167条、規則89条）。

　また、再生債務者側からも、再生計画案の提出後に裁判所の許可を得て、再
生計画案を修正することができる（法167条）。東京地裁では、当初提出した再
生計画案と新たに提出する再生計画案を一目で区別できるように、当初提出し
た再生計画案の作成日付に加えて修正後の再生計画案の作成日付を併記するこ
とになっている。これに対し、大阪地裁では、補正された計画案が提出されれ
ば黙示の修正許可申請があったものとして、裁判所がその許可をすることに
なっている。その際、補正した計画案の作成日付は、その提出日を記載するこ
ととされている。ただし、裁判所が再生計画案を決議に付する旨の決定をする
までの間に限られる（同条ただし書）。

　再生債務者が修正に応じない場合や、修正が不可能な場合、裁判所は決議に
付することができず、再生計画案を排除する（法230条2項）。再生計画案が排
除されれば、手続は廃止される（法191条2号）。

4　再生計画案の決議

⑴　決議の手続

　再生計画案が提出され、不認可事由（法174条2項各号（ただし3号を除く）・
231条2項各号・202条2項1ないし3号）がなく、かつ、次のいずれの期間も
経過し、それらの事由がなされたときは、裁判所は再生計画案を書面等投票に
よる決議に付する旨の決定（付議決定）をする（法230条1項・3項）。なお、小
規模個人再生においては、債権者数もそれほど多くないので、実務上は書面投
票による決議が行われる。

①　債権調査のための異議申述期間
②　期間内に述べられた異議についての評価申立期間
③　評価申立てがなされた再生債権の評価
④　法125条1項の報告書の提出（大阪地裁では、申立て時に申立書において同
　書添付の財産目録および陳述書等を引用する旨記載し、その後開始決定までに

変動があった場合のみ報告書等を提出する取扱いである。変動がない場合は、
報告書等はあらためて提出しない)

付議決定は公告されるとともに、議決権者に対しては、再生計画案を記載した書面と、不同意債権者は書面で回答するよう記載した書面とを送達する（法230条4項）。

議決権者は無異議債権者と評価済債権者であり（法230条8項）、債権調査の手続に服しない住宅資金貸付債権の債権者には議決権がない（法201条1項）。

住宅資金特別条項のある再生計画案が提出されたときは、裁判所はこの条項によって権利の変更を受ける者の意見を聴かなければならない（法201条2項）。

(2) 再生計画案の可決

所定の期間内に再生計画案に同意しない旨を書面で回答した議決権者が、議決権者総数の半数に満たず、かつ、その議決権の額が議決権総額の2分の1を超えないときは、再生計画案の可決があったものとみなされる（法230条6項）。

所定の期間内に再生計画案に同意しない旨を書面で回答した議決権者が、議決権者総数の半数以上、またはその議決権の額が議決権総額の2分の1を超えた場合には、裁判所は再生手続の廃止を決定しなければならない（法237条1項）。

(3) 不同意の意見の状況

法施行後1年間の実務状況をみる限り、小規模個人再生で、再生債権者から不同意の意見が出されることはあまりないようであった。たとえば、可処分所得が高い給与所得者が、給与所得者等再生ではなく小規模個人再生による申立てをし、最低弁済額ギリギリの再生計画案を提出した場合でも、不同意の意見が出されることはほとんどないようであった。

ただし、再生計画案作成の際、大口債権者に事前に計画案を開示して弁済率の根拠を明らかにしたり、各再生債権者あてに計画案の賛同を求める依頼文書（【書式2-50】）を事前に送付する等、再生債権者の賛同を求めるための努力が必要になるケースもありうると思われる。

七　小規模個人再生の再生計画

【書式2-50】　書面決議付議決定（大阪地裁）

令和○○年（再イ）第○○○号　小規模個人再生事件

決　　定

○○市○○区△△△○丁目○番○号

再生債務者　大　阪　一　郎

主　　文

1　本件再生計画案を書面による決議に付する。
2　民事再生法230条4項に規定する期間を令和○○年○○月○○日までとする。

令和○○年○○月○○日

大阪地方裁判所第6民事部

裁判官　○　○　○　○　印

【書式2-51】　通知書(1)（全国版）

事件の表示：令和○○年（再イ）第○○○号

再生債務者：○　○　○　○

通　知　書

届出再生債権者　各位

令和○○年○○月○○日

○○地方裁判所○○支部

裁判所書記官　○　○　○　○　印

　頭書事件について，再生債務者から別添のとおり再生計画案が提出され，本日，この再生計画案を書面による決議に付する旨の決定がされました。

　この再生計画案に

　　同意しない届出再生債権者は，

　　　　令和○○年○○月○○日まで（必着）に書面でその旨を回答

してください。

　　同意する届出再生債権者は，書面でその旨を回答する必要はありません。

191

第2章　小規模個人再生

> ＊　同封の「再生計画による返済計画表（案）」は，別添の再生計画案の認可
> 決定が確定した場合に，実際どのような返済を行う予定であるかについて，
> 参考のために再生債務者が作成したものです。

【書式 2 -52】　通知書(2)兼議決権行使書（東京地裁）

令和○○年○○月○○日

再生債権者

東京地方裁判所民事第20部　　○○　係
裁判所書記官　○　　○　　○　　○　印

書面決議の実施について

　下記の事件につき，再生債務者から同封の再生計画案が提出されましたので，
この計画案を再生債権者による書面決議に付します。

1　計画案に同意されない方は，不同意回答書に必要事項を記入の上，期限ま
　でに裁判所へ提出してください。
2　計画案に同意される方は回答書を提出する必要がありません。
3　期限までに回答がない場合は，計画案に同意したとみなされます。
　　回答期限　令和○○年○○月○○日（○）必着

（裁判所使用欄）

記

令和○○年（再イ）第○○○号 小規模個人再生開始申立
東京都○○区○○　　○丁目○番○号
再生債務者　　○　　○　　○　　○
債務者代理人　○　　○　　○　　○
　電話番号　03-0000-0000

注意事項
　1　同意しない再生債権者が総数の半数に満たず，かつ，その議決権の額が
　　総額の2分の1を超えないときは，再生計画案は可決したものとみなされ
　　ます。
　2　計画案が可決されたときは，原則として，すべての再生債権者の権利が
　　再生計画に従って変更されることになります。
　3　決議の結果は裁判所から通知しませんので，再生債務者代理人に直接お
　　尋ねください。

七　小規模個人再生の再生計画

―――――――――――(切り取らないでください)―――――――――

不同意回答書

私はこの再生計画案に同意しません。

債権者番号	住所・氏名（法人の場合は名称，代表資格，代表者名） 〒　　　　　　　　　　　　　　　　　　　　　　　　（印）

提出先　東京地方裁判所　民事第20部　○○係

　〒100-8920　東京都千代田区霞ケ関１丁目１番４号

(注)　法230条４項の規定により送達を受けた議決権者は、裁判所から、再生計
　　　画案に同意しない場合の回答用紙の送付を受けたときは、同意しない場合に
　　　はこの用紙を用いて回答することを要する（規則131条２項）。

【書式２-53】　通知書⑶（大阪地裁）

令和○○年（再イ）第○○○号

再生債権者各位

令和○○年７月16日

大阪地方裁判所第６民事部

裁判所書記官　懸　命　一　所

通知書（再生計画案の書面決議について）

　頭書事件について，再生債務者から別添のとおり再生計画案が提出され，書
面決議に付する旨の決定がされました。この再生計画案に同意されない再生債
権者は，その旨を記載した書面を
令和○○年８月13日まで（必着）に提出して下さい。

　なお，この再生計画案に同意される再生債権者は，書面を提出する必要はあ
りません。

　　不同意の書面提出先

　　　〒530-8522

　　　大阪市北区西天満２丁目１番10号

　　　大阪地方裁判所第６民事部

　　　＊　書面には，必ず事件番号，住所，氏名を明記してください。

193

第2章　小規模個人再生

再生計画案の内容については，

再生債務者代理人　弁護士　　鶴　見　浩　二

電話　06-○○○○-○○○○　　ＦＡＸ　06-○○○○-○○○○

にお問い合わせ下さい。

＊　同封の「再生計画による弁済計画表」は，別添の再生計画案の認可決定が
確定した場合に，実際にどのような返済を行う予定であるかについて，参考
のために再生債務者が作成したものです。

【書式2-54】　再生計画案に賛同を求める依頼文書

個人再生に関するご報告とお願い

令和○○年○○月○○日

再生債権者　各位

〒○○○-○○○○　　大阪市○○区△△△○丁目○番○号

再生債務者　　　　　大　阪　一　郎

申立代理人　弁護士　鶴　見　浩　二　印

拝啓　時下益々ご盛祥のこととお慶び申し上げます。

さて，再生債務者大阪一郎にかかる，大阪地方裁判所令和○○年（再イ）第
○○○号小規模個人再生事件に付きましては，債権者の皆様方にたいへんご
迷惑をお掛け致しておりますが，令和○○年○○月○○日には，開始決定を
得，この度，再生計画案を裁判所に提出致しました。

近々には裁判所から「再生計画案」と「再生計画による弁済計画表」がお
手元に送付されると思われますのでそれをご検討頂きたいのでありますが，
再生債務者としては，基準債権の5分の1を，再生計画認可決定確定の日の
属する月から3か月後の月を第1回として，3年間，3か月ごとに弁済させ
て頂こう考えております。

各位のご理解が得られ，再生計画が認可された暁には，再生債務者は再生
に向けて一層業務に精励し，再生計画通りに履行を完遂する決意でおります
ので，なにとぞ宜しくご理解賜りますようお願い申し上げます。

書面にてたいへん失礼ではございますが，どうぞよろしくお願い申し上げ

ます。

　末筆ながら，債権者各位の一層のご発展をお祈り致します。

敬　具

5　再生計画の認可要件

　再生計画案が可決された場合には、裁判所は、不認可事由がある場合を除いて、再生計画認可決定をする（法231条1項）。

(1)　通常再生手続と共通の不認可事由

　通常の民事再生手続と共通の不認可事由は次のとおりである（法174条2項各号、ただし第3号を除く。231条1項）。

① 　再生手続または再生計画が法律の規定に違反し、かつ、その不備を補正することができないとき（ただし、法律違反の程度が軽微である場合を除く）

② 　再生計画が遂行される見込みがないとき

③ 　再生計画の決議が再生債権者の一般の利益に反するとき

(2)　小規模個人再生固有の不認可事由

　さらに、小規模個人再生固有の不認可事由として、次のとおり定められている（法231条2項1号ないし5号）。

① 　再生債務者が将来において継続的にまたは反復して収入を得る見込みがないとき

② 　債権額要件に違反しているとき

③ 　最低弁済額基準に違反しているとき

④ 　再生債務者が債権者一覧表に住宅資金特別条項を定めた再生計画案を提出する意思がある旨の記載をしながら、再生計画に住宅資金特別条項の定めがないとき

(3)　住宅資金特別条項を定めた再生計画案の不認可事由

　住宅資金特別条項がある場合には、前述の通常の不認可事由①および④のほか（法202条2項1号により同法174条2項1号・4号を準用）、次の不認可事由が定められている。議決権を有しない住宅資金貸付債権の債権者保護のために、より確実な遂行可能性が求められているのである。

第 2 章　小規模個人再生

① 再生計画が遂行可能であると認めることができないとき（法202条 2 項 2 号）

② 再生債務者が住宅の所有権または住宅の用に供されている土地を住宅の所有のために使用する権利を失うこととなると見込まれるとき（法202条 2 項 3 号）

【書式 2 -55】　再生計画認可決定(1)（東京地裁）

令和○○年（再イ）第○○○号　小規模個人再生手続開始申立事件

決　　定

東京都○○区○○　○丁目○番○-○号
再生債務者　○　○　○　○

主　　文
本件再生計画を認可する。

理　　由
　本件再生計画案は，書面による決議において法定の要件を満たし，可決された。本件再生計画には，民事再生法174条 2 項及び231条 2 項に該当する事由はない。

令和○○年○○月○○日
東京地方裁判所民事第20部
裁　判　官　○　○　○　○　印

【書式 2 -56】　再生計画認可決定(2)（大阪地裁）

令和○○年（再イ）第○○○号　小規模個人再生事件

決　　定

大阪市○○区△△△○丁目○番○号
再生債務者　大　阪　一　郎

主　　文
本件再生計画を認可する。

理　　由

　可択された本件再生計画には，民事再生法174条2項各号及び231条2項に該
当する事由はない。

　　令和○○年○○月○○日

大阪地方裁判所第6民事部

裁　判　官　○　○　○　○　印

6　認可決定後の手続

⑴　手　続

　再生計画の認可または不認可の決定は、再生債務者と届出債権者に対して主
文および理由の要旨を記載した書面が送付される（法174条4項）。

　小規模個人再生の債務者の事業につき労働組合がある場合には、労働組合は、
認可に先立ち意見を陳述することができる（法174条3項）ほか、認可決定があっ
た事実も労働組合に通知される（同条5項）。

　さらに、住宅資金特別条項によって権利の変更を受ける者は、認否の決定に
関しても意見を陳述することができる（法202条3項）。

　実務では、届出債権者らに対する通知は官報公告（法10条3項）で代用される。

　再生債務者と届出債権者らは、再生計画の認可または不認可の決定に対して
即時抗告をすることができる（法175条1項）。抗告期間は、官報公告の場合、
掲載の翌日から2週間である（法9条）。

　抗告期間内に抗告がなければ、認可または不認可の決定は確定する。

　認可決定が確定すると、再生手続は終了し、原則として裁判所や個人再生委
員の関与がなくなる。再生計画の履行については、再生債務者の責任でしなけ
ればならない。

　認可決定確定日いかんにより第1回弁済月が決まる。よって、再生債務者は、
官報をチェックするか、または決定の約1カ月後（大阪地裁では、認可決定後、
約2週間で官報に公告され、それから2週間が抗告期間となり、認可決定から約1
カ月で確定する取扱いである）に裁判所に問合せをして、認可決定確定日を確認
しておく必要がある（実務上、確定日については、裁判所のほうから再生債務者に

第 2 章　小規模個人再生

連絡まではなされない取扱いなので、注意が必要である)。

⑵　認可率の状況

　法施行後 1 年経過時の統計では、大阪の小規模個人再生の既済事件の認可率は約93.4％、東京の個人再生既済事件全体の認可率は71.6％という状況であった（尾川「運用状況（大阪）」74頁、園尾ほか「概況（東京）」13頁参照）。

　大阪では、申立てから認可決定までに要する標準的な期間は 3 カ月半程度が目安である。

7　再生計画認可決定の効力

⑴　権利の変更

　小規模個人再生において再生計画の認可決定が確定したときは、非金銭債権や再生手続開始決定時に弁済期未到来の債権等の法87条 1 項 1 号から 3 号に規定されている再生債権は、金銭化・現在化され、同項各号下段に規定する金額の再生債権に変更される（法232条 1 項）。

　そして、すべての再生債権（ただし、養育費、再生手続開始前の罰金等を除く）は、再生計画で定めた債務の減免、期限の猶予、その他の再生債権者の権利の一般的基準に従って権利の変更がなされる（法232条 2 項）。

　従来は、「再生手続開始前の罰金等」は免責の対象とならないとされていたが、平成16年の改正により、①再生債務者が悪意で加えた不法行為に基づく損害賠償請求権、②再生債務者が故意または重大な過失により加えた人の生命または身体を害する不法行為に基づく損害賠償請求権、③再生債務者が養育者または扶養義務者として負担すべき費用に関する債権については、当該再生債権者の同意がある場合を除き、非免責債権とする規定が新たに定められた（法229条）。

　非免責債権の範囲に関し、破産免責との間の整合性を図る等の観点から見直しが必要との意見があり検討されてきた。すなわち、給与所得者等再生による再生計画を遂行した者およびハードシップ免責を受けた者と破産者はいずれも債権者の多数の同意なしに免責を受けるという点では同様であり、破産法の改正により破産法の非免責債権の範囲が拡大された（破産法253条 1 項 3 号により上記②の債権が、同 4 号により上記③の債権が非免責債権として定められた）のにもかかわらず、個人再生において免責を無制限に認めることはモラルハザード

198

七　小規模個人再生の再生計画

を招くおそれがあるというものであった。そして、上記検討の結果、個人再生手続においても、上記①ないし③の債権について、債権者の同意がない限り、非免責債権とすることにした。

権利変更の効力は、再生債務者、再生債権者（再生債権者である限り、届出や議決参加の有無にかかわらず、権利変更の効力が及ぶ）等に限られ（法177条1項）、再生債務者の保証人や連帯債務者、物上保証人等に及ばない（同条2項）。

別除権付再生債権者については、別除権の行使によって弁済を受けられない不足額部分の再生債権についてのみ権利変更の効力が及ぶ（法88条・177条2項・232条4項）。

再生計画認可決定の確定により、中止されていた破産手続や強制執行等の手続は、その効力を失い、破産手続上の財団債権は当然に共益債権となる（法184条）。

(2)　変更後の再生債権の弁済

無異議債権および評価済債権は、再生計画で定められた弁済期間が満了するまでの間、弁済をし、弁済を受け、その他これを消滅させる行為をすることができる。

ただし、非免責債権である滞納養育費等については、再生債務者の経済的再起更生を図るという観点から、再生計画履行中は、他の再生債権と同様の弁済率により弁済すれば足り、残額については、再生計画履行後に支払うこととされている（債務の減免は許されないが期限の猶予は許される趣旨である。法232条4項）。

無異議債権および評価済債権以外の再生債権は、再生計画認可決定の効力を受けるが、原則として再生計画に定められた弁済期間が満了する時までの間は、弁済をし、弁済を受け、その他これを消滅させる行為をすることはできず（法232条3項本文）、時期的に劣後的な取扱いを受けることになる。この点については非免責債権についても同様である（法232条5項）。

ただし、再生債権者の責に帰することができない事由により、債権届出期間内に届出をすることができず、かつ、その事由が再生計画案を書面決議に付する旨の裁判所の決定前に消滅しなかったもの、または評価の対象となった再生債権については、この限りではなく（法232条3項ただし書）、時期的に劣後的

な取扱いを受けない。この点も、非免責債権についても同様である（法232条
5項但書）。

　別除権付債権者は、再生手続によらないで別除権を行使することができる（法
53条）。

　担保不足見込額については、不足額が確定しない限り、弁済を受けることが
できない（法182条）。不足額が確定した場合、再生計画案の適確条項に従って
弁済をし、弁済を受けることができる。

　再生債務者は、将来、不足額が確定したときに備え、その弁済にあてる予定
の金額（担保不足見込額に再生計画で定められた弁済率を乗じ、これを弁済回数で
除した金額）を各回の弁済期ごとに積み立てておく必要がある。なぜなら、積
み立てておかねば、仮に弁済計画の最後の年に不足額が確定したような場合、
弁済回数で乗じた金額を一括で支払うことは著しく困難になってしまうからで
ある。

　変更後の権利について「確定判決と同一の効力」は発生せず、再生債権者表
の記載によって強制執行することはできない（法238条により180条の適用が除外
されている）。小規模個人再生は簡易迅速な手続とされているため、再生債権
は手続内での確定にとどまり、実体的に確定されないからである。

(3)　住宅資金特別条項のある場合の特則

　住宅資金特別条項のある再生計画の認可決定が確定した場合、権利変更の効
力は、住宅資金貸付債権を担保する抵当権や、住宅資金貸付債権にかかる保証
人や連帯債務者等にも及ぶ（法203条1項）。前述の法177条2項の例外である。
よって、保証人も、特別条項による期限の猶予等を住宅資金債権者に主張する
ことができる。

　このため、そのような認可決定が確定したときは、再生債務者は、住宅資金
貸付債権にかかる保証人や連帯債務者等に対して、その旨を通知しなければな
らない（規則104条）。

　住宅資金特別条項のある再生計画の認可決定が確定したときは、変更後の権
利にかかる期限の利益喪失条項その他の契約条件については、住宅資金貸付債
権者の同意を得て特段の定めをしている場合を除き、従前の定めと同一の定め
がなされたものとみなされる（法203条2項）。

保証会社が住宅資金貸付債権の代位弁済をしている場合でも、そのときから6カ月以内に再生手続開始の申立てがなされたときは、住宅資金特別条項を定めることができるが、その条項を含む再生計画の認可決定が確定した場合には、代位弁済はなかったこととされ、保証会社と元の住宅ローン債権者との間で精算が行われる（法204条）。

八　再生計画の遂行等

1　手続の終結と再生計画の遂行

小規模個人再生では、再生手続そのものは再生計画の認可決定の確定によって、当然に終結する（法233条）。通常の民事再生手続のように、監督委員による再生計画の履行監督の制度（法186条2項）が設けられていないのは、事件が小規模であるため監督委員に費用および報酬を支払うものとすると費用対効果の観点から相当でないという理由による。

裁判所は、再生債務者、届出再生債権者に対して、決定の主文および理由の要旨を記載した書面を送達しなければならない（法174条4項）が、通常は届出債権者に対しては送達に代わる公告（官報公告）が行われれている。この場合、再生計画の認可の決定が確定するのは、認可決定の公告の掲載があった日の翌日から2週間が経過した日である（法175条1項・9条・10条2項）。再生債務者またはその代理人は、認可決定確定後、裁判所に官報公告の日を問い合わせるなどして官報公告を確認したうえで、速やかに第1回弁済期日および具体的な支払方法についての通知を行うべきであろう。

【書式2-57】　官報公告

令和○○○年（再イ）第○○○号
　大阪市○○区△△△○丁目○番○号
　再生債務者　大阪　一郎
1　主文　本件再生計画を認可する。
2　理由の要旨　平成○○年○○月○○日までに書
　面による決議により可決があったものとみなされ

第2章　小規模個人再生

> た再生計画には，民事再生法に定める不認可の決定をすべき事由はない。
>
> 令和○○年○○月○○日
>
> 　　　　　　　　　　大阪地方裁判所第6民事部

2　再生計画の変更

　小規模個人再生において、再生計画認可後やむを得ない事由で再生計画の遂行が著しく困難となったときは、再生計画で定められた債務の最終の期限を当初の期限から2年を超えない範囲で延長することによって、再生計画の変更をすることができる（法234条1項）。弁済額の減額変更は認められていない。「やむを得ない事由で再生計画の遂行が著しく困難となったとき」とは、収入が大幅に減少した場合のほか、評価の対象となり手続内確定していた債権が判決によって実体法上確定し、その額が大幅に増えた場合や、予定不足額が確定してみると予想外に多くなってしまった場合などを挙げることができる。

　2年という期間は、延べの期間であって、1年延長する再生計画の変更を受けた債務者について変更後の再生計画の遂行も著しく困難となった場合には、さらに1年延長することを内容とする再生計画の変更を申し立てることができる。

　再生計画の変更の申立てがあった場合には、再生計画案の提出があった場合の手続規定が準用され（法234条2項・229条・230条）、裁判所の認否の決定に対しては即時抗告することができる（法234条3項により175条・176条を準用）。

【書式2-58】　再生計画変更申立書

令和○○年（再イ）第○○○○号

再生計画変更申立書

　　　　　　　　　　　　　　　　　　　令和○○年○○月○○日

東京地方裁判所民事第20部　御中

　　　　　東京都○○区○○町○丁目○-○

　　　　　申立人（再生債務者）　○　○　○　○

東京都○○区○○町○丁目○-○　○ビル２階(送達場所)
申立代理人弁護士　　○　○　○　○　印
電話：03-○○○○-○○○○　FAX：03-○○○○-○○○○

第1　申立ての趣旨
本件変更再生計画案のとおりに再生計画を変更する旨の決定を求める。

第2　申立ての理由
　1　返済状況
　　　申立人は，頭書事件において令和○○年○月○日付再生計画案が認可さ
　　れた以降，再生計画に基づき，同年○月末日から平成○○年○月末日まで，
　　計30回にわたり分割金を支払ってきた（別添返済状況一覧表（略）参照）。
　2　再生計画を遂行することが著しく困難となったこと
　　(1)　再生計画認可当時，申立人は，株式会社○○に勤務し，ソフトウェア
　　　開発業務に携わり，月収約42万円（手取り）が見込まれていたところ，
　　　折からの不況の影響により，令和○○年○月○日，同社が○○株式会社
　　　に吸収合併された関係でソフトウェア開発業務から外され，月収が約28
　　　万円（手取り）と激減した。
　　(2)　さらに，勤務先の吸収合併後の慣れない業務により神経性胃炎となり，
　　　治療費等の支出により以前より家計の支出が増えることとなった。
　　(3)　そのため，添付の家計収支表記載のとおり，毎月の弁済可能額は５万
　　　円が精一杯であり，毎月７万円の返済を予定する再生計画の遂行は著し
　　　く困難であるといわざるを得ない。
　3　結　語
　　　よって，申立人は，本件変更再生計画案のとおり，再生計画で定められ
　　た債務の期限を○年延長するべく，申立ての趣旨記載の決定を求める。

添　付　書　類
1　委任状　　　　　　　　　１通
2　申立書副本　　　　　　　１通
3　疎明資料正本・副本　　　各１通

疎　明　資　料
1　変更再生計画案　　　　　１通
2　認可された再生計画案　　１通

第2章　小規模個人再生

3	陳述書	1通
4	診断書	1通
5	返済状況一覧表	1通
6	預金通帳写し	1通
7	家計収支表	1通

（注） 再生計画変更申立書には、次の事項を記載しなければならない（規則132条1項1号ないし3号）。

① 再生事件の表示

② 申立人の氏名および住所並びに代理人の氏名および住所

③ 再生計画の変更を求める旨およびその理由

再生計画の変更を求める理由においては、変更を必要とする事由を具体的に記載しなければならない（規則132条2項・94条2項）。

また、変更の申立てをするときは、同時に変更計画案を提出しなければならない（規則132条2項・94条3項）。

【書式2-59】　再生変更計画案

大阪地方裁判所　令和　　年（再イ）第〇〇〇号

<u>再 生 変 更 計 画 案</u>（令和　年　月　日）

　　　　　　　　再 生 債 務 者　　　〇　〇　〇　〇
　　　　　　　　再生債務者代理人弁護士　　〇　〇　〇　〇　印
　　　　　　　　（電話06-〇〇〇〇-〇〇〇〇）

1　再生債権に対する権利変更として，次の額について免除を受ける。免除額に1円未満の端数が生じたときは，切り捨てる。

(1) 元本及び再生手続開始決定日の前日までの利息・損害金の［80］パーセント相当額

(2) 再生手続開始決定日以降の利息・損害金の［100］パーセント相当額

2　上記1による権利変更後の再生債権について，再生計画認可決定確定日の属する月の翌月以降，下記の□に印を付した項に記載した方法により分割弁済をする。ただし，これにより算出される［100］円未満の端数は［切り上げ］，［最終回］で調整する。

☑　3か月ごとに支払う方法

204

八　再生計画の遂行等

　　　上記確定日の属する月の［翌］月を第1回目として以後3か月ごとに
　　合計［20］回，各月［28］日限り，各［20分の1］の割合による金額を
　　支払う（［延長期間2年］通算期間　5　年　0　か月間）。
　□　毎月支払う方法
　　　上記確定日の属する月の［　　　］か月を第1回目として，毎月各
　　［　　　］日限り，各［　　　］の割合による金額を支払う（通算期間
　　［　　　］年［　　　］か月間）。
　□　ボーナス時に支払う方法
　　　［　　　］年［　　　］か月間，毎年［　　　］月及び［　　　］月
　　の［　　　］日限り，各［　　　］の割合による金額を支払う（合計
　　＿＿＿回）。
　□　その他の方法
　　　再生計画による弁総額［　　　］円以下の再生債権者に対しては，上
　　記確定日の属する月の翌月の［　　　］日限り，［　　　］の割合によ
　　る金額を支払う（合計＿＿＿回）。

3　共益債権及び一般優先債権は，随時支払う。
　（上記債権［特に公租公課等］で未払分がある場合には，下記にその種目，
　金額を記載する）。

　　　　　　　　　　　　　　　　　　　　　　　　　　　以　　　上

[書式2-60] 再生変更計画による弁済計画表

再生変更計画による弁済計画表

大阪地方裁判所

令和○○年 (再イ) 第○○○○号
令和○○年 (モ) 第○○○○号

再生債務者の氏名　●●●●

1　再生変更による弁済率　[20] パーセント
2　弁済期間・弁済方法は、再生変更計画案記載のとおり
3　振込金の支払方法
　　振込送金 (振込先口座は再生債権者が指定。振込手数料は再生債務者が負担)

照会先
弁護士　○ ○ ○ ○

照会先電話番号・ファックス番号
電話　06-0000-0000
ＦＡＸ　06-0000-0000

※　この弁済計画表に関する問い合わせは、上記照会先に直接連絡をしてください。

債権者番号	届出のあった再生債権者	不足	協定	確定債権額：円	再生計画による弁済総額：円	各回の弁済額：円		
						1回目の額	2回目~19回目の額	最終回の額
1	株式会社○○			6,000,000	1,200,000	60,000	60,000	60,000
2								
3								
4								
5								
6								
7								
8								
9								
10								
11								

(注意)
1　「確定債権額」欄には確定した元本及び開始決定日の前日までの利息・損害金の合計額を記載する。
2　「再生計画による弁済総額」欄記載の各金額は、再生計画記載の各金額。再生計画により算出される弁済額について1円未満の端数が生じたときは、切り上げた金額を記載する。
3　この弁済計画表は、再生計画案で「住宅資金特別条項」を定めた場合には、同条項による弁済以外のものである。
4　「不足」欄に○の印がある場合、「確定債権額」の金額は「担保不足見込額」であることを表し、「再生計画による弁済総額」の金額も見込みであるため、確定した不足額の変動によっては変動することがある。
5　「協定」欄に○の印があるものは、「弁済協定」を締結したことを表し、その協定によって支払う場合である。

【書式2-61】 再生変更計画による弁済充当表

再生変更計画による弁済充当表

大阪地方裁判所　令和○○年（再イ）第○○○○号
　　　　　　　　令和○○年（モ）第○○○○号

照会先
弁護士　○○○○

照会先電話番号・ファックス番号
電話　06-0000-0000
ＦＡＸ　06-0000-0000

※　この弁済充当表に関する問い合わせは、上記照会先に直接連絡をしてください。

1　再生債務者の氏名　●●●
2　弁済期間・弁済方法は、再生変更計画案記載のとおり
　　再生計画による弁済率　[　20　]パーセント
3　弁済金の支払方法
　　振込送金（振込先口座は再生債権者が指定。振込手数料は再生債務者が負担）

債権者番号	届出のあった再生債権者名	確定債権額	再生計画による弁済総額(A)	変更前(3年12回)の月額	変更後(5年20回)の月額	既払額(B)(変更前の月額×6回)	既払額(B)を5年に充当した場合 1回目～10回目（令和○○年○月～令和○○年○月）	残額(A－B)	変更後の弁済額 11回目の額（令和○○年○月）	12回目～19回目の額（令和○○年○月～令和○○年○月）	最終回の額（令和○○年○月）
1	株式会社○○	6,000,000	1,200,000	100,000	60,000	600,000	600,000 / 10回目(平成○○年○月)まで完了	600,000	60,000	60,000	60,000
2											
3											
4											
5											
6											
7											
8											
9											
10											
11											
合計											

（注意）
1　「確定債権額」欄には確定した元本及び開始決定前日までの利息・損害金の各合計額を記載する。
2　「再生計画による弁済総額」欄記載の各金額は、再生計画により算出される弁済額について1円未満の端数が生じたときは、切り上げた金額を記載する。
3　この弁済充当表は、再生計画案で「住宅資金特別条項」を定めた場合には、同条項による弁済以外のものである。
4　令和○○年○月○日付再生計画案については、再生計画の変更申立時に第○回まで支払済みである。

第 2 章　小規模個人再生

3　ハードシップ免責

(1)　要　件

　再生債務者がその責に帰することのできない事由により再生計画を遂行することが極めて困難となり、かつ、以下の要件をすべて満たしている場合には、裁判所は免責の決定をすることができる（法235条）。これをハードシップ免責といい、再生債務者は、残債務についての支払いを免れることができる。

① 　再生計画によって変更された後の劣後化されない各再生債権に対して、それぞれ 4 分の 3 以上の額の弁済を終えていること（法235条 1 項 1 号）

② 　免責の決定をすることが再生債権者の一般の利益に反するものでないこと（法235条 1 項 2 号）。すなわち、再生計画の認可決定時に破産が行われたとした場合の配当総額以上の弁済を終えていること（清算価値保障原則）

③ 　再生計画の変更をすることも極めて困難であること（法235条 1 項 3 号）。

(2)　申立手続

　ハードシップ免責の手続は、再生債務者が裁判所に申し立てることにより開始される（法235条）。申立書には1000円の印紙を貼付する（民訴費 3 条別表第 1 の16）。

　裁判所は、届出再生債権者から意見を聴取し（法235条 2 項）、再生債務者が当該要件を具備しているか否かについて検討し、免責の許可・不許可の決定を行う。

　裁判所は、免責の決定をしたときは、再生債務者、再生債権者双方に対してその主文および理由の要旨を記載した書面を送達しなければならないとされており（法235条 3 項）、決定に対しては、再生債務者、届出再生債権者双方に即時抗告が認められている（同条 4 項）。

208

【書式2-62】　免責申立書

```
                                              ┌─────────┐
                                              │ 収入印紙 │
                                              │         │
                                              │         │
                                              │ 1,000円 │
                                              └─────────┘
```

令和○○年（再イ）第○○○○号

免　責　申　立　書

令和○○年○○月○○日

東京地方裁判所民事第20部　　御中
　　　　　　　　東京都○○区○○町○丁目○─○
　　　　　　　　　申立人（再生債務者）○　○　○　○
　　　　　　　　東京都○○区○○町○丁目○─○　○○ビル2階(送達場所)
　　　　　　　　　同代理人弁護士　　　　○　○　○　○　㊞
　　　　　　　　　電話：03-0000-0000　FAX：03-0000-0000

第1　申立ての趣旨
　　申立人（再生債務者）を免責する
　　との決定を求める。
第2　申立ての理由
　1　再生計画を履行することが極めて困難となった事情
　⑴　申立人は，頭書事件において令和○○年○月○日付け再生計画が認可
　　された以降，再生計画に基づき，同年○月末日から再生債権の弁済を開
　　始した。
　⑵　ところが，申立人は，令和○○年○月○日，脳梗塞で倒れて○○病院
　　に搬送され，一命は取り留めたものの，右半身麻痺の後遺障害により，
　　就労不能の状況となり収入が途絶えることとなった。さらに，治療に多
　　額の費用がかかることとなったことから，再生債権の完済が困難となっ
　　た。
　2　返済状況
　　申立人は，再生計画に基づき，令和○○年○月○日の弁済期到来分まで
　　弁済を継続し，計画弁済総額108万円のうち，添付の「返済状況一覧表」
　　のとおり，各基準債権についてその4分の3以上の額である合計90万円を

既に弁済した。

3　再生債権者の一般の利益に反するものでないこと

再生計画認可の決定があった時点の申立人の財産は，添付の清算価値チェックシートのとおり総額44万円であり，既に支払済みの合計額90万円は，この額を下回らない。

4　再生計画の変更をすることが極めて困難であること

申立人は，今後，○○病院にて入院治療，リハビリテーション等を行うことになっており，担当医師によると，添付の診断書のとおり，申立人が支障なく日常生活を送れる程度に回復するには，少なくとも3年は要するとのことである。したがって，再生計画を変更して，当初の最終弁済期限から2年を超えない範囲で最終弁済期限を延長することによっても再生計画を遂行することは極めて困難である。

5　結　　語

よって，申立人は，民事再生法235条1項の規定による免責を求める。

疎　明　資　料

1　認可された再生計画案　　　　1通
2　陳述書　　　　　　　　　　　1通
3　診断書　　　　　　　　　　　1通
4　返済状況一覧表　　　　　　　1通
5　預金通帳写し　　　　　　　　1通
6　清算価値チェックシート
　　（再生計画認可時のもの）　　1通

添　付　書　類

1　委任状　　　　　　　　　　　1通
2　申立書副本　　　　　　　　　1通
3　疎明資料正本・副本　　　　各1通

（別紙）

返済状況一覧表

債権者番号	再生債権者	再生計画による弁済額	弁済額	弁済率

1	○○(株)	60万0000円	50万0000円	83.3%
2	ローンズ○○	30万0000円	25万0000円	83.3%
3	○○商事	18万0000円	15万0000円	83.3%

(注) ハードシップ免責の申立書には、次の事項を記載しなければならない（規則133条1項1号ないし3号）。

① 再生事件の表示

② 申立人の氏名および住所並びに代理人の氏名及び住所

③ 免責を求める旨およびその理由

　免責を求める理由には、法235条1項に定める要件に該当する事実を具体的に記載しなければならない（規則133条2項）。

　また、申立書には、免責を求める理由に記載した事実を裏づける書面を添付する必要がある（規則133条3項）。

【書式2-63】 ハードシップ免責決定

令和○○年(モ)第○○○号

免 責 決 定

東京都○○区○○　○○－○－○

申立人（再生債務者）　○　○　○　○

主　文

申立人再生債務者（○○○○）を免責する。

理　由

1　申立人（再生債務者）は，当裁判所令和○○年（再イ）第○○○号小規模個人債務者再生事件において認可された再生計画を遂行していたが，自らの責に帰することができない事由により，再生計画を遂行することが極めて困難になったとして，免責の申立てをした。

2　本件記録及び上記再生事件の記録によれば，申立人については，民事再生法235条1項各号に定める要件を満たしていることが認められ，他に免責決定を不相当と認める事由はない。

第 2 章　小規模個人再生

> 3　よって，当裁判所は，届出再生債権者の意見を聴いた上，本件免責の申立てを相当と認めて，主文のとおり決定する。
> 　　　令和○○年○○月○○日
> 　　　　　　　　　東京地方裁判所第20民事部
> 　　　　　　　　　　　　裁　判　官　　○　○　○　○　印

(3)　免責の効力

　免責の決定は、確定により効力を生じ（法235条5項）、再生債務者は、再生手続開始前の罰金、養育費等（法97条・229条3項）以外の再生債権について、弁済の責任を免れる（法235条6項）。

　免責の決定は、別除権者が有する担保権、再生債権者が再生債務者の保証人その他再生債務者とともに債務を負担する者に対して有する権利および再生債務者以外の者が再生債権者のために提供した担保に影響を及ぼさない（法235条7項）。

4　再生手続の再申立て

　以上述べてきたとおり、再生計画に基づく支払いが困難になったときには、再生計画の変更やハードシップ免責の制度を利用すべきことになるが、再生計画の変更では債務の減額をすることができず、また、ハードシップ免責は要件が厳格すぎるというデメリットがある。そのため、これらの方法では対処できないという場合には、再生手続の再申立て（法190条）を検討すべきであろう。

九　再生計画の取消し

　再生債務者が再生計画の履行を行った場合等には再生計画が取り消されることがある。取消しにまで至った事例は多くはないと思われるが（参考までに平成14年3月末までの統計では、1件報告されているのみである。畑野＝岩波「概況」20頁参照）、今後は件数が増加する可能性もある。

1　要　件

　以下の事由がある場合には、再生債権者の申立てにより、裁判所は再生計画の取消しをすることができる（法236条前段・189条1項）。

① 再生計画が不正の方法により成立したこと（法189条1項1号）

② 再生債務者が再生計画の履行を怠ったこと（法189条1項2号）

③ 再生債務者の一定の行為について裁判所の許可が必要であると定められた場合（法41条1項・42条1項）に、それに違反したこと（法189条1項3号）

④ 再生計画認可決定が確定した場合において、計画弁済総額が、再生計画認可決定時において破産配当総額を下回ることが明らかになったこと（法236条）

ただし、上記②の事由を理由とする場合には、ⓐ再生計画の定めによって認められた権利の全部（履行された部分を除く）について裁判所が評価した額の10分の1以上にあたる再生債権を有する再生債権者であって、かつ ⓑ履行期限が到来しているのに履行を受けていない者に限られている（法189条3項）。

さらに、上記①④の事由を理由とする場合には、即時抗告によりその事由を主張した再生債権者やその事由を知りながら主張しなかった再生債権者が取消の申立てをすることは認められておらず（法189条2項・236条）、また、再生債権者がその事由があることを知ったときから1カ月を経過したとき、または再生計画認可決定が確定したときから2年を経過したときにも、申立ては認められないとされている（法189条2項・236条）。

なお、住宅資金特別条項を定めた再生計画の取消しについては、法206条1項に法189条3項の特則が定められており、住宅資金特別条項によって権利変更を受けた住宅ローン債権者は、再生計画の不履行を理由とする再生計画取消の申立権がないこと、住宅ローン債権の額は上記ⓐの「10分の1以上にあたる再生債権」の額から除外することとされている。

2　申立書の記載

申立書には、以下の点を記載する必要がある（規則95条1項）。

① 再生事件の表示

② 申立人の氏名または名称および住所並びに代理人の氏名および住所

③ 再生債務者等の氏名または名称および代理人の氏名および住所

④ 再生計画取消しを求める旨およびその理由

⑤ 上記1②の事由を理由とする場合には、申立人の有する再生計画の定め

第2章　小規模個人再生

によって認められた権利のうち履行期限が到来したもので履行を受けていない部分

④の再生計画取消しを求める理由においては、取消しを求める事由を具体的に記載しなければならない（規則95条2項）。

3　効　果

再生計画取消しの決定は、申立債権者と再生債務者に送達され、かつその主文および理由の要旨が公告されるが（法189条4項）、これに対し即時抗告することができる（同条5項）。

再生計画取消しの決定は、確定により効力を生じ（法189条6項）、再生計画の取消しにより、再生計画によって変更された権利は原状に復するが、再生債権者が再生計画によって得た権利には影響を及ぼさない（同条7項）。すなわち、一度受け取ったものを返す必要はない。

なお、再生計画の認可による住宅資金貸付債権の保証会社の代位弁済の失効（巻戻し）は、再生計画の取消しによって覆されることがない（法206条2項）。

　　再生手続の廃止

再生手続がその途中で挫折した場合には、再生手続は廃止される。官報公告の調査によると、平成14年3月末までの統計では再生手続廃止決定が官報に掲載された件数は286件である（畑野＝岩波「概況」28頁参照）。

廃止事由は以下のとおりであり、小規模個人再生では、通常の再生と異なり、再生計画の認可決定により手続が終結するので、認可決定確定後の廃止事由が存在しない。

① 再生計画案に同意しない旨書面で回答した議決権者が、その総数の半数以上となり、またはその議決権額が議決権総額の2分の1を超えたとき（法237条1項）

② 再生債務者が財産目録に記載すべき財産を記載せず、または不正の記載をしたとき（法237条2項）

③ 決議に付するに足りる再生計画案の作成の見込みがないことが明らかになったとき（法191条1号）

214

④　裁判所の定めた期間もしくはその伸長した期間内に再生計画案の提出が
ないとき、またはその期間内に提出されたすべての再生計画案が決議に付
するに足りないものであるとき（法191条2号）

⑤　債権届出期間の経過後再生計画認可の決定の確定前において、再生手続
の開始原因（法21条1項）がないことが明らかになったとき（法192条1項）

⑥　再生債務者が法30条1項による裁判所の命令に違反した場合（法193条
1項1号）

⑦　再生債務者が法41条1項、42条1項に違反して、同項の行為をした場合
（法193条1項2号）

再生手続の廃止決定に対しては即時抗告することでき（法195条2項）、確定
しなければ効力は生じない（同条5項）。

二　牽連破産

破産手続開始前の再生債務者について、以下の決定が確定し、かつ、再生債
務者に破産手続開始原因がある場合には、裁判所は裁量により職権で破産手続
開始の決定をすることができる（法250条1項）。

①　再生手続開始申立ての棄却

②　再生手続の廃止

③　再生計画の不認可

④　再生計画の取消し

しかし、再生手続開始前にすでに破産手続開始の決定がなされていたときは、
中止していた破産手続（法39条1項参照）が続行され、裁判所はあらためて職
権で破産手続開始の決定をしなければならない（法250条2項）。

牽連破産は、再生債権者が再生計画によって得た権利に影響を及ぼさないが、
再生計画によって変更された再生債権は原状に復する（法190条1項）。

なお、施行後1年の統計では、個人再生手続から牽連破産に至った事案はな
いと報告されており（畑野＝岩波「概況」27頁）、裁判所は牽連破産にはしない
運用と解される。

第3章　給与所得者等再生

一　給与所得者等再生の概要

1　特　徴

　給与所得者等再生の流れは、〔図3〕の給与所得者等再生フローチャートのとおりである。

　給与所得者等再生においては、小規模個人再生と異なり、再生計画案に対する再生債権者の決議が不要とされており、再生債権者の同意（決議）なく、強制的に債務の一部免除を受けることが可能である。

　旧和議法、民事再生法および会社更生法といった従来の再建型倒産手続においては、何らかの形での一定数以上の債権額を有する債権者の同意（決議）が要求されるのが原則であった。再建型倒産手続は、債務者の現在の資産を換価配当する清算型倒産手続とは異なり、債務者が、債権者から債務の一部免除を受けたうえで、現在の資産を維持しつつ、将来の収益・収入を原資として残余の債務を弁済していく形をとるのが一般である。ところが、債権者に対する弁済原資となるべき債務者の将来の収益・収入はその性質上極めて流動的なものであり、何ら確実な保証はない（これに対し、清算型倒産手続の弁済原資は債務者の現在の財産に固定される）。このため再建型倒産手続においては、債権者の利益を保護するために、手続の帰趨が債権者の多数決判断に委ねられているのである。

　したがって、給与所得者等再生において、再生計画案に対する再生債権者の決議が不要とされ、再生債権者の同意（決議）なく債務の一部免除を受けることが可能とされていることは、従来の再建型倒産手続にはみられない顕著な特徴である。

　もっとも、このように再生債権者の同意（決議）なしに債務の一部免除を認める以上は、弁済原資となるべき再生債務者の将来の収益・収入について、相当の確実性を要求すべきことから、給与所得者等再生においては、再生債権者

が「給与又はこれに類する定期的な収入を得る見込みがある者であって、かつ、その額の変動が小さいと見込まれる」（法239条1項）ことが手続開始の要件とされている。

また、再生債権者の同意（決議）なしに債務の一部免除を認める以上は、その代償措置として、一定額以上の可処分所得があるのであれば、これを返済にあてるべきであるとの見地から、給与所得者等再生においては、可処分所得弁済要件（再生債務者の可処分所得の2年分以上を弁済しなければならないという要件）が定められている（法241条2項7号）。

さらに、再生債権者の同意（決議）なしに債務の一部免除がなされることから、破産免責（破産法252条1項10号）の場合に準じて、再申立てが制限されている（法239条5項2号）。

2　小規模個人再生との相違点

給与所得者等再生は、小規模個人再生の特則として規定されており、小規模個人再生の規定を多く準用しているが（法244条）、以下の4点において大きく異なっている。

① 手続開始の要件として、再生債務者が「給与又はこれに類する定期的な収入を得る見込みがある者であって、かつ、その額の変動が小さいと見込まれる」（法239条1項）ことと加重されていること
② 再申立ての制限規定（法239条5項2号）があること
③ 再生計画案に対する再生債権者の決議が不要とされていること（ただし、法240条により再生計画案を認可すべきかどうかについて、再生債権者が意見を述べる機会は保障されている）
④ 計画弁済総額につき、可処分所得弁済要件が課されていること（法241条2項7号）

3　申立件数

全国地方裁判所における平成13年4月から平成14年3月までの給与所得者等再生事件新受件数は5975件で、小規模個人再生事件新受件数2570件の約2.3倍に上っていた（畑野＝岩波「概況」）。

217

第3章 給与所得者等再生

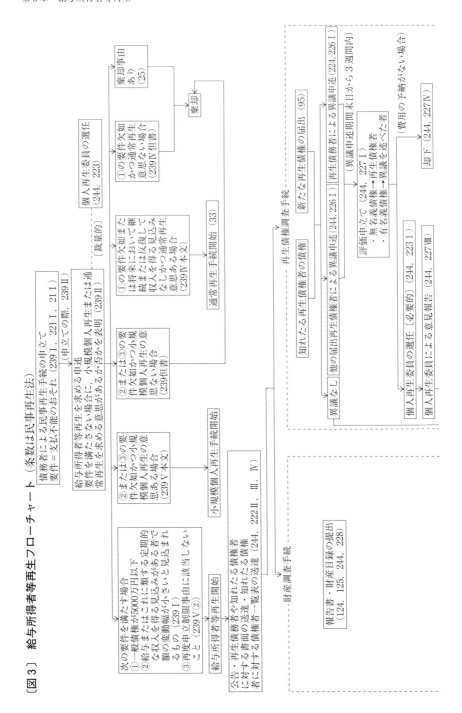

[図3] 給与所得者等再生フローチャート（条数は民事再生法）

一 給与所得者等再生の概要

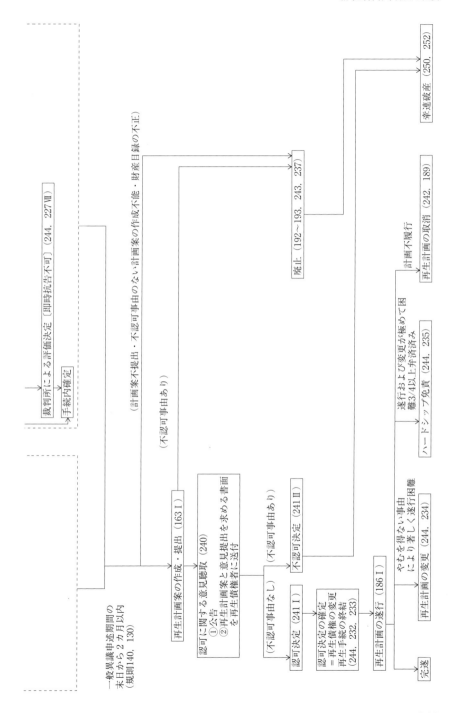

219

第3章　給与所得者等再生

　しかし、平成14年1月から平成14年9月まででみると、給与所得者等再生事件の新受件数5297件に対し、小規模個人再生事件の新受件数は3645件に上っており（上記の倍率でみれば約1.5倍）、小規模個人再生事件の新受件数の割合が増加している。この小規模個人再生事件の割合の増加はその後も続き、平成29年には、給与所得者等再生事件の新受件数が796件に対し、小規模個人再生事件の新受件数は1万0488件となり、小規模個人再生事件が全体の9割を超える状態にまでなっている。

　給与所得者等再生は、可処分所得弁済要件との関係で弁済総額が比較的多額になりがちであるため、サラリーマンのような典型的な給与所得者においても、小規模個人再生によったほうが有利な場合が多々存在する。一方で、債権者側においても、清算価値保障原則が維持されている限り、小規模個人再生における再生計画案を否決しない（不同意の回答をしない）という取扱いをするのが一般的である。

　このため、近時においては、小規模個人再生事件の新受件数の割合が増加しているものと思われる。

　なお、政府系金融機関については再生計画案に不同意の回答をしてくるケースが報告されているし、あるカード会社は自社の債権額が議決権の2分の1を超えていると必ず不同意の回答をしてくるとの報告もなされているので、政府系金融機関やこのカード会社の債権額が大きい場合などには、小規模個人再生の選択にあたっては慎重な配慮が必要である。

二　給与所得者等再生の開始原因

1　小規模個人再生と共通の開始原因

　給与所得者等再生は、小規模個人再生の規定を多く準用しており（法244条）、小規模個人再生と同様、以下の四つの開始要件を備えることが必要である（第2章三1参照）。

①　債務者に破産の原因たる事実の生ずるおそれがあること（法21条1項「支払不能のおそれ」）

②　個人であること（法221条1項）

220

③　将来において継続的にまたは反復して収入を得る見込みがあること（法221条1項）

④　再生債権の総額（住宅資金貸付債権の額、別除権の行使によって弁済を受けることができると見込まれる額および再生手続開始前の罰金等を除く）が5000万円以下であること（法221条1項）

2　給与所得者等再生固有の開始原因

給与所得者等再生固有の開始原因は、給与またはこれに類する定期的な収入を得る見込みがあり、その額の変動の幅が小さいと見込まれること（法239条1項）である。

(1)　趣　旨

給与所得者等再生においては、可処分所得弁済要件（法241条2項7号）が設けられているため、可処分所得額が確定可能であることが必要であるが、再生債務者の収入が定期的かつ確実でなければ、可処分所得額を容易に確定することができない。また、給与所得者等再生においては、再生債権者の同意（決議）なく債務の一部免除を認める以上、再生債権者の利益保護の見地より、弁済原資となるべき債務者の将来の収益・収入について、相当の確実性を要求すべきである。

このため、給与所得者等再生においては、給与またはこれに類する定期的な収入を得る見込みがあり、その額の変動の幅が小さいと見込まれることが開始原因とされている。

(2)　労働の対価性の要否

「給与又はこれに類する定期的な収入」の解釈については、労働の対価としての収入に限定されるのか、という点につき考え方が分かれている。

この点、上記の文言に従い、労働の対価性が要求されるとの意見も強いようである。しかし、(5)の具体例において後述するように、一般に年金受給者や恩給受給者も給与所得者等再生を利用できると考えられていること、文言上も「給与」に限定されておらず「給与又はこれに類する定期的な収入」と定められていることなどから考えると、必ずしも労働の対価性は要求されていないと解することも十分に可能である。

もっとも、上述したとおり、給与所得者等再生においては、再生債権者の同意（決議）なく債務の一部免除が認められるが、その前提として、再生債務者が少なくとも可処分所得額の2年分の額を弁済しなければならないという要件（可処分所得弁済要件）が課されている。

したがって、給与所得者等再生においては、再生債務者の可処分所得額が容易かつ明確に算出できなければならない。

立法経緯としても、同要件については、法制審議会倒産法部会では「給与所得者など定期的かつ確実に可処分所得額を算出することができる個人」という表現を前提に議論されており、これを実質にあわせるために「給与又はこれに類する定期的な収入」という表現になったとされる。

このため「給与又はこれに類する定期的な収入」の要件については、可処分所得額が容易かつ明確に算出できることが要求されると解され、実務上もかかる意見が強いようである。

以上に対し、今日の雇用体系の多様化に対し、できる限り対象者を広げる必要から、「給与又はこれに類する定期的な収入」の判断については結局、変動の幅が小さいか否かで決めざるを得ないとする見解もある。

(3)　就職予定者等

現在まだ就職はしていないが確実な就職先が決まっている人や現在まだ給与を支給されていないが就職している人も、給与またはこれに類する定期的な収入を得る「見込みがある者」として、給与所得者等再生を利用することができる。この点、給与所得者等再生における再生計画の認可等について定めた法241条2項7号ロも「再生計画案の提出前2年間の途中で、給与又はこれに類する定期的な収入を得ている者」に該当するようになった場合について認可の可能性を認めている。

(4)　「額の変動の幅が小さい」

「変動の幅が小さい」という要件については、法241条2項7号イが、計画弁済総額を計算するための可処分所得を算出する際の収入の額について、再生債務者の年収について5分の1以上の変動が生じた場合には変動後の収入を基準としている趣旨から、過去2年間の年収の変動が5分の1以内（変動率20％以内）であればよいとするのが多数説である。

したがって、月ごとの収入の変動が激しい職種であっても年間単位で安定していればこの要件を満たす可能性がある。

なお、転職や再就職の場合、年収に5分の1以上のぶれがあっても給与所得者等再生を利用することができる。この点、上述の法241条2項7号イは、「再生計画案の提出前2年間の途中で再就職その他の年収について5分の1以上の変動を生ずべき事由が生じた場合」につき認可の可能性を認めている。

一方、転職や再就職等の事情がなく、同一の職場において年収に20％以上の増減が生じた場合には、「変動の幅が小さい」の要件を欠き、給与所得者等再生を利用することはできないとするのが多数説のようである。

(5) 具体例

会社に勤めて定期に定額の給料を得ている一般のサラリーマンが典型例であるが、歩合給（出来高払い）、パート、アルバイトであっても源泉徴収票や給与明細書で定期的な収入を得る見込みは推定されるから、年収でみて変動幅が小さければ要件を満たす。

また、年俸制であっても契約が自動更新となっており、変動率が小さければ、定期的かつ安定的な収入の見込みがあるといえるから要件を満たす。

年金受給者や恩給受給者も要件を満たすものと解されている。

生活保護受給者については、最低限度の生活費を国が支給する制度であることからすると、支払資金捻出を要する個人再生手続による救済はそもそも予定されていないと考えられ、一般的には破産手続によることが妥当であると考えられる。

専業主婦については、自身では収入がない以上、個人再生手続を利用することはできないと考えるほかない。もっとも、専業主婦であっても親族等から定期的かつ安定的な拠出が約束されている場合であれば、要件を満たすと考えてよいという見解もある。

就労期間限定の派遣社員については、再生計画に基づく弁済期間内に、就労期間満了によって仕事を失うことが予定されている以上、再生計画に基づく弁済期間にわたり定期的かつ安定的な収入を得る見込みがあるとはいえず、要件を充足しないものと思われる。

兼業農家のように給与のような確実かつ容易に算出できる収入とそれ以外の

収入がある者でも、給与以外の収入割合が微小であれば要件を充足しうる。ただし、給与以外の収入が多く、定型的な可処分所得額の算出が困難な場合、定期的収入の要件を充足しないものと解される（また、このような場合「変動の幅が小さい」の要件も充足しないことが多いと思われる）。

請負業者等の事業者や家賃収入で生活している者などは、経費等の扱いが不明確で、容易かつ確実に可処分所得額を算出することができないので、定期的収入の要件を充足しないものと解される。「給与又はこれに類する定期的な収入を得る見込み」の解釈を雇用関係と切り離し、定期的かつ安定的な収入を得る見込みがあれば足りるとの立場に立った場合、これらの者についても要件を満たす場合があると考えられる。

会社代表者については、定期的収入があり、変動の幅が小さい以上、要件を充足しうる。しかし、実質的には代表者の個人事業であるような場合もあり、債権者の同意（決議）なく債務の一部を免除させることについては、問題視する意見もある。

3　再申立ての制限

給与所得者等再生においては、再生債権者の決議を経ることなく、債務の一部免除を内容とする再生計画案を認可することとなっているため、破産法252条1項10号が7年以内に免責を受けたことが免責の障害事由とされていることとのバランスから、以下の期間の再申立てが制限されている（法239条5項2号）。

① 給与所得者等再生で再生計画が完遂された場合には、当該再生計画の認可決定の確定日から7年

② ハードシップ免責（法235条1項）の決定が確定した場合には、当該免責の決定に係る再生計画の認可決定の確定日から7年

③ 破産免責（破産法252条1項）の決定が確定した場合には、当該決定の確定日から7年

①および②においては、起算日が再生計画の認可決定の確定日とされているので、たとえば3年で再生計画を完遂した場合には、そのときから4年後には再申立てが可能となる。

なお、この再申立ての制限については、破産免責とのバランス上設けられた

という経緯もあって、法制審議会における破産法改正の審議でも再検討された。

三 給与所得者等再生の申立準備

　給与所得者等再生の申立準備においても、債務の事前調査、債務者の財産の清算価値の事前調査および債務者の収入・生活状況の事前調査が必要となることは、小規模個人再生の場合と何ら異ならない。

1 可処分所得の事前調査

　給与所得者等再生の申立準備における固有の問題として、特に注意すべきは可処分所得の事前調査である。

　すなわち、給与所得者等再生においては、可処分所得弁済要件が法定されており、これが計画弁済総額の下限を画する（法241条2項7号）。したがって、債務者の可処分所得については、申立て前の早い段階において計算しておかなければ、計画弁済総額すら定まらず、そもそも再生債務者の資力・収入等との関係で履行可能な再生計画が立ちうるのかの見通しすらつかない状態となる。また、可処分所得から算出される計画弁済総額は比較的多額に上ることが多く、小規模個人再生を選択したほうが、計画弁済総額との関係では再生債務者のメリットが大きいというケースも多い。このようなケースにおいて、再生債権者が再生計画に賛成してくれるであろうことが予想され、小規模個人再生に対する障害が存在しないにもかかわらず、可処分所得の計算を怠ったがために漫然と給与所得者等再生を選択するようなことがあってはならない。

　このように、可処分所得の計算は、債務整理方針の選択そのものにかかわる重要な問題であり、できる限り早期にその調査を終えておくことが必要である。

2 可処分所得の計算

　給与所得者等再生においては、再生債務者の手取り収入から再生債務者およびその扶養を受けるべき者の最低限度の生活を維持するのに必要な1年分の費用（以下、「生活維持費」という）の額を控除した額（可処分所得）の2年分が、計画弁済総額の最低限を画する。

> 計画弁済総額＝（手取り収入－生活維持費）×2

225

第3章　給与所得者等再生

　そして、この手取り収入については、具体的事情に応じて3パターンの計算方法があり、以下のとおり計算される（法241条2項7号）。

①　再生計画案の提出前2年間の収入（税込み）の合計額から所得税、住民税、社会保険料（以下、「所得税等」という）を控除した額の2分の1

> 手取り収入＝（2年間の収入合計－所得税等）÷2

②　再生債務者の収入につき、再生計画案の提出前2年間の途中で再就職その他の事情により年収に5分の1以上の変動を生じた場合、変動後の収入（税込み）からそれに対する所得税等を控除した額を1年間当たりの額に換算した額

> 手取り収入＝（変動後の収入－所得税等）÷変動後の日数×365日

③　再生債務者が再生計画案の提出前2年間の途中で、給与またはこれに類する定期的な収入を得ている者でその額の変動が小さいと見込まれる者に該当することになった場合（たとえば、5年間無職であったが再生計画案提出の半年前に就職して給与所得を得るようになった場合）、該当するようになってからの収入（税込み）からそれに対する所得税等を控除した額を1年間当たりの額に換算した額

> 手取り収入＝（該当後の収入－所得税等）÷該当後の日数×365日

以上をまとめると計画弁済総額の最低限は以下のようになる。

---

①の場合は、

　　計画弁済総額＝ ｛（2年間の収入合計－所得税等）÷2－

　　　　　　　　　　　　　　　　　　　　　　　　　生活維持費｝ ×2

②の場合は、

　　計画弁済総額＝ ｛（変動後の収入－所得税等）÷変動後の日数×

　　　　　　　　　　　　　　　　　　　365日－生活維持費｝ ×2

③の場合は、

　　計画弁済総額＝ ｛（該当後の収入－所得税等）÷該当後の日数×

　　　　　　　　　　　　　　　　　　　365日－生活維持費｝ ×2

　また、上記の式で控除される生活維持費は、民事再生法241条第3項の額を

定める法令1条各号に規定されている個人別生活費の額、世帯別生活費の額、冬期特別生活費の額、住居費の額および勤労必要経費の額の合計額であり（政令1条）、この各金額は、生活保護基準をベースとして、居住地域別、世帯別、年齢別等によって一律に計算される額となっている（下記3の可処分所得の計算例参照）。

なお、上記のような計算は煩雑であるので、実務では、【書式3-1】の可処分所得算出シートが用いられている。この可処分所得算出シートは最高裁作成のマイクロソフトエクセル形式のシート（日弁連のホームページからダウンロード可能。なお、市町村廃置分合には対応していないので、政令により確認が必要である）であり、数式さえ入力しておけば、同居・別居の別、居住地、年齢、続柄、住居費支払額および収入額等を入力すれば自動的に可処分所得に基づく計画弁済総額が算出されるようになる。この数式が入力されたシートについては http://www.vector.co.jp/soft/winnt/business/se525285.html にてダウンロードが可能である（令和5年5月現在）。

【書式3-1】 可処分所得額算出シート

可処分所得額算出シート

		再生債務者	被扶養者	被扶養者	被扶養者	被扶養者
	氏　　　名					
※	年　齢（令和★年4月1日現在）					
	続　　　柄					
※	同居・別居の別					
※	居住地（別居の被扶養者のみ）					
※	居住地域の区分					
※	① 過去2年間の収入合計額	円	①÷2＝　　　　円			
※	② 上記期間の所得税額相当額	円				
※	③ 上記期間の住民税額相当額	円				
※	④ 上記期間の社会保険料相当額	円				
	⑤ 収入合計額から控除する額	円	←②＋③＋④			
	⑥ 1年間当たりの手取収入額	円	←（①－⑤）÷2			
※	⑦ 個人別生活費の額	円	円	円	円	円

第3章　給与所得者等再生

※	⑧	世帯別生活費の額		円	円	円	円	円
※	⑨	冬季特別生活費の額		円	円	円	円	円
※	⑩	住居費の額		円(D)	円(D)	円(D)	円(D)	円(D)
※		政令の住居費の額		円(A)	円(A)	円(A)	円(A)	円(A)
		再　生　債　務　者　居　住　建　物						
※		(1)再生債務者が所有しているか	はい → (2)へ進む　　　　いいえ → (4)へ進む					
※		(2)競売又は任意売却により建物の所有権を失う可能性があるか	はい → (3)(4)は記載しない　いいえ → (3)へ進む ((4)は記載しない)					
※		(3)一般弁済期間を通じてローンの弁済をする予定があるか	はい・いいえ　　　1年間の弁済見込総額　　　　　　　円(B)					
※		(4)一般弁済期間を通じて賃料の支払をする予定があるか	はい・いいえ　　　1年間の支払見込総額　　　　　　　円(C)					
		別　居　被　扶　養　者　居　住　建　物						
※		(1)再生債務者が所有しているか	はい → (2)へ進む　　　　いいえ → (4)へ進む					
※		(2)競売又は任意売却により建物の所有権を失う可能性があるか	はい → (3)(4)は記載しない　いいえ → (3)へ進む ((4)は記載しない)					
※		(3)一般弁済期間を通じてローンの弁済をする予定があるか	はい・いいえ　　　1年間の弁済見込総額　　　　　　　円(B)					
※		(4)一般弁済期間を通じて賃料の支払をする予定があるか	はい・いいえ　　　1年間の支払見込総額　　　　　　　円(C)					
※	⑪	勤労必要経費の額		円				
	⑫	上記合計額（1年分の費用額）		円	円	円	円	円
	⑬	⑫の合計額						円

⑭	1年間当たりの可処分所得額（⑥－⑬）	円
⑮	計画弁済総額の最低基準額（⑭×2）	円

※印の記載に当たっては、別紙記載要領を参照して下さい。

可処分所得額算出シート記載要領

● 年齢

　　再生計画案を提出した日以後の最初の4日1日における年齢を記載する。

● 同居・別居の別

　　「同居」を○で囲んだ被扶養者は，⑧，⑨，⑩の各欄に斜線を引く。「別居」を○で囲んだ被扶養者のうち，同じ所に居住している者がある場合は，そのうちの1人を除いて⑧，⑨，⑩の各欄に斜線を引く。

三　給与所得者等再生の申立準備

● 居住地
　別居の被扶養者のみ，現在の居住地を記載する。
● 居住地域の区分
　政令に基づき居住地に該当する区を記載する。
① 過去2年間の収入合計額
　再生計画案の提出前2年間の再生債務者の収入の合計額（額面合計額）を記載する。
　なお，再生債務者の年収の額が再生計画案提出前2年間の途中で5分の1以上の変動があった場合（民事再生法（以下「法」という。）241条2項7号イ）には，変動後の収入額を基に2年分の額を記載し，再生債務者が再生計画案提出前2年間の途中で給与所得者又は年金受給者等に新たになった場合（法241条2項7号ロ）には，そのようになった後の収入額を基に2年分の額を記載する。
⑦ 個人別生活費の額
　政令が定める居住地域の区分と年齢に応じた額を記載する。
⑧ 世帯別生活費の額
　⑧の欄に斜線を引いていない者の欄に，政令が定める居住地域の区分と居住人数（再生債務者本人及びその被扶養者に該当する者に限る。）に応じた額を記載する。
⑨ 冬季特別生活費の額
　⑨の欄に斜線を引いていない者の欄に，政令が定める居住人数（再生債務者本人及びその被扶養者に該当する者に限る。），冬季特別地域の区分，居住地域の区分に応じた額を記載する。
⑩ 住居費の額
　⑩の欄に斜線を引いていない者の欄に，それぞれ下記の手順に従って住居費の額を記載する。
　　政令が定める住居費の額
　　その者が居住する建物の所在する地域，所在する居住地域の区分，居住人数（再生債務者本人及びその被扶養者に該当する者に限る。）に応じた額を本シートの(A)欄に記載する。

─〈再生債務者居住建物〉欄の記載について─
（1）再生債務者が所有しているか
　再生債務者が居住する建物を所有しているかどうか該当部分を○で囲む。
（2）競売又は任意売却により建物の所有権を失う可能性があるか

229

第3章　給与所得者等再生

(1)で「はい」を○で囲んだ場合，再生計画（住宅資金特別条項（注）を除く。）で定められた弁済期間（以下「一般弁済期間」という。）の期間内に競売又は任意売却により建物の所有権を失う可能性があるかどうか該当部分を○で囲む。

　　　(注)　住宅資金特別条項とは，再生債権者の有する住宅資金貸付債権（住宅ローン債権）の全部又は一部を，法で規定するところにより変更する再生計画の条項をいう（民事再生法196条4号）。

⑶　一般弁済期間の全期間を通じてローンの弁済をする予定があるか

　(2)で「いいえ」を○で囲んだ場合，一般弁済期間の全期間を通じて住宅資金貸付債務の弁済（以下「ローンの弁済」という。）をする予定があるかどうか該当部分を○で囲む。

　「はい」を○で囲んだ場合，1年間の弁済見込総額を本シートの(B)欄に記載する。ただし，元金均等方式で弁済をしている場合は，一般弁済期間中の弁済見込総額を1年当たりの額に換算した額を記載する。

　「いいえ」を○で囲んだ場合であって，ローンの弁済をする予定がないときは，0円と記載し，その他の場合（一般弁済期間の途中でローンの弁済が終了するなどの場合）は，本シートの(A)欄の額を記載する。

⑷　一般弁済期間の全期間を通じて賃料の支払をする予定があるか

　(1)で「いいえ」を○で囲んだ場合，一般弁済期間の全期間を通じて居住する建物の賃料の支払をする予定があるかどうか該当部分を○で囲む。

　「はい」を○で囲んだ場合，1年間の賃料の支払見込総額を本シートの(C)欄に記載する。

　「いいえ」を○で囲んだ場合（例えば，親族が所有する建物に同居している場合）について，賃料の支払をする予定がない場合は，0円と記載し，その他の場合（自宅に戻るなど将来的に賃料の支払をしなくなる予定がある場合を含む。）は，本シートの(A)欄の額を記載する。

本シートの(D)欄に記載すべき額

　本シートの(A)欄の額，(B)欄の額，(C)欄の額を比較して，最も低い額を記載する。

── 〈別居被扶養者居住建物〉欄の記載について ──

　別居している被扶養者がある場合は，⑩の欄に斜線を引いていない者について，その居住している建物に関し，〈再生債務者居住建物〉欄の記載についてと同様の方法で記載する。

230

三　給与所得者等再生の申立準備

⑪　勤労必要経費の額

　　収入が勤労に基づいて得たものである場合には，法241条2項7号イから
ハまでにより算出した収入の額（①の額を2で除した額），居住地域の区分
に応じて政令で定める額を記載する。

3　具体例による可処分所得額の計算

〔ケース〕

大阪市在住で賃貸マンション（月額家賃11万円）に同居する標準3人世帯（妻
子は被扶養者）

①　大阪太郎（債務者）34歳、サラリーマン、手取年収500万円（所得税、住
　　　　　　　　　　　民税、社会保険料控除済）、負債合計800万円

②　大阪花子（妻）　　30歳　パート　手取年収40万円

③　大阪一郎（子）　　5歳

なお、以上の年齢は、再生債務者が再生計画案を提出した日以後の最初の4
月1日における年齢である（政令2条2項）

	大阪太郎（34歳）	大阪花子（30歳）	大阪一郎（5歳）
個人生活費の額	49.9万円 政令2条1項1号 「別表第一」の 「第1区」 ↓ 「別表第二の一」 の「20歳以上40歳 未満」の欄	49.9万円 政令2条1項1号 「別表第一」の 「第1区」 ↓ 「別表第二の一」 の「20歳以上40歳 未満」の欄	39.8万円 政令2条1項1号 「別表第一」の 「第1区」 ↓ 「別表第二の一」 の「5歳」の欄
世帯別生活費の額	64.7万円 「第1区」 ↓ 政令3条1項1号 「別表第三の一」 の「3人」の欄		

231

第3章　給与所得者等再生

冬期特別生活費の額	2.4万円 「第1区」 ↓ 政令4条1項1号「別表第四の一」の「3人」の欄		
住居費の額	65.3万円 「第1区」 ↓ 政令5条1項「別表第六」の「大阪府」の「第1区から第3区まで」の「2人以上7人未満」の欄		
勤労必要経費の額	55.5万円 「第1区」 ↓ 政令6条1項1号「別表第七の一」の「250万円以上」の欄		
（小計）	237.8万円	49.9万円	39.8万円
1年分の費用合計	327.5万円		

　以上から、Aの1年間の可処分所得額は、手取り年収500万円－1年分の費用327.5万円＝172.5万円であり、可処分所得弁済要件により定まる計画弁済総額は、その2年分である345万円となる。

　これに対して、本例では可処分所得算出シートを用いれば、①氏名、②年齢（債務者が再生計画案を提出した日以後の最初の4月1日における年齢を記入すること）、③同居・別居の別、④居住地、⑤1年間あたりの手取り収入額、⑥再生債務者が居住建物を所有しているか、⑦月額賃料を記入しただけで、下記のとおり自動的に可処分所得額が計算される。

　なお、住居費の額については、政令5条2項が実態を考慮して同条1項の別

232

表第六記載の金額とは異なる金額となる場合を定めている（たとえば、実際の支払予定年間家賃が別表第六の額を下回る場合はその額が手取り年収から控除される（政令5条2項2号））ことから、可処分所得算出シートにおいても、居住建物に関しては、一般弁済期間の全期間を通じて実際に支払われる予定の家賃または住宅ローン費用を記入する必要がある。

【書式3-2】 可処分所得額算出シート記入例

可処分所得額算出シート

		再生債務者	被扶養者	被扶養者	被扶養者	被扶養者
	氏　　　名	大阪太郎	大阪花子	大阪一郎		
※	年齢（令和〇〇年4月1日現在）	34歳	30歳	5歳	歳	歳
	続　　　柄	本　人	妻	子		
※	同居・別居の別		同居	同居	同居	同居
※	居住地（別居の被扶養者のみ）					
※	居住地域の区分	第　1　区	第　1　区	第　1　区	第　　区	第　　区
※	① 過去2年間の収入合計額	1190万円	①÷2＝　　595万円			
※	② 上記期間の所得税額相当額	40万円				
※	③ 上記期間の住民税額相当額	30万円				
※	④ 上記期間の社会保険料相当額	120万円				
	⑤ 収入合計額から控除する額	190万円	←②＋③＋④			
	⑥ 1年間当たりの手取収入額	500万円	←（①－⑤）÷2			
※	⑦ 個人別生活費の額	49.9万円	49.9万円	39.8万円	円	円
※	⑧ 世帯別生活費の額	64.7万円	円	円	円	円
※	⑨ 冬期特別生活費の額	2.4万円	円	円	円	円
※	⑩ 住居費の額	65.3万円(D)	円(D)	円(D)	円(D)	円(D)
※	政令の住居費の額	65.3万円(A)	円(A)	円(A)	円(A)	円(A)
	再　生　債　務　者　居　住　建　物					
※	(1)再生債務者が所有しているか	は　い → (2)へ進む　　　いいえ → (4)へ進む				
※	(2)競売又は任意売却により建物の所有権を失う可能性があるか	は　い → (3)(4)は記載しない　いいえ → (3)へ進む（(4)は記載しない）				
※	(3)一般弁済期間を通じてローンの弁済をする予定があるか	は　い・いいえ　　　1年間の弁済見込総額円(B)				

233

第3章　給与所得者等再生

※	(4)一般弁済期間を通じて賃料の支払をする予定があるか	はい・いいえ　　1年間の支払見込総額　　132万円(C)				
	別　居　被　扶　養　者　居　住　建　物					
※	(1)再生債務者が所有しているか	はい → (2)へ進む　　　　いいえ → (4)へ進む				
※	(2)競売又は任意売却により建物の所有権を失う可能性があるか	はい → (3)(4)は記載しない　いいえ → (3)へ進む（(4)は記載しない)				
※	(3)一般弁済期間を通じてローンの弁済をする予定があるか	はい・いいえ　　1年間の弁済見込総額　　　　　円(B)				
※	(4)一般弁済期間を通じて賃料の支払をする予定があるか	はい・いいえ　　1年間の支払見込総額　　　　　円(C)				
※	⑪　勤労必要経費の額	55.5万円				
	⑫　上記合計額（1年分の費用額）	237.8万円	49.9万円	39.8万円	円	円
	⑬　⑫の合計額					327.5万円

⑭	1年間当たりの可処分所得額　（⑥−⑬）	172.5万円
⑮	計画弁済総額の最低基準額　（⑭×2）	345.0万円

※印の記載に当たっては、別紙記載要領を参照して下さい。

4　可処分所得額算定の基礎資料

　規則136条3項は、可処分所得額を明らかにするための資料として、確定申告書の写し、源泉徴収票の写し、その他の書面を申立書に添付すべきことを要求している。その他の書面については、給与支給明細書の写し等が考えられる。

　これらは手取り収入、すなわち、｜2年分の収入−（2年分の所得税＋住民税＋社会保険料)｜ ÷2を算出するために必要な資料である。

　通常の給与所得を得ているサラリーマンで考えると、まず、2年分の源泉徴収票の写しから、2年間の収入合計、所得税および社会保険料が明らかになる。

　次に、住民税については、給与支給明細書の写し等（大阪では申立て直近2カ月分が要求されている）に記載された月別の住民税額を12倍するか、あるいは後払い方式であるため前年分しかわからないが、市町村から交付を受けられる課税証明書記載の住民税額を参考とすることになろう。

　もっとも、再生債務者が勤務先から交付済の源泉徴収票を所持していないこともあり得、このような場合に、勤務先から源泉徴収票の再交付を受けることに困難を伴うことも予想される。再生債務者にとって、再生手続をとっている

234

ことは、勤務先に対して秘匿しておきたいことだからである。このような場合、市町村から交付を受けられる課税証明書で代えることも可能と考えられる。課税証明書には所得税額は記載されていないものの、総収入等は明らかとなっているので、所得税額の算出等はほぼ可能である。

なお、大阪地裁第6民事部では、給与支給明細書等から通勤手当てが判明する場合、それを収入金額から控除して可処分所得額を算出することができるものとしている。

また、大阪地裁第6民事部では、再生債務者が離婚して未成熟子と別居しており、その子のために一定額以上の養育費を支払っている場合には、養育費として支払った額を被扶養者の個人別生活費として控除することができる（ただし、政令所定の個人別生活費の額が控除の最高限度額となる）ものとしている。この場合、実際の養育費の支払いを示す書面が必要となる。

四　給与所得者等再生と小規模個人再生の選択

まず、再生債務者が給与所得者等再生の要件を満たす場合であって、再生債務者の可処分所得2年分の額が、債務総額が3000万円以下の場合はその5分の1の額（または100万円）、3000万円を超え5000万円以下の場合はその10分の1または財産の清算価値を下回る場合には、再生計画に対する再生債権者の決議が不要となるメリットを活かして、給与所得者等再生を選択するということになろう。

なお、概算ではあるが、（資料1）（第1章八2）の個人再生チェックリスト内の記載によると、大阪市在住（政令区分第1区）の30歳代夫婦と5歳の子供の3人家族（専業主婦家庭）において、夫が給与所得者等再生手続を申し立てる場合、夫の手取収入が380万円を超えると可処分所得要件による計画弁済総額が100万円を超え、手取収入が480万円を超えると可処分所得要件による計画弁済総額が300万円を超えると試算されている。

また、南河内郡千早赤阪村在住（政令区分第5区）の30歳代独身男性の場合、手取年収が220万円を超えると可処分所得要件による計画弁済総額が100万円を超え、手取年収が320万円を超えると可処分所得要件による計画弁済総額が300万円を超えると試算されている。

これに対し、再生債務者の可処分所得2年分の額が、債務総額が3000万円以下の場合にはその5分の1の額（または100万円）、3000万円を超え5000万円以下の場合にはその10分の1および財産の清算価値を上回る場合には、実務上小規模個人再生において再生計画案が債権者によって否決されることが極めて稀であるという現状に照らせば、一般的には小規模個人再生を選択することが適当かと思われる。

　もっとも、大口の債権者が再生計画案に不同意の回答をしてくることが確実に予想される場合（小規模個人再生の再生計画案が否決されたケースは政府系金融機関の議決権の額が議決権の総額の2分の1を超える大口の再生債権者であったことが報告されているし、あるカード会社は自社の債権額が議決権の2分の1を超えていると必ず不同意の回答をしてくるとの報告もなされている）には、当該債権者との交渉が必要となり、折り合いがつかなければ給与所得者等再生を選択するほかないであろう。

五　申立て・管轄・審理・保全処分

　申立ての方式（法244条・221条3項各号）、管轄、移送および審理・保全処分などについては基本的には小規模個人再生の場合と同様であるが、申立書の記載事項、添付書類等が若干異なっているので注意が必要である。

【書式3-3】　給与所得者等再生開始申立書(1)（全国版）

再生手続開始申立書（給与所得者等再生）

○○地方裁判所○○支部　御　中

令和○○年○○月○○日

━━━━━━━━━━━━━━━　申　立　人　━━━━━━━━━━━━━━━

氏　　名：　国　立　直　　　　　　　　　　　　　　㊞

生年月日：☑昭和　□平成　○○　年　5　月　6　日　年齢：　47　歳

住民票上の住所：○○県○○市○○町○丁目○○－○

現　住　所：〒000-0000　　　　　同上

連絡先電話番号：0000（00）0000　☑自宅　□勤務先　その他（　　）

五　申立て・管轄・審理・保全処分

FAX 番号　　：0000（00）0000　☑電話共用
送達場所の届出（※現住所と異なる場所で裁判所からの書類を受け取ることを
　　　　　　　希望する場合にのみ，その住所を記入してください。）
〒＿＿＿＿＿＿＿＿＿＿＿＿＿＿＿＿＿＿＿＿＿＿＿＿＿＿＿＿＿＿＿＿＿

＝＝＝＝＝＝＝＝＝＝＝＝＝＝ 申立人代理人 ＝＝＝＝＝＝＝＝＝＝＝＝
氏　　　名：日　本　太　郎＿＿＿＿＿＿＿＿＿＿＿＿＿＿＿＿＿＿㊞
事務所住所　〒000-0000
（送達場所）：○○県○○市○○町○丁目○○－○　　○○ビル○階
　　　　　　　○○法律事務所
電話番号：0000（00）0000　FAX 番号：0000（00）0000

－ 1 －

申立ての趣旨等

1　申立人について，給与所得者等再生による再生手続を開始する。
　　との決定を求める。
　※あなたについて給与所得者等再生による再生手続を行うことが相当でない
　　と裁判所が判断することになった場合に備えて，あらかじめ，①小規模個
　　人再生による再生手続，②通常の再生手続のうち相当と認められる手続に
　　より，手続開始決定をすることを求めておくことができます。下記2では，
　　あなたの希望する事項の前にある□に✓印を付けてください（両方に✓印
　　を付けてかまいません。）。
　　　どの欄にも印がない場合には，給与所得者等再生以外では，再生手続の
　　開始を求めていないものとして取り扱われることになります。
2　給与所得者等再生を行うことが相当と認められない場合には，
　☑　①小規模個人再生による再生手続の開始を求める。
　□　②通常の再生手続の開始を求める。

申立ての理由等

1　申立人の負担する債務は，添付の債権者一覧表に記載したとおりであり，
　総額5,000万円（※住宅ローン債権の額及び担保権による回収見込額を除く。）
　を超えていないが，申立人の財産の状況及び収入の額等は，この申立書に添
　付した陳述書に記載したとおりであり，申立人には，破産の原因となる事実
　の生ずるおそれがある。

237

第3章　給与所得者等再生

　　申立人は，陳述書の「第1　職業，収入の額及び内容等」（5ページ）に
　記載したとおり，定期的かつ額の変動の幅の小さい収入を継続的に得る見込
　みがあり，下記3の方針により再生計画案を作成し，再生債権者の一般の利
　益に反しない弁済を行うことができる。
2　申立人には，陳述書の「第5　過去の免責等に関する状況」（11ページ）
　に記載したとおり，給与所得者等再生による再生手続を求めるのに支障とな
　る事由はない。

－ 2 －

3　再生計画案の作成の方針についての意見
　　各再生債権者に対する債務について，相当部分に免除を受けた上，法律の
　要件を充たす額の金銭を分割して支払う方針である。
　□　住宅資金特別条項（※住宅ローン債務について再生計画で特別な条項を
　　　　　　　　　定める予定がある場合には，□に✓印をつけてくだ
　　　　　　　　　さい。）
　　なお，申立人所有の住宅（財産目録「11不動産」記載の土地，建物等）に
　関する住宅資金貸付債権については，債権者と協議の上，住宅資金特別条項
　を定める予定である。

添付書類

　別添の「再生手続開始申立書（給与所得者等再生）の添付書類一覧表」のと
おり

－ 3 －

陳　述　書

五　申立て・管轄・審理・保全処分

令和○○年○○月○○日

申立人　氏　名　国　立　　　直　㊞

━━━━━━　この陳述書の書き方　━━━━━━

　この陳述書は，該当する事項を○で囲んだり，□に✓（チェック）印を付けたり，空白のところに必要事項を記入することによって作成することができるようになっています。必要事項を記入するようになっている欄が不足する場合には，この陳述書の用紙と同じ規格（Ａ４判）の紙に記入し，そのことがわかるようにして，陳述書の末尾に付け足してください。

－ 4 －

第1　職業，収入の額及び内容等

1　職　業

現在の職業　☑会社員　□公務員　□団体職員

　　　　　　□その他（具体的に：＿＿＿＿＿＿）

現在の職業についた時期：昭和・（平成）・令和 ○○ 年 4 月

地位（役職名）： 従業員

仕事の具体的な内容： 運転手

勤務先名： 丸福株式会社

勤務先の住所： ○○県○○市○○町○丁目○番○号

2　収　入

あなたの得ている収入について，以下に当てはまるものがあれば，その全部について記入をしてください。

☑給与所得

※各欄の金額は，税金や社会保険料を控除した後の「手取額」を記入してください。

(1) 月　収： 25 万0000円

(2) 賞与（ボーナス）□なし

　　　　　　　　☑あり（最近1年間に受け取った額及びその時期）

　　　　　　　　　36 万0000円 ○○ 年 6 月

　　　　　　　　　36 万0000円 ○○ 年 12 月

239

第3章　給与所得者等再生

　　　　　　　　　　　　　　　　　___万___円___年___月
　　　　　　　　　　　　　　　　　___万___円___年___月

　　＊　最近3か月の給与明細書及び過去2年間の源泉徴収表または課税証明
　　　書（所得税や市町村・県民税の額や社会保険料の額が分かるもの）をそ
　　　れぞれコピーして添付してください。

－ 5 －

　　　□　年金，各種扶助等の受給（下表に必要事項を記入してください。）

種　類	金額(月額)	受給開始の時期
	円	昭・平　　年　　月ころ
	円	昭・平　　年　　月ころ
	円	昭・平　　年　　月ころ

　　＊　年金や各種扶助の受給証明書のコピーを添付してください。
　　□　その他（具体的に：＿＿＿＿＿＿＿＿＿＿＿＿＿＿）
　　(1)　1か月当たりの収入の額：___万___円（手取額）
　　(2)　収入を得る時期や額についての説明

　　＊　上記の収入について，支払を受ける時期や額が明らかになる書類のコ
　　　ピーを添付してください。
3　過去の職業，収入等
(1)　過去2年間に，就業先の変更などの理由（(2)に該当する場合を除く。）
　　により，年収の額がそれまでの額に比べて5分の1以上の変動が
　　☑　なかった
　　□　あった
　　　ア　直近の変動の時期：平成___年___月___日
　　　イ　変動前の年収額：___万___円｝変動の前後の期間が年に満た
　　　ウ　変動後の年収額：___万___円｝ない場合には，年収額に換算

－ 6 －

240

エ　年収の額が変動することになった経緯を具体的に説明してください。

（説明）

＊　上記の経緯が説明できる資料（以前の就業先での給与証明書等）を添付してください。

(2)　過去２年間に，給与所得者や年金受給者（給与所得者等）に新たになったという事情が

☑　ない

□　ある

ア　給与所得者等になった時期：平成＿＿年＿＿月＿＿日ころ

イ　以前の職業：□＿＿＿＿＿＿＿＿＿＿　□無　職

ウ　以前の年収額：＿＿万＿＿円

（※以前の収入を得ていた期間が年に満たない場合には年額に換算）

エ　給与所得者等になった経緯を具体的に説明してください。

（説明）

＊　上記の経緯が説明できる資料（以前の就業先での給与証明書等）を添付してください。

－ 7 －

第2　生活の状況

1　家族関係

氏　名	申立人との関係	生年月日	職業	月　収	同居の有無
国立明子	㊙妻・夫	○○・4・5	主婦	0円	☑同居□別居
登	子	○○・8・7	高校生	0円	☑同居□別居
		・　・		円	□同居□別居
		・　・		円	□同居□別居

241

第3章　給与所得者等再生

		・・		円	□同居□別居

　　＊　同居者に収入がある場合は，それがわかる資料は添付してください。

　　※　家族（配偶者や子どもなど）の収入に関する記載は，あなたが扶養すべき家族の範囲を確定するとともに，あなたがこの手続の中で作成する再生計画のとおり返済を続けて行くことに無理がないかを判断するために必要ですので必ず記入してください。

　２　住居の状況

　(1)　現在の住居の状況

□　自己所有の家屋　□　親族所有の家屋（無償）

☑　借家・賃貸マンション・アパート　□　社宅・寮　□　公営，公団の賃貸住宅

□　その他：＿＿＿＿＿＿＿＿＿＿＿＿＿＿＿＿＿＿＿＿＿＿＿＿＿＿＿

　　現在の住居について，申立人が家賃又は住宅ローンを支払っている場合は，次に記入してください。

　　　１年間に支払う家賃（管理費込み）又は住宅ローンの額

　　　　＿＿77＿＿万＿＿7600＿＿円

　　＊　家賃を支払っている場合には，賃貸借契約書や住宅使用許可書のコピーを，住宅ローンを支払っている場合には，住宅ローンの契約書や返済予定表などを添付してください。

－ 8 －

　(2)　別居している被扶養者の住居の状況

　　※家族に別居者がいて，あなた自身がその別居者を扶養しているときは，次の欄に必要事項を記入してください。

別居先の住所：＿＿＿＿＿＿＿＿＿＿＿＿＿＿＿＿＿＿＿＿＿＿＿＿＿＿＿

上記住所に居住する家族の氏名：＿＿＿＿＿＿＿＿＿＿＿＿＿＿＿＿＿＿＿

別居先の住所の状況

　　　□　申立人所有の家屋　□　家族所有の家屋（無償）

　　　□　借家・賃貸マンション・アパート　□　社宅・寮　□　公営，公団の賃貸住宅

　　　□　その他：＿＿＿＿＿＿＿＿＿＿＿＿＿＿＿＿＿＿＿＿＿＿＿＿＿

　　　上記の住居について，申立人が家賃又は住宅ローンを支払っている場合は，次に記入してください。

五　申立て・管轄・審理・保全処分

1年間に支払う家賃（管理費込み）又は住宅ローンの額

＿＿＿＿万＿＿＿＿円

＊　家賃を支払っている場合には，賃貸借契約書や住宅使用許可書のコピーを住宅ローンを支払っている場合には，住宅ローンの契約書や返済予定表などを添付してください。

3　家計の状況

別紙「家計全体の状況」記載のとおり

第3　財産の状況

別紙「財産目録」記載のとおり

－ 9 －

第4　負　債

1　負債の状況

申立書添付の「債権者一覧表」記載のとおり

2　公租公課（税金など），罰金等の滞納の状況

納付すべき税金，社会保険料，罰金（反則金），刑事訴訟費用，過料等の滞納をしている事実が

☑　ない

☐　ある（下の表に必要事項を記入してください。）

種　　　類	納付すべき金額	納　付　時　期
	円	平・昭　年　月　日
	円	平・昭　年　月　日
	円	平・昭　年　月　日
	円	平・昭　年　月　日
	円	平・昭　年　月　日

3　再生手続開始の申立てをするに至った事情

＊　債権者一覧表に記載した債務を負うことになった原因について，次の①から⑦の中から当てはまるもの（複数の原因がある場合はそのすべてに）を選んで，その事項の前にある☐に✓印を付けてください。⑦に印を付けた場合には，「具体的な事情」の欄に，その原因と事情について具体的に記入してください。

☐　①申立人の病気，勤務先の倒産・リストラ等による収入の減少

☐　②自動車，家具等の高額商品の購入による支出の増大

243

第3章　給与所得者等再生

　　　□　③住宅の購入による支出の増大
　　　□　④仕事上の接待費の立替払い，契約金の立替払い，営業の穴埋めなど
　　　　　のための借金による支出の増大

－10－

　　　□　⑤事業の失敗による負債の発生
　　　□　⑥他人の借金を保証し，保証人として義務の履行を求められている。
　　　☑　⑦その他の原因（下欄にその原因から具体的に記入してください。）
　　　　具体的な事情
　　　　申立人は，かねてから家族ぐるみの付き合いをしていた銭良株式会社の
　　　代表者銭良武雄より，平成10年以降，保証協会や業者との取引につき連
　　　帯保証をすることを依頼され，これに応じてきた。ところが，銭良株式
　　　会社はその後倒産し，代表者銭良武雄は破産宣告を受けたため，申立人
　　　は合計1000万円の保証債務の履行を請求されるに至り，約定弁済が不可
　　　能となっている。

4　債権者との訴訟等の状況
　　債権者との間で「調停」や「訴訟」中であったり，あなたの財産（給与や
　不動産等）について裁判所による「差押え」，「仮差押え」，「仮処分」等の処
　分がされている場合には，あなたが知っている限りの全部を下表に記入して
　ください。

手続の種類	裁　判　所　名	事件番号	相　手　方

　　＊「調停申立書」や「訴状」及び「差押え，仮差押え，仮処分等の決定正
　　　本」などの書類がある場合には，その書類のコピーを添付してください。

第5　過去の免責等に関する状況
　1　今回と同様に，給与所得者等再生による再生手続を利用して再生計画が
　　認められ，その再生計画に定められた弁済を終了したことが
　　　　☑　ない

－11－

244

五　申立て・管轄・審理・保全処分

□　ある　平成＿＿＿年＿＿＿月＿＿＿日　再生計画認可決定
　　　　　　裁判所名：＿＿＿＿地方裁判所＿＿＿＿支部
　　　　　　事件番号：平成＿＿＿年（再ロ）第＿＿＿号
　　　　　　再生計画に定めた弁済の終了：平成＿＿＿年＿＿＿月＿＿＿日

2　再生手続を利用して再生計画が認められたが，その再生計画による弁済を行っている途中で，弁済を続けることが極めて困難となり，再生手続による免責（ハードシップ免責）の決定が受けたことが
　　☑　ない
　　□　ある　平成＿＿＿年＿＿＿月＿＿＿日　再生計画認可決定
　　　　　　　裁判所名：＿＿＿＿地方裁判所＿＿＿＿支部
　　　　　　　再生事件の事件番号：平成＿＿＿年（再イ・ロ）第＿＿＿号
　　　　　　　免責事件の事件番号：平成＿＿＿年（モ）第＿＿＿号

3　破産免責手続を利用して，免責の決定を受けたことが
　　☑　ない
　　□　ある　昭和・平成＿＿＿年＿＿＿月＿＿＿日　免責決定
　　　　　　　裁判所名：＿＿＿＿地方裁判所＿＿＿＿支部
　　　　　　　免責事件の事件番号：平成＿＿＿年（モ）第＿＿＿号
　　　　　　　破産事件の事件番号：平成＿＿＿年（フ）第＿＿＿号

－12－

家計全体の状況（令和＿＿○○＿＿年＿＿○○＿＿月分）

＊　この表は，申立前3か月分の状況について，1か月ごとに作成して，添付してください。

収　　入		支　　出	
費　　　目	金　　額	費　　　目	金　　額
給与（申立人）	250,00円	家賃（管理費を含む）	64,800円
給与（配偶者）	円	地代	円
給与（　　　）	円	駐車場料金	円
自営収入（配偶者）	円	食費	85,000円
自営収入（　　　）	円	電気料金	14,010円
年　金（申立人）	円	ガス料金	9,110円

245

第3章　給与所得者等再生

年金（配偶者）	円	水道料金	8,540円
年金（　　　）	円	新聞料金	3,820円
児童手当	円	電話料金	5,220円
その他の扶助	円	ガソリン代	円
他からの援助	円	医療費	1,000円
（援助者の名前 　）		教育費	25,000円
借　入	円	交通費	5,000円
その他（具体的に）		被服費	10,000円
	円	冷暖房燃料費	円
	円	交際費	8,000円
	円	娯楽費	5,000円
	円	各種保険料・掛金	円
	円	返済（住宅ローン分）	円
	円	返済（その他）	円
	円	その他（具体的に）	
	円		円
	円		円
	円		円
	円		円
	円		円
	円		円
	円		円
前月からの繰り越し	円	翌月への繰り越し	5,500円
収入合計	250,000円	支出合計	250,000円

※注意　支出に関する記載について，陳述書や財産目録等との矛盾が指摘される おそれがある場合には，説明事項を表の中に適宜記入してください。

－13－

246

財 産 目 録

1 現　金＿＿＿300,0000＿＿＿円（申立日現在の額）

2 預金・貯金　　□なし　☑あり

金融機関(支店名)・郵便局の名称	口座種別	口座番号	預貯金残高(現在額)
○○銀行○○支店	普通	000000	220,170円
○○銀行○○支店	定期	000000	1,200,000円
○○信用金庫○○支店	総合	000000	45,637円

＊　上記預貯金の通帳について，表紙及び申立日時点での預貯金残高が分
かる部分をコピーして添付してください。通帳を紛失している場合は，
金融機関等から残高証明書を取得して添付してください。

3 貸付金　　□なし　☑あり

相手の名前	金　額	貸付の時期	回収の見込み
銭良武雄	3,100,000円	昭・㊣00年 9 月ころ	□あり　☑なし　□不明
	円	昭・平　年　月ころ	□あり　□なし　□不明
	円	昭・平　年　月ころ	□あり　□なし　□不明

＊　貸付についての契約書などがあれば，そのコピーを添付してください。

－14－

4 積立金（社内積立，財形貯蓄等）　☑なし　□あり

種　　類	金　額	積立開始時期
	円	昭・平　年　月ころ
	円	昭・平　年　月ころ
	円	昭・平　年　月ころ

＊　金額は，申立時点での積立総額を記入してください。

5 退職金制度　　□なし　☑あり

仮に，今，退職したとしたら支払われるであろう退職金の見込額

第3章　給与所得者等再生

　　　　　　　　20万　　　　0000円

　　＊　退職金の見込額を証明する書類を添付してください。

6　保険（生命保険，損害保険，火災保険等）　　□なし　☑あり

保険会社名	保険の種類	証券番号	解約返戻金の額
○○生命株式会社	生命保険	00-00-000000	約282,000円
			円
			円
			円

　　＊　保険証券のコピー及びこの申立てをする時点での解約返戻金に関する
　　　証明書を添付してください。

7　有価証券等（株券，転換社債，ゴルフ会員権等）　　☑なし　□あり

種　　類	取　得　時　期	時　　価
	昭・平　　年　　月ころ	円
	昭・平　　年　　月ころ	円
	昭・平　　年　　月ころ	円

－15－

　　＊　証券のコピー（表裏とも）とその証券の申立時の時価が分かる資料を
　　　添付してください。

8　電話加入権　　□なし　☑あり　合計　1　本

9　自動車，二輪車等　　☑なし　□あり

車　　名	年　　式	時　　価	所有権留保
	年式	円	□あり　□なし
	年式	円	□あり　□なし
	年式	円	□あり　□なし

　　＊　車検証または登録事項証明書のコピーとその車両の申立時の時価が分
　　　かる資料を添付してください。

10　高価な品物（時価　　万円以下の品物を除く。）　　☑なし　□あり

品　　　物	現在の価値	購入の時期

五　申立て・管轄・審理・保全処分

				円	昭・平　　年　　月ころ
				円	昭・平　　年　　月ころ
				円	昭・平　　年　　月ころ

　　＊　高価な品物について，その現在の価値が分かるような資料があれば添
　　　付してください（生活必需品については記載する必要はありません。）。

11　不動産（土地，建物，マンション）　　☑なし　□あり

所　　　在	地番／家屋番号	地目／種類	地積／床面積	時　　価
			㎡	円
			㎡	円
			㎡	円

－16－

　　＊　前記の不動産について，登記簿謄本，時価及び課税額が分かる資料
　　　（例：固定資産税評価額証明書など）を添付してください。

12　敷　金　　□なし　☑あり
　　現在預けている敷金の額：　18　万　2400　円
　　＊　陳述書の「現在の住居の状況」（第2の8　ページ）でコピーを添付
　　　する賃貸借契約書や住宅使用許可書に敷金に関する記載がある場合には，
　　　必ず記入してください。

13　相　続（遺産分割未了の財産も含む。）　☑なし　□あり

被相続人の名前	関　係	相続の時期	相続したもの
		昭・平　　年　　月ころ	
		昭・平　　年　　月ころ	
		昭・平　　年　　月ころ	

－17－

第3章　給与所得者等再生

再生手続開始申立書（給与所得者等再生）の添付書類一覧表

※　申立書に添付して裁判所に提出する書類は，原本をコピーしたものでも結構です。

なお，裁判所でコピーと原本を照合することがありますので，裁判所に出頭する際には，必ず添付書類の原本を持参してください。

申立てに当たって添付すべき書類 ※提出するものは□に✓印を付けてください。		裁判所記入欄 ※この欄は裁判所で記入します。	
「申立書」の添付書類		添付書類の確認等	結　　果
☑戸籍謄本 ☑住民票の写し ☑債権者一覧表		□確認 □補充	□補充済
「陳述書」の添付書類			
収　　入		□確認	
☑申立人の給与明細書（3か月分） ☑申立人の源泉徴収票（2年分） □申立人の課税証明書（2年分） □受給証明書（　　　　　　年金分） □受給証明書（　　　　　　分） □受給証明書（　　　　　　分） □その他（　　　　　　　　　） □		□補充 （内容）	□補充済
□後から提出 後から提出する書類（　　　　　　） （　　　　　　）			□提出済
過去の職業・収入等　　☑添付書類なし		□確認	
□以前の就業先での給与証明書 □その他（　　　　　　　　　） □		□補充 （内容）	□補充済
□後から提出 後から提出する書類（　　　　　　） （　　　　　　）			□提出済
住居の状況　　　　　□添付書類なし		□確認	

五　申立て・管轄・審理・保全処分

☑賃貸借契約書，住宅使用許可書（自宅分） □賃貸借契約書，住宅使用許可書（別居者分） □住宅ローン契約書，返済予定表 □その他（　　　　　　　　　　　　　） □ □後から提出	□補充 （内容）	□補充済
後から提出する書類（　　　　　　　　） 　　　　　　　　　　（　　　　　　　　）		□提出済
生活の状況　　　　　　☑添付書類なし	□確認	
□同居人（　　　　）の給与明細書 □同居人（　　　　）の源泉徴収票 □ □ □ □後から提出する	□補充 （内容）	□補充済
		□提出済

－18－

後から提出する書類（　　　　　　　　） 　　　　　　　　　　（　　　　　　　　）		
債権者との訴訟等の状況　☑添付書類なし	□確認	
□支払督促（支払命令）正本 □調停（和解）証書正本 □判決正本 □差押命令正本 □仮差押命令正本 □仮処分命令正本 □ □後から提出	□補充 （内容）	□補充済
		□提出済
後から提出する書類（　　　　　　） 　　　　　　　　　　（　　　　　　）		
「財産目録」の添付書類		
預金・貯金　　　　　□添付書類なし	□確認	
☑通帳　　　　（　3　冊） □残高証明書　（　　通）	□補充 （内容）	□補充済

251

第3章　給与所得者等再生

☐その他（　　　　　　　　　　） ☐			
☐後から提出			☐提出済
後から提出する書類（　　　　　　　　） （　　　　　　　　）			
貸付金　　　　　　☐添付書類なし	☐確認		
☑契約書　　　（　1　通） ☐その他（　　　　　　　　　） ☐	☐補充 （内容）		☐補充済
☐後から提出			☐提出済
後から提出する書類（　　　　　　　　） （　　　　　　　　）			
退職金制度　　　　☐添付書類なし	☐確認		
☑退職金見込額証明書 ☐その他（　　　　　　　　） ☐	☐補充 （内容）		☐補充済
☐後から提出			☐提出済
後から提出する書類（　　　　　　　　） （　　　　　　　　）			
保　　険　　　　　☐添付書類なし	☐確認		
☑保険証券 　内訳　生命保険（　1　通） 　　　　損害保険（　　通） 　　　　その他（　　通） ☐解約返戻金に関する証明書（　　通） ☐その他（　　　　　） ☐	☐補充 （内容）		☐補充済
☐後から提出			☐提出済
後から提出する書類（　　　　　　　　） （　　　　　　　　）			

－19－

五　申立て・管轄・審理・保全処分

有価証券等　　　　　☑添付書類なし	□確認	
□証券のコピー　（　　　通） □証券の時価が分かる資料 （　　　　　　　　　　　　　） □その他（　　　　　　　　　） □	□補充 （内容）	□補充済
□後から提出 後から提出する書類（　　　　　　） （　　　　　　）		□提出済
自動車，二輪車等　　☑添付書類なし	□確認	
□車検証　　　　　（　　　通） □登録事項証明書　（　　　通） □車両の時価が分かる資料 （　　　　　　　　　　　　　） □その他（　　　　　　　　　） □	□補充 （内容）	□補充済
□後から提出 後から提出する書類（　　　　　　） （　　　　　　）		□提出済
高価な品物　　　　　☑添付書類なし	□確認	
□ □ □	□補充 （内容）	□補充済
□後から提出 後から提出する書類（　　　　　　） （　　　　　　）		□提出済
不動産　　　　　　　☑添付書類なし	□確認	
□土地登記簿謄本（登記事項証明書） 　　　　　　　　　　（　　物件分） □建物登記簿謄本（登記事項証明書） 　　　　　　　　　　（　　物件分） □固定資産額評価額証明書　（　　物件分） □評価書　　　　　　（　　物件分） □その他（　　　　　　　　　） □	□補充 （内容）	□補充済

253

第3章　給与所得者等再生

□後から提出 後から提出する書類　（　　　　　　　　） （　　　　　　　　）			□提出済
その他　　　　　　　　☑添付書類なし	□確認		
□	□補充 （内容）		□補充済
□			
□			
□後から提出 後から提出する書類　（　　　　　　　　） （　　　　　　　　）			□提出済

－20－

債権者一覧表

（再生債務者の氏名：国立　直）

○○○○地方裁判所　○○支部
令和○○年（再イ）第　号
事件番号

債権者番号	債権者の氏名又は名称、住所、電話番号、ファクシミリ番号	債権番号	現在額（円）	発生原因（当初の契約年月日、契約の種別、元金額等を記入）	異議の留保	その他の記載
1	（〒住所） （氏名）○○県中小企業信用保証協会 TEL：0000-00-0000 FAX：0000-00-0000	1	1,205,483	銭良株式会社の連帯保証	□あり ☑なし	□別紙の記載とおり
2	（〒住所） （氏名）○○市信用保証協会 TEL：0000-00-0000 FAX：0000-00-0000	2	4,675,000	同上	□あり ☑なし	□別紙の記載とおり
3	（〒住所） （氏名）株式会社○○商事 TEL：0000-00-0000 FAX：0000-00-0000	3	1,500,000	同上	☑あり □なし	□別紙の記載とおり
4	（〒住所） （氏名）株式会社○○○○ TEL：0000-00-0000 FAX：0000-00-0000	4	134,415	平成○○年11月借入・当初 元金200,000円	☑あり □なし	□別紙の記載とおり
5	（〒住所） （氏名）株式会社○○クレジット TEL：0000-00-0000 FAX：0000-00-0000	5	140,906	平成○○年3月借入・当初 元金200,000円	☑あり □なし	□別紙の記載とおり
6	（〒住所） （氏名）○○○株式会社 TEL：0000-00-0000 FAX：0000-00-0000	6	131,847	平成○○年10月借入・当初 元金500,000円	☑あり □なし	□別紙の記載とおり
	（〒住所） （氏名） TEL：　　　　FAX：				□あり □なし	□別紙の記載とおり
	（〒住所） （氏名） TEL：　　　　FAX：				□あり □なし	□別紙の記載とおり
	（〒住所） （氏名） TEL：　　　　FAX：				□あり □なし	□別紙の記載とおり

債権者一覧表記載の再生債権の合計額（A）　7,787,651

（別紙）

表－1

住宅資金特別条項を定めた再生計画案提出の予定	□あり　☑なし
住宅資金貸付債権	債権額（円）
1　債権者番号　　番の債権者の有する　　番の債権	
2　債権者番号　　番の債権者の有する　　番の債権	
3　債権者番号　　番の債権者の有する　　番の債権	
住宅資金貸付債権の額の合計（B）	円

←住宅資金特別条項を定める予定がある場合には、「あり」の前の□にチェックをしてください。

※　注意　＊

＊　住宅資金貸付債権については、表－2（別除権付債権）に記載する必要はありません。

表－2

別除権付債権	別除権の行使により弁済が見込まれる額（円）	担保不足見込額（円）	別除権の目的
1　債権者番号　　番の債権者の有する　　番の債権			
2　債権者番号　　番の債権者の有する　　番の債権			
3　債権者番号　　番の債権者の有する　　番の債権			
合　計　額	円（C）	0円	

再生債権の総額	7,787,651 円

計算方法：再生債権の総額＝
債権者一覧表記載の再生債権の合計額（A）－住宅資金貸付債権の額の合計（B）－別除権の行使により弁済が見込まれる額（C）

五　申立て・管轄・審理・保全処分

【書式3-5】　給与所得者等再生開始申立書(2)（東京地裁）

再生手続開始申立書（給与所得者等再生）

東京地方裁判所民事第20部　御中

令和○○年○○月○○日

収入印紙
10,000円

（ふりがな）　　　とうきょうたろう

申立人氏名：　東　京　太　郎＿＿＿＿＿＿＿＿

（ふりがな）　　　　　　　　（ふりがな）

（□旧姓＿＿＿＿＿＿□通称名＿＿＿＿＿＿旧姓・通称で借入れした場合のみ）

生年月日　：大・㉞・平＿＿○○年＿3月＿7日生（＿○○＿歳）

職　　業　：＿＿会　社　員＿＿＿＿＿＿＿

現住所：■別添住民票記載のとおり（〒○○○○―○○○○）

　　　　　※郵便番号は必ず記入すること

　　　　　□住民票と異なる場合：〒＿＿＿＿＿―＿＿＿＿＿＿＿　＿＿＿＿＿＿＿＿＿＿

現居所（住所と別に居所がある場合）〒＿＿＿＿＿―＿＿＿＿＿＿＿　＿＿＿＿＿＿＿＿

　　　　　□住民票上の住所が東京都外である場合：別紙「管轄についての意
　　　　　　見書」のとおり

申立人代理人（代理人が複数いる場合には主任代理人を明記すること）

　　事務所（送達場所）〒＿○○○＿-＿○○○○＿

　　東京都○○区○○　○-○-○　○○法律事務所

　　電話＿03（○○○○）○○○○＿　ファクシミリ＿03（○○○○）○○○○＿

　　代理人氏名＿＿練　馬　幸　一＿＿＿＿＿印

申立ての趣旨

申立人について，給与所得者等再生による再生手続を開始する。

印紙	10,000円
郵券	1,600円
係印	備考

申立ての理由等

1　（申立要件及び手続開始要件）

　　申立人は，本申立書添付の債権者一覧表のとおりの債務を負担しているが，収入及び主要財産は別紙収入一覧及び主要財産一覧に記載のとおりであり，破産手続開始の原因となる事実の生じるおそれがある。

　　申立人は，給与又はこれに類する定期的収入を得る見込みがあり，かつ，その変動の幅が小さいと見込まれ，また，民事再生法25条各号及び239条5項各号に該当する事由はない。

2　（再生計画案作成についての意見）

257

第3章　給与所得者等再生

　　　申立人は，各再生債権者に対する債務について，相当部分の免除を受けた
　　上，法律の要件を満たす額の金銭を分割して支払う方針である。
　　　なお，現時点での計画弁済予定額は，月額　30,000円であり，この弁済の
　　準備及び手続費用支払の準備のため，申立て後1週間以内の日を第1回とし，
　　以後毎月　27日までに個人再生委員の銀行口座に同額の金銭を入金する。
3　（他の再生手続に関する申述）
　　　申立人は，法律が定める他の再生手続開始を求めない。
4　関連申立ての有無　□関連当事者の破産事件　□関連当事者の再生事件
　　　　　　　　　　　□申立人の過去の再生事件
　　事件番号等　　地方裁判所　　　令和　年（　　）第　　号
　　申立人名・続柄（　　　　　・　　　　）

（別紙）

収入一覧及び主要財産一覧

申立日現在

収入一覧

収入の別	金　額	備　考
給与（月額）	244,000円	
賞与（年額）	720,000円	6月・12月各360,000円
	円	
	円	
年収　約		3,648,000円

主要財産一覧

財産の別	金　額	備　考
現　金	300,000円	申立費として代理人弁護士が保管
預　金	450,000円	○○銀行○○支店　普通預金
保険返戻金	200,000円	○○生命保険
敷　金	200,000円	
自動車	150,000円	令和○年購入のカローラバン

五　申立て・管轄・審理・保全処分

	円	
	円	
主要財産の総額（担保差入分を含む）約		1,300,000円

【書式3-6】　債権者一覧表(2)（東京地裁）

債権者一覧表

　　再生債務者　東　京　太　郎
　　債務合計額　6,986,334　円（申立後の利息・損害金を除いた額）
　　異議を留保する再生債権は，異議留保欄に○を付した。

債権者番号	債権者名	債権者住所	備　　考	異議留保
	債権の種類	債権の金額		
1	株式会社○○銀行○○支店	〒000-0000　　○○区○○　○-○-○　電話 00-0000-0000		
	☑貸付金　□立替金　□	金　1,500,000　円及び　これ　に対する　平成○○年5月6日から完済まで年6％の金員		
2	○○信用金庫○○支店	〒000-0000　　○○区○○　○-○-○　電話 00-0000-0000		
	☑貸付金　□立替金　□	金　900,000　円及び　これ　に対する　平成○○年6月10日から完済まで年5％の金員		
3	ローンズ○○株式会社○○支店	〒000-0000　　○○区○○　○-○-○　電話 00-0000-0000		○
	☑貸付金　□立替金　□	金　1,400,000　円及び　これ　に対する　平成○○年1月17日から完済まで年15％の金員		

第3章　給与所得者等再生

4	有限会社○○ こと△△△△	〒000-0000 　　○○区○○　○-○-○ 電話 00-0000-0000	○
	☑貸付金 □立替金 □	金　700,000　円及び　これ　に対する 平成○○年5月24日から完済まで年18%の金員	
5	株式会社○○ 信用保証	〒000-0000 　　○○区○○　○-○-○ 電話 00-0000-0000	
	□貸付金 ☑立替金 □	金　　　0　　　円及び　　　　に対する 平成　年　月　日から完済まで年　0　%の金員	

(注)　銀行からの借入れについて保証会社が保証をしている場合には、原債権者
であ る銀行とともに保証会社も債権者一覧表に記載し、その金額を「0円」
とする形で記載しておくべきである（その際、異議保留欄に○を記載するこ
とを忘れないこと（「はい6民ですお答えします（49）」大阪弁護士会月報
350号55頁参照））。

【書式3-7】　提出書類一覧（東京地裁）

個人再生手続の申立てに当たって

提　出　書　面

1　申立書類一式…正本（裁判所用）・副本（個人再生委員用）各1通を提出
してください。

(1)　申立書

(2)　収入一覧及び主要財産一覧

(3)　債権者一覧表

　＊(3)は、正本・副本各1通に加え、再生債権者の人数分の副本も必要です。

(4)　住民票の写し（マイナンバーの記載が無いもの。発行日から6か月以内
の原本（コピー不可））

(5)　委任状

2　添付書面

・　申立て時に提出する場合、正本・副本各1通を裁判所に提出してくださ

い。

・　申立て時に提出できない場合，速やかに，正本を裁判所に提出し，副本を個人再生委員に直送してください。

・　マイナンバーの記載が有る書類は，当該部分にマスキングをしたコピーを提出してください。

(1)　【小規模個人再生】(コピー可，いずれもマイナンバーの記載が無いもの)
　　①　確定申告書，源泉徴収票，課税証明書又は所得証明書（直近1年分）
　　②　給与明細書（直近2か月分）

　　【給与所得者等再生】(コピー可，①②③につきマイナンバーの記載が無いもの)
　　①　源泉徴収票又は確定申告書（直近2年分）
　　②　課税証明書又は所得証明書（直近2年分）
　　③　給与明細書（直近2か月分）
　　④　可処分所得額算出シート

(2)　住宅・敷地その他再生債務者が所有する不動産の登記事項証明書
　　　（発行日から3か月以内の原本，コピー不可，共同担保目録付き）

(3)　財産目録及び清算価値算出シート

(4)　家計全体の状況（直近2か月分）

3　住宅資金貸付債権の一部弁済許可を申し立てる場合
　　一部弁済許可申立書の正本（裁判所用）1通・副本（個人再生委員用・申立代理人に交付する許可証明書用）2通の合計3通を裁判所に提出してください。

※個人再生委員から提出を指示された書面

・正本を裁判所に提出し，副本を個人再生委員に直送してください。

手　続　費　用

1　申立手数料　1万円（収入印紙）

2　裁判所予納金　1万2268円（官報公告費用）

3　予納郵便切手　1600円分（120円切手×2枚，82円切手×10枚，20円切手×20枚，10円切手×13枚，1円切手×10枚）〔編注・消費税引上げに注意〕

4　再生債務者代理人宛ての封筒3通（82円切手を貼付）
　　　　★申立て時に所定の封筒をお渡ししますので，申立て後速やかに提出してください。

　　再生債権者宛ての封筒2組（120円切手を貼付）
　　　　★申立て時に所定の封筒（開始通知用，書面決議・意見聴取通知用）

第3章　給与所得者等再生

を再生債権者数分お渡ししますので，申立て後速やかに1組，再
生計画案提出時に1組をそれぞれ提出してください。

5　分割予納金

個人再生委員から分割予納金の振込口座の通知がありますので，再生債務者
は，計画弁済予定額を，個人再生委員の指定した期限までに振り込んでくだ
さい。

【書式3-8】　給与所得者等再生開始申立書⑶（大阪地裁、債権者一覧表等含む）

―――― **再生手続開始申立書** ver. 4.3 ――――
（給与所得者等再生）

大阪地方裁判所　御中
印紙

申立人　陳述書記載のとおり

［印紙］

申立ての趣旨

1　申立人について，給与所得者等再生による再生手続を開始する。

2　給与所得者等再生を行うことが認められない場合には，小規模個人再
生による再生手続の開始を求める（なお，通常の再生手続の開始は求め
ない。）。

申立ての理由

申立人は，添付の債権者一覧表に記載したとおりの債務を負担している
が，申立人の資産，収入の状況は，添付の陳述書等に記載したとおりであ
り，申立人には破産の原因たる事実の生ずるおそれがある。

再生計画案の作成方針についての意見等

債権者に対する債務について，相当部分の免除を受けた上，法律の要件
を満たす額の金額を支払う方針である。

なお，民事再生法124条2項の財産目録及び125条1項の報告書としては，
添付の財産目録等を援用することとする（ただし，開始決定までにこれら
の記載内容に変動があった場合には，改めて提出する。）。

添 付 書 類

添付の「添付書類一覧表」に記載のとおり

五　申立て・管轄・審理・保全処分

令和○○年○○月○○日

申立人（代理人）　　鶴　見　浩　二　　印

TEL（06）0000-0000

FAX（06）0000-0000

送達場所　〒000-0000　大阪府○○区○○　○−○−○

陳　述　書

陳　述　者　氏　名　<ruby>大<rt>おお</rt></ruby><ruby>阪<rt>さか</rt></ruby><ruby>次<rt>じ</rt></ruby><ruby>郎<rt>ろう</rt></ruby>　印　（ふりがな）

（申立人債務者）　別　名＿＿＿＿＿＿＿＿＿＿

年　　　　　齢　満 34 歳

（生年月日　□昭和　☑平成○○年 8 月 17 日）

住　居　所

□　〒（000-0000）住民票のとおり

（住民票と異なる場合）

□　〒（　　−　　）

（連絡先　TEL（000-0000-0000）□自宅 ☑携帯 □　）

貼用印紙	1万円
予納郵券	円
担当者印	

先行して係属している関連の民事再生事件 □有 ☑無

大阪地方裁判所　令和　　年（再　）第　　　号

申立人名＿＿＿＿＿＿＿＿＿　続柄＿＿＿＿＿＿

★　該当する□に印を付け，必要事項を記載してください。書く欄が不足
した場合には，この陳述書と同じ大きさの用紙（A 4 判）に横書きで
記入して，後ろに添付してください。各項目の必要資料については，添
付書類一覧表に従って，その写しを添付してください。

第1　職業，収入の額及び内容等

1　職業（現在から申立ての3年前まで）

就業期間	種　　　　別	月収(手取額・円)

263

第 3 章　給与所得者等再生

就業先（会社名等）	地位・業務の内容	年収（手取額・円）
令和○○年 4 月〜 現　在	☑勤め □パート等 □自営 □法人代表者 □その他（　　　　　　　　　　　　　）	23万
○○印刷株式会社	課長，業務用伝票等の印刷	350万
年　　月〜　年　　月	□勤め □パート等 □自営 □法人代表者 □その他（　　　　　　　　　　　　　）	
年　　月〜　年　　月	□勤め □パート等 □自営 □法人代表者 □その他（　　　　　　　　　　　　　）	

2　現在の収入

	収入の種類		金額（手取額・円）
☑	給与（月額）		23万
☑	賞与（最近 1 年間）	R○○年　 6 月	30万
		R○○年　12月	44万
		年　　月	
□	公的給付（月額）	□児童手当	
		□児童扶養手当	
		□公的年金	
		□その他（　　　　　）	
□	給与以外の収入（月額）	具体的内容（　　　　）	
	合　　計	月額（通常月）	23万
		年額	350万

3　過去 2 年度分の年収額

年　　　　度	年収額（手取額・円）

264

五　申立て・管轄・審理・保全処分

申立ての前年度　　（1月1日〜12月31日）	350万
申立ての前々年度（1月1日〜12月31日）	350万

★　申立ての前年と前々年（いずれも1月1日から12月31日まで）の年収額（手取額）を源泉徴収票等に基づいて，ここに記載してください。転職等をした場合には，各年ごとに転職等の前後の収入額を合計して記載してください。

4　申立前2年間に，何らかの理由（就業先の変更など）により，年収の額が，それまでの額に比べて5分の1以上変動（例えば，それまで年収300万円であれば，60万円以上の年収額の増減）したこと

【☑無　　□有　→　その具体的事情は次のとおりです。】

第2　生活の状況

1　家族関係

氏　　名	続柄	年齢	職業・学年	同居・別居	平均手取月収(円)
大阪花子	妻	30	パート	☑同　□別	約4万
太郎	長男	3		☑同　□別	
				□同　□別	
				□同　□別	
				□同　□別	
				□同　□別	

別居している家族の住所 _____

2　現在の住居の状況

　　□　自己所有の家屋　　☑　借家・賃貸マンション・アパート

　　□　社宅・寮　　　□　公営，公団の賃貸住宅　□　親族所有の家屋

　　□　親族以外の所有家屋　　□　その他 _____

第 3 章　給与所得者等再生

現在の住居について家賃を払っている場合

(1)　1 か月の家賃（管理費込み）＿＿10＿万＿＿＿＿＿円

(2)　賃借人の氏名＿＿＿大　阪　次　郎＿＿＿
　　　賃借人が申立人以外の場合　申立人との関係＿＿＿＿＿＿＿＿＿

(3)　居住を開始した日　□昭和　☑平成　○○　年　3　月ころ

第 3　負債等の状況

1 (1)　公租公課（税金，社会保険料等）

納付すべき税金，社会保険料等を滞納している事実　【□有　☑無】

	種　　　類	納付すべき金額(円)	納付時期
①			年　月　日
②			年　月　日
③			年　月　日
	合　　　計		

(2)　課税（滞納）庁との弁済交渉結果又はその予定内容（滞納がある場合に，滞納税の種類を明示して，分割金の支払月額，同期間を具体的に記載する。）

	交渉結果又は予定
①	
②	
③	

2　再生手続開始の申立てをするに至った事情

多額の借金（以下，特に断らない限り，ここでいう借金には，連帯保証による債務やクレジットカード利用による債務なども含みます。）をした理由及び弁済が困難となった理由は，次のとおりです。

> ★　次の中から，あてはまるもの（複数にあてはまる場合はそのすべて）を選んで記入してください。また，具体的な事情を，時間の流れに沿って，3 に記載してください。

☑　生活費が足りなかったためです。

□　飲食，飲酒，旅行，趣味としての商品購入（絵画，パソコン，衣服，

五　申立て・管轄・審理・保全処分

健康器具等），ギャンブル，風俗などにお金を使いすぎたためです。
- □　事業（店）の経営に失敗したためです。
    事業資金としてつぎ込んだ金額：合計＿＿＿＿＿＿円
    事業内容
      会社名＿＿＿＿＿＿＿＿＿＿　従業員数＿＿＿＿人
      借金が支払えなくなった理由

- □　仕事上の接待費の立替払い，契約金の立替払い，営業の穴埋めなどに
    よる借金が支払えなくなったためです。
    当時の職業　＿＿＿＿＿＿＿＿＿
    □仕事上の接待費の立替払い　□契約金の立替払い　□営業の穴埋め
    □その他　＿＿＿＿＿＿＿＿＿＿＿＿＿＿＿＿＿＿＿＿＿＿＿＿＿
    立替等した金額　合計＿＿＿＿円
- □　住宅ローンが支払えなくなったためです。
    当時の職業　＿＿＿＿＿＿＿＿＿
    購入物件　□土地　□建物　□マンション　□その他
    購入時期　□昭和　□平成＿＿年＿＿月ころ
    購入金額　合計　＿＿＿＿＿＿＿円
    月々の返済金額　月額＿＿＿＿＿＿円　ボーナス月＿＿＿＿＿＿円
- ☑　他人（会社）の債務を保証したためです。

主債務者	関係	保証時期	保証金額(円)
銭　良　武　雄	友人	H○○年 2 月ころ	100万
		年　　　月ころ	
		年　　　月ころ	

- □　その他　＿＿＿＿＿＿＿＿＿＿＿＿＿＿＿＿＿＿＿＿＿＿＿

3　以上の具体的な事情は，次のとおりです。

> ★　多額の債務を負うことになった事情及び民事再生手続の申立てをする
> に至った事情について，具体的かつ簡潔に記載してください。

　勤め先の○○印刷株式会社は，不況のあおりで受注が減少したため，そ
れまで手取りで毎月28万円あった私の基本給は令和○○年7月から23万円
に減らされ，残業手当も付かなくなってしまいました。令和○○年に長男

第3章　給与所得者等再生

が誕生し，出費がかさむようになった矢先に給料が大幅に減ってしまった
ため，生活費に不足を生じ，サラ金等からの借入を繰り返すようになり，
借金が700万円以上に膨らんでしまいました。その上，令和〇〇年2月に会
社を経営していた友人銭良武雄に頼まれ100万円を連帯保証していたとこ
ろ，令和〇〇年12月暮れに銭良が夜逃げしたため，私のところにその請求
が来るようになり，ますます支払いが苦しくなってしまいました。

4　過去2年間以内に処分した財産（保険，退職金，不動産，自動車，離婚
　　に伴う財産分与，贈与等）（20万円以上の価値のあるもの）

【□有　☑無】

財産の種類	処分の時期	処分額(円)	使　途	相手方の氏名
	年　　月			
	年　　月			
	年　　月			

5　支払不能の状態で，一部の債権者に弁済した債務　　　【□有　☑無】

時　　　期	相手方の氏名	弁　済　額(円)
年　　月		
年　　月		
年　　月		

6　債権者に対する申立代理人等の受任通知発送日
　　令和 〇〇 年 3 月 31 日ころ
7　債権者との訴訟等の状況
　(1)　債権者との話し合い，調停手続等の利用をしたこと　　【□有　☑無】
　　　　□　弁護士に依頼して債権者と交渉（任意整理）してもらった。
　　　　□　＿＿＿＿＿簡易裁判所の調停手続を利用した。

平成＿＿＿年＿＿＿月ころ申立て

その結果，話合いが成立した債権者の数　＿＿＿＿社（人）

話し合いのとおり支払をした期間

平成＿＿＿年＿＿＿月ころから平成＿＿＿年＿＿＿月ころまで

　毎月の支払総額　＿＿＿＿万＿＿＿＿円

　支払の内訳（できるだけ具体的に記入してください。）

　□　その他　＿＿＿＿＿＿＿＿＿＿＿＿＿＿＿＿＿＿＿＿＿＿＿＿＿＿＿＿

(2)　支払督促，訴訟，差押，仮差押等　　　　　　　【□有　☑無】

裁判所名	事件番号	相手方
	平成　　年（　）第　　　号	
	平成　　年（　）第　　　号	
	平成　　年（　）第　　　号	
	平成　　年（　）第　　　号	

(3)　給与の（仮）差押　　　　　　　　　　　　　　【□有　☑無】

　　給与の（仮）差押を受けているのは，上記(2)のうち，＿＿＿＿番（債権者一覧表の番号を記載）で，月＿＿＿＿＿＿＿円の差押を受けている。

(4)　不動産の競売手続　　　　　　　　　　　　　　【□有　☑無】

　　不動産の競売手続をされているのは，上記(2)のうち，＿＿＿＿番（債権者一覧表の番号を記載）で，競売開始決定は平成＿＿＿年＿＿＿月日に行われました。

　　競売をされているのは，□自宅，□その他　です。

(5)　住宅ローンについて保証会社の代位弁済　　　　【□有　☑無】

　　代位弁済は，　　が，平成　　年　　月　　日に行いました。

第4　過去の免責等に関する状況

1　過去に破産免責手続を利用して免責の決定を受けたこと

【□有　☑無】

　　┗→平成＿＿＿年＿＿＿月ころ＿＿＿＿＿＿＿地方裁判所＿＿＿＿＿＿支部

　　　平成＿＿＿年（フ）第＿＿＿＿＿号（平成＿＿＿年（モ）第＿＿＿＿＿号）

　　　免責決定の確定日　平成＿＿＿年＿＿＿月＿＿＿日

　　┗→□上記事件番号・免責確定日については不明

第3章　給与所得者等再生

2　過去に再生手続を利用したこと

【□有　☑無】

　　→□再生計画に定められた弁済を終了した。

　　　　　　　　　地方裁判所＿＿＿＿＿＿支部平成＿＿年(再　)第＿＿＿＿号

　　　　再生計画認可決定確定日　平成＿＿年＿＿月＿＿日

　　→□上記事件番号・確定日については不明

　　→□再生計画による弁済を行っている途中で，弁済を続けることが極めて困難となり，免責の決定を受けた。

　　　　　　　　　地方裁判所＿＿＿＿＿＿支部平成＿＿年(再　)第＿＿＿＿号

　　　　　　　　　　　　　　　　　　　　　平成＿＿年(モ)第＿＿＿＿号

　　　　再生計画認可決定確定日　平成＿＿年＿＿月＿＿日

　　→□上記事件番号・確定日については不明

第5　再生債権に対する計画弁済総額及び弁済期間に関する具体的予定並びにその履行可能性

1　再生債権に対する計画弁済総額　　＿＿＿126＿＿万＿＿＿＿＿円

2　弁済期間　☑3年間

　　　　　　　□特別の事情があるので,＿＿＿＿年間

3　1か月当たりの弁済額　　　　　＿＿＿3＿＿万＿5000＿円

4　弁済原資の積立額

　□現在ある

　　　　　　　　　　　　　　　　　　　＿＿＿＿＿＿＿＿＿円

　　今後再生計画認可確定時までの積立予定月額　＿＿＿＿＿＿＿円

　☑現在ない

　　今後再生計画認可確定時までの積立予定月額　＿3＿万＿5000＿円

5　履行可能性（家計収支表，事業収支実績表の収支状況等に照らして弁済原資とすることができる金額及び住宅資金特別条項を定める場合の計画弁済額や家計が同一の者の債務等の弁済額等を説明するなどして，分かりやすく記載する。）

　　私の月収が手取り23万円，妻のパート収入が月約4万円ですから，毎月の手取り収入は約27万円になります。そして，私にはこの他にボーナス収入が1年間で手取り74万円程度は見込まれ，これを1か月当たりの収入に換算すると約6万円になりますので，結局，私の家には月額約33万円の収入がある計算になります。

　　これに対し，私の家の1か月の支出は，家計収支表のとおり，およそ23万5000円程度ですから，今後，多少のボーナス減や，臨時支出があったとしても，月額3万5000円の弁済をしていくことは十分に可能です。

270

五　申立て・管轄・審理・保全処分

		金額（円）
①	今後の平均収入の合計見込月額	33万
②	今後の平均支出の合計見込月額	24万
③	今後の弁済原資合計見込月額（①-②）	9万

6　5000万円要件及び最低弁済額

		金額（円）
①	負債総額	633万5000
②	①のうち住宅資金貸付債権額	0
③	②のうち別除権行使による回収見込額	0
④	①のうち別除権行使による回収見込額（③を除く）	0
⑤	うち開始前の罰金等の額	0

（5000万円要件）	
⑥　5000万円≧①-②-④-⑤	633万5000円
3000万円以下の場合　　→	A　　へ
3000万円を超える場合　→	B　　へ

Aの場合	
（最低弁済額）	
住宅資金貸付債権がある場合	
住宅資金特別条項を定める場合	
①-②-④-⑤　→　1/5	円
住宅資金特別条項を定めない場合	
①-③-④-⑤　→　1/5	円
住宅資金貸付債権がない場合	
①-④-⑤　→　1/5	126万円

【注・最高300万円，最低100万円，100万円以下は全額】

Bの場合	
（最低弁済額）	
⑥×1/10	円

7　住宅資金特別条項を定める場合

①　住宅ローンの約定弁済合計額（元利合計額，ボーナス加算後合計額，

271

第3章　給与所得者等再生

　　数社ある場合は合計額）

　　通常月　　＿＿＿＿＿＿＿＿＿＿円

　　ボーナス月　＿＿＿＿＿＿＿＿＿円

②　申立時における住宅ローンの支払状況（遅滞の有無）

　　□遅滞ない

　　□遅滞ある　　＿＿＿＿＿＿＿＿円・＿＿＿か月分

　　⇒その支払い状況

　　　--

　　　--

　　　--

　　　--

③　住宅ローン債権者との事前協議の経過

　　　--

　　　--

　　　--

　　　--

④　予定している住宅資金特別条項の内容

　　□期限の利益回復型・約定型（199条１項）

　　□リスケジュール型（199条２項）

　　□元本猶予期間併用型（199条３項）

　　□同意型（199条４項）

　　　--

　　　--

　　　--

家計収支表（個人再生用）ver. 4.3

		申立前２か月分→	令和〇〇年2月分	令和〇〇年3月分
収	給与（申立人）		230,000円	230,000円
	給与（配偶者）		40,000円	40,000円
	給与（　　　　　　　　　）			
入	自営収入（申立人）			
	自営収入（配偶者）			

272

収	自営収入（　　　　　　　）		
	年金（申立人）		
	年金（配偶者）		
	年金（　　　　　　　）		
	雇用保険（申立人）		
	雇用保険（配偶者）		
	雇用保険（　　　　　）		
	生活保護（　　　　　）		
	児童（扶養）手当		
入	親類からの援助（　　　　から）		
	その他（　　　　　　　）		
	その他（　　　　　　　）		
	その他（　　　　　　　）		
	収入合計	270,000円	270,000円
	前月からの繰越		35,300円
支	住居費（家賃，地代等）	100,000円	100,000円
	住宅ローン（管理費等を含む）		
	駐車場代（車の名義）	20,000円	20,000円
	食費	41,200円	40,000円
	嗜好品代	9,800円	10,000円
	外食費	5,200円	5,000円
	電気代	5,100円	5,200円
	ガス代	4,800円	4,900円
	水道代	5,100円	5,200円
	電話料金（携帯電話を含む）	5,800円	6,000円
	新聞代	4,200円	4,200円
	国民健康保険料（国民年金）		
出	保険料（任意保険） （保険の契約者　　大阪次郎　　）	10,000円	10,000円
	ガソリン代（車の名義　大阪次郎）	3,000円	3,000円
	日用品費		
	医療費		
	被服費	4,800円	6,000円
	教育費（幼稚園　　　　　）	15,700円	15,700円
	交際費（　　　　　　　）		

支 出	娯楽費（　　　　　　　）		
	その他（　　　　　　　）		
	その他（　　　　　　　）		
	支出合計	234,700円	235,000円
	翌月への繰越	35,300円	70,300円

大阪地方裁判所　令和○○年(再ロ)第　　号

債権者一覧表 ver. 4.3 (No. 1)

再生債務者（　大　阪　次　郎　）

債権現在額合計額(①)	6,300,000 円	住宅資金貸付債権合計額(②)	0 円	別除権の行使により弁済が見込まれる額の合計額(③)	0 円	①-②-③=	6,300,000 円

債権番号	債権者の氏名(会社名) 契約時と現在とで債権者の氏名・商号が変更されている場合には、( )内に旧氏名・商号を記載してください。	住所 (TEL. FAX)	債権現在額(円)	原因	当初の契約年月日等	債務名義	住特条項	異議留保
1	○○信用金庫 梅田支店 (旧商号○○信用金庫)	〒000-0000 ○○市○町 0-0-0 TEL 00-0000-0000 FAX 00-0000-0000	1,150,000	1	H○○・3・			
2	株式会社○○	〒000-0000 ○○市○町 0-0-0 TEL 00-0000-0000 FAX 00-0000-0000	850,000	1	H○○・2・			
3	○○株式会社	〒000-0000 ○○市○町 0-0-0 TEL 00-0000-0000 FAX 00-0000-0000	910,000	3	H○○・2・			
4	○○○○ こと△△△△	〒000-0000 ○○市○町 0-0-0 TEL 00-0000-0000 FAX 00-0000-0000	990,000	1	H○○・3・			
5	△△△株式会社	〒000-0000 ○○市○町 0-0-0 TEL 00-0000-0000 FAX 00-0000-0000	410,000	1	H○○・2・ ・鉄良武雄の連帯保証			○
6	(株)○○ファイナンス	〒000-0000 ○○市○町 0-0-0 TEL 00-0000-0000 FAX 00-0000-0000	190,000	1	H○○・6・			○
7	有限会社○○○	〒000-0000 ○○市○町 0-0-0 TEL 00-0000-0000 FAX 00-0000-0000	805,000	1	H○○・10・			
8	○○信販株式会社	〒000-0000 ○○市○町 0-0-0 TEL 00-0000-0000 FAX 00-0000-0000	345,000	1	H○○・12・			○
9	ローンズ○○こと□□□□	〒000-0000 ○○市○町 0-0-0 TEL 00-0000-0000 FAX 00-0000-0000	352,000	1	H○○・12・			
10	○○商事株式会社	〒000-0000 ○○市○町 0-0-0 TEL 00-0000-0000 FAX 00-0000-0000	298,000	1	H○○・1・			
11								
12								
13								
14								

小計（　6,300,000円　）

この欄は住宅資金特別条項を定める債権については記載する必要はない。

別除権付債権	債権番号	別除権の行使により弁済が見込まれる額(円)	担保不足見込額(円)	別除権の目的である財産

「原因」欄には、債権の原因について、次の中から該当する番号を記載し、その債権に該当する貸金貸付債権の場合には、その番号を○で囲む。1借入、2物の購入（クレジット契約などによる立替払いを含む）、3保証（保証委託を含む）、4その他（保証に基づく求償債権を含む）。

「当初の契約年月日等」の欄には、当初の契約年月日を記載し、原因が3（保証）の場合には、誰の保証かを記載し、原因が4（その他）の場合には、その他の場合には、具体的内容を記載する。

その債権について債務名義がある場合には、この欄に○を記載する。

その債権について住宅資金特別条項を定めるものがある場合には、この欄に○を記載する。

その債権について異議を述べることがある場合はこの欄に○を記載する。

第3章　給与所得者等再生

★各項目の必要資料については，添付書類一覧表【書式④】に従って，その写しを添付する。

★預貯金の口座は，残高が少額でも必ず全部記載する。口座の種類欄には，普通，定期，当座，通常等の種類を記載し，払戻見込額欄には，金融機関からの借入がある場合の相殺を考慮し，払い戻されるであろう金額を記入する。【書式④5(1)】

★解約返戻金がない場合でも，必ず全部記載する。
★申立人以外の者が被保険者となっていても，申立人が契約者の場合には記載する。
★源泉徴収票，確定申告書，給与明細書，家計収支【書式⑧㉚】，通帳等に保険の存在をうかがわせる記載がある場合は，忘れずに記載する。
★「解約返戻金」の欄には，貸付金等を控除した金額を記載する。【書式④5(2)】

★給与明細に財形貯蓄の計上がある人は，必ず記載する。【書式④5(6)】

★自宅，作業場，駐車場として申立人本人名義で賃借している土地・建物に関する差入保証金について記載する。【書式④5(7)】

★親族，友人・知人などに対する貸金で，契約書等の書面を作成していないものでも，およその金額を記載し，回収の見込みについても記載する。【書式④5(8)】
★未回収の過払金については，和解が成立している場合に限り，回収費用等を控除することができる。この場合，和解額から回収費用を控除した残額を債権金額欄及び回収見込額欄に記載する。

★実質的に所有している不動産は，登記名義のいかんを問わず，記載する。特に，親族の死亡にともない不動産を相続している場合には，被相続人の登記名義のままの相続財産でも，必ず記載する。【書式④5(4)】

★「家計収支表【書式⑧㉚】」・「事業収支実績表【書式㉛】」で，駐車場代，ガソリン代の支出のある人は，忘れずに記載する。【書式④5(5)】

★担保（所有権留保，譲渡担保等）に供されている財産があるときは，担保設定（等）欄の「有」に印を付けた上，被担保債権残額も記載する。

★回収済みの過払金について，回収費用等の控除を希望するときは，時価欄に回収額を記載し，担保設定等欄の「有」に印を付けた上，被担保債権残額等欄に回収費用等の額を記載する。

★欄が足りない場合には，ここに記載するか，別紙に記載し直後に添付する。
（　　　　　　　　　　）について

財 産 目 録 ver. 4.3

1　現金

2　預貯金(銀行以外の金融機関に対するものを含む)

	金融機関	支店名	口座の種類	口座番号
①	○○銀行	梅田支店	普通	○○○○○○
②	○○信用金庫	〃	定期	○○○○○○
③	○○郵便局		総合	○○○○○○
④				
⑤				
⑥				
⑦				

3　保険(生命保険，火災保険，車両保険等)

	保険会社	証券番号
①	○○生命	○○-○○-○○○○○
②		
③		
④		
⑤		
⑥		

4　積立金等(社内積立，財形貯蓄等)

種　類

5　賃借保証金・敷金

賃借物件	契約の始期
自宅	H○○年3月ころ
	年　　月ころ

6　貸付金，売掛金，未回収の過払金等

債務者名	債権金額(円)	時　期
		年　月ころ
		年　月ころ
		年　月ころ

7　退職金　☑有　□無

8　不動産(土地・建物・借地権付建物)

種　類	所 在 地
	地番又は家屋番号
□土地　□建物	
□借地権付建物	

9　自動車

車　名	年式	登 録 番 号
○○	H☆	○○○○○○○

10　その他の動産(貴金属，着物，パソコン等，10万円

品　名

11　その他(株式，会員権，回収済みの過払金等，1〜

財産の内容

五　申立て・管轄・審理・保全処分

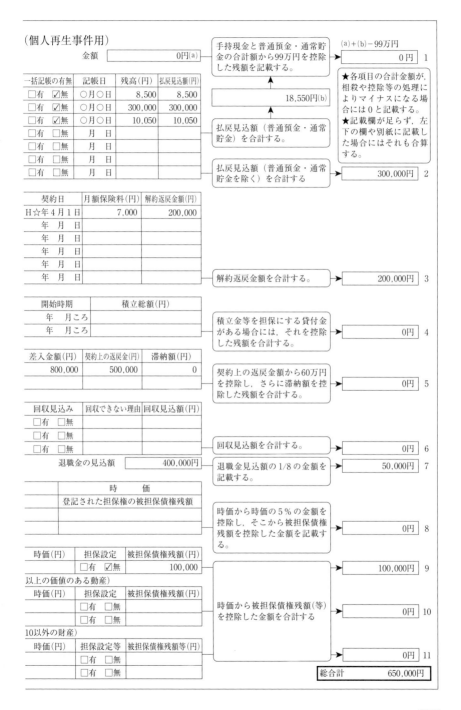

第3章　給与所得者等再生

個人再生添付書類一覧表 ver.4.3

	添 付 書 類	本人	配偶者	同居親族	申立人 確 認 事 項 (□に該当する場合のみチェック)
1	委任状★	○			□弁護士代理　＊住所の記載のあるもの
2	住民票の写し★	◎			＊3か月以内のもの＊世帯全員の記載（省略のないもの）
	賃貸借契約書（住宅使用許可書，居住証明書等）	○	△	△	□住所が住民票と相違する
3	源泉徴収票等（直近2年分）	○	△	△	□給与を受給している
	給与明細書（直近2か月分）	○	○	○	□給与を受給している
	確定申告書（直近2期分）	○			□事業者（現在又は過去6か月）である
	課税証明書（直近1年分）		○	○	□給与以外の収入がある
	公的年金受給証明書	○	○	○	□公的年金を受給している
4	債権者一覧表	◎			
(1)	債権調査票	◎			
(2)	判決，支払督促，調停調書，公正証書等	○			□債務名義が存在する
5	財産目録	◎			
(1)	預貯金通帳・証書	◎	△	△	＊申立前2週間以内に記帳＊表紙，裏表紙，受任通知発送日の1年前から上記記帳日までの取引履歴部分（定期預金，積立預金，貯蓄預金部分を含む）

278

五　申立て・管轄・審理・保全処分

		○	△	△	□給与振込用口座がある
		○	△	△	□クレジットカード引落口座がある
		○	○	○	□光熱費引落口座（第三者名義含む）がある
	金融機関の取引明細書	○	△	△	□通帳を紛失又は一括記帳している部分がある
(2)	保険（共済）証券（又は契約書）	○	△	△	□保険（申立人が契約者）に加入している
	解約返戻金（見込）額証明書	○	△	△	
(3)	退職金（見込）額証明書	○	△	△	□勤続5年以上である
	退職金支給規程及び計算書	○	△	△	□証明書の収集が困難である
(4)	不動産の全部事項証明書★	○	○	△	□現在又は過去2年以内に不動産を（□申立人が，□配偶者が）所有している（いた）＊共同担保が設定されている場合には共同担保目録付きのもの
	固定資産評価証明書★	○	△	△	
	不動産の評価に関する書類	○	△	△	
	土地利用関係を示す資料	○	△	△	□土地又は建物の片方だけを所有している
(5)	自動車検査証（又は登録事項証明書）	○	△	△	□申立人が自動車を保有している
	自動車の評価に関する書類	○	△	△	□初年度登録から国産普通乗用車の場合7年，軽自動車・商用自動車の場合5年以内又は新車価格が300万円以上，輸入車

279

第 3 章　給与所得者等再生

	所有権留保に係る契約書	○	△	△	□所有権留保がついている
(6)	積立額証明書	○			□積立金等がある
(7)	賃貸借契約書	○			□賃借保証金・敷金がある
(8)	契約書又は残額証明書	○			□貸付金・売掛金等がある
(9)	評価額の資料	○			□有価証券，ゴルフ会員権，その他の権利，10万円以上の価値のある動産を有している
6	家計収支表（直近2か月分）	◎			＊同一家計の同居の親族分を含む ＊電気代ガス代水道代又は電話料金を口座引落以外の方法で支払っている場合には領収書
7	事業収支実績表（直近6か月分）	○			□事業者である
8	事業に関する報告書	○			□事業者である
9 (1)	可処分所得額算出シート	○			□給与所得者等再生を利用する
(2)	市民税・府民税通知書（直近2年分）	○			
(3)	所得税・社会保険料の計算書・課税証明書（直近2年分）	○			□給与所得者等再生を利用するが，源泉徴収票を提出できない場合
10	（仮）差押決定正本等	○	△	△	□（仮）差押えがある
	滞納処分差押通知	○	△	△	□差押え（滞納公租公課）がある
11	金銭消費貸借契約書・保証委託契約書・償還表・弁済許可申立書	○			□住宅資金特別条項がある場合 ＊契約変更がある場合には変更契約書も

五　申立て・管轄・審理・保全処分

＜記号の見方＞
　★……原本を提出していただくもの　◎……場合を問わず提出していただく
もの　……特に指示があるまでは提出不要なもの　○……確認事項欄の□の
項目に当てはまる場合，提出が必要なもの
＜注意事項＞　＊必ず当該条件に当てはまる書類を提出してください。

個人再生手続　申立てチェックリスト ver.4.3

　このチェックリストは，申立書の作成にあたり，各項目をチェック（確認・
調査・検討）していくことにより，申立書を正確に作成するためのものです。
　各チェック項目は，添付書類一覧表で提出すべき資料としているにもかかわ
らず，これまで提出忘れが多かったものや，申立書や添付資料等の記載方法に
ついて過誤や不十分なものが多かった点を列挙しています。
　申立書の不備は，追完，修正等に時間を要し，速やかな再生手続を阻害する
大きな原因となっていますので，申立代理人は，添付書類一覧表に従って添付
書類を提出し，各添付資料の記載要領に従って記載した上で，このチェックリ
ストの各項目すべてをチェックをして，申立時に提出してください。

1　住民票，委任状関係
　□　住民票の写しは申立日から３か月以内のものか。世帯全員について省略
　　のないものか（個人番号及び住民票コードは省略されたものを提出してく
　　ださい）
　□　居所が住民票と異なっていないか。異なる場合で，賃借のときには賃貸
　　借契約書を，無償居住のときには居住証明書原本と登記簿謄本若しくは全
　　部事項証明書又は賃貸借契約書を提出しているか
　□　委任状に作成日付，弁護士の氏名，事件の表示，債務者の氏名，住所が
　　記載されているか

2　申立書，陳述書関係
　□　第１の過去３年間の職歴，過去２年度分の年収，年収の変動の有無につ
　　いて記載漏れ，チェック漏れがないか
　□　第２の家族関係，特に同居別居の区別，月収額，別居家族の住所に記載
　　漏れはないか，現在の住居の状況に○印を付けているか
　□　第３の１の公租公課の滞納の有無及び額について，記載漏れ，チェック

281

第3章　給与所得者等再生

漏れがないか，滞納がある場合，課税庁と支払方法について分納合意書又
は交渉経緯報告書を提出しているか
- □　第3の2の申立てに至った事情についてチェック漏れがないか
- □　第3の3の具体的な事情について，借金の時期やその使途等について過
不足なく記載しているか
- □　第3の7の差押え，訴訟の有無について，記載漏れ，チェック漏れがな
いか
- □　第4についてチェック漏れ，記載漏れがないか，過去に免責決定を受け
た場合，免責決定の写しを提出しているか
- □　第5の履行可能性等に関する各項目について漏れがないか
- □　積立予定月額欄には，月額を正確に記載しているか

3　収入証明書関係
- □　給与所得者の場合，直近2か月の給与明細及び過去2年間の源泉徴収票
（取得不可能な場合は，課税証明書及び所得税と社会保険料等の納税証明
書）を提出しているか
- □　事業者の場合，過去2年間の確定申告書，決算報告書及び事業収支実績
表（直近6か月分）並びに事業に関する報告書を提出しているか
- □　給与所得，事業所得以外に収入がないか，ある場合（年金，児童手当そ
の他の手当等），その額が分かる書類（受給証明書あるいは通知書）を提
出しているか
- □　同居人に収入がある場合
- □　給与所得者の場合，直近2か月分の給与明細書を提出しているか
- □　給与以外の収入がある場合，直近1年分の課税証明書を提出しているか
- □　公的年金等を受給している場合，その額がわかる書類（受給証明書ある
いは通知書）を提出しているか
- □　本人，同居人に年金収入がある場合で，その年金が担保に入っている場
合は，その担保資料を提出しているか

4　債権者一覧表関係
- □　事件符号（再イ，再ロ）に間違いはないか
- □　債権者の氏名・商号，住所，債権現在額，原因の記載をしているか
- □　債権者の氏名・商号について，契約時と現在とが異なる場合，旧氏名・
商号を（　　　）内に記載しているか，屋号がある場合に，屋号を記載して
いるか（例　○○商事こと阪神鯛賀寿）

282

五　申立て・管轄・審理・保全処分

- □　債権額の合計額に間違いはないか
- □　住宅資金特別条項を定めることができるか，検討したか（改正法対応事例解説個人再生〜大阪再生物語〜98〜102頁参照），検討する際，対象不動産の全部事項証明書（共同担保目録があるものは，それを含む）をすべて確認したか

（定める場合は□Aに，定めない場合は□Bに）

- □A　住宅資金特別条項を定める場合，以下の4点を確認したか
  - 1　住宅ローン債権者の原因欄を「①」としているか
  - 2　住特条項欄に「○」を付しているか
  - 3　異議留保欄を空欄にしているか（異議留保はできない）
  - 4　保証会社の住特条項欄は空欄にしているか
- □B　住宅資金特別条項を定めない場合には，以下の3点を確認したか
  - 1　住宅ローン債権者の原因欄を「①」としているか
  - 2　別除権付債権欄に記載しているか
  - 3　住特条項欄を空欄にしているか
- □　全債権につき，保証人，保証会社がいるか調査はしたか（債権調査票，不動産の全部事項証明書など）
- □　代位弁済をしていない保証人，保証会社を記載する場合には，債権現在額は0円，原因は4，将来の求償権○番の保証人と記載しているか
- □　債務の原因が物の購入で，物（例えば自動車）について所有権が留保されている場合，別除権付債権欄に記載しているか
- □　リース料債権について，別除権付債権欄に記載しているか
- □　勤務先からの借入れや家賃の滞納がある場合に，これらの債務を債権者一覧表に記載しているか
- □　給料債権を一覧表に記載していないか（一般優先債権となり分納合意が必要）
- □　マンションの管理費，修繕積立費を，別除権付債権欄に記載しているか
- □　債務名義（判決正本，和解調書正本，調停調書正本，公正証書など）がある債務について，債務名義欄に○印を付けているか
- □　債務名義がある場合，その写しを資料として提出しているか
- □　異議留保すべきものについて，異議留保欄に○印を付けているか
- □　債権現在額を「0」とした場合にまで，異議留保欄に○印を付けていないか

5　財産目録関係

第3章　給与所得者等再生

① 預貯金について

　□　残高，払戻見込額が通帳の金額と一致しているか

　□　申立前2週間以内に記帳をし，かつ，財産目録に記帳日を記載しているか

　□　受任通知発送日の1年前から上記記帳日までの取引履歴部分，表紙，裏表紙，定期部分が漏れていないか

　□　取引履歴を点検し，一括記帳がないか，ある場合にはその期間の取引明細書を添付しているか

　□　通帳を紛失，破棄していないか，している場合に取引明細書（受任通知発送日の1年前以降の分）を提出しているか

　□　繰越しがある場合，繰越前の通帳か取引明細書（受任通知発送日の1年前以降の分）を提出しているか

　□　給与振込，光熱費の引落しがされている口座を記載しているか

　□　普通預金通帳の支払明細欄に「定期積立」の記載がある場合等に，定期預金通帳の提出を忘れていないか

② 保険について

　□　通帳，取引明細書に保険料の引落しはないか

　□　家計収支表に保険料の支出はないか

　□　通帳，取引明細書の引き落とし金額・口数と保険証書・返戻金証明書と財産目録の記載が一致しているか

　□　確定申告書，源泉徴収票又は給与明細書に「生命保険控除」「損害保険控除」の記載がないか

　□　失効・解約した保険を含めて，解約返戻金の調査をしたか

　□　源泉徴収票で10万円，課税証明書で7万円の保険控除がある場合，生命保険と年金保険に加入していないか

　□　解約返戻金に関する証明書は申立前3か月以内のものを提出しているか

　□　傷害保険，住宅保険で，一括して保険料を納入していないか，この場合は返戻金につき調査を経ているか

　□　以上をチェックのうえ，保険証券，解約返戻金（0円の場合も含む）など資料を漏れなく提出しているか

③ 積立金について

　□　給与明細書に「社内積立」「財形貯蓄」など積立金の存在を伺わせる記載がないか，ある場合には資料を提出しているか

　□　通帳に積立金の引き落としはないか，ある場合には資料を提出してい

284

るか

  □ 金額が分かる資料（通帳，給与明細等）を提出しているか

④ 賃借保証金について

  □ 契約書を提出しているか

⑤ 退職金について

  □ 勤続5年以上の場合，退職金証明書（退職金額（0円の場合も含む）が分かる資料）を提出しているか，それらが提出できない場合には，退職金規程とそれに基づく退職金計算書を提出しているか

⑥ 不動産について

  □ 申立前3か月以内の全部事項証明書を提出しているか

  □ 共同担保が設定されている場合には，共同担保目録付きの全部事項証明書を提出しているか

  □ 申立前3か月以内の固定資産評価証明書を提出しているか

  □ 土地又は建物の片方だけを所有している場合，土地の利用関係を示す資料を提出しているか

  □ 査定書（敷地利用権がある場合の利用権についての査定を含む）を提出しているか

⑦ 自動車及びその他の動産について

  □ 初年度登録国産乗用車の場合は7年以内か，軽自動車・商用自動車の場合は5年以内か，新車価格が300万円以上か，輸入車か

  □ 上記の場合には，自動車検査証又は登録事項証明書，自動車の評価に関する書類を提出しているか

  □ 所有者留保がついている場合には，自動車検査証又は登録事項証明書及び所有権留保に係る契約書（約款含む）

6 家計収支表について

□ 直近2か月分を提出しているか

□ 家計を同一にする同居家族がいるか，いる場合その全員の収入と支出を記載しているか，また同居人の収入を記載した場合，前記3の収入証明関係の項の必要書類をもれなく提出しているか

□ 収入項目（給与，自営収入，配偶者収入等）に間違いないか，給与明細書の転記ミスがないか，繰越金を正確に記載しているか

□ 収支がマイナスになっていないか

□ 財産目録に保険加入や自動車の所有の記載があるのに，保険料やガソリン代及び駐車場代を計上し忘れていないか

第3章　給与所得者等再生

- □　事業者の場合，事業収支実績表の支出と家計支出で重複する支出を計上していないか
- □　支出に弁護士費用が計上されている場合，その回収の終期の報告書を提出しているか
- □　光熱費について，引き落とし口座がある場合に該当箇所にマーカーを付しているか，口座がない場合に領収書を添付しているか

7　可処分所得額算出シートについて（小規模個人再生では不要）
- □　年齢は計画案を提出する日（予定）の以降の最初の4月1日現在の年齢か
- □　被扶養者として記載されている者は本当に被扶養者か（課税証明書，確定申告書で確認すること，配偶者特別控除を受けていても，被扶養者でない場合もある。なお，納税証明書では不明な場合が多いので，課税証明書を提出する）
- □　住居費について，政令の額以上を計上していないか
- □　計算間違いはないか
- □　①過去2年間の収入合計欄には，アルバイトを含めた総支給額（手取額ではない）を記載しているか
- □　勤務期間が2年未満で，源泉徴収票の額に基づいて計算できない場合，その算出根拠について上申しているか
- □　過去2年内に就職，転職，減給等の事由が生じ，当該事由が生じて以降の年収がそれまでの年収に比し，5分の1以上の増減が見込まれる場合，当該事由が生じて以降の見込み年収を基に可処分所得額を算出しているか

8　住宅資金特別条項を定める場合
- □　金銭消費貸借契約書（申込書控えは不可），同変更契約書（変更契約を締結している場合），償還表，保証委託契約書（保証委託契約を締結している場合）を提出しているか
- □　弁済許可の申立てを行っているか（なお，巻戻しの場合は弁済許可は必要ありません。）
- □　弁済許可の申立ての第1の1の住宅資金貸付債権の表示部分の契約書作成日付，契約書名を誤って記載していないか。また契約の変更があった場合，これも併記しているか（例　ローン契約書（金銭消費貸借契約証書），○○銀行（旧商号　○○銀行））
- □　弁済許可の申立てをしない場合，抵当権実行の関係から，住宅ローン債

権者の了解を得ているか。

9 事業収支実績表等
  □ 収入，支出，差引過不足額の各欄に月平均額を記載しているか
  □ 確定申告書上，専従者がいる場合に，人件費につき金額を記載しているか
  □ 倉庫等賃借物件がある場合に，資料として賃貸借契約書を提出し，かつ財産目録にも記載しているか
  □ リース料について，開始後は引き上げられてもよい旨，または弁済する場合に弁済協定の必要性につき主張しているか
  □ リース物件がある場合に，契約書を添付して，物件，金額，期間等を特定しているか
  □ 直近6か月間の純利益の変動が大きい場合に，その事情と今後の当該事業の見込みを，陳述書や上申書で主張しているか

10 予納金
  □ 事業者の場合で，負債総額から住宅資金貸付債権，保証債務を除いた額が，3000万円以上の場合，個人再生委員の費用（原則30万円）を含めた，[※]予納金31万2268円を準備しているか
    ※現時点では31万3744円

六　給与所得者等再生の開始

　裁判所は、給与所得者等再生の開始要件を備えている場合は、開始を決定する（法239条・221条・21条・33条1項）。

　前記開始要件を備えていない場合であっても、小規模個人再生の開始要件が備わっている場合、裁判所は、申立人が小規模個人再生の開始を求める意思がない旨を明らかにしていたときを除いて、小規模個人再生の開始を決定し（法239条5項・33条。畑野＝岩波「概況」によると、平成13年中に終局した個人再生事件の中で、給与所得者等再生事件として受理された1417件のうち65件（4.6％）が小規模個人再生により行う旨の決定がなされている）、また、小規模個人再生の手続開始要件を備えていない場合であっても、通常再生の手続開始要件が備わっている場合は、裁判所は、申立人が通常の再生手続の開始を求める意思がない旨

第3章　給与所得者等再生

を明らかにしていたときを除いて、通常再生の開始を決定する（法239条4項・33条。ただし、畑野＝岩波「概況」によると、平成13年中に終局した個人再生事件の中に、このようなケースはない）。

棄却事由（法25条）、開始決定時の送達、同時決定事項（法244条・222条1項ないし3項）、および再生開始の効力は、小規模個人再生の場合と同様である。

【書式3-9】　給与所得者等再生開始決定(1)（東京地裁）

令和○○年（再ロ）第○○○号　給与所得者等再生手続開始申立事件

決　　定

東京都○○区○○　　○丁目○番○号
再生債務者　○　○　○　○

主　　文

1　再生債務者○○○○について，給与所得者等再生手続を開始する。
2　再生債権の届出期限　　令和○○年6月18日まで
3　届け出られた再生債権に対する異議申述期間
　　　　　令和○○年7月2日から令和○○年7月16日まで
4　再生計画案の提出期限　　令和○○年8月13日まで

理　　由

1　再生債務者には破産の原因たる事実の生じるおそれがある。
2　再生債務者には，給与又はこれに類する定期的な収入を得る見込みがあり，かつ，その額の変動の幅が小さいと見込まれ，また，再生債権の総額は法定の額を超えないと認められる。
3　本件において，民事再生法25条各号に該当する事実は認められない。
　　令和○○年4月17日午後5時00分

東京地方裁判所民事第20部
裁　判　官　○　○　○　○　印

【書式3-10】　再生手続開始通知書(1)（東京地裁）

令和○○年（再ロ）第○○○号　給与所得者等再生手続開始申立事件

六　給与所得者等再生の開始

再生手続開始通知書

令和○○年4月17日

関係者　各位

東京地方裁判所民事第20部○○係

裁判所書記官　○　○　○　○　印

　当裁判所は，次の者について，本日午後5時00分下記事項のとおり給与所得者等再生手続を開始したので通知する。

　　東京都○○区○○　○丁目○番○号

　　再生債務者　○　○　○　○　　　　生年月日　昭和○年○月○日

　　再生債務者代理人弁護士　　　○○　○○（電話　03-0000-0000)

記

1　給与所得者等再生手続開始決定の主文

　　○○○○に対して給与所得者等再生手続を開始する。

2　再生債権の届出期間

　　令和○○年6月18日まで

3　届け出られた再生債権に対する異議申述期間

　　令和○○年7月2日から令和○○年7月16日まで

4　再生計画案の提出期間

　　令和○○年8月13日まで

5　個人再生委員

　　東京都○○区○○　○-○-○

　　弁護士　○　○　○　○

【書式3-11】　給与所得者等再生開始決定(2)（大阪地裁）

令和○○年（再ロ）第○○○号　給与所得者等再生事件

決　　定

大阪市○区○丁目○番○号

申　立　人　　大　阪　次　郎

申立人代理人弁護士　　鶴　見　浩　二

主　文

1　申立人大阪太郎について，給与所得者等再生による再生手続を開始する。

第3章　給与所得者等再生

2⑴　再生債権の届出をすべき期間
　　　　令和○○年6月6日まで
　⑵　届出のあった再生債権に対する一般異議申述期間
　　　　令和○○年6月11日から令和○○年6月25日まで
　⑶　再生計画案の提出期間の終期
　　　　令和○○年7月2日まで

理　　　由

　疎明及び債権者一覧表等の一件記録によれば，申立人は，再生手続開始の申立てに加えて，給与所得者等再生を行うことを求める旨の申述をしているが，申立人には，破産の原因となる事実の生ずるおそれがあることが認められ，かつ，民事再生法25条各号に該当する事由並びに同法239条4項及び5項により申立てを棄却すべき事由はないことが認められる。

　よって，主文のとおり決定する。

令和○○年5月9日午後3時　
大阪地方裁判所第6民事部　
裁判官　　○　○　○　○　㊞

(注)　改正法対応事例解説個人再生〜大阪再生物語〜83頁参照。

【書式3-12】　再生手続開始通知書⑵（大阪地裁）

令和○○年（再ロ）第○○○号

再生債権者　各位

令和○○年5月9日　
大阪地方裁判所第6民事部　
裁判所書記官　懸　命　一　所　㊞

通　　知　　書

　頭書事件について，再生手続開始の決定があったので下記の事項を通知します。なお，再生債務者提出の債権者一覧表は別添のとおりです。

記

再生債務者の表示（申立日　令和○○年4月25日）
　　　氏　　名　大　阪　次　郎
　　　生年月日　昭和45年6月28日
　　　住　　所　大阪市○区○丁目○番○号

```
1　決定の日時　令和○○年５月９日　午後３時
2　決定の主文　再生債務者について給与所得者等再生による再生手続を開始
　　　　　　　する。
(1)　再生債権の届出をすべき期間　　　令和○○年６月６日まで
(2)　一般異議申述期間　　　　　　　　令和○○年６月11日から
　　　　　　　　　　　　　　　　　　令和○○年６月25日まで
(3)　再生計画案の提出期間の終期　　　令和○○年７月２日まで


【債権届出の状況，再生債務者の財産状況の開示について】
　民事再生規則で再生債務者による備置きが定められている債権届出の状況，
再生債務者の財産状況に関する書面は，裁判所で事件記録が閲覧できるほか，
下記の場所にも備え置かれています。
　　大阪市北区西天満○丁目○番○号ビル３Ｆ
　　　　再生債務者代理人　弁護士　鶴　見　浩　二
　　　　電話　06-○○○○-○○○○　FAX　06-○○○○-○○○○
＊　なお，同封した債権者一覧表に住宅資金特別条項を定めた再生計画案を
　　提出する意思がある旨の記載がされている場合には，住宅資金貸付債権者
　　は，当該住宅資金貸付債権につき債権届出をする必要がありません。
```

(注)　改正法対応事例解説個人再生〜大阪再生物語〜84頁参照。

　上記書式のタイムスケジュールのとおり，大阪地裁の進行速度は，東京地裁よりもかなり速い。

　すなわち，開始決定から再生計画案の提出まで，大阪地裁では，約２カ月弱であるのに対し，東京地裁では，約４カ月弱となっている。この差は，東京地裁では，再生計画案の履行可能性をテストするために，全件について選任される個人再生委員が，約６カ月間にわたり，再生債務者から，計画弁済予定額の送金を受ける運用を考えていることから生じるものと思われる。

　なお，債権届出期間，一般異議申述期間およびその始期，再生計画案提出期間の末日については，規則138条２項・116条２項１号・２号・140条・130条・84条参照。

七　再生債務者による財産管理

　再生債務者による財産の管理や，裁判所の監督，個人再生委員の選任（東京地裁では，弁護人申立ての場合でも，全件について，申立てを受けた当日に選任さ

第3章　給与所得者等再生

れる。他方、大阪地裁では、弁護士申立ての際は個人再生委員を選任せず、司法書士申立ての際以前は個人再生委員を選任する方針をとっていたが、現在では申立段階での予納金の必要はなく、個人再生委員が選任される場合には、30万円の予納金が必要となる）、財産価額の評価等については、小規模個人再生の場合と同様である（なお、法244条・223条・228条・237条2項参照）。

八　債権調査

1　目　的

　給与所得者等再生も、小規模個人再生と同様、簡易迅速な手続であることから、通常の再生手続におけるような再生債権の確定の手続は行われない。

　他方、給与所得者等再生においては、再生計画案に対する再生債権者の議決が予定されていない。

　したがって、給与所得者等再生における債権調査の目的は、債権額要件判断の基礎とすることと、再生計画による弁済対象債権を確定することにある。

　よって、再生手続開始前の罰金、および債権者一覧表に住宅資金特別条項を定めた再生計画案の提出の意思があるものと記載された場合の住宅資金貸付債権は、いずれも再生計画による弁済の対象ともならないので、債権調査の対象ともならない（法244条・226条5項・227条10項）。

2　債権調査手段

　債権者一覧表の送達、再生債権の届出、異議申述、再生債権の評価等債権調査の手続は小規模個人再生の場合と同様である（法244条・222条4項・224条・225条・226条・227条）。

九　給与所得者等再生の再生計画

1　再生計画案の内容

(1)　再生計画案の提出

再生債務者は、債権届出期間の満了後、裁判所の定める期間内に、再生計画案を作成して、裁判所に提出しなければならない（法163条1項）。

東京地裁においては、個人再生委員が原則として選任されることから、再生債務者は、再生計画案を裁判所に提出するとともに、その写しを個人再生委員に直送することになっている。

提出期限は、再生開始決定時に定められるが、再生債権者から債権届出がなされ、それに対して、再生債務者が、異議を述べた場合等は、裁判所は、申立てまたは職権で、提出期限を伸長することができる（法163条3項）。ただし、大阪地裁では、異議が述べられても原則として再生計画案の提出期限の伸長はしないこととしている。

なお、再生計画案では、弁済についての一般的基準しか示されず（下記(2)①ないし③参照）、各債権者がいつ、いくらの弁済を受けるなどの具体的事項が判然としないので、各債権者に対する弁済額および弁済時期を明示した一覧表（再生計画案に基づく弁済計画表）を作成のうえ、再生計画案とあわせて提出し、各再生債権者にも送付するという運用がなされている。

再生計画案（弁済計画表を含む）の提出に際しては、提出期限の1週間前くらいには、担当書記官にファクシミリで送信するなどし、細部にわたって事前調整しておくことにより、手続を円滑に進めることができる。

(2)　再生計画案の条項

給与所得者等再生における再生計画案についても、小規模個人再生と同様、次の形式を満たさなければならない。

① 　再生債権者の権利の変更条項、並びに共益債権および一般優先債権の弁済に関する条項を定める（法154条）。

② 　再生債権者の権利の変更条項においては、債務の減免、期限の猶予その他権利の変更の一般的基準を定める（法156条）。

第3章　給与所得者等再生

③　別除権者の予定不足額については、不足額確定後の権利の行使に関する適確な措置（ⓐ当該再生債権者の再生債権について別除権が行使されていない旨、ⓑ不足額が確定したときには一般の再生債権と同じ弁済方法を適用する旨、およびⓒ不足額確定時にすでに弁済期が到来している分割金については不足額確定の通知を受けてから2週間以内に支払う旨（これに備えて別に積み立てておく必要がある）、が定められるのが通常である）を定める（法160条1項）。根抵当権の元本確定後であれば、極度額を超える債権について仮払いをし、不足額確定後精算する条項を設けることもできる（同条2項）。

⑶　形式的平等

給与所得者等再生においても、小規模個人再生の場合と同様、再生債権者の権利変更については形式的平等主義が採用され、不利益を受ける再生債権者の同意がある場合以外は、少額債権の弁済時期を有利に扱う場合（なお、実務上は、少額債権の弁済時期を有利に扱う条項を定めずに、再生計画の履行に至った段階で、繰上げ一括弁済が行われることもある）と劣後的再生債権（法84条2項）について劣後条項（たとえば、再生手続開始決定日以降の利息・損害金の全額免除など）を定める場合しか認められていない（法244条・229条1項）。

このような形式的平等主義が採用されたのは、給与所得者等再生においては、小規模個人再生と同様、監督委員や調査委員等の機関がおかれないことに加え、再生再計画案の決議手続もなく、形式的に不平等な再生計画案の衡平性を吟味する機会がないことに由来するものと解される。

⑷　再生債権の弁済方法

再生債権の弁済方法も、小規模個人再生の場合と同様に、次に定めるところによらなければならない（法244条・229条2項）。

　Ⓐ　弁済期が3カ月に1回以上到来する分割払いの方法によること

毎月弁済にするか、数カ月に1回の弁済にするかは、再生債務者の性格、給料等の支払状況等から、事案に応じて判断する必要がある。前者においては、再生債務者に対し、常に再生計画を履行していることの緊張感をもたせることができる反面、振込手数料だけでも相当の出費を要することになるが、後者では、振込手数料での出費を軽減できる反面、再生債務者の性格によっては、再生計画案を履行していることの緊張感をもたせることが難しくなる。

294

九　給与所得者等再生の再生計画

(B)　最終の弁済期を再生計画認可決定の確定日から3年後の日が属する月中の日（特別の事情のある場合には、再生計画認可の決定の確定の日から5年を超えない範囲で、3年後の日が属する月の翌月の初日以降の日）とすること

上記「特別の事情」とは、結局のところ、当該再生債務者の経済状況からして、3年で計画弁済総額を支払うことが困難な場合が多いと思われるが、5年を超えない範囲（たとえば、4年2月でもよい）で弁済期間の伸長を希望する場合は、再生計画案とともに、家計収支表や疎明資料を添えて、その旨を申し立てるべきである。

なお、大阪地裁における個人再生申立書式には、「第5　再生債権に対する計画弁済総額及び弁済期間に関する具体的予定並びにその履行可能性について」という項目があるので、この箇所で、「特別の事情」を説明すれば足り、別途上申書（【書式2-41】参照）等を提出する必要はないと解される。

ちなみに、大阪地裁では、小規模個人再生に比して、給与所得者等再生のほうが、弁済期間3年を越える再生計画が多くなっているようであるが、これは、給与所得者等再生では、可処分所得の計算によって返済額が相当高くなることがあるので、3年では支払えないケースが多くなっていることに起因していると思われる（尾川「運用状況（大阪）」75頁参照）

他方、弁済期間を3年未満とすることは認められない。もっとも、期限の利益を放棄することは可能であるから（民法136条2項）、3年未満で弁済することは可能である。

(C)　弁済開始日

具体的な弁済開始日は、再生計画認可決定の確定日がいつになるかによって左右されるが、毎月払いであれば、再生計画認可決定の確定日の属する月の翌月の支払日となる。

他方、3カ月に1回の支払いであれば、上記(B)からすれば、再生計画認可決定の確定日の属する月の翌月から起算して3カ月目の支払日ということになるが、それでは、第1回目の弁済まであまりに時間を要することになる。そこで、形式的には、上記(B)に反することになるが、この程度では法の趣旨に反することにはならないので、この場合も、再生計画案上、再生計画認可決定の確定日

295

第3章　給与所得者等再生

の属する月の翌月の支払日を第1回目の支払日とする旨記載し、当該翌月に第1回目の弁済を行うことも可能であると解される。

大阪地裁でも、標準モデルでこの支払方法を求めている（改正法対応事例解説個人再生大阪再生物語85頁・120頁・171頁）

⑸　計画弁済総額

まずは、小規模個人再生の場合と同様に、計画弁済総額の最低弁済額は基準債権（別除権行使によって弁済を受けることができると見込まれる再生債権および法84条2項に掲げる請求権をのぞいた無異議債権と評価済債権）の総額によって画される（法241条2項5号・231条2項3号・4号）。

具体的には、計画弁済総額の最低弁済額は以下のとおりとなる。

① 　基準債権の総額が100万円未満のときは基準債権の総額

② 　基準債権の総額が100万円以上500万円未満のときは100万円

③ 　基準債権の総額が500万円以上1500万円未満のときは基準債権の総額の5分の1

④ 　基準債権の総額が1500万円以上3000万円以下のときは300万円

⑤ 　基準債権の総額が3000万円を超え5000万円以下のときは基準債権の総額の10分の1

加えて、給与所得者等再生における再生計画は、再生債権者の同意を要しない代わりに、客観的な基準により求められる額（可処分所得の2年分）以上であることが求められる（法241条2項7号）。

すなわち、次に掲げる計算により求められる1年分の所得から、再生債務者およびその扶養を受けるべき者の最低限度の生活を維持するために必要な1年分の費用の額を控除した額の2年分が、計画弁済総額の最低弁済額となる。

そうすると、給与所得者等再生における計画弁済総額の最低弁済額は、基準債権の総額から算出される最低弁済額（上記①ないし④）と可処分所得の2年分から算出される最低弁済額を比較して、大きいほうということになり、これを、原則として3年間で弁済することになる。

また、計画弁済総額の最低弁済額が、清算価値保障原則（法241条2項2号。具体的には、計画弁済総額は、再生計画認可決定があった時点で再生債務者につき破産手続が行われた場合における基準債権に対する配当の総額以上なければならな

いという原則）をクリアしていなければならないことは当然のことである。

可処分所得の算出の際には、最低限過去2年分（1月1日から12月31日まで）の収入を明らかにする必要があるところ、その資料としては源泉徴収票が一般的である。これがない場合、市区役所、町村役場で発行される課税証明書で代替できるが、所得税額が明らかにならない。もっとも、課税証明書から所得税を算出できないわけではない。

なお、可処分所得の算出は、以下のとおりである。

①　原則として、再生計画案提出前2年間の再生債務者の収入の合計額から、これに対する所得税、個人の道府県民税または都民税および個人の市町村民税または特別区民税並びに所得税法74条2項に規定する社会保険料（以下、「所得税等」という）に相当する額を控除した残額を2で除した額（法241条2項7号ハ）

②　上記の2年間に年収の5分の1以上の変動があった場合には、当該事由が生じた後の収入からこれに対する所得税等を控除した残額を1年間当たりの額に換算した額（法241条2項7号イ）

③　再生債務者が過去2年内に「給与又はこれに類する定期的な収入を得ている者で、その額の変動の幅が小さい者と見込まれる者」に該当することになった場合には、該当するようになった後の収入からこれに対する所得税等を控除した残額を1年間当たりの額に換算した額（法241条2項7号ロ）

前記の控除する1年分の費用の額は、再生債務者およびその扶養を受けるべき者の年齢および居住地域、当該扶養を受けるべき者の数、物価の状況その他一切の事情を勘案して政令で定めるものとされている（法241条3項。政令の内容については、個人債務者再生制度研究会編『給与所得者等再生のための最低生活費算出の手引〔第2版〕』参照）。

この点、大阪地裁の運用では、さらに、給与明細等から通勤手当てが判明する場合は、それを収入金額から控除して可処分所得を算出することができ、再生債務者が離婚して未成熟子と別居している場合において、再生債務者が、その子のために一定額以上の養育費を支払っているときは、養育費として支払った額を被扶養者の個人別生活費として控除することができる（ただし、法241条3項の額を定める政令所定の個人別生活費の額が控除の最高限度額となる）とされ

ている。

なお、ホームページ（個人債務者再生支援 for Excel　http://www.vector.co.jp/soft/winnt/business/se525285.html）から、可処分所得算出のフリーソフトをダウンロードすることができ、これを利用すれば、原則的な可処分所得を算出することができる（当該ソフトは、随時バージョンアップを行っているので、注意すること）。

(6)　減免率の状況

法施行後1年経過時の統計（畑野＝岩波「概況」26頁）によれば、全国の給与所得者等再生の既済事件において、平均減免率は62％であり、最も減免率が集中しているのは80％台である。

この点、同統計における小規模個人再生の平均減免率（73％）よりも、給与所得者等再生のそれのほうが低い値となっており、また、減免率が最も集中しているのが80％台という点は共通するものの、その比率は小規模個人再生の約3分の2である。

これは、給与所得者等再生において、最低弁済総額の基準となる可処分所得要件が影響しているものと思われる。

(7)　住宅資金特別条項

再生債務者が債権者一覧表に住宅資金特別条項を定めた再生計画案を提出する意思がある旨記載した場合には、再生計画に住宅資金特別条項を定めなければならない（法241条2項5号・231条2項5号）。

(8)　具体的事例に基づく記載例

〔ケース〕
再生債務者の家族構成：本人（33歳）、妻（30歳）、子（5歳）
居住地：大阪府大阪市
1年間の手取収入額：350万円
1年間の賃料（自宅）：120万円
　可処分所得の2年分：45万円
債務総額（利息制限法に基づく引き直し計算済）：630万円
　計画弁済総額の最低弁済額：126万円

計画弁済総額：126万円

　代理人としては、申立てもさることながら、再生計画の立案には十分注意を払う必要がある。

　まず、上記のケースでは、仮に3年間1カ月ごとに支払うという方法を選択すれば、その支払額は、3万5000円ということになる。

　申立ての際に、再生債務者の家計収支表を作成・提出しているが、その後の状況の変化もありうるので、代理人としては、再生債務者に、再生計画立案の直近の家計収支表の提出を求め、現実的に1カ月の支払いにあてられる金額を再度確認すべきである。

　そこで、上記のケースで、仮に支払いにあてられる金額が1カ月3万6000円程度ということであれば、振込手数料等を考慮すると、3年間1カ月ごとの支払いという方法は現実的でないであろう。やはり、毎月3万5000円支払うということであれば、ケースにもよるが、家計収支において必要な費用を除いた残額が4万円強は必要なのではなかろうか。

　また、仮に、1カ月当たり4万円を弁済にあてられるとしても、再生期間中に子供の進学時期が重なり、相当の出費が予想されるのであれば、将来も見越して、一定の貯金をするために、3年間以上の期間の支払いという方法を選択し、1カ月当たりの返済額を減らさなければならないということも十分ありうることである。

　また、再生債権者に少額債権者が多数含まれるということであれば、振込手数料の出費を抑えるために3カ月ごとの支払いを選択するということも考えられる。

　支払日についても、再生債務者が現実に給与等の支払いを受ける日を確認のうえ、余裕をもって設定すべきである。

　いずれにせよ、再生計画の立案においては、再生債務者と十分に打合せを行い、再生債務者の現在の経済力だけでなく、再生期間に想定される出来事等も十分考慮して、再生債務者にとって最善の再生計画を立案しなければならない。また、立案後の返済計画表の検算も忘れてはならない。

　以下の書式例では、3カ月ごとの支払額10万5000円を、余裕をもって支払え

第3章　給与所得者等再生

るという前提の下に作成されている。

【書式3-13】　再生計画案(1)（全国版）

○○地方裁判所＿＿支部　令和○○年（再ロ）第○○○号

再　生　計　画　案

令和○○年○○月○○日

再 生 債 務 者 氏 名 ○ ○ ○ ○ 印[※1]

再生債務者代理人 氏 名 ○ ○ ○ ○ 印

第1　再生債権に対する権利の変更

　　　再生債務者は，各再生債権者からそれぞれが有する再生債権について，

　1　再生債権の元本及び再生手続開始決定の日の前日までの利息・損害金
についての合計額の＿80＿パーセントに相当する額[※2]

　2　再生手続開始決定の日以降の利息・損害金については全額
について免除を受ける。[※3]

第2　再生債権に対する弁済方法

　　　再生債務者は，各再生債権者に対し，第1の権利の変更後の再生債権に
ついて，次のとおり分割弁済をする。

　（分割弁済の方法）

　　　再生計画認可決定の確定した日の属する月の翌月から

　　　□　＿＿年＿＿か月間は，毎月＿＿日限り，＿＿パーセントの割合によ
る金員（毎月の支払分・合計＿＿回）

　　　□　＿＿年＿＿か月間は，毎年＿＿月及び＿＿月の＿＿日限り，
＿＿パーセントの割合による金員（ボーナス時の支払分・合計＿＿回）

　　　□　毎年＿＿＿＿＿＿＿＿＿＿＿＿＿＿＿＿＿＿＿の＿＿日限
り，＿＿パーセントの割合による金員（合計＿＿回）

　　　☑　3か月ごとに支払う方法[※4]

　　　　　当該翌月を第1回目として、以後3か月ごとに合計12回、各月の28日
限り，8.34パーセントの割合による金額を支払う（通算期間3年間）。

第3　共益債権及び一般優先債権の弁済方法

　　　共益債権及び一般優先債権は，

　　　☑　随時支払う。

　　　□　令和＿＿年＿＿月＿＿日までに一括して支払う。

　　　□　下記のとおり支払う。

300

九　給与所得者等再生の再生計画

支払方法（具体的に）

以　　上

（注）　　共益債権および一般優先債権については，将来弁済すべきものを明示
すべきものとされているので（規則83条），個人再生手続においても，
未払いの共益債権（法119条）や一般優先債権（法122条）があれば，そ
の額を記載する。

※１　最高裁方式では、再生債務者本人の押印も必要となっている。

※２　免除率（％）は、「（確定再生債権額−計画弁済総額の最低弁済額）÷確定
再生債権額×100」によって算出される。ただし、債権者ごとの確定再生債
権額に免除率を乗じて算出される免除額に１円未満の端数が生じた場合は切
り捨てなければならない。そうしなければ、計画弁済総額が、最低弁済総額
を下回り、再生計画不認可事由となるからである（法241条２項５号・７号・
231条２項３号）。

　　　したがって、実際の計画弁済総額は、最低弁済額を若干上回ることもある。

※３　劣後的再生債権（法84条２項）についての劣後的条項である（法244条、
229条１項）。

※４　３カ月に１回の支払いの場合は、元の書式の文言にあわないので、付け加
える。

　　また、支払日については、再生債務者の給料日からして、無理のない期日に
するべきである。

　　もともと100％を支払回数12で除しても割り切れないが（8.333……）、「8.333」
％とすることはできない。なぜなら、「8.33」に支払回数12を乗じても、100％
に満たないからである。

　　そこで、やむなく「8.34」％とすることになり、これで法的に問題はなく
なるが、若干ながら計画弁済総額が増えることになる。

　　もっとも、民事再生法および民事再生規則で、免除率等について、百分率
による記載が求められているわけではないことから、分数による記載でも問
題はないものと解される。分数による記載の場合は、「12分の１」となる。

301

[書式3-14] 弁済計画表(1)（全国版）

再生計画による弁済計画表（案）

○○地方裁判所　支部　令和○○年（再イ）第○○○号
再生債務者の氏名　○　○　○　○

照会先　弁護士　○○○○
照会先電話番号　00-0000-0000
※この弁済計画表に関する問い合わせは、上記の照会先に直接連絡をしてください。

1　再生計画による免除の率　→　確定債権総額の80パーセント（※1）に相当する額を免除
3　再生計画による弁済方法
　　□　毎月の弁済　→　弁済日　毎月　　日限り
　　☑　ボーナスによる弁済　→　弁済時期：毎年　　月と　　月の　　日限り
　　☑　3か月に1回の弁済　→　弁済時期：当該月の28日限り
　　□　その他（　　　　　　　　　　　）

2　弁済期間　　□　3年　☑　5年　□（　　年　　月）
4　弁済金の支払方法
　　☑　振込送金
　　　　（振込先口座は再生債権者が指定。振込手数料は再生債務者が負担）
　　□　持参払い
　　□　その他（　　　　　　　　　　　）

債権者番号	届出のあった再生債権者名	確定債権額（注1）	再生計画による弁済総額（※2）	毎月（回）の額	最終回の額	ボーナス時の額（注2）	最終回分
1	○○信用金庫 ○○支店	¥1,000,000	¥200,000	¥16,700	¥16,300		
2	株式会社○○	¥1,000,000	¥200,000	¥16,700	¥16,300		
3	株式会社△△△△	¥900,000	¥180,000	¥16,700	¥15,000		
4	○○○○こと □□□□	¥1,000,000	¥200,000	¥16,700	¥16,300		
5	ローンズ○○こと △△△△	¥400,000	¥80,000	¥6,700	¥6,300		
6	□□□こと○○○○	¥200,000	¥40,000	¥3,400	¥2,600		
7	有限会社○○○	¥800,000	¥160,000	¥13,400	¥12,600		
8	×××こと○○○	¥350,100	¥70,000	¥5,900	¥5,100		
9	□□□歌舞伎会社	¥350,100	¥70,020	¥5,900	¥5,120		
10	○○商事株式会社	¥299,900	¥59,980	¥5,100	¥3,880		

この弁済計画表は、住宅資金特別条項に基づく弁済以外のものである。

毎月（回）の弁済額合計
ボーナス時の弁済額合計

毎月（回）分	最終回分	ボーナス時分
¥105,500円	¥99,500円	

（注）1　確定債権額欄に記載された金額は利息・損害金を含む（元金、利息、損害金を個別に記載する必要がある場合には、その欄内に種別に個別に記載して記入する。）。
　　　2　各回の返済額欄記載の額は、再生計画により算出された額であり、最終回の返済の切り上げ、100円未満の場合の切り上げ、100円未満の端数は切り上げなければな

※1　再生計画案の免除率を記入する。
※2　債権者ごとの確定債権額に再生計画による弁済率（100－再生計画案中の免除率）を乗じて算出することになるから、1円未満の端数が生じた場合は切り上げればよい。なお、免除率は、免除額について1円未満の端数を切り上げ（切り捨て）、通常の場合、100円未満の切り上げ（切り捨て）で対
※3　形式的な平等の原則からは、債権者ごとに、切り上げ（切り捨て）、10円未満の切り上げ（切り捨て）で対応できる額の場合は、10円未満の端数に（※3）未満の場合の、最終回の返済額で端数調整を行っている。
応できる額だが、少額の債務はできないこともある。

九　給与所得者等再生の再生計画

【書式3-15】　再生計画案(2)①（東京地裁）

東京地方裁判所民事第20部　御中
個人再生委員　　○　○　○　○　　殿
東京地方裁判所　令和○○年（再ロ）第○○○号
　　　　　　　　　　　　　　令和○○年○○月○○日（※1）

再　生　計　画　案

再生債務者　　　甲　野　太　郎
同代理人弁護士　乙　野　次　郎　　　印

第1　再生債権に対する権利の変更
　　　再生債権の元本及び開始決定前に発生している利息・損害金の合計額の
　20％を後記第2の弁済方法のとおり弁済し（1円未満の端数は切り上げ
　る），残元本及び開始決定前の利息・損害金の残額並びに開始決定後の利
　息・損害金の全額について免除を受ける。

第2　再生債権に対する弁済方法
　　　再生債務者は，各再生債権者に対し，第1の権利の変更後の再生債権に
　ついて，再生計画認可決定の確定した日の属する月の翌月から，＿3＿年
　＿0＿か月間は，毎月＿末＿日限り，＿36分の1＿の割合による金員（1
　円未満の端数は切り捨て，最終回で調整する。）（合計＿36＿回）を支払う。
　　　権利の変更後の再生債権の額が3万6000円未満の場合は，再生計画認可
　の決定の確定した日の属する月の翌月の末日限り全額を支払う。

第3　共益債権及び一般優先債権の弁済方法
　　　再生計画案提出時における未払の共益債権及び一般優先債権はない。
　　　今後発生する共益債権及び一般優先債権は，随時支払う。

※1　再生計画案を修正した場合は，修正前の計画案作成日と修正後の計画案
　　作成日を併記してください。

(注)　弁済方法が「その他」になる場合は、その内容を具体的に記載することになる。
　　　なお、東京地裁では、返済計画表については、特定の様式がないようである。

303

第3章　給与所得者等再生

【書式3-16】　再生計画案⑵②　（東京地裁）

東京地方裁判所民事第20部　御中

個人再生委員　　○　○　○　○　殿

東京地方裁判所　令和○○年（再ロ）第○○○号

令和○○年○○月○○日（※1）

再　生　計　画　案

再生債務者　　　　　　甲　野　太　郎

同代理人弁護士　　　　乙　野　次　郎　　印

第1　再生債権に対する権利の変更

再生債権の元本及び開始決定前に発生している利息・損害金の合計額の20％を後記第2の弁済方法のとおり弁済し（1円未満の端数は切り上げる。），残元本及び開始決定前の利息・損害金の残額並びに開始決定後の利息・損害金の全額について免除を受ける。ただし，民事再生法229条3項各号に掲げる再生債権を除く。

第2　再生債権に対する弁済方法

1　第1の権利の変更後の再生債権について

再生債務者は，各再生債権者に対し，第1の権利の変更後の再生債権について，再生計画認可決定の確定した日の属する月の翌月から，　3　年　0　か月間は，再生計画認可決定の確定した日の属する月の3か月後を第1回として，以後3か月ごとに各該当月　末　日限り，　12分の1　の割合による金員（1円未満の端数は切り捨て，最終回で調整する。）（合計　12　回）を支払う。

2　民事再生法229条3項各号に掲げる再生債権について

再生債務者は，各再生債権者に対し，上記第1本文及び第2の1の一般的基準に従って弁済し，弁済期間が満了する時に，弁済期間内に弁済をした額を控除した残額につき弁済する。

第3　共益債権及び一般優先債権の弁済方法

再生計画案提出時における未払の共益債権及び一般優先債権はない。

今後発生する共益債権及び一般優先債権は，随時支払う。

※1　再生計画案を修正した場合は，修正前の計画案作成日と修正後の計画案

作成日を併記してください。

【書式 3-17】 再生計画案(3)（大阪地裁）

大阪地方裁判所　令和○○年（再ロ）第○○○○号

再 生 計 画 案（令和○○年 6 月 26 日）

再　生　債　務　者　大　阪　次　郎

再生債務者代理人弁護士　鶴　見　浩　二　印

（電話06-○○○○-○○○○）

1　再生債権に対する権利変更として，次の額について免除を受ける。免除額に 1 円未満の端数が生じたときは，切り捨てる。

⑴　元本及び再生手続開始決定日の前日までの利息・損害金の ［ 80 ］パーセント相当額

⑵　再生手続開始決定日以降の利息・損害金の ［ 100 ］パーセント相当額

2　上記 1 による権利変更後の再生債権について，再生計画認可決定確定日の属する月の翌月以降，下記の□に印を付した項に記載した方法により分割弁済をする。ただし，これにより算出される ［ 100 ］円未満の端数は ［ 切り上げ ］，［ 最終回 ］で調整する。

☑　3 か月ごとに支払う方法

上記確定日の属する月の ［ 翌 ］月を第 1 回目として，以後 3 か月ごとに合計 ［ 12 ］回，各月の ［ 28 ］日限り，各 ［12分の 1 ］の割合による金額を支払う（通算期間 ［ 3 ］年 ［ 0 ］か月間）。

□　毎月支払う方法

上記確定日の属する月の翌月を第 1 回目として，毎月 ［　　］日限り，各 ［　　　　　］の割合による金額を支払う（通算期間 ［　　］年 ［　　］か月間）。

□　ボーナス時に支払う方法

［　　］年 ［　　］月間，毎年 ［　　］月及び ［　　］月の ［　　］日限り，各 ［　　　　　］の割合による金額を支払う（合計 ［　　］回）。

☑　その他の方法

再生計画による弁済総額が ［ 1 ］万円以下の再生債権者に対しては，上記確定日の属する月の ［ 翌 ］月の ［ 28 ］日限り，［100パーセント］の割合による金額を支払う（合計 ［ 1 ］回）。

第3章　給与所得者等再生

> 3　共益債権及び一般優先債権は，随時支払う。
>
> 　（上記債権［特に公租公課等］で未払分がある場合には，下記にその種目，
> 金額を記載する。）
>
> 　自動車税　35,000円
>
> 以上

(注)　改正法対応事例解説個人再生〜大阪再生物語〜85頁参照。

※1　大阪方式では、再生債務者の押印は必要とされていない。もっとも、申立代理人は、再生債務者と十分協議のうえ、再生計画案を策定し、再生計画案の内容を、再生債務者に理解させるべきである。

　　利息・損害金について、東京地裁方式では、再生手続開始決定日の前後を問わずに全額免除となっているが、申立て前の債権調査を経ても、届出期間内に、再生手続開始までの利息・損害金を加えた債権届出がなされることが、わずかながら存在する。

　　そこで、大阪地裁方式のように、利息・損害金について、再生手続決定日の前後で免除率を分けて記載するほうがより正確といえるであろう。

※2　一応、任意の割合を記載することになっているが、劣後的再生債権であること、形式的平等に反することはないことからすると、「100」と記載することが基本となるであろう。したがって、再生手続開始決定後の利息・損害金を計算する必要は一切ない。

※3　少額債権者がいる場合は、「10」とせざるを得ないこともある。

九　給与所得者等再生の再生計画

【書式3-18】　弁済計画表(2)（大阪地裁版をもとにしたもの）

再生計画による弁済計画表

大阪地方裁判所　　令和○○年（再ロ）第○○○○号
再生債務者の氏名　大　阪　次　郎

1　再生計画による弁済率　[　20　]パーセント
2　弁済期間・弁済方法は、再生計画案記載のとおり
3　弁済金の支払方法
　振込送金（振込口座は再生債権者が指定、振込手数料は再生債務者が負担）

照会先	
弁護士　鶴　見　浩　二	照会先電話番号・ファックス番号 電話　06-0000-0000 ＦＡＸ　06-0000-0000

※この弁済計画表に関する問い合わせは、上記照会先に直接連絡をしてください。

債権者番号	届出のあった再生債権者名	確定債権額：円	不足	協定	再生計画による弁済総額：円	各回の弁済額：円		
						1回目の額	2回目～11回目の額	最終回の額
1	○○信用金庫梅田支店	1,000,000			200,000	16,700	16,700	16,300
2	株式会社○○	1,000,000			200,000	16,700	16,700	16,300
3	株式会社△△△△	900,000			180,000	15,000	15,000	15,000
4	○○○○こと□□□□	1,000,000			200,000	16,700	16,700	16,300
5	ローンズ○○こと△△△	400,000			80,000	6,700	6,700	6,300
6	□□□こと○○○	200,000			40,000	3,400	3,400	2,600
7	有限会社○○○	800,000			160,000	13,400	13,400	12,600
8	×××こと○○○	350,000			70,000	5,900	5,900	5,100
9	□□□株式会社	350,100			70,020	5,900	5,900	5,120
10	○○商事株式会社	299,900			59,980	5,000	5,000	4,980
11	○○ファイナンスこと△△△	35,000			7,000	7,000		
	合　計	6,335,000			1,267,000	112,400	105,400	100,600

（注意）
1　「確定債権額」欄には確定した元本及び開始決定日の前日までの利息・損害金の合計額を記載する。
2　「再生計画による弁済総額」欄記載の各金額は、再生計画により算出される弁済額について1円未満の端数が生じたときは、切り上げた金額を記載する。
3　この弁済計画表は、再生計画案で「住宅資金特別条項」を定めた場合には、同条項による弁済以外のものである。
4　「不足」欄に○印がある場合、「確定債権額」の金額は「担保不足見込額」であることを表し、「再生計画による弁済総額」の金額も見込みであるため、確定した不足額の金額によっては変動することがある。
5　「協定」欄に○印があるものは、「弁済協定」を締結したことを表し、その協定によって支払う場合である。

[書式3-19] 返済計画表(東京地裁版をもとにしたもの)

再生計画による返済計画表(案)

東京地方裁判所 令和○○年(再イ)第○○○○号
再生債務者 甲野 太郎

照会先
再生債務者代理人弁護士 乙野 次郎 印
電話番号03-0000-0000
FAX番号03-0000-0000
※この返済計画表に関するお問合せは、上記の照会先に直接連絡をしてください。

1 再生計画による弁済の率→確定債権総額の20%に相当する額を弁済
2 返済期間 ■3年 □5年 □ 年 月
3 再生計画による返済方法
 □ 毎月の返済→返済日 毎月 末 日限り
 □ ボーナスによる返済→返済時期 毎年 月と 月の 日限り
 ■ その他の返済→返済時期:当該月の 日限り
   その他(少額債権については、初回の返済で全額)
   か月に1回の返済、初回の返済は、初回の末日限り全額
4 返済金の支払方法
 ■ 振込送金(振込先口座は再生債権者が指定、振込手数料は再生債務者が負担)
 □ 持参払い
 □ その他( )

債権者番号	届出のあった再生債権者名	確定債権額(注1)	自認債権	総債権額	再生計画による返済総額 弁済率 %(端数切上げ)(注2)	各回の返済額 毎月(回)の額	最終回 ボーナス時の額(注3)	最終回分
1	A社	2,000,000	/	2,000,000	400,000	11,200	8,000	
2	B社	150,000	/	150,000	30,000	30,000		
3	C社	3,000,000	/	3,000,000	600,000	16,700	15,500	
4	D社	500,000	200,000	700,000	140,000	3,900	3,500	
5	E社	200,000	100,000	300,000	60,000	1,700	500	
6								
7								
8								
9								
合 計		5,850,000	300,000	6,150,000	1,230,000			

毎月(回)の返済額合計 (注4) 33,500
ボーナス時の返済額合計

毎月(回)分	ボーナス時分	最終回分
33,500		27,500

確定債権額5,850,000円×20%=1,170,000円となる。
清算価値<1,170,000円とすると、最低弁済額要件を満たす金額=1,170,000円となる。
したがって、再生計画に記載する返済総額は、自認債権の20%に当たる金額を加算した1,230,000円となる。

(注)
1 確定債権額欄には、確定された金額を記入する。注は利息・損害金を含む。
2 弁済率は確定債権額によって算定し、自認債権がある場合は確定債権額に、自認債権がない場合は確定債権額に、弁済率をそれぞれ乗じた額を記入する。自認債権がある場合は、確定債権額×弁済率=再生計画による返済総額、自認債権がない場合は、確定債権額×弁済率=再生計画による返済総額であり、最終回の返済額で端数調整を行っている。
3 各回の返済額は毎月(回)の返済のほか、B社への返済のように毎月の返済が加わることになる。
4 初回の返済には毎月の返済が加わることになる。

2 再生計画案の提出

給与所得者等再生における再生計画の提出権者も再生債務者であり、提出時期も小規模個人再生と同様である。

なお、再生計画案を提出期限までに提出しないことは、再生手続廃止事由となっているので（法243条2号。実際に、提出期限を徒過し、廃止になった例もある）、再生債務者および代理人は、提出期限に十分注意しなければならない（原本を直接提出しなければならず、ファクシミリ送信による提出は認められない）。

3 再生計画案の修正

再生債務者は、再生計画案の提出後でも裁判所の許可を得て、再生計画案を修正することができる（法167条）。なお、大阪地裁では、補正された計画案が提出されれば、黙示の修正許可申請があったものとして、裁判所がその許可をすることとした。ただし、後述4の届出債権者の意見を聴取する旨の決定の時までの間に限られる（法240条3項）。

もっとも、前述のとおり、実務的には、再生計画案の提出期限までに、担当書記官に再生計画案をファクシミリによる送信等により開示することで、事前調整が可能なので（実際にも、そのような運用がなされている）、提出期限経過後に、裁判所の許可を得て、再生計画案を修正することはほとんどないものと思われる。

4 再生計画案についての意見聴取

給与所得者等再生においては、再生計画案の提出があった場合、裁判所は、以下①～③の場合を除いて、届出再生債権者の意見を聴取する旨の決定をする（法240条1項。【書式3-20】【書式3-21】参照）。

① 再生計画案に不認可事由があるとき
② 債権調査のための異議申述期間が経過していないか、またはこの期間内に述べられた異議について評価申立期間が経過していないか、あるいは評価申立てがなされ再生債権の評価がされていないとき
③ 法125条1項の報告書の提出がされていないとき

第3章　給与所得者等再生

　そして、裁判所は、意見を聴取する旨の決定を公告するとともに、届出再生債権者に対して、再生計画案と、これに不認可事由がある旨の意見がある者は裁判所の定める期間内にその旨およびその事由を具体的に記載した書面（【書式3-22】【書式3-23】）を提出すべき旨を記載した書面（【書式3-20】【書式3-21】）とを送付しなければならない（法240条2項）。この書面を提出すべき期間は、意見を聴取する旨の決定をした日から2週間以上2月以下（届出再生債権者で日本国内に住所、居所、営業所または事業所がないものがある場合には4週間以上3月以下）の範囲内で裁判所が定める（規則139条1項）。

　この場合には、小規模個人再生の場合と異なって、届出再生債権者による再生計画案の決議手続はなく、届出再生債権者から再生計画案について不認可事由があるか否かの意見を聴取するだけであり、たとい届出再生債権者の多数が再生計画案に不同意の意見を述べても、裁判所はそれに拘束されずに、その意見の内容が不認可事由に該当するか否かを判断する。

【書式3-20】　意見聴取決定⑴（全国版）

令和○○年（再ロ）第○○○号　給与所得者等再生事件

決　　定

○○市○○区○○○　○丁目○番○号

申立人　○　○　○　○

主　　文

1　本件再生計画案について，届出再生債権者の意見を聴取する。
2　民事再生法240条2項により定めるべき期間を平成○○年○○月○○日までとする。

　　令和○○年○○月○○日

○○地方裁判所○○支部

裁判官　○　○　○　○　印

九　給与所得者等再生の再生計画

【書式3-21】　意見聴取決定(2)（大阪地裁）

令和○○年（再ロ）第○○○号　給与所得者等再生事件

決　　定

大阪市○○区○○○　○丁目○番○号
再生債務者　大　阪　次　郎

主　　文

1　本件再生計画案について，届出再生債権者の意見を聴取する。
2　民事再生法240条2項に規定する期間を令和○○年○○月○○日までと定
める。

令和○○年○○月○○日
大阪地方裁判所第6民事部
裁判官　○　○　○　○　印

【書式3-22】　意見聴取通知書(1)（全国版）

事件の表示：令和○○年（再ロ）第○○○号
再生債務者：○○○○

意見聴取書

届出再生債権者　各位
令和○○年○○月○○日
○○地方裁判所○○支部
裁判所書記官　○　○　○　○　印

　頭書事件について，再生債務者から別添のとおり再生計画案が提出されまし
た。この再生計画案について，裁判所が不認可の決定をすべき事由（民事再生
法241条2項各号）がある旨の意見がある場合には，その意見と不認可の決定
をすべき事由を具体的に記載した意見書を，令和○○年○○月○○日まで（必
着）に当裁判所に提出してください。
　なお、この再生計画案に特段の意見がない場合には、意見書を提出する必要
はありません。

311

第 3 章　給与所得者等再生

以　上

＊　同封の「再生計画による返済計画表（案）」は，別添の再生計画案の認可
決定が確定した場合に，実際にどのような返済を行う予定であるかについて，
参考のために再生債務者が作成したものです。

【書式 3 -23】　意見聴取通知書⑵（大阪地裁）

令和○○年（再ロ）第○○○号

届出再生債権者　各位

令和○○年 6 月27日

大阪地方裁判所第 6 民事部

裁判所書記官　懸　命　　一　所　㊞

意　見　聴　取　書

　頭書事件について，再生債務者から別添のとおり再生計画案が提出されまし
たので，民事再生法240条 2 項の規定により，意見を聴取します。

　この再生計画案について，裁判所が不認可の決定をすべき事由（同法241条
2 項各号）がある旨の意見がある場合には，その意見と不認可の決定をすべき
事由を具体的に記載した意見書を

　　　令和○○年 7 月25日

までに提出してください。

　なお，この再生計画案に特段の意見がない場合には，意見書を提出する必要
はありません。

　　　意見書提出先
　　　〒530-8522
　　　大阪市北区西天満 2 丁目 1 番10号
　　　　大阪地方裁判所第 6 民事部

　　　再生計画案の内容については
　　　再生債務者代理人　弁護士　鶴　見　浩　二
　　　電話　06-○○○○-○○○○　FAX　06-○○○○-○○○○
　　　にお問い合わせすることもできます。

312

九　給与所得者等再生の再生計画

> ＊　同封の「再生計画による返済計画表（案）」は，別添の再生計画案の認可
> 　決定が確定した場合に，実際にどのような返済を行う予定であるかについて，
> 　参考のために再生債務者が作成したものです。

（注）　一般の再生債権者に対する例である。

【書式 3 -24】　意見書（全国版）

　　　　　　　　　　　　　　事件番号：令和○○年（再ロ）第○○○号
　　　　　　　　　　　　　　再生債務者氏名：○　○　○　○

意　見　書

○○地方裁判所○○支部　御中
　　　　　　　　令和○○年○○月○○日
　　　　　　　　　株式会社　○　○　銀　行
　　　　　　　　　上記代表者代表取締役　○　○　○　○　印
　　　　　　　　　(連絡先・担当者)○○県○○市○○町　○番○号○
　　　　　　　　　○○銀行○○支店　管理課　○○○○
　　　　　　　　　　　　電　話　　0000-00-0000
　　　　　　　　　　　　FAX　　　0000-00-0000
　頭書事件について，令和○○年○○月○○日付け求意見書により意見を求め
られた再生債務者の再生計画案に関する意見は，下記のとおりです。
記

第 1 　意　見
　□　1 　特段の意見はない。
　□　2 　当該再生計画案については，民事再生法241条 2 項各号に掲げるうち，
　　　　　次の事由があるので不認可とすべきである。
　　　□　①　再生手続又は再生計画が法律に違反している。（ 1 号，174条 2 項
　　　　　　 1 号）
　　　□　②　再生計画の遂行の見込みがない。（ 1 号，202条 2 項 2 号）
　　　□　③　再生計画が再生債権者の一般の利益に反する。（ 2 号）
　　　□　④　住宅の所有権又は敷地の利用権を喪失する見込みがある。（ 3 号，
　　　　　　202条 2 項 3 号）
　　　□　⑤　給与又はこれに類する定期的な収入を得ている者に該当しない。
　　　　　　（ 4 号）

第3章　給与所得者等再生

- □　⑥　収入の額の変動の幅が小さいと見込まれる者に該当しない。（4号）
- □　⑦　債権総額が5000万円を超えている。（5号，231条2項2号）
- □　⑧　基準債権に対する計画弁済総額が法定の最低弁済額を下回っている。（5号，231条2項3号）
- □　⑨　再申述の制限等に違反している。（6号，239条5項2号）
- □　⑩　可処分所得基準に違反している。（7号）

第2　理　由

上記の事由があると認められる具体的な事情

（※具体的な事情が明らかになる資料を添付してください。）

　□別紙記載のとおり

　□下記のとおり

（注）　給与所得者等再生による再生手続において、住宅資金特別条項の定めのある再生計画案が提出された場合の意見書の例である。

5　再生計画の認可要件

　裁判所が定めた届出再生債権者の意見聴取の期間が経過した場合には、裁判所は、不認可事由がある場合を除いて、再生計画の認可決定をする（法241条1項。【書式3-25】参照）。

　給与所得者等再生には、以下①～③の一般的な再生手続の不認可事由が準用される（法241条2項1号・2号・174条2項1号・2号）。

① 　再生手続または再生計画が法律の規定に違反し、かつ、その不備を補正することができないとき（ただし、法律違反の程度が軽微である場合を除く）

② 　再生計画が遂行される見込みがないとき、または住宅資金特別条項がある場合で、再生計画が遂行可能であると認めることができないとき

③ 　再生計画が再生債権者の一般の利益に反するとき

　住宅資金特別条項がある場合には、上記①～③の各事由に加えて、以下④の事由も不認可事由となる（法241条2項3号・202条2項3号）。

九　給与所得者等再生の再生計画

④　再生債務者が住宅の所有権または住宅の用に供されている土地を住宅の所有のために使用する権利を失うこととなると見込まれるとき

さらに、給与所得者等再生に固有の不認可事由は、以下のとおりである。

⑤　再生債務者が、給与またはこれに類する定期的な収入を得ている者に該当しないか、またはその額の変動が小さいと見込まれる者に該当しないとき（法241条2項4号）

⑥　債権額基準に違反し、無異議債権の額および評価済債権の額の総額（住宅資金貸付債権の額、別除権の行使によって弁済を受けることができると見込まれる再生債権の額および劣後的再生債権の額を除く）が5000万円を超えているとき（法241条2項5号・231条2項2号）

⑦　最低弁済額基準に違反し、再生計画に基づく弁済の総額が、基準債権が3000万円以下の場合にはその総額の5分の1または100万円のいずれか多い額（基準債権の総額が100万円を下回っているときは基準債権の総額、基準債権の総額の5分の1が300万円を超えるときは300万円）、基準債権が3000万円を超え5000万円以下の場合には、その10分の1を下回っているとき（法241条2項5号・231条2項3号・4号）

⑧　再生債務者が債権者一覧表に住宅資金特別条項を定めた再生計画案を提出する意思がある旨の記載をしながら、再生計画に住宅資金特別条項の定めがないとき（法241条2項5号・231条2項5号）

⑨　給与所得者等再生の申述がⓐ～ⓒに述べる日から7年以内にされたとき（法241条2項6号・239条5項2号）

　　ⓐ　過去にも給与所得者等再生を利用し、再生計画が遂行された場合は、当該再生計画認可決定の確定日

　　ⓑ　過去にも個人再生手続を利用したが、再生計画の履行を完了できずに裁判所からハードシップ免責の決定を得た場合は、当初の再生計画認可決定の確定日（法244条・235条1項）

　　ⓒ　過去に破産法上の免責決定を得ている場合は、当該決定確定日

⑩　可処分所得要件を満たしていないとき（法241条2項7号）

なお、平成12年改正法施行後1年間の運用状況に関する全国30裁判所を対象とした調査では、給与所得者等再生申立事件1025件のうち再生認可決定がなさ

315

第3章　給与所得者等再生

れた事件は409件であり、そのうち住宅資金特別条項が定められている事件は
100件である（畑野＝岩波「概況」17頁、26・27頁）。また、官報公告の調査では、
給与所得者等再生申立事件で再生認可決定が官報に掲載された事件は2694件で
あり、他方、再生計画不認可決定がなされた事件は、11件である（畑野＝岩波「概
況」28頁）。

【書式3-25】　再生計画認可決定（大阪地裁）

令和○○年（再口）第○○○号　給与所得者等再生事件

決　　定

大阪市○○区○○○　○丁目○番○号
再生債務者　大　阪　次　郎

主　　文

本件再生計画を認可する。

理　　由

本件再生計画には民事再生法241条2項各号に該当する事由は認められない。

令和○○年○○月○○日
大阪地方裁判所第6民事部
裁判官　○　○　○　○　印

6　再生計画認可決定確定の効力

　裁判所は、再生計画の認可決定をしたときは、認可決定の主文および理由の
要旨の送達に代わる官報公告（法10条3項）の手続をする。

　再生計画の認可決定は、送達に代わる官報公告の後、抗告期間（法9条）内
に即時抗告がなければ、確定する。

　再生計画の認可決定の効力については、小規模個人再生の場合と同様である
（第2章七7参照）。

一〇　再生計画の遂行等

1　手続の終結

　給与所得者等再生では、小規模個人再生の場合と同様、再生手続そのものは再生計画の認可決定の確定によって、当然に終結する（法244条・233条）。すなわち、通常の再生手続の終結手続（法188条参照）に比べて、事件が小規模であるため監督委員に費用と報酬を支払うことは費用対効果の点から相当でないので、監督委員による再生計画の履行監督の制度（法186条2項）が設けられておらず、より簡易な手続となっている。なお、再生計画の遂行については、小規模個人再生と同様である（第2章八参照）。

2　再生手続の廃止

　上記のように再生計画の認可決定の確定によって再生手続が終結することになっているので、給与所得者等再生における手続廃止についても、再生計画の認可決定の確定前に限られている。

　手続の廃止事由は、以下のとおりである。

①　再生手続開始の申立ての事由のないことが判明した場合（法192条）

②　再生債務者に裁判所の命令（法30条1項）に違反した等の義務違反があった場合（法193条）

③　再生債務者が財産目録に記載すべき財産を記載せず、または不正の記載をした場合（法244条・237条2項）

　なお、平成12年改正法施行後1年間の運用状況に関する全国30裁判所を対象とした調査では、給与所得者等再生申立事件で再生手続の廃止決定がなされている事件は26件である（畑野＝岩波「概況」27頁）。また、官報公告の調査では、給与所得者等再生申立事件で再生手続の廃止決定が官報に掲載された事件は169件である（畑野＝岩波「概況」28頁）。

3　再生計画の変更等

　再生計画の変更やハードシップ免責（法244条・235条）については、小規模

第 3 章　給与所得者等再生

個人再生と同様である（第 2 章八 3 参照）。

4　再生計画の取消し

裁判所は、以下の事由がある場合には、再生債権者の申立てにより、再生計画の取消しをすることができる（法242条前段・189条 1 項各号）。

① 　再生計画の認可決定の確定後、可処分所得要件を欠くことまたは清算価値保障原則に違反していることが判明したとき（ただし、再生債権者が再生計画の認可決定に対する即時抗告ですでに主張している等一定の場合には、再生計画取消しの申立理由とすることができない（法242条後段・189条 2 項））

② 　再生計画が不正の方法によって成立したとき（法189条 1 項 1 号。ただし、一定の場合には、再生計画取消しの申立理由とすることができない（法189条 2 項））

③ 　再生債務者が再生計画の履行を怠ったとき（法189条 1 項 2 号。ただし、再生計画によって認められた権利のうち、住宅資金特別条項による変更後の債権、履行済の債権を除く債権額の10分の 1 以上の再生債権者の申立てが必要である（法206条））

④ 　再生債務者が裁判所の指定する要許可行為を裁判所の許可を得ずに行ったとき（法189条 1 項 3 号）

再生計画の取消しの手続や効果については、小規模個人再生の場合と同じく、通常の再生手続と異なるところはない。

なお、 2 で述べた全国30裁判所を対象とした調査では、給与所得者等再生申立事件で再生手続開始決定の取消決定の確定により終局した事件が津地裁本庁で 1 件ある（畑野＝岩波「概況」27頁）。また、仙台地裁本庁では、再生債権者からの申立てにより、再生計画が取り消された事件がある（畑野＝岩波「概況」29頁）。

5　牽連破産

牽連破産の制度が存在することについては、小規模個人再生の場合と同様、通常の再生手続と異なるところはない（第 2 章一一参照）。

もっとも、前述の全国30裁判所を対象とした調査では、給与所得者等再生申

318

立事件で手続廃止になった事案のうち、牽連破産に至った事案はいまだ把握されていない（畑野＝岩波「概況」27頁）。

　なお、全国の裁判所においては、牽連破産とする運用をしていないのであり、今後も牽連破産とする運用をしないであろうと思われる。

第4章　住宅資金貸付債権に関する特則

一　制度の目的

「住宅資金貸付債権に関する特則」（法196条〜206条）とは、民事再生手続において、再生債務者が抱える住宅ローン債権のうち、法が定める一定の要件を満たすものを「住宅資金貸付債権」とし、再生債務者が再生計画において「住宅資金貸付債権」について「住宅資金特別条項」を定めた場合には、住宅ローン融資時に定められた返済計画を修正して、再生債務者が住宅ローンの返済を続けることを可能とする制度である。住宅ローン以外の債務を整理しながら住宅ローンの返済を続けることにより、再生債務者の生活の基盤である住宅を確保することを可能となる。

　一般に、住宅ローンを組んで住宅を購入した場合、購入した住宅に抵当権を設定して住宅ローン債権を担保しながら、自らの収入によりその返済を行っていくことになるが、勤務先の倒産やリストラなどで収入が失われた場合や、給料カットなどで収入が減少した場合には、住宅ローンの返済を継続することが困難になる場合がある。特に近年は、住宅購入の際に、いわゆる「ゆとり返済制度」（当初は返済額を少なくし、一定期間経過後に返済額を増やしていく返済方法）を採用した住宅ローンを組んだものの、長引く不況の影響で収入が減少する、または当初の見込みよりも収入が増加しない場合があり、返済が困難になるケースが見受けられる。

　債務者の住宅ローンの返済が滞ると、債権者は、住宅ローンの契約に規定されている「期限の利益喪失条項」により、住宅ローンの残額の全部について直ちに弁済するよう債務者に求めたうえ、弁済できなければ、住宅に設定した抵当権を実行し、競売によって得た売却代金から住宅ローンの残額の弁済を受けることになる。その結果、債務者はせっかく購入した住宅を失うこととなってしまう。

　これは、債務者が自己破産申立てを行った場合も同様である。自己破産は、

債務者のすべての財産を換価処分して債権者に対する配当を行う制度であり、債務者は、住宅を含めてすべての財産を失うこととなる。特に、住宅に抵当権が設定されている場合、別除権として、破産手続とは関係なく行使することが可能である。

しかし、これでは、債務者が苦労しながら購入し、また、住宅ローンを支払い続けてきた住宅を失うこととなってしまい、債務者はその生活の基盤を失うこととなる。これは、債務者の再生、生活の立て直しを図るという観点からは決して望ましいものではない。そこで法は、「住宅資金貸付債権に関する特則」を設けたものである。

なお、この特則は、住宅ローンの支払いを猶予するためのものであり、利息、遅延損害金も含めて、住宅ローンの支払額そのものは減免されない。

しかし、「住宅資金特別条項」を定める際、基本的に再生債権者の同意を得る必要がないことから、再生債務者が住宅を確保しうる可能性は高いといえる。

現在、個人再生手続の申立件数のうち約4割について、この特則の申立てがなされている。

二　平成14年改正

この特則は、制定当時、住宅ローンの返済が遅滞に陥っている場合のみを想定して規定されており、債務者が住宅ローンについて正常に弁済している場合については想定されていなかった。

ところが、実際の運用が始まってみると、住宅だけは何とか保持しようとする意思が債務者に働くのか、ほかの債務はともかく、住宅ローンだけは正常に返済がなされている、といったケースが多数みられた。そのため、このような場合に、個人再生手続の開始により、再生債権に対する手続外での弁済が禁止されたためにかえって住宅ローンの返済が遅滞に陥ることとなってしまい、全額について期限の利益を失って、再生計画認可決定確定時までに多額の遅延損害金が生じてしまうケースが多数発生した。

ここから生じる不合理を防止するために、大阪地裁などの裁判所や全国銀行協会などでは運用上の解決が図られてきたが、より根本的な解決のため、立法の整備が要請されていた。

321

第4章　住宅資金貸付債権に

　平成14年の改正により、法197条3項が追加され、再生債務者は、①再生債務者が再生手続開始後に住宅資金貸付債権の一部を弁済しなければ住宅資金貸付契約の定めにより、当該住宅資金貸付債権の全部または一部について期限の利益を喪失することになる場合であり、②住宅資金特別条項を定めた再生計画の認可の見込みがある場合に、裁判所の許可を得て、再生計画認可決定確定前においても住宅ローンの返済を継続することができるようになった（詳しくは六1(2)を参照）。

三　適用対象

1　住宅資金特別条項を定めることができる場合

(1)　住宅資金特別条項

　再生債務者の有する住宅資金貸付債権の全部または一部を、法199条1項から4項までの規定するところにより変更する再生計画の条項を、「住宅資金特別条項」という（法196条4号）。

　住宅資金特別条項は、住宅資金貸付債権についてのみ定めることができる（法198条1項）。

(2)　住　宅

　住宅資金特別条項の適用対象となる「住宅」とは、以下の要件を満たす建物でなければならない（法196条1号）。

(A)　個人である再生債務者が所有している建物であること

　「所有」には、共有の場合も含まれる。したがって、たとえば、夫婦が共同して共有名義で住宅を購入した場合で、一方が住宅ローンの返済が継続できなくなった場合にも、適用がある。親子二世代ローンを利用して親子の共有名義で住宅を購入した場合も所有にあたる。ただし、親子のうち居住していない者は、再生手続開始の申立てをしたとしても、自ら住宅資金特別条項を定めた再生計画案を提出することはできない。

　また、建物の形状は問わない。一戸建てであっても、マンション等集合住宅の一画であっても住宅にあたる。

(B)　再生債務者自身の居住の用に供する建物であって、その床面積の2分の

1以上に相当する部分がもっぱら自己の居住の用に供されていること

再生債務者がその居住している住宅を確保し、生活の基盤を確保する、というこの制度の目的を実現するには、再生債務者自身が生活の基盤としている建物のみを確保すれば足りるのであり、それ以上に建物を確保できるとすることは、かえって再生債権者に過度の不利益を課すことになってしまう。そのため、再生債務者自身が生活の本拠として居住の用に供する建物に限定するものである。したがって、利殖用に購入したマンションや、事務所用の建物は住宅には含まれない。

個人事業者である再生債務者が所有建物の一部を事業用スペースとして使用している場合、たとえば、自宅の1階を事務所として使用し、2階を住宅として使用している場合に、再生債務者が建物を確保できなければ、再生債務者保護を図るという、この制度の目的を達成できない。しかし、たとえば、5階建ての建物の1階から4階までを事業の用に供し、5階部分のみを自己の住居としている建物のように、事業用の部分が占める割合の高い建物を対象とすることは、事業専用の建物に設定されている抵当権の取扱いとの均衡を失する。そこで、このような場合は、居住の用に供されている床面積を基準として住宅に該当するか否かを判断することとし、床面積の2分の1以上に相当する部分がもっぱら再生債務者の居住の用に供されていれば、住宅に該当するものとされている。

建物の一部を他人に賃貸している場合（間貸し）や、いわゆる二世帯住宅でそれぞれの世帯の居住部分が物理的に独立しており、かつ生活の実態としてそれぞれの世帯が別々に生活しているような場合には、再生債務者の居住部分が床面積の2分の1以上でなければならない。

なお、「供する」建物と規定されており、現実に「供している」建物である必要はない。転勤等で一時的に居住していなくても、生活の本拠である住居として使用する目的がある以上、「居住の用に供する」といえる。

(C) (A)と(B)の要件を満たす建物が2以上ある場合には、これらの建物のうち、再生債務者が主として居住の用に供する1の建物に限られる

再生債務者が居住用建物を二つ以上所有している場合、再生債務者が主として居住し、生活の基盤としている建物のみを確保すれば、この制度の目的を達

成することができるのであり、すべての居住用建物を確保できるとすれば、かえって再生債権者に過度の不利益を課すことになってしまう。そのため、再生債務者が確保できる建物は、再生債務者が主として居住している建物に限定されている。

たとえば、自宅の他に別荘やセカンドハウスを所有している場合には、主として居住に利用している自宅のみに限られる。

(3) 住宅資金貸付債権

住宅資金特別条項の対象となる「住宅資金貸付債権」とは、次の要件を満たす債権でなければならない（法196条3号）。

(A) 住宅の建設もしくは購入に必要な資金（住宅の用に供する土地または借地権の取得に必要な資金を含む）、または住宅の改良に必要な資金の貸付にかかる再生債権であること

「住宅の建設もしくは購入に必要な資金」には、住宅自体の取得に要する資金だけではなく、住宅の敷地である土地、または、住宅の敷地である土地の借地権を取得するのに必要な資金も含む。

住宅ローンの借り換えが行われた場合は、新たな住宅ローンが従来の住宅ローンと入れ替わることになるのであるから、従来の住宅ローンと同様、住宅資金貸付債権に含まれる。

なお、割賦購入を被担保債権とする抵当権が設定されている場合でも、その実質的な性質に着目して住宅資金特別条項の対象債権とすべきであろう。

また、住宅の購入資金として借り入れたか、その一部を他の用途（たとえば、自動車の購入や他の既存債権への弁済等）に流用している場合もありうるが、これらの流用部分の割合が少額である場合には、住宅を保持させようとする制度趣旨からして、住宅資金特別条項の対象とすべきであろう。

(B) 分割払いの定めがある再生債権であること

この特則は、住宅ローンの返済が遅れ、再生債務者が期限の利益を喪失してしまった後に、分割払いの定めの復活をさせて、再生債権者が抵当権を実行できなくすることを主たる目的とする制度である。したがって、一括返済の再生債権についてはこの特則の適用はなく、分割払いの定めがあることが要件となっている。

(C) 当該再生債権または当該再生債権を保証会社が代位弁済した場合の求償
権を抵当権が被担保債権としていること

銀行等の金融機関が住宅資金を貸し付け、その貸付債権を被担保債権として抵当権（根抵当権を含む）を設定している場合は、当然この制度の対象となる。

ただ、銀行が住宅資金を貸し付けるにあたっては、保証会社が連帯保証人となる場合があり、この場合、保証会社が再生債務者に対して将来取得すべき求償権を被担保債権として、住宅に抵当権が設定される場合が多い。この場合にこの特則の適用が認められなければ、多くの場合に再生債務者が住宅を確保できなくなってしまう。そのため、保証会社の求償権を被担保債権とする抵当権が設定されている場合も、この特則の適用がある。

なお、保証会社すなわち保証を業とする者が代位弁済した場合に限定されており、保証を業としない者が代位弁済した場合には住宅資金貸付債権には該当しない。

(D) 抵当権が住宅に設定されていること

この特則は、住宅に設定されている抵当権が実行されることにより、再生債務者が住宅を失うことを避けるための制度である。そのため、抵当権が設定されていない無担保の住宅ローン債権の場合にはこの特則の適用はない。

また、抵当権が住宅に設定されていることが必要とされており、抵当権が住宅ではなく、住宅の敷地（住宅の用に供されている土地または当該土地に設定されている地上権（定期賃借権を除き賃借権を含まない（法196条2号））のみに設定されている場合には、この特則の適用はない。

2　住宅資金特別条項を定めることができない場合

再生債務者は、住宅資金貸付債権について、再生計画内に住宅資金特別条項を定めて、住宅資金貸付債権の全部または一部を変更することができる。

ただし、以下の事情がある場合には、住宅資金特別条項を定めることができない（法198条）。この場合、再生債務者は、債権者による抵当権の実行を甘受せざるを得ない。

(1) 住宅等について他の抵当権が設定されている場合等

(A) 住宅に、住宅資金貸付債権を担保する抵当権以外に、一般債権を担保す

325

る別除権が設定されている場合（法198条1項ただし書前段）

　たとえば、住宅に、住宅ローンとは全く別個に借りた債務についての抵当権が設定されている場合である。

　住宅資金貸付債権を担保するための抵当権以外の別除権に対しては、住宅資金特別条項の効力が及ばないため、住宅資金特別条項を定めても、これらの別除権が実行されてしまうと、再生債務者は住宅を確保することができず、この制度の意味がなくなってしまう。そのため、このような場合には、住宅資金特別条項を定めることができないものとされている。そこで、たとえば商工ローンなどによる根抵当権設定予約の仮登記がある場合などは、再生計画の認可決定時までにこの仮登記を抹消する必要がある。もっとも、後順位抵当権が実行されても、無剰余であることが明らかな場合には、抵当権実行の可能性なしとして住宅資金特別条項を定めることも肯定されるであろう。

　ただ、再生計画の提出までに一般の後順位抵当権を抹消できる可能性のある場合（少額の支払いで抹消可能な場合、債務が過払いとなっており近々抹消が見込まれる場合など）には、開始決定を認めてよいものと思われ、現にこれを肯定する裁判所も出てきている。

　なお、再生債務者が複数の債権者から住宅資金貸付債権を借り入れ、それぞれについて担保するために複数の抵当権が設定されている場合は、このような問題が生じないため、住宅資金特別条項を定めることができる。

　ところで、住宅ローンを借りる際に、登記手続費用等のために諸費用ローンが組まれて、これを被担保債権として後順位抵当権が設定されている場合もあるが、諸費用ローンは一般にその金額の割合が高くないことからすれば、住宅資金特別条項を定めることを肯定されるであろう。

　また、住宅を夫婦で共有しており、夫が住宅ローンを借り入れて正常返済を行っている場合で、妻が個人再生手続を申し立てる場合に、妻が夫の住宅ローンの連帯債務者である場合には、住宅資金特別条項を定めることに特に問題はない。これに対し、妻が連帯保証人である場合、住宅ローンを含む再生債務の総額が5000万円を超える場合には、個人再生の申立てを行うことはできないのが原則である。ただし、破産法26条（将来の求償権の規定）等の趣旨からも、住宅ローン債権者と合意しているのであれば、住宅ローン債務（連帯保証債務）

の一部のみを再生債権として計上することで、再生債権を5000万円以下として個人再生手続の申立てを行うことも可能であると考えられる。

さらに、ペアローンの場合（同じ金融機関から夫のローン部分と妻のローン部分に分けて、2本立ての金銭消費貸借契約を締結して夫婦が共同して住宅購入資金を調達し、共有不動産である住宅の全体にそれぞれを債務者とする抵当権を設定するような場合）、夫の側からみると、第三者である妻の住宅ローンを担保するために自己の住宅に抵当権を設定していることになり、しかも、妻の住宅ローンは夫との関係では住宅資金貸付債権にはあたらない。

このため、198条1項ただし書を形式的に適用すれば、夫婦ペアローンを組んだ夫は個人再生手続を申し立てても住宅資金特別条項を定めることができないということになり、このことは、妻の側でも同様である。

しかし、そもそも198条1項ただし書の趣旨は、住宅に住宅ローン関係以外の債権を被担保債権とする担保権が設定されている場合には、住宅資金特別条項を定めた再生計画が認可されたとしても、当該担保権が別除権として行使され（法53条2項）、結局住宅を失うことになって住宅資金特別条項が無意味になってしまう事態を避けるという点にある。

したがって、当該担保権の実行が法律上または事実上なされない場合には、住宅資金特別条項を定めることは差し支えないはずである。

そこで、大阪地裁では、①同一家計を営んでいる者が、いずれも個人再生手続の申立てをし、②いずれも住宅資金特別条項を定める旨の申述をする場合には、198条1項ただし書の適用はないとして、夫婦ともに住宅資金特別条項を定めることができるとされている（判タ1119号99頁）。

なお、同時に再生手続を申し立てることまでは必要とされていない。

①が要件とされているのは、同一家計を営んでいる者の一方のみが支払いを遅滞し、担保権を実行されるといった事態は考えにくいことによるものである。

大阪地裁以外の裁判所でも、同様の扱いがなされていることが多いようである。なお、東京地裁では、夫の単独申立ての場合でも、妻の住宅ローンの履行可能性を検討し、住宅ローン債権者の同意を得たうえで、個人再生委員の意見も踏まえ、住宅資金特別条項の利用を認めた例がある。また、同じく東京地裁では、別居している父と息子とのペアローンで息子のみの申立ての場合でも父

の住宅ローンの弁済状況、父が将来的に息子と同居する予定であること、住宅ローン債権者の意向等の諸事情を総合考慮し、個人再生委員の意見を踏まえたうえで、住宅資金特別条項の利用を認めた例がある（鹿子木康ほか編『個人再生の手引〔第2版〕』385〜386頁）。

　　(B)　**住宅に加えて住宅以外の他の不動産にも、住宅資金貸付債権を担保するための共同抵当が設定されている場合において、その不動産に住宅資金貸付債権を担保する抵当権の後順位抵当権が設定されている場合**（法198条1項ただし書後段）

　たとえば、住宅以外の別荘にも、住宅資金貸付債権についての共同抵当が設定されている場合において、別荘に後順位抵当権が設定されている場合である。

　住宅資金特別条項の拘束力は、住宅に設定された抵当権に及ぶにすぎない。このため、住宅と他の不動産（以下、「他物件」という）が住宅資金貸付債権の共同担保となっている場合、他物件に設定された抵当権には住宅資金特別条項の拘束力が及ばないため、住宅資金貸付債権の債権者は、自由に抵当権を実行でき、他物件の代価から債権額に満つるまで弁済を受けることができる（民法392条2項前文）。

　このとき、他物件に後順位抵当権が設定されている場合、後順位抵当権者は、住宅資金貸付債権の債権者に代位し、住宅資金貸付債権の債権者が住宅の代価から弁済を受けることができた金額（民法392条1項）に満つるまで住宅に設定された抵当権を実行することができる（同条2項後文）。

　このように後順位抵当権者が代位によって住宅に設定された抵当権を取得した場合、この抵当権によって担保される債権は住宅資金貸付債権ではなく一般債権であり、住宅資金特別条項の拘束力が及ばないため、後順位抵当権者は自由に住宅に設定された抵当権を実行することができてしまい、住宅資金特別条項が無意味になってしまう。

　そのため、このような場合には、住宅資金特別条項を定めることができないものとされている。

　(2)　**住宅資金貸付債権を有する再生債権者が、住宅資金貸付債権を代位弁済**（民法500条）**によって取得した場合**（法198条1項）

　たとえば、住宅資金貸付債権について、再生債務者の親戚、息子等が保証人

となっている場合において、保証人が保証債務を履行し、住宅資金貸付債権を代位取得した場合である。

住宅資金貸付債権につき、弁済をなすにつき正当の利益を有する者は、再生債務者に代わって住宅資金貸付債権を代位弁済することができ、代位弁済した者は、再生債務者に対して求償できる範囲内で住宅資金貸付債権およびこれを担保する抵当権を取得し、行使しうる（民法501条）。

このように、個人が代位弁済した場合にもこの特則の適用を認めると、代位弁済者は抵当権を実行することができなくなり、再生債務者から利息および元本の分割弁済を受け続けなければならなくなる。

この特則は、住宅資金貸付債権者等の同意なくしてその権利を変更する制度であり、保証会社ではない一般の者が代位弁済により権利を取得した場合にまで適用を認めるのは、代位弁済者に重い経済的負担を与えることになり、不合理であると考えられたためである。

(3) 保証会社が住宅資金貸付債権の保証債務を履行した場合で、その履行日から6カ月間が経過した後に民事再生手続開始の申立てがされた場合
（法198条2項）

保証会社の保証債務履行日から6カ月を経過した後に民事再生手続の申立てがされた場合は、住宅資金特別条項を定めることができない（法198条2項）。

住宅資金貸付債権についての保証会社が、住宅資金貸付債権の保証債務を履行した後に、住宅資金特別条項を定めた再生計画が認可されると、保証債務の履行はなかったものとみなされ、保証会社は元の債権者からすでに支払った金額の返還を受け、住宅資金貸付債権は元の債権者に戻ることになる（いわゆる巻戻し条項。法204条）。

しかし、保証債務履行後あまりに長期間経過した後に、この「巻戻し」が行われると、その間に発生した事実関係がすべて覆滅されることとなり、取引の安定性を著しく欠くこととなる。

また、保証債務の履行は、再生債務者の支払いが滞った場合に行われるが、支払いが滞った後、6カ月を超過した後に支払猶予を求めるような再生債務者が住宅資金特別条項を定めても、計画に沿った支払いの可能性は低いと考えられる。

3 住宅資金貸付債権を有する者が複数いる場合

　再生計画により住宅資金特別条項を定める場合に、住宅資金貸付債権を有する者が複数あるときは、その全員を対象として住宅資金特別条項を定めなければならない（法198条3項）。

　このような場合、その全員の抵当権の実行を制限しないと住宅を確保することができず、住宅資金特別条項を定めた意味を失うことになってしまうからである。

4 住宅資金貸付債権のほかに再生債権がない場合

　破産手続においては、債権者が一人であっても破産免責を受ける利益を奪うべきではないこと等を理由として、破産債権者が一人であっても破産開始の障害にはならないと解されている（始関正光編著『一問一答個人再生手続』92頁参照）。

　とすれば、住宅資金特別条項を定めるに際しても、住宅資金貸付債権のほかに再生債権があることを要件とすべきではないと考えられる。住宅資金貸付債権のほかに再生債権があることが住宅資金特別条項を定めるための要件であるとすれば、住宅ローン以外に債務のない者は、住宅資金特別条項を定めるためにあらかじめ他の債務を負担しなければならないことになり、実際上も不当な結論となる。

　そこで、住宅資金貸付債権のほかに再生債権がない場合であっても、住宅資金特別条項を定めることは可能と考える。

　そして、住宅資金貸付債権のほかに再生債権がない場合に、再生債務者が住宅資金特別条項を定めた再生計画案を提出したときは、住宅資金貸付債権を有する者は議決権を有しないこと（法201条1項）から、議決権者がいない再生手続となり、再生計画案の決議をする余地がない。したがって、この場合には、裁判所は、住宅ローン債権者の意見を聴取したうえで（法201条2項）、直ちに再生計画案の認可または不認可の決定をすることになる。

　また、住宅資金貸付債権のほかに再生債権がない場合に、法199条1項による住宅資金特別条項を定めるときは、一般の再生債権についての弁済期間である「再生計画（住宅資金特別条項を除く）で定める弁済期間」が存在しないため

に、これをどのように定めるべきかが問題となる。この点については、同号に掲げる債権についての弁済期間を最長5年に制限している趣旨に照らして、5年を限度とすることになると考える。

四　申立て・債権調査等

1　申立て時の留意点

　個人再生手続において、住宅資金特別条項を定めた再生計画案を提出する場合には、再生債務者が申立て時において、あらかじめ債権者一覧表に住宅資金特別条項に定めた再生計画を提出することを記載しておく必要がある（法200条2項・221条3項4号・244条）。具体的には、債権者一覧表の所定欄に〇印またはチェックを付することにより記載がなされる。

　住宅ローン債務について、保証会社による保証がなされている場合に、再生手続開始後、その債務について代位弁済がなされ、保証会社が原債権の承継届ではなく保証会社自身の求償権を届け出た場合、原債権の取下げがなされなければ、原債権について異議を述べ、求償権について認めるのが相当であるが、そのためには、原債権について異議留保しておく必要がある（法226条1項）。

　また、保証会社の求償権については、債権者一覧表の債権内容の欄に「将来の求償権」と記載し、債権現在額を「0円」と記載する。このように記載すれば、開始決定とともに保証会社にも開始決定や債権者一覧表が送付されるので（法222条4項）、保証会社も債務者についての個人再生手続開始を知ることができ、届出の機会の保障にもなる。

　この場合には、求償権の届出がなされたときに、異議留保した原債権について異議を述べることを忘れないように注意する必要がある。これを忘れると、原債権の取下げがなされない限り、原債権と求償権の双方が手続的に確定してしまうことになる。

　再生債務者から保証委託を受けた保証会社が、再生債務者に対する求償権を担保するために再生債務者の所有する不動産に抵当権を設定しているが代位弁済がまだなされていない場合、債権者一覧表の記載についてはいくつかの方法が考えられる。この点、再生手続が開始されると保証会社による代位弁済がな

331

第4章　住宅資金貸付債権に

されるのが通常だが、実際には再生開始決定時に代位弁済がなされていないという再生債権の現状および再生手続申立て時の再生債権の金額・性質については、そのときの実態に即した記載の必要性があることに鑑み、債権者一覧表に、

① 金融会社の貸金債権を全額記載する

② 保証会社の将来を求償権を0円と記載する

③ 別除権の行使により弁済が見込まれる額を0円と記載する

④ 担保不足見込額を0円と記載する

とともに

⑤ 保証会社の債権については、金融機関の債権について代位弁済前なので0円と記載していること

⑥ 代位弁済がなされた場合の別除権の行使により弁済が見込まれる金額および担保不足見込額

を別途記載するのが相当である。

2　住宅資金特別条項を定めるか否かの選択

個人再生手続においては、再生債権者に再生計画案の提出権限が認められておらず（法238条・245条で163条2項の適用が除外されている）、住宅資金特別条項を定めた再生計画案は、再生債務者のみが提出することができる（法200条1項）。

住宅資金貸付債権に関する特則は、住宅という債務者生活の基盤を確保し、債務者の再生、生活の立て直しを図るための制度だからである。

したがって、住宅資金特別条項を定めた再生計画案を提出するか否かは、再生債務者の意思によって決定することができる。そこで、以下のように分けて考えることができる。

(1)　住宅資金特別条項を定める場合

個人再生手続において、住宅資金特別条項を定めた再生計画案を提出する場合には、再生債務者が、申立て時において、あらかじめ債権者一覧表に、住宅資金特別条項に定めた再生計画案を提出することを記載しておく必要がある（200条2項・244条・221条3項4号）。

上記記載がなされた場合には債権調査の対象とならないため、住宅資金貸付

332

債権について異議の申述をすることができず（法244条・226条5項）、住宅資金貸付債権者も他の再生債権に対して異議の申述をすることができない（法244条・226条6項）。

上記記載がなされたにもかかわらず、住宅資金特別条項の定めのない再生計画案が提出された場合は、再生計画案は不適法となり（法241条2項5号・231条2項4号）、この場合裁判所は、職権で再生手続廃止の決定をすることになる（法243条2号）。

なお、上記記載がなされた場合には、申立ての際に下記の書面をあわせて提出しなければならない（規則115条・102条）。

① 住宅資金貸付契約の内容を記載した書面の写し
② 住宅資金貸付契約に定める各弁済期における弁済すべき額を明らかにする書面
③ 住宅および住宅の敷地の登記事項証明書（登記簿謄本）
④ 住宅以外の不動産（住宅の敷地を除く）で、法196条3号に規定する抵当権が設定されているときは、当該不動産の登記事項証明書（登記簿謄本）
⑤ 再生債務者の住宅において自己の居住の用に供されない部分があるときは、当該住宅のうちもっぱら再生債務者の居住の用に供される部分および当該部分の床面積を明らかにする書面
⑥ 保証会社が住宅資金貸付債権に係る保証債務の全部を履行したときは、当該履行により当該保証債務が消滅した日を明らかにする書面

⑵ 住宅資金特別条項を定めない場合

債権者一覧表に住宅資金特別条項を定めた再生計画案を提出する旨の記載をしなかった場合には、住宅資金貸付債権についても、他の再生債権と同様に異議申述・評価の手続が行われる。

上記記載をしなかったにもかかわらず、住宅資金特別条項を定めた再生計画案を提出しても不認可となる（法231条1項・241条2項1号）。

五　事前協議

住宅資金特別条項を定めない再生計画案については、その再生計画が遂行される見込みがない場合に限って不認可の決定をすることとなっている（法174

条2項2号)。しかし、住宅資金特別条項を定めた再生計画案については、再生計画が遂行可能であると裁判所が積極的に認定することができない限り認可することはできないとされており（法202条2項2号)、再生計画の遂行可能性の要件が加重されて認可要件が厳しくなっているが、住宅ローンの契約内容は複雑であるから、適切な住宅資金特別条項を定めるためには、住宅資金貸付債権者である金融機関の協力が不可欠である。

　他方、住宅資金貸付債権者である金融機関にとっても、事前の相談がなされることとなれば、客観的に履行可能性が高い条項が作成されることが多くなるというメリットがある。

　したがって、住宅資金特別条項を定めた再生計画案を提出しようとする場合、再生債務者は、再生計画案の立案段階までに、住宅資金貸付債権者等に対して、自己の収入や生活状況等について情報の開示を行い、計画の立案について積極的に協力を求め、助言を受けるなど、住宅資金特別条項の内容について具体的協議を経たうえで、遂行可能性が高いと認められる再生計画案を立案する必要がある（規則101条)。

　そのため、申立代理人は、受任後早急に住宅資金貸付債権者である金融機関と事前協議を行い、返済可能性を勘案しつつ、申立て以前に住宅資金特別条項案を確定しておくことが望ましい。

　現に、事前協議を行わずに申立てを行い、その後、結局再生計画案を立てることができずに手続を進めることができなくなったケースもある。これは、弁護過誤ともなりかねない事例である。

　なお、再生債務者自身が住宅ローンについて正常返済を行っている旨主張していたとしても、金融機関との間で、この点について念のため確認しておく必要があるものと思われる。以前一度支払いが遅れた後、返済を継続していた場合、当人が正常返済をしていたつもりでも期限の利益が失われている場合がある。

　事前協議に際しては、返済計画案作成の前提として、

①　再生債務者の年収を証明する書面

②　直近数カ月分の給与明細書

③　返済計画表

④　他の債権者への返済額を明らかにする書面

⑤　当該住宅の登記事項証明書（登記簿謄本）

⑥　再生債務者の住民票

等を提出して協議することになろう。

　なお全国銀行協会は、平成13年2月9日全企会第3号「民事再生規則にもとづく住宅資金特別条項手順例の参考例について」を会員あて通知したが、その中に示された手順例は、次のとおりである。

（資料2）　住宅資金特別条項手順例（全国銀行協会）

1　債務者は銀行に対して①収入の明細、②債務の全容が分かる資料を提出し、住宅資金貸付債務を除く債務に関する返済の見通しを申述する（他に住宅資金貸付債権者がある場合は各債権者ごとにつき同じ）。

2　銀行は（他の住宅資金貸付債権者の判断も考慮して）住宅資金貸付債務への弁済可能額を算出し、いくつかのパターンの中から適当なリスケ案を債務者と相談しながら作成する。なお、この段階の案はあくまで諸条件を前掲とした仮の案（メモ）であり、銀行の最終承諾済みのものではない。

3　全住宅資金貸付債権者の概ねの同意が得られたところで再生手続申立・開始

4　債務者は、手続の進行状況を銀行等に報告し、特別条項に影響する事態が発生した場合には銀行に相談する。世間的には微修正と思われる事項であっても、銀行のシステム対応上は問題があることなどが予想されるので、以後の手続を円滑にする意味でもこの点は重要である。

5　銀行はおおよそ計画認可の見込みが立った段階（他の債権者の同意が得られる見通しとなった段階）で最終の内部稟議・認可等の手続をとり、求意見書などに回答する。

六　住宅資金特別条項の内容

1　原則——期限の利益の回復

⑴　期限の利益を回復させる再生計画案の定め

再生債務者が、住宅資金貸付債権について期限の利益を喪失した場合、原則

第4章　住宅資金貸付債権に

として、支払いが滞った部分の全額（下記①ないし③の合計額）を、一定の弁済期間内に返済する内容の再生計画案を作成する必要がある（法199条1項）。

①　再生計画認可決定確定時までに弁済期が到来する住宅資金貸付債権の元本部分　　この場合、弁済期が到来するか否かは、期限の利益を喪失しなかった場合を前提として判断することになる。

②　①に対する再生計画認可決定確定後の利息

③　①に対する再生計画認可決定確定時までの利息および遅延損害金

弁済期間は、一般の再生債権の弁済期間と同一期間（原則3年。5年まで延長可）であり、これが5年を超える場合は5年となる。

上記条項を含む再生計画を裁判所が認可した場合には、住宅資金貸付債権についての期限の利益の喪失はなかったこととされる。その結果、再生債務者は、支払いが滞った部分の全額を一定期間内に弁済し、再生計画認可決定確定後に弁済期が到来する部分は、当初の契約において定められた弁済期どおりに支払えばよいこととなる。

【書式4-1】　住宅資金特別条項(1)（期限の利益回復型）の定めのある再生計画
案（全国版）

〇〇地方裁判所〇〇支部　令和〇〇年（再ロ）第〇〇〇号

再 生 計 画 案

令和〇〇年〇〇月〇〇日
再 生 債 務 者　〇　〇　〇　〇
再生債務者代理人　〇　〇　〇　〇　印

第1　再生債権に対する権利の変更

1　一般条項

(1)　一般条項の対象となる再生債権

下記第2の住宅資金特別条項の対象となる再生債権を除いた全ての再生債権である。

(2)　権利の変更

再生債務者は，各再生債権者からそれぞれが有する再生債権について，

a　再生債権の元本及び再生手続開始決定の日の前日までの利息・損害

六　住宅資金特別条項の内容

金について　60　パーセントに相当する額

　　　b　再生手続開始決定の日以降の利息・損害金については全額について
　　　　免除を受ける。
　　(3)　弁済方法
　　　a　再生債務者は，各再生債権者に対し，(2)の権利の変更後の再生債権
　　　　について，次のとおり分割弁済をする。
　　（分割弁済の方法）
　　　　再生計画認可決定の確定した日の属する月の翌月から
　　　☑　　5　年　　か月間は，毎月　末　日限り，1.34パーセントの割合に
　　　　よる金員（月賦分・合計　60　回）
　　　☑　　5　年　　　か月間は，毎年　7　月及び　12　月の　末　日限り，2　パー
　　　　セントの割合による金員（半年賦分・合計　10　回）
　　　□　毎年＿＿＿＿＿＿＿＿＿＿＿＿＿＿＿＿＿＿＿＿＿の＿＿日限
　　　　り，＿＿パーセントの割合による金員（合計＿＿回）
　　　b　(2)の権利の変更後の請求権については下記のとおり
　　　支払方法（具体的に）

- -
- -
- -

第2　住宅資金特別条項

　　別紙物件目録記載の住宅及び住宅の敷地に設定されている別紙抵当権目録
記載の抵当権の被担保債権である住宅資金貸付債権について，以下のとおり
住宅資金特別条項を定める。

	氏名又は名称	住宅資金特別条項	住宅及び敷地	抵当権
1	株式会社○○銀行	別紙1 記載のとおり	物件目録 1・2番の物件	抵当権 目録　1番
2		別紙 記載のとおり	物件目録 　番の物件	抵当権 目録　　番
3		別紙 記載のとおり	物件目録 　番の物件	抵当権 目録　　番

＊住宅資金特別条項によって権利の変更を受ける者の同意

　　　□　上記の住宅資金条項を定めることについて，これらの条項により権利
　　　の変更を受けることとなる各債権者は同意している（同意書添付）。

第3　共益債権及び一般優先債権の弁済方法

共益債権及び一般優先債権は，

☑ 随時支払う。

☐ 令和○○年○○月○○日までに一括して支払う。

☐ 下記のとおり支払う。

　　支払方法（具体的に）

以　上

物 件 目 録

1　住　宅

　　　　所　　　在　　○○市○○町○○○番地○

　　　　家屋番号　　○○○番○

　　　　種　　　類　　居　宅

　　　　構　　　造　　木造瓦葺平屋建

　　　　床 面 積　　○○.○○平方メートル（所有者　甲【再生債務者】）

2　住宅の敷地

　　　　所　　　在　　○○市○○町

　　　　地　　　番　　○○○番○

　　　　地　　　目　　宅　地

　　　　地　　　積　　○○○.○○平方メートル（所有者　乙【物上保証人】）

抵 当 権 目 録

1　債権者株式会社○○銀行が有する抵当権

　　　　平成○○年○○月○○日付け金銭消費貸借契約により同日設定した抵当権

　　　　登記簿上の債権額　○○○○万円

　　　　利　　　息　　年○.○○パーセント（ただし………による。）

　　　　損害金　年○○.○パーセント（年365日日割計算による。）

　　　　債務者　○　○　○　○

六　住宅資金特別条項の内容

> 登　記　○○地方法務局○○出張所　令和○年○月○○日受付第○○○
> 　　　　○号

別紙 1 （民事再生法199条 1 項）

債権者（氏名又は名称）＿株式会社○○銀行＿についての住宅資金特別条項

1　対象となる住宅資金貸付債権
　　平成○○年○○月○○日付○○○○約定書（以下原契約書という。）に基
づき，上記債権者が再生債務者に対して有する貸金債権
　　□　上記債権者は，この再生計画を認可する決定が確定した場合には，これ
　　までにあった保証会社の保証債務の履行がなかったものとみなされ，上記
　　の住宅資金貸付債権を有することとなる。
2　条項の内容
　　上記 1 の住宅資金貸付債権の弁済については，再生計画認可の決定の確定
　　した日から，以下のとおりとする。
　⑴　再生計画認可の決定の確定の時までに弁済期が到来する元本に関する条
　　項
　　　☑　＿5 年＿＿月の期間は毎月＿末＿日限り元本額の100パーセントに相当
　　　する金員（月賦分・合計 60 回）☑に約定利率による利息を付した金額
　　　を弁済する。
　　　□　上記に加え，毎＿＿月＿＿日及び＿＿月＿＿日限り元本額の＿＿パー
　　　セントに相当する金員（半年賦分・合計＿＿回）を弁済する。
　　　□　下記⑶に加算し，⑶に従って弁済する。
　⑵　再生計画認可の決定の確定の時までに生ずる利息・損害金に関する条項
　　　□　＿＿年＿＿月の期間（元本返済猶予期間という）終了後，☑ 5 年
　　　＿＿月の期間は毎月＿末＿日限り総額の100パーセントに相当する金員（月
　　　賦分・合計 60 回）を弁済する。
　　　□　＿＿年＿＿月の期間（元本返済猶予期間という）終了後，□上記に加
　　　え，毎＿＿月＿＿日及び＿＿月＿＿日限り総額の＿＿パーセントに相当
　　　する金員（半年賦分・合計＿＿回）を弁済する。
　⑶　再生計画認可の決定の確定の時までに弁済期が到来しない元本及びこれ
　　に対する約定利率による利息に関する条項
（199条 2 項　元本一部猶予がない通常パターン）

339

第4章　住宅資金貸付債権に

- □　＿＿年＿＿月の期間は毎月＿＿日限り，元本総額の＿＿パーセントに相当する部分に，約定利率による利息を付して元利均等方式により計算した金額（月賦分・計＿＿回）を弁済する。
- □　上記に加え，毎＿＿月＿＿日及び＿＿月＿＿日限り，元本総額の＿＿パーセントに相当する部分に，約定利率による利息を付して元利均等方式により計算した金額（半年賦分・合計＿＿回）を弁済する。

（199条3項　元本一部返済猶予パターン）

- □　元本返済猶予期間は毎月＿＿日限り
    - □　元本＿＿円及び約定利率による利息
    - □　元本及び約定利率による利息の合計額＿＿円

（月賦分・計＿＿回）を弁済する。元本猶予期間満了後の＿＿年＿＿月の期間は毎月＿＿日限り，元本猶予期間満了時点の元本総額の＿＿パーセントに相当する部分に，約定利率による利息を付して元利均等方式により計算した金額（月賦分・計＿＿回）を弁済する。

- □　上記に加え，元本返済猶予期間は毎＿＿月＿＿日及び＿＿月＿＿日限り
    - □　元本＿＿円（及び約定利率による利息）
    - □　元本及び約定利率による利息の合計額＿＿円

（半年賦分・計＿＿回）を弁済する。元本猶予期間満了後の＿＿年＿＿月の期間は，毎＿＿月＿＿日及び＿＿月＿＿日限り，元本返済猶予期間満了時点の元本総額の＿＿パーセントに相当する部分に，約定利率による利息を付して元利均等方式により計算した金額（半年賦分・合計＿＿回）を弁済する。

(4)　弁済額の算定にあたり端数等の調整の必要が生じた場合には

- □　初回弁済額
- ☑　最終弁済額
- □　＿＿＿＿＿＿

にて調整するものとする。

(5)　□　融資期間

- ☑　下記の変更条項
- □　別紙の変更条項

を除く他は原契約書の各条項に従うものとする。

なお，令和○○年○○月○○日現在で仮に算出した本計画案に基づく返済計画案は別紙（略）の通りである。

記

六　住宅資金特別条項の内容

（例）　1　追加保証料として本計画認可の決定の確定により原契約書所定の契
　　　　　約期間が延長された期間に＿＿パーセントの保証料率にて計算した保
　　　　　証料を株式会社○○保証会社に本計画認可決定確定後○日以内に支払
　　　　　うものとする。
　　　　　　なお，＿＿年＿＿月＿＿日現在で仮に算出した本計画案に基づく追
　　　　　加保証料は＿＿円である。
　　　　2　再生計画による変更の実施日は，認可決定の確定後，最初に到来す
　　　　　る15日（銀行が休日の場合は次の営業日）とする。計画認可後の約定
　　　　　利率は，すべて変動利率にするものとし，当初約定利率は変更実施日
　　　　　の所定の変動利率とする。

以　　上

【その他予想される変更条項の例】
・元金均等返済の場合の返済額見直しルールの変更（５年毎の変更の起算点を
　計画認可確定時にする。５年間返済額据置条項の変更等）
・返済ルール，金利見直しルールの変更（元金均等返済方式から元利均等方式
　への変更，固定金利選択権の改廃等）
・手数料，競売等代弁・巻き戻しに要した費用の償還条項

（注）　上記の条項で，「総額の80パーセント」等と記載しているが，「毎月末日限
　　　　り」という文章からすれば，月賦回数で除した割合を「毎回○パーセント」
　　　　と記載したほうがわかりやすいとも考えられる（【書式４‐５】【書式４‐６】
　　　　も同様である）。

(2)　住宅資金貸付債権に遅滞がない場合

(A)　問題点

　住宅ローンを遅滞しておらず、従来どおりの住宅ローンの支払いをする住宅
資金特別条項を定める場合、この制度の施行前は、すでに住宅ローンの支払い
も遅滞している債務者がこの制度を利用するために申立てを行い、発生してい
る遅延損害金の支払いも含めて法に規定された住宅資金特別条項を定めるのは
厳しいので、住宅資金貸付債権者（金融機関）の同意を前提とする同意型の住
宅資金特別条項が多くなると予想されていた。しかし、施行後、実際に申し立
てられる事例は、住宅ローンについては遅滞なく支払ってきており、手続開始
後も従来どおりの支払いをすることが可能であり、再生計画案に定める住宅資

金特別条項も従来どおりの支払いをする旨の内容とするものが多い。ただ、そのような利用の仕方をする場合には、①再生手続開始後従前どおり住宅ローンを支払うことができるかどうか、②従前の住宅ローン契約における約定どおりの支払いを内容とする住宅資金特別条項は住宅ローン債権者の同意を要するか等の法律的問題が生じる。

ところで、住宅ローン債権は、再生債権ないし別除権付再生債権とされており、手続が開始されると、弁済禁止効（法85条）により、再生計画の認可決定が確定するまでの間は、原則としてその弁済をすることができないと解されているため、これによると再生債務者は住宅ローンの弁済をしたくても弁済することができなくなる。再生債務者は、住宅ローンの弁済をしなければ、ローン契約の定めるところにより期限の利益を喪失し、住宅ローンの残額に認可決定確定までの遅延損害金（住宅ローンの残元本全額に対する遅延損害金であり、相当多額となるのが通常である）を上乗せして弁済しなければならなくなるのであり、このことが住宅資金特別条項の利用を妨げる大きな要因になりかねなかった。

この問題は、住宅ローンを抱えて経済的破綻に瀕した債務者が、住宅を手放さずに再生することを可能にするという住宅資金貸付債権に関する特則の制度趣旨に直接かかわる問題である。このような遅延損害金の発生を避ける方法としては、再生債務者が再生債権者との間で、毎回弁済相当金額を再生債権者に預託し、再生計画認可決定後にそのときまでの預託金相当額を弁済に充当させるという覚書等（あくまで「紳士協定」であり、法的な効力はないもの）を結ぶ方法、再生債務者以外の第三者が債務の弁済を行う方法、保証人が保証債務の履行をする方法などがあるが、再生債務者の住宅ローンの支払いについて、第三者弁済や保証人の弁済等が脱法的に利用される可能性も否定できず、これらの方法によって問題を解決するには限界があるといわざるを得なかった。

(B) 法律の改正

前記問題については、平成14年12月に会社更生法が改正されたことに伴い、「会社更生法の施行に伴う関係法律の整備に関する法律」（以下、「整備法」という）によって、立法的に解決された。

すなわち、整備法によれば、改正後の法197条3項により、再生債務者は一定の要件の下で、裁判所の許可を得て住宅資金貸付債権の弁済をすることがで

きるようにしている。そして、その要件としては、①再生債務者が再生手続開始後に住宅資金貸付債権の一部を弁済しなければ住宅資金貸付契約の定めにより当該住宅資金貸付債権の全部または一部について期限の利益を喪失することとなる場合であること、②住宅資金特別条項を定めた再生計画の認可の見込みがある場合であることを定めている。

このうち、①は、分割払いの期日における支払いを怠ったことにより期限の利益を喪失する場合であることを要件とするものであるから、再生手続開始時にすでに期限の利益を喪失している場合や再生手続開始後に許可弁済をしなかったことによりすでに期限の利益を喪失している場合には、住宅ローンの弁済を許可することができないことになる。このように、「弁済しなければ……期限の利益を喪失する」場合であることを要件としたのは、この場合が弁済許可を認める必要性が最も高い場面であるからである。すなわち、再生手続開始時に期限の利益を喪失している場合等については、仮に弁済を認めたとしても、特約がない限り、遅延損害金の弁済に充当されるにすぎず（民法491条１項）、最終的な債務者の弁済総額に影響を及ぼさないので、弁済の禁止を解除する意味に乏しいと考えられることを考慮したものである。

また、②「住宅資金特別条項を定めた再生計画案の認可の見込みがある」ことを要件としたのは、ⓐ弁済禁止を解除した後、牽連破産になった場合であっても、裁判所の許可を得て弁済を受けたものについて否認することはできないと考えられていることからすると、この要件を満たさない場合にまで弁済禁止の解除を認めると、債権者の公平を害するおそれがあること、ⓑ住宅資金特別条項を定めた再生計画を提出する意思がない場合には、弁済禁止を解除する必要がないこと等を考慮したものである（以上について、堂薗幹一郎「住宅資金貸付債権に関する特則の改正の概要」NBL755号21頁以下参照）。

ところで、上記①および②の要件を満たす場合に、再生債務者は弁済許可の申立てをする必要があるが、個人再生手続開始の申立てと同時あるいは申立て後速やかに弁済許可の申立書（【書式４-２】）を提出すれば足りる（なお、同申立書の申立ての理由３における「陳述書第５」とは、大阪地裁における申立書添付の陳述書のことである。他の裁判所でも定型書式を定めているところがあるので、各裁判所に確認するとよい）。

第4章　住宅資金貸付債権に

　なお、再生手続開始の申立てがあったという事情だけで、住宅資金貸付債権について当然に期限の利益を喪失させる旨の特約がなされている場合がある。しかし、実質上は、上記のような特約にもかかわらず、再生債務者により分割弁済金の支払いがなされている場合は、期限の利益を喪失しなかったものとして取り扱われており、必ずしも当然に期限の利益を喪失させているわけではない。

　したがって、上記のような期限の利益の喪失約款の規定がある場合も、再生債務者が再生手続申立て前まできちんと分割弁済金の返済をしていれば、再生手続開始の申立てだけでは期限の利益を喪失しておらず、弁済許可を受けることができる。

【書式4-2】　弁済許可申立書（大阪地裁）

令和☆年（再ロ）第○○○号

弁済許可申立書

令和○○年○月○日

大阪地方裁判所第6民事部　御中

　　　　　　　申立人（再生債務者）　○　○　○　○
　　　　　　　申立人代理人弁護士　　○　○　○　○

第1　申立ての趣旨（許可を求める事項）
　　　申立人が，再生手続開始後，再生計画の認可決定確定までの間，下記住宅資金貸付債権につき，下記のとおり弁済することを許可する。
記

　1　住宅資金貸付債権の表示
　　　令和○○年○月○日付金銭消費貸借契約書に基づき，株式会社○○○銀行が申立人に対して有する貸金債権
　2　弁済方法
　　　前記令和○○年○月○日付金銭消費貸借契約書記載の支払方法のとおり。
第2　申立ての理由
　1　申立人は，再生計画につき住宅資金特別条項を定める旨の申述をしている。
　2　再生手続開始後に前記弁済をしなければ，申立人は約定により住宅資金

六　住宅資金特別条項の内容

　　貸付債権の全部又は一部について期限の利益を失う可能性がある。

3　申立人が提出を予定している住宅資金特別条項を定めた再生計画案は，
　　本日提出の再生手続開始申立書及び添付の陳述書第5等に記載のとおりで
　　あり，御庁によって認可される見込みである。

4　よって，上記の許可を求める。

添付書類

1　副本　　　1通

以上

(注)　弁済方法の記載としては，他に次のようなものも考えられる。
　　「再生手続開始後，再生計画の認可決定確定までの間，毎月○○日限り，
　　金○○万○○○○円（ただし，6月及び12月は金○○万○○○○円を加
　　える。）」。
　　「令和○○年○○月○○日までに損害金○○○○円（令和○○年○○月○
　　○日から令和○○年○○月○○日までの遅滞分），その他は前記約定書記
　　載の支払方法のとおり」。

【書式4-3】　住宅資金貸付債権の一部弁済許可申立書（東京地裁）

令和○○年（再ロ）第○○○号
再生債務者　○　○　○　○

本件につき許可する。	本件につき 許可があったことを証明する。
令和　　年　　月　　日 　東京地方裁判所民事第20部 　　裁判官	前同日 　東京地方裁判所民事第20部 　　裁判所書記官

令和○○年○○月○○日

東京地方裁判所民事第20部個人再生係　御中

再生債務者代理人弁護士　○　○　○　○　　　印

345

第4章　住宅資金貸付債権に

住宅資金貸付債権の一部弁済許可申立書

　本件につき，下記債権者（ら）につき住宅資金特別条項を定めた再生計画案を提出する予定であるところ，民事再生法197条3項に定める要件があるので，再生手続開始後に住宅資金貸付債権の一部を弁済することの許可を求める。

記

　　　債権者名　　株式会社○○○銀行

以上

　　⒞　すでに遅滞している場合の協議によるリスケジュール

　すでに住宅ローンの返済を遅滞している場合に、住宅ローン債権者との協議により、申立て前にリスケジュールをし、その返済方法に基づき返済していれば、再生計画案提出時においては、住宅ローンについて遅滞がないものとして取り扱われる。この場合には、対象となる住宅資金貸付債権については、「令和○○年○○月○○日付金銭消費貸借約定書及び令和○○年○○月○○日付金銭消費貸借変更約定書」等と記載すればよい。また、この場合にも同意書は不要である。

【書式4-4】　住宅資金特別条項⑵（住宅ローンを遅滞していない場合）の定めのある再生計画案（大阪地裁）

　○○地方裁判所　令和○○年（再○）第○○○号

再 生 計 画 案（令和○○年○○月○○日）

再　生　債　務　者　○　○　○　○
再生債務者代理人弁護士　○　○　○　○　印
（電話○○○○-○○-○○○○）

1　再生債権に対する権利変更として，次の額について免除を受ける。免除額

346

に１円未満の端数が生じたときは，切り捨てる。

(1) 元本及び再生手続開始決定日の前日までの利息・損害金の［74.6］パーセント相当額

(2) 再生手続開始決定日以降の利息・損害金の［100］パーセント相当額

2　上記１による権利変更後の再生債権について，再生計画認可決定確定日の属する月の翌月以降，下記の□に印を付した項に記載した方法により分割弁済をする。ただし，これにより算出される［100］円未満の端数は［切り上げ］，［最終回］で調整する。

☑　３か月ごとに支払う方法

上記確定日の属する月の［上記確定日の属す月のる翌］月を第１回目として，以後３か月ごとに合計［12］回，各月の［28］日限り，各［8.34パーセント］の割合による金額を支払う（通算期間［３］年［０］か月間）。

□　毎月支払う方法

上記確定日の属する月の翌月を第１回目として，毎月［　　　］日限り，各［　　　　　］の割合による金額を支払う（通算期間［　　］年［　　］か月間）。

□　ボーナス時に支払う方法

［　　］年［　　］か月間，毎年［　　　］月及び［　　　］月の［　　　］日限り，各［　　　　　］の割合による金額を支払う（合計［　　　］回）。

□　その他の方法

再生計画による弁済総額が［　　　　　］円以下の再生債権者に対しては，上記確定日の属する月の［　　　］月の［　　　］日限り，［　　　　　　　］の割合による金額を支払う（合計［　　　］回）。

3　共益債権及び一般優先債権は，随時支払う。

（上記債権［特に公租公課等］で未払分がある場合には，下記にその種目，金額を記載する。）

4　住宅資金特別条項（民事再生法199条１項）

(1) 住宅資金貸付債権を有する債権者の氏名又は名称（民事再生規則99条１号）

［株式会社○○銀行］

(2) 対象となる住宅資金貸付債権

平成［○○］年［○○］月［○○］日付［金銭消費貸借約定書］（以下「原契約書」という。）に基づき，上記債権者が再生債務者に対して有する貸金債権

第4章　住宅資金貸付債権に

(3) 住宅及び住宅の敷地の表示（同規則99条2号）
　　　別紙　物件目録記載のとおり
(4) 抵当権の表示（同規則99条3号）
　　　別紙　抵当権目録記載のとおり
(5) 住宅資金特別条項の内容
　　　上記(2)の住宅資金貸付債権の弁済については，再生計画認可決定の確定
　　した日以降，原契約書の各条項に従い支払うものとする。

以上

物　件　目　録

主たる建物の表示
　　　所　　在　　○○市○○丁目○○番地○○
　　　家屋番号　　○○○番○
　　　種　　類　　居　宅
　　　構　　造　　鉄骨鉄筋コンクリート造2階建
　　　床 面 積　　1階　○○.○○平方メートル
　　　　　　　　　2階　○○.○○平方メートル

（所有者　○○○○　）

土地の表示
　　　所　　在　　○○市○○町○○○　○丁目
　　　地　　番　　○○○番○
　　　地　　目　　宅　地
　　　地　　積　　○○.○○平方メートル

（所有者　○○○○　）

以上

抵　当　権　目　録

［株式会社○○信用保証株式会社］が有する抵当権
原　　　因　　　平成○○年○○月○○日付け金銭消費貸借契約により
　　　　　　　　平成○○年○○月○○日設定した抵当権
登記簿上の債権額　金○○○○円

利　　　息	年3.4パーセント（年365日日割計算）
損　害　金	年14.5パーセント（年365日日割計算）
債　務　者	○○○○
登　　　記	○○法務局　　○○出張所
	平成○○年○○月○○日受付第○○号

以上

2　例外1——弁済期間の延長

　再生債務者が、前記1の方法によっては住宅資金貸付債権の弁済をしていくことが困難であり、再生計画認可の見込みがない場合には、当初の契約において定められた最終の弁済期を延長し、弁済期間を延長して支払うものとすることができる（法199条2項）。その結果、各弁済期における支払額を、当初の契約において定められていた金額より少なくして弁済することができるため、再生債務者の負担が軽減される。

　ただし、次の要件を満たす必要がある。

① 　次の全額を支払うこと。

　ⓐ 　住宅資金貸付債権の元本およびこれに対する再生計画認可決定確定後の利息

　ⓑ 　再生計画認可決定確定時までに生じる住宅資金貸付債権の利息および遅延損害金

② 　延長後の最終弁済期が、当初の契約において定められていた最終弁済期から10年を超えず、かつ、延長後の最終弁済期における再生債務者の年齢が70歳を超えないこと

③ 　延長後の弁済期と弁済期の間隔や、弁済額が、当初の契約において定められていたものに概ね沿うものであること　　たとえば、当初の契約において定められていた弁済方法が、元利均等であれば元利均等で、元金均等であれば元金均等にする必要がある。

第4章　住宅資金貸付債権に

【書式4-5】　住宅資金特別条項(3)（弁済期間の延長型）

別紙1　（民事再生法199条2項）

債権者（氏名又は名称）　株式会社○○銀行　についての住宅資金特別条項

1　対象となる住宅資金貸付債権

　　平成○○年○○月○○日付○○○○約定書（以下原契約書という。）に基づき，上記債権者が再生債務者に対して有する貸金債権

　□　上記債権者は，この再生計画を認可する決定が確定した場合には，これまでにあった保証会社の保証債務の履行がなかったものとみなされ，上記の住宅資金貸付債権を有することとなる。

2　条項の内容

　　上記1の住宅資金貸付債権の弁済については，再生計画認可の決定の確定した日から，以下のとおりとする。

⑴　再生計画認可の決定の確定の時までに弁済期が到来する元本に関する条項

　□　＿＿年＿＿月の期間は毎月＿＿日限り元本額の＿＿パーセントに相当する金員（月賦分・合計＿＿回）□に約定利率による利息を付した金額を弁済する。

　□　上記に加え，毎＿＿月＿＿日及び＿＿月＿＿日限り元本額の＿＿パーセントに相当する金員（半年賦分・合計＿＿回）を弁済する。

　☑　下記⑶に加算し，⑶に従って弁済する。

⑵　再生計画認可の決定の確定の時までに生ずる利息・損害金に関する条項

　□　＿＿年＿＿月の期間（元本返済猶予期間という）終了後，☑ 30 年＿＿月の期間は毎月 末 日限り総額の 80 パーセントに相当する金員（月賦分・合計360回）を弁済する。

　□　＿＿年＿＿月の期間（元本返済猶予期間という）終了後，☑上記に加え，毎 7 月 末 日及び 12 月 末 日限り総額の 20 パーセントに相当する金員（半年賦分・合計 60 回）を弁済する。

⑶　再生計画認可の決定の確定の時までに弁済期が到来しない元本及びこれに対する約定利率による利息に関する条項

（199条2項　元本一部猶予がない通常パターン）

　☑　 30 年＿＿月の期間は毎月 末 日限り，元本総額の 80 パーセントに相当する部分に，約定利率による利息を付して元利均等方式により計算

した金額（月賦分・計360回）を弁済する。

☑　上記に加え，毎 7 月 末 日及び 12 月 末 日限り，元本総額の20パー
セントに相当する部分に，約定利率による利息を付して元利均等方式に
より計算した金額（半年賦分・合計 60 回）を弁済する。

（199条3項　元本一部返済猶予パターン）

□　元本返済猶予期間は毎月＿＿日限り

　　□　元本＿＿円及び約定利率による利息

　　□　元本及び約定利率による利息の合計額＿＿円

（月賦分・計＿＿回）を弁済する。元本猶予期間満了後の＿＿年＿＿月の
期間は毎月＿＿日限り，元本猶予期間満了時点の元本総額の＿＿パーセン
トに相当する部分に，約定利率による利息を付して元利均等方式により計
算した金額（月賦分・計＿＿回）を弁済する。

□　上記に加え，元本返済猶予期間は毎＿＿月＿＿日及び＿＿月＿＿日限
り

　　□　元本＿＿円（及び約定利率による利息）

　　□　元本及び約定利率による利息の合計額＿＿円

（半年賦分・計＿＿回）を弁済する。元本返済猶予期間満了後の＿＿年
＿＿月の期間は，毎＿＿月＿＿日及び＿＿月＿＿日限り，元本猶予期間満
了時点の元本総額の＿＿パーセントに相当する部分に，約定利率による利
息を付して元利均等方式により計算した金額（半年賦分・合計＿＿回）を
弁済する。

(4)　弁済額の算定にあたり端数等の調整の必要が生じた場合には

　　□　初回弁済額

　　☑　最終弁済額

　　□　＿＿＿＿＿＿＿

にて調整するものとする。

(5)　☑　融資期間

　　□　下記の変更条項

　　□　別紙の変更条項

　　を除く他は原契約書の各条項に従うものとする。

なお，令和○○年○○月○○日現在で仮に算出した本計画案に基づく返済計
画案は別紙（略）の通りである。

第4章　住宅資金貸付債権に

3　例外2──元本の一部についての一定期間内の支払猶予

　再生債務者が、例外1の方法によっても、住宅資金貸付債権の弁済をしていくことが困難であり、再生計画認可の見込みがない場合には、弁済期間の延長に加えて、一定期間内（元本猶予期間）に限って、各弁済期に支払う元本額を少なくすることができる（法199条3項）。

　一般の再生債権の弁済期間中は、住宅資金貸付債権以外の一般債権についても弁済をする必要があるため、毎回の弁済額が多くなる。その結果、両者を同時に支払うことが困難となる場合には、元本の支払いを猶予する期間を認めることとしたのである。したがって、元本猶予期間は、一般の再生債権の弁済期間内で定める必要がある。

　なお、例外2の場合も例外1の①〜③と同様の要件を満たす必要がある。

【書式4-6】　住宅資金特別条項⑷（元本一部支払猶予型）

　別紙1　（民事再生法199条3項）

　債権者（氏名又は名称）＿＿株式会社○○銀行＿＿についての住宅資金特別条項

1　対象となる住宅資金貸付債権
　　平成○○年○○月○○日付○○○○約定書（以下原契約書という。）に基づき，上記債権者が再生債務者に対して有する貸金債権
　□　上記債権者は，この再生計画を認可する決定が確定した場合には，これまでにあった保証会社の保証債務の履行がなかったものとみなされ，上記の住宅資金貸付債権を有することとなる。
2　条項の内容
　　上記1の住宅資金貸付債権の弁済については，再生計画認可の決定の確定した日から，以下のとおりとする。
⑴　再生計画認可の決定の確定の時までに弁済期が到来する元本に関する条項
　□　＿＿年＿＿月の期間は毎月＿＿日限り元本額の＿＿パーセントに相当する金員（月賦分・合計＿＿回）□に約定利率による利息を付した金額を弁済する。

六　住宅資金特別条項の内容

　　　□　上記に加え，毎＿＿月＿＿日及び＿＿月＿＿日限り元本額の＿＿パー
　　　　セントに相当する金員（半年賦分・合計＿＿回）を弁済する。
　　　□　下記(3)に加算し，(3)に従って弁済する。
　(2)　再生計画認可の決定の確定の時までに生ずる利息・損害金に関する条項
　　　☑　＿5＿年＿＿月の期間（元本返済猶予期間という）終了後，☑ 30 年
　　　　＿＿月の期間は毎月＿末＿日限り総額の＿80＿パーセントに相当する金員
　　　　（月賦分・合計360回）を弁済する。
　　　☑　＿5＿年＿＿月の期間（元本返済猶予期間という）終了後，☑上記に加
　　　　え，毎＿7＿月＿末＿日及び 12 月＿末＿日限り総額の＿20＿パーセントに相当
　　　　する金員（半年賦分・合計＿60＿回）を弁済する。
　(3)　再生計画認可の決定の確定の時までに弁済期が到来しない元本及びこれ
　　　に対する約定利率による利息に関する条項
（199条2項　元本一部猶予がない通常パターン）
　　　□　＿＿年＿＿月の期間は毎月＿＿日限り，元本総額の＿＿パーセントに
　　　　相当する部分に，約定利率による利息を付して元利均等方式により計算
　　　　した金額（月賦分・計＿＿回）を弁済する。
　　　□　上記に加え，毎＿＿月＿＿日及び＿＿月＿＿日限り，元本総額の＿＿
　　　　パーセントに相当する部分に，約定利率による利息を付して元利均等方
　　　　式により計算した金額（半年賦分・合計＿＿回）を弁済する。
（199条3項　元本一部返済猶予パターン）
　　　☑　元本返済猶予期間は毎月＿末＿日限り
　　　　☑　元本○○円及び約定利率による利息
　　　　□　元本及び約定利率による利息の合計額＿＿円
　　　（月賦分・計＿60＿回）を弁済する。元本猶予期間満了後の＿30＿年＿＿月の
　　　期間は毎月＿末＿日限り，元本猶予期間満了時点の元本総額の＿80＿パーセン
　　　トに相当する部分に，約定利率による利息を付して元利均等方式により計
　　　算した金額（月賦分・計360回）を弁済する。
　　　☑　上記に加え，元本返済猶予期間は毎＿7＿月＿末＿日及び 12 月＿末＿日限
　　　　り
　　　　☑　元本○○円（及び約定利率による利息）
　　　　□　元本及び約定利率による利息の合計額＿＿円
　　　（半年賦分・計＿10＿回）を弁済する。元本猶予期間満了後の＿30＿年＿＿月
　　　の期間は，毎＿7＿月＿末＿日及び 12 月＿末＿日限り，元本猶予期間満了時点
　　　の元本総額の＿20＿パーセントに相当する部分に，約定利率による利息を付
　　　して元利均等方式により計算した金額（半年賦分・合計＿60＿回）を弁済す

第4章　住宅資金貸付債権に

る。
 (4)　弁済額の算定にあたり端数等の調整の必要が生じた場合には
　　　□　初回弁済額
　　　☑　最終弁済額
　　　□　＿＿＿＿＿＿＿
　　　にて調整するものとする。
 (5)　☑　融資期間
　　　□　下記の変更条項
　　　□　別紙の変更条項
　　　　を除く他は原契約書の各条項に従うものとする。
　なお，令和○○年○○月○○日現在で仮に算出した本計画案に基づく返済計画案は別紙（略）の通りである。

4　例外3──住宅資金貸付債権者の同意がある場合

　住宅資金特別条項によって権利変更を受ける者の同意があれば、さらに他の変更を加えることができる（法199条4項）。

　たとえば、弁済期間を例外1の期間を超えてさらに延長することや、利息の減免、元本のカット等も行うこともできる。

　なお、いわゆる巻戻しが行われる場合には、従来の返済期間よりも6カ月以上遅滞しているのが通常であり、上記1ないし3による権利変更によって再生計画案を作成することは困難であり、ほとんどがこの同意型によると思われる。ちなみに、巻戻しがなされた場合にも、住宅資金特別条項を定めた再生計画の提出の実例がある。

【書式4-7】　住宅資金特別条項(5)（同意型）の定めのある再生計画案

○○地方裁判所　令和○○年（再ロ）第○○○号
再生計画案（令和○○年○○月○○日）

　　　　　　　　　再 生 債 務 者　　　○　○　○　○
　　　　　　　　　再生債務者代理人　弁護士　○　○　○　○　印
　　　　　　　　　　　　　　　　　（電話　0000-00-0000）

354

1　再生債権に対する権利の変更として，次の額について免除を受ける。免除額に１円未満の端数が生じたときは，切り捨てる。

(1)　元本及び再生手続開始決定日の前日までの利息・損害金の［74.63］パーセント相当額

(2)　再生手続開始決定日以降の利息・損害金合計額の［100］パーセント相当額

2　1による権利変更後の再生債権について，再生計画認可決定確定日の属する月の翌月以降，次の□に✓印を付した１つ又は複数の項に記載した方法により分割弁済をする。ただし，これにより算出される［100］円未満の端数は切り上げ，最終回で調整する。

☑　3か月ごとに支払う方法：［　　当該翌　　］月を第１回目として以後３か月ごとに合計［12］回，各月の［28］日限り，［8.34］パーセントの割合による金額を支払う（通算期間　3　年　　　か月間）。

□　毎月支払う方法：［　　］年［　　］か月間，毎月［　　］日限り，［　　　］パーセントの割合による金額を支払う（合計　　　回）。

□　ボーナス時に支払う方法：［　　］年［　　］か月間，毎年［　　］月及び［　　］月の［　　］日限り，［　　］パーセントの割合による金額を支払う（合計　　　回）。

□　その他の方法：［　　　　　　　　　　　］の［　　　］日限り，［　　　］パーセントの割合による金額を支払う（合計　　　回）。

3　共益債権及び一般優先債権（未払分は次のとおり）は，随時支払う（公租公課の滞納は，一般優先債権の未払に含まれるので，この欄にその種別及び金額を記載する。）

（　　　　　　　　　　　　　　　　　　　　　　　　　　　　　　　　　）

4　住宅資金特別条項〔求償権担保・約定弁済型〕（民事再生法199条１項）

(1)　住宅資金貸付債権を有する債権者の氏名又は名称（規則99条１号）

株式会社○○銀行

(2)　対象となる住宅資金貸付債権

平成○○年○○月○○日付　金銭消費貸借約定書（別紙のとおり。以下「原契約書」）に基づき，上記債権者が再生債務者に対して有する貸金債権

(3)　住宅及び住宅の敷地の表示（規則99条２号）

別紙　物権目録（略）記載のとおり

(4)　抵当権の表示（規則99条３号）

別紙　抵当権目録（略）記載のとおり

(5) 住宅資金特別条項の内容

上記(1)の住宅資金貸付債権の弁済については，再生計画認可決定の確定した日以降，以下の各条項に従い支払うものとする。

① 再生計画認可決定の確定した日までに弁済期が到来する元本，利息，損害金については，下記②，③の元本に加算し，②，③にしたがって弁済する。

② 再生計画認可決定の確定した日以降3年間の期間は毎月28日限り，元本及び約定利率（年利5パーセント）による利息の合計額10万8000円（合計36回）を弁済する。また，それに加えて，毎6月28日及び毎12月28日限り，元本及び約定利率（年利5パーセント）による利息の合計額25万円（合計6回）を弁済する。

③ 再生計画認可決定の確定した日以降3年経過後以降，（令和○○年○○月まで）については，毎月28日限り，元本及び約定利率（年利5パーセント）による利息の合計額12万2500円を弁済する。また，それに加えて，毎6月28日及び毎12月28日限り，元本及び約定利率（年利5パーセント）による利息の合計額28万円を弁済する。

④ 弁済額の算定に当たり端数等の調整の必要が生じた場合には最終弁済額にて調整するものとする。

(6) 住宅資金特別条項によって権利の変更を受ける者の同意

上記の住宅資金特別条項を定めることについて，これらの条項により権利の変更を受けることとなる各債権者は同意している。

以　上

5　事前協議の重要性

住宅資金貸付債権者等との事前協議を行わなかったために、住宅資金特別条項を定めることができず、再生計画案が不認可（法241条2項5号・231条2項4号）となった例が数件みられる。そこで、住宅資金特別条項を定めようとするときは、住宅資金貸付債権者等へ通知し、事前協議をしておくことが重要である。

六　住宅資金特別条項の内容

【書式4-8】　受任通知および書類送付依頼状

○○銀行○○支店　御中

令和○○年○○月○○日

受任通知及び書類送付へのご協力のお願い

　　　　　　　　　　　住　　所　　〒○○○-○○○○
　債務者の表示　　　　　　　　　　○○県○○市○○町○○　○-○-○
　　　　　　　　　　　債務者　　○　○　○　○
　　　　　　　　　　　（昭和○○年○○月○○日生）

　冠省　貴行におかれましては益々ご清栄の段大慶に存じます。

　さて，当職は，債務者○○○○の代理人として貴行に対し，次のとおり通知致します。

　債務者は，貴行から住宅ローンを借り入れておりますが，その他に生活費の捻出などの理由により貴社以外に＿社に対し約○○○万円の債務を負っております。そして，今日まで返済に努めて参りましたが，今般，収入の減少等で，その＿社との約定どおりに，債務を返済できなくなり，支払不能（のおそれがある）状態にあります。そこで，鋭意検討の結果，やむを得ず個人債務者再生手続の申立をすることになりました。

　そして，住宅ローンについては，今までどおりお支払い致しますので，よろしくお取りはからい下さい。また、貴行に対する債務者の住宅ローンの償還表・金銭消費貸借契約証書をご送付頂きますようお願い申し上げます。

　最後に貴行に誠にご迷惑をおかけすることになりますが，債務者の窮状をご賢察くださり，ご協力のほどお願いする次第です。

　　　　　　　　　　　　　　　〒○○○-○○○○
　　　　　　　　　　　　　　　大阪市○○区○○○丁目○番○号
　　　　　　　　　　　　　　　○○法律事務所
　　　　　　　　　　　　　　　　ＴＥＬ　06-○○○○-○○○○
　　　　　　　　　　　　　　　　ＦＡＸ　06-○○○○-○○○○
　　　　　　　　　　　　　　債務者○○○○代理人
　　　　　　　　　　　　　　　弁護士　　○　○　○　○　　印

【書式4-9】 受任通知および事前協議協力依頼状

○○銀行○○支店　御中

令和○○年○○月○○日

受任通知及び書類送付へのご協力のお願い

　　　　　　　　　　住　　所　　〒○○○-○○○○
債務者の表示　　　　　　　　　○○県○○市○○町○○　○-○-○
　　　　　　　　　　債務者　　○　○　○　○
　　　　　　　　　　　　　　　（昭和○○年○○月○○日生）

冠省　貴行におかれましては益々ご清栄の段大慶に存じます。

　さて，当職は，債務者○○○○の代理人として貴行に対し，次のとおり通知致します。

　債務者は，貴行から住宅ローンを借り入れておりますが，その他に生活費の捻出などの理由により貴社以外に＿社に対し約○○○万円の債務を負っております。そして，今日まで返済に努めて参りましたが，今般，収入の減少等で，その＿社との約定どおりに，債務を返済できなくなり，支払不能（のおそれがある）状態にあります。そこで，鋭意検討の結果，やむを得ず個人債務者再生手続の申立をすることになりました。

　そして，住宅ローンについては，債務者において現在まで＿か月分遅滞しておりますので，再生計画案につきまして事前に貴行と協議を致したく，本書を呈した次第であります。

　そこで，ご多忙とは存じますが，ご担当の方は当職宛までご連絡下さい

　最後に貴行に誠にご迷惑をおかけすることになりますが，債務者の窮状をご賢察くださり，ご協力のほどお願いする次第です。

　　　　　　　　　　　　　　〒○○○-○○○○
　　　　　　　　　　　　　　大阪市○○区○○○丁目○番○号
　　　　　　　　　　　　　　○○法律事務所
　　　　　　　　　　　　　　ＴＥＬ　06-○○○○-○○○○
　　　　　　　　　　　　　　ＦＡＸ　06-○○○○-○○○○
　　　　　　　　　　　　　　債務者○○○○代理人
　　　　　　　　　　　　　　　弁護士　　○　○　○　○　印

七　再生計画案の決議

1　議決権

　住宅資金貸付債権に関する特別条項が定められた場合、住宅資金貸付債権または住宅資金貸付債権の保証に基づく求償権については、再生計画案についての議決権が認められていない（法201条1項）。

　住宅資金特別条項においては、住宅資金貸付債権について、その元本、利息、遅延損害金の全額が返済されることとなるし、事前の協議（規則101条1項）を通じて、住宅資金特別条項を定めた再生計画提出までの間に、関係者の利害調整を図る機会も用意されている。そこで、住宅資金貸付債権および住宅資金貸付債権の保証に基づく求償権については、一般の再生債権と比較して、再生計画による権利変更の程度が少ないと考えられるため、議決権が認められないこととなったのである。

　その結果、住宅資金特別条項を含む再生計画案が、一般の再生債権者により可決された場合は、住宅資金特別条項により権利の変更を受ける者の同意を得ることなく、住宅資金貸付債権について住宅資金特別条項に基づく支払猶予等の権利変更ができることになる。

　なお、住宅資金貸付債権者が、住宅資金貸付債権とは別個の債権を有している場合、たとえば住宅ローンとは別個に事業資金を貸し付けているような場合には、その別個の債権については議決権を行使することができる。

2　住宅資金貸付債権者からの意見聴取

　もっとも、住宅資金特別条項を含む再生計画案が提出されたときは、裁判所は、住宅資金特別条項により権利の変更を受ける者の意見を聴かなければならないとされている（法201条2項）。そのため、住宅資金貸付債権者は、この機会に住宅資金特別条項の内容等について意見を述べることができる。

　ただし、この意見は、住宅資金特別条項を含む再生計画の認可要件に関するものであり、賛否についての意見ではない。

　意見聴取の期間は、届出再生債権者の意見を聴く旨の決定の日から2週間以

第4章　住宅資金貸付債権に

上2月以下（ただし、再生債権者のうち、国内に住所、居所、営業所、事務所がないものについては4週間以上3月以下）とされている（法240条、規則139条1項）。国内の再生債権者に対する意見聴取期間は、実務運用上は4週間である。

　上記意見聴取に対して不認可事由（法174条2項・231条2項・241条2項・202条2項）についての意見がない場合には回答の義務はないが、何らかの意見がある場合には、裁判所の意見聴取書様式を用いて具体的意見を裁判所に提出することが求められる（規則139条2項）。意見聴取書様式が裁判所から指定されていない場合には、【書式4-11】の「意見書」部分を参考に適宜作成してもかまわない。なお、記載すべき不認可事由に関しては、【書式3-24】に列挙されているので参考にされたい（ただし、給与所得者等再生の例である）。

【書式4-10】　意見聴取通知書(1)（全国版）

事件番号：令和○○年（再ロ）第○○○号
再生債務者氏名：○　　○　　○　　○

求　意　見　書

株式会社　○　○　銀行
上記代表者代表取締役　○　○　○　○　　殿
（取扱店：○○支店）

　　　　　　　　　　令和○○年○○月○○日
　　　　　　　　　　　○○地方裁判所○○支部
　　　　　　　　　　　　裁判所書記官　○　○　○　○　印

　頭書事件について，再生債務者から別添のとおり住宅資金特別条項を定めた再生計画案の提出がありましたので，民事再生法201条2項により，この再生計画案について，当該住宅資金特別条項により権利の変更を受けることとなるあなたの意見を聴取します。

　上記再生計画案について御意見がある場合は，別添の意見書に意見を記入して，令和○○年○○月○○日までに当裁判所に提出（FAX送信可）してください（意見がない場合には，提出する必要はありません。）。

　　　　　　　　　　　　　　　記

意見書の送付先
　〒000-0000　○○県○○市○○町○丁目○○番地○○

七　再生計画案の決議

```
　　　　　　　　　　○○地方裁判所○○支部　　○○係
　　　　電話番号　○○○○-○○-○○○○　（内線○○○）
　　　　FAX番号　○○○○-○○-○○○○
※　再生債務者の負債の状況や収入及び財産の状況等については，再生債務者
　又はその代理人（弁護士○○○○　電話番号：○○○○-○○-○○○○）等
　が情報の開示・提示をしています（民事再生規則124条，129条，140条）。ま
　た，当裁判所で事件の記録を閲覧して調査することもできます。
```

(注)　この求意見書に対応するのが【書式3-24】の意見書である。

【書式4-11】　意見聴取通知書(2)兼意見書（東京地裁）

```
　　　　　　　　　　　　　　　　　　　　令和○○年○○月○○日

住宅資金特別条項関係債権者　各位
　　　　　　　　　　　東京地方裁判所民事第20部　　○○　　係
　　　　　　　　　　　裁判所書記官　○　○　○　○　　印

　　　意見聴取の実施について（住宅資金特別条項関係）

　下記の事件につき，再生債務者から別紙のとおり住宅資金特別条項を定めた
再生計画案が提出されましたので，この計画案について，民事再生法201条2
項により意見聴取を実施します。
1　意見のある方は，この用紙に記入の上，期限までに裁判所へ郵送又は持参
　してください。
2　特に意見のない方は，意見書を提出する必要がありません。
　　回答期限　令和○○年○○月○○日（○）《必着》
　　　　　　　　　　　　　　記
　令和○○年（再ロ）第○○○号
　給与所得者等再生手続開始申立事件　　　　　┌─────────┐
　東京□□区□□○丁目○番○号　　　　　　　│（裁判所使用欄）│
　再生債務者　　○○　○○　　　　　　　　　│　　　　　　　　│
　債務者代理人　○○　　　　　　　　　　　　│　　　　　　　　│
　　　　電話番号　03-○○○○-○○○○　　　│　　　　　　　　│
　　　　　　　　　　　　　　　　　　　　　　└─────────┘
──────────（切り取らないでください）──────────

　　　　　　　　　　　　　　意見書
```

361

第4章　住宅資金貸付債権に

私は再生計画案について次のとおり意見を述べます。

(書き切れないときは，裏面に記載するか，継続用紙を添付してください。)

債権者番号	住所・氏名（法人の場合は名称，代表者名） 〒 （印）

提出先　東京地方裁判所　民事第20部　○○係

　〒100-8920　東京都千代田区霞ケ関1丁目1番4号

【書式4-12】　意見聴取通知書⑶（大阪地裁）

令和○○年（再ロ）第○○○号

住宅ローン

（住宅資金特別条項関係）債権者　各位

令和○○年7月11日

大阪地方裁判所第6民事部

裁判所書記官　懸　命　一　所

意　見　聴　取　書

　頭書事件について，再生債務者から別添のとおり住宅資金特別条項を定めた再生計画案が提出されましたので，民事再生法201条2項により，意見を聴取します。

　再生計画案について意見がある場合は，

　　　　　令和○○年8月8日まで（必着）

に意見書を提出してください。

362

なお，この再生計画案に特段の意見がない場合には，意見書を提出する必要
はありません。

　　意見書提出先
　　　〒530-8522
　　　大阪市北区西天満2丁目1番10号
　　　　大阪地方裁判所第6民事部

　　再生計画案の内容については
　　　再生債務者代理人　弁護士　　鶴　見　浩　二
　　　電話　06-○○○○-○○○○　FAX　06-○○○○-○○○○
　　　にお問い合わせください。

八　再生計画の認可

　住宅資金特別条項を定めた再生計画案が、一般の再生債権者により可決され
た場合、裁判所は認可または不認可の決定をする（法202条1項）。
　住宅資金特別条項を定めた再生計画については、以下の事由が不認可事由と
されている（法202条2項）。
①　再生手続または再生計画が法律の規定に違反し、かつその不備を是正す
　　ることができないものであるとき（ただし、法律違反の程度が軽微である場
　　合を除く）
②　再生計画の決議が再生債権者一般の利益に反するとき　　清算価値保障
　　原則に違反する場合等である。
③　再生計画が遂行可能であると認めることができないとき　　通常の再生
　　計画については、「再生計画が遂行される見込みがない」ことが不認可事
　　由とされる（法174条2項2号）。しかし、住宅資金特別条項の定めのある
　　再生計画については、住宅資金貸付債権者には議決権が認められないこと
　　から、その権利を十分に保護する必要がある。そこで、再生計画が積極的
　　に「遂行可能である」と認めることができない場合が、不認可事由とされ
　　たのである。

④　再生債務者が住宅の所有権、または住宅の敷地を住宅の所有のために使
用する権利を失うこととなると見込まれるとき　　たとえば、住宅につい
て、租税債権に基づく滞納処分が行われており、当該租税債権を弁済する
見込みがない場合等である。

⑤　再生計画の決議が不正の方法によって成立するに至ったとき　　一部の
債権者だけに特別の利益を手続外で供与したり、その他決議の公正を害す
る事情があった場合等である（ただし，個人再生ではこの規定は除外されて
いる（法230条2項・241条2項参照））。

九　再生計画の効力

1　住宅資金貸付債権についての効力

住宅資金特別条項を定めた再生計画認可決定が確定し、これに沿った弁済が
履行されたときは、住宅資金貸付債権については期限の利益は喪失しなかった
ことになり、住宅について設定した抵当権の実行もできなくなる。

当初の住宅資金貸付契約における期限の利益の喪失、利息、遅延損害金等に
関する規定は、住宅資金特別条項によって支払猶予を受けた後の住宅資金貸付
債権について、そのまま適用される（法203条2項）。

2　保証人等に対する効力

住宅資金特別条項による支払猶予等の効力は、保証人や物上保証人に対して
も効力を及ぼす（法203条1項）。

民事再生手続による支払期限の猶予等の効力は、再生債務者の保証人や物上
保証人が提供した担保に対する権利には影響を及ぼさないのが原則である（法
177条2項）。しかし、保証人や物上保証人が提供した担保について、従来と同
様に権利行使できるものとすると、代位弁済した保証人が再生債務者に対して
求償権を行使することになったり、再生債権者が保証人に対して保証債務の履
行を請求し、保証人に迷惑がかかることをおそれて再生手続をとりづらくなっ
たりして、再生債務者に対する支払猶予等の実効性が損なわれる可能性がある。
そこで、保証人や物上保証人に対しても、住宅資金特別条項による支払猶予等

九　再生計画の効力

の効力を及ぼすこととしたのである。

　なお、住宅資金特別条項を定めた再生計画の認可が確定したら、再生債務者は、住宅の共有者（再生債務者を除く）、住宅資金貸付債権を担保する抵当権が設定されている住宅の敷地所有者（再生債務者を除く）、および再生債務者の保証人ならびに連帯債務者に対して、その旨の通知をしなければならない（規則104条）。

【書式4-13】　通知書

令和○○年○○月○○日

○　○　○　○　殿

住所　　○○県○○市○○町○○○　○-○-○
氏名（再生債務者）　○　○　○　○
昭和○○年○○月○○日生
住所　　○○県○○市○○町○○○　○-○-○
(tel　0000-00-0000　fax　0000-00-0000)
代理人弁護士　○　○　○　○　印

住宅資金特別条項を定めた再生計画の認可確定のご通知

拝啓　貴殿ますますご清栄のこととお慶び申し上げます。

　当職は，再生債務者○○○○より委任を受けた代理人弁護士として本書を呈上いたします。

　さて，再生債務者は，先般個人債務者再生手続の申立てをいたしておりましたが（事件番号　○○地方裁判所令和○○年（再○）第○○○号　令和○○年○○月○○日申立て），このたび，利害関係人各位のご協力を得て，裁判所から別紙添付の内容による再生計画案を令和○○年○○月○○日付け認可され，令和○○年○○月○○日にその計画案が確定致しましたので，民事再生規則104条により，本書をもちましてその旨ご通知申し上げます。

　住宅資金特別条項による支払猶予等の効力は，保証人や物上保証人に対しても効力を及ぼすものとされておりますので（民事再生法203条1項），今後再生債務者が住宅ローンを履行していく限り，住宅ローンの履行遅滞はすべて解消され，保証人や物上保証人に対する住宅ローン債権者からの取立てはなされないことになります。

　再生債務者は，これを機会に経済的に再出発をはかり，再び債権者や保証人の皆様方にご迷惑をおかけしないことを誓っておりますので，なにとぞ今般の

第4章　住宅資金貸付債権に

不始末をご容赦いただき，今後ともご厚誼のほどよろしくお願い申し上げます。

敬具

(注)　確定した再生計画を添付すること。

3　保証会社が保証債務を履行した場合の法律関係

⑴　巻戻し条項

住宅資金貸付債権は、保証会社によって保証されているのが通常である。

保証会社が保証債務を履行した場合、住宅資金貸付債権は保証債務の履行により消滅し、その代わりに保証会社が再生債務者に対して、求償権を取得することとなる。

しかし、保証会社の主たる業務は、支払いが延滞した債権について速やかに抵当権を実行して競売し、債権回収を図ることにある。したがって、住宅資金特別条項により、期限の利益を喪失しなかったことになる場合に、その後もそのまま保証会社が債権者となって、長期間にわたり再生債務者から分割返済を受けさせることとすると、保証会社の業務上、不都合が生ずる。

そこで、住宅資金特別条項を含む再生計画認可決定が確定した場合、保証債務は初めから履行されなかったものとみなされることとされている（いわゆる巻戻し条項。法204条1項）。

その結果、住宅資金貸付債権は、元の債権者（銀行等）のために復活し、保証会社が銀行等に保証債務の履行として支払った金員は保証会社に返還され、元の債権者が引き続き債権者として債権を管理することになる。

施行後1年間に東京地裁で住宅資金特別条項提出の申述があった135件のうち、保証会社による保証履行後の申立ては8件あり、うち3件は認可されたとのことであり（園尾ほか「概況（東京）」14頁）、今後も実例は増えていくものと思われる。

⑵　保証会社が行った再生債権者としてした行為の効力

巻戻しが行われて、初めから履行されなかったものとみなすこととなっても、その間に保証会社が再生債権者として行った行為、たとえば再生債権の届出、他の再生債権に対する異議等の行為の効力に影響があると、法律関係が複雑に

366

なる。そこで、巻戻しが行われた場合でも、そのような行為には影響がないこととされた（法204条1項ただし書）。

(3) 保証会社が債権者として債務者から弁済を受領していた場合

保証会社が債権者として債務者から弁済を受領していた場合、巻戻しによって弁済が無効になるとして、保証会社が再生債務者に弁済金を返還し、再生債務者が当該弁済金をあらためて住宅資金貸付債権者に返済するものとすると迂遠である。

そこで、巻戻しまでの間に、再生債務者が保証会社に対して弁済をした弁済金については、保証会社が元の債権者にこれを交付することとし、再生債務者が巻戻し後の債権者にその分を支払う必要のないこととされ、簡易な処理を可能とした（法204条2項）。

(4) 債権者一覧表の記載

住宅資金貸付債権者の債権現在額を0円、原因欄を貸付金（大阪地裁の書式ならば1に○を付す）、住特条項欄に記載し、保証会社の債権現在額欄に巻戻し前の現在の債権額を、原因欄にその他（大阪地裁の書式ならば④）、そして内容欄あるいは備考欄に巻戻しされる旨の表示を記載することになると思われる。

【記載例】 債権者一覧表──「巻戻し」の記載例（抜粋）

債権現在額合計額（①）	7,000万円	住宅資金貸付債権合計額（②）	2,000万円	別除権の行使により弁済が見込まれる額の合計額（③）	0円	①－②－③	5,000万円

債権者の氏名（会社名）	住　　所	債権現在額	内　　容		債務名義	住特条項	異議留保
			原因	当初の契約年月日等			
Aローン（一般債権者）	・・・・・	5,000万円	1	H18・1・8			
B銀行（住宅貸付債権者）	・・・・・	0円	①	H17・12・8		○	
C保証（保証会社）	・・・・・	2,000万円	4	H17・12・8 巻戻し			

(5) 競売費用の取扱い

住宅資金特別条項を定めた再生計画案の認可決定が確定すると、競売手続は取り消されることになる（民事執行法183条1項3号、2項）。このこととの関係で、実務上、申し立てられた競売費用について再生債務者の負担とすることを求められたり、住宅資金特別条項にその旨の条項を定めることを求められたり

第4章　住宅資金貸付債権に

することがある。

　しかし、そもそも競売費用は住宅資金貸付債権に該当しないし、しかも、競売費用は、執行手続が取消や取下げ等により終了した場合、それまでの手続及びその準備に要した費用については、結局必要でなかったことになり、競売申立人の負担に帰すると解されるところ、巻戻しの制度を認めた以上、住宅資金特別条項に競売費用に関する定めを置くことはできないというべきであろう（改正法対応事例解説個人再生〜大阪再生物語〜263頁）。

　なお、保証委託契約に基づき、競売費用を再生債務者の負担とする合意がある場合、競売費用に係る請求権は、再生手続開始決定前の原因に基づいて生じた財産上の請求権となり、再生債権に該当する（大阪高判平成25・6・19金判1427号22頁）。そのため、この場合において、競売費用を住宅資金特別条項の中に取り込んで処理することも可能であるとする見解もある（東京地裁破産再生実務研究会編『破産・民事再生の実務〔第三版〕民事再生・個人再生編』470頁）。

三　抵当権の実行としての競売手続の中止命令

1　他の中止命令との異同

　裁判所は、民事再生手続開始の申立ての後、再生債務者の申立てにより、住宅資金貸付債権または保証会社の求償権を担保する抵当権に基づいて、住宅または住宅の敷地について行われている抵当権の実行としての競売手続の中止を命ずることができる（法197条）。

　法31条にも類似の中止命令が規定されているが、同条では中止命令の要件として、①中止命令が再生債権者一般の利益に適合すること、②競売申立人に不当な損害を及ぼすおそれがないことの二つが規定されており、再生債務者の自宅の確保という要請とは合致しない要件が課されている。これに対し、法197条では中止命令の要件として、住宅資金特別条項を定めた再生計画の認可の見込みがあることのみが規定されているにすぎず、その要件が緩和されている。

　その理由は、法31条が、担保権が別除権であることを前提とし、担保権者と再生債務者との間で担保権の実行や被担保債権の弁済に関する合理的な合意の形成を期するための中止命令であるのに対して、法197条は、住宅資金特別条

368

項を定める再生計画の認可により、抵当権が実行できなくなることを前提とし、それまでの間の仮の地位を定める中止命令であるためである。

そのため、住宅に設定された抵当権の実行の場合であっても、住宅資金貸付債権を担保しないものは、法197条の対象とならず、法31条の中止命令を申し立てることになるし、強制競売等に基づく場合も法197条ではなく、法26条の中止命令の申立てをすべきことになる。

2　法197条に基づく中止命令の活用

住宅資金貸付債権者には再生計画案の決議において議決権がない（法201条1項）ため、給与所得者等再生による場合（議決が不要）や、小規模個人再生による場合であって他の再生債権者が住宅資金特別条項を用いた再生計画案にあえて反対しないという態度をとっているような場合には、法197条の中止命令活用の余地がある。

【書式4-14】　競売手続中止命令の申立書

令和○○年（再ロ）第○○○号　給与所得者等再生手続開始申立事件

競売手続中止命令の申立書

令和○○年○○月○○日

東京地方裁判所民事第20部　御中

申立人代理人弁護士　○　○　○　○　印

〒○○○-○○○○　東京都○○区○○　○丁目○番○号

申立人（再生債務者）　○　○　○　○

〒○○○-○○○○　東京都○○市○○　○丁目○番○号

申立人代理人弁護士　○　○　○　○

（電話）00-0000-0000

（FAX）00-0000-0000

〒○○○-○○○○　東京都○○市○○　○丁目○番○号

相　　手　　方　　○○○○信用保証株式会社

代表者代表取締役　○　○　○　○　印

申立ての趣旨

第4章　住宅資金貸付債権に

　相手方が申立人に対し，別紙物件目録（略）記載の不動産につきなした○○
地方裁判所令和○○年（ケ）第○○号不動産競売事件の競売手続は，令和○○
年○○月○○日までの間，中止する
との決定を求める。

申立ての理由

1．　申立人は，令和○○年○○月○○日，御庁に対し給与所得者等再生手続
　　開始の申立てをなし，現在，令和○○年（再ロ）第○○○号事件として係
　　属し，令和○○年○○月○○日，再生手続開始決定がなされた。

2．　再生手続開始決定後に，相手方は，申立人所有の別紙物件目録記載の不
　　動産（以下「本件物件」という）について，申立人に対する株式会社○○
　　銀行の住宅資金貸付債権の令和○○年○○月○○日付代位弁済に係る求償
　　権を請求債権兼被担保債権として，別紙抵当権目録（略）記載の抵当権（以
　　下「本件抵当権」という）に基づく競売の申立てをなし，令和○○年○○
　　月○○日，不動産競売開始決定を得た（令和○○年（ケ）第○○号事件。
　　以下「本件競売事件」という）。

　　なお，本件競売事件は，現在，現況調査命令が発令され，本件物件に対す
　　る現況調査が実施されている段階にある。

3．　申立人は，現在，住宅資金特別条項を定めた再生計画を策定中であり，
　　相手方以外の再生債権者は，おおむね民事再生手続に協力的であるので，
　　住宅資金特別条項を定めた再生計画認可の見込みは十分にある。

　　よって，申立人は，民事再生法第197条第1項に基づき，競売事件の中止
　　命令の発令を求めて，本申立てに及んだ次第である。

疎明方法

1　不動産競売開始決定正本
2　不動産登記簿謄本

添付書類

1	疎甲号証写	各1通
2	資格証明書（相手方）	1通
3	委任状	1通

(注)　保証会社が代位弁済後に競売申立てをした場合の例である。

370

二 住宅資金特別条項の不履行

1 抵当権の実行

住宅資金特別条項の不履行があっても、住宅ローン債権者は再生計画の取消しを申し立てることはできない（法206条1項）。これは、住宅資金特別条項により、従来の期限の利益喪失条項や遅延損害金の約定と同一の定めがされたものとみなされ（法203条2項）、再生債務者が住宅ローン債務を不履行とした場合には、当該ローン契約の条項に従って、再生債務者は期限の利益を失い、再生債権者において抵当権の実行を行うことができるからである。

2 残債権についての権利行使等

住宅資金特別条項の不履行があっても、住宅ローン債権者は再生計画の取消しを申し立てることができず、抵当権実行後も再生計画はそのまま有効に存続する。住宅資金貸付債権を被担保債権とする担保権実行後の確定不足額には再生計画の一般条項による変更が及ばないから（法203条4項・182条）、住宅資金貸付債権者は、再生債務者に対して、不足額全額を請求しうることになる。

なお、住宅資金特別条項を使わない場合には、確定不足額に対して再生計画の一般条項が適用されるので、再生計画中に不足額が確定した場合における再生債権者としての権利行使に関する適確な措置（適確条項）を定めておく必要がある（法160条1項）。

通常の民事再生の場合には、住宅資金貸付債権が債権調査で確定していれば、住宅資金特別条項には住宅資金貸付債権の権利内容についての定めも記載され（法157条1項）、これが再生計画認可決定の確定により再生債権者表に記載され（法180条1項）、執行力が付与される（同条3項）。そのため、仮に住宅資金貸付債権の支払いが遅滞する等して期限の利益が喪失され、抵当権が実行された場合、抵当権実行後の不足額については、再生債務者の一般財産から直ちに強制執行による回収を図ることが可能である。

しかし、個人再生手続においては、債権確定手続がなく、再生債権者表には執行力が付与されない。したがって、住宅ローン債権者が抵当権実行後の確定

第 4 章　住宅資金貸付債権に

不足額を回収するにあたっては別途債務名義を取得することが必要となる。

　一般の再生債権者が再生計画の履行遅滞を理由として再生計画の取消しの申立てをすることを容易にする必要があるため、法189条3項に定める債権額要件については、住宅資金貸付債権を控除して計算するものとされている（法206条1項）。

3　再生債務者側の対応

　住宅ローンは金額が高額であり、毎月支払わなければならないため、他の再生債権の場合よりも履行困難に陥りやすいといえる。しかし、再生債務者としては、履行困難になったからといって、直ちに自己破産しなければならないわけではないので、経済的更生の道を安易に自ら閉ざしてしまうことなく、再生計画の変更の申立て（法234条）や、住宅ローン債権者との任意交渉によるローン契約の再変更等によって再生計画の履行継続に努力を尽くすのが原則的対応といえよう。

　なお、再生債権の4分の3以上弁済した段階であれば、ハードシップ免責（法235条）の申立てが可能な場合もあるが、ハードシップ免責の決定が確定しても、その効果は債務者の財産の上に存する担保権に及ばないことから（法235条7項）住宅ローンの債権者が同意しない限り、住宅ローンの返済を続けないと抵当権の実行は回避できないことに注意を要する。

　いずれにしろ、本手続がかつて「詐欺法」と陰口をたたかれた和議法のように再生債権者から嫌悪されることのないように、本手続を利用しようとする者は、個人再生手続全般に対する社会の信頼維持のためにも、再生債権者に対して誠実であらねばならない。

372

資料編

資　料

〈資料①〉　個人債務者再生手続に関する運用方針（東京地裁民事第20部）

1　申立て

申立代理人が個人債務者再生事件の申立てをする場合には，民事第20部個人再生係に申立書（書式は民事第20部個人再生係に備え置く）を提出し，併せて，収入一覧，主要財産一覧，債権者一覧表，委任状，住民票写し及び所定の郵便切手を提出するものとする（提出書面等については，個人再生係に備え置く申立要領参照）。

本人申立ての場合には，当該事案の内容に応じて，個別に審理の方針を立てるものとする。

2　個人再生委員の選任

裁判所は，全件について，申立てを受け付けた当日，個人再生委員を選任する。代理人によって申し立てられた事件については，個人再生委員は，速やかに，申立代理人に対し，分割予納金の納付を受け入れるための銀行口座の口座名及び口座番号を通知し，申立代理人との間で，申立代理人及び申立人本人との面接の日時の打合せをする。

3　予納金の納付

⑴　官報公告費用の納付　申立代理人は，官報公告費用として，所定の金銭を予納する。この予納は，個人再生係から保管金提出書と振込用紙の交付を受け，申立後遅滞なく，適宜の銀行から裁判所の口座に金銭を振り込み，これを証する書面と保管金提出書を当庁出納第一課保管金係に提出する方法によって行うことができる。

⑵　分割予納金の納付　申立代理人は，自ら又は申立人に指示して，毎月，申立書に記載した毎月の計画弁済予定額を，分割予納金として，所定の期日までに個人再生委員の銀行口座に振り込む方法によって納付する。申立代理人が，その後再生計画案を変更し，当初の計画弁済予定額より多い額又は少ない額の再生計画案を立案した場合には，分割予納金の額は，以後，新たな計画弁済予定額に変更されるものとし，さかのぼっての調整はしない。また，計画弁済予定額の中には，住宅資金特別条項に基づく弁済予定額は含まない。

4　追加書類の提出

申立代理人は，随時又は個人再生委員の指示に基づいて，開始要件及び認可要件を証する書類を，その写しと共に個人再生委員に提出する。個人再生委員は，開始要件及び認可要件に関する意見書の提出の際に，これらの書類の正本を個人再生係に提出する。

5　開始決定の時期

開始決定は，個人再生委員の意見に基づいて行う（意見書の書式は個人再生係に備え置く）。その時期は，個人再生委員による開始要件の調査期間等を考慮して，概ね申立てから1か月後とする。ただし，給与の差押えのおそれがある場合その他必要がある場合は，個人再生委員の意見に基づき，速やかに決定する。

6　債権認否一覧表及び報告書の提出

申立代理人は，所定の期限までに，個人再生係に債権認否一覧表及び報告書（法124条2項及び125条1項に基づく書面）を提出し，これらの写しを個人再生委員に直送する（債権認否一覧表及び報告書の書式は個人再生係に備え置く）。

7　再生計画案の提出

申立代理人は，所定の期限までに，個人再生係に再生計画案を提出し，写しを個人再生委員に直送する（再生計画案の書式は個人再生係に備え置く）。個人再生委員は，申立代理人から送付を受けた再生計画案について書面決議又は意見聴取を実施するのが相当と判断するときは，その旨の意見書を提出する（意見書の書式は個人再生係に備え置く）。

374

8 認可・不認可の決定

認可・不認可の決定は，個人再生委員の意見に基づいて行う（意見書の書式は個人再生係に備え置く）。その時期は，概ね申立ての6か月後とする。

9 分割予納金の返還

裁判所は，認可・不認可の決定をしたときは，速やかに，個人再生委員の報酬の額を決定する。その金額は，原則として15万円とし，個人再生委員は申立代理人に対し，分割予納金から報酬及び振込手数料の額を控除した残額を返還し，計算書を交付する。

〈資料②〉 個人債務者再生手続に関する東京地裁の運用方針の解説

（平成13年2月5日）

東京地裁民事第20部

一 申立て

申立代理人が個人債務者再生事件の申立てをする場合には，民事第20部個人再生係に申立書（書式は民事第20部個人再生係に備え置く）を提出し，併せて，収入一覧，主要財産一覧，債権者一覧表，委任状，住民票写し及び所定の郵便切手を提出するものとする（提出書面等については，個人再生係に備え置く申立要領参照）。

本人申立ての場合には，当該事案の内容に応じて，個別に審理の方針を立てるものとする。

〈解説〉

1 申立代理人の選任

東京地裁では，個人債務者再生事件の申立ては，原則として申立代理人によってされるものと予想している。弁護士会による法律相談の態勢が充実した結果，個人破産事件の代理人選任率は大幅に高まり，最近では90パーセントを上回っている。個人破産事件に比べ，財産評定，再生計画案の立案，原則3年間の弁済の実行などの手続があり，全再生債権の弁済禁止と再生計画上の平等取扱いの原則，再生債権の手続内確定，共益債権や担保権に関する再生計画上の規律，小規模個人再生の書面決議に向けての再生債権者との折衝など，債権をすべて免除する破産手続とは異なった複雑な法的規律がある個人債務者再生事件では，破産事件にも増して代理人が申し立てる必要性が高くなるものと予想している。そのため，代理人が選任されている場合の要領を，まず定めたものである。

2 申立書の記載事項と添付書類の簡素化

東京地裁においては，全個人債務者再生事件について，申立ての当日，個人再生委員を選任する。個人再生委員は，選任された後，速やかに，申立代理人及び申立人と面談して事情聴取をする。開始要件の立証を単に申立書の記載と添付書類のみで行うのではなく，口頭での事情聴取も併せて行い，その結果足りないと考えられる書類を後に追完することとすれば，申立代理人の書証による立証の負担は軽減されるものと考えられる。

東京地裁では，個人破産事件について即日面接を実施しており，その面接において感じることであるが，書面のみで立証すれば大変な労力と相応の時間がかかることでも，口頭での事情説明と疑問点に関する質疑応答とを併用すると，簡素な書面で早期に十分な心証がとれるものである。また，職業を持つ個人が各種証明書等の書類を準備するには思いのほか時間

資　料

がかかるものであり，免責要件の判断のために必要な書面や必要度の低い書面は申立時に提出することを要しないものとし，免責審尋期日までに補充することを許すと，手続が円滑に進行することになる。即日面接では，このような経験則を利用して，記載事項と添付書類の大幅な簡素化を図った実績がある。

　個人債務者再生手続においても，これらの経験に基づいて，申立書の記載事項と申立時に提出する書類について，思い切った簡素化を図ることとした。例えば，財産については，主要財産を一覧表に表示すれば足り，添付書面としては，委任状と住民票写しが提出されれば足りる。

　申立要領において，給与所得者等再生手続の申立ての際に提出する源泉徴収票又は課税証明書を直近の1年分としているのは，開始決定時の収入要件に関する審査は緩やかなもので足り，また，認可決定は申立ての約6か月後にされるので，再生計画案提出前2年間ないし認可決定前の収入の証明（民再231条2項1号・241条2項4号・7号）に申立時点からみて2年前の源泉徴収票や課税証明書が不要なことも少なくないからである。

　例えば，ある年の10月以降に個人債務者再生手続の申立てをする場合，申立時にその前々年度の源泉徴収票の提出を求めても，再生計画案の提出時又は認可決定時には，その書面は，2年以上前の収入に係る書面となっており，わざわざ申立時に提出を求める実益はない。直近の1年分の収入証明書以外にどのような書面の提出を求めるかについては，個人再生委員の裁量で柔軟に対処すれば足りる。

3　申立書への計画弁済予定額の記載

　申立書には毎月の計画弁済予定額を記載し，その金額を分割予納金として個人再生委員に送金する。ここに記載する計画弁済予定額は，その後変更されることがあっても差し支えない。また，いわゆるボーナス払いを併用する場合は，その旨の記載をする（例「月額3万円，6月と12月はこれに10万円を加算した金額」）。

4　標準的な手続進行予定

　東京地裁では，通常の再生手続について標準スケジュールを作成し公表しており，これによってすべての関係者に手続進行の予測がつくことになり，早期に手続が安定してきた。個人債務者再生手続においても，在京三弁護士会と協議の上，標準スケジュールを作成し，これを公表することとした。

5　本人申立事件への対処の方法

　一口に本人申立事件といっても，内容は千差万別である。本人名義の申立てではあるが，書類の作成は弁護士又は司法書士が行っており，書類の準備に不足がないものから，手続をまったく理解しておらず，手数料や郵券の準備もないものまであり，その審理方針を一律に規律するのは困難である。そこで，本人が申立てをした場合については，その事件数が少ないと予測されることもあり，事件の内容に応じて，個別に対処することとした。

二　個人再生委員の選任

　　裁判所は，全件について，申立てを受け付けた当日，個人再生委員を選任する。代理人によって申し立てられた事件については，個人再生委員は，速やかに，申立代理人に対し，分割予納金の納付を受け入れるための銀行口座の口座名及び口座番号を通知し，申立代理人との間で，申立代理人及び申立人本人との面接の日時の打合せをする。

〈解説〉

376

〈資料②〉　個人債務者再生手続に関する東京地裁の運用方針の解説

1　個人再生委員選任の意義

　個人債務者再生手続は，再生計画認可決定が確定すると終了し（民再233条，244条），履行の監督の手段が用意されていない。また，債権調査による債権確定の手続がないため，再生計画の不履行があっても，再生債権者表に基づいて強制執行をすることはできない。さらに，再生計画を取り消しても，破産手続費用がないため，職権で破産宣告をすることはできず，債権者が破産申立ての予納金を用意して破産の申立てをしない限り，破産宣告もされない。仮に，再生計画を取り消しても，別途訴訟を起こさない限り，再生債権に基づく強制執行をすることもできない。

　このように，個人債務者再生手続は，再生計画に同意しない再生債権者の債権についても強制的に減額免除する手続であるにもかかわらず，計画された弁済の不履行に対する備えをしていない。この大きな問題点に対処するには，実務の運用において知恵を絞るほかない。東京地裁では，再生計画案の履行可能性をテストするため，個人再生委員が約6か月間にわたり，再生債務者から計画弁済予定額の送金を受ける運用を考えている。

　なお，個人債務者再生手続に関する法律を制定する際に参考とされたアメリカ連邦倒産法第13章「定期収入がある個人の債務整理事件」においては，申立てと同時に全件について管財人が選任され，管財人を通じて計画に従った弁済がなされることとされており，裁判所の手続内で弁済がなされる手続構造がとられている。

2　個人再生委員選任の対象事件

　東京地裁においては，裁判所は，全件について，申立てを受け付けた当日，個人再生委員を選任する。

3　個人再生委員選任後の手続

　個人再生委員は，速やかに，申立代理人に対し，分割予納金の納付を受け入れるための銀行口座の口座名及び口座番号を通知し，申立代理人との間で，申立代理人及び申立人本人との面接の日時の打合せをすることになる。本人申立ての事件があった場合には，裁判官と個人再生委員が協議の上，個別に対処することになる。

4　個人再生委員の職務

　(1)　個人再生委員は，履行可能な再生計画案が立案されるよう必要な勧告をし，その一環として，申立て直後から約6か月間，再生債務者から毎月，分割予納金として振り込まれる計画弁済予定額の送金を受け，立案される再生計画案が実行不可能でないかどうかの点検をする。

　(2)　個人再生委員は，収入及び財産に関する再生債務者の報告書を点検し，問題がある場合には，追加報告等の指示をする。

　(3)　個人再生委員は，評価の申立てがあった場合には，裁判所に意見書を提出する。全件について申立時に個人再生委員が選任されていることから，再生債権者等が評価の申立てをする場合にも，予納金を納付することを要しない。

　(4)　個人再生委員は，再生債権者が再生債務者による資料提出の求め（民再規119条1項）に応じない等の場合において，必要があると認める場合には，再生債権者に対し，再生債権の存否等に関する資料の提出を求めることができる（民再227条6項，244条）。個人再生委員は，全事件に選任されており，また，この請求に応じない場合は，過料の制裁がある（民再252条2項）ことから，この資料請求の権能は，迅速かつ適切な債権調査に資するものと思われる。

　(5)　個人再生委員は，開始要件及び認可要件が整ったかどうか並びに書面決議又は意見聴

資　料

取を実施すべきかどうかについて，意見書を提出する。また，再生計画案について再生債権者から意見書が提出された場合において，この意見に関して追加の調査が必要であると考えられるときは，個人再生委員が申立代理人に対して必要な調査を指示する。

　(6)　開始決定や認可・不認可決定に対して即時抗告があった場合において，抗告裁判所から求めがある場合は，個人再生委員は，抗告裁判所に意見書を提出する。

5　個人再生委員の意見書

　個人再生委員の意見書のうち，開始要件及び認可要件に関する意見書並びに書面決議又は意見聴取の実施に関する意見書については，チェック方式の定型書式を用意して，個人再生委員の労力の軽減を図ることとしている。債権の評価に関する意見書も，Ａ４用紙１枚以内と定めて簡素化を図ることとしている。

6　個人再生委員の報酬

　個人再生委員の報酬は，原則として，１件につき15万円とする。全事件について個人再生委員を選任すると，一部の事件について例外的に労力がかかる事態が生じても，その後の多数事件の報酬によって償うことが可能であり，報酬を比較的低額で標準化することができる。このことは，すでに少額管財手続において実証ずみである。

三　予納金の納付

---

　(1)　官報公告費用の納付

　　申立代理人は官報公告費用として，所定の金銭を予納する。この予納は，個人再生係から保管金提出書と振込用紙の交付を受け，申立後遅滞なく，適宜の銀行から裁判所の口座に金銭を振り込み，これを証する書面と保管金提出書を当庁出納第一課保管金係に提出する方法によって行うことができる。

　(2)　分割予納金の納付

　　申立代理人は，自ら又は申立人に指示して，毎月，申立書に記載した毎月の計画弁済予定額を，分割予納金として，所定の期日までに個人再生委員の銀行口座に振り込む方法によって納付する。申立代理人が，その後再生計画案を変更し，当初の計画弁済予定額より多い額又は少ない額の再生計画案を立案した場合には，分割予納金の額は，以後，新たな計画弁済予定額に変更されるものとし，さかのぼっての調整はしない。また，計画弁済予定額の中には，住宅資金特別条項に基づく弁済予定額は含まない。

〈解説〉

1　裁判所への費用の予納

　個人債務者再生手続においては，認可決定までに３回の官報公告がされる。開始決定，書面決議又は意見聴取の決定，認可決定の各公告（民再222条２項，230条４項，240条２項，174条４項，10条３項）である。申立代理人は，この公告のための費用を裁判所に予納する必要がある。この予納は，裁判所にある日銀代理店に納付する方法のほか，一般の銀行振込の方法によってすることもできる。

2　分割予納金の振込

　申立代理人は，自ら又は申立人に指示して，毎月，申立書に記載した毎月の計画弁済予定額を，分割予納金として，所定の期日までに個人再生委員の銀行口座に振り込む方法によって納付する。この分割予納金の振込は，申立代理人及び申立人が東京地裁の運用方針に応じて任意に行うものであり，この予納に応じないからといって，裁判所が予納命令を発するこ

378

〈資料②〉　個人債務者再生手続に関する東京地裁の運用方針の解説

とにより予納を強制することはない。この運用方針に応じて予納する場合には，履行可能性があることが明瞭になり，再生計画案の履行可能性について，個人再生委員が明瞭な意見を出すことができるのであり，したがって，個人再生委員が銀行口座に分割予納金の振込を受ける事務は，個人再生委員が適正な再生計画案を作成するために必要な勧告をする事務（民再223条2項3号）の一環であると位置づけられる。

　申立代理人が，その後再生計画を変更し，当初の計画弁済予定額より多い額又は少ない額の再生計画案を立案した場合には，分割予納金の額は，以後，新たな計画弁済予定額に変更されるものとし，さかのぼっての調整はしない。計画案の履行可能性のテストのための振込であるから，この程度で足りるのである。各再生債権者への弁済金額が少額になりすぎることを防ぐため，3か月に1回まで再生計画の弁済期間を長くとることが法律上認められた（民再229条2項1号，244条）が，分割予納金は全再生債権者分が一括して個人再生委員に送金されるものであるため，毎月送金が原則となる。

　また，計画弁済予定額の中には，住宅資金特別条項に基づく弁済予定額は含まない。住宅資金特別条項に基づく弁済は，別除権に対する弁済として，弁済禁止の対象外であることがある。その場合，住宅資金特別条項では，再生計画認可決定の確定までの遅延損害金は全額弁済しなければならないので，その弁済資金は，分割予納金として個人再生委員に振り込むのではなく，可能であれば弁済に充てるべきものである。そのため，この点については，履行可能性のテストの対象外としたものである。

　もっとも，住宅資金貸付債権の担保は，保証会社の金融機関に対する求償権の上に設定されていることが少なくない。その場合には，保証会社による代位弁済前には別除権は成立せず，住宅資金貸付債権全額が再生債権となり，開始決定による弁済禁止の対象となる。この場合，弁済をしないままだと遅延損害金が発生し，しかも，そのうち認可決定確定時までの全額を計画弁済期間内に弁済する必要が生じる。このような問題があるので，住宅資金特別条項に基づく弁済については，申立代理人と個人再生委員とが協議のうえ，個別に対処するのが相当である。再生計画が遂行可能である（民再202条2項2号）との認可要件の判断のため，個人再生委員が住宅資金特別条項に基づく弁済額も含めて，分割予納金として送金を受ける処理をすることも考えられよう。

四　追加書類の提出

> 　申立代理人は，随時又は個人再生委員の指示に基づいて，開始要件及び認可要件を証する書類を，その写しと共に個人再生委員に提出する。個人再生委員は，開始要件及び認可要件に関する意見書の提出の際に，これらの書類の正本を個人再生係に提出する。

〈解説〉

　開始要件や認可要件を証する書類のすべてを申立時に提出する必要はなく，これらの書類は，各決定時までに提出されれば足りる。東京地裁では，申立時の添付書類を限定し，その後，随時個人再生委員に書類を追加提出して，開始決定や認可決定をすることができるまでに書類が整ったと個人再生委員が判断すれば，追加された書類の正本と意見書を裁判所に提出し，裁判所では，この意見書に基づいて，開始決定や認可決定をすることとした。職業を持つ個人が各種証明書等の書類を準備するには，思いのほか時間がかかることがあることを考慮した方針である。

五　開始決定の時期

資　料

　　開始決定は，個人再生委員の意見に基づいて行う（意見書の書式は個人再生係に備え置く）。その時期は，個人再生委員による開始要件の調査期間等を考慮して，概ね申立てから1か月後とする。ただし，給与の差押えのおそれがある場合その他必要がある場合は，個人再生委員の意見に基づき，速やかに決定する。

〈解説〉
1　開始決定の時期及び手続
　通常の再生事件は，再生債務者の営業上の信頼回復のため，できるだけ早期に開始決定をすることが望ましいが，個人債務者再生事件については，そのような配慮は必要ないのが通常であり，開始決定は，遅滞なくすれば足りる。東京地裁では，申立書を提出する時点の添付書類はできるだけ絞り込み，その後，個人再生委員に対し，必要な書類を追加提出する方法をとることとした。個人再生委員が開始要件に関する書類が整ったと判断すれば，追加された書類の正本とともに，開始相当の意見書を提出し，裁判所は，これに基づいて開始決定をすることになる。開始決定の目安は，申立てからおよそ1か月後とし，それに向けて申立代理人と個人再生委員が書類のやり取りをすることになる。個人再生委員の労力の軽減のため，意見書はチェック方式の定型書面とする。
2　開始決定を急ぐ場合
　給与の差押えがされたり，そのおそれが生じているような場合には，個人再生委員の意見に基づき，早期に開始決定をする。もっとも，給与の差押えがされても，中止命令を発した上，開始決定後に取り消す方法も完備されているので，そのような事態にあわてる必要はないともいえよう。
　なお，給与差押等の中止命令は，個人債務者再生手続の申立てが濫用的なものでない限り，直ちに発せられる。

六　債権認否一覧表及び報告書の提出

　　申立代理人は，所定の期限までに，個人再生係に債権認否一覧表及び報告書（法124条2項及び125条1項に基づく書面）を提出し，これらの写しを個人再生委員に直送する（債権認否一覧表及び報告書の書式は個人再生係に備え置く）。

〈解説〉
1　債権認否一覧表の提出
　個人債務者再生手続においては，債権認否表の提出が予定されていないので，債権の届出状況や認否の状況を知りたいと考える再生債権者は，記録全部を閲覧するほかない。この不便を解消するため，東京地裁では，申立代理人に債権認否一覧表を提出してもらう方針である。債権認否一覧表は，主として届出債権を一覧するために作成する参考書面であるから，債権認否一覧表を提出する時点で債権認否の方針が確定していないときは，認否欄を空欄とし，備考欄に認否留保と記載すれば足りるし，提出後に保留していた異議を述べることとしたり，異議を撤回しても，一覧表を修正する必要はない。
　なお，認否を記載した債権認否一覧表を提出しても，異議申述書は別途提出する必要があるが，その場合，債権認否一覧表の記載を引用して記載した簡略な異議申述書を，債権認否一覧表と同時に提出すれば足り，その書式を裁判所に備え置いている。その場合，異議申述

〈資料②〉 個人債務者再生手続に関する東京地裁の運用方針の解説

書の作成日付欄には，一般異議申述期間内の日を記載する。

2　報告書の提出

　再生債務者は，民事再生法124条2項に定める財産目録及び125条1項に定める報告書を提出しなければならない（両書面を併せて「報告書」という）。財産目録を申立書に添付することを求める運用をする裁判所もありうる（民再規128条）が，東京地裁では，法律の文言どおり，開始決定後の裁判所が定める期限までに提出すれば足りる。

七　再生計画案の提出

　申立代理人は，所定の期限までに，個人再生係に再生計画案を提出し，写しを個人再生委員に直送する（再生計画案の書式は個人再生係に備え置く）。個人再生委員は，申立代理人から送付を受けた再生計画案について書面決議又は意見聴取を実施するのが相当と判断するときは，その旨の意見書を提出する（意見書の書式は個人再生係に備え置く）。

〈解説〉

　個人債務者再生手続における再生計画案は，通常の再生計画案に比べて権利関係が単純であり，また，認可決定が確定しても，そのまま強制執行ができるものではないので，簡素なもので足りる。その内容については，個人再生委員が点検し，必要と認めるときは，再検討の課題を課するなどの勧告をする。

　個人再生委員が再生計画案について書面決議又は意見聴取を実施するのが相当と判断する場合には，その旨の定型の意見書（チェック方式）を提出する。再生計画案の提出前又は提出後に個人再生委員が手続廃止決定をするのが相当と判断した場合には，その事由を記載した定型の意見書を提出する。

八　認可・不認可の決定

　書面決議が可決し，又は意見聴取が実施されたときは，裁判所は，個人再生委員の意見に基づき，再生計画の認可又は不認可の決定を行う（意見書の書式は個人再生係に備え置く）。その時期は，概ね申立ての6か月後とする。

〈解説〉

　認可・不認可の決定は，個人再生委員の意見に基づいて行う。意見書はチェック方式の書式を用いる。履行可能性について判断するには，約6か月間，分割予納金の納付状況を見守る必要があるので，認可決定の時期は，申立ての約6か月後になる。

九　分割予納金の返還

　裁判所は，認可・不認可の決定をしたときは，速やかに，個人再生委員の報酬の額を決定する。その金額は，原則として15万円とし，個人再生委員は申立代理人に対し，分割予納金から報酬及び振込手数料の額を控除した残額を返還し，計算書を交付する。

〈解説〉

1　個人再生委員の報酬決定

　個人再生委員の報酬は，認可・不認可の決定後，速やかに決定し，支給する。報酬の額は，

381

資　料

原則として15万円とする。この金額は，少額管財手続における管財人報酬の基準額が，個人，法人とも20万円であること，個人再生委員には換価事務や債権調査の事務がないことなどを考慮して，弁護士会と協議の上で設定したものである。個人再生委員の地位は，認可・不認可決定の確定まで残るが，認可・不認可決定に対する抗告がないまま確定するのが通常と考えられるので，これらの決定の確定を待たずに報酬の支給をする。

2　分割予納金の精算

分割予納金の額の確認をするため，裁判所では，個人再生委員から認可・不認可の意見書の提出を受ける際に入金明細書を提出してもらう。裁判所は，認可・不認可の決定をしたときは，その確定を待つことなく，個人再生委員の報酬決定をする。その金額は，原則として15万円とする。分割予納金から個人再生委員の報酬を控除した残額は，申立代理人に返還される。返還の際には，併せて入出金明細書が申立代理人に交付される。

3　認可・不認可決定に対して即時抗告があった場合

認可・不認可決定に対して即時抗告があった場合において，抗告裁判所の求めがあったときは，個人再生委員としての意見を抗告裁判所に対して述べてもらうことになる。この事務の報酬を特に用意してはいないが，全件について個人再生委員を選任することから，このような労力への償いは，多数事件の処理の中で行われることになる。このような対処の仕方は，少額管財手続においてすでに経験済みである。

4　約6か月の分割予納金の納付前に終局決定をする場合

分割予納金が，例えば1か月か2か月で送金されないこととなり，申立代理人を通じて申立人にその事実を指摘しても改善がみられないときは，個人再生委員は，再生手続廃止（民再191条1号，243条）相当の意見書を提出する。書面決議又は意見聴取が終了し，かつ，6か月の分割予納金の納付を待つまでもなく履行を怠る可能性が低いと判断できる特別の事情がある場合は，6か月の経過を待つことなく，再生計画認可の意見書を提出する。

5　職権破産宣告の取扱い

個人債務者再生手続において不認可決定や廃止決定が確定しても，破産手続を行う費用が用意されていないので，職権破産宣告をすることは，事実上困難であり，通常の再生手続とは異なり，これらの場合にも，原則として，職権で破産宣告をすることはない。破産宣告は，債務者又は債権者の申立てに基づいてされるのが原則となろう。

6　住宅資金特別条項の取扱い

個人債務者再生手続の申立後に住宅資金特別条項を提出する必要が生じた場合は，開始決定前であれば，申立ての取下げの許可を受け，開始決定後であれば，再生手続廃止決定（民再191条1号，243条）を受けた後に，住宅資金特別条項を定めた再生計画案を提出する意思があることを明らかにした上，改めて個人債務者再生手続の申立てをする。

〈資料③〉　個人再生事件の申立代理人の方へ（お願い）（大阪地裁）

平成14年11月25日
大阪地方裁判所第6民事部
個人再生係

1　**申立て**

⑴　週末，月末，年末は申立てが集中します。申立ては，なるべくこの時期を避けていただくようお願いいたします。

〈資料③〉 個人再生事件の申立代理人の方へ（お願い）（大阪地裁）

　　また，申立書類については，内容を把握している方に持参していただくよう併せてお願いします。
　(2)　関連事件がある場合は，その事件番号，債務者名，担当係を記載した上申書を添付してください。

2　申立書類
　(1)　申立書類一般
　　①　個人再生の申立てに当たっては，当庁の定型書式の利用をお願いします。なお，申立書式は，平成14年7月に一部改訂されました（例えば，陳述書は，「第5再生債権に対する計画弁済総額及び弁済期間に関する具体的予定並びにその履行可能性について」の項目が追加されています。）。大阪個人再生手続運用研究会編「大阪再生物語 Ver.2」（大阪弁護士協同組合・平成14年7月31日発行）を御覧いただき，当庁の定型書式による申立てに御協力ください。
　　②　申立書，陳述書，債権者一覧表，財産目録，家計収支表，可処分所得額算出シートの作成に当たっては，添付書類一覧表を参照しながら作成するとともに，必要な書類を揃えてください。その際，書類の記載漏れがないか，氏名のふりがなが記載してあるか，必要な書類は揃っているかなど，提出前に，添付書類一覧表と照合しながら，再度のチェックをお願いします。
　　③　申立時における陳述書・債権者一覧表等の記入もれ・空欄については，すみやかに補正をお願いいたします。
　(2)　陳述書
　　　陳述書については，本人からの聴取内容と添付資料とを照合し，時期・金額等を明示して具体的に記載してください。本人に記載させる場合でも，記載内容をよく確認し，添付書類等との齟齬がないようにしてください。
　(3)　債権者一覧表
　　①　債務名義がある債権については，必ず「債務名義」欄に○印を記入してください。
　　②　住宅資金貸付債権については，「内容」の「原因」欄の数字を○で囲んでください。
　　　　住宅資金貸付債権について，再生計画の中で住宅資金特別条項を定める場合には，「住特条項」欄に必ず○印を記入してください。また，再生計画の中で住宅資金特別条項を定めない場合には，必ず「別除権付債権」欄に記載してください。
　　③　それ以外の別除権付債権（例えば，リース料債権や所有権留保特約が付された債権の場合が考えられます。「大阪再生物語 Ver.2」89頁参照。）についても，必ず「別除権付債権欄」に記載してください。
　(4)　財産目録
　　①　財産目録は，簿価や名目額によることなく，申立代理人の視点で相殺の有無，回収可能性，回収率などを判断し，その上での実有価値を記載してください（売掛金や貸付金につき，倒産，所在不明等により回収不能なものについても，明記してください。）。
　　②　不動産については，評価証明書による評価額を記載するのではなく，業者等の査定額を記載し，必ず査定書を添付してください。また，自動車についても，同じく査定書を添付するようお願いいたします。

3　提出前の申立書類の点検
　　個人再生手続開始の申立てをするに当たって，再度以下の点検をお願いします。
　(1)　書類は順序どおりにしていただけましたか。

383

資　料

　　申立書は，表書きの直後に委任状，戸籍謄本，住民票と続き，その後定型の書式の順
　　番に並べていただき，それぞれの本文に対応する疎明資料をはさんでください。
⑵　印紙（1万円）は貼ってありますか。
⑶　郵券（240円（80円×3組））を用意していますか。
⑷　居住関係書類は整っていますか（管轄を定めるのに必要です。）。
　　他人名義の所有物件・賃借物件に住んでいる場合で，住民票上，その他人と同居となっ
　　ていない場合は，その人が作成した居住証明が必要です。

4　住宅資金特別条項を定める場合の注意点
⑴　住宅資金特別条項を定める場合，どのような内容の条項を定める場合であっても，申
　　立てをする前に，予め住宅資金貸付債権者と事前協議（民事再生規則101条1項）をし
　　ておいてください。これを怠ると，提出期限までに再生計画案を提出できなかったり，
　　提出後に再生計画案の修正を繰り返したりすることになります。こうした場合には，手
　　続が廃止されることがありますので注意してください。
⑵　住宅資金特別条項を付した再生計画案を提出する場合には，住宅資金貸付債権者の了
　　解を得た旨の申立代理人作成の報告書を添付してください（なお，住宅資金貸付債権者
　　から書面で住宅資金特別条項案の提示を受けており，住宅資金特別条項について「住宅
　　資金特別条項の内容　別紙のとおり」として，その書面を引用する場合には必要ありま
　　せん。）。

5　再生計画案を提出する際の注意点
　　再生計画案を提出するときは，以下の点に注意してください。
⑴　税金等の未払分がある場合には，共益債権一般優先債権に関する条項を必ず記載し，
　　その種類及び金額を明示してください。
⑵　別除権付債権がある場合には，別除権付債権に関する条項を記載してください。
⑶　住宅資金特別条項に関しては，前記4⑵のとおりです。
⑷　再生計画案を提出する前に，もう一度，弁済計画表の債権額の合計に計画案で定めら
　　れた弁済率（100％－免除率）を乗じてみて，法律で定められた最低弁済額に達してい
　　るか検算をしてください。

〈資料④〉　通常の民事再生事件申立要領（東京地裁）（平成26年4月1日）

東京地方裁判所民事第20部合議係
ダイヤルイン番号　03－3581－3485
FAX　　　　　　　03－3581－2024

1　事前連絡
　　申立て3日前までに，別添「再生事件連絡メモ（法人・個人兼用）」及び法人の場合は
　登記事項証明書，個人の場合は住民票をファクシミリで当係まで送信してください。
2　申立手数料（貼付印紙額）　10,000円
3　予納郵便切手　1,820円
　　　　（内訳　310円×1枚，280円×2枚，120円×1枚，82円×10枚，10円×1枚）
　　　　※　個人事件についての郵便切手は予納不要

384

〈資料④〉 通常の民事再生事件申立要領（東京地裁）

4 予納金基準額

いずれの場合も，申立時に6割，開始決定後2か月以内に4割の分納を認める。

残る4割の納付については，2回までの分納を認める。

(1) **法人**

法人基準表のとおり。

関連会社は1社50万円とする。

ただし，規模によって増額する場合がある。

(2) **個人**

法人基準表

負　債　総　額	基準額
5千万円未満	200万円
5千万円～　　1億円未満	300万円
1億円～　　5億円未満	400万円
5億円～　　10億円未満	500万円
10億円～　　50億円未満	600万円
50億円～　　100億円未満	700万円
100億円～　250億円未満	900万円
250億円～　500億円未満	1000万円
500億円～1000億円未満	1200万円
1000億円以上	1300万円

① **再生会社の役員又は役員とともに会社の債務の保証をしている者の申立て**

25万円

ただし，会社の債権者集会の決議がされた後の申立ての場合は35～50万円

② **会社について民事再生の申立てをしていない会社役員の申立て**

ア　会社について法的整理・清算の申立てがされた後の申立て　50万円

イ　会社について法的整理・清算を行っていない場合

負債額5000万円未満　80万円

負債額5000万円以上　100万円

負債額　50億円以上　200万円

ただし，債権者申立ての破産手続が先行している場合，公認会計士の補助を得て会計帳簿の調査を要する場合などにおいては，金額が増額される。

③ **非事業者（①又は②に該当する場合を除く）**

負債額5000万円未満　50万円

負債額5000万円以上　80万円

④ **従業員を使用していないか，又は従業員として親族1人を使用している事業者**

100万円

⑤ **親族以外の者又は2人以上の親族を従業員として使用している事業者（従業員が4人以下である場合に限る）**

負債額1億円未満　　200万円

負債額1億円以上　　　法人基準表の基準額から100万円を控除した額。なお，この場合（予納金300万円以上）には，法人と同様に監督委員が公認会計士の補助を受けて調査を行う。

⑥ **5人以上の従業員を使用している事業者**

法人基準表のとおり

5 **申立書類提出要領**

いずれの場合にも提出書類すべての写しを監督委員に直送してください。

保全処分の申立てをする場合は，下記のほかに保全処分申立書，決定謄本提出先一覧表〔金融機関名（住所付き）〕をご提出ください。（申立当日に保全処分の発令を希望する場合には，前日までに開始申立書と資金繰り表をファクシミリで送付してください。）

385

資　料

(1)　法人

　申立書類は次のとおりご提出ください。

　提出された書類は，監督命令等の発令後は，当該事件の記録として利害関係人の閲覧謄写の対象になります。（提出方法については，必要があれば，事前に裁判所におたずねください。）

- ☐　開始申立書
- ☐　委任状
- ☐　定款の写し
- ☐　取締役会の議事録の写し
- ☐　登記事項証明書
- 　　（申立日から1か月以内のもの）
- ☐　債権者一覧表　※1
- ☐　貸借対照表・損益計算書（過去3年分）

- ☐　資金繰り実績表（月別，過去1年分）
- ☐　資金繰り表（今後6か月間のもの）※3
- ☐　今後の事業計画の概要
- ☐　会社の概要説明（パンフレット等）
- ☐　労働協約または就業規則
- ☐　営業所及び工場の所在一覧表

(2)　個人

①　非事業者及び法人の代表者
- ☐　開始申立書
- ☐　委任状
- ☐　住民票
- ☐　債権者一覧表　※2
- ☐　財産目録
- ※　民事再生の申立てをしていない法人の代表者の場合には，再生計画案の内容によっては，法人に関する資料を監督委員の求めに応じて提出してください。

②　事業者
- ☐　開始申立書
- ☐　委任状
- ☐　住民票の写し
- ☐　債権者一覧表　※1
- ☐　貸借対照表・損益計算書（過去3年分）
- ☐　資金繰り実績表（月別，過去1年分）
- ☐　資金繰り表（今後6か月間のもの）※3
- ☐　今後の事業計画の概要

（債権者一覧表について）

※1　別除権付債権者，リース債権者，租税等債権者，従業員関係，一般債権者等に分けて，かつ，債権者の氏名（名称），住所及び郵便番号並びにその有する債権及び別除権の内容を記載してください。

※2　別除権付債権者，租税等債権者，一般債権者等に分けて，かつ，債権者の氏名（名称），住所及び郵便番号並びにその有する債権及び別除権の内容を記載してください。

なお，開始申立書にはそれぞれの債権者数と債務額の合計及び総合計を記載してください。

（資金繰り表について）

※3　資金繰りが厳しい場合には，申立て後2か月程度の「日繰り表」も提出してください。「資金繰り実績表」，「資金繰り表」，「日繰り表」については別添見本を参照してください。

再生事件連絡メモ（法人・個人兼用）　　H24.11.1改訂

　以下の事項に記入のうえ，ファクシミリで送信して下さい。FAX03-3581-2024（送付書不要・法人は登記事項証明書を，個人は住民票を添付してください）

〈資料④〉 通常の民事再生事件申立要領（東京地裁）

申 立 人 名 （法人・個人）	※現住所が住民票と異なる個人は現住所を併記してください。 （業種）		
担当弁護士名 （連絡先）	TEL FAX		
事 務 所 名			
負 債 総 額	約　　　　億　　　　万円	予定債権者数	名
申 立 予 定 日	月　　日　午前・午後　　　時　　　分頃		
不渡り予定日	月　　日	保全処分謄本必要数	通

（保全謄本1通につき収入印紙150円分が必要です）

保全処分の主文（定型）は次のとおりです（個人を除く）。

> 再生債務者は，下記の行為をしてはならない。
> 記
> 　平成○○年○○月○○日（保全処分発令日の前日）までの原因に基づいて生じた債務（次のものを除く）の弁済及び担保の提供
> 　　　　租税その他国税徴収法の例により徴収される債務
> 　　　　再生債務者とその従業員との雇用関係により生じた債務
> 　　　　再生債務者の事業所の賃料，水道光熱費，通信に係る債務
> 　　　　再生債務者の事業所の備品のリース料
> 　　　　10万円以下の債務

特記事項（予納金分納の希望，定型と異なる保全処分の主文を要する場合，進行協議期日時ではなく申立時に保全処分の発令を要する場合等）

・**債務者主催の債権者説明会の予定**　　　　月　　日（　）午前・午後　　時　　分
　　　　　　　　　　　　　　　　　（場所）
・**係属中の関連事件**　　□なし　□あり（平成　　年（再）第　　　　号）
・**社債を発行している場合に社債管理者等の有無**　　□なし　□あり

──────── 裁判所使用欄 ────────

平成　　年（再）第　　　号	担当書記官　A　B　C　D　E　F 主任裁判官　a　b　　単独体　c　d　e　f
予納金　　　　　万円	監督委員
期　日　　　　月　　　　日（　）午前・午後　　　時　　　分	

387

資　料

〈資料⑤〉　民事再生事件の手続費用一覧（大阪地裁）

民事再生事件の手続費用について（個人用）

大阪地方裁判所第6民事部

1　申立手数料（貼用印紙額）
　　1万円

2　予納金の目安（監督委員選任型の場合）
　⑴　再生法人の代表者の申立て　40万円以上（原則，補助者を使用しない）
　　　　ただし，法人の再生手続の計画案提出前に申し立てた場合に限る。それ以外の
　　　場合は，後記⑵の基準による。また，再生法人の役員や法人の債務の保証をして
　　　いる者についても債務の内容等を考慮し，同様の取扱いを行う場合がある。
　⑵　その他の個人の場合
　　①　法人代表者，役員（上記⑴の場合を除く。）
　　　　負債額8000万円未満　　　　90万円以上
　　　　負債額8000万円以上　　　120万円以上
　　　　負債額　8億円以上　　　　200万円以上
　　②　非事業者（原則，補助者を使用しない。）
　　　　負債額8000万円未満　　　　60万円以上
　　　　負債額8000万円以上　　　　70万円以上
　　　　負債額　8億円以上　　　　130万円以上
　　③　従業員を使用していないか，又は従業員が同居（同一家計）の親族である場
　　　合の事業者　　　　　　　　　100万円以上
　　④　③以外の事業者
　　　　法人の場合の予納額の目安（別紙2の2記載の表の「申立時の予納金額」欄
　　　を参照）から100万円を控除した額（負債額1億円未満の場合であれば200万円
　　　以上）
　　（注1）実際の金額は具体的な事案の内容に応じて異なります。
　　（注2）対象事件は，個人の通常再生申立事件で，かつ代理人弁護士による申
　　　　　立事件のみとします。
　　（注3）負債総額には，住宅ローンの残額及び別除権行使によって回収可能な
　　　　　金額を含みます。
　　（注4）原則，補助者を使用しないとされている類型であっても，補助者を使
　　　　　用した場合には，その費用分が加算されます。

3　予納郵券
　　8330円（内訳は，別表1の3記載の予納郵券と同じ）

〈資料⑤〉　民事再生事件の手続費用一覧（大阪地裁）

民事再生事件の手続費用について（法人用）

大阪地方裁判所第６民事部

1　申立手数料（貼用印紙額）
　　1万円

2　予納金の目安（監督委員選任型の場合）

負　債　総　額	申立時の予納金額	履行監督費用に係る追納金額
1億円未満	300万円以上	80万円以上
1億円以上　5億円未満	400万円以上	
5億円以上　10億円未満		100万円以上
10億円以上　20億円未満		120万円以上
20億円以上　25億円未満		150万円以上
25億円以上　50億円未満	500万円以上	
50億円以上　100億円未満	600万円以上	160万円以上
100億円以上　250億円未満	800万円以上	180万円以上
250億円以上　500億円未満	900万円以上	
500億円以上1000億円未満	1000万円以上	200万円以上
1000億円以上	1100万円以上	250万円以上

（注1）実際の金額は具体的な事案の内容に応じて異なります。
（注2）「履行監督費用に係る追納金額」とは，再生計画の履行監督の費用として，再生計画認可時点において追加納付を求める金額です。
（注3）監督委員に否認権を行使する権限を付与する場合（民事再生法56条1項）には，別途，費用が必要となります。
（注4）関連法人については，基本事件の再生計画案提出時までは上記基準の2分の1に減額します。ただし，関連性の程度（相互の株式保有率，役員の共通性）等を考慮し，事案により増減されることがあります。
（注5）なお，管理型の場合，上記基準により予納金を多く納めていただくことがあります。

3　予納郵券
　　8330円（内訳：500円，52円，20円，10円，2円各10枚，1円，82円各30枚）

資　料

〈資料⑥〉　民事再生法

平成11年12月22日公布・法律第225号・平成12年4月1日施行
最終改正：平成29年6月2日公布・法律第45号

第1章　総　　則

（目的）
第1条　この法律は，経済的に窮境にある債務者について，その債権者の多数の同意を得，
　かつ，裁判所の認可を受けた再生計画を定めること等により，当該債務者とその債権者と
　の間の民事上の権利関係を適切に調整し，もって当該債務者の事業又は経済生活の再生を
　図ることを目的とする。

（定義）
第2条　この法律において，次の各号に掲げる用語の意義は，それぞれ当該各号に定めると
　ころによる。
　　一　再生債務者　経済的に窮境にある債務者であって，その者について，再生手続開始の
　　　申立てがされ，再生手続開始の決定がされ，又は再生計画が遂行されているものをいう。
　　二　再生債務者等　管財人が選任されていない場合にあっては再生債務者，管財人が選任
　　　されている場合にあっては管財人をいう。
　　三　再生計画　再生債権者の権利の全部又は一部を変更する条項その他の第154条に規定
　　　する条項を定めた計画をいう。
　　四　再生手続　次章以下に定めるところにより，再生計画を定める手続をいう。

（外国人の地位）
第3条　外国人又は外国法人は，再生手続に関し，日本人又は日本法人と同一の地位を有す
　る。

（再生事件の管轄）
第4条　この法律の規定による再生手続開始の申立ては，債務者が個人である場合には日本
　国内に営業所，住所，居所又は財産を有するときに限り，法人その他の社団又は財団であ
　る場合には日本国内に営業所，事務所又は財産を有するときに限り，することができる。
2　民事訴訟法（平成8年法律第109号）の規定により裁判上の請求をすることができる債
　権は，日本国内にあるものとみなす。
第5条　再生事件は，再生債務者が，営業者であるときはその主たる営業所の所在地，営業
　者で外国に主たる営業所を有するものであるときは日本におけるその主たる営業所の所在
　地，営業者でないとき又は営業者であっても営業所を有しないときはその普通裁判籍の所
　在地を管轄する地方裁判所が管轄する。
2　前項の規定による管轄裁判所がないときは，再生事件は，再生債務者の財産の所在地（債
　権については，裁判上の請求をすることができる地）を管轄する地方裁判所が管轄する。
3　前2項の規定にかかわらず，法人が株式会社の総株主の議決権（株主総会において決議
　をすることができる事項の全部につき議決権を行使することができない株式についての議
　決権を除き，会社法（平成17年法律第86号）第879条第3項の規定により議決権を有する
　ものとみなされる株式についての議決権を含む。次項，第59条第3項第2号及び第4項並
　びに第127条の2第2項第2号イ及びロにおいて同じ。）の過半数を有する場合には，当該

法人（以下この条及び第127条の2第2項第2号ロにおいて「親法人」という。）について再生事件又は更生事件（以下この条において「再生事件等」という。）が係属しているときにおける当該株式会社（以下この条及び第127条の2第2項第2号ロにおいて「子株式会社」という。）についての再生手続開始の申立ては，親法人の再生事件等が係属している地方裁判所にもすることができ，子株式会社について再生事件等が属しているときにおける親法人についての再生手続開始の申立ては，子株式会社の再生事件等が係属している地方裁判所にもすることができる。

4　子株式会社又は親法人及び子株式会社が他の株式会社の総株主の議決権の過半数を有する場合には，当該他の株式会社を当該親法人の子株式会社とみなして，前項の規定を適用する。

5　第1項及び第2項の規定にかかわらず，株式会社が最終事業年度について会社法第444条の規定により当該株式会社及び他の法人に係る連結計算書類（同条第1項に規定する連結計算書類をいう。）を作成し，かつ，当該株式会社の定時株主総会においてその内容が報告された場合には，当該株式会社について再生事件等が係属しているときにおける当該他の法人についての再生手続開始の申立ては，当該株式会社の再生事件等が係属している地方裁判所にもすることができ，当該他の法人について再生事件等が係属しているときにおける当該株式会社についての再生手続開始の申立ては，当該他の法人の再生事件等が係属している地方裁判所にもすることができる。

6　第1項及び第2項の規定にかかわらず，法人について再生事件等が係属している場合における，当該法人の代表者についての再生手続開始の申立ては，当該法人の再生事件等が係属している地方裁判所にもすることができ，法人の代表者について再生事件が係属している場合における当該法人についての再生手続開始の申立ては，当該法人の代表者の再生事件が係属している地方裁判所にもすることができる。

7　第1項及び第2項の規定にかかわらず，次の各号に掲げる者のうちいずれか1人について再生事件が係属しているときは，それぞれ当該各号に掲げる他の者についての再生手続開始の申立ては，当該再生事件が係属している地方裁判所にもすることができる。
　一　相互に連帯債務者の関係にある個人
　二　相互に主たる債務者と保証人の関係にある個人
　三　夫婦

8　第1項及び第2項の規定にかかわらず，再生債権者の数が500人以上であるときは，これらの規定による管轄裁判所の所在地を管轄する高等裁判所の所在地を管轄する地方裁判所にも，再生手続開始の申立てをすることができる。

9　第1項及び第2項の規定にかかわらず，再生債権者の数が1000人以上であるときは，東京地方裁判所又は大阪地方裁判所にも，再生手続開始の申立てをすることができる。

10　前各項の規定により2以上の地方裁判所が管轄権を有するときは，再生事件は，先に再生手続開始の申立てがあった地方裁判所が管轄する。

（専属管轄）
第6条　この法律に規定する裁判所の管轄は，専属とする。

（再生事件の移送）
第7条　裁判所は，著しい損害又は遅滞を避けるため必要があると認めるときは，職権で，再生事件を次に掲げる裁判所のいずれかに移送することができる。
　一　再生債務者の主たる営業所又は事務所以外の営業所又は事務所の所在地を管轄する地

資　料

　　方裁判所

　二　再生債務者の住所又は居所の所在地を管轄する地方裁判所

　三　第5条第2項に規定する地方裁判所

　四　次のイからハまでのいずれかに掲げる地方裁判所

　　イ　第5条第3項から第7項までに規定する地方裁判所

　　ロ　再生債権者の数が500人以上であるときは，第5条第8項に規定する地方裁判所

　　ハ　再生債権者の数が1000人以上であるときは，第5条第9項に規定する地方裁判所

　五　第5条第3項から第9項までの規定によりこれらの規定に規定する地方裁判所に再生
　　事件を係属しているときは，同条第1項又は第2項に規定する地方裁判所

（任意的口頭弁論等）

第8条　再生手続に関する裁判は，口頭弁論を経ないですることができる。

2　裁判所は，職権で，再生事件に関して必要な調査をすることができる。

（不服申立て）

第9条　再生手続に関する裁判につき利害関係を有する者は，この法律に特別の定めがある
　場合に限り，当該裁判に対し即時抗告をすることができる。その期間は，裁判の公告があっ
　た場合には，その公告が効力を生じた日から起算して2週間とする。

（公告等）

第10条　この法律の規定による公告は，官報に掲載してする。

2　公告は，掲載があった日の翌日に，その効力を生ずる。

3　この法律の規定により送達をしなければならない場合には，公告をもって，これに代え
　ることができる。ただし，この法律の規定により公告及び送達をしなければならない場合
　は，この限りでない。

4　この法律の規定により裁判の公告がされたときは，一切の関係人に対して当該裁判の告
　知があったものとみなす。

5　前2項の規定は，この法律に特別の定めがある場合には，適用しない。

（法人の再生手続に関する登記の嘱託等）

第11条　法人である再生債務者について再生手続開始の決定があったときは，裁判所書記官
　は，職権で，遅滞なく，再生手続開始の登記を再生債務者の本店又は主たる事務所の所在
　地を管轄する登記所に嘱託しなければならない。ただし，再生債務者が外国法人であると
　きは，外国会社にあっては日本における各代表者（日本に住所を有するものに限る。）の
　住所地（日本に営業所を設けた外国会社にあっては，当該各営業所の所在地），その他の
　外国法人にあっては各事務所の所在地を管轄する登記所に嘱託しなければならない。

2　前項の再生債務者について第54条第1項，第64条第1項又は第79条第1項（同条第3項
　において準用する場合を含む。次項において同じ。）の規定による処分がされた場合には，
　裁判所書記官は，職権で，遅滞なく，当該処分の登記を前項に規定する登記所に嘱託しな
　ければならない。

3　前項の登記には，次の各号に掲げる区分に応じ，それぞれ当該各号に定める事項をも登
　記しなければならない。

　一　前項に規定する第54条第1項の規定による処分の登記　監督委員の氏名又は名称及び
　　住所並びに同条第2項の規定により指定された行為

　二　前項に規定する第64条第1項又は第79条第1項の規定による処分の登記　管財人又は
　　保全管理人の氏名又は名称及び住所，管財人又は保全管理人がそれぞれ単独にその職務

392

〈資料⑥〉 民事再生法

を行うことについて第70条第1項ただし書（第83条第1項において準用する場合を含む。以下この号において同じ。）の許可があったときはその旨並びに管財人又は保全管理人が職務を分掌することについて第70条第1項ただし書の許可があったときはその旨及び各管財人又は各保全管理人が分掌する職務の内容

4　第2項の規定は，同項に規定する処分の変更若しくは取消しがあった場合又は前項に規定する事項に変更が生じた場合について準用する。

5　第1項の規定は，同項の再生債務者につき次に掲げる事由が生じた場合について準用する。

一　再生手続開始の決定の取消し，再生手続廃止又は再生計画認可若しくは不認可の決定の確定

二　再生計画取消しの決定の確定（再生手続終了前である場合に限る。）

三　再生手続終結の決定による再生手続の終結

6　登記官は，第1項の規定により再生手続開始の登記をする場合において，再生債務者について特別清算開始の登記があるときは，職権で，その登記を抹消しなければならない。

7　登記官は，第5項第1号の規定により再生手続開始の決定の取消しの登記をする場合において，前項の規定により抹消した登記があるときは，職権で，その登記を回復しなければならない。

8　第6項の規定は，第5項第1号の規定により再生計画の認可の登記をする場合における破産手続開始の登記について準用する。

（登記のある権利についての登記等の嘱託）

第12条　次に掲げる場合には，裁判所書記官は，職権で，遅滞なく，当該保全処分の登記を嘱託しなければならない。

一　再生債務者財産（再生債務者が有する一切の財産をいう。以下同じ。）に属する権利で登記がされたものに関し第30条第1項（第36条第2項において準用する場合を含む。）の規定による保全処分があったとき。

二　登記のある権利に関し第134条の4第1項（同条第7項において準用する場合を含む。）又は第142条第1項若しくは第2項の規定による保全処分があったとき。

2　前項の規定は，同項に規定する保全処分の変更若しくは取消しがあった場合又は当該保全処分が効力を失った場合について準用する。

3　裁判所書記官は，再生手続開始の決定があった場合において，再生債務者に属する権利で登記がされたものについて会社法第938条第3項（同条第4項において準用する場合を含む。）の規定による登記があることを知ったときは，職権で，遅滞なく，その登記の抹消を嘱託しなければならない。

4　前項の規定による登記の抹消がされた場合において，再生手続開始の決定を取り消す決定が確定したときは，裁判所書記官は，職権で，遅滞なく，同項の規定により抹消された登記の回復を嘱託しなければならない。

5　第3項の規定は，再生計画認可の決定が確定した場合において，裁判所書記官が再生債務者に属する権利で登記がされたものについて破産手続開始の登記があることを知ったときについて準用する。

（否認の登記）

第13条　登記の原因である行為が否認されたときは，監督委員又は管財人は，否認の登記を申請しなければならない。登記が否認されたときも，同様とする。

393

資　料

2　登記官は，前項の否認の登記に係る権利に関する登記をするときは，職権で，次に掲げる登記を抹消しなければならない。
一　当該否認の登記
二　否認された行為を登記原因とする登記又は否認された登記
三　前号の登記に後れる登記があるときは，当該登記
3　前項に規定する場合において，否認された行為の後否認の登記がされるまでの間に，同項第2号に掲げる登記に係る権利を目的とする第三者の権利に関する登記（再生手続の関係において，その効力を主張することができるものに限る。第5項において同じ。）がされているときは，同項の規定にかかわらず，登記官は，職権で，当該否認の登記の抹消及び同号に掲げる登記に係る権利の再生債務者への移転の登記をしなければならない。
4　裁判所書記官は，第1項の否認の登記がされている場合において，再生債務者について，再生計画認可の決定が確定したときは，職権で，遅滞なく，当該否認の登記の抹消を嘱託しなければならない。
5　前項に規定する場合において，裁判所書記官から当該否認の登記の抹消の嘱託を受けたときは，登記官は，職権で，第2項第2号及び第3号に掲げる登記を抹消しなければならない。この場合において，否認された行為の後否認の登記がされるまでの間に，同項第2号に掲げる登記に係る権利を目的とする第三者の権利に関する登記がされているときは，登記官は，職権で，同項第2号及び第3号に掲げる登記の抹消に代えて，同項第2号に掲げる登記に係る権利の再生債務者への移転の登記をしなければならない。
6　裁判所書記官は，第1項の否認の登記がされている場合において，再生債務者について，再生手続開始の決定の取消し若しくは再生計画不認可の決定が確定したとき，又は再生計画認可の決定が確定する前に再生手続廃止の決定が確定したときは，職権で，遅滞なく，当該否認の登記の抹消を嘱託しなければならない。

（非課税）
第14条　前3条の規定による登記については，登録免許税を課さない。

（登録への準用）
第15条　前3条の規定は，登録のある権利について準用する。

（事件に関する文書の閲覧等）
第16条　利害関係人は，裁判所書記官に対し，この法律（この法律において準用する他の法律を含む。）の規定に基づき，裁判所に提出され，又は裁判所が作成した文書その他の物件（以下この条及び次条第1項において「文書等」という。）の閲覧を請求することができる。
2　利害関係人は，裁判所書記官に対し，文書等の謄写，その正本，謄本若しくは抄本の交付又は事件に関する事項の証明書の交付を請求することができる。
3　前項の規定は，文書等のうち録音テープ又はビデオテープ（これらに準ずる方法により一定の事項を記録した物を含む。）に関しては，適用しない。この場合において，これらの物について利害関係人の請求があるときは，裁判所書記官は，その複製を許さなければならない。
4　前3項の規定にかかわらず，次の各号に掲げる者は，当該各号に定める命令，保全処分，処分又は裁判のいずれかがあるまでの間は，前3項の規定による請求をすることができない。ただし，当該者が再生手続開始の申立人である場合は，この限りでない。
一　再生債務者以外の利害関係人　第26条第1項の規定による中止の命令，第27条第1項

の規定による禁止の命令，第30条第1項の規定による保全処分，第31条第1項の規定による中止の命令，第54条第1項若しくは第79条第1項の規定による処分，第134条の4第1項の規定による保全処分，第197条第1項の規定による中止の命令又は再生手続開始の申立てについての裁判

二　再生債務者　再生手続開始の申立てに関する口頭弁論若しくは再生債務者を呼び出す審尋の期日の指定の裁判又は前号に定める命令，保全処分，処分若しくは裁判

（支障部分の閲覧等の制限）

第17条　次に掲げる文書等について，利害関係人がその閲覧若しくは謄写，その正本，謄本若しくは抄本の交付又はその複製（以下この条において「閲覧等」という。）を行うことにより，再生債務者の事業の維持再生に著しい支障を生ずるおそれ又は再生債務者の財産に著しい損害を与えるおそれがある部分（以下この条において「支障部分」という。）があることにつき疎明があった場合には，裁判所は，当該文書等を提出した再生債務者等（保全管理人が選任されている場合にあっては，保全管理人。以下この項及び次項において同じ。），監督委員，調査委員又は個人再生委員の申立てにより，支障部分の閲覧等の請求をすることができる者を，当該申立てをした者及び再生債務者等に限ることができる。

一　第41条第1項（第81条第3項において準用する場合を含む。），第42条第1項，第56条第5項又は第81条第1項ただし書の許可を得るために裁判所に提出された文書等

二　第62条第2項若しくは第223条第3項（第244条において準用する場合を含む。）に規定する調査の結果の報告又は第125条第2項若しくは第3項の規定による報告に係る文書等

2　前項の申立てがあったときは，その申立てについての裁判が確定するまで，利害関係人（同項の申立てをした者及び再生債務者等を除く。次項において同じ。）は，支障部分の閲覧等の請求をすることができない。

3　支障部分の閲覧等の請求をしようとする利害関係人は，再生裁判所に対し，第1項に規定する要件を欠くこと又はこれを欠くに至ったことを理由として，同項の規定による決定の取消しの申立てをすることができる。

4　第1項の申立てを却下した決定及び前項の申立てについての裁判に対しては，即時抗告をすることができる。

5　第1項の規定による決定を取り消す決定は，確定しなければその効力を生じない。

（民事訴訟法の準用）

第18条　再生手続に関しては，特別の定めがある場合を除き，民事訴訟法の規定を準用する。

（最高裁判所規則）

第19条　この法律に定めるもののほか，再生手続に関し必要な事項は，最高裁判所規則で定める。

第20条　削除

第2章　再生手続の開始

第1節　再生手続開始の申立て

（再生手続開始の申立て）

第21条　債務者に破産手続開始の原因となる事実の生ずるおそれがあるときは，債務者は，

資 料

　　裁判所に対し，再生手続開始の申立てをすることができる。債務者が事業の継続に著しい
　　支障を来すことなく弁済期にある債務を弁済することができないときも，同様とする。
２　前項前段に規定する場合には，債権者も，再生手続開始の申立てをすることができる。
（破産手続開始等の申立義務と再生手続開始の申立て）
第22条　他の法律の規定により法人の理事又はこれに準ずる者がその法人に対して破産手続
　　開始又は特別清算開始の申立てをしなければならない場合においても，再生手続開始の申
　　立てをすることを妨げない。

（疎明）
第23条　再生手続開始の申立てをするときは，再生手続開始の原因となる事実を疎明しなけ
　　ればならない。
２　債権者が，前項の申立てをするときは，その有する債権の存在をも疎明しなければなら
　　ない。

（費用の予納）
第24条　再生手続開始の申立てをするときは，申立人は，再生手続の費用として裁判所の定
　　める金額を予納しなければならない。
２　費用の予納に関する決定に対しては，即時抗告をすることができる。

（意見の聴取）
第24条の2　裁判所は，再生手続開始の申立てがあった場合には，当該申立てを棄却すべき
　　こと又は再生手続開始の決定をすべきことが明らかである場合を除き，当該申立てについ
　　ての決定をする前に，労働組合等（再生債務者の使用人その他の従業者の過半数で組織す
　　る労働組合があるときはその労働組合，再生債務者の使用人その他の従業者の過半数で組
　　織する労働組合がないときは再生債務者の使用人その他の従業者の過半数を代表する者を
　　いう。第246条第3項を除き，以下同じ。）の意見を聴かなければならない。

（再生手続開始の条件）
第25条　次の各号のいずれかに該当する場合には，裁判所は，再生手続開始の申立てを棄却
　　しなければならない。
　　一　再生手続の費用の予納がないとき。
　　二　裁判所に破産手続又は特別清算手続が係属し，その手続によることが債権者の一般の
　　　利益に適合するとき。
　　三　再生計画案の作成若しくは可決の見込み又は再生計画の認可の見込みがないことが明
　　　らかであるとき。
　　四　不当な目的で再生手続開始の申立てがされたとき，その他申立てが誠実にされたもの
　　　でないとき。

（他の手続の中止命令等）
第26条　裁判所は，再生手続開始の申立てがあった場合において，必要があると認めるとき
　　は，利害関係人の申立てにより又は職権で，再生手続開始の申立てにつき決定があるまで
　　の間，次に掲げる手続又は処分の中止を命ずることができる。ただし，第2号に掲げる手
　　続又は第5号に掲げる処分については，その手続の申立人である再生債権者又はその処分
　　を行う者に不当な損害を及ぼすおそれがない場合に限る。
　　一　再生債務者についての破産手続又は特別清算手続
　　二　再生債権に基づく強制執行，仮差押え若しくは仮処分又は再生債権を被担保債権とす
　　　る留置権（商法（明治32年法律第48号）又は会社法の規定によるものを除く。）による

396

競売（次条，第29条及び第39条において「再生債権に基づく強制執行等」という。）の
手続で，再生債務者の財産に対して既にされているもの

三　再生債務者の財産関係の訴訟手続

四　再生債務者の財産関係の事件で行政庁に係属しているものの手続

五　再生債権である共助対象外国租税（租税条約等の実施に伴う所得税法，法人税法及び
地方税法の特例等に関する法律（昭和44年法律第46号。以下「租税条約等実施特例法」
という。）第11条第１項に規定する共助対象外国租税をいう。以下同じ。）の請求権に基
づき国税滞納処分の例によってする処分（以下「再生債権に基づく外国租税滞納処分」
という。）で，再生債務者の財産に対して既にされているもの

2　裁判所は，前項の規定による中止の命令を変更し，又は取り消すことができる。

3　裁判所は，再生債務者の事業の継続のために特に必要があると認めるときは，再生債務
者（保全管理人が選任されている場合にあっては，保全管理人）の申立てにより，担保を
立てさせて，第１項第２号の規定により中止した手続又は同項第５号の規定により中止し
た処分の取消しを命ずることができる。

4　第１項の規定による中止の命令，第２項の規定による決定及び前項の規定による取消し
の命令に対しては，即時抗告をすることができる。

5　前項の即時抗告は，執行停止の効力を有しない。

6　第４項に規定する裁判及び同項の即時抗告についての裁判があった場合には，その裁判
書を当事者に送達しなければならない。

（再生債権に基づく強制執行等の包括的禁止命令）

第27条　裁判所は，再生手続開始の申立てがあった場合において，前条第１項の規定による
中止の命令によっては再生手続の目的を十分に達成することができないおそれがあると認
めるべき特別の事情があるときは，利害関係人の申立てにより又は職権で，再生手続開始
の申立てにつき決定があるまでの間，全ての再生債権者に対し，再生債務者の財産に対す
る再生債権に基づく強制執行等及び再生債権に基づく外国租税滞納処分の禁止を命ずるこ
とができる。ただし，事前に又は同時に，再生債務者の主要な財産に関し第30条第１項の
規定による保全処分をした場合又は第54条第１項の規定若しくは第79条第１項の規定によ
る処分をした場合に限る。

2　前項の規定による禁止の命令（以下「包括的禁止命令」という。）が発せられた場合には，
再生債務者の財産に対して既にされている再生債権に基づく強制執行等の手続及び再生債
権に基づく外国租税滞納処分は，再生手続開始の申立てにつき決定があるまでの間，中止
する。

3　裁判所は，包括的禁止命令を変更し，又は取り消すことができる。

4　裁判所は，再生債務者の事業の継続のために特に必要があると認めるときは，再生債務
者（保全管理人が選任されている場合にあっては，保全管理人）の申立てにより，担保を
立てさせて，第２項の規定により中止した再生債権に基づく強制執行等の手続又は再生債
権に基づく外国租税滞納処分の取消しを命ずることができる。

5　包括的禁止命令，第３項の規定による決定及び前項の規定による取消しの命令に対して
は，即時抗告をすることができる。

6　前項の即時抗告は，執行停止の効力を有しない。

7　包括的禁止命令が発せられたときは，再生債権については，当該命令が効力を失った日
の翌日から２月を経過する日までの間は，時効は，完成しない。

資　料

（包括的禁止命令に関する公告及び送達等）
第28条　包括的禁止命令及びこれを変更し，又は取り消す旨の決定があった場合には，その旨を公告し，その裁判書を再生債務者（保全管理人が選任されている場合にあっては，保全管理人。次項において同じ。）及び申立人に送達し，かつ，その決定の主文を知れている再生債権者及び再生債務者（保全管理人が選任されている場合に限る。）に通知しなければならない。
2　包括的禁止命令及びこれを変更し，又は取り消す旨の決定は，再生債務者に対する裁判書の送達がされた時から，効力を生ずる。
3　前条第4項の規定による取消しの命令及び同条第5項の即時抗告についての裁判（包括的禁止命令を変更し，又は取り消す旨の決定を除く。）があった場合には，その裁判書を当事者に送達しなければならない。

（包括的禁止命令の解除）
第29条　裁判所は，包括的禁止命令を発した場合において，再生債権に基づく強制執行等の申立人である再生債権者又は再生債権に基づく外国租税滞納処分を行う者（以下この項において「再生債権者等」という。）に不当な損害を及ぼすおそれがあると認めるときは，当該再生債権者等の申立てにより，当該再生債権者等に対しては包括的禁止命令を解除する旨の決定をすることができる。この場合において，当該再生債権者等は，再生債務者の財産に対する再生債権に基づく強制執行等又は再生債権に基づく外国租税滞納処分をすることができ，包括的禁止命令が発せられる前に当該再生債権者等がした再生債権に基づく強制執行等の手続又は再生債権に基づく外国租税滞納処分は，続行する。
2　前項の規定による解除の決定を受けた者に対する第27条第7項の規定の適用については，同項中「当該命令が効力を失った日」とあるのは，「第29条第1項の規定による解除の決定があった日」とする。
3　第1項の申立てについての裁判に対しては，即時抗告をすることができる。
4　前項の即時抗告は，執行停止の効力を有しない。
5　第1項の申立てについての裁判及び第3項の即時抗告についての裁判があった場合には，その裁判書を当事者に送達しなければならない。この場合においては，第10条第3項本文の規定は，適用しない。

（仮差押え，仮処分その他の保全処分）
第30条　裁判所は，再生手続開始の申立てがあった場合には，利害関係人の申立てにより又は職権で，再生手続開始の申立てにつき決定があるまでの間，再生債務者の業務及び財産に関し，仮差押え，仮処分その他の必要な保全処分を命ずることができる。
2　裁判所は，前項の規定による保全処分を変更し，又は取り消すことができる。
3　第1項の規定による保全処分及び前項の規定による決定に対しては，即時抗告をすることができる。
4　前項の即時抗告は，執行停止の効力を有しない。
5　第3項に規定する裁判及び同項の即時抗告についての裁判があった場合には，その裁判書を当事者に送達しなければならない。この場合においては，第10条第3項本文の規定は，適用しない。
6　裁判所が第1項の規定により再生債務者が再生債権者に対して弁済その他の債務を消滅させる行為をすることを禁止する旨の保全処分を命じた場合には，再生債権者は，再生手続の関係においては，当該保全処分に反してされた弁済その他の債務を消滅させる行為の

398

〈資料⑥〉 民事再生法

効力を主張することができない。ただし，再生債権者が，その行為の当時，当該保全処分
がされたことを知っていたときに限る。

（担保権の実行手続の中止命令）

第31条 裁判所は，再生手続開始の申立てがあった場合において，再生債権者の一般の利益
に適合し，かつ，競売申立人に不当な損害を及ぼすおそれがないものと認めるときは，利
害関係人の申立てにより又は職権で，相当の期間を定めて，第53条第1項に規定する再生
債務者の財産につき存する担保権の実行手続の中止を命ずることができる。ただし，その
担保権によって担保される債権が共益債権又は一般優先債権であるときは，この限りでな
い。

2　裁判所は，前項の規定による中止の命令を発する場合には，競売申立人の意見を聴かな
ければならない。

3　裁判所は，第1項の規定による中止の命令を変更し，又は取り消すことができる。

4　第1項の規定による中止の命令及び前項の規定による変更の決定に対しては，競売申立
人に限り，即時抗告をすることができる。

5　前項の即時抗告は，執行停止の効力を有しない。

6　第4項に規定する裁判及び同項の即時抗告についての裁判があった場合には，その裁判
書を当事者に送達しなければならない。この場合においては，第10条第3項本文の規定は，
適用しない。

（再生手続開始の申立ての取下げの制限）

第32条 再生手続開始の申立てをした者は，再生手続開始の決定前に限り，当該申立てを取
り下げることができる。この場合において，第26条第1項の規定による中止の命令，包括
的禁止命令，第30条第1項の規定による保全処分，前条第1項の規定による中止の命令，
第54条第1項若しくは第79条第1項の規定による処分，第134条の4第1項の規定による
保全処分又は第197条第1項の規定による中止の命令がされた後は，裁判所の許可を得な
ければならない。

第2節　再生手続開始の決定

（再生手続開始の決定）

第33条 裁判所は，第21条に規定する要件を満たす再生手続開始の申立てがあったときは，
第25条の規定によりこれを棄却する場合を除き，再生手続開始の決定をする。

2　前項の決定は，その決定の時から，効力を生ずる。

（再生手続開始と同時に定めるべき事項）

第34条 裁判所は，再生手続開始の決定と同時に，再生債権の届出をすべき期間及び再生債
権の調査をするための期間を定めなければならない。

2　前項の場合において，知れている再生債権者の数が1000人以上であり，かつ，相当と認
めるときは，裁判所は，次条第5項本文において準用する同条第3項第1号及び第37条本
文の規定による知れている再生債権者に対する通知をせず，かつ，第102条第1項に規定
する届出再生債権者を債権者集会（再生計画案の決議をするためのものを除く。）の期日
に呼び出さない旨の決定をすることができる。

（再生手続開始の公告等）

第35条 裁判所は，再生手続開始の決定をしたときは，直ちに，次に掲げる事項を公告しな
ければならない。ただし，第169条の2第1項に規定する社債管理者等がないときは，第

399

資　料

３号に掲げる事項については，公告することを要しない。
一　再生手続開始の決定の主文
二　前条第１項の規定により定めた期間
三　再生債務者が発行した第169条の２第１項に規定する社債等について同項に規定する社債管理者等がある場合における当該社債等についての再生債権者の議決権は，同項各号のいずれかに該当する場合（同条第３項の場合を除く。）でなければ行使することができない旨
2　前条第２項の決定があったときは，裁判所は，前項各号に掲げる事項のほか，第５項本文において準用する次項第１号及び第37条本文の規定による知れている再生債権者に対する通知をせず，かつ，第102条第１項に規定する届出再生債権者を債権者集会（再生計画案の決議をするためのものを除く。）の期日に呼び出さない旨をも公告しなければならない。
3　次に掲げる者には，前２項の規定により公告すべき事項を通知しなければならない。
一　再生債務者及び知れている再生債権者
二　第54条第１項，第64条第１項又は第79条第１項前段の規定による処分がされた場合における監督委員，管財人又は保全管理人
4　前項の規定にかかわらず，再生債務者がその財産をもって約定劣後再生債権（再生債権者と再生債務者との間において，再生手続開始前に，当該再生債務者について破産手続が開始されたとすれば当該破産手続におけるその配当の順位が破産法（平成16年法律第75号）第99条第１項に規定する劣後的破産債権に後れる旨の合意がされた債権をいう。以下同じ。）に優先する債権に係る債務を完済することができない状態にあることが明らかであるときは，当該約定劣後再生債権を有する者であって知れているものに対しては，前項の規定による通知をすることを要しない。
5　第１項第２号，第３項第１号及び前項の規定は，前条第１項の規定により定めた再生債権の届出をすべき期間に変更を生じた場合について準用する。ただし，同条第２項の決定があったときは，知れている再生債権者に対しては，当該通知をすることを要しない。

（抗告）
第36条　再生手続開始の申立てについての裁判に対しては，即時抗告をすることができる。
2　第26条から第30条までの規定は，再生手続開始の申立てを棄却する決定に対して前項の即時抗告があった場合について準用する。

（再生手続開始決定の取消し）
第37条　再生手続開始の決定をした裁判所は，前条第１項の即時抗告があった場合において，当該決定を取り消す決定が確定したときは，直ちにその主文を公告し，かつ，第35条第３項各号に掲げる者（保全管理人及び同条第４項の規定により通知を受けなかった者を除く。）にその主文を通知しなければならない。ただし，第34条第２項の決定があったときは，知れている再生債権者に対しては，当該通知をすることを要しない。

（再生債務者の地位）
第38条　再生債務者は，再生手続が開始された後も，その業務を遂行し，又はその財産（日本国内にあるかどうかを問わない。第66条及び第81条第１項において同じ。）を管理し，若しくは処分する権利を有する。
2　再生手続が開始された場合には，再生債務者は，債権者に対し，公平かつ誠実に，前項の権利を行使し，再生手続を追行する義務を負う。
3　前２項の規定は，第64条第１項の規定による処分がされた場合には，適用しない。

400

〈資料⑥〉 民事再生法

(他の手続の中止等)

第39条 再生手続開始の決定があったときは，破産手続開始，再生手続開始若しくは特別清
算開始の申立て，再生債務者の財産に対する再生債権に基づく強制執行等若しくは再生債
権に基づく外国租税滞納処分又は再生債権に基づく財産開示手続の申立てはすることがで
きず，破産手続，再生債務者の財産に対して既にされている再生債権に基づく強制執行等
の手続及び再生債権に基づく外国租税滞納処分並びに再生債権に基づく財産開示手続は中
止し，特別清算手続はその効力を失う。

2 裁判所は，再生に支障を来さないと認めるときは，再生債務者等の申立てにより又は職
権で，前項の規定により中止した再生債権に基づく強制執行等の手続又は再生債権に基づ
く外国租税滞納処分の続行を命ずることができ，再生のため必要があると認めるときは，
再生債務者等の申立てにより又は職権で，担保を立てさせて，又は立てさせないで，中止
した再生債権に基づく強制執行等の手続又は再生債権に基づく外国租税滞納処分の取消し
を命ずることができる。

3 再生手続開始の決定があったときは，次に掲げる請求権は，共益債権とする。

　一　第1項の規定により中止した破産手続における財団債権（破産法第148条第1項第3
　　号に掲げる請求権を除き，破産手続が開始されなかった場合における同法第55条第2項
　　及び第148条第4項に規定する請求権を含む。）

　二　第1項の規定により効力を失った手続のために再生債務者に対して生じた債権及びそ
　　の手続に関する再生債務者に対する費用請求権

　三　前項の規定により続行された手続に関する再生債務者に対する費用請求権

4 再生手続開始の決定があったときは，再生手続が終了するまでの間（再生計画認可の決
定が確定したときは，第181条第2項に規定する再生計画で定められた弁済期間が満了す
る時（その期間の満了前に再生計画に基づく弁済が完了した場合又は再生計画が取り消さ
れた場合にあっては弁済が完了した時又は再生計画が取り消された時）までの間）は，罰
金，科料及び追徴の時効は，進行しない。ただし，当該罰金，科料又は追徴に係る請求権
が共益債権である場合は，この限りでない。

(訴訟手続の中断等)

第40条 再生手続開始の決定があったときは，再生債務者の財産関係の訴訟手続のうち再生
債権に関するものは，中断する。

2 前項に規定する訴訟手続について，第107条第1項，第109条第2項（第113条第2項後
段において準用する場合を含む。）又は第213条第5項（第219条第2項において準用する
場合を含む。）の規定による受継があるまでに再生手続が終了したときは，再生債務者は，
当然訴訟手続を受継する。

3 前2項の規定は，再生債務者の財産関係の事件のうち再生債権に関するものであって，
再生手続開始当時行政庁に係属するものについて準用する。

(債権者代位訴訟等の取扱い)

第40条の2 民法（明治29年法律第89号）第423条第1項，第423条の7若しくは第424条第
1項の規定により再生債権者の提起した訴訟又は破産法の規定による否認の訴訟若しくは
否認の請求を認容する決定に対する異議の訴訟が再生手続開始当時係属するときは，その
訴訟手続は，中断する。

2 再生債務者等は，前項の規定により中断した訴訟手続のうち，民法第423条第1項又は
第423条の7の規定により再生債権者の提起した訴訟に係るものを受け継ぐことができる。

401

資　料

　　この場合においては，受継の申立ては，相手方もすることができる。

3　前項の場合においては，相手方の再生債権者に対する訴訟費用請求権は，共益債権とする。

4　第2項に規定する訴訟手続について同項の規定による受継があった後に再生手続が終了したときは，第68条第4項において準用する同条第2項の規定により中断している場合を除き，当該訴訟手続は中断する。

5　前項の場合には，再生債権者において当該訴訟手続を受け継がなければならない。この場合においては，受継の申立ては，相手方もすることができる。

6　第2項に規定する訴訟手続が第68条第4項において準用する同条第2項の規定により中断した後に再生手続が終了した場合には，同条第4項において準用する同条第3項の規定にかかわらず，再生債権者において当該訴訟手続を受け継がなければならない。この場合においては，受継の申立ては，相手方もすることができる。

7　第1項の規定により中断した訴訟手続について第2項又は第140条第1項の規定による受継があるまでに再生手続が終了したときは，再生債権者又は破産管財人は，当該訴訟手続を当然受継する。

（再生債務者等の行為の制限）

第41条　裁判所は，再生手続開始後において，必要があると認めるときは，再生債務者等が次に掲げる行為をするには裁判所の許可を得なければならないものとすることができる。

　一　財産の処分

　二　財産の譲受け

　三　借財

　四　第49条第1項の規定による契約の解除

　五　訴えの提起

　六　和解又は仲裁合意（仲裁法（平成15年法律第138号）第2条第1項に規定する仲裁合意をいう。）

　七　権利の放棄

　八　共益債権，一般優先債権又は第52条に規定する取戻権の承認

　九　別除権の目的である財産の受戻し

　十　その他裁判所の指定する行為

2　前項の許可を得ないでした行為は，無効とする。ただし，これをもって善意の第三者に対抗することができない。

（営業等の譲渡）

第42条　再生手続開始後において，再生債務者等が次に掲げる行為をするには，裁判所の許可を得なければならない。この場合において，裁判所は，当該再生債務者の事業の再生のために必要であると認める場合に限り，許可をすることができる。

　一　再生債務者の営業又は事業の全部又は重要な一部の譲渡

　二　再生債務者の子会社等（会社法第2条第3号の2に規定する子会社等をいう。ロにおいて同じ。）の株式又は持分の全部又は一部の譲渡（次のいずれにも該当する場合における譲渡に限る。）

　　イ　当該譲渡により譲り渡す株式又は持分の帳簿価額が再生債務者の総資産額として法務省令で定める方法により算定される額の5分の1（これを下回る割合を定款で定めた場合にあっては，その割合）を超えるとき。

402

〈資料⑥〉 民事再生法

　　ロ　再生債務者が，当該譲渡がその効力を生ずる日において当該子会社等の議決権の総
　　　数の過半数の議決権を有しないとき。
2　裁判所は，前項の許可をする場合には，知れている再生債権者（再生債務者が再生手続
　開始の時においてその財産をもって約定劣後再生債権に優先する債権に係る債務を完済す
　ることができない状態にある場合における当該約定劣後再生債権を有する者を除く。）の
　意見を聴かなければならない。ただし，第117条第2項に規定する債権者委員会があると
　きは，その意見を聴けば足りる。
3　裁判所は，第1項の許可をする場合には，労働組合等の意見を聴かなければならない。
4　前条第2項の規定は，第1項の許可を得ないでした行為について準用する。

（事業等の譲渡に関する株主総会の決議による承認に代わる許可）
第43条　再生手続開始後において，株式会社である再生債務者がその財産をもって債務を完
　済することができないときは，裁判所は，再生債務者等の申立てにより，当該再生債務者
　の会社法第467条第1項第1号から第2号の2までに掲げる行為（以下この項及び第8項
　において「事業等の譲渡」という。）について同条第1項に規定する株主総会の決議によ
　る承認に代わる許可を与えることができる。ただし，当該事業等の譲渡が事業の継続のた
　めに必要である場合に限る。
2　前項の許可（以下この条において「代替許可」という。）の決定があった場合には，そ
　の裁判書を再生債務者等に，その決定の要旨を記載した書面を株主に，それぞれ送達しな
　ければならない。
3　代替許可の決定は，前項の規定による再生債務者等に対する送達がされた時から，効力
　を生ずる。
4　第2項の規定による株主に対する送達は，株主名簿に記載され，若しくは記録された住
　所又は株主が再生債務者に通知した場所にあてて，書類を通常の取扱いによる郵便に付し，
　又は民間事業者による信書の送達に関する法律（平成14年法律第99号）第2条第6項に規
　定する一般信書便事業者若しくは同条第9項に規定する特定信書便事業者の提供する同条
　第2項に規定する信書便の役務を利用して送付する方法によりすることができる。
5　前項の規定による送達をした場合には，その郵便物又は民間事業者による信書の送達に
　関する法律第2条第3項に規定する信書郵便物（以下「郵便物等」という。）が通常到達
　すべきであった時に，送達があったものとみなす。
6　代替許可の決定に対しては，株主は，即時抗告をすることができる。
7　前項の即時抗告は，執行停止の効力を有しない。
8　代替許可を得て再生債務者の事業等の譲渡をする場合には，会社法第469条及び第470条
　の規定は，適用しない。

（開始後の権利取得）
第44条　再生手続開始後，再生債権につき再生債務者財産に関して再生債務者（管財人が選
　任されている場合にあっては，管財人又は再生債務者）の行為によらないで権利を取得し
　ても，再生債権者は，再生手続の関係においては，その効力を主張することができない。
2　再生手続開始の日に取得した権利は，再生手続開始後に取得したものと推定する。

（開始後の登記及び登録）
第45条　不動産又は船舶に関し再生手続開始前に生じた登記原因に基づき再生手続開始後に
　された登記又は不動産登記法（平成16年法律第123号）第105条第1号の規定による仮登記
　は，再生手続の関係においては，その効力を主張することができない。ただし，登記権利

403

資　料

者が再生手続開始の事実を知らないでした登記又は仮登記については，この限りでない。

2　前項の規定は，権利の設定，移転若しくは変更に関する登録若しくは仮登録又は企業担保権の設定，移転若しくは変更に関する登記について準用する。

（開始後の手形の引受け等）

第46条　為替手形の振出人又は裏書人である再生債務者について再生手続が開始された場合において，支払人又は予備支払人がその事実を知らないで引受け又は支払をしたときは，その支払人又は予備支払人は，これによって生じた債権につき，再生債権者としてその権利を行うことができる。

2　前項の規定は，小切手及び金銭その他の物又は有価証券の給付を目的とする有価証券について準用する。

（善意又は悪意の推定）

第47条　前2条の規定の適用については，第35条第1項の規定による公告（以下「再生手続開始の公告」という。）前においてはその事実を知らなかったものと推定し，再生手続開始の公告後においてはその事実を知っていたものと推定する。

（共有関係）

第48条　再生債務者が他人と共同して財産権を有する場合において，再生手続が開始されたときは，再生債務者等は，共有者の間で分割をしない定めがあるときでも，分割の請求をすることができる。

2　前項の場合には，他の共有者は，相当の償金を支払って再生債務者の持分を取得することができる。

（双務契約）

第49条　双務契約について再生債務者及びその相手方が再生手続開始の時において共にまだその履行を完了していないときは，再生債務者等は，契約の解除をし，又は再生債務者の債務を履行して相手方の債務の履行を請求することができる。

2　前項の場合には，相手方は，再生債務者等に対し，相当の期間を定め，その期間内に契約の解除をするか又は債務の履行を請求するかを確答すべき旨を催告することができる。この場合において，再生債務者等がその期間内に確答をしないときは，同項の規定による解除権を放棄したものとみなす。

3　前2項の規定は，労働協約には，適用しない。

4　第1項の規定により再生債務者の債務の履行をする場合において，相手方が有する請求権は，共益債権とする。

5　破産法第54条の規定は，第1項の規定による契約の解除があった場合について準用する。この場合において，同条第1項中「破産債権者」とあるのは「再生債権者」と，同条第2項中「破産者」とあるのは「再生債務者」と，「破産財団」とあるのは「再生債務者財産」と，「財団債権者」とあるのは「共益債権者」と読み替えるものとする。

（継続的給付を目的とする双務契約）

第50条　再生債務者に対して継続的給付の義務を負う双務契約の相手方は，再生手続開始の申立て前の給付に係る再生債権について弁済がないことを理由としては，再生手続開始後は，その義務の履行を拒むことができない。

2　前項の双務契約の相手方が再生手続開始の申立て後再生手続開始前にした給付に係る請求権（一定期間ごとに債権額を算定すべき継続的給付については，申立ての日の属する期間内の給付に係る請求権を含む。）は，共益債権とする。

404

〈資料⑥〉　民事再生法

3　前2項の規定は，労働契約には，適用しない。

（双務契約についての破産法の準用）

第51条　破産法第56条，第58条及び第59条の規定は，再生手続が開始された場合について準用する。この場合において，同法第56条第1項中「第53条第1項及び第2項」とあるのは「民事再生法第49条第1項及び第2項」と，「破産者」とあるのは「再生債務者」と，同条第2項中「財団債権」とあるのは「共益債権」と，同法第58条第1項中「破産手続開始」とあるのは「再生手続開始」と，同条第3項において準用する同法第54条第1項中「破産債権者」とあるのは「再生債権者」と，同法第59条第1項中「破産手続」とあるのは「再生手続」と，同条第2項中「請求権は，破産者が有するときは破産財団に属し」とあるのは「請求権は」と，「破産債権」とあるのは「再生債権」と読み替えるものとする。

（取戻権）

第52条　再生手続の開始は，再生債務者に属しない財産を再生債務者から取り戻す権利に影響を及ぼさない。

2　破産法第63条及び第64条の規定は，再生手続が開始された場合について準用する。この場合において，同法第63条第1項中「破産手続開始の決定」とあるのは「再生手続開始の決定」と，同項ただし書及び同法第64条中「破産管財人」とあるのは「再生債務者（管財人が選任されている場合にあっては，管財人）」と，同法第63条第2項中「第53条第1項及び第2項」とあるのは「民事再生法第49条第1項及び第2項」と，同条第3項中「第1項」とあるのは「前2項」と，「同項」とあるのは「第1項」と，同法第64条第1項中「破産者」とあるのは「再生債務者」と，「破産手続開始」とあるのは「再生手続開始」と読み替えるものとする。

（別除権）

第53条　再生手続開始の時において再生債務者の財産につき存する担保権（特別の先取特権，質権，抵当権又は商法若しくは会社法の規定による留置権をいう。第3項において同じ。）を有する者は，その目的である財産について，別除権を有する。

2　別除権は，再生手続によらないで，行使することができる。

3　担保権の目的である財産が再生債務者等による任意売却その他の事由により再生債務者財産に属しないこととなった場合において当該担保権がなお存続するときにおける当該担保権を有する者も，その目的である財産について別除権を有する。

第3章　再生手続の機関

第1節　監督委員

（監督命令）

第54条　裁判所は，再生手続開始の申立てがあった場合において，必要があると認めるときは，利害関係人の申立てにより又は職権で，監督委員による監督を命ずる処分をすることができる。

2　裁判所は，前項の処分（以下「監督命令」という。）をする場合には，当該監督命令において，1人又は数人の監督委員を選任し，かつ，その同意を得なければ再生債務者がすることができない行為を指定しなければならない。

3　法人は，監督委員となることができる。

405

資　料

4　第2項に規定する監督委員の同意を得ないでした行為は，無効とする。ただし，これを
　もって善意の第三者に対抗することができない。

5　裁判所は，監督命令を変更し，又は取り消すことができる。

6　監督命令及び前項の規定による決定に対しては，即時抗告をすることができる。

7　前項の即時抗告は，執行停止の効力を有しない。

（監督命令に関する公告及び送達）

第55条　裁判所は，監督命令を発したときは，その旨を公告しなければならない。監督命令
　を変更し，又は取り消す旨の決定があった場合も，同様とする。

2　監督命令，前条第5項の規定による決定及び同条第6項の即時抗告についての裁判が
　あった場合には，その裁判書を当事者に送達しなければならない。

3　第10条第4項の規定は，第1項の場合については，適用しない。

（否認に関する権限の付与）

第56条　再生手続開始の決定があった場合には，裁判所は，利害関係人の申立てにより又は
　職権で，監督委員に対して，特定の行為について否認権を行使する権限を付与することが
　できる。

2　監督委員は，前項の規定により権限を付与された場合には，当該権限の行使に関し必要
　な範囲内で，再生債務者のために，金銭の収支その他の財産の管理及び処分をすることが
　できる。

3　第77条第1項から第3項までの規定は，前項の監督委員について準用する。この場合に
　おいて，同条第2項中「後任の管財人」とあるのは「後任の監督委員であって第56条第1
　項の規定により否認権を行使する権限を付与されたもの又は管財人」と，同条第3項中「後
　任の管財人」とあるのは「後任の監督委員であって第56条第1項の規定により否認権を行
　使する権限を付与されたもの，管財人」と読み替えるものとする。

4　裁判所は，第1項の規定による決定を変更し，又は取り消すことができる。

5　裁判所は，必要があると認めるときは，第1項の規定により権限を付与された監督委員
　が訴えの提起，和解その他裁判所の指定する行為をするには裁判所の許可を得なければな
　らないものとすることができる。

6　第41条第2項の規定は，監督委員が前項の許可を得ないでした行為について準用する。

（監督委員に対する監督等）

第57条　監督委員は，裁判所が監督する。

2　裁判所は，監督委員が再生債務者の業務及び財産の管理の監督を適切に行っていないと
　き，その他重要な事由があるときは，利害関係人の申立てにより又は職権で，監督委員を
　解任することができる。この場合において，その監督委員を審尋しなければならない。

（数人の監督委員の職務執行）

第58条　監督委員が数人あるときは，共同してその職務を行う。ただし，裁判所の許可を得
　て，それぞれ単独にその職務を行い，又は職務を分掌することができる。

（監督委員による調査等）

第59条　監督委員は，次に掲げる者に対して再生債務者の業務及び財産の状況につき報告を
　求め，再生債務者の帳簿，書類その他の物件を検査することができる。

　一　再生債務者

　二　再生債務者の代理人

　三　再生債務者が法人である場合のその理事，取締役，執行役，監事，監査役及び清算人

〈資料⑥〉　民事再生法

四　前号に掲げる者に準ずる者

五　再生債務者の従業者（第2号に掲げる者を除く。）

2　前項の規定は，同項各号（第1号を除く。）に掲げる者であった者について準用する。

3　監督委員は，その職務を行うため必要があるときは，再生債務者の子会社等（次の各号に掲げる区分に応じ，それぞれ当該各号に定める法人をいう。次項において同じ。）に対して，その業務及び財産の状況につき報告を求め，又はその帳簿，書類その他の物件を検査することができる。

一　再生債務者が株式会社である場合　再生債務者の子会社（会社法第2条第3号に規定する子会社をいう。）

二　再生債務者が株式会社以外のものである場合　再生債務者が株式会社の総株主の議決権の過半数を有する場合における当該株式会社

4　再生債務者（株式会社以外のものに限る。以下この項において同じ。）の子会社等又は再生債務者及びその子会社等が他の株式会社の総株主の議決権の過半数を有する場合には，前項の規定の適用については，当該他の株式会社を当該再生債務者の子会社等とみなす。

（監督委員の注意義務）

第60条　監督委員は，善良な管理者の注意をもって，その職務を行わなければならない。

2　監督委員が前項の注意を怠ったときは，その監督委員は，利害関係人に対し，連帯して損害を賠償する責めに任ずる。

（監督委員の報酬等）

第61条　監督委員は，費用の前払及び裁判所が定める報酬を受けることができる。

2　監督委員は，その選任後，再生債務者に対する債権又は再生債務者の株式その他の再生債務者に対する出資による持分を譲り受け，又は譲り渡すには，裁判所の許可を得なければならない。

3　監督委員は，前項の許可を得ないで同項に規定する行為をしたときは，費用及び報酬の支払を受けることができない。

4　第1項の規定による決定に対しては，即時抗告をすることができる。

第2節　調査委員

（調査命令）

第62条　裁判所は，再生手続開始の申立てがあった場合において，必要があると認めるときは，利害関係人の申立てにより又は職権で，調査委員による調査を命ずる処分をすることができる。

2　裁判所は，前項の処分（以下「調査命令」という。）をする場合には，当該調査命令において，1人又は数人の調査委員を選任し，かつ，調査委員が調査すべき事項及び裁判所に対して調査の結果の報告をすべき期間を定めなければならない。

3　裁判所は，調査命令を変更し，又は取り消すことができる。

4　調査命令及び前項の規定による決定に対しては，即時抗告をすることができる。

5　前項の即時抗告は，執行停止の効力を有しない。

6　第4項に規定する裁判及び同項の即時抗告についての裁判があった場合には，その裁判書を当事者に送達しなければならない。

（監督委員に関する規定の準用）

第63条　第54条第3項，第57条，第58条本文及び第59条から第61条までの規定は，調査委員

407

資　料

について準用する。

第3節　管財人

（管理命令）

第64条　裁判所は，再生債務者（法人である場合に限る。以下この項において同じ。）の財産の管理又は処分が失当であるとき，その他再生債務者の事業の再生のために特に必要があると認めるときは，利害関係人の申立てにより又は職権で，再生手続の開始の決定と同時に又はその決定後，再生債務者の業務及び財産に関し，管財人による管理を命ずる処分をすることができる。

2　裁判所は，前項の処分（以下「管理命令」という。）をする場合には，当該管理命令において，1人又は数人の管財人を選任しなければならない。

3　裁判所が管理命令を発しようとする場合には，再生債務者を審尋しなければならない。ただし，急迫の事情があるときは，この限りでない。

4　裁判所は，管理命令を変更し，又は取り消すことができる。

5　管理命令及び前項の規定による決定に対しては，即時抗告をすることができる。

6　前項の即時抗告は，執行停止の効力を有しない。

（管理命令に関する公告及び送達）

第65条　裁判所は，管理命令を発したときは，次項に規定する場合を除き，次に掲げる事項を公告しなければならない。

一　管理命令を発した旨及び管財人の氏名又は名称

二　再生債務者の財産の所持者及び再生債務者に対して債務を負担する者（第5項において「財産所持者等」という。）は，再生債務者にその財産を交付し，又は弁済をしてはならない旨

2　裁判所は，再生手続開始の決定と同時に管理命令を発したときは，再生手続開始の公告には，前項に掲げる事項をも掲げなければならない。

3　裁判所は，管理命令を変更し，又は取り消す旨の決定をした場合には，その旨を公告しなければならない。

4　管理命令，前項の決定又は前条第5項の即時抗告についての裁判があった場合には，その裁判書を当事者に送達しなければならない。

5　管理命令が発せられた場合には第1項に掲げる事項を，第3項の決定があった場合又は管理命令が発せられた後に再生手続開始の決定を取り消す決定が確定した場合にはその旨を，知れている財産所持者等に通知しなければならない。

6　第10条第4項の規定は，第1項の場合については，適用しない。

（管財人の権限）

第66条　管理命令が発せられた場合には，再生債務者の業務の遂行並びに財産の管理及び処分をする権利は，裁判所が選任した管財人に専属する。

（管理命令が発せられた場合の再生債務者の財産関係の訴えの取扱い）

第67条　管理命令が発せられた場合には，再生債務者の財産関係の訴えについては，管財人を原告又は被告とする。

2　管理命令が発せられた場合には，再生債務者の財産関係の訴訟手続で再生債務者が当事者であるものは，中断する。第145条第1項の訴えに係る訴訟手続で再生債権者が当事者であるものについても，同様とする。

408

〈資料⑥〉 民事再生法

3 前項の規定により中断した訴訟手続のうち再生債権に関しないもの（第40条の2第2項に規定するもので同項の規定により受継されたものを除く。）は，管財人においてこれを受け継ぐことができる。この場合においては，受継の申立ては，相手方もすることができる。

4 第2項の規定により中断した訴訟手続のうち，再生債権に関するもので第106条第1項，第109条第1項若しくは第113条第2項前段の規定により提起され，若しくは第107条第1項若しくは第109条第2項（第113条第2項後段において準用する場合を含む。）の規定により受継されたもの又は第40条の2第2項に規定するもので同項の規定により受継されたものは，管財人においてこれを受け継がなければならない。この場合においては，受継の申立ては，相手方もすることができる。

5 前2項の場合においては，相手方の再生債務者又は第2項後段の再生債権者に対する訴訟費用請求権は，共益債権とする。

第68条 前条第2項の規定により中断した訴訟手続について同条第3項又は第4項の規定による受継があるまでに再生手続が終了したときは，再生債務者は，当該訴訟手続（第40条の2第2項に規定するもので同条第3項の規定により中断するものを除く。次項において同じ。）を当然受継する。

2 再生手続が終了したときは，管財人を当事者とする再生債務者の財産関係の訴訟手続は，中断する。

3 再生債務者は，前項の規定により中断した訴訟手続（再生計画不認可，再生手続廃止又は再生計画取消しの決定の確定により再生手続が終了した場合における第137条第1項の訴えに係るものを除く。）を受け継がなければならない。この場合においては，受継の申立ては，相手方もすることができる。

4 第1項の規定は前条第3項又は第4項の規定による受継があるまでに管理命令を取り消す旨の決定が確定した場合について，前2項の規定は管理命令を取り消す旨の決定が確定した場合について準用する。この場合において，第1項中「前条第2項」とあるのは「前条第2項前段」と，「訴訟手続（第40条の2第2項に規定するもので同条第3項の規定により中断するものを除く。次項において同じ。）」とあるのは「訴訟手続」と読み替えるものとする。

5 第3項の規定は，前条第3項の規定による受継があるまでに管理命令を取り消す旨の決定が確定した場合における同条第2項後段の規定により中断した訴訟手続について準用する。この場合において，第3項中「再生債務者」とあるのは，「前条第2項後段の再生債権者」と読み替えるものとする。

（行政庁に係属する事件の取扱い）
第69条 第67条第2項から第5項まで及び前条の規定は，再生債務者の財産関係の事件で管理命令が発せられた当時行政庁に係属するものについて準用する。

（数人の管財人の職務執行）
第70条 管財人が数人あるときは，共同してその職務を行う。ただし，裁判所の許可を得て，それぞれ単独にその職務を行い，又は職務を分掌することができる。

2 管財人が数人あるときは，第三者の意思表示は，その1人に対してすれば足りる。

（管財人代理）
第71条 管財人は，必要があるときは，その職務を行わせるため，自己の責任で1人又は数人の管財人代理を選任することができる。

409

資　料

2　前項の管財人代理の選任については，裁判所の許可を得なければならない。

(再生債務者の業務及び財産の管理)

第72条　管財人は，就職の後直ちに再生債務者の業務及び財産の管理に着手しなければならない。

(郵便物等の管理)

第73条　裁判所は，管財人の職務の遂行のため必要があると認めるときは，信書の送達の事業を行う者に対し，再生債務者にあてた郵便物等を管財人に配達すべき旨を嘱託することができる。

2　裁判所は，再生債務者の申立てにより又は職権で，管財人の意見を聴いて，前項に規定する嘱託を取り消し，又は変更することができる。

3　再生手続が終了したときは，裁判所は，第1項に規定する嘱託を取り消さなければならない。管理命令が取り消されたときも，同様とする。

4　第1項又は第2項の規定による決定及び同項の申立てを却下する裁判に対しては，再生債務者又は管財人は，即時抗告をすることができる。

5　第1項の規定による決定に対する前項の即時抗告は，執行停止の効力を有しない。

第74条　管財人は，再生債務者にあてた郵便物等を受け取ったときは，これを開いて見ることができる。

2　再生債務者は，管財人に対し，管財人が受け取った前項の郵便物等の閲覧又は当該郵便物等で再生債務者財産に関しないものの交付を求めることができる。

(管財人の行為に対する制限)

第75条　管財人は，裁判所の許可を得なければ，再生債務者の財産を譲り受け，再生債務者に対し自己の財産を譲り渡し，その他自己又は第三者のために再生債務者と取引をすることができない。

2　前項の許可を得ないでした行為は，無効とする。ただし，これをもって善意の第三者に対抗することができない。

(管理命令後の再生債務者の行為等)

第76条　再生債務者が管理命令が発せられた後に再生債務者財産に関してした法律行為は，再生手続の関係においては，その効力を主張することができない。ただし，相手方がその行為の当時管理命令が発せられた事実を知らなかったときは，この限りでない。

2　管理命令が発せられた後に，その事実を知らないで再生債務者にした弁済は，再生手続の関係においても，その効力を主張することができる。

3　管理命令が発せられた後に，その事実を知って再生債務者にした弁済は，再生債務者財産が受けた利益の限度においてのみ，再生手続の関係において，その効力を主張することができる。

4　第47条の規定は，前3項の規定の適用について準用する。この場合において，「第35条第1項の規定による公告(以下「再生手続開始の公告」という。)」とあるのは「第65条第1項の規定による公告(再生手続開始の決定と同時に管理命令が発せられた場合には，第35条第1項の規定による公告)」と読み替えるものとする。

(取締役等の報酬)

第76条の2　管理命令が発せられた場合における再生債務者が法人であるときのその理事，取締役，執行役，監事，監査役，清算人又はこれらに準ずる者は，再生債務者に対して報酬を請求することができない。

410

〈資料⑥〉 民事再生法

(任務終了の場合の報告義務等)
第77条 管財人の任務が終了した場合には，管財人は，遅滞なく，裁判所に計算の報告をしなければならない。
2 前項の場合において，管財人が欠けたときは，同項の計算の報告は，同項の規定にかかわらず，後任の管財人がしなければならない。
3 管財人の任務が終了した場合において，急迫の事情があるときは，管財人又はその承継人は，後任の管財人又は再生債務者が財産を管理することができるに至るまで必要な処分をしなければならない。
4 再生手続開始の決定を取り消す決定，再生手続廃止の決定若しくは再生計画不認可の決定が確定した場合又は再生手続終了前に再生計画取消しの決定が確定した場合には，第252条第6項に規定する場合を除き，管財人は，共益債権及び一般優先債権を弁済し，これらの債権のうち異議のあるものについては，その債権を有する者のために供託をしなければならない。

(監督委員に関する規定の準用)
第78条 第54条第3項，第57条及び第59条から第61条までの規定は管財人について，同条の規定は管財人代理について準用する。

第4節 保全管理人

(保全管理命令)
第79条 裁判所は，再生手続開始の申立てがあった場合において，再生債務者（法人である場合に限る。以下この節において同じ。）の財産の管理又は処分が失当であるとき，その他再生債務者の事業の継続のために特に必要があると認めるときは，利害関係人の申立てにより又は職権で，再生手続開始の申立てにつき決定があるまでの間，再生債務者の業務及び財産に関し，保全管理人による管理を命ずる処分をすることができる。この場合においては，第64条第3項の規定を準用する。
2 裁判所は，前項の処分（以下「保全管理命令」という。）をする場合には，当該保全管理命令において，1人又は数人の保全管理人を選任しなければならない。
3 前2項の規定は，再生手続開始の申立てを棄却する決定に対して第36条第1項の即時抗告があった場合について準用する。
4 裁判所は，保全管理命令を変更し，又は取り消すことができる。
5 保全管理命令及び前項の規定による決定に対しては，即時抗告をすることができる。
6 前項の即時抗告は，執行停止の効力を有しない。

(保全管理命令に関する公告及び送達)
第80条 裁判所は，保全管理命令を発したときは，その旨を公告しなければならない。保全管理命令を変更し，又は取り消す旨の決定があった場合も，同様とする。
2 保全管理命令，前条第4項の規定による決定及び同条第5項の即時抗告についての裁判があった場合には，その裁判書を当事者に送達しなければならない。
3 第10条第4項の規定は，第1項の場合については，適用しない。

(保全管理人の権限)
第81条 保全管理命令が発せられたときは，再生債務者の業務の遂行並びに財産の管理及び処分をする権利は，保全管理人に専属する。ただし，保全管理人が再生債務者の常務に属しない行為をするには，裁判所の許可を得なければならない。

資　料

2　前項ただし書の許可を得ないでした行為は，無効とする。ただし，これをもって善意の
　第三者に対抗することができない。
3　第41条の規定は，保全管理人について準用する。

（保全管理人代理）
第82条　保全管理人は，必要があるときは，その職務を行わせるため，自己の責任で1人又
　は数人の保全管理人代理を選任することができる。
2　前項の保全管理人代理の選任については，裁判所の許可を得なければならない。

（監督委員に関する規定等の保全管理人等への準用）
第83条　第54条第3項，第57条，第59条から第61条まで，第67条第1項，第70条，第72条，
　第74条から第76条まで及び第77条第1項から第3項までの規定は保全管理人について，第
　61条の規定は保全管理人代理について準用する。この場合において，第76条第4項後段中
　「第65条第1項の規定による公告（再生手続開始の決定と同時に管理命令が発せられた場
　合には，第35条第1項の規定による公告）」とあるのは「第80条第1項の規定による公告」
　と，第77条第2項中「後任の管財人」とあるのは「後任の保全管理人」と，同条第3項中
　「後任の管財人」とあるのは「後任の保全管理人，管財人」と読み替えるものとする。
2　第67条第2項，第3項及び第5項の規定は保全管理命令が発せられた場合について，第
　68条第1項から第3項までの規定は保全管理命令が効力を失った場合について準用する。
3　第67条第2項，第3項及び第5項並びに第68条第1項から第3項までの規定は，再生債
　務者の財産関係の事件で保全管理命令が発せられた当時行政庁に係属するものについて準
　用する。この場合において，第68条第1項及び第2項中「再生手続が終了したとき」とあ
　るのは「保全管理命令が効力を失ったとき」と読み替えるものとする。
4　第76条の2の規定は，保全管理命令が発せられた場合における再生債務者が法人である
　ときのその理事，取締役，執行役，監事，監査役，清算人又はこれらに準ずる者について
　準用する。

第4章　再生債権

第1節　再生債権者の権利

（再生債権となる請求権）
第84条　再生債務者に対し再生手続開始前の原因に基づいて生じた財産上の請求権（共益債
　権又は一般優先債権であるものを除く。次項において同じ。）は，再生債権とする。
2　次に掲げる請求権も，再生債権とする。
　一　再生手続開始後の利息の請求権
　二　再生手続開始後の不履行による損害賠償及び違約金の請求権
　三　再生手続参加の費用の請求権

（再生債権の弁済の禁止）
第85条　再生債権については，再生手続開始後は，この法律に特別の定めがある場合を除き，
　再生計画の定めるところによらなければ，弁済をし，弁済を受け，その他これを消滅させ
　る行為（免除を除く。）をすることができない。
2　再生債務者を主要な取引先とする中小企業者が，その有する再生債権の弁済を受けなけ
　れば，事業の継続に著しい支障を来すおそれがあるときは，裁判所は，再生計画認可の決

412

〈資料⑥〉 民事再生法

定が確定する前でも，再生債務者等の申立てにより又は職権で，その全部又は一部の弁済をすることを許可することができる。

3　裁判所は，前項の規定による許可をする場合には，再生債務者と同項の中小企業者との取引の状況，再生債務者の資産状態，利害関係人の利害その他一切の事情を考慮しなければならない。

4　再生債務者等は，再生債権者から第2項の申立てをすべきことを求められたときは，直ちにその旨を裁判所に報告しなければならない。この場合において，その申立てをしないこととしたときは，遅滞なく，その事情を裁判所に報告しなければならない。

5　少額の再生債権を早期に弁済することにより再生手続を円滑に進行することができるとき，又は少額の再生債権を早期に弁済しなければ再生債務者の事業の継続に著しい支障を来すときは，裁判所は，再生計画認可の決定が確定する前でも，再生債務者等の申立てにより，その弁済をすることを許可することができる。

6　第2項から前項までの規定は，約定劣後再生債権である再生債権については，適用しない。

（再生債務者等による相殺）

第85条の2　再生債務者等は，再生債務者財産に属する債権をもって再生債権と相殺することが再生債権者の一般の利益に適合するときは，裁判所の許可を得て，その相殺をすることができる。

（再生債権者の手続参加）

第86条　再生債権者は，その有する再生債権をもって再生手続に参加することができる。

2　破産法第104条から第107条までの規定は，再生手続が開始された場合における再生債権者の権利の行使について準用する。この場合において，同法第104条から第107条までの規定中「破産手続開始」とあるのは「再生手続開始」と，同法第104条第1項，第3項及び第4項，第105条，第106条並びに第107条第1項中「破産手続に」とあるのは「再生手続に」と，同法第104条第3項から第5項までの規定中「破産者」とあるのは「再生債務者」と，同条第4項中「破産債権者」とあるのは「再生債権者」と読み替えるものとする。

3　第1項の規定にかかわらず，共助対象外国租税の請求権をもって再生手続に参加するには，共助実施決定（租税条約等実施特例法第11条第1項に規定する共助実施決定をいう。第113条第2項において同じ。）を得なければならない。

（再生債権者の議決権）

第87条　再生債権者は，次に掲げる債権の区分に従い，それぞれ当該各号に定める金額に応じて，議決権を有する。

一　再生手続開始後に期限が到来すべき確定期限付債権で無利息のもの　再生手続開始の時から期限に至るまでの期間の年数（その期間に1年に満たない端数があるときは，これを切り捨てるものとする。）に応じた債権に対する再生手続開始の時における法定利率による利息を債権額から控除した額

二　金額及び存続期間が確定している定期金債権　各定期金につき前号の規定に準じて算定される額の合計額（その額が再生手続開始の時における法定利率によりその定期金に相当する利息を生ずべき元本額を超えるときは，その元本額）

三　次に掲げる債権　再生手続開始の時における評価額

イ　再生手続開始後に期限が到来すべき不確定期限付債権で無利息のもの

ロ　金額又は存続期間が不確定である定期金債権

413

資　料

　　　ハ　金銭の支払を目的としない債権
　　　ニ　金銭債権で，その額が不確定であるもの又はその額を外国の通貨をもって定めたも
　　　　の
　　　ホ　条件付債権
　　　ヘ　再生債務者に対して行うことがある将来の請求権
　　四　前3号に掲げる債権以外の債権　債権額
2　前項の規定にかかわらず，再生債権者は，第84条第2項に掲げる請求権，第97条第1号
　に規定する再生手続開始前の罰金等及び共助対象外国租税の請求権については，議決権を
　有しない。
3　第1項の規定にかかわらず，再生債務者が再生手続開始の時においてその財産をもって
　約定劣後再生債権に優先する債権に係る債務を完済することができない状態にあるときは，
　当該約定劣後再生債権を有する者は，議決権を有しない。

（別除権者の手続参加）
第88条　別除権者は，当該別除権に係る第53条第1項に規定する担保権によって担保される
　債権については，その別除権の行使によって弁済を受けることができない債権の部分につ
　いてのみ，再生債権者として，その権利を行うことができる。ただし，当該担保権によっ
　て担保される債権の全部又は一部が再生手続開始後に担保されないこととなった場合には，
　その債権の当該全部又は一部について，再生債権者として，その権利を行うことを妨げな
　い。

（再生債権者が外国で受けた弁済）
第89条　再生債権者は，再生手続開始の決定があった後に，再生債務者の財産で外国にある
　ものに対して権利を行使したことにより，再生債権について弁済を受けた場合であっても，
　その弁済を受ける前の債権の全部をもって再生手続に参加することができる。
2　前項の再生債権者は，他の再生債権者（同項の再生債権者が約定劣後再生債権を有する
　者である場合にあっては，他の約定劣後再生債権を有する者）が自己の受けた弁済と同一
　の割合の弁済を受けるまでは，再生手続により，弁済を受けることができない。
3　第1項の再生債権者は，外国において弁済を受けた債権の部分については，議決権を行
　使することができない。

（代理委員）
第90条　再生債権者は，裁判所の許可を得て，共同して又は各別に，1人又は数人の代理委
　員を選任することができる。
2　裁判所は，再生手続の円滑な進行を図るために必要があると認めるときは，再生債権者
　に対し，相当の期間を定めて，代理委員の選任を勧告することができる。
3　代理委員は，これを選任した再生債権者のために，再生手続に属する一切の行為をする
　ことができる。
4　代理委員が数人あるときは，共同してその権限を行使する。ただし，第三者の意思表示
　は，その1人に対してすれば足りる。
5　裁判所は，代理委員の権限の行使が著しく不公正であると認めるときは，第1項の許可
　の決定又は次条第1項の選任の決定を取り消すことができる。
6　再生債権者は，いつでも，その選任した代理委員を解任することができる。

（裁判所による代理委員の選任）
第90条の2　裁判所は，共同の利益を有する再生債権者が著しく多数である場合において，

〈資料⑥〉　民事再生法

これらの者のうちに前条第2項の規定による勧告を受けたにもかかわらず同項の期間内に代理委員を選任しない者があり，かつ，代理委員の選任がなければ再生手続の進行に支障があると認めるときは，その者のために，相当と認める者を代理委員に選任することができる。

2　前項の規定により代理委員を選任するには，当該代理委員の同意を得なければならない。

3　第1項の規定により代理委員が選任された場合には，当該代理委員は，本人（その者のために同項の規定により代理委員が選任された者をいう。第6項において同じ。）が前条第1項の規定により選任したものとみなす。

4　第1項の規定により選任された代理委員は，正当な理由があるときは，裁判所の許可を得て辞任することができる。

5　第1項の規定により選任された代理委員は，再生債務者財産から，次に掲げるものの支払を受けることができる。

一　前条第3項に規定する行為をするために必要な費用について，その前払又は支出額の償還

二　裁判所が相当と認める額の報酬

6　第1項の規定により代理委員が選任された場合における当該代理委員と本人との間の関係については，民法第644条から第647条まで及び第654条の規定を準用する。

（報償金等）

第91条　裁判所は，再生債権者若しくは代理委員又はこれらの者の代理人が再生債務者の再生に貢献したと認められるときは，再生債務者等の申立てにより又は職権で，再生債務者等が，再生債務者財産から，これらの者に対し，その事務処理に要した費用を償還し，又は報償金を支払うことを許可することができる。

2　前項の規定による決定に対しては，即時抗告をすることができる。

（相殺権）

第92条　再生債権者が再生手続開始当時再生債務者に対して債務を負担する場合において，債権及び債務の双方が第94条第1項に規定する債権届出期間の満了前に相殺に適するようになったときは，再生債権者は，当該債権届出期間内に限り，再生計画の定めるところによらないで，相殺をすることができる。債務が期限付であるときも，同様とする。

2　再生債権者が再生手続開始当時再生債務者に対して負担する債務が賃料債務である場合には，再生債権者は，再生手続開始後にその弁済期が到来すべき賃料債務（前項の債権届出期間の満了後にその弁済期が到来すべきものを含む。次項において同じ。）については，再生手続開始の時における賃料の6月分に相当する額を限度として，前項の債権届出期間内に限り，再生計画の定めるところによらないで，相殺をすることができる。

3　前項に規定する場合において，再生債権者が，再生手続開始後にその弁済期が到来すべき賃料債務について，再生手続開始後その弁済期に弁済をしたときは，再生債権者が有する敷金の返還請求権は，再生手続開始の時における賃料の6月分に相当する額（同項の規定により相殺をする場合には，相殺により免れる賃料債務の額を控除した額）の範囲内におけるその弁済額を限度として，共益債権とする。

4　前2項の規定は，地代又は小作料の支払を目的とする債務について準用する。

（相殺の禁止）

第93条　再生債権者は，次に掲げる場合には，相殺をすることができない。

一　再生手続開始後に再生債務者に対して債務を負担したとき。

415

資　料

二　支払不能（再生債務者が，支払能力を欠くために，その債務のうち弁済期にあるものにつき，一般的かつ継続的に弁済することができない状態をいう。以下同じ。）になった後に契約によって負担する債務を専ら再生債権をもってする相殺に供する目的で再生債務者の財産の処分を内容とする契約を再生債務者との間で締結し，又は再生債務者に対して債務を負担する者の債務を引き受けることを内容とする契約を締結することにより再生債務者に対して債務を負担した場合であって，当該契約の締結の当時，支払不能であったことを知っていたとき。

三　支払の停止があった後に再生債務者に対して債務を負担した場合であって，その負担の当時，支払の停止があったことを知っていたとき。ただし，当該支払の停止があった時において支払不能でなかったときは，この限りでない。

四　再生手続開始，破産手続開始又は特別清算開始の申立て（以下この条及び次条において「再生手続開始の申立て等」という。）があった後に再生債務者に対して債務を負担した場合であって，その負担の当時，再生手続開始の申立て等があったことを知っていたとき。

2　前項第2号から第4号までの規定は，これらの規定に規定する債務の負担が次の各号に掲げる原因のいずれかに基づく場合には，適用しない。

一　法定の原因

二　支払不能であったこと又は支払の停止若しくは再生手続開始の申立て等があったことを再生債権者が知った時より前に生じた原因

三　再生手続開始の申立て等があった時より1年以上前に生じた原因

第93条の2　再生債務者に対して債務を負担する者は，次に掲げる場合には，相殺をすることができない。

一　再生手続開始後に他人の再生債権を取得したとき。

二　支払不能になった後に再生債権を取得した場合であって，その取得の当時，支払不能であったことを知っていたとき。

三　支払の停止があった後に再生債権を取得した場合であって，その取得の当時，支払の停止があったことを知っていたとき。ただし，当該支払の停止があった時において支払不能でなかったときは，この限りでない。

四　再生手続開始の申立て等があった後に再生債権を取得した場合であって，その取得の当時，再生手続開始の申立て等があったことを知っていたとき。

2　前項第2号から第4号までの規定は，これらの規定に規定する再生債権の取得が次の各号に掲げる原因のいずれかに基づく場合には，適用しない。

一　法定の原因

二　支払不能であったこと又は支払の停止若しくは再生手続開始の申立て等があったことを再生債務者に対して債務を負担する者が知った時より前に生じた原因

三　再生手続開始の申立て等があった時より1年以上前に生じた原因

四　再生債務者に対して債務を負担する者と再生債務者との間の契約

第2節　再生債権の届出

（届出）

第94条　再生手続に参加しようとする再生債権者は，第34条第1項の規定により定められた再生債権の届出をすべき期間（以下「債権届出期間」という。）内に，各債権について，

〈資料⑥〉　民事再生法

その内容及び原因，約定劣後再生債権であるときはその旨，議決権の額その他最高裁判所規則で定める事項を裁判所に届け出なければならない。

2　別除権者は，前項に規定する事項のほか，別除権の目的である財産及び別除権の行使によって弁済を受けることができないと見込まれる債権の額を届け出なければならない。

（届出の追完等）

第95条　再生債権者がその責めに帰することができない事由によって債権届出期間内に届出をすることができなかった場合には，その事由が消滅した後1月以内に限り，その届出の追完をすることができる。

2　前項に定める届出の追完の期間は，伸長し，又は短縮することができない。

3　債権届出期間経過後に生じた再生債権については，その権利の発生した後1月の不変期間内に，届出をしなければならない。

4　第1項及び第3項の届出は，再生計画案を決議に付する旨の決定がされた後は，することができない。

5　第1項，第2項及び前項の規定は，再生債権者が，その責めに帰することができない事由によって，届け出た事項について他の再生債権者の利益を害すべき変更を加える場合について準用する。

（届出名義の変更）

第96条　届出をした再生債権を取得した者は，債権届出期間が経過した後でも，届出名義の変更を受けることができる。第101条第3項の規定により認否書に記載された再生債権を取得した者についても，同様とする。

（罰金，科料等の届出）

第97条　次に掲げる請求権を有する者は，遅滞なく，当該請求権の額及び原因並びに当該請求権が共助対象外国租税の請求権である場合にはその旨を裁判所に届け出なければならない。

一　再生手続開始前の罰金，科料，刑事訴訟費用，追徴金又は過料の請求権（共益債権又は一般優先債権であるものを除く。以下「再生手続開始前の罰金等」という。）

二　共助対象外国租税の請求権（共益債権又は一般優先債権であるものを除く。）

第98条　削除

　　第3節　再生債権の調査及び確定

（再生債権者表の作成等）

第99条　裁判所書記官は，届出があった再生債権及び第101条第3項の規定により再生債務者等が認否書に記載した再生債権について，再生債権者表を作成しなければならない。

2　前項の再生債権者表には，各債権について，その内容（約定劣後再生債権であるかどうかの別を含む。以下この節において同じ。）及び原因，議決権の額，第94条第2項に規定する債権の額その他最高裁判所規則で定める事項を記載しなければならない。

3　再生債権者表の記載に誤りがあるときは，裁判所書記官は，申立てにより又は職権で，いつでもその記載を更正する処分をすることができる。

（再生債権の調査）

第100条　裁判所による再生債権の調査は，前条第2項に規定する事項について，再生債務者等が作成した認否書並びに再生債権者及び再生債務者（管財人が選任されている場合に限る。）の書面による異議に基づいてする。

資　料

（認否書の作成及び提出）

第101条　再生債務者等は，債権届出期間内に届出があった再生債権について，その内容及び議決権についての認否を記載した認否書を作成しなければならない。

2　再生債務者等は，第95条の規定による届出又は届出事項の変更があった再生債権についても，その内容及び議決権（当該届出事項の変更があった場合には，変更後の内容及び議決権）についての認否を前項の認否書に記載することができる。

3　再生債務者等は，届出がされていない再生債権があることを知っている場合には，当該再生債権について，自認する内容その他最高裁判所規則で定める事項を第1項の認否書に記載しなければならない。

4　債権届出期間内に約定劣後再生債権の届出がなかったときは，前項の規定は，約定劣後再生債権で再生債務者等が知っているものについては，適用しない。

5　再生債務者等は，第34条第1項に規定する再生債権の調査をするための期間（以下「一般調査期間」という。）前の裁判所の定める期限までに，前各項の規定により作成した認否書を裁判所に提出しなければならない。

6　前項の規定により提出された認否書に，第1項に規定する再生債権の内容又は議決権についての認否の記載がないときは，再生債務者等において，これを認めたものとみなす。当該認否書に第2項に規定する再生債権の内容又は議決権のいずれかについての認否の記載がない場合についても，同様とする。

（一般調査期間における調査）

第102条　届出をした再生債権者（以下「届出再生債権者」という。）は，一般調査期間内に，裁判所に対し，前条第1項若しくは第2項に規定する再生債権の内容若しくは議決権又は同条第3項の規定により認否書に記載された再生債権の内容について，書面で，異議を述べることができる。

2　再生債務者（管財人が選任されている場合に限る。）は，一般調査期間内に，裁判所に対し，前項に規定する再生債権の内容について，書面で，異議を述べることができる。

3　一般調査期間を変更する決定をしたときは，その裁判書は，再生債務者，管財人及び届出再生債権者（債権届出期間の経過前にあっては，知れている再生債権者）に送達しなければならない。

4　前項の規定による送達は，第43条第4項に規定する方法によりすることができる。

5　前項の規定による送達をした場合においては，その郵便物等が通常到達すべきであった時に，送達があったものとみなす。

（特別調査期間における調査）

第103条　裁判所は，第95条の規定による届出があり，又は届出事項の変更があった再生債権について，その調査をするための期間（以下「特別調査期間」という。）を定めなければならない。ただし，再生債務者等が第101条第2項の規定により認否書に当該再生債権の内容又は議決権についての認否を記載している場合は，この限りでない。

2　前項本文の場合には，特別調査期間に関する費用は，当該再生債権を有する者の負担とする。

3　再生債務者等は，特別調査期間に係る再生債権について，その内容及び議決権についての認否を記載した認否書を作成し，特別調査期間前の裁判所の定める期限までに，これを裁判所に提出しなければならない。この場合には，第101条第6項前段の規定を準用する。

4　届出再生債権者は前項の再生債権の内容又は議決権について，再生債務者（管財人が選

418

〈資料⑥〉 民事再生法

任されている場合に限る。）は同項の再生債権の内容について，特別調査期間内に，裁判所に対して，書面で，異議を述べることができる。

5　前条第3項から第5項までの規定は，特別調査期間を定める決定又はこれを変更する決定をした場合における裁判書の送達について準用する。

（特別調査期間に関する費用の予納）

第103条の2　前条第1項本文の場合には，裁判所書記官は，相当の期間を定め，同条第2項の再生債権を有する者に対し，同項の費用の予納を命じなければならない。

2　前項の規定による処分は，相当と認める方法で告知することによって，その効力を生ずる。

3　第1項の規定による処分に対しては，その告知を受けた日から1週間の不変期間内に，異議の申立てをすることができる。

4　前項の異議の申立ては，執行停止の効力を有する。

5　第1項の場合において，同項の再生債権を有する者が同項の費用の予納をしないときは，裁判所は，決定で，その者がした再生債権の届出又は届出事項の変更に係る届出を却下しなければならない。

6　前項の規定による却下の決定に対しては，即時抗告をすることができる。

（再生債権の調査の結果）

第104条　再生債権の調査において，再生債務者等が認め，かつ，調査期間内に届出再生債権者の異議がなかったときは，その再生債権の内容又は議決権の額（第101条第3項の規定により認否書に記載された再生債権にあっては，その内容）は，確定する。

2　裁判所書記官は，再生債権の調査の結果を再生債権者表に記載しなければならない。

3　第1項の規定により確定した再生債権については，再生債権者表の記載は，再生債権者の全員に対して確定判決と同一の効力を有する。

（再生債権の査定の裁判）

第105条　再生債権の調査において，再生債権の内容について再生債務者等が認めず，又は届出再生債権者が異議を述べた場合には，当該再生債権（以下「異議等のある再生債権」という。）を有する再生債権者は，その内容の確定のために，当該再生債務者等及び当該異議を述べた届出再生債権者（以下この条から第107条まで及び第109条において「異議者等」という。）の全員を相手方として，裁判所に査定の申立てをすることができる。ただし，第107条第1項並びに第109条第1項及び第2項の場合は，この限りでない。

2　前項本文の査定の申立ては，異議等のある再生債権に係る調査期間の末日から1月の不変期間内にしなければならない。

3　第1項本文の査定の申立てがあった場合には，裁判所は，当該申立てを不適法として却下する場合を除き，査定の裁判をしなければならない。

4　査定の裁判においては，異議等のある再生債権について，その債権の存否及びその内容を定める。

5　裁判所は，査定の裁判をする場合には，異議者等を審尋しなければならない。

6　第1項本文の査定の申立てについての裁判があった場合には，その裁判書を当事者に送達しなければならない。この場合においては，第10条第3項本文の規定は，適用しない。

（査定の申立てについての裁判に対する異議の訴え）

第106条　前条第1項本文の査定の申立てについての裁判に不服がある者は，その送達を受けた日から1月の不変期間内に，異議の訴えを提起することができる。

419

資　料

2　前項の訴えは，再生裁判所が管轄する。

3　第1項の訴えが提起された第1審裁判所は，再生裁判所が再生事件を管轄することの根拠となる法令上の規定が第5条第8項又は第9項の規定のみである場合（再生裁判所が第7条第4号の規定により再生事件の移送を受けた場合において，移送を受けたことの根拠となる規定が同号ロ又はハの規定のみであるときを含む。）において，著しい損害又は遅滞を避けるため必要があると認めるときは，前項の規定にかかわらず，職権で，当該訴えに係る訴訟を第5条第1項に規定する地方裁判所（同項に規定する地方裁判所がない場合にあっては，同条第2項に規定する地方裁判所）に移送することができる。

4　第1項の訴えは，これを提起する者が，異議等のある再生債権を有する再生債権者であるときは異議者等の全員を，異議者等であるときは当該再生債権者を，それぞれ被告としなければならない。

5　第1項の訴えの口頭弁論は，同項の期間を経過した後でなければ開始することができない。

6　同一の債権に関し第1項の訴えが数個同時に係属するときは，弁論及び裁判は，併合してしなければならない。この場合においては，民事訴訟法第40条第1項から第3項までの規定を準用する。

7　第1項の訴えについての判決においては，訴えを不適法として却下する場合を除き，同項の裁判を認可し，又は変更する。

（異議等のある再生債権に関する訴訟の受継）

第107条　異議等のある再生債権に関し再生手続開始当時訴訟が係属する場合において，再生債権者がその内容の確定を求めようとするときは，異議者等の全員を当該訴訟の相手方として，訴訟手続の受継の申立てをしなければならない。

2　第105条第2項の規定は，前項の申立てについて準用する。

（主張の制限）

第108条　第105条第1項本文の査定の申立てに係る査定の手続又は第106条第1項の訴えの提起若しくは前条第1項の規定による受継に係る訴訟手続においては，再生債権者は，異議等のある再生債権の内容及び原因について，再生債権者表に記載されている事項のみを主張することができる。

（執行力ある債務名義のある債権等に対する異議の主張）

第109条　異議等のある再生債権のうち執行力ある債務名義又は終局判決のあるものについては，異議者等は，再生債務者がすることのできる訴訟手続によってのみ，異議を主張することができる。

2　前項に規定する再生債権に関し再生手続開始当時訴訟が係属する場合において，異議者等が同項の規定による異議を主張しようとするときは，異議者等は，当該再生債権を有する再生債権者を相手方とする訴訟手続を受け継がなければならない。

3　第105条第2項は第1項の規定による異議の主張又は前項の規定による受継について，第106条第5項及び第6項並びに前条の規定は前2項の場合について準用する。この場合においては，第106条第5項中「同項の期間」とあるのは，「異議等のある再生債権に係る調査期間の末日から1月の不変期間」と読み替えるものとする。

4　前項において準用する第105条第2項に規定する期間内に第1項の規定による異議の主張又は第2項の規定による受継がされなかった場合には，異議者等が再生債権者であるときは第102条第1項又は第103条第4項の異議はなかったものとみなし，異議者等が再生債

〈資料⑥〉 民事再生法

務者等であるときは再生債務者等においてその再生債権を認めたものとみなす。

（再生債権の確定に関する訴訟の結果の記載）

第110条　裁判所書記官は，再生債務者等又は再生債権者の申立てにより，再生債権の確定
　に関する訴訟の結果（第105条第1項本文の査定の申立てについての裁判に対する第106条
　第1項の訴えが，同項に規定する期間内に提起されなかったとき，又は却下されたときは，
　当該裁判の内容）を再生債権者表に記載しなければならない。

（再生債権の確定に関する訴訟の判決等の効力）

第111条　再生債権の確定に関する訴訟についてした判決は，再生債権者の全員に対して，
　その効力を有する。

2　第105条第1項本文の査定の申立てについての裁判に対する第106条第1項の訴えが，同
　項に規定する期間内に提起されなかったとき，又は却下されたときは，当該裁判は，再生
　債権者の全員に対して，確定判決と同一の効力を有する。

（訴訟費用の償還）

第112条　再生債務者財産が再生債権の確定に関する訴訟（第105条第1項本文の査定の申立
　てについての裁判を含む。）によって利益を受けたときは，異議を主張した再生債権者は，
　その利益の限度において，再生債務者財産から訴訟費用の償還を請求することができる。

（再生手続終了の場合における再生債権の確定手続の取扱い）

第112条の2　再生手続が終了した際現に係属する第105条第1項本文の査定の申立てに係る
　査定の手続は，再生計画認可の決定の確定前に再生手続が終了したときは終了するものと
　し，再生計画認可の決定の確定後に再生手続が終了したときは引き続き係属するものとす
　る。

2　第68条第2項及び第3項の規定は，再生計画認可の決定の確定後に再生手続が終了した
　場合における管財人を当事者とする第105条第1項本文の査定の申立てに係る査定の手続
　について準用する。

3　再生計画認可の決定の確定後に再生手続が終了した場合において，再生手続終了後に第
　105条第1項本文の査定の申立てについての裁判があったときは，第106条第1項の規定に
　より同項の訴えを提起することができる。

4　再生手続が終了した際現に係属する第106条第1項の訴えに係る訴訟手続であって，再
　生債務者等が当事者でないものは，再生計画認可の決定の確定前に再生手続が終了したと
　きは中断するものとし，再生計画認可の決定の確定後に再生手続が終了したときは引き続
　き係属するものとする。

5　再生手続が終了した際現に係属する訴訟手続（再生債務者等が当事者であるものを除
　く。）であって，第107条第1項又は第109条第2項の規定による受継があったものは，再
　生計画認可の決定の確定前に再生手続が終了したときは中断するものとし，再生計画認可
　の決定の確定後に再生手続が終了したときは中断しないものとする。

6　前項の規定により訴訟手続が中断する場合においては，第68条第3項の規定を準用する。

（再生手続開始前の罰金等についての不服の申立て）

第113条　再生手続開始前の罰金等及び共助対象外国租税の請求権については，第100条から
　前条までの規定は，適用しない。

2　第97条の規定による届出があった請求権（罰金，科料及び刑事訴訟費用の請求権を除く。）
　の原因（共助対象外国租税の請求権にあっては，共助実施決定）が審査請求，訴訟（刑事
　訴訟を除く。次項において同じ。）その他の不服の申立てをすることができる処分である

421

資　料

場合には，再生債務者等は，当該届出があった請求権について，当該不服の申立てをする
方法で，異議を主張することができる。

3　前項の場合において，当該届出があった請求権に関し再生手続開始の当時訴訟が係属す
るときは，同項に規定する異議を主張しようとする再生債務者等は，当該届出があった請
求権を有する再生債権者を相手方とする訴訟手続を受け継がなければならない。当該届出
があった請求権に関し再生手続開始当時再生債務者の財産関係の事件が行政庁に係属する
ときも，同様とする。

4　第2項の規定による異議の主張又は前項の規定による受継は，再生債務者等が第2項に
規定する届出があったことを知った日から1月の不変期間内にしなければならない。

5　第104条第2項の規定は第97条の規定による届出があった請求権について，第108条，
第110条及び第111条第1項の規定は第2項の規定による異議又は第3項の規定による受継が
あった場合について準用する。

第4節　債権者集会及び債権者委員会

（債権者集会の招集）

第114条　裁判所は，再生債務者等若しくは第117条第2項に規定する債権者委員会の申立て
又は知れている再生債権者の総債権について裁判所が評価した額の10分の1以上に当たる
債権を有する再生債権者の申立てがあったときは，債権者集会を招集しなければならない。
これらの申立てがない場合であっても，裁判所は，相当と認めるときは，債権者集会を招
集することができる。

（債権者集会の期日の呼出し等）

第115条　債権者集会の期日には，再生債務者，管財人，届出再生債権者及び再生のために
債務を負担又は担保を提供する者があるときは，その者を呼び出さなければならない。
ただし，第34条第2項の決定があったときは，再生計画案の決議をするための債権者集会
の期日を除き，届出再生債権者を呼び出すことを要しない。

2　前項の規定にかかわらず，議決権を行使することができない届出再生債権者は，呼び出
さないことができる。

3　債権者集会の期日は，労働組合等に通知しなければならない。

4　裁判所は，債権者集会の期日及び会議の目的である事項を公告しなければならない。

5　債権者集会の期日においてその延期又は続行について言渡しがあったときは，第1項及
び前2項の規定は，適用しない。

（債権者集会の指揮）

第116条　債権者集会は，裁判所が指揮する。

（債権者委員会）

第117条　裁判所は，再生債権者をもって構成する委員会がある場合には，利害関係人の申
立てにより，当該委員会が，この法律の定めるところにより，再生手続に関与することを
承認することができる。ただし，次に掲げる要件のすべてを具備する場合に限る。

一　委員の数が，3人以上最高裁判所規則で定める人数以内であること。

二　再生債権者の過半数が当該委員会が再生手続に関与することについて同意していると
認められること。

三　当該委員会が再生債権者全体の利益を適切に代表すると認められること。

2　裁判所は，必要があると認めるときは，再生手続において，前項の規定により承認され

〈資料⑥〉 民事再生法

た委員会（以下「債権者委員会」という。）に対して，意見の陳述を求めることができる。

3 債権者委員会は，再生手続において，裁判所，再生債務者等又は監督委員に対して，意見を述べることができる。

4 債権者委員会に再生債務者の再生に貢献する活動があったと認められるときは，裁判所は，当該活動のために必要な費用を支出した再生債権者の申立てにより，再生債務者財産から，当該再生債権者に対し，相当と認める額の費用を償還することを許可することができる。

5 裁判所は，利害関係人の申立てにより又は職権で，いつでも第1項の規定による承認を取り消すことができる。

（債権者委員会の意見聴取）

第118条 裁判所書記官は，前条第1項の規定による承認があったときは，遅滞なく，再生債務者等に対して，その旨を通知しなければならない。

2 再生債務者等は，前項の規定による通知を受けたときは，遅滞なく，再生債務者の業務及び財産の管理に関する事項について，債権者委員会の意見を聴かなければならない。

（再生債務者等の債権者委員会に対する報告義務）

第118条の2 再生債務者等は，第124条第2項又は第125条第1項若しくは第2項の規定により報告書等（報告書，財産目録又は貸借対照表をいう。以下この条において同じ。）を裁判所に提出したときは，遅滞なく，当該報告書等を債権者委員会にも提出しなければならない。

2 再生債務者等は，前項の場合において，当該報告書等に第17条第1項に規定する支障部分に該当する部分があると主張して同項の申立てをしたときは，当該部分を除いた報告書等を債権者委員会に提出すれば足りる。

（再生債務者等に対する報告命令）

第118条の3 債権者委員会は，再生債権者全体の利益のために必要があるときは，裁判所に対し，再生債務者等に再生債務者の業務及び財産の管理状況その他再生債務者の事業の再生に関し必要な事項について第125条第2項の規定による報告をすることを命ずるよう申し出ることができる。

2 前項の規定による申出を受けた裁判所は，当該申出が相当であると認めるときは，再生債務者等に対し，第125条第2項の規定による報告をすることを命じなければならない。

第5章 共益債権，一般優先債権及び開始後債権

（共益債権となる請求権）

第119条 次に掲げる請求権は，共益債権とする。

一 再生債権者の共同の利益のためにする裁判上の費用の請求権

二 再生手続開始後の再生債務者の業務，生活並びに財産の管理及び処分に関する費用の請求権

三 再生計画の遂行に関する費用の請求権（再生手続終了後に生じたものを除く。）

四 第61条第1項（第63条，第78条及び第83条第1項において準用する場合を含む。），第90条の2第5項，第91条第1項，第112条，第117条第4項及び第223条第9項（第244条において準用する場合を含む。）の規定により支払うべき費用，報酬及び報償金の請求権

資　料

　五　再生債務者財産に関し再生債務者等が再生手続開始後にした資金の借入れその他の行
　　　為によって生じた請求権
　六　事務管理又は不当利得により再生手続開始後に再生債務者に対して生じた請求権
　七　再生債務者のために支出すべきやむを得ない費用の請求権で，再生手続開始後に生じ
　　　たもの（前各号に掲げるものを除く。）

（開始前の借入金等）

第120条　再生債務者（保全管理人が選任されている場合を除く。以下この項及び第３項に
　おいて同じ。）が，再生手続開始の申立て後再生手続開始前に，資金の借入れ，原材料の
　購入その他再生債務者の事業の継続に欠くことができない行為をする場合には，裁判所は，
　その行為によって生ずべき相手方の請求権を共益債権とする旨の許可をすることができる。
２　裁判所は，監督委員に対し，前項の許可に代わる承認をする権限を付与することができ
　る。
３　再生債務者が第１項の許可又は前項の承認を得て第１項に規定する行為をしたときは，
　その行為によって生じた相手方の請求権は，共益債権とする。
４　保全管理人が再生債務者の業務及び財産に関し権限に基づいてした資金の借入れその他
　の行為によって生じた請求権は，共益債権とする。

（社債管理者等の費用及び報酬）

第120条の２　社債管理者が再生債権である社債の管理に関する事務を行おうとする場合に
　は，裁判所は，再生手続の目的を達成するために必要があると認めるときは，当該社債管
　理者の再生債務者に対する当該事務の処理に要する費用の請求権を共益債権とする旨の許
　可をすることができる。
２　社債管理者が前項の許可を得ないで再生債権である社債の管理に関する事務を行った場
　合であっても，裁判所は，当該社債管理者が再生債務者の事業の再生に貢献したと認めら
　れるときは，当該事務の処理に要した費用の償還請求権のうちその貢献の程度を考慮して
　相当と認める額を共益債権とする旨の許可をすることができる。
３　裁判所は，再生手続開始後の原因に基づいて生じた社債管理者の報酬の請求権のうち相
　当と認める額を共益債権とする旨の許可をすることができる。
４　前３項の規定による許可を得た請求権は，共益債権とする。
５　第１項から第３項までの規定による許可の決定に対しては，即時抗告をすることができ
　る。
６　前各項の規定は，次の各号に掲げる者の区分に応じ，それぞれ当該各号に定める債権で
　再生債権であるものの管理に関する事務につき生ずる費用又は報酬に係る請求権について
　準用する。
　一　担保付社債信託法（明治38年法律第52号）第２条第１項に規定する信託契約の受託会
　　　社　同項に規定する社債
　二　医療法（昭和23年法律第205号）第54条の５に規定する社会医療法人債管理者　同法
　　　54条の２第１項に規定する社会医療法人債
　三　投資信託及び投資法人に関する法律（昭和26年法律第198号）第139条の８に規定する
　　　投資法人債管理者　同法第２条第19項に規定する投資法人債
　四　保険業法（平成７年法律第105号）第61条の６に規定する社債管理者　相互会社（同
　　　法第２条第５項に規定する相互会社をいう。）が発行する社債
　五　資産の流動化に関する法律（平成10年法律第105号）第126条に規定する特定社債管理

424

〈資料⑥〉　民事再生法

者　同法第２条第７項に規定する特定社債

（共益債権の取扱い）

第121条　共益債権は，再生手続によらないで，随時弁済する。

2　共益債権は，再生債権に先立って，弁済する。

3　共益債権に基づき再生債務者の財産に対し強制執行又は仮差押えがされている場合において，その強制執行又は仮差押えが再生に著しい支障を及ぼし，かつ，再生債務者が他に換価の容易な財産を十分に有するときは，裁判所は，再生手続開始後において，再生債務者等の申立てにより又は職権で，担保を立てさせて，又は立てさせないで，その強制執行又は仮差押えの中止又は取消しを命ずることができる。共益債権である共助対象外国租税の請求権に基づき再生債務者の財産に対し国税滞納処分の例によってする処分がされている場合におけるその処分の中止又は取消しについても，同様とする。

4　裁判所は，前項の規定による中止の命令を変更し，又は取り消すことができる。

5　第３項の規定による中止又は取消しの命令及び前項の規定による決定に対しては，即時抗告をすることができる。

6　前項の即時抗告は，執行停止の効力を有しない。

（一般優先債権）

第122条　一般の先取特権その他一般の優先権がある債権（共益債権であるものを除く。）は，一般優先債権とする。

2　一般優先債権は，再生手続によらないで，随時弁済する。

3　優先権が一定の期間内の債権額につき存在する場合には，その期間は，再生手続開始の時からさかのぼって計算する。

4　前条第３項から第６項までの規定は，一般優先債権に基づく強制執行若しくは仮差押え又は一般優先債権を被担保債権とする一般の先取特権の実行について準用する。

（開始後債権）

第123条　再生手続開始後の原因に基づいて生じた財産上の請求権（共益債権，一般優先債権又は再生債権であるものを除く。）は，開始後債権とする。

2　開始後債権は，再生手続が開始された時から再生計画で定められた弁済期間が満了する時（再生計画認可の決定が確定する前に再生手続が終了した場合にあっては再生手続が終了した時，その期間の満了前に，再生計画に基づく弁済が完了した場合又は再生計画が取り消された場合にあっては弁済が完了した時又は再生計画が取り消された時）までの間は，弁済をし，弁済を受け，その他これを消滅させる行為（免除を除く。）をすることができない。

3　開始後債権に基づく再生債務者の財産に対する強制執行，仮差押え及び仮処分並びに財産開示手続の申立ては，前項に規定する期間は，することができない。開始後債権である共助対象外国租税の請求権に基づく再生債務者の財産に対する国税滞納処分の例によってする処分についても，同様とする。

第６章　再生債務者の財産の調査及び確保

第１節　再生債務者の財産状況の調査

（財産の価額の評定等）

425

資　料

第124条　再生債務者等は，再生手続開始後（管財人については，その就職の後）遅滞なく，再生債務者に属する一切の財産につき再生手続開始の時における価額を評定しなければならない。

2　再生債務者等は，前項の規定による評定を完了したときは，直ちに再生手続開始の時における財産目録及び貸借対照表を作成し，これらを裁判所に提出しなければならない。

3　裁判所は，必要があると認めるときは，利害関係人の申立てにより又は職権で，評価人を選任し，再生債務者の財産の評価を命ずることができる。

（裁判所への報告）

第125条　再生債務者等は，再生手続開始後（管財人については，その就職の後）遅滞なく，次の事項を記載した報告書を，裁判所に提出しなければならない。

　一　再生手続開始に至った事情

　二　再生債務者の業務及び財産に関する経過及び現状

　三　第142条第1項の規定による保全処分又は第143条第1項の規定による査定の裁判を必要とする事情の有無

　四　その他再生手続に関し必要な事項

2　再生債務者等は，前項の規定によるもののほか，裁判所の定めるところにより，再生債務者の業務及び財産の管理状況その他裁判所の命ずる事項を裁判所に報告しなければならない。

3　監督委員は，裁判所の定めるところにより，再生債務者の業務及び財産の管理状況その他裁判所の命ずる事項を裁判所に報告しなければならない。

（財産状況報告集会への報告）

第126条　再生債務者の財産状況を報告するために招集された債権者集会においては，再生債務者等は，前条第1項に掲げる事項の要旨を報告しなければならない。

2　前項の債権者集会（以下「財産状況報告集会」という。）においては，裁判所は，再生債務者，管財人又は届出再生債権者から，管財人の選任並びに再生債務者の業務及び財産の管理に関する事項につき，意見を聴かなければならない。

3　財産状況報告集会においては，労働組合等は，前項に規定する事項について意見を述べることができる。

　　　第2節　否認権

（再生債権者を害する行為の否認）

第127条　次に掲げる行為（担保の供与又は債務の消滅に関する行為を除く。）は，再生手続開始後，再生債務者財産のために否認することができる。

　一　再生債務者が再生債権者を害することを知ってした行為。ただし，これによって利益を受けた者が，その行為の当時，再生債権者を害することを知らなかったときは，この限りでない。

　二　再生債務者が支払の停止又は再生手続開始，破産手続開始若しくは特別清算開始の申立て（以下この節において「支払の停止等」という。）があった後にした再生債権者を害する行為。ただし，これによって利益を受けた者が，その行為の当時，支払の停止等があったこと及び再生債権者を害することを知らなかったときは，この限りでない。

2　再生債務者がした債務の消滅に関する行為であって，債権者の受けた給付の価額が当該行為によって消滅した債務の額より過大であるものは，前項各号に掲げる要件のいずれか

〈資料⑥〉 民事再生法

に該当するときは，再生手続開始後，その消滅した債務の額に相当する部分以外の部分に限り，再生債務者財産のために否認することができる。

3 再生債務者が支払の停止等があった後又はその前6月以内にした無償行為及びこれと同視すべき有償行為は，再生手続開始後，再生債務者財産のために否認することができる。

（相当の対価を得てした財産の処分行為の否認）

第127条の2 再生債務者が，その有する財産を処分する行為をした場合において，その行為の相手方から相当の対価を取得しているときは，その行為は，次に掲げる要件のいずれにも該当する場合に限り，再生手続開始後，再生債務者財産のために否認することができる。

一 当該行為が，不動産の金銭への換価その他の当該処分による財産の種類の変更により，再生債務者において隠匿，無償の供与その他の再生債権者を害することとなる処分（以下「隠匿等の処分」という。）をするおそれを現に生じさせるものであること。

二 再生債務者が，当該行為の当時，対価として取得した金銭その他の財産について，隠匿等の処分をする意思を有していたこと。

三 相手方が，当該行為の当時，再生債務者が前号の隠匿等の処分をする意思を有していたことを知っていたこと。

2 前項の規定の適用については，当該行為の相手方が次に掲げる者のいずれかであるときは，その相手方は，当該行為の当時，再生債務者が同項第2号の隠匿等の処分をする意思を有していたことを知っていたものと推定する。

一 再生債務者が法人である場合のその理事，取締役，執行役，監事，監査役，清算人又はこれらに準ずる者

二 再生債務者が法人である場合にその再生債務者について次のイからハまでに掲げる者のいずれかに該当する者

イ 再生債務者である株式会社の総株主の議決権の過半数を有する者

ロ 再生債務者である株式会社の総株主の議決権の過半数を子株式会社又は親法人及び子株式会社が有する場合における当該親法人

ハ 株式会社以外の法人が再生債務者である場合におけるイ又はロに掲げる者に準ずる者

三 再生債務者の親族又は同居者

（特定の債権者に対する担保の供与等の否認）

第127条の3 次に掲げる行為（既存の債務についてされた担保の供与又は債務の消滅に関する行為に限る。）は，再生手続開始後，再生債務者財産のために否認することができる。

一 再生債務者が支払不能になった後又は再生手続開始，破産手続開始若しくは特別清算開始の申立て（以下この節において「再生手続開始の申立て等」という。）があった後にした行為。ただし，債権者が，その行為の当時，次のイ又はロに掲げる区分に応じ，それぞれ当該イ又はロに定める事実を知っていた場合に限る。

イ 当該行為が支払不能になった後にされたものである場合 支払不能であったこと又は支払の停止があったこと。

ロ 当該行為が再生手続開始の申立て等があった後にされたものである場合 再生手続開始の申立て等があったこと。

二 再生債務者の義務に属せず，又はその時期が再生債務者の義務に属しない行為であって，支払不能になる前30日以内にされたもの。ただし，債権者がその行為の当時他の再

427

資　料

生債権者を害することを知らなかったときは，この限りでない。

2　前項第1号の規定の適用については，次に掲げる場合には，債権者は，同号に掲げる行
為の当時，同号イ又はロに掲げる場合の区分に応じ，それぞれ当該イ又はロに定める事実
（同号イに掲げる場合にあっては，支払不能であったこと及び支払の停止があったこと）
を知っていたものと推定する。
　　一　債権者が前条第2項各号に掲げる者のいずれかである場合
　　二　前項第1号に掲げる行為が再生債務者の義務に属せず，又はその方法若しくは時期が
　　　再生債務者の義務に属しないものである場合

3　第1項各号の規定の適用については，支払の停止（再生手続開始の申立て等の前1年以
内のものに限る。）があった後は，支払不能であったものと推定する。

（手形債務支払の場合等の例外）

第128条　前条第1項第1号の規定は，再生債務者から手形の支払を受けた者がその支払を
受けなければ手形上の債務者の1人又は数人に対する手形上の権利を失う場合には，適用
しない。

2　前項の場合において，最終の償還義務者又は手形の振出しを委託した者が振出しの当時
支払の停止等があったことを知り，又は過失によって知らなかったときは，第56条第1項
の規定により否認権を行使する権限を付与された監督委員（以下「否認権限を有する監督
委員」という。）又は管財人は，これらの者に再生債務者が支払った金額を償還させるこ
とができる。

3　前条第1項の規定は，再生債務者が再生手続開始前の罰金等につき，その徴収の権限を
有する者に対してした担保の供与又は債務の消滅に関する行為には，適用しない。

（権利変動の対抗要件の否認）

第129条　支払の停止等があった後権利の設定，移転又は変更をもって第三者に対抗するた
めに必要な行為（仮登記又は仮登録を含む。）をした場合において，その行為が権利の設定，
移転又は変更があった日から15日を経過した後悪意でしたものであるときは，これを否認
することができる。ただし，当該仮登記又は仮登録以外の仮登記又は仮登録があった後に
これらに基づいてされた本登記又は本登録は，この限りでない。

2　前項の規定は，権利取得の効力を生ずる登録について準用する。

（執行行為の否認）

第130条　否認権は，否認しようとする行為につき，執行力のある債務名義があるとき，又
はその行為が執行行為に基づくものであるときでも，行うことを妨げない。

（支払の停止を要件とする否認の制限）

第131条　再生手続開始の申立て等の日から1年以上前にした行為（第127条第3項に規定す
る行為を除く。）は，支払の停止があった後にされたものであること又は支払の停止の事
実を知っていたことを理由として否認することができない。

（否認権行使の効果）

第132条　否認権の行使は，再生債務者財産を原状に復させる。

2　第127条第3項に規定する行為が否認された場合において，相手方は，当該行為の当時，
支払の停止等があったこと及び再生債権者を害することを知らなかったときは，その現に
受けている利益を償還すれば足りる。

（再生債務者の受けた反対給付に関する相手方の権利等）

第132条の2　第127条第1項若しくは第3項又は第127条の2第1項に規定する行為が否認

428

〈資料⑥〉 民事再生法

されたときは，相手方は，次の各号に掲げる区分に応じ，それぞれ当該各号に定める権利
を行使することができる。
一 再生債務者の受けた反対給付が再生債務者財産中に現存する場合 当該反対給付の返
還を請求する権利
二 再生債務者の受けた反対給付が再生債務者財産中に現存しない場合 共益債権者とし
て反対給付の価額の償還を請求する権利
2 前項第2号の規定にかかわらず，同号に掲げる場合において，当該行為の当時，再生債
務者が対価として取得した財産について隠匿等の処分をする意思を有し，かつ，相手方が
再生債務者がその意思を有していたことを知っていたときは，相手方は，次の各号に掲げ
る区分に応じ，それぞれ当該各号に定める権利を行使することができる。
一 再生債務者の受けた反対給付によって生じた利益の全部が再生債務者財産中に現存す
る場合 共益債権者としてその現存利益の返還を請求する権利
二 再生債務者の受けた反対給付によって生じた利益が再生債務者財産中に現存しない場
合 再生債権者として反対給付の価額の償還を請求する権利
三 再生債務者の受けた反対給付によって生じた利益の一部が再生債務者財産中に現存す
る場合 共益債権者としてその現存利益の返還を請求する権利及び再生債権者として反
対給付と現存利益との差額の償還を請求する権利
3 前項の規定の適用については，当該行為の相手方が第127条の2第2項各号に掲げる者
のいずれかであるときは，その相手方は，当該行為の当時，再生債務者が前項の隠匿等の
処分をする意思を有していたことを知っていたものと推定する。
4 否認権限を有する監督委員又は管財人は，第127条第1項若しくは第3項又は第127条の
2第1項に規定する行為を否認しようとするときは，前条第1項の規定により再生債務者
財産に復すべき財産の返還に代えて，相手方に対し，当該財産の価額から前3項の規定に
より共益債権となる額（第1項第1号に掲げる場合にあっては，再生債務者の受けた反対
給付の価額）を控除した額の償還を請求することができる。

（相手方の債権の回復）
第133条 第127条の3第1項に規定する行為が否認された場合において，相手方がその受け
た給付を返還し，又はその価額を償還したときは，相手方の債権は，これによって原状に
復する。

（転得者に対する否認権）
第134条 次の各号に掲げる場合において，否認しようとする行為の相手方に対して否認の
原因があるときは，否認権は，当該各号に規定する転得者に対しても，行使することがで
きる。ただし，当該転得者が他の転得者から転得した者である場合においては，当該転得
者の前に転得した全ての転得者に対しても否認の原因があるときに限る。
一 転得者が転得の当時，再生債務者がした行為が再生債権者を害することを知っていた
とき。
二 転得者が第127条の2第2項各号に掲げる者のいずれかであるとき。ただし，転得の
当時，再生債務者がした行為が再生債権者を害することを知らなかったときは，この限
りでない。
三 転得者が無償行為又はこれと同視すべき有償行為によって転得した者であるとき。
2 第132条第2項の規定は，前項第3号の規定により否認権の行使があった場合について
準用する。

429

資　料

（再生債務者の受けた反対給付に関する転得者の権利等）

第134条の2　再生債務者がした第127条第1項若しくは第3項又は第127条の2第1項に規定する行為が転得者に対する否認権の行使によって否認されたときは，転得者は，第132条の2第1項各号に掲げる区分に応じ，それぞれ当該各号に定める権利を行使することができる。ただし，同項第1号に掲げる場合において，再生債務者の受けた反対給付の価額が，第4項に規定する転得者がした反対給付又は消滅した転得者の債権の価額を超えるときは，転得者は，共益債権者として再生債務者の受けた反対給付の価額の償還を請求する権利を行使することができる。

2　前項の規定にかかわらず，第132条の2第1項第2号に掲げる場合において，当該行為の当時，再生債務者が対価として取得した財産について隠匿等の処分をする意思を有し，かつ，当該行為の相手方が再生債務者がその意思を有していたことを知っていたときは，転得者は，同条第2項各号に掲げる区分に応じ，それぞれ当該各号に定める権利を行使することができる。

3　前項の規定の適用については，当該行為の相手方が第127条の2第2項各号に掲げる者のいずれかであるときは，その相手方は，当該行為の当時，再生債務者が前項の隠匿等の処分をする意思を有していたことを知っていたものと推定する。

4　第1項及び第2項の規定による権利の行使は，転得者がその前者から財産を取得するためにした反対給付又はその前者から財産を取得することによって消滅した債権の価額を限度とする。

5　否認権限を有する監督委員又は管財人は，第1項に規定する行為を転得者に対する否認権の行使によって否認しようとするときは，第132条第1項の規定により再生債務者財産に復すべき財産の返還に代えて，転得者に対し，当該財産の価額から前各項の規定により共益債権となる額（第132条の2第1項第1号に掲げる場合（第1項ただし書に該当するときを除く。）にあっては，再生債務者の受けた反対給付の価額）を控除した額の償還を請求することができる。

（相手方の債権に関する転得者の権利）

第134条の3　再生債務者がした第127条の3第1項に規定する行為が転得者に対する否認権の行使によって否認された場合において，転得者がその受けた給付を返還し，又はその価額を償還したときは，転得者は，当該行為がその相手方に対する否認権の行使によって否認されたとすれば第133条の規定により原状に復すべき当該行為の相手方の債権を行使することができる。この場合には，前条第4項の規定を準用する。

（否認権のための保全処分）

第134条の4　裁判所は，再生手続開始の申立てがあった時から当該申立てについての決定があるまでの間において，否認権を保全するため必要があると認めるときは，利害関係人（保全管理人が選任されている場合にあっては，保全管理人）の申立てにより又は職権で，仮差押え，仮処分その他の必要な保全処分を命ずることができる。

2　前項の規定による保全処分は，担保を立てさせて，又は立てさせないで命ずることができる。

3　裁判所は，申立てにより又は職権で，第1項の規定による保全処分を変更し，又は取り消すことができる。

4　第1項の規定による保全処分及び前項の申立てについての裁判に対しては，即時抗告をすることができる。

〈資料⑥〉　民事再生法

5　前項の即時抗告は，執行停止の効力を有しない。

6　第4項に規定する裁判及び同項の即時抗告についての裁判があった場合には，その裁判書を当事者に送達しなければならない。この場合においては，第10条第3項本文の規定は，適用しない。

7　前各項の規定は，再生手続開始の申立てを棄却する決定に対して第36条第1項の即時抗告があった場合について準用する。

（保全処分に係る手続の続行と担保の取扱い）

第134条の5　前条第1項（同条第7項において準用する場合を含む。）の規定による保全処分が命じられた場合において，再生手続開始の決定があったときは，否認権限を有する監督委員又は管財人は，当該保全処分に係る手続を続行することができる。

2　再生手続開始の決定後1月以内に前項の規定により同項の保全処分に係る手続が続行されないときは，当該保全処分は，その効力を失う。

3　否認権限を有する監督委員又は管財人は，第1項の規定により同項の保全処分に係る手続を続行しようとする場合において，前条第2項（同条第7項において準用する場合を含む。）に規定する担保の全部又は一部が再生債務者財産に属する財産でないときは，その担保の全部又は一部を再生債務者財産に属する財産による担保に変換しなければならない。

4　民事保全法（平成元年法律第91号）第18条並びに第2章第4節（第37条第5項から第7項までを除く。）及び第5節の規定は，第1項の規定により否認権限を有する監督委員又は管財人が続行する手続に係る保全処分について準用する。

（否認権の行使）

第135条　否認権は，訴え又は否認の請求によって，否認権限を有する監督委員又は管財人が行う。

2　前項の訴え及び否認の請求事件は，再生裁判所が管轄する。

3　第1項に規定する方法によるほか，管財人は，抗弁によっても，否認権を行うことができる。

（否認の請求）

第136条　否認の請求をするときは，その原因となる事実を疎明しなければならない。

2　否認の請求を認容し，又はこれを棄却する裁判は，理由を付した決定でしなければならない。

3　裁判所は，前項の決定をする場合には，相手方又は転得者を審尋しなければならない。

4　否認の請求を認容する決定があった場合には，その裁判書を当事者に送達しなければならない。この場合においては，第10条第3項本文の規定は，適用しない。

5　否認の請求の手続は，再生手続が終了したときは，終了する。

（否認の請求を認容する決定に対する異議の訴え）

第137条　否認の請求を認容する決定に不服がある者は，その送達を受けた日から1月の不変期間内に，異議の訴えを提起することができる。

2　前項の訴えは，再生裁判所が管轄する。

3　第1項の訴えについての判決においては，訴えを不適法として却下する場合を除き，同項の決定を認可し，変更し，又は取り消す。

4　第1項の決定を認可する判決が確定したときは，その決定は，確定判決と同一の効力を有する。同項の訴えが，同項に規定する期間内に提起されなかったとき，又は却下されたときも，同様とする。

431

資　料

5　第１項の決定を認可し，又は変更する判決については，受訴裁判所は，民事訴訟法第259条第１項の定めるところにより，仮執行の宣言をすることができる。

6　第１項の訴えに係る訴訟手続で否認権限を有する監督委員が当事者であるものは，再生手続開始の決定の取消しの決定の確定又は再生手続終結の決定により再生手続が終了したときは終了するものとし，再生計画不認可，再生手続廃止又は再生計画取消しの決定の確定により再生手続が終了したときは中断するものとする。

7　第１項の訴えに係る訴訟手続で管財人が当事者であるものは，再生手続開始の決定の取消しの決定の確定又は再生手続終結の決定により再生手続が終了したときは，第68条第２項の規定にかかわらず，終了するものとする。

（否認権限を有する監督委員の訴訟参加等）

第138条　否認権限を有する監督委員は，第135条第１項の規定にかかわらず，否認権の行使に係る相手方（以下この条において「相手方」という。）及び再生債務者間の訴訟が係属する場合には，否認権を行使するため，相手方を被告として，当事者としてその訴訟に参加することができる。ただし，当該訴訟の目的である権利又は義務に係る請求をする場合に限る。

2　否認権限を有する監督委員が当事者である否認の訴え（前条第１項の訴え及び第140条第１項の規定により受継された訴訟手続を含む。）が係属する場合には，再生債務者は，当該訴えの目的である権利又は義務に係る請求をするため，相手方を被告として，当事者としてその訴訟に参加することができる。

3　前項に規定する場合には，相手方は，当該訴訟の口頭弁論の終結に至るまで，再生債務者を被告として，当該訴訟の目的である権利又は義務に係る訴えをこれに併合して提起することができる。

4　民事訴訟法第40条第１項から第３項までの規定は前３項の場合について，同法第43条並びに第47条第２項及び第３項の規定は第１項及び第２項の規定による参加の申出について準用する。

（否認権行使の期間）

第139条　否認権は，再生手続開始の日（再生手続開始の日より前に破産手続が開始されている場合にあっては，破産手続開始の日）から２年を経過したときは，行使することができない。否認しようとする行為の日から10年を経過したときも，同様とする。

（詐害行為取消訴訟等の取扱い）

第140条　否認権限を有する監督委員又は管財人は，第40条の２第１項の規定により中断した訴訟手続のうち，民法第424条第１項の規定により再生債権者の提起した訴訟又は破産法の規定による否認の訴訟若しくは否認の請求を認容する決定に対する異議の訴訟に係るものを受け継ぐことができる。この場合においては，受継の申立ては，相手方もすることができる。

2　前項の場合においては，相手方の再生債権者又は破産管財人に対する訴訟費用請求権は，共益債権とする。

3　第１項に規定する訴訟手続について同項の規定による受継があった後に再生手続が終了したときは，次条第１項の規定により中断している場合を除き，当該訴訟手続は中断する。

4　前項の場合又は第１項に規定する訴訟手続が次条第１項の規定により中断した後に再生手続が終了した場合には，再生債権者又は破産管財人において当該訴訟手続を受け継がなければならない。この場合においては，受継の申立ては，相手方もすることができる。

432

〈資料⑥〉 民事再生法

（否認の訴え等の中断及び受継）

第141条 次の各号に掲げる裁判が取り消された場合には，当該各号に定める訴訟手続は，中断する。

一 監督命令又は第56条第1項の規定による裁判 否認権限を有する監督委員が当事者である否認の訴え若しくは第137条第1項の訴えに係る訴訟手続，否認権限を有する監督委員が第138条第1項の規定による参加をした訴訟手続又は否認権限を有する監督委員が受継した前条第1項に規定する訴訟手続

二 管理命令 管財人が当事者である第137条第1項の訴えに係る訴訟手続又は管財人が受継した前条第1項に規定する訴訟手続

2 前項の規定により中断した訴訟手続は，その後，監督委員が第56条第1項の規定により否認権を行使する権限を付与された場合又は管財人が選任された場合には，その監督委員又は管財人においてこれを受け継がなければならない。この場合においては，受継の申立ては，相手方もすることができる。

第3節 法人の役員の責任の追及

（法人の役員の財産に対する保全処分）

第142条 裁判所は，法人である再生債務者について再生手続開始の決定があった場合において，必要があると認めるときは，再生債務者等の申立てにより又は職権で，再生債務者の理事，取締役，執行役，監事，監査役，清算人又はこれらに準ずる者（以下この条から第145条までにおいて「役員」という。）の責任に基づく損害賠償請求権につき，役員の財産に対する保全処分をすることができる。

2 裁判所は，緊急の必要があると認めるときは，再生手続開始の決定をする前でも，再生債務者（保全管理人が選任されている場合にあっては，保全管理人）の申立てにより又は職権で，前項の保全処分をすることができる。

3 第1項に規定する場合において管財人が選任されていないとき，又は前項に規定する場合において保全管理人が選任されていないときは，再生債権者も，第1項又は前項の申立てをすることができる。

4 裁判所は，第1項又は第2項の規定による保全処分を変更し，又は取り消すことができる。

5 第1項若しくは第2項の規定による保全処分又は前項の規定による決定に対しては，即時抗告をすることができる。

6 前項の即時抗告は，執行停止の効力を有しない。

7 第5項に規定する裁判及び同項の即時抗告についての裁判があった場合には，その裁判書を当事者に送達しなければならない。この場合においては，第10条第3項本文の規定は，適用しない。

（損害賠償請求権の査定の申立て等）

第143条 裁判所は，法人である再生債務者について再生手続開始の決定があった場合において，必要があると認めるときは，再生債務者等の申立てにより又は職権で，役員の責任に基づく損害賠償請求権の査定の裁判をすることができる。

2 前項に規定する場合において，管財人が選任されていないときは，再生債権者も，同項の申立てをすることができる。

3 第1項の申立てをするときは，その原因となる事実を疎明しなければならない。

433

資　料

4　裁判所は，職権で査定の手続を開始する場合には，その旨の決定をしなければならない。

5　第1項の申立てがあったとき，又は職権による査定の手続の開始決定があったときは，時効の完成猶予及び更新に関しては，裁判上の請求があったものとみなす。

6　査定の手続（第1項の査定の裁判があった後のものを除く。）は，再生手続が終了したときは，終了する。

（損害賠償請求権の査定に関する裁判）

第144条　前条第1項の査定の裁判及び同項の申立てを棄却する裁判は，理由を付した決定でしなければならない。

2　裁判所は，前項の決定をする場合には，役員を審尋しなければならない。

3　前条第1項の査定の裁判があった場合には，その裁判書を当事者に送達しなければならない。この場合においては，第10条第3項本文の規定は，適用しない。

（査定の裁判に対する異議の訴え）

第145条　第143条第1項の査定の裁判に不服がある者は，その送達を受けた日から1月の不変期間内に，異議の訴えを提起することができる。

2　前項の訴えは，再生裁判所が管轄する。

3　第1項の訴え（次項の訴えを除く。）は，これを提起する者が，役員であるときは第143条第1項の申立てをした者を，同項の申立てをした者であるときは役員を，それぞれ被告としなければならない。

4　職権でされた査定の裁判に対する第1項の訴えは，これを提起する者が，役員であるときは再生債務者等を，再生債務者等であるときは役員を，それぞれ被告としなければならない。

第146条　前条第1項の訴えの口頭弁論は，同項の期間を経過した後でなければ開始することができない。

2　前条第1項の訴えが数個同時に係属するときは，弁論及び裁判は，併合してしなければならない。この場合においては，民事訴訟法第40条第1項から第3項までの規定を準用する。

3　前条第1項の訴えについての判決においては，訴えを不適法として却下する場合を除き，査定の裁判を認可し，変更し，又は取り消す。

4　査定の裁判を認可し，又は変更した判決は，強制執行に関しては，給付を命ずる判決と同一の効力を有する。

5　査定の裁判を認可し，又は変更した判決については，受訴裁判所は，民事訴訟法第259条第1項の定めるところにより，仮執行の宣言をすることができる。

6　再生手続が終了したときは，前条第1項の訴えに係る訴訟手続であって再生債務者等が当事者でないものは，中断する。この場合においては，第68条第3項の規定を準用する。

（査定の裁判の効力）

第147条　第145条第1項の訴えが，同項の期間内に提起されないとき，又は却下されたときは，査定の裁判は，給付を命ずる確定判決と同一の効力を有する。

第4節　担保権の消滅

（担保権消滅の許可等）

第148条　再生手続開始の時において再生債務者の財産につき第53条第1項に規定する担保権（以下この条，次条及び第152条において「担保権」という。）が存する場合において，

434

〈資料⑥〉 民事再生法

当該財産が再生債務者の事業の継続に欠くことのできないものであるときは，再生債務者等は，裁判所に対し，当該財産の価額に相当する金銭を裁判所に納付して当該財産につき存するすべての担保権を消滅させることについての許可の申立てをすることができる。

2　前項の許可の申立ては，次に掲げる事項を記載した書面でしなければならない。

一　担保権の目的である財産の表示

二　前号の財産の価額

三　消滅すべき担保権の表示

四　前号の担保権によって担保される債権の額

3　第1項の許可の決定があった場合には，その裁判書を，前項の書面（以下この条及び次条において「申立書」という。）とともに，当該申立書に記載された同項第3号の担保権を有する者（以下この条から第153条までにおいて「担保権者」という。）に送達しなければならない。この場合においては，第10条第3項本文の規定は，適用しない。

4　第1項の許可の決定に対しては，担保権者は，即時抗告をすることができる。

5　前項の即時抗告についての裁判があった場合には，その裁判書を担保権者に送達しなければならない。この場合においては，第10条第3項本文の規定は，適用しない。

6　第2項第3号の担保権が根抵当権である場合において，根抵当権者が第3項の規定による送達を受けた時から2週間を経過したときは，根抵当権の担保すべき元本は，確定する。

7　民法第398条の20第2項の規定は，第1項の許可の申立てが取り下げられ，又は同項の許可が取り消された場合について準用する。

（価額決定の請求）

第149条　担保権者は，申立書に記載された前条第2項第2号の価額（第151条及び第152条において「申出額」という。）について異議があるときは，当該申立書の送達を受けた日から1月以内に，担保権の目的である財産（次条において「財産」という。）について価額の決定を請求することができる。

2　前条第1項の許可をした裁判所は，やむを得ない事由がある場合に限り，担保権者の申立てにより，前項の期間を伸長することができる。

3　第1項の規定による請求（以下この条から第152条までにおいて「価額決定の請求」という。）に係る事件は，再生裁判所が管轄する。

4　価額決定の請求をする者は，その請求に係る手続の費用として再生裁判所の定める金額を予納しなければならない。

5　前項に規定する費用の予納がないときは，再生裁判所は，価額決定の請求を却下しなければならない。

（財産の価額の決定）

第150条　価額決定の請求があった場合には，再生裁判所は，当該請求を却下する場合を除き，評価人を選任し，財産の評価を命じなければならない。

2　前項の場合には，再生裁判所は，評価人の評価に基づき，決定で，財産の価額を定めなければならない。

3　担保権者が数人ある場合には，前項の決定は，担保権者の全員につき前条第1項の期間（同条第2項の規定により期間が伸長されたときは，その伸長された期間。第152条第1項において「請求期間」という。）が経過した後にしなければならない。この場合において，数個の価額決定の請求事件が同時に係属するときは，事件を併合して裁判しなければならない。

435

資　料

4　第2項の決定は，価額決定の請求をしなかった担保権者に対しても，その効力を有する。

5　価額決定の請求についての決定に対しては，再生債務者等及び担保権者は，即時抗告をすることができる。

6　価額決定の請求についての決定又は前項の即時抗告についての裁判があった場合には，その裁判書を再生債務者等及び担保権者に送達しなければならない。この場合においては，第10条第3項本文の規定は，適用しない。

（費用の負担）

第151条　価額決定の請求に係る手続に要した費用は，前条第2項の決定により定められた価額が，申出額を超える場合には再生債務者の負担とし，申出額を超えない場合には価額決定の請求をした者の負担とする。ただし，申出額を超える額が当該費用の額に満たないときは，当該費用のうち，その超える額に相当する部分は再生債務者の負担とし，その余の部分は価額決定の請求をした者の負担とする。

2　前条第5項の即時抗告に係る手続に要した費用は，当該即時抗告をした者の負担とする。

3　第1項の規定により再生債務者に対して費用請求権を有する者は，その費用に関し，次条第1項の規定により納付された金銭について，他の担保権者に先立ち弁済を受ける権利を有する。

4　次条第4項の場合には，第1項及び第2項の費用は，これらの規定にかかわらず，再生債務者の負担とする。この場合においては，再生債務者に対する費用請求権は，共益債権とする。

（価額に相当する金銭の納付等）

第152条　再生債務者等は，請求期間内に価額決定の請求がなかったとき，又は価額決定の請求のすべてが取り下げられ，若しくは却下されたときは申出額に相当する金銭を，第150条第2項の決定が確定したときは当該決定により定められた価額に相当する金銭を，裁判所の定める期限までに裁判所に納付しなければならない。

2　担保権者の有する担保権は，前項の規定による金銭の納付があった時に消滅する。

3　第1項の規定による金銭の納付があったときは，裁判所書記官は，消滅した担保権に係る登記又は登録の抹消を嘱託しなければならない。

4　再生債務者等が第1項の規定による金銭の納付をしないときは，裁判所は，第148条第1項の許可を取り消さなければならない。

（配当等の実施）

第153条　裁判所は，前条第1項の規定による金銭の納付があった場合には，次項に規定する場合を除き，配当表に基づいて，担保権者に対する配当を実施しなければならない。

2　担保権者が1人である場合又は担保権者が2人以上であって前条第1項の規定により納付された金銭で各担保権者の有する担保権によって担保される債権及び第151条第1項の規定により再生債務者の負担すべき費用を弁済することができる場合には，裁判所は，当該金銭の交付計算書を作成して，担保権者に弁済金を交付し，剰余金を再生債務者等に交付する。

3　民事執行法（昭和54年法律第4号）第85条及び第88条から第92条までの規定は第1項の配当の手続について，同法第88条，第91条及び第92条の規定は前項の規定による弁済金の交付の手続について準用する。

〈資料⑥〉 民事再生法

第7章 再生計画

第1節 再生計画の条項

（再生計画の条項）
第154条 再生計画においては，次に掲げる事項に関する条項を定めなければならない。
　一　全部又は一部の再生債権者の権利の変更
　二　共益債権及び一般優先債権の弁済
　三　知れている開始後債権があるときは，その内容
2　債権者委員会が再生計画で定められた弁済期間内にその履行を確保するため監督その他の関与を行う場合において，再生債務者がその費用の全部又は一部を負担するときは，その負担に関する条項を定めなければならない。
3　第166条第1項の規定による裁判所の許可があった場合には，再生計画の定めによる再生債務者の株式の取得に関する条項，株式の併合に関する条項，資本金の額の減少に関する条項又は再生債務者が発行することができる株式の総数についての定款の変更に関する条項を定めることができる。
4　第166条の2第2項の規定による裁判所の許可があった場合には，再生計画において，募集株式（会社法第199条第1項に規定する募集株式をいい，譲渡制限株式であるものに限る。以下この章において同じ。）を引き受ける者の募集（同法第202条第1項各号に掲げる事項を定めるものを除く。以下この章において同じ。）に関する条項を定めることができる。

（再生計画による権利の変更）
第155条 再生計画による権利の変更の内容は，再生債権者の間では平等でなければならない。ただし，不利益を受ける再生債権者の同意がある場合又は少額の再生債権若しくは第84条第2項に掲げる請求権について別段の定めをし，その他これらの者の間に差を設けても衡平を害しない場合は，この限りでない。
2　前項の規定にかかわらず，約定劣後再生債権の届出がある場合における再生計画においては，再生債権（約定劣後再生債権を除く。）を有する者と約定劣後再生債権を有する者との間においては，第35条第4項に規定する配当の順位についての合意の内容を考慮して，再生計画の内容に公正かつ衡平な差を設けなければならない。
3　再生計画によって債務が負担され，又は債務の期限が猶予されるときは，特別の事情がある場合を除き，再生計画認可の決定の確定から10年を超えない範囲で，その債務の期限を定めるものとする。
4　再生手続開始前の罰金等については，再生計画において減免その他権利に影響を及ぼす定めをすることができない。
5　再生手続開始前の共助対象外国租税の請求権について，再生計画において減免その他権利に影響を及ぼす定めをする場合には，徴収の権限を有する者の意見を聴かなければならない。

（権利の変更の一般的基準）
第156条 再生債権者の権利を変更する条項においては，債務の減免，期限の猶予その他の権利の変更の一般的基準（約定劣後再生債権の届出があるときは，約定劣後再生債権についての一般的基準を含む。）を定めなければならない。

437

資　料

(届出再生債権者等の権利に関する定め)

第157条　再生債権者の権利を変更する条項においては，届出再生債権者及び第101条第3項の規定により認否書に記載された再生債権者の権利のうち変更されるべき権利を明示し，かつ，前条の一般的基準に従って変更した後の権利の内容を定めなければならない。ただし，第159条及び第160条第1項に規定する再生債権については，この限りでない。

2　前項に規定する再生債権者の権利で，再生計画によってその権利に影響を受けないものがあるときは，その権利を明示しなければならない。

(債務の負担及び担保の提供に関する定め)

第158条　再生債務者以外の者が債務を引き受け，又は保証人となる等再生のために債務を負担するときは，再生計画において，その者を明示し，かつ，その債務の内容を定めなければならない。

2　再生債務者又は再生債務者以外の者が，再生のために担保を提供するときは，再生計画において，担保を提供する者を明示し，かつ，担保権の内容を定めなければならない。

(未確定の再生債権に関する定め)

第159条　異議等のある再生債権で，その確定手続が終了していないものがあるときは，再生計画において，その権利確定の可能性を考慮し，これに対する適確な措置を定めなければならない。

(別除権者の権利に関する定め)

第160条　別除権の行使によって弁済を受けることができない債権の部分が確定していない再生債権を有する者があるときは，再生計画において，その債権の部分が確定した場合における再生債権者としての権利の行使に関する適確な措置を定めなければならない。

2　前項に規定する再生債権を担保する根抵当権の元本が確定している場合には，その根抵当権の被担保債権のうち極度額を超える部分について，第156条の一般的基準に従い，仮払に関する定めをすることができる。この場合においては，当該根抵当権の行使によって弁済を受けることができない債権の部分が確定した場合における精算に関する措置をも定めなければならない。

(再生債務者の株式の取得等に関する定め)

第161条　再生計画によって株式会社である再生債務者が当該再生債務者の株式の取得をするときは，次に掲げる事項を定めなければならない。

　一　再生債務者が取得する株式の数（種類株式発行会社にあっては，株式の種類及び種類ごとの数）

　二　再生債務者が前号の株式を取得する日

2　再生計画によって株式会社である再生債務者の株式の併合をするときは，会社法第180条第2項各号に掲げる事項を定めなければならない。

3　再生計画によって株式会社である再生債務者の資本金の額の減少をするときは，会社法第447条第1項各号に掲げる事項を定めなければならない。

4　再生計画によって株式会社である再生債務者が発行することができる株式の総数についての定款の変更をするときは，その変更の内容を定めなければならない。

(募集株式を引き受ける者の募集に関する定め)

第162条　株式会社である再生債務者が，第166条の2第2項の規定による裁判所の許可を得て，募集株式を引き受ける者の募集をしようとするときは，再生計画において，会社法第199条第1項各号に掲げる事項を定めなければならない。

〈資料⑥〉　民事再生法

第2節　再生計画案の提出

(再生計画案の提出時期)

第163条　再生債務者等は，債権届出期間の満了後裁判所の定める期間内に，再生計画案を作成して裁判所に提出しなければならない。

2　再生債務者（管財人が選任されている場合に限る。）又は届出再生債権者は，裁判所の定める期間内に，再生計画案を作成して裁判所に提出することができる。

3　裁判所は，申立てにより又は職権で，前2項の規定により定めた期間を伸長することができる。

(再生計画案の事前提出)

第164条　再生債務者等は，前条第1項の規定にかかわらず，再生手続開始の申立て後債権届出期間の満了前に，再生計画案を提出することができる。

2　前項の場合には，第157条及び第159条に規定する事項を定めないで，再生計画案を提出することができる。この場合においては，債権届出期間の満了後裁判所の定める期間内に，これらの事項について，再生計画案の条項を補充しなければならない。

(債務を負担する者等の同意)

第165条　第158条に規定する債務の負担又は担保の提供についての定めをした再生計画案を提出しようとする者は，あらかじめ，当該債務を負担し，又は当該担保を提供する者の同意を得なければならない。

2　第160条第2項の仮払に関する定めをした再生計画案を提出しようとする者は，あらかじめ，当該定めに係る根抵当権を有する者の同意を得なければならない。

(再生債務者の株式の取得等を定める条項に関する許可)

第166条　第154条第3項に規定する条項を定めた再生計画案を提出しようとする者は，あらかじめ，裁判所の許可を得なければならない。

2　裁判所は，株式会社である再生債務者がその財産をもって債務を完済することができない場合に限り，前項の許可をすることができる。

3　第1項の許可の決定があった場合には，その裁判書を当該許可の申立てをした者に，その決定の要旨を記載した書面を株主に，それぞれ送達しなければならない。この場合における株主に対する送達については，第43条第4項及び第5項の規定を準用する。

4　第1項の規定による許可の決定に対しては，株主は，即時抗告をすることができる。

(募集株式を引き受ける者の募集を定める条項に関する許可)

第166条の2　第154条第4項に規定する条項を定めた再生計画案は，再生債務者のみが提出することができる。

2　再生債務者は，前項の再生計画案を提出しようとするときは，あらかじめ，裁判所の許可を得なければならない。

3　裁判所は，株式会社である再生債務者がその財産をもって債務を完済することができない状態にあり，かつ，当該募集株式を引き受ける者の募集が再生債務者の事業の継続に欠くことのできないものであると認める場合に限り，前項の許可をすることができる。

4　前条第3項及び第4項の規定は，第2項の許可の決定があった場合について準用する。

(再生計画案の修正)

第167条　再生計画案の提出者は，裁判所の許可を得て，再生計画案を修正することができる。ただし，再生計画案を決議に付する旨の決定がされた後は，この限りでない。

439

資　　料

（再生債務者の労働組合等の意見）

第168条　裁判所は，再生計画案について，労働組合等の意見を聴かなければならない。前条の規定による修正があった場合における修正後の再生計画案についても，同様とする。

第3節　再生計画案の決議

（決議に付する旨の決定）

第169条　再生計画案の提出があったときは，裁判所は，次の各号のいずれかに該当する場合を除き，当該再生計画案を決議に付する旨の決定をする。

一　一般調査期間が終了していないとき。

二　財産状況報告集会における再生債務者等による報告又は第125条第1項の報告書の提出がないとき。

三　裁判所が再生計画案について第174条第2項各号（第3号を除く。）に掲げる要件のいずれかに該当するものと認めるとき。

四　第191条第2号の規定により再生手続を廃止するとき。

2　裁判所は，前項の決議に付する旨の決定において，議決権を行使することができる再生債権者（以下「議決権者」という。）の議決権行使の方法及び第172条第2項（同条第3項において準用する場合を含む。）の規定により議決権の不統一行使をする場合における裁判所に対する通知の期限を定めなければならない。この場合においては，議決権行使の方法として，次に掲げる方法のいずれかを定めなければならない。

一　債権者集会の期日において議決権を行使する方法

二　書面等投票（書面その他の最高裁判所規則で定める方法のうち裁判所の定めるものによる投票をいう。）により裁判所の定める期間内に議決権を行使する方法

三　前2号に掲げる方法のうち議決権者が選択するものにより議決権を行使する方法。この場合において，前号の期間の末日は，第1号の債権者集会の期日より前の日でなければならない。

3　裁判所は，第1項の決議に付する旨の決定をした場合には，前項前段に規定する期限を公告し，かつ，当該期限及び再生計画案の内容又はその要旨を第115条第1項本文に規定する者（同条第2項に規定する者を除く。）に通知しなければならない。

4　裁判所は，議決権行使の方法として第2項第2号又は第3号に掲げる方法を定めたときは，その旨を公告し，かつ，議決権者に対して，同項第2号に規定する書面等投票は裁判所の定める期間内に限りすることができる旨を通知しなければならない。

5　裁判所は，議決権行使の方法として第2項第2号に掲げる方法を定めた場合において，第114条前段の申立てをすることができる者が前項の期間内に再生計画案の決議をするための債権者集会の招集の申立てをしたときは，議決権行使の方法につき，当該定めを取り消して，第2項第1号又は第3号に掲げる方法を定めなければならない。

（社債権者等の議決権の行使に関する制限）

第169条の2　再生債権である社債又は第120条の2第6項各号に定める債権（以下この条において「社債等」という。）を有する者は，当該社債等について社債管理者又は同項各号に掲げる者（以下この条において「社債管理者等」という。）がある場合には，次の各号のいずれかに該当する場合に限り，当該社債等について議決権を行使することができる。

一　当該社債等について再生債権の届出をしたとき，又は届出名義の変更を受けたとき。

二　当該社債管理会社等が当該社債等について再生債権の届出をした場合において，再生

〈資料⑥〉 民事再生法

計画案を決議に付する旨の決定があるまでに，裁判所に対し，当該社債等について議決権を行使する意思がある旨の申出をしたとき（当該申出のあった再生債権である社債等について次項の規定による申出名義の変更を受けた場合を含む。）。
2 前項第2号に規定する申出のあった再生債権である社債等を取得した者は，申出名義の変更を受けることができる。
3 次に掲げる場合には，第1項の社債等を有する者（同項各号のいずれかに該当するものに限る。）は，同項の規定にかかわらず，当該再生計画案の決議において議決権の行使をすることができない。
一 再生債権である社債等につき，再生計画案の決議における議決権の行使についての会社法第706条第1項（医療法第54条の7において準用する場合を含む。）の社債権者集会の決議若しくは社会医療法人債権者集会の決議，投資信託及び投資法人に関する法律第139条の9第4項の投資法人債権者集会の決議，保険業法第61条の7第4項の社債権者集会の決議又は資産の流動化に関する法律第127条第4項の特定社債権者集会の決議が成立したとき。
二 会社法第706条第1項ただし書（医療法第54条の7において準用する場合を含む。），投資信託及び投資法人に関する法律第139条の9第4項ただし書若しくは保険業法第61条の7第4項ただし書の定めがあるとき，又は資産の流動化に関する法律第127条第4項ただし書の通知がされたとき。

（債権者集会が開催される場合における議決権の額の定め方等）
第170条 裁判所が議決権行使の方法として169条第2項第1号又は第3号に掲げる方法を定めた場合においては，再生債務者等又は届出再生債権者は，債権者集会の期日において，届出再生債権者の議決権につき異議を述べることができる。ただし，第104条第1項の規定によりその額が確定した届出再生債権者の議決権については，この限りでない。
2 前項本文に規定する場合においては，議決権者は，次の各号に掲げる区分に応じ，当該各号に定める額に応じて，議決権を行使することができる。
一 第104条第1項の規定によりその額が確定した議決権を有する届出再生債権者 確定した額
二 前項本文の異議のない議決権を有する届出再生債権者 届出の額
三 前項本文の異議のある議決権を有する届出再生債権者 裁判所が定める額。ただし，裁判所が議決権を行使させない旨を定めたときは，議決権を行使することができない。
3 裁判所は，利害関係人の申立てにより又は職権で，いつでも前項第3号の規定による決定を変更することができる。

（債権者集会が開催されない場合における議決権の額の定め方等）
第171条 裁判所が議決権行使の方法として第169条第2項第2号に掲げる方法を定めた場合においては，議決権者は，次の各号に掲げる区分に応じ，当該各号に定める額に応じて，議決権を行使することができる。
一 第104条第1項の規定によりその額が確定した議決権を有する届出再生債権者 確定した額
二 届出再生債権者（前号に掲げるものを除く。） 裁判所が定める額。ただし，裁判所が議決権を行使させない旨を定めたときは，議決権を行使することができない。
2 裁判所は，利害関係人の申立てにより又は職権で，いつでも前項第2号の規定による決定を変更することができる。

441

資　料

（議決権の行使の方法等）

第172条　議決権者は，代理人をもってその議決権を行使することができる。

2　議決権者は，その有する議決権を統一しないで行使することができる。この場合においては，第169条第2項前段に規定する期限までに，裁判所に対してその旨を書面で通知しなければならない。

3　前項の規定は，第1項に規定する代理人が委任を受けた議決権（自己の議決権を有するときは，当該議決権を含む。）を統一しないで行使する場合について準用する。

（基準日による議決権者の確定）

第172条の2　裁判所は，相当と認めるときは，再生計画案を決議に付する旨の決定と同時に，一定の日（以下この条において「基準日」という。）を定めて，基準日における再生債権者表に記録されている再生債権者を議決権者と定めることができる。

2　裁判所は，基準日を公告しなければならない。この場合において，基準日は，当該公告の日から2週間を経過する日以後の日でなければならない。

（再生計画案の可決の要件）

第172条の3　再生計画案を可決するには，次に掲げる同意のいずれもがなければならない。

　一　議決権者（債権者集会に出席し，又は第169条第2項第2号に規定する書面等投票をしたものに限る。）の過半数の同意

　二　議決権者の議決権の総額の2分の1以上の議決権を有する者の同意

2　約定劣後再生債権の届出がある場合には，再生計画案の決議は，再生債権（約定劣後再生債権を除く。以下この条，第172条の5第4項並びに第174条の2第1項及び第2項において同じ。）を有する者と約定劣後再生債権を有する者とに分かれて行う。ただし，議決権を有する約定劣後再生債権を有する者がないときは，この限りでない。

3　裁判所は，前項本文に規定する場合であっても，相当と認めるときは，再生計画案の決議は再生債権を有する者と約定劣後再生債権を有する者とに分かれないで行うものとすることができる。

4　裁判所は，再生計画案を決議に付する旨の決定をするまでは，前項の決定を取り消すことができる。

5　前2項の規定による決定があった場合には，その裁判書を議決権者に送達しなければならない。ただし，債権者集会の期日において当該決定の言渡しがあったときは，この限りでない。

6　第1項の規定にかかわらず，第2項本文の規定により再生計画案の決議を再生債権を有する者と約定劣後再生債権を有する者とに分かれて行う場合において再生計画案を可決するには，再生債権を有する者と約定劣後再生債権を有する者の双方について第1項各号に掲げる同意のいずれもがなければならない。

7　第172条第2項（同条第3項において準用する場合を含む。）の規定によりその有する議決権の一部のみを再生計画案に同意するものとして行使した議決権者（その余の議決権を行使しなかったものを除く。）があるときの第1項第1号又は前項の規定の適用については，当該議決権者1人につき，同号に規定する議決権者の数に1を，再生計画案に同意する旨の議決権の行使をした議決権者の数に2分の1を，それぞれ加算するものとする。

（再生計画案の変更）

第172条の4　再生計画案の提出者は，議決権行使の方法として第169条第2項第1号又は第3号に掲げる方法が定められた場合には，再生債権者に不利な影響を与えないときに限り，

442

〈資料⑥〉　民事再生法

債権者集会において，裁判所の許可を得て，当該再生計画案を変更することができる。

（債権者集会の期日の続行）

第172条の5　再生計画案についての議決権行使の方法として第169条第2項第1号又は第3号に掲げる方法が定められ，かつ，当該再生計画案が可決されるに至らなかった場合において，次の各号のいずれかに掲げる同意があるときは，裁判所は，再生計画案の提出者の申立てにより又は職権で，続行期日を定めて言い渡さなければならない。ただし，続行期日において当該再生計画案が可決される見込みがないことが明らかである場合は，この限りでない。

一　第172条の3第1項各号のいずれかに掲げる同意

二　債権者集会の期日における出席した議決権者の過半数であって出席した議決権者の議決権の総額の2分の1を超える議決権を有する者の期日の続行についての同意

2　前項本文の場合において，同項本文の再生計画案の可決は，当該再生計画案が決議に付された最初の債権者集会の期日から2月以内にされなければならない。

3　裁判所は，必要があると認めるときは，再生計画案の提出者の申立てにより又は職権で，前項の期間を伸長することができる。ただし，その期間は，1月を超えることができない。

4　前3項の規定は，第172条の3第2項本文の規定により再生計画案の決議を再生債権を有する者と約定劣後再生債権を有する者とに分かれて行う場合には，再生債権を有する者と約定劣後再生債権を有する者の双方について第1項各号のいずれかに掲げる同意があるときに限り，適用する。

（再生計画案が可決された場合の法人の継続）

第173条　清算中若しくは特別清算中の法人又は破産手続開始後の法人である再生債務者について再生手続が開始された場合において，再生計画案が可決されたときは，定款その他の基本約款の変更に関する規定に従い，法人を継続することができる。

第4節　再生計画の認可等

（再生計画の認可又は不認可の決定）

第174条　再生計画案が可決された場合には，裁判所は，次項の場合を除き，再生計画認可の決定をする。

2　裁判所は，次の各号のいずれかに該当する場合には，再生計画不認可の決定をする。

一　再生手続又は再生計画が法律の規定に違反し，かつ，その不備を補正することができないものであるとき。ただし，再生手続が法律の規定に違反する場合において，当該違反の程度が軽微であるときは，この限りでない。

二　再生計画が遂行される見込みがないとき。

三　再生計画の決議が不正の方法によって成立するに至ったとき。

四　再生計画の決議が再生債権者の一般の利益に反するとき。

3　第115条第1項本文に規定する者及び労働組合等は，再生計画案を認可すべきかどうかについて，意見を述べることができる。

4　再生計画の認可又は不認可の決定があった場合には，第115条第1項本文に規定する者に対して，その主文及び理由の要旨を記載した書面を送達しなければならない。

5　前項に規定する場合には，同項の決定があった旨を労働組合等に通知しなければならない。

（約定劣後再生債権の届出がある場合における認可等の特則）

資　料

第174条の2　第172条の3第2項本文の規定により再生計画案の決議を再生債権を有する者と約定劣後再生債権を有する者とに分かれて行う場合において，再生債権を有する者又は約定劣後再生債権を有する者のいずれかについて同条第1項各号のいずれかに掲げる同意を得られなかったため再生計画案が可決されなかったときにおいても，裁判所は，再生計画案を変更し，その同意が得られなかった種類の債権を有する者のために，破産手続が開始された場合に配当を受けることが見込まれる額を支払うことその他これに準じて公正かつ衡平に当該債権を有する者を保護する条項を定めて，再生計画認可の決定をすることができる。

2　第172条の3第2項本文の規定により再生計画案の決議を再生債権を有する者と約定劣後再生債権を有する者とに分かれて行うべき場合において，再生計画案について，再生債権を有する者又は約定劣後再生債権を有する者のいずれかについて同条第1項各号のいずれかに掲げる同意を得られないことが明らかなものがあるときは，裁判所は，再生計画案の作成者の申立てにより，あらかじめ，その同意を得られないことが明らかな種類の債権を有する者のために前項に規定する条項を定めて，再生計画案を作成することを許可することができる。この場合において，その同意を得られないことが明らかな種類の債権を有する者は，当該再生計画案の決議において議決権を行使することができない。

3　前項の申立てがあったときは，裁判所は，申立人及び同意を得られないことが明らかな種類の債権を有する者のうち1人以上の意見を聴かなければならない。

（再生計画認可の決定等に対する即時抗告）

第175条　再生計画の認可又は不認可の決定に対しては，即時抗告をすることができる。

2　前項の規定にかかわらず，再生債務者が再生手続開始の時においてその財産をもって約定劣後再生債権に優先する債権に係る債務を完済することができない状態にある場合には，約定劣後再生債権を有する者は，再生計画の内容が約定劣後再生債権を有する者の間で第155条第1項に違反することを理由とする場合を除き，即時抗告をすることができない。

3　議決権を有しなかった再生債権者が第1項の即時抗告をするには，再生債権者であることを疎明しなければならない。

4　前項の規定は，第1項の即時抗告についての裁判に対する第18条において準用する民事訴訟法第336条の規定による抗告及び同法第337条の規定による抗告の許可の申立てについて準用する。

（再生計画の効力発生の時期）

第176条　再生計画は，認可の決定の確定により，効力を生ずる。

（再生計画の効力範囲）

第177条　再生計画は，再生債務者，すべての再生債権者及び再生のために債務を負担し，又は担保を提供する者のために，かつ，それらの者に対して効力を有する。

2　再生計画は，別除権者が有する第53条第1項に規定する担保権，再生債権者が再生債務者の保証人その他再生債務者と共に債務を負担する者に対して有する権利及び再生債務者以外の者が再生債権者のために提供した担保に影響を及ぼさない。

（再生債権の免責）

第178条　再生計画認可の決定が確定したときは，再生計画の定め又はこの法律の規定によって認められた権利を除き，再生債務者は，すべての再生債権について，その責任を免れる。ただし，再生手続開始前の罰金等については，この限りでない。

2　前項の規定にかかわらず，共助対象外国租税の請求権についての同項の規定による免責

〈資料⑥〉 民事再生法

の効力は，租税条約等実施特例法第11条第1項の規定による共助との関係においてのみ主張することができる。

（届出再生債権者等の権利の変更）

第179条 再生計画認可の決定が確定したときは，届出再生債権者及び第101条第3項の規定により認否書に記載された再生債権を有する再生債権者の権利は，再生計画の定めに従い，変更される。

2 前項に規定する再生債権者は，その有する債権が確定している場合に限り，再生計画の定めによって認められた権利を行使することができる。

3 第1項の規定にかかわらず，共助対象外国租税の請求権についての同項の規定による権利の変更の効力は，租税条約等実施特例法第11条第1項の規定による共助との関係においてのみ主張することができる。

（再生計画の条項の再生債権者表への記載等）

第180条 再生計画認可の決定が確定したときは，裁判所書記官は，再生計画の条項を再生債権者表に記載しなければならない。

2 前項の場合には，再生債権に基づき再生計画の定めによって認められた権利については，その再生債権者表の記載は，再生債務者，再生債権者及び再生のために債務を負担し，又は担保を提供する者に対して，確定判決と同一の効力を有する。

3 第1項の場合には，前項の権利で金銭の支払その他の給付の請求を内容とするものを有する者は，再生債務者及び再生のために債務を負担した者に対して，その再生債権者表の記載により強制執行をすることができる。ただし，民法第452条及び第453条の規定の適用を妨げない。

（届出のない再生債権等の取扱い）

第181条 再生計画認可の決定が確定したときは，次に掲げる再生債権（約定劣後再生債権の届出がない場合における約定劣後再生債権を除く。）は，第156条の一般的基準に従い，変更される。

　一　再生債権者がその責めに帰することができない事由により債権届出期間内に届出をすることができなかった再生債権で，その事由が第95条第4項に規定する決定前に消滅しなかったもの

　二　前号の決定後に生じた再生債権

　三　第101条第3項に規定する場合において，再生債務者が同項の規定による記載をしなかった再生債権

2 前項第3号の規定により変更された後の権利については，再生計画で定められた弁済期間が満了する時（その期間の満了前に，再生計画に基づく弁済が完了した場合又は再生計画が取り消された場合にあっては弁済が完了した時又は再生計画が取り消された時）までの間は，弁済をし，弁済を受け，その他これを消滅させる行為（免除を除く。）をすることができない。

3 再生計画認可の決定が確定した場合には，再生手続開始前の罰金等についても，前項と同様とする。

（別除権者の再生計画による権利の行使）

第182条 再生債権者が第53条第1項に規定する担保権を有する場合には，その行使によって弁済を受けることができない債権の部分が確定した場合に限り，その債権の部分について，認可された再生計画の定めによって認められた権利又は前条第1項の規定により変更

資　料

された後の権利を行使することができる。ただし，その担保権が根抵当権である場合において，再生計画に第160条第2項の規定による仮払に関する定め及び精算に関する措置の定めがあるときは，その定めるところによる。

（再生計画により再生債務者の株式の取得等がされた場合の取扱い）

第183条　第154条第3項の規定により再生計画において再生債務者の株式の取得に関する条項を定めたときは，再生債務者は，第161条第1項第2号の日に，認可された再生計画の定めによって，同項第1号の株式を取得する。

2　第154条第3項の規定により再生計画において株式の併合に関する条項を定めたときは，認可された再生計画の定めによって，株式の併合をすることができる。この場合においては，会社法第116条，第117条，第182条の4及び第182条の5の規定は，適用しない。

3　前項の場合には，会社法第235条第2項において準用する同法第234条第2項の許可の申立てに係る事件は，再生裁判所が管轄する。

4　第154条第3項の規定により再生計画において資本金の額の減少に関する条項を定めたときは，認可された再生計画の定めによって，資本金の額の減少をすることができる。この場合においては，会社法第449条及び第740条の規定は，適用しない。

5　前項の場合には，会社法第828条第1項第5号及び第2項第5号の規定にかかわらず，資本金の額の減少について，その無効の訴えを提起することができない。

6　第154条第3項の規定により再生計画において再生債務者が発行することができる株式の総数についての定款の変更に関する条項を定めたときは，定款は，再生計画認可の決定が確定した時に再生計画の定めによって変更される。

7　第2項，第4項又は前項の規定により，認可された再生計画の定めによる株式の併合，資本金の額の減少又は定款の変更があった場合には，当該事項に係る登記の申請書には，再生計画認可の裁判書の謄本又は抄本を添付しなければならない。

（再生計画に募集株式を引き受ける者の募集に関する条項を定めた場合の取扱い）

第183条の2　第154条第4項の規定により再生計画において募集株式を引き受ける者の募集に関する条項を定めたときは，会社法第199条第2項の規定にかかわらず，取締役の決定（再生債務者が取締役会設置会社である場合にあっては，取締役会の決議）によって，同項に規定する募集事項を定めることができる。この場合においては，同条第4項並びに同法第204条第2項及び第205条第2項の規定は，適用しない。

2　会社法第201条第3項から第5項までの規定は，前項の場合について準用する。

3　第1項の募集株式を引き受ける者の募集による変更の登記の申請書には，再生計画認可の裁判書の謄本又は抄本を添付しなければならない。

（中止した手続等の失効）

第184条　再生計画認可の決定が確定したときは，第39条第1項の規定により中止した手続又は処分は，その効力を失う。ただし，同条第2項の規定により続行された手続又は処分については，この限りでない。

（不認可の決定が確定した場合の再生債権者表の記載の効力）

第185条　再生計画不認可の決定が確定したときは，確定した再生債権については，再生債権者表の記載は，再生債務者に対し，確定判決と同一の効力を有する。ただし，再生債務者が第102条第2項又は第103条第4項の規定による異議を述べたときは，この限りでない。

2　前項の場合には，再生債権者は，再生債務者に対し，再生債権者表の記載により強制執行をすることができる。

446

〈資料⑥〉 民事再生法

第8章 再生計画認可後の手続

（再生計画の遂行）

第186条 再生計画認可の決定が確定したときは，再生債務者等は，速やかに，再生計画を遂行しなければならない。

2 前項に規定する場合において，監督委員が選任されているときは，当該監督委員は，再生債務者の再生計画の遂行を監督する。

3 裁判所は，再生計画の遂行を確実にするため必要があると認めるときは，再生債務者等又は再生のために債務を負担し，若しくは担保を提供する者に対し，次に掲げる者のために，相当な担保を立てるべきことを命ずることができる。

　一 再生計画の定め又はこの法律の規定によって認められた権利を有する者

　二 異議等のある再生債権でその確定手続が終了していないものを有する者

　三 別除権の行使によって弁済を受けることができない債権の部分が確定していない再生債権を有する者

4 民事訴訟法第76条，第77条，第79条及び第80条の規定は，前項の担保について準用する。

（再生計画の変更）

第187条 再生計画認可の決定があった後やむを得ない事由で再生計画に定める事項を変更する必要が生じたときは，裁判所は，再生手続終了前に限り，再生債務者，管財人，監督委員又は届出再生債権者の申立てにより，再生計画を変更することができる。

2 前項の規定により再生債権者に不利な影響を及ぼすものと認められる再生計画の変更の申立てがあった場合には，再生計画案の提出があった場合の手続に関する規定を準用する。ただし，再生計画の変更によって不利な影響を受けない再生債権者は，手続に参加させることを要せず，また，変更計画案について議決権を行使しない者（変更計画案について決議をするための債権者集会に出席した者を除く。）であって従前の再生計画に同意したものは，変更計画案に同意したものとみなす。

3 第175条及び第176条の規定は，再生計画変更の決定があった場合について準用する。

（再生手続の終結）

第188条 裁判所は，再生計画認可の決定が確定したときは，監督委員又は管財人が選任されている場合を除き，再生手続終結の決定をしなければならない。

2 裁判所は，監督委員が選任されている場合において，再生計画が遂行されたとき，又は再生計画認可の決定が確定した後3年を経過したときは，再生債務者若しくは監督委員の申立てにより又は職権で，再生手続終結の決定をしなければならない。

3 裁判所は，管財人が選任されている場合において，再生計画が遂行されたとき，又は再生計画が遂行されることが確実であると認めるに至ったときは，再生債務者若しくは管財人の申立てにより又は職権で，再生手続終結の決定をしなければならない。

4 監督命令及び管理命令は，再生手続終結の決定があったときは，その効力を失う。

5 裁判所は，再生手続終結の決定をしたときは，その主文及び理由の要旨を公告しなければならない。

（再生計画の取消し）

第189条 再生計画認可の決定が確定した場合において，次の各号のいずれかに該当する事由があるときは，裁判所は，再生債権者の申立てにより，再生計画取消しの決定をすることができる。

資　料

　　　一　再生計画が不正の方法により成立したこと。
　　　二　再生債務者等が再生計画の履行を怠ったこと。
　　　三　再生債務者が第41条第1項若しくは第42条第1項の規定に違反し，又は第54条第2項
　　　　に規定する監督委員の同意を得ないで同項の行為をしたこと。
　2　前項第1号に掲げる事由を理由とする同項の申立ては，再生債権者が再生計画認可の決
　　定に対する即時抗告により同号の事由を主張したとき，若しくはこれを知りながら主張し
　　なかったとき，再生債権者が同号に該当する事由があることを知った時から1月を経過し
　　たとき，又は再生計画認可の決定が確定した時から2年を経過したときは，することがで
　　きない。
　3　第1項第2号に掲げる事由を理由とする同項の申立ては，再生計画の定めによって認め
　　られた権利の全部（履行された部分を除く。）について裁判所が評価した額の10分の1以
　　上に当たる権利を有する再生債権者であって，その有する履行期限が到来した当該権利の
　　全部又は一部について履行を受けていないものに限り，することができる。
　4　裁判所は，再生計画取消しの決定をしたときは，直ちに，その裁判書を第1項の申立て
　　をした者及び再生債務者等に送達し，かつ，その主文及び理由の要旨を公告しなければな
　　らない。
　5　第1項の申立てについての裁判に対しては，即時抗告をすることができる。
　6　第4項の決定は，確定しなければその効力を生じない。
　7　第4項の決定が確定した場合には，再生計画によって変更された再生債権は，原状に復
　　する。ただし，再生債権者が再生計画によって得た権利に影響を及ぼさない。
　8　第185条の規定は第4項の決定が確定した場合について，前条第4項の規定は再生手続
　　終了前に第4項の決定が確定した場合について準用する。

（破産手続開始の決定又は新たな再生手続開始の決定がされた場合の取扱い等）
第190条　再生計画の履行完了前に，再生債務者について破産手続開始の決定又は新たな再
　　生手続開始の決定がされた場合には，再生計画によって変更された再生債権は，原状に復
　　する。ただし，再生債権者が再生計画によって得た権利に影響を及ぼさない。
　2　第185条の規定は前項の場合について準用する。
　3　第1項の破産手続開始の決定に係る破産手続においては，再生債権であった破産債権に
　　ついては，その破産債権の額は，従前の再生債権の額から同項の再生計画により弁済を受
　　けた額を控除した額とする。
　4　前項の破産手続においては，同項の破産債権については，第1項の再生計画により弁済
　　を受けた場合であっても，従前の再生債権の額をもって配当の手続に参加することができ
　　る債権の額とみなし，破産財団に当該弁済を受けた額を加算して配当率の標準を定める。
　　ただし，当該破産債権を有する破産債権者は，他の同順位の破産債権者が自己の受けた弁
　　済と同一の割合の配当を受けるまでは，配当を受けることができない。
　5　第1項の破産手続開始の決定がされたときは，再生債務者が再生手続終了後に再生計画
　　によらずに再生債権者に対してした担保の供与は，その効力を失う。
　6　新たな再生手続においては，再生債権者は，再生債権について第1項の再生計画により
　　弁済を受けた場合であっても，その弁済を受ける前の債権の全部をもって再生手続に参加
　　することができる。
　7　新たな再生手続においては，前項の規定により再生手続に参加した再生債権者は，他の
　　再生債権者が自己の受けた弁済と同一の割合の弁済を受けるまでは，弁済を受けることが

448

〈資料⑥〉 民事再生法

できない。
8 新たな再生手続においては，第6項の規定により再生手続に参加した再生債権者は，第
1項の再生計画により弁済を受けた債権の部分については，議決権を行使することができ
ない。
9 新たな再生手続においては，従前の再生手続における共益債権は，共益債権とみなす。

第9章　再生手続の廃止

（再生計画認可前の手続廃止）
第191条　次の各号のいずれかに該当する場合には，裁判所は，職権で，再生手続廃止の決
定をしなければならない。
一　決議に付するに足りる再生計画案の作成の見込みがないことが明らかになったとき。
二　裁判所の定めた期間若しくはその伸長した期間内に再生計画案の提出がないとき，又
はその期間内に提出されたすべての再生計画案が決議に付するに足りないものであると
き。
三　再生計画案が否決されたとき，又は第172条の5第1項本文及び第4項の規定により
債権者集会の続行期日が定められた場合において，同条第2項及び第3項の規定に適合
する期間内に再生計画案が可決されないとき。
第192条　債権届出期間の経過後再生計画認可の決定の確定前において，第21条第1項に規
定する再生手続開始の申立ての事由のないことが明らかになったときは，裁判所は，再生
債務者，管財人又は届出再生債権者の申立てにより，再生手続廃止の決定をしなければな
らない。
2　前項の申立てをする場合には，申立人は，再生手続廃止の原因となる事実を疎明しなけ
ればならない。
（再生債務者の義務違反による手続廃止）
第193条　次の各号のいずれかに該当する場合には，裁判所は，監督委員若しくは管財人の
申立てにより又は職権で，再生手続廃止の決定をすることができる。
一　再生債務者が第30条第1項の規定による裁判所の命令に違反した場合
二　再生債務者が第41条第1項若しくは第42条第1項の規定に違反し，又は第54条第2項
に規定する監督委員の同意を得ないで同項の行為をした場合
三　再生債務者が第101条第5項又は第103条第3項の規定により裁判所が定めた期限まで
に認否書を提出しなかった場合
2　前項の決定をする場合には，再生債務者を審尋しなければならない。
（再生計画認可後の手続廃止）
第194条　再生計画認可の決定が確定した後に再生計画が遂行される見込みがないことが明
らかになったときは，裁判所は，再生債務者等若しくは監督委員の申立てにより又は職権
で，再生手続廃止の決定をしなければならない。
（再生手続廃止の公告等）
第195条　裁判所は，再生手続廃止の決定をしたときは，直ちに，その主文及び理由の要旨
を公告しなければならない。
2　前項の決定に対しては，即時抗告をすることができる。
3　第175条第3項の規定は，前項の即時抗告並びにこれについての決定に対する第18条に

449

資　料

おいて準用する民事訴訟法第336条の規定による抗告及び同法第337条の規定による抗告の許可の申立てについて準用する。

4　再生手続廃止の決定を取り消す決定が確定したときは，再生手続廃止の決定をした裁判所は，直ちに，その旨を公告しなければならない。

5　第1項の決定は，確定しなければその効力を生じない。

6　再生計画認可の決定が確定した後にされた再生手続の廃止は，再生計画の遂行及びこの法律の規定によって生じた効力に影響を及ぼさない。

7　第185条の規定は第191条，第192条第1項又は第193条第1項の規定による再生手続廃止の決定が確定した場合（再生計画認可の決定が確定した後に再生手続廃止の決定が確定した場合を除く。）について，第188条第4項の規定は第1項の決定が確定した場合について準用する。

第10章　　住宅資金貸付債権に関する特則

（定義）

第196条　この章，第12章及び第13章において，次の各号に掲げる用語の意義は，それぞれ当該各号に定めるところによる。

　一　住宅　個人である再生債務者が所有し，自己の居住の用に供する建物であって，その床面積の2分の1以上に相当する部分が専ら自己の居住の用に供されるものをいう。ただし，当該建物が2以上ある場合には，これらの建物のうち，再生債務者が主として居住の用に供する1の建物に限る。

　二　住宅の敷地　住宅の用に供されている土地又は当該土地に設定されている地上権をいう。

　三　住宅資金貸付債権　住宅の建設若しくは購入に必要な資金（住宅の用に供する土地又は借地権の取得に必要な資金を含む。）又は住宅の改良に必要な資金の貸付けに係る分割払の定めのある再生債権であって，当該債権又は当該債権に係る債務の保証人（保証を業とする者に限る。以下「保証会社」という。）の主たる債務者に対する求償権を担保するための抵当権が住宅に設定されているものをいう。

　四　住宅資金特別条項　再生債権者の有する住宅資金貸付債権の全部又は一部を，第199条第1項から第4項までの規定するところにより変更する再生計画の条項をいう。

　五　住宅資金貸付契約　住宅資金貸付債権に係る資金の貸付契約をいう。

（抵当権の実行手続の中止命令等）

第197条　裁判所は，再生手続開始の申立てがあった場合において，住宅資金特別条項を定めた再生計画の認可の見込みがあると認めるときは，再生債務者の申立てにより，相当の期間を定めて，住宅又は再生債務者が有する住宅の敷地に設定されている前条第3号に規定する抵当権の実行手続の中止を命ずることができる。

2　第31条第2項から第6項までの規定は，前項の規定による中止の命令について準用する。

3　裁判所は，再生債務者が再生手続開始後に住宅資金貸付債権の一部を弁済しなければ住宅資金貸付契約の定めにより当該住宅資金貸付債権の全部又は一部について期限の利益を喪失することとなる場合において，住宅資金特別条項を定めた再生計画の認可の見込みがあると認めるときは，再生計画認可の決定が確定する前でも，再生債務者の申立てにより，その弁済をすることを許可することができる。

450

〈資料⑥〉 民事再生法

（住宅資金特別条項を定めることができる場合等）

第198条　住宅資金貸付債権（民法第500条の規定により住宅資金貸付債権を有する者に代位した再生債権者が当該代位により有するものを除く。）については，再生計画において，住宅資金特別条項を定めることができる。ただし，住宅の上に第53条第１項に規定する担保権（第196条第３号に規定する抵当権を除く。）が存するとき，又は住宅以外の不動産にも同号に規定する抵当権が設定されている場合において当該不動産の上に第53条第１項に規定する担保権で当該抵当権に後れるものが存するときは，この限りでない。

2　保証会社が住宅資金貸付債権に係る保証債務を履行した場合において，当該保証債務の全部を履行した日から６月を経過する日までの間に再生手続開始の申立てがされたときは，第204条第１項本文の規定により住宅資金貸付債権を有することとなる者の権利について，住宅資金特別条項を定めることができる。この場合においては，前項ただし書の規定を準用する。

3　第１項に規定する住宅資金貸付債権を有する再生債権者又は第204条第１項本文の規定により住宅資金貸付債権を有することとなる者が数人あるときは，その全員を対象として住宅資金特別条項を定めなければならない。

（住宅資金特別条項の内容）

第199条　住宅資金特別条項においては，次項又は第３項に規定する場合を除き，次の各号に掲げる債権について，それぞれ当該各号に定める内容を定める。

一　再生計画認可の決定の確定時までに弁済期が到来する住宅資金貸付債権の元本（再生債務者が期限の利益を喪失しなかったとすれば弁済期が到来しないものを除く。）及びこれに対する再生計画認可の決定の確定後の住宅約定利息（住宅資金貸付契約において定められた約定利率による利息をいう。以下この条において同じ。）並びに再生計画認可の決定の確定時までに生ずる住宅資金貸付債権の利息及び不履行による損害賠償　その全額を，再生計画（住宅資金特別条項を除く。）で定める弁済期間（当該期間が５年を超える場合にあっては，再生計画認可の決定の確定から５年。第３項において「一般弁済期間」という。）内に支払うこと。

二　再生計画認可の決定の確定時までに弁済期が到来しない住宅資金貸付債権の元本（再生債務者が期限の利益を喪失しなかったとすれば弁済期が到来しないものを含む。）及びこれに対する再生計画認可の決定の確定後の住宅約定利息　住宅資金貸付契約における債務の不履行がない場合についての弁済の時期及び額に関する約定に従って支払うこと。

2　前項の規定による住宅資金特別条項を定めた再生計画の認可の見込みがない場合には，住宅資金特別条項において，住宅資金貸付債権に係る債務の弁済期を住宅資金貸付契約において定められた最終の弁済期（以下この項及び第４項において「約定最終弁済期」という。）から後の日に定めることができる。この場合における権利の変更の内容は，次に掲げる要件のすべてを具備するものでなければならない。

一　次に掲げる債権について，その全額を支払うものであること。

イ　住宅資金貸付債権の元本及びこれに対する再生計画認可の決定の確定後の住宅約定利息

ロ　再生計画認可の決定の確定時までに生ずる住宅資金貸付債権の利息及び不履行による損害賠償

二　住宅資金特別条項による変更後の最終の弁済期が約定最終弁済期から10年を超えず，か

つ，住宅資金特別条項による変更後の最終の弁済期における再生債務者の年齢が70歳を超えないものであること。

　　三　第１号イに掲げる債権については，一定の基準により住宅資金貸付契約における弁済期と弁済期との間隔及び各弁済期における弁済額が定められている場合には，当該基準におおむね沿うものであること。

３　前項の規定による住宅資金特別条項を定めた再生計画の認可の見込みがない場合には，一般弁済期間の範囲内で定める期間（以下この項において「元本猶予期間」という。）中は，住宅資金貸付債権の元本の一部及び住宅資金貸付債権の元本に対する元本猶予期間中の住宅約定利息のみを支払うものとすることができる。この場合における権利の変更の内容は，次に掲げる要件のすべてを具備するものでなければならない。

　　一　前項第１号及び第２号に掲げる要件があること。

　　二　前項第１号イに掲げる債権についての元本猶予期間を経過した後の弁済期及び弁済額の定めについては，一定の基準により住宅資金貸付契約における弁済期と弁済期との間隔及び各弁済期における弁済額が定められている場合には，当該基準におおむね沿うものであること。

４　住宅資金特別条項によって権利の変更を受ける者の同意がある場合には，前３項の規定にかかわらず，約定最終弁済期から10年を超えて住宅資金貸付債権に係る債務の期限を猶予することその他前３項に規定する変更以外の変更をすることを内容とする住宅資金特別条項を定めることができる。

５　住宅資金特別条項によって権利の変更を受ける者と他の再生債権者との間については第155条第１項の規定を，住宅資金特別条項については同条第３項の規定を，住宅資金特別条項によって権利の変更を受ける者については第160条及び第165条第２項の規定を適用しない。

（住宅資金特別条項を定めた再生計画案の提出等）

第200条　住宅資金特別条項を定めた再生計画案は，再生債務者のみが提出することができる。

２　再生債務者により住宅資金特別条項を定めた再生計画案が提出され，かつ，次の各号のいずれかに該当することとなったときは，当該各号に定める時までに届出再生債権者が再生債権の調査において第198条第１項に規定する住宅資金貸付債権の内容について述べた異議は，それぞれその時においてその効力を失う。ただし，これらの時までに，当該異議に係る再生債権の確定手続が終了していない場合に限る。

　　一　いずれの届出再生債権者も裁判所の定めた期間又はその伸長した期間内に住宅資金特別条項の定めのない再生計画案を提出しなかったとき　当該期間が満了した時

　　二　届出再生債権者が提出した住宅資金特別条項の定めのない再生計画案が決議に付されず，住宅資金特別条項を定めた再生計画案のみが決議に付されたとき　第167条ただし書に規定する決定がされた時

　　三　住宅資金特別条項を定めた再生計画案及び届出再生債権者が提出した住宅資金特別条項の定めのない再生計画案が共に決議に付され，住宅資金特別条項を定めた再生計画案が可決されたとき　当該可決がされた時

３　前項の規定により同項本文の異議が効力を失った場合には，当該住宅資金貸付債権については，第104条第１項及び第３項の規定は，適用しない。

４　再生債務者により住宅資金特別条項を定めた再生計画案が提出され，かつ，第２項各号のいずれかに該当することとなったときは，当該各号に定める時までに第198条第１項に

〈資料⑥〉　民事再生法

規定する住宅資金貸付債権を有する再生債権者であって当該住宅資金貸付債権以外に再生
債権を有しないもの又は保証会社であって住宅資金貸付債権に係る債務の保証に基づく求
償権以外に再生債権を有しないものが再生債権の調査において述べた異議についても，第
2項と同様とする。この場合においては，当該異議を述べた者には，第104条第3項及び
第180条第2項の規定による確定判決と同一の効力は，及ばない。

5　再生債務者により住宅資金特別条項を定めた再生計画案が提出され，かつ，第2項第1
号又は第2号のいずれかに該当することとなったときは，前項前段に規定する再生債権者
又は保証会社は，第170条第1項本文の異議を述べることができない。

(住宅資金特別条項を定めた再生計画案の決議等)

第201条　住宅資金特別条項を定めた再生計画案の決議においては，住宅資金特別条項によっ
て権利の変更を受けることとされている者及び保証会社は，住宅資金貸付債権又は住宅資
金貸付債権に係る債務の保証に基づく求償権については，議決権を有しない。

2　住宅資金特別条項を定めた再生計画案が提出されたときは，裁判所は，当該住宅資金特
別条項によって権利の変更を受けることとされている者の意見を聴かなければならない。
第167条の規定による修正（その修正が，住宅資金特別条項によって権利の変更を受ける
こととされている者に不利な影響を及ぼさないことが明らかな場合を除く。）があった場
合における修正後の住宅資金特別条項を定めた再生計画案についても，同様とする。

3　住宅資金特別条項を定めた再生計画案に対する第169条第1項の規定の適用については，
同項第3号中「第174条第2項各号（第3号を除く。）」とあるのは，「第202条第2項各号（第
4号を除く。）」とする。

(住宅資金特別条項を定めた再生計画の認可又は不認可の決定等)

第202条　住宅資金特別条項を定めた再生計画案が可決された場合には，裁判所は，次項の
場合を除き，再生計画認可の決定をする。

2　裁判所は，住宅資金特別条項を定めた再生計画案が可決された場合において，次の各号
のいずれかに該当するときは，再生計画不認可の決定をする。

一　第174条第2項第1号又は第4号に規定する事由があるとき。

二　再生計画が遂行可能であると認めることができないとき。

三　再生債務者が住宅の所有権又は住宅の用に供されている土地を住宅の所有のために使
用する権利を失うこととなると見込まれるとき。

四　再生計画の決議が不正の方法によって成立するに至ったとき。

3　住宅資金特別条項によって権利の変更を受けることとされている者は，再生債権の届出
をしていない場合であっても，住宅資金特別条項を定めた再生計画案を認可すべきかどう
かについて，意見を述べることができる。

4　住宅資金特別条項を定めた再生計画の認可又は不認可の決定があったときは，住宅資金
特別条項によって権利の変更を受けることとされている者で再生債権の届出をしていない
ものに対しても，その主文及び理由の要旨を記載した書面を送達しなければならない。

5　住宅資金特別条項を定めた再生計画案が可決された場合には，第174条第1項及び第2
項の規定は，適用しない。

(住宅資金特別条項を定めた再生計画の効力等)

第203条　住宅資金特別条項を定めた再生計画の認可の決定が確定したときは，第177条第2
項の規定は，住宅及び住宅の敷地に設定されている第196条第3号に規定する抵当権並び
に住宅資金特別条項によって権利の変更を受けた者が再生債務者の保証人その他再生債務

453

資　料

者と共に債務を負担する者に対して有する権利については，適用しない。この場合におい
て，再生債務者が連帯債務者の1人であるときは，住宅資金特別条項による期限の猶予は，
他の連帯債務者に対しても効力を有する。

2　住宅資金特別条項を定めた再生計画の認可の決定が確定したときは，住宅資金特別条項
によって変更された後の権利については，住宅資金特別条項において，期限の利益の喪失
についての定めその他の住宅資金貸付契約における定めと同一の定めがされたものとみな
す。ただし，第199条第4項の同意を得て別段の定めをすることを妨げない。

3　住宅資金特別条項を定めた再生計画の認可の決定が確定した場合における第123条第2
項及び第181条第2項の規定の適用については，これらの規定中「再生計画で定められた
弁済期間」とあるのは「再生計画（住宅資金特別条項を除く。）で定められた弁済期間」と，
「再生計画に基づく弁済」とあるのは「再生計画（住宅資金特別条項を除く。）に基づく弁
済」とする。

4　住宅資金特別条項によって変更された後の権利については前項の規定により読み替えて
適用される第181条第2項の規定を，住宅資金特別条項によって権利の変更を受けた者に
ついては第182条の規定を適用しない。

（保証会社が保証債務を履行した場合の取扱い）

第204条　住宅資金特別条項を定めた再生計画の認可の決定が確定した場合において，保証
会社が住宅資金貸付債権に係る保証債務を履行していたときは，当該保証債務の履行は，
なかったものとみなす。ただし，保証会社が当該保証債務を履行したことにより取得した
権利に基づき再生債権者としてした行為に影響を及ぼさない。

2　前項本文の場合において，当該認可の決定の確定前に再生債務者が保証会社に対して同
項の保証債務に係る求償権についての弁済をしていたときは，再生債務者は，同項本文の
規定により住宅資金貸付債権を有することとなった者に対して，当該弁済をした額につき
当該住宅資金貸付債権についての弁済をすることを要しない。この場合において，保証会
社は，当該弁済を受けた額を同項本文の規定により住宅資金貸付債権を有することとなっ
た者に対して交付しなければならない。

（査定の申立てがされなかった場合等の取扱い）

第205条　第198条第1項に規定する住宅資金貸付債権についての第105条第1項に規定する
査定の申立てが同条第2項の不変期間内にされなかった場合（第107条及び第109条の場合
を除く。），第200条第2項の規定により同項本文の異議が効力を失った場合及び保証会社
が住宅資金貸付債権に係る保証債務を履行した場合には，住宅資金特別条項については，
第157条，第159条，第164条第2項後段及び第179条の規定は，適用しない。

2　住宅資金特別条項を定めた再生計画の認可の決定が確定したときは，前項に規定する場
合（保証会社が住宅資金貸付債権に係る保証債務を履行した場合を除く。）における当該
住宅資金貸付債権を有する再生債権者の権利及び前条第1項本文の規定により住宅資金貸
付債権を有することとなる者の権利は，住宅資金特別条項における第156条の一般的基準
に従い，変更される。

（住宅資金特別条項を定めた再生計画の取消し等）

第206条　住宅資金特別条項を定めた再生計画についての第189条第1項第2号に掲げる事由
を理由とする再生計画取消しの申立ては，同条第3項の規定にかかわらず，再生計画の定
めによって認められた権利（住宅資金特別条項によって変更された後のものを除く。）の
全部（履行された部分を除く。）について裁判所が評価した額の10分の1以上に当たる当

〈資料⑥〉　民事再生法

該権利を有する再生債権者であって，その有する履行期限が到来した当該権利の全部又は一部について履行を受けていないものに限り，することができる。

2　住宅資金特別条項を定めた再生計画の取消しの決定が確定した場合における第189条第7項ただし書及び第190条第1項ただし書の規定の適用については，これらの規定中「再生債権者が再生計画によって得た権利」とあるのは，「再生債権者が再生計画によって得た権利及び第204条第1項本文の規定により生じた効力」とする。

第11章　外国倒産処理手続がある場合の特則

（外国管財人との協力）

第207条　再生債務者等は，再生債務者についての外国倒産処理手続（外国で開始された手続で，破産手続又は再生手続に相当するものをいう。以下同じ。）がある場合には，外国管財人（当該外国倒産処理手続において再生債務者の財産の管理及び処分をする権利を有する者をいう。以下同じ。）に対し，再生債務者の再生のために必要な協力及び情報の提供を求めることができる。

2　前項に規定する場合には，再生債務者等は，外国管財人に対し，再生債務者の再生のために必要な協力及び情報の提供をするよう努めるものとする。

（再生手続の開始原因の推定）

第208条　再生債務者についての外国倒産処理手続がある場合には，当該再生債務者に再生手続開始の原因となる事実があるものと推定する。

（外国管財人の権限等）

第209条　外国管財人は，第21条第1項前段に規定する場合には，再生債務者について再生手続開始の申立てをすることができる。この場合における第33条第1項の規定の適用については，同項中「第21条」とあるのは，「第209条第1項前段」とする。

2　外国管財人は，再生債務者の再生手続において，債権者集会に出席し，意見を述べることができる。

3　外国管財人は，再生債務者の再生手続において，第163条第1項に規定する期間（同条第3項の規定により期間が伸長されたときは，その伸長された期間）内に，再生計画案を作成して裁判所に提出することができる。

4　第1項の規定により外国管財人が再生手続開始の申立てをした場合において，包括的禁止命令又はこれを変更し，若しくは取り消す旨の決定があったときはその主文を再生手続開始の決定があったときは第35条第1項の規定により公告すべき事項を，第34条第1項の規定により定めた期間に変更を生じたときはその旨を，再生手続開始の決定を取り消す決定が確定したときはその主文を，それぞれ外国管財人に通知しなければならない。

（相互の手続参加）

第210条　外国管財人は，届出をしていない再生債権者であって，再生債務者についての外国倒産処理手続に参加しているものを代理して，再生債務者の再生手続に参加することができる。ただし，当該外国の法令によりその権限を有する場合に限る。

2　再生債務者等は，届出再生債権者（第101条第3項の規定により認否書に記載された再生債権を有する者を含む。次項において同じ。）であって，再生債務者についての外国倒産処理手続に参加していないものを代理して，当該外国倒産処理手続に参加することができる。

455

資　料

3　再生債務者等は，前項の規定による参加をした場合には，その代理する届出再生債権者のために，外国倒産処理手続に属する一切の行為をすることができる。ただし，届出の取下げ，和解その他の届出再生債権者の権利を害するおそれがある行為をするには，当該届出再生債権者の授権がなければならない。

第12章　簡易再生及び同意再生に関する特則

第1節　簡易再生

（簡易再生の決定）

第211条　裁判所は，債権届出期間の経過後一般調査期間の開始前において，再生債務者等の申立てがあったときは，簡易再生の決定（再生債権の調査及び確定の手続を経ない旨の決定をいう。以下同じ。）をする。この場合において，再生債務者等の申立ては，届出再生債権者の総債権について裁判所が評価した額の5分の3以上に当たる債権を有する届出再生債権者が，書面により，再生債務者等が提出した再生計画案について同意し，かつ，第4章第3節に定める再生債権の調査及び確定の手続を経ないことについて同意している場合に限り，することができる。

2　前項の申立てをする場合には，再生債務者等は，労働組合等にその旨を通知しなければならない。

3　裁判所は，第1項の申立てがあった場合において，同項後段の再生計画案について第174条第2項各号（第3号を除く。）のいずれかに該当する事由があると認めるときは，当該申立てを却下しなければならない。

4　第1項後段の再生計画案が住宅資金特別条項を定めたものである場合における同項後段及び前項の規定の適用については，第1項後段中「届出再生債権者の総債権」とあるのは「届出再生債権者の債権（第198条第1項に規定する住宅資金貸付債権又は保証会社の住宅資金貸付債権に係る債務の保証に基づく求償権で，届出があったものを除く。）の全部」と，「債権を有する届出再生債権者」とあるのは「当該債権を有する届出再生債権者」と，前項中「第174条第2項各号（第3号を除く。）」とあるのは「第202条第2項各号（第4号を除く。）」とする。

（簡易再生の決定の効力等）

第212条　簡易再生の決定があった場合には，一般調査期間に関する決定は，その効力を失う。

2　裁判所は，簡易再生の決定と同時に，議決権行使の方法としての第169条第2項第1号に掲げる方法及び第172条第2項（同条第3項において準用する場合を含む。）の規定により議決権の不統一行使をする場合における裁判所に対する通知の期限を定めて，前条第1項後段の再生計画案を決議に付する旨の決定をしなければならない。

3　簡易再生の決定があった場合には，その主文，前条第1項後段の再生計画案について決議をするための債権者集会の期日，前項に規定する期限及び当該再生計画案を公告するとともに，これらの事項を第115条第1項本文に規定する者に通知しなければならない。この場合においては，当該債権者集会の期日を労働組合等に通知しなければならない。

4　前項の債権者集会については，第115条第1項から第4項までの規定は適用しない。

5　簡易再生の決定があった場合における第172条第2項（同条第3項において準用する場合を含む。）の規定の適用については，同条第2項中「第169条第2項前段」とあるのは，

456

〈資料⑥〉 民事再生法

「第212条第2項」とする。

（即時抗告等）

第213条 第211条第1項の申立てについての裁判に対しては，即時抗告をすることができる。

2 前項の即時抗告は，執行停止の効力を有しない。

3 簡易再生の決定を取り消す決定が確定した場合には，簡易再生の決定をした裁判所は，遅滞なく，一般調査期間を定めなければならない。

4 第102条第3項から第5項までの規定は，前項の一般調査期間を定める決定の送達について準用する。

5 簡易再生の決定が確定した場合には，第40条第1項（同条第3項において準用する場合を含む。）の規定により中断した手続は，再生債務者等においてこれを受け継がなければならない。この場合においては，受継の申立ては，相手方もすることができる。

（債権者集会の特則）

第214条 第212条第3項に規定する債権者集会においては，第211条第1項後段の再生計画案のみを，決議に付することができる。

2 裁判所は，財産状況報告集会における再生債務者等による報告又は第125条第1項の報告書の提出がされた後でなければ，前項の再生計画案を決議に付することができない。

3 第1項の債権者集会に出席しなかった届出再生債権者が第211条第1項後段に規定する同意をしている場合には，第172条の3第1項及び第6項の規定の適用については，当該届出再生債権者は，当該債権者集会に出席して再生計画案について同意したものとみなす。ただし，当該届出再生債権者が，第1項の債権者集会の開始前に，裁判所に対し，第211条第1項後段に規定する同意を撤回する旨を記載した書面を提出したときは，この限りでない。

（再生計画の効力等の特則）

第215条 簡易再生の決定があった場合において，再生計画認可の決定が確定したときは，すべての再生債権者の権利（約定劣後再生債権の届出がない場合における約定劣後再生債権及び再生手続開始前の罰金等を除く。）は，第156条の一般的基準に従い，変更される。

2 前項に規定する場合における第182条，第189条第3項及び第206条第1項の規定の適用については，第182条中「認可された再生計画の定めによって認められた権利又は前条第1項の規定により変更された後の権利」とあり，並びに第189条第3項及び第206条第1項中「再生計画の定めによって認められた権利」とあるのは，「第215条第1項の規定により変更された後の権利」とする。

3 第1項に規定する場合において，約定劣後再生債権の届出がないときは，再生債務者は，約定劣後再生債権について，その責任を免れる。

4 第1項の規定にかかわらず，共助対象外国租税の請求権についての同項の規定による権利の変更の効力は，租税条約等実施特例法第11条第1項の規定による共助との関係においてのみ主張することができる。

（再生債権の調査及び確定に関する規定等の適用除外等）

第216条 簡易再生の決定があった場合には，第67条第4項，第4章第3節，第157条，第159条，第164条第2項後段，第169条，第171条，第178条から第180条まで，第181条第1項及び第2項，第185条（第189条第8項，第190条第2項及び第195条第7項において準用する場合を含む。），第186条第3項及び第4項，第187条，第200条第2項及び第4項並びに第205条第2項の規定は，適用しない。

457

資　料

2　簡易再生の決定があった場合における第67条第3項の規定の適用については，同項中「訴訟手続のうち再生債権に関しないもの」とあるのは，「訴訟手続」とする。

第2節　同意再生

(同意再生の決定)

第217条　裁判所は，債権届出期間の経過後一般調査期間の開始前において，再生債務者等の申立てがあったときは，同意再生の決定（再生債権の調査及び確定の手続並びに再生債務者等が提出した再生計画案の決議を経ない旨の決定をいう。以下同じ。）をする。この場合において，再生債務者等の申立ては，すべての届出再生債権者が，書面により，再生債務者等が提出した再生計画案について同意し，かつ，第4章第3節に定める再生債権の調査及び確定の手続を経ないことについて同意している場合に限り，することができる。

2　裁判所は，財産状況報告集会における再生債務者等による報告又は第125条第1項の報告書の提出がされた後でなければ，同意再生の決定をすることができない。

3　裁判所は，第1項の申立てがあった場合において，同項後段の再生計画案について第174条第2項各号（第3号を除く。）のいずれかに該当する事由があると認めるときは，当該申立てを却下しなければならない。

4　同意再生の決定があった場合には，その主文，理由の要旨及び第1項後段の再生計画案を公告するとともに，これらの事項を第115条第1項本文に規定する者に通知しなければならない。

5　第1項後段の再生計画案が住宅資金特別条項を定めたものである場合における同項後段，第3項及び前項の規定の適用については，第1項後段中「届出再生債権者」とあるのは「届出再生債権者（第198条第1項に規定する住宅資金貸付債権を有する再生債権者であって当該住宅資金貸付債権以外に再生債権を有しないもの及び保証会社であって住宅資金貸付債権に係る債務の保証に基づく求償権以外に再生債権を有しないものを除く。）」と，第3項中「第174条第2項各号（第3号を除く。）」とあるのは「第202条第2項各号（第4号を除く。）」と，前項中「第115条第1項本文に規定する者」とあるのは「第115条第1項本文に規定する者及び住宅資金特別条項によって権利の変更を受けることとされている者で再生債権の届出をしていないもの」とする。

6　第174条第3項及び第211条第2項の規定は第1項の申立てについて，第174条第5項及び第212条第1項の規定は同意再生の決定があった場合について，第202条第3項の規定は第1項後段の再生計画案が住宅資金特別条項を定めたものである場合における同意再生の決定に関する意見について準用する。

(即時抗告)

第218条　前条第1項の申立てについての裁判に対しては，即時抗告をすることができる。

2　前項の即時抗告は，執行停止の効力を有しない。

3　第175条第2項及び第3項の規定は第1項の即時抗告並びにこれについての決定に対する第18条において準用する民事訴訟法第336条の規定による抗告及び同法第337条の規定による抗告の許可の申立てについて，第213条第3項の規定は同意再生の決定を取り消す決定が確定した場合について，第102条第3項から第5項までの規定はこの項において準用する第213条第3項の一般調査期間を定める決定の送達について準用する。

(同意再生の決定が確定した場合の効力)

第219条　同意再生の決定が確定したときは，第217条第1項後段の再生計画案について，再

458

〈資料⑥〉　民事再生法

生計画認可の決定が確定したものとみなす。

2　第173条，第213条第5項及び第215条の規定は，同意再生の決定が確定した場合について準用する。

（再生債権の調査及び確定に関する規定等の適用除外）

第220条　同意再生の決定があった場合には，第67条第4項，第4章第3節，第157条，第159条，第164条第2項後段，第7章第3節，第174条，第175条，第178条から第180条まで，第181条第1項及び第2項，第185条（第189条第8項，第190条第2項及び第195条第7項において準用する場合を含む。），第186条第3項及び第4項，第187条，第200条第2項及び第4項並びに第205条第2項の規定は，適用しない。

2　同意再生の決定があった場合における第67条第3項の規定の適用については，同項中「訴訟手続のうち再生債権に関しないもの」とあるのは，「訴訟手続」とする。

第13章　小規模個人再生及び給与所得者等再生に関する特則

第1節　小規模個人再生

（手続開始の要件等）

第221条　個人である債務者のうち，将来において継続的に又は反復して収入を得る見込みがあり，かつ，再生債権の総額（住宅資金貸付債権の額，別除権の行使によって弁済を受けることができると見込まれる再生債権の額及び再生手続開始前の罰金等の額を除く。）が5000万円を超えないものは，この節に規定する特則の適用を受ける再生手続（以下「小規模個人再生」という。）を行うことを求めることができる。

2　小規模個人再生を行うことを求める旨の申述は，再生手続開始の申立ての際（債権者が再生手続開始の申立てをした場合にあっては，再生手続開始の決定があるまで）にしなければならない。

3　前項の申述をするには，次に掲げる事項を記載した書面（以下「債権者一覧表」という。）を提出しなければならない。

一　再生債権者の氏名又は名称並びに各再生債権の額及び原因

二　別除権者については，その別除権の目的である財産及び別除権の行使によって弁済を受けることができないと見込まれる再生債権の額（以下「担保不足見込額」という。）

三　住宅資金貸付債権については，その旨

四　住宅資金特別条項を定めた再生計画案を提出する意思があるときは，その旨

五　その他最高裁判所規則で定める事項

4　再生債務者は，債権者一覧表に各再生債権についての再生債権の額及び担保不足見込額を記載するに当たっては，当該額の全部又は一部につき異議を述べることがある旨をも記載することができる。

5　第1項に規定する再生債権の総額の算定及び債権者一覧表への再生債権の額の記載に関しては，第87条第1項第1号から第3号までに掲げる再生債権は，当該各号に掲げる債権の区分に従い，それぞれ当該各号に定める金額の債権として取り扱うものとする。

6　再生債務者は，第2項の申述をするときは，当該申述が第1項又は第3項に規定する要件に該当しないことが明らかになった場合においても再生手続の開始を求める意思があるか否かを明らかにしなければならない。ただし，債権者が再生手続開始の申立てをした場

459

資　料

合については，この限りでない。

7　裁判所は，第2項の申述が前項本文に規定する要件に該当しないことが明らかであると認めるときは，再生手続開始の決定前に限り，再生事件を通常の再生手続により行う旨の決定をする。ただし，再生債務者が前項本文の規定により再生手続の開始を求める意思がない旨を明らかにしていたときは，裁判所は，再生手続開始の申立てを棄却しなければならない。

（再生手続開始に伴う措置）

第222条　小規模個人再生においては，裁判所は，再生手続開始の決定と同時に，債権届出期間のほか，届出があった再生債権に対して異議を述べることができる期間をも定めなければならない。この場合においては，一般調査期間を定めることを要しない。

2　裁判所は，再生手続開始の決定をしたときは，直ちに，再生手続開始の決定の主文，債権届出期間及び前項に規定する届出があった再生債権に対して異議を述べることができる期間（以下「一般異議申述期間」という。）を公告しなければならない。

3　再生債務者及び知れている再生債権者には，前項に規定する事項を通知しなければならない。

4　知れている再生債権者には，前条第3項各号及び第4項の規定により債権者一覧表に記載された事項を通知しなければならない。

5　第2項及び第3項の規定は，債権届出期間に変更を生じた場合について準用する。

（個人再生委員）

第223条　裁判所は，第221条第2項の申述があった場合において，必要があると認めるときは，利害関係人の申立てにより又は職権で，1人又は数人の個人再生委員を選任することができる。ただし，第227条第1項本文に規定する再生債権の評価の申立てがあったときは，当該申立てを不適法として却下する場合を除き，個人再生委員の選任をしなければならない。

2　裁判所は，前項の規定による決定をする場合には，個人再生委員の職務として，次に掲げる事項の1又は2以上を指定するものとする。

一　再生債務者の財産及び収入の状況を調査すること。

二　第227条第1項本文に規定する再生債権の評価に関し裁判所を補助すること。

三　再生債務者が適正な再生計画案を作成するために必要な勧告をすること。

3　裁判所は，第1項の規定による決定において，前項第1号に掲げる事項を個人再生委員の職務として指定する場合には，裁判所に対して調査の結果の報告をすべき期間をも定めなければならない。

4　裁判所は，第1項の規定による決定を変更し，又は取り消すことができる。

5　第1項及び前項の規定による決定に対しては，即時抗告をすることができる。

6　前項の即時抗告は，執行停止の効力を有しない。

7　第5項に規定する裁判及び同項の即時抗告についての裁判があった場合には，その裁判書を当事者に送達しなければならない。

8　第2項第1号に掲げる事項を職務として指定された個人再生委員は，再生債務者又はその法定代理人に対し，再生債務者の財産及び収入の状況につき報告を求め，再生債務者の帳簿，書類その他の物件を検査することができる。

9　個人再生委員は，費用の前払及び裁判所が定める報酬を受けることができる。

10　第54条第3項，第57条，第58条，第60条及び第61条第2項から第4項までの規定は，個

〈資料⑥〉 民事再生法

人再生委員について準用する。

（再生債権の届出の内容）

第224条　小規模個人再生においては，再生手続に参加しようとする再生債権者は，議決権の額を届け出ることを要しない。

2　小規模個人再生における再生債権の届出に関しては，第221条第5項の規定を準用する。

（再生債権のみなし届出）

第225条　債権者一覧表に記載されている再生債権者は，債権者一覧表に記載されている再生債権については，債権届出期間内に裁判所に当該再生債権の届出又は当該再生債権を有しない旨の届出をした場合を除き，当該債権届出期間の初日に，債権者一覧表の記載内容と同一の内容で再生債権の届出をしたものとみなす。

（届出再生債権に対する異議）

第226条　再生債務者及び届出再生債権者は，一般異議申述期間内に，裁判所に対し，届出があった再生債権の額又は担保不足見込額について，書面で，異議を述べることができる。ただし，再生債務者は，債権者一覧表に記載した再生債権の額及び担保不足見込額であって第221条第4項の規定により異議を述べることがある旨を債権者一覧表に記載していないものについては，異議を述べることができない。

2　第95条の規定による届出又は届出事項の変更があった場合には，裁判所は，その再生債権に対して異議を述べることができる期間（以下「特別異議申述期間」という。）を定めなければならない。

3　再生債務者及び届出再生債権者は，特別異議申述期間内に，裁判所に対し，特別異議申述期間に係る再生債権の額又は担保不足見込額について，書面で，異議を述べることができる。

4　第102条第3項から第5項までの規定は特別異議申述期間を定める決定又は一般異議申述期間若しくは特別異議申述期間を変更する決定をした場合における裁判書の送達について，第103条第2項の規定は第2項の場合について準用する。

5　再生手続開始前の罰金等及び債権者一覧表に住宅資金特別条項を定めた再生計画案を提出する意思がある旨の記載がされた場合における第198条第1項に規定する住宅資金貸付債権については，前各項の規定は，適用しない。

6　再生債務者が債権者一覧表に住宅資金特別条項を定めた再生計画案を提出する意思がある旨の記載をした場合には，第198条第1項に規定する住宅資金貸付債権を有する再生債権者であって当該住宅資金貸付債権以外に再生債権を有しないもの及び保証会社であって住宅資金貸付債権に係る債務の保証に基づく求償権以外に再生債権を有しないものは，第1項本文及び第3項の異議を述べることができない。

（再生債権の評価）

第227条　前条第1項本文又は第3項の規定により再生債務者又は届出再生債権者が異議を述べた場合には，当該再生債権を有する再生債権者は，裁判所に対し，異議申述期間の末日から3週間の不変期間内に，再生債権の評価の申立てをすることができる。ただし，当該再生債権が執行力ある債務名義又は終局判決のあるものである場合には，当該異議を述べた者が当該申立てをしなければならない。

2　前項ただし書の場合において，前項本文の不変期間内に再生債権の評価の申立てがなかったとき又は当該申立てが却下されたときは，前条第1項本文又は第3項の異議は，なかったものとみなす。

461

資　料

3　再生債権の評価の申立てをするときは，申立人は，その申立てに係る手続の費用として裁判所の定める金額を予納しなければならない。

4　前項に規定する費用の予納がないときは，裁判所は，再生債権の評価の申立てを却下しなければならない。

5　裁判所は，第223条第1項の規定による決定において，同条第2項第2号に掲げる事項を個人再生委員の職務として指定する場合には，裁判所に対して調査の結果の報告をすべき期間をも定めなければならない。

6　第223条第2項第2号に掲げる事項を職務として指定された個人再生委員は，再生債務者若しくはその法定代理人又は再生債権者（当該個人再生委員が同項第1号に掲げる事項をも職務として指定された場合にあっては，再生債権者）に対し，再生債権の存否及び額並びに担保不足見込額に関する資料の提出を求めることができる。

7　再生債権の評価においては，裁判所は，再生債権の評価の申立てに係る再生債権について，その債権の存否及び額又は担保不足見込額を定める。

8　裁判所は，再生債権の評価をする場合には，第223条第2項第2号に掲げる事項を職務として指定された個人再生委員の意見を聴かなければならない。

9　第7項の規定による再生債権の評価については，第221条第5項の規定を準用する。

10　再生手続開始前の罰金等及び債権者一覧表に住宅資金特別条項を定めた再生計画案を提出する意思がある旨の記載がされた場合における第198条第1項に規定する住宅資金貸付債権については，前各項の規定は，適用しない。

（貸借対照表の作成等の免除）

第228条　小規模個人再生においては，再生債務者は，第124条第2項の規定による貸借対照表の作成及び提出をすることを要しない。

（再生計画による権利の変更の内容等）

第229条　小規模個人再生における再生計画による権利の変更の内容は，不利益を受ける再生債権者の同意がある場合又は少額の再生債権の弁済の時期若しくは第84条第2項に掲げる請求権について別段の定めをする場合を除き，再生債権者の間では平等でなければならない。

2　再生債権者の権利を変更する条項における債務の期限の猶予については，前項の規定により別段の定めをする場合を除き，次に定めるところによらなければならない。

一　弁済期が3月に1回以上到来する分割払の方法によること。

二　最終の弁済期を再生計画認可の決定の確定の日から3年後の日が属する月中の日（特別の事情がある場合には，再生計画認可の決定の確定の日から5年を超えない範囲内で，3年後の日が属する月の翌月の初日以降の日）とすること。

3　第1項の規定にかかわらず，再生債権のうち次に掲げる請求権については，当該再生債権者の同意がある場合を除き，債務の減免の定めその他権利に影響を及ぼす定めをすることができない。

一　再生債務者が悪意で加えた不法行為に基づく損害賠償請求権

二　再生債務者が故意又は重大な過失により加えた人の生命又は身体を害する不法行為に基づく損害賠償請求権（前号に掲げる請求権を除く。）

三　次に掲げる義務に係る請求権

　イ　民法第752条の規定による夫婦間の協力及び扶助の義務

　ロ　民法第760条の規定による婚姻から生ずる費用の分担の義務

462

〈資料⑥〉　民事再生法

　　ハ　民法第766条（同法第749条，第771条及び第788条において準用する場合を含む。）
　　　の規定による子の監護に関する義務
　　ニ　民法第877条から第880条までの規定による扶養の義務
　　ホ　イからニまでに掲げる義務に類する義務であって，契約に基づくもの
4　住宅資金特別条項によって権利の変更を受ける者と他の再生債権者との間については第
　1項の規定を，住宅資金特別条項については第2項の規定を適用しない。

（再生計画案の決議）

第230条　裁判所は，一般異議申述期間（特別異議申述期間が定められた場合には，当該特
　別異議申述期間を含む。）が経過し，かつ，第125条第1項の報告書の提出がされた後でな
　ければ，再生計画案を決議に付することができない。当該一般異議申述期間内に第226条
　第1項本文の規定による異議が述べられた場合（特別異議申述期間が定められた場合には，
　当該特別異議申述期間内に同条第3項の規定による異議が述べられた場合を含む。）には，
　第227条第1項本文の不変期間を経過するまでの間（当該不変期間内に再生債権の評価の
　申立てがあったときは，再生債権の評価がされるまでの間）も，同様とする。
2　裁判所は，再生計画案について第174条第2項各号（第3号を除く。住宅資金特別条項
　を定めた再生計画案については，第202条第2項第1号から第3号まで）又は次条第2項
　各号のいずれかに該当する事由があると認める場合には，その再生計画案を決議に付する
　ことができない。
3　再生計画案の提出があったときは，裁判所は，前2項の場合を除き，議決権行使の方法
　としての第169条第2項第2号に掲げる方法及び第172条第2項（同条第3項において準用
　する場合を含む。）の規定により議決権の不統一行使をする場合における裁判所に対する
　通知の期限を定めて，再生計画案を決議に付する旨の決定をする。
4　前項の決定をした場合には，その旨を公告するとともに，議決権者に対して，同項に規
　定する期限，再生計画案の内容又はその要旨及び再生計画案に同意しない者は裁判所の定
　める期間内に同項の規定により定められた方法によりその旨を回答すべき旨を通知しなけ
　ればならない。
5　第3項の決定があった場合における第172条第2項（同条第3項において準用する場合
　を含む。）の規定の適用については，同条第2項中「第169条第2項前段」とあるのは，「第
　230条第3項」とする。
6　第4項の期間内に再生計画案に同意しない旨を同項の方法により回答した議決権者が議
　決権者総数の半数に満たず，かつ，その議決権の額が議決権者の議決権の総額の2分の1
　を超えないときは，再生計画案の可決があったものとみなす。
7　再生計画案に同意しない旨を第4項の方法により回答した議決権者のうち第172条第2
　項（同条第3項において準用する場合を含む。）の規定によりその有する議決権の一部の
　みを行使したものがあるときの前項の規定の適用については，当該議決権者1人につき，
　議決権者総数に1を，再生計画案に同意しない旨を第4項の方法により回答した議決権者
　の数に2分の1を，それぞれ加算するものとする。
8　届出再生債権者は，一般異議申述期間又は特別異議申述期間を経過するまでに異議が述
　べられなかった届出再生債権（第226条第5項に規定するものを除く。以下「無異議債権」
　という。）については届出があった再生債権の額又は担保不足見込額に応じて，第227条第
　7項の規定により裁判所が債権の額又は担保不足見込額を定めた再生債権（以下「評価済
　債権」という。）についてはその額に応じて，それぞれ議決権を行使することができる。

463

資　料

（再生計画の認可又は不認可の決定）

第231条　小規模個人再生において再生計画案が可決された場合には，裁判所は，第174条第
　　２項（当該再生計画案が住宅資金特別条項を定めたものであるときは，第202条第２項）
　　又は次項の場合を除き，再生計画認可の決定をする。

２　小規模個人再生においては，裁判所は，次の各号のいずれかに該当する場合にも，再生
　　計画不認可の決定をする。

　　一　再生債務者が将来において継続的に又は反復して収入を得る見込みがないとき。

　　二　無異議債権の額及び評価済債権の額の総額（住宅資金貸付債権の額，別除権の行使に
　　　　よって弁済を受けることができると見込まれる再生債権の額及び第84条第２項に掲げる
　　　　請求権の額を除く。）が5000万円を超えているとき。

　　三　前号に規定する無異議債権の額及び評価済債権の額の総額が3000万円を超え5000万円
　　　　以下の場合においては，当該無異議債権及び評価済債権（別除権の行使によって弁済を
　　　　受けることができると見込まれる再生債権及び第84条第２項各号に掲げる請求権を除く。
　　　　以下「基準債権」という。）に対する再生計画に基づく弁済の総額（以下「計画弁済総額」
　　　　という。）が当該無異議債権の額及び評価済債権の額の総額の10分の１を下回っている
　　　　とき。

　　四　第２号に規定する無異議債権の額及び評価済債権の額の総額が3000万円以下の場合に
　　　　おいては，計画弁済総額が基準債権の総額の５分の１又は100万円のいずれか多い額（基
　　　　準債権の総額が100万円を下回っているときは基準債権の総額，基準債権の総額の５分
　　　　の１が300万円を超えるときは300万円）を下回っているとき。

　　五　再生債務者が債権者一覧表に住宅資金特別条項を定めた再生計画案を提出する意思が
　　　　ある旨の記載をした場合において，再生計画に住宅資金特別条項の定めがないとき。

（再生計画の効力等）

第232条　小規模個人再生において再生計画認可の決定が確定したときは，第87条第１項第
　　１号から第３号までに掲げる債権は，それぞれ当該各号に定める金額の再生債権に変更さ
　　れる。

２　小規模個人再生において再生計画認可の決定が確定したときは，すべての再生債権者の
　　権利（第87条第１項第１号から第３号までに掲げる債権については前項の規定により変更
　　された後の権利とし，第229条第３項各号に掲げる請求権及び再生手続開始前の罰金等を
　　除く。）は，第156条の一般的基準に従い，変更される。

３　前項に規定する場合における同項の規定により変更された再生債権であって無異議債権
　　及び評価済債権以外のものについては，再生計画で定められた弁済期間が満了する時（そ
　　の期間の満了前に，再生計画に基づく弁済が完了した場合又は再生計画が取り消された場
　　合にあっては弁済が完了した時又は再生計画が取り消された時。次項及び第５項において
　　同じ。）までの間は，弁済をし，弁済を受け，その他これを消滅させる行為（免除を除く。）
　　をすることができない。ただし，当該変更に係る再生債権が，再生債権者がその責めに帰
　　することができない事由により債権届出期間内に届出をすることができず，かつ，その事
　　由が第230条第３項に規定する決定前に消滅しなかったもの又は再生債権の評価の対象と
　　なったものであるときは，この限りでない。

４　第２項に規定する場合における第229条第３項各号に掲げる請求権であって無異議債権
　　及び評価済債権であるものについては，第156条の一般的基準に従って弁済をし，かつ，
　　再生計画で定められた弁済期間が満了する時に，当該請求権の債権額から当該弁済期間内

464

〈資料⑥〉 民事再生法

に弁済をした額を控除した残額につき弁済をしなければならない。

5 第2項に規定する場合における第229条第3項各号に掲げる請求権であって無異議債権及び評価済債権以外のものについては，再生計画で定められた弁済期間が満了する時に，当該請求権の債権額の全額につき弁済をしなければならない。ただし，第3項ただし書に規定する場合には，前項の規定を準用する。

6 第2項に規定する場合における第182条，第189条第3項及び第206条第1項の規定の適用については，第182条中「認可された再生計画の定めによって認められた権利又は前条第1項の規定により変更された後の権利」とあるのは「第232条第2項の規定により変更された後の権利及び第229条第3項各号に掲げる請求権」と，第189条第3項中「再生計画の定めによって認められた権利の全部（履行された部分を除く。）」とあるのは「第232条第2項の規定により変更された後の権利の全部及び第229条第3項各号に掲げる請求権（第232条第4項（同条第5項ただし書において準用する場合を含む。）の規定により第156条の一般的基準に従って弁済される部分に限る。）であって，履行されていない部分」と，第206条第1項中「再生計画の定めによって認められた権利（住宅資金特別条項によって変更された後のものを除く。）の全部（履行された部分を除く。）」とあるのは「第232条第2項の規定により変更された後の権利（住宅資金特別条項によって変更された後のものを除く。）の全部及び第229条第3項各号に掲げる請求権（第232条第4項（同条第5項ただし書において準用する場合を含む。）の規定により第156条の一般的基準に従って弁済される部分に限る。）であって，履行されていない部分」とする。

7 住宅資金特別条項を定めた再生計画の認可の決定が確定した場合における第3項から第5項までの規定の適用については，これらの規定中「再生計画で定められた弁済期間」とあるのは「再生計画（住宅資金特別条項を除く。）で定められた弁済期間」と，第3項本文中「再生計画に基づく弁済」とあるのは「再生計画（住宅資金特別条項を除く。）に基づく弁済」と，同項ただし書中「又は再生債権の評価の対象となったもの」とあるのは「若しくは再生債権の評価の対象となったものであるとき，又は当該変更後の権利が住宅資金特別条項によって変更された後の住宅資金貸付債権」とする。

8 第1項及び第2項の規定にかかわらず，共助対象外国租税の請求権についてのこれらの規定による権利の変更の効力は，租税条約等実施特例法第11条第1項の規定による共助との関係においてのみ主張することができる。

（再生手続の終結）

第233条 小規模個人再生においては，再生手続は，再生計画認可の決定の確定によって当然に終結する。

（再生計画の変更）

第234条 小規模個人再生においては，再生計画認可の決定があった後やむを得ない事由で再生計画を遂行することが著しく困難となったときは，再生債務者の申立てにより，再生計画で定められた債務の期限を延長することができる。この場合においては，変更後の債務の最終の期限は，再生計画で定められた債務の最終の期限から2年を超えない範囲で定めなければならない。

2 前項の規定により再生計画の変更の申立てがあった場合には，再生計画案の提出があった場合の手続に関する規定を準用する。

3 第175条（第2項を除く。）及び第176条の規定は，再生計画の変更の決定があった場合について準用する。

465

資　料

（計画遂行が極めて困難となった場合の免責）

第235条　再生債務者がその責めに帰することができない事由により再生計画を遂行することが極めて困難となり，かつ，次の各号のいずれにも該当する場合には，裁判所は，再生債務者の申立てにより，免責の決定をすることができる。

　　一　第232条第2項の規定により変更された後の各基準債権及び同条第3項ただし書に規定する各再生債権に対してその4分の3以上の額の弁済を終えていること。

　　二　第229条第3項各号に掲げる請求権（第232条第4項（同条第5項ただし書において準用する場合を含む。）の規定により第156条の一般的基準に従って弁済される部分に限る。）に対してその4分の3以上の額の弁済を終えていること。

　　三　免責の決定をすることが再生債権者の一般の利益に反するものでないこと。

　　四　前条の規定による再生計画の変更をすることが極めて困難であること。

2　前項の申立てがあったときは，裁判所は，届出再生債権者の意見を聴かなければならない。

3　免責の決定があったときは，再生債務者及び届出再生債権者に対して，その主文及び理由の要旨を記載した書面を送達しなければならない。

4　第1項の申立てについての裁判に対しては，即時抗告をすることができる。

5　免責の決定は，確定しなければその効力を生じない。

6　免責の決定が確定した場合には，再生債務者は，履行した部分を除き，再生債権者に対する債務（第229条第3項各号に掲げる請求権及び再生手続開始前の罰金等を除く。）の全部についてその責任を免れる。

7　免責の決定の確定は，別除権者が有する第53条第1項に規定する担保権，再生債権者が再生債務者の保証人その他再生債務者と共に債務を負担する者に対して有する権利及び再生債務者以外の者が再生債権者のために提供した担保に影響を及ぼさない。

8　再生計画が住宅資金特別条項を定めたものである場合における第2項及び第3項の規定の適用については，第2項中「届出再生債権者」とあるのは「届出再生債権者及び住宅資金特別条項によって権利の変更を受けた者」と，第3項中「及び届出再生債権者」とあるのは「，届出再生債権者及び住宅資金特別条項によって権利の変更を受けた者」とする。

9　第6項の規定にかかわらず，共助対象外国租税の請求権についての同項の規定による免責の効力は，租税条約等実施特例法第11条第1項の規定による共助との関係においてのみ主張することができる。

（再生計画の取消し）

第236条　小規模個人再生において再生計画認可の決定が確定した場合には，計画弁済総額が，再生計画認可の決定があった時点で再生債務者につき破産手続が行われた場合における基準債権に対する配当の総額を下回ることが明らかになったときも，裁判所は，再生債権者の申立てにより，再生計画取消しの決定をすることができる。この場合においては，第189条第2項の規定を準用する。

（再生手続の廃止）

第237条　小規模個人再生においては，第230条第4項の期間内に再生計画案に同意しない旨を同項の方法により回答した議決権者が，議決権者総数の半数以上となり，又はその議決権の額が議決権者の議決権の総額の2分の1を超えた場合にも，裁判所は，職権で，再生手続廃止の決定をしなければならない。この場合においては，同条第7項の規定を準用する。

〈資料⑥〉 民事再生法

2 　小規模個人再生において，再生債務者が財産目録に記載すべき財産を記載せず，又は不正の記載をした場合には，裁判所は，届出再生債権者若しくは個人再生委員の申立てにより又は職権で，再生手続廃止の決定をすることができる。この場合においては，第193条第2項の規定を準用する。

(通常の再生手続に関する規定の適用除外)

第238条　小規模個人再生においては，第34条第2項，第35条，第37条本文（約定劣後再生債権に係る部分に限る。）及びただし書，第40条，第40条の2（民法第423条第1項又は第423条の7の規定により再生債権者の提起した訴訟に係る部分を除く。），第42条第2項（約定劣後再生債権に係る部分に限る。），第3章第1節及び第2節，第85条第6項，第87条第3項，第89条第2項及び第94条第1項（これらの規定中約定劣後再生債権に係る部分に限る。），第4章第3節（第113条第2項から第4項までを除く。）及び第4節，第126条，第6章第2節，第155条第1項から第3項まで，第156条（約定劣後再生債権に係る部分に限る。），第157条から第159条まで，第163条第2項，第164条第2項後段，第165条第1項，第7章第3節（第172条を除く。），第174条第1項，第174条の2，第175条第2項，第178条から第180条まで，第181条第1項及び第2項，第185条（第189条第8項，第190条第2項及び第195条第7項において準用する場合を含む。），第186条第3項及び第4項，第187条，第188条，第200条第2項及び第4項，第202条第1項，第205条第2項並びに第12章の規定は，適用しない。

第2節　給与所得者等再生

(手続開始の要件等)

第239条　第221条第1項に規定する債務者のうち，給与又はこれに類する定期的な収入を得る見込みがある者であって，かつ，その額の変動の幅が小さいと見込まれるものは，この節に規定する特則の適用を受ける再生手続（以下「給与所得者等再生」という。）を行うことを求めることができる。

2 　給与所得者等再生を行うことを求める旨の申述は，再生手続開始の申立ての際（債権者が再生手続開始の申立てをした場合にあっては，再生手続開始の決定があるまで）にしなければならない。

3 　再生債務者は，前項の申述をするときは，当該申述が第221条第1項又は第244条において準用する第221条第3項に規定する要件に該当しないことが明らかになった場合に通常の再生手続による手続の開始を求める意思があるか否か及び第5項各号のいずれかに該当する事由があることが明らかになった場合に小規模個人再生による手続の開始を求める意思があるか否かを明らかにしなければならない。ただし，債権者が再生手続開始の申立てをした場合については，この限りでない。

4 　裁判所は，第2項の申述が前項本文に規定する要件に該当しないことが明らかであると認めるときは，再生手続開始の決定前に限り，再生事件を通常の再生手続により行う旨の決定をする。ただし，再生債務者が前項本文の規定により通常の再生手続による手続の開始を求める意思がない旨を明らかにしていたときは，裁判所は，再生手続開始の申立てを棄却しなければならない。

5 　前項に規定する場合のほか，裁判所は，第2項の申述があった場合において，次の各号のいずれかに該当する事由があることが明らかであると認めるときは，再生手続開始の決定前に限り，再生事件を小規模個人再生により行う旨の決定をする。ただし，再生債務者

資　料

が第 3 項本文の規定により小規模個人再生による手続の開始を求める意思がない旨を明らかにしていたときは，裁判所は，再生手続開始の申立てを棄却しなければならない。

一　再生債務者が，給与又はこれに類する定期的な収入を得る見込みがある者に該当しないか，又はその額の変動の幅が小さいと見込まれる者に該当しないこと。

二　再生債務者について次のイからハまでに掲げる事由のいずれかがある場合において，それぞれイからハまでに定める日から 7 年以内に当該申述がされたこと。

イ　給与所得者等再生における再生計画が遂行されたこと　当該再生計画認可の決定の確定の日

ロ　第235条第 1 項（第244条において準用する場合を含む。）に規定する免責の決定が確定したこと　当該免責の決定に係る再生計画認可の決定の確定の日

ハ　破産法第252条第 1 項に規定する免責許可の決定が確定したこと　当該決定の確定の日

（再生計画案についての意見聴取）

第240条　給与所得者等再生において再生計画案の提出があった場合には，裁判所は，次に掲げる場合を除き，再生計画案を認可すべきかどうかについての届出再生債権者の意見を聴く旨の決定をしなければならない。

一　再生計画案について次条第 2 項各号のいずれかに該当する事由があると認めるとき。

二　一般異議申述期間が経過していないか，又は当該一般異議申述期間内に第244条において準用する第226条第 1 項本文の規定による異議が述べられた場合において第244条において準用する第227条第 1 項本文の不変期間が経過していないとき（当該不変期間内に再生債権の評価の申立てがあったときは，再生債権の評価がされていないとき）。

三　特別異議申述期間が定められた場合において，当該特別異議申述期間が経過していないか，又は当該特別異議申述期間内に第244条において準用する第226条第 3 項の規定による異議が述べられたときであって第244条において準用する第227条第 1 項本文の不変期間が経過していないとき（当該不変期間内に再生債権の評価の申立てがあったときは，再生債権の評価がされていないとき）。

四　第125条第 1 項の報告書の提出がされていないとき。

2　前項の決定をした場合には，その旨を公告し，かつ，届出再生債権者に対して，再生計画案の内容又はその要旨を通知するとともに，再生計画案について次条第 2 項各号のいずれかに該当する事由がある旨の意見がある者は裁判所の定める期間内にその旨及び当該事由を具体的に記載した書面を提出すべき旨を通知しなければならない。

3　給与所得者等再生における第95条第 4 項及び第167条ただし書の規定の適用については，これらの規定中「再生計画案を決議に付する旨の決定」とあるのは，「再生計画案を認可すべきかどうかについての届出再生債権者の意見を聴く旨の決定」とする。

（再生計画の認可又は不認可の決定等）

第241条　前条第 2 項の規定により定められた期間が経過したときは，裁判所は，次項の場合を除き，再生計画認可の決定をする。

2　裁判所は，次の各号のいずれかに該当する場合には，再生計画不認可の決定をする。

一　第174条第 2 項第 1 号又は第 2 号に規定する事由（再生計画が住宅資金特別条項を定めたものである場合については，同項第 1 号又は第202条第 2 項第 2 号に規定する事由）があるとき。

二　再生計画が再生債権者の一般の利益に反するとき。

〈資料⑥〉 民事再生法

　三　再生計画が住宅資金特別条項を定めたものである場合において，第202条第2項第3号に規定する事由があるとき。

　四　再生債務者が，給与又はこれに類する定期的な収入を得ている者に該当しないか，又はその額の変動の幅が小さいと見込まれる者に該当しないとき。

　五　第231条第2項第2号から第5号までに規定する事由のいずれかがあるとき。

　六　第239条第5項第2号に規定する事由があるとき。

　七　計画弁済総額が，次のイからハまでに掲げる区分に応じ，それぞれイからハまでに定める額から再生債務者及びその扶養を受けるべき者の最低限度の生活を維持するために必要な1年分の費用の額を控除した額に2を乗じた額以上の額であると認めることができないとき。

　　イ　再生債務者の給与又はこれに類する定期的な収入の額について，再生計画案の提出前2年間の途中で再就職その他の年収について5分の1以上の変動を生ずべき事由が生じた場合　当該事由が生じた時から再生計画案を提出した時までの間の収入の合計額からこれに対する所得税，個人の道府県民税又は都民税及び個人の市町村民税又は特別区民税並びに所得税法（昭和40年法律第33号）第74条第2項に規定する社会保険料（ロ及びハにおいて「所得税等」という。）に相当する額を控除した額を1年間当たりの額に換算した額

　　ロ　再生債務者が再生計画案の提出前2年間の途中で，給与又はこれに類する定期的な収入を得ている者でその額の変動の幅が小さいと見込まれるものに該当することとなった場合（イに掲げる区分に該当する場合を除く。）　給与又はこれに類する定期的な収入を得ている者でその額の変動の幅が小さいと見込まれるものに該当することとなった時から再生計画案を提出した時までの間の収入の合計額からこれに対する所得税等に相当する額を控除した額を1年間当たりの額に換算した額

　　ハ　イ及びロに掲げる区分に該当する場合以外の場合　再生計画案の提出前2年間の再生債務者の収入の合計額からこれに対する所得税等に相当する額を控除した額を2で除した額

3　前項第7号に規定する1年分の費用の額は，再生債務者及びその扶養を受けるべき者の年齢及び居住地域，当該扶養を受けるべき者の数，物価の状況その他一切の事情を勘案して政令で定める。

（再生計画の取消し）

第242条　給与所得者等再生において再生計画認可の決定が確定した場合には，計画弁済総額が再生計画認可の決定があった時点で再生債務者につき破産手続が行われた場合における基準債権に対する配当の総額を下回り，又は再生計画が前条第2項第7号に該当することが明らかになったときも，裁判所は，再生債権者の申立てにより，再生計画取消しの決定をすることができる。この場合においては，第189条第2項の規定を準用する。

（再生手続の廃止）

第243条　給与所得者等再生において，次の各号のいずれかに該当する場合には，裁判所は，職権で，再生手続廃止の決定をしなければならない。

　一　第241条第2項各号のいずれにも該当しない再生計画案の作成の見込みがないことが明らかになったとき。

　二　裁判所の定めた期間若しくはその伸長した期間内に再生計画案の提出がないとき，又はその期間内に提出された再生計画案に第241条第2項各号のいずれかに該当する事由

469

資　料

があるとき。

(小規模個人再生の規定の準用)

第244条　第221条第3項から第5項まで，第222条から第229条まで，第232条から第235条まで及び第237条第2項の規定は，給与所得者等再生について準用する。

(通常の再生手続に関する規定の適用除外)

第245条　給与所得者等再生においては，第238条に規定する規定並びに第87条第1項及び第2項，第172条，第174条第2項及び第3項，第191条並びに第202条第2項の規定は，適用しない。

第14章　再生手続と破産手続との間の移行

第1節　破産手続から再生手続への移行

(破産管財人による再生手続開始の申立て)

第246条　破産管財人は，破産者に再生手続開始の原因となる事実があるときは，裁判所（破産事件を取り扱う1人の裁判官又は裁判官の合議体をいう。以下この条において同じ。）の許可を得て，当該破産者について再生手続開始の申立てをすることができる。

2　裁判所は，再生手続によることが債権者の一般の利益に適合すると認める場合に限り，前項の許可をすることができる。

3　裁判所は，第1項の許可の申立てがあった場合には，当該申立てを却下すべきこと又は当該許可をすべきことが明らかである場合を除き，当該申立てについての決定をする前に，労働組合等（当該破産者の使用人その他の従業者の過半数で組織する労働組合があるときはその労働組合，当該破産者の使用人その他の従業者の過半数で組織する労働組合がないときは当該破産者の使用人その他の従業者の過半数を代表する者をいう。）の意見を聴かなければならない。

4　第1項の規定による再生手続開始の申立てについては，第23条第1項の規定は，適用しない。

(再生債権の届出を要しない旨の決定)

第247条　裁判所は，再生手続開始の決定をする場合において，第39条第1項の規定により中止することとなる破産手続において届出があった破産債権の内容及び原因，破産法第125条第1項本文に規定する異議等のある破産債権の数，当該破産手続における配当の有無その他の事情を考慮して相当と認めるときは，当該決定と同時に，再生債権であって当該破産手続において破産債権としての届出があったもの（同法第98条第1項に規定する優先的破産債権である旨の届出があった債権，共助対象外国租税の請求権及び同法第97条第6号に規定する罰金等の請求権を除く。以下この条において同じ。）を有する再生債権者は当該再生債権の届出をすることを要しない旨の決定をすることができる。

2　裁判所は，前項の規定による決定をしたときは，第35条第1項の規定による公告に，再生債権であって前項の破産手続において破産債権としての届出があったものを有する再生債権者は当該再生債権の届出をすることを要しない旨を掲げ，かつ，その旨を知れている再生債権者に通知しなければならない。

3　第1項の規定による決定があった場合には，同項の破産手続において破産債権としての届出があった債権については，当該破産債権としての届出をした者（当該破産手続におい

470

〈資料⑥〉 民事再生法

て当該届出があった債権について届出名義の変更を受けた者がある場合にあっては，その
者。第5項において同じ。）が，第94条第1項に規定する債権届出期間の初日に，再生債
権の届出をしたものとみなす。

4　前項の場合においては，当該破産債権としての届出があった債権についての次の各号に
掲げる事項の届出の区分に応じ，再生債権の届出としてそれぞれ当該各号に定める事項の
届出をしたものとみなす。

一　破産法第99条第1項に規定する劣後的破産債権である旨の届出があった債権について
の同法第111条第1項第1号に掲げる破産債権の額及び原因の届出　第94条第1項に規
定する再生債権の内容としての額及び同項に規定する再生債権の原因の届出

二　当該破産債権としての届出があった債権のうち前号に掲げる債権以外のものについて
の破産法第111条第1項第1号に掲げる破産債権の額及び原因の届出　第94条第1項に
規定する再生債権の内容としての額及び同項に規定する再生債権についての議決権の額
並びに同項に規定する再生債権の原因の届出

三　破産法第99条第2項に規定する約定劣後破産債権である旨の届出があった債権につい
ての同法第111条第1項第3号に掲げるその旨の届出　第94条第1項に規定する約定劣
後再生債権である旨の届出

四　破産法第111条第2項第2号に掲げる別除権の行使によって弁済を受けることができ
ないと見込まれる債権の額の届出　第94条第2項に規定する別除権の行使によって弁済
を受けることができないと見込まれる債権の額の届出

5　前2項の規定は，当該破産債権としての届出をした者が第94条第1項に規定する債権届
出期間内に再生債権の届出をした場合には，当該破産債権としての届出をした者が有する
第3項の破産債権としての届出があった債権については，適用しない。

6　前各項の規定は，第1項の再生手続開始の決定に係る再生手続が小規模個人再生又は給
与所得者等再生である場合には，適用しない。

第2節　再生手続から破産手続への移行

（再生手続開始の決定があった場合の破産事件の移送）

第248条　裁判所（破産事件を取り扱う1人の裁判官又は裁判官の合議体をいう。）は，破産
手続開始の前後を問わず，同一の債務者につき再生手続開始の決定があった場合において，
当該破産事件を処理するために相当であると認めるときは，職権で，当該破産事件を再生
裁判所に移送することができる。

（再生手続終了前の破産手続開始の申立て等）

第249条　破産手続開始前の再生債務者について再生手続開始の決定の取消し，再生手続廃
止若しくは再生計画不認可の決定又は再生計画取消しの決定（再生手続の終了前にされた
申立てに基づくものに限る。以下この条において同じ。）があった場合には，第39条第1
項の規定にかかわらず，当該決定の確定前においても，再生裁判所に当該再生債務者につ
いての破産手続開始の申立てをすることができる。破産手続開始後の再生債務者について
再生計画認可の決定の確定により破産手続が効力を失った後に第193条若しくは第194条の
規定による再生手続廃止又は再生計画取消しの決定があった場合も，同様とする。

2　前項の規定による破産手続開始の申立てに係る破産手続開始の決定は，同項前段に規定
する決定又は同項後段の再生手続廃止若しくは再生計画取消しの決定が確定した後でなけ
れば，することができない。

471

資　料

(再生手続の終了に伴う職権による破産手続開始の決定)
第250条　破産手続開始前の再生債務者について再生手続開始の申立ての棄却,再生手続廃止,
再生計画不認可又は再生計画取消しの決定が確定した場合において,裁判所は,当該再生
債務者に破産手続開始の原因となる事実があると認めるときは,職権で,破産法に従い,
破産手続開始の決定をすることができる。
2　破産手続開始後の再生債務者について再生計画認可の決定の確定により破産手続が効力
を失った後に第193条若しくは第194条の規定による再生手続廃止又は再生計画取消しの決
定が確定した場合には,裁判所は,職権で,破産法に従い,破産手続開始の決定をしなけ
ればならない。ただし,前条第1項後段の規定による破産手続開始の申立てに基づいて破
産手続開始の決定をする場合は,この限りでない。

(再生手続の終了等に伴う破産手続開始前の保全処分等)
第251条　裁判所は,次に掲げる場合において,必要があると認めるときは,職権で,破産
法第24条第1項の規定による中止の命令,同法第25条第2項に規定する包括的禁止命令,
同法第28条第1項の規定による保全処分,同法第91条第2項に規定する保全管理命令又は
同法第171条第1項の規定による保全処分(以下この条及び第254条第4項において「保全
処分等」という。)を命ずることができる。
　一　破産手続開始前の再生債務者につき再生手続開始の申立ての棄却,再生手続開始の決
　　定の取消し,再生手続廃止,再生計画不認可又は再生計画取消しの決定があった場合
　二　破産手続開始後の再生債務者につき再生計画認可の決定の確定により破産手続が効力
　　を失った後に第193条若しくは第194条の規定による再生手続廃止又は再生計画取消しの
　　決定があった場合
2　裁判所は,前項第1号の規定による保全処分等を命じた場合において,前条第1項の規
定による破産手続開始の決定をしないこととしたときは,遅滞なく,当該保全処分等を取
り消さなければならない。
3　第1項第1号の規定による保全処分等は,同号に規定する決定を取り消す決定があった
ときは,その効力を失う。同項第2号の再生手続廃止又は再生計画取消しの決定を取り消
す決定があったときにおける同号の規定による保全処分等についても,同様とする。
4　破産法第24条第4項,第25条第6項,第28条第3項,第91条第5項及び第171条第4項
の規定にかかわらず,第2項の規定による決定に対しては,即時抗告をすることができな
い。

(再生手続の終了に伴う破産手続における破産法の適用関係)
第252条　破産手続開始前の再生債務者に関する次に掲げる場合における破産法の関係規定
(破産法第71条第1項第4号並びに第2項第2号及び第3号,第72条第1項第4号並びに
第2項第2号及び第3号,第160条(第1項第1号を除く。),第162条(第1項第2号を除
く。),第163条第2項,第164条第1項(同条第2項において準用する場合を含む。),第
166条並びに第167条第2項(同法第170条第2項において準用する場合を含む。)の規定を
いう。第3項において同じ。)の適用については,再生手続開始の申立て等(再生手続開
始の申立ての棄却,再生手続廃止若しくは再生計画不認可の決定又は再生計画取消しの決
定(再生手続の終了前にされた申立てに基づくものに限る。)が確定した場合にあっては
再生手続開始の申立て,再生手続開始によって効力を失った特別清算の手続における特別
清算開始の申立て又は破産法第265条の罪に該当することとなる再生債務者,その法定代
理人若しくは再生債務者の理事,取締役,執行役若しくはこれらに準ずる者の行為をいい,

472

再生計画取消しの決定であって再生手続の終了前にされた申立てに基づくもの以外のもの
が確定した場合にあっては再生計画取消しの申立てをいう。以下この項において同じ。）は，
当該再生手続開始の申立て等の前に破産手続開始の申立てがないときに限り，破産手続開
始の申立てとみなす。

一　第250条第1項の規定による破産手続開始の決定があった場合

二　再生手続開始の申立ての棄却の決定の確定前にされた破産手続開始の申立てに基づき，
　当該決定の確定後に破産手続開始の決定があった場合

三　再生手続開始の決定前にされた破産手続開始の申立てに基づき，再生手続開始の決定
　の取消しの決定の確定後，第191条から第193条まで，第237条及び第243条の規定による
　再生計画認可の決定の確定前の再生手続廃止の決定の確定後又は再生計画不認可の決定
　の確定後に，破産手続開始の決定があった場合

四　第249条第1項前段の規定による破産手続開始の申立てに基づき，破産手続開始の決
　定があった場合

2　再生計画不認可，再生手続廃止又は再生計画取消しの決定の確定による再生手続の終了
　に伴い前項各号に規定する破産手続開始の決定があった場合における破産法第176条前段
　の規定の適用については，再生手続開始の決定の日を同条前段の破産手続開始の日とみな
　す。

3　破産手続開始後の再生債務者について第249条第1項後段の規定による破産手続開始の
　申立てに基づいて破産手続開始の決定があった場合又は第250条第2項の規定による破産
　手続開始の決定があった場合における破産法の関係規定の適用については，次の各号に掲
　げる区分に応じ，それぞれ当該各号に定める申立てがあった時に破産手続開始の申立てが
　あったものとみなす。

一　第193条若しくは第194条の規定による再生手続廃止又は再生計画取消しの決定（再生
　手続の終了前にされた申立てに基づくものに限る。）の確定に伴い破産手続開始の決定
　があった場合　再生計画認可の決定の確定によって効力を失った破産手続における破産
　手続開始の申立て

二　再生計画取消しの決定で前号に掲げるもの以外のものの確定に伴い破産手続開始の決
　定があった場合　再生計画取消しの申立て

4　前項に規定する破産手続開始の決定があった場合（同項第1号に掲げる場合に限る。）
　における破産法第176条前段の規定の適用については，再生計画認可の決定の確定によっ
　て効力を失った破産手続における破産手続開始の日を同条前段の破産手続開始の日とみな
　す。

5　第1項各号又は第3項に規定する破産手続開始の決定があった場合（同項第2号に掲げ
　る場合を除く。）における破産法第149条第1項の規定の適用については，同項中「破産手
　続開始前3月間」とあるのは，「破産手続開始前3月間（破産手続開始の日前に再生手続
　開始の決定があるときは，再生手続開始前3月間）」とする。

6　前項に規定する破産手続開始の決定があった場合には，共益債権（再生手続が開始され
　なかった場合における第50条第2項並びに第120条第1項及び第4項に規定する請求権を
　含む。）は，財団債権とする。破産手続開始後の再生債務者について再生手続開始の申立
　ての棄却，第191条から第193条まで，第237条及び第243条の規定による再生計画認可の決
　定の確定前の再生手続廃止又は再生計画不認可の決定の確定によって破産手続が続行され
　た場合も，同様とする。

資　料

（破産債権の届出を要しない旨の決定）

第253条　裁判所（破産事件を取り扱う１人の裁判官又は裁判官の合議体をいう。次項において同じ。）は，前条第１項各号又は第３項に規定する破産手続開始の決定をする場合において，終了した再生手続において届出があった再生債権の内容及び原因並びに議決権の額，第105条第１項本文に規定する異議等のある再生債権の数，再生計画による権利の変更の有無及び内容その他の事情を考慮して相当と認めるときは，当該決定と同時に，破産債権であって当該再生手続において再生債権としての届出があったもの（再生手続開始前の罰金等及び共助対象外国租税の請求権を除く。以下この条において同じ。）を有する破産債権者は当該破産債権の届出をすることを要しない旨の決定をすることができる。

2　裁判所は，前項の規定による決定をしたときは，破産法第32条第１項の規定による公告に，破産債権であって前項の再生手続において再生債権としての届出があったものを有する破産債権者は当該破産債権の届出をすることを要しない旨を掲げ，かつ，その旨を知れている破産債権者に通知しなければならない。

3　第１項の規定による決定があった場合には，同項の再生手続において再生債権としての届出があった債権については，当該再生債権としての届出をした者（当該再生手続において当該届出があった債権について届出名義の変更を受けた者がある場合にあっては，その者。第６項において同じ。）が，破産法第111条第１項に規定する債権届出期間の初日に，破産債権の届出（同項第４号に掲げる事項の届出を含む。）をしたものとみなす。

4　前項の場合においては，当該再生債権としての届出があった債権についての次の各号に掲げる事項の届出の区分に応じ，破産債権の届出としてそれぞれ当該各号に定める事項の届出をしたものとみなす。

　　一　第87条第１項第３号ロからニまでに掲げる債権についての第94条第１項に規定する再生債権についての議決権の額及び再生債権の原因の届出　破産法第111条第１項第１号に掲げる破産債権の額及び原因の届出

　　二　当該再生債権としての届出があった債権のうち前号に掲げる債権以外のものについての第94条第１項に規定する再生債権の内容としての額及び再生債権の原因の届出　破産法第111条第１項第１号に掲げる破産債権の額及び原因の届出

　　三　第84条第２項各号に掲げる債権についての第94条第１項に規定する再生債権の内容の届出　破産法第111条第１項第３号に掲げる劣後的破産債権である旨の届出

　　四　第87条第１項第１号，第２号又は第３号イに掲げる債権についての第94条第１項に規定する再生債権の内容としての額及び再生債権についての議決権の額の届出　届出があった再生債権の内容としての額から届出があった再生債権についての議決権の額を控除した額に係る部分につき破産法第111条第１項第３号に掲げる劣後的破産債権である旨の届出

　　五　約定劣後再生債権である旨の届出があった債権についての第94条第１項に規定するその旨の届出　破産法第111条第１項第３号に掲げる約定劣後破産債権である旨の届出

　　六　第94条第２項に規定する別除権の行使によって弁済を受けることができないと見込まれる債権の額の届出　破産法第111条第２項第２号に掲げる別除権の行使によって弁済を受けることができないと見込まれる債権の額の届出

5　前項各号（第４号を除く。）の規定にかかわらず，第１項の再生手続が小規模個人再生又は給与所得者等再生であるときは，届出があった再生債権の額及び原因並びに担保不足見込額（第225条の規定により届出をしたものとみなされる再生債権の額及び原因並びに

474

担保不足見込額を含む。）を破産債権の額及び原因並びに破産法第111条第2項第2号に掲げる別除権の行使によって弁済を受けることができないと見込まれる債権の額として届出をしたものとみなす。

6　前3項の規定は，当該再生債権としての届出をした者が破産法第111条第1項に規定する債権届出期間内に破産債権の届出をした場合には，当該再生債権としての届出をした者が有する第3項の再生債権としての届出があった債権については，適用しない。

7　前各項の規定は，再生計画の履行完了前に再生債務者についてされる破産手続開始の決定に係る破産手続について準用する。

（否認の請求を認容する決定に対する異議の訴え等の取扱い）

第254条　再生計画不認可，再生手続廃止又は再生計画取消しの決定の確定により再生手続が終了した場合において，第252条第1項各号又は第3項に規定する破産手続開始の決定があったときは，第68条第2項又は第137条第6項の規定により中断した同条第1項の訴えに係る訴訟手続（再生手続が終了した際現に係属する同項の訴えに係る訴訟手続で第141条第1項の規定により中断しているものを含む。第3項及び第4項において同じ。）は，破産管財人においてこれを受け継ぐことができる。この場合においては，受継の申立ては，相手方もすることができる。

2　前項の場合においては，相手方の否認権限を有する監督委員又は管財人に対する訴訟費用請求権は，財団債権とする。

3　第1項の場合において，第68条第2項又は第137条第6項の規定により中断した同条第1項の訴えに係る訴訟手続について第1項の規定による受継があるまでに破産手続が終了したときは，当該訴訟手続は，終了する。

4　第68条第2項又は第137条第6項の規定により中断した同条第1項の訴えに係る訴訟手続であって破産手続開始前の再生債務者についての再生事件に係るものは，その中断の日から1月（その期間中に第251条第1項第1号の規定による保全処分等又は第252条第2項各号に掲げる破産手続開始の申立てに係る破産手続における保全処分等がされていた期間があるときは，当該期間を除く。）以内に第252条第1項各号に規定する破産手続開始の決定がされていないときは，終了する。

5　第112条の2第1項の規定により引き続き係属するものとされる第105条第1項本文の査定の申立てに係る査定の手続は，第252条第1項各号又は第3項に規定する破産手続開始の決定があったときは，終了するものとする。この場合においては，第112条の2第3項の規定は，適用しない。

6　第4項の規定は，第112条の2第4項の規定により中断した第106条第1項の訴えに係る訴訟手続であって破産手続開始前の再生債務者についての再生事件に係るものについて準用する。

第15章　罰　則

（詐欺再生罪）

第255条　再生手続開始の前後を問わず，債権者を害する目的で，次の各号のいずれかに該当する行為をした者は，債務者について再生手続開始の決定が確定したときは，10年以下の懲役若しくは1,000万円以下の罰金に処し，又はこれを併科する。情を知って，第4号に掲げる行為の相手方となった者も，再生手続開始の決定が確定したときは，同様とする。

資　料

一　債務者の財産を隠匿し，又は損壊する行為

二　債務者の財産の譲渡又は債務の負担を仮装する行為

三　債務者の財産の現状を改変して，その価格を減損する行為

四　債務者の財産を債権者の不利益に処分し，又は債権者に不利益な債務を債務者が負担する行為

2　前項に規定するもののほか，債務者について管理命令又は保全管理命令が発せられたことを認識しながら，債権者を害する目的で，管財人の承諾その他の正当な理由がなく，その債務者の財産を取得し，又は第三者に取得させた者も，同項と同様とする。

（特定の債権者に対する担保の供与等の罪）

第256条　債務者が，再生手続開始の前後を問わず，特定の債権者に対する債務について，他の債権者を害する目的で，担保の供与又は債務の消滅に関する行為であって債務者の義務に属せず又はその方法若しくは時期が債務者の義務に属しないものをし，再生手続開始の決定が確定したときは，5年以下の懲役若しくは500万円以下の罰金に処し，又はこれを併科する。

（監督委員等の特別背任罪）

第257条　監督委員，調査委員，管財人，保全管理人，個人再生委員，管財人代理又は保全管理人代理が，自己若しくは第三者の利益を図り又は債権者に損害を加える目的で，その任務に背く行為をし，債権者に財産上の損害を加えたときは，10年以下の懲役若しくは1,000万円以下の罰金に処し，又はこれを併科する。

2　監督委員，調査委員，管財人，保全管理人又は個人再生委員（以下この項において「監督委員等」という。）が法人であるときは，前項の規定は，監督委員等の職務を行う役員又は職員に適用する。

（報告及び検査の拒絶等の罪）

第258条　第59条第1項各号に掲げる者若しくは同項第2号から第5号までに掲げる者であった者が，同項若しくは同条第2項において準用する同条第1項（これらの規定を第63条，第78条又は第83条第1項において準用する場合を含む。）の規定による報告を拒み，若しくは虚偽の報告をしたとき，又は再生債務者若しくはその法定代理人が第223条第8項（第244条において準用する場合を含む。）の規定による報告を拒み，若しくは虚偽の報告をしたときは，3年以下の懲役若しくは300万円以下の罰金に処し，又はこれを併科する。

2　第59条第1項第2号から第5号までに掲げる者若しくは当該各号に掲げる者であった者（以下この項において「報告義務者」という。）の代表者，代理人，使用人その他の従業者（第4項において「代表者等」という。）が，その報告義務者の業務に関し，同条第1項若しくは同条第2項において準用する同条第1項（これらの規定を第63条，第78条又は第83条第1項において準用する場合を含む。）の規定による報告を拒み，若しくは虚偽の報告をしたとき，又は再生債務者の法定代理人の代理人，使用人その他の従業者が，その法定代理人の業務に関し，第223条第8項（第244条において準用する場合を含む。）の規定による報告を拒み，若しくは虚偽の報告をしたときも，前項と同様とする。

3　再生債務者が第59条第1項（第63条，第78条又は第83条第1項において準用する場合を含む。）の規定による検査を拒んだとき，又は再生債務者若しくはその法定代理人が第223条第8項（第244条において準用する場合を含む。）の規定による検査を拒んだときも，第1項と同様とする。

4　第59条第3項に規定する再生債務者の子会社等（同条第4項の規定により再生債務者の

〈資料⑥〉　民事再生法

子会社等とみなされるものを含む。以下この項において同じ。）の代表者等が，その再生
債務者の子会社等の業務に関し，同条第3項（第63条，第78条又は第83条第1項において
準用する場合を含む。）の規定による報告若しくは検査を拒み，又は虚偽の報告をしたと
きも，第1項と同様とする。

（業務及び財産の状況に関する物件の隠滅等の罪）
第259条　再生手続開始の前後を問わず，債権者を害する目的で，債務者の業務及び財産の
状況に関する帳簿，書類その他の物件を隠滅し，偽造し，又は変造した者は，債務者につ
いて再生手続開始の決定が確定したときは，3年以下の懲役若しくは300万円以下の罰金
に処し，又はこれを併科する。

（監督委員等に対する職務妨害の罪）
第260条　偽計又は威力を用いて，監督委員，調査委員，管財人，保全管理人，個人再生委員，
管財人代理又は保全管理人代理の職務を妨害した者は，3年以下の懲役若しくは300万円
以下の罰金に処し，又はこれを併科する。

（収賄罪）
第261条　監督委員，調査委員，管財人，保全管理人，個人再生委員，管財人代理又は保全
管理人代理が，その職務に関し，賄賂を収受し，又はその要求若しくは約束をしたときは，
3年以下の懲役若しくは300万円以下の罰金に処し，又はこれを併科する。
2　前項の場合において，その監督委員，調査委員，管財人，保全管理人，個人再生委員，
管財人代理又は保全管理人代理が不正の請託を受けたときは，5年以下の懲役若しくは
500万円以下の罰金に処し，又はこれを併科する。
3　監督委員，調査委員，管財人，保全管理人又は個人再生委員（以下この条において「監
督委員等」という。）が法人である場合において，監督委員等の職務を行うその役員又は
職員が，その監督委員等の職務に関し，賄賂を収受し，又はその要求若しくは約束をした
ときは，3年以下の懲役若しくは300万円以下の罰金に処し，又はこれを併科する。監督
委員等が法人である場合において，その役員又は職員が，その監督委員等の職務に関し，
監督委員等に賄賂を収受させ，又はその供与の要求若しくは約束をしたときも，同様とす
る。
4　前項の場合において，その役員又は職員が不正の請託を受けたときは，5年以下の懲役
若しくは500万円以下の罰金に処し，又はこれを併科する。
5　再生債権者若しくは代理委員又はこれらの者の代理人，役員若しくは職員が，債権者集
会の期日における議決権の行使又は第169条第2項第2号に規定する書面等投票による議
決権の行使に関し，不正の請託を受けて，賄賂を収受し，又はその要求若しくは約束をし
たときは，5年以下の懲役若しくは500万円以下の罰金に処し，又はこれを併科する。
6　前各項の場合において，犯人又は法人である監督委員等が収受した賄賂は，没収する。
その全部又は一部を没収することができないときは，その価額を追徴する。

（贈賄罪）
第262条　前条第1項又は第3項に規定する賄賂を供与し，又はその申込み若しくは約束を
した者は，3年以下の懲役若しくは300万円以下の罰金に処し，又はこれを併科する。
2　前条第2項，第4項又は第5項に規定する賄賂を供与し，又はその申込み若しくは約束
をした者は，5年以下の懲役若しくは500万円以下の罰金に処し，又はこれを併科する。

（再生債務者等に対する面会強請等の罪）
第263条　再生債務者（個人である再生債務者に限る。以下この条において同じ。）又はその

477

資　料

親族その他の者に再生債権（再生手続が再生計画認可の決定の確定後に終了した後にあっては，免責されたものに限る。以下この条において同じ。）を再生計画の定めるところによらずに弁済させ，又は再生債権につき再生債務者の親族その他の者に保証をさせる目的で，再生債務者又はその親族その他の者に対し，面会を強請し，又は強談威迫の行為をした者は，３年以下の懲役若しくは300万円以下の罰金に処し，又はこれを併科する。

（国外犯）

第264条　第255条，第256条，第259条，第260条及び第262条の罪は，刑法（明治40年法律第45号）第２条の例に従う。

2　第257条及び第261条（第５項を除く。）の罪は，刑法第４条の例に従う。

3　第261条第５項の罪は，日本国外において同項の罪を犯した者にも適用する。

（両罰規定）

第265条　法人の代表者又は法人若しくは人の代理人，使用人その他の従業者が，その法人又は人の業務又は財産に関し，第255条，第256条，第258条（第１項を除く。），第259条，第260条，第262条又は第263条の違反行為をしたときは，行為者を罰するほか，その法人又は人に対しても，各本条の罰金刑を科する。

（過料）

第266条　再生債務者又は再生のために債務を負担し，若しくは担保を提供する者は，第186条第３項の規定による裁判所の命令に違反した場合には，100万円以下の過料に処する。

2　再生債務者若しくはその法定代理人又は再生債権者が正当な理由なく第227条第６項（第244条において準用する場合を含む。）の規定による資料の提出の要求に応じない場合には，10万円以下の過料に処する。

　　附　則　抄

（施行期日）

第１条　この法律は，公布の日から起算して６月を超えない範囲内において政令で定める日から施行する。

（和議法及び特別和議法の廃止）

第２条　和議法（大正11年法律第72号）及び特別和議法（昭和21年法律第41号）は，廃止する。

（民事再生法の一部改正に伴う経過措置）

第34条　施行日前に再生手続開始の決定があった再生事件における再生債権者の議決権については，前条の規定による改正後の民事再生法（第３項において「新民事再生法」という。）第87条第１項の規定にかかわらず，なお従前の例による。

2　施行日前にされた再生手続開始の申立てに係る再生事件における否認及び施行日前にされた行為の再生事件における否認については，なお従前の例による。

3　施行日前にされた再生手続開始の申立てに係る再生事件における再生債務者（前条の規定による改正前の民事再生法（次項において「旧民事再生法」という。）第２条第１号に規定する再生債務者をいう。）について施行日以後に新民事再生法第252条第１項各号又は第３項に規定する破産手続開始の決定がされた場合における当該決定に係る破産事件における否認については，なお従前の例による。

4　施行日前に旧民事再生法第143条第５項に規定する時効の中断の事由が生じた場合におけるその事由の効力については，なお従前の例による。

（政令への委任）

〈資料⑦〉 民事再生規則

第362条 この法律に定めるもののほか，この法律の施行に伴い必要な経過措置は，政令で
定める。

　　附　則

この法律は，民法改正法（民法の一部を改正する法律（平成29年法律44号））の施行の日
から施行する。ただし，第362条の規定は，公布の日から施行する。

〈資料⑦〉　民事再生規則

平成12年１月31日最高裁判所規則第３号
最終改正：平成27年４月８日最高裁判所規則第４号

第１章　総　則

（再生債務者の責務等）
第１条 再生債務者は，再生手続の円滑な進行に努めなければならない。
２　再生債務者は，再生手続の進行に関する重要な事項を，再生債権者に周知させるように
努めなければならない。
３　再生手続においては，その円滑な進行に努める再生債務者の活動は，できる限り，尊重
されなければならない。

（申立ての方式等）
第２条 再生手続に関する申立ては，特別の定めがある場合を除き，書面でしなければなら
ない。
２　前項の規定は，再生手続に関する届出，申出及び裁判所に対する報告並びに再生計画案
（変更計画案を含む。）の提出について準用する。
３　前項において準用する第１項の規定にかかわらず，裁判所は，再生手続の円滑な進行を
図るために必要があると認めるときは，口頭で前項の報告（民事再生法（平成11年法律第
225号。以下「法」という。）第125条（裁判所への報告）第１項の規定による報告を除く。）
をすることを許可することができる。
４　裁判所は，書面を裁判所に提出した者又は提出しようとする者が当該書面に記録されて
いる情報の内容を記録した電磁的記録（電子的方式，磁気的方式その他人の知覚によって
は認識することができない方式で作られる記録であって，電子計算機による情報処理の用
に供されるものをいう。以下この項において同じ。）を有している場合において，必要が
あると認めるときは，その者に対し，当該電磁的記録に記録された情報を電磁的方法（電
子情報処理組織を使用する方法その他の情報通信の技術を利用する方法をいう。以下同
じ。）であって裁判所の定めるものにより裁判所に提供することを求めることができる。

（調書）
第３条 再生手続における調書（口頭弁論の調書を除く。）は，特別の定めがある場合を除き，
作成することを要しない。ただし，裁判長が作成を命じたときは，この限りでない。

（即時抗告に係る事件記録の送付・法第９条）
第４条 即時抗告があった場合において，裁判所が再生事件の記録を送付する必要がないと
認めたときは，再生裁判所の裁判所書記官は，抗告事件の記録のみを抗告裁判所の裁判所
書記官に送付すれば足りる。

資　料

2　前項の規定により抗告事件の記録が送付された場合において，抗告裁判所が再生事件の記録が必要であると認めたときは，抗告裁判所の裁判所書記官は，速やかに，その送付を再生裁判所の裁判所書記官に求めなければならない。

（公告事務の取扱者・法第10条）

第５条　公告に関する事務は，裁判所書記官が取り扱う。

（管財人による通知事務等の取扱い）

第５条の２　裁判所は，管財人が選任されている場合において，再生手続の円滑な進行を図るために必要があるときは，管財人の同意を得て，管財人に書面の送付その他通知に関する事務を取り扱わせることができる。

（通知等を受けるべき場所の届出）

第５条の３　再生債権者が第31条（届出の方式）第１項第２号又は第35条（届出名義の変更の方式）第１項第２号に規定する通知又は期日の呼出し（以下この条において「通知等」という。）を受けるべき場所を届け出たときは，再生手続において，当該再生債権者に対して書面を送付する方法によってする通知等は，当該届出に係る場所（当該再生債権者が第33条（届出事項等の変更）第１項の規定により通知等を受けるべき場所の変更を届け出た場合にあっては，当該変更後の場所）においてする。

2　前項に規定する通知等を受けるべき場所の届出をしない再生債権者が法第18条（民事訴訟法の準用）において準用する民事訴訟法（平成８年法律第109号）第104条（送達場所等の届出）第１項の規定により送達を受けるべき場所を届け出たときは，当該再生債権者に対する前項に規定する通知等は，当該届出に係る場所においてする。

3　第１項又は前項の規定により再生債権者に対してされた通知等が到達しなかったときは，当該再生債権者に対し，その後の通知等をすることを要しない。

4　裁判所又は裁判所書記官が前項の規定により再生債権者に対する通知等をしないときは，裁判所書記官は，当該再生債権者に対してされた通知等が到達しなかった旨を記録上明らかにしなければならない。

（官庁等への通知）

第６条　法人である再生債務者について再生手続開始の決定があった場合において，その法人の設立又は目的である事業について官庁その他の機関の許可があったものであるときは，裁判所書記官は，再生手続開始の決定があった旨をその官庁その他の機関に通知しなければならない。

2　前項の規定は，再生手続開始の決定の取消し，再生手続廃止，再生計画認可若しくは不認可若しくは再生計画取消しの決定が確定した場合又は再生手続終結の決定があった場合について準用する。

（法人の再生手続に関する登記の嘱託の手続・法第11条）

第７条　次の各号に掲げる嘱託は，嘱託書に，それぞれ当該各号に定める書面を添付してしなければならない。

　一　法第11条（法人の再生手続に関する登記の嘱託等）第１項の規定による嘱託　再生手続開始の決定の裁判書の謄本

　二　法第11条第２項の規定による嘱託　次に掲げる書面

　　イ　法第11条第２項に規定する処分の裁判書の謄本

　　ロ　管財人又は保全管理人がそれぞれ単独にその職務を行い，又は職務を分掌することについて法第70条（数人の管財人の職務執行）第１項ただし書（法第83条（監督委員

〈資料⑦〉 民事再生規則

に関する規定等の保全管理人等への準用）第1項において準用する場合を含む。）の
許可があったときは，当該許可の決定の裁判書の謄本
　三　法第11条第4項において準用する同条第2項の規定による嘱託（特定の監督委員，管
　　財人又は保全管理人について，その氏名若しくは名称又は住所の変更があった場合の嘱
　　託を除く。）　同項に規定する処分を変更し，若しくは取り消す決定又は同条第3項各号
　　に定める事項を変更する決定の裁判書の謄本
　四　法第11条第5項の規定による嘱託　同項各号に定める決定の裁判書の謄本
2　再生計画の認可の登記の嘱託は，監督委員又は管財人が選任されている場合を除き，再
　生手続の終結の登記の嘱託とともにしなければならない。
3　法第250条（再生手続の終了に伴う職権による破産手続開始の決定）第1項又は第2項
　の規定により破産手続開始の決定があった場合には，法第11条第5項の規定による嘱託は，
　破産手続開始の登記の嘱託とともにしなければならない。

（登記のある権利についての登記等の嘱託の手続・法第12条等）

第8条　次の各号に掲げる嘱託は，嘱託書に，それぞれ当該各号に定める書面を添付してし
　なければならない。この場合においては，当該書面以外の不動産登記法（平成16年法律第
　123号）第61条（登記原因証明情報の提供）に規定する登記原因を証する情報を記載した
　書面を添付することを要しない。
　一　法第12条（登記のある権利についての登記等の嘱託）第1項の規定による嘱託　同項
　　に規定する保全処分の裁判書の謄本
　二　法第12条第2項において準用する同条第1項の規定による嘱託　同項に規定する保全
　　処分を変更し，若しくは取り消す旨の決定の裁判書の謄本又は当該保全処分が効力を
　　失ったことを証する書面
　三　法第12条第3項の規定による嘱託　再生手続開始の決定の裁判書の謄本
　四　法第12条第4項の規定による嘱託　再生手続開始の決定を取り消す決定の裁判書の謄
　　本
　五　法第12条第5項の規定による嘱託　再生計画認可の決定の裁判書の謄本
　六　法第13条（否認の登記）第4項の規定による嘱託　再生計画認可の決定の裁判書の謄
　　本
　七　法第13条第6項の規定による嘱託　同項に規定する決定の裁判書の謄本
2　法第13条第4項又は第6項に規定する場合には，監督委員又は管財人は，速やかに，同
　条第1項の規定による否認の登記に関する登記事項証明書を裁判所に提出しなければなら
　ない。
3　第1項の規定は法第15条（登録への準用）の規定による嘱託について，前項の規定は同
　条において準用する法第13条第4項又は第6項に規定する場合について準用する。

（事件に関する文書の閲覧等・法第16条）

第9条　法第16条（事件に関する文書の閲覧等）の規定は，この規則（この規則において準
　用する他の規則を含む。）の規定に基づき，裁判所に提出され，又は裁判所が作成した文
　書その他の物件について準用する。
2　法第16条第1項に規定する文書等又は前項に規定する文書その他の物件の閲覧若しくは
　謄写，その正本，謄本若しくは抄本の交付又はその複製の請求は，当該請求に係る文書そ
　の他の物件を特定するに足りる事項を明らかにしてしなければならない。

（支障部分の閲覧等の制限の申立ての方式等・法第17条）

481

資　料

第10条　法第17条（支障部分の閲覧等の制限）第１項の申立ては，支障部分を特定してしなければならない。

2　前項の申立ては，当該申立てに係る文書等の提出の際にしなければならない。

3　第１項の申立てをするときは，当該申立てに係る文書等から支障部分を除いたものをも作成し，裁判所に提出しなければならない。

4　法第17条第１項の規定による決定においては，支障部分を特定しなければならない。

5　前項の決定があったときは，第１項の申立てをした者は，遅滞なく，当該申立てに係る文書等から当該決定により特定された支障部分を除いたものを作成し，裁判所に提出しなければならない。ただし，当該申立てにより特定された支障部分と当該決定により特定された支障部分とが同一である場合は，この限りでない。

（民事訴訟規則の準用・法第18条）

第11条　再生手続に関しては，特別の定めがある場合を除き，民事訴訟規則（平成８年最高裁判所規則第５号）の規定を準用する。

第２章　再生手続の開始

第１節　再生手続開始の申立て

（再生手続開始の申立書の記載事項・法第21条）

第12条　再生手続開始の申立書には，次に掲げる事項を記載しなければならない。

　一　申立人の氏名又は名称及び住所並びに法定代理人の氏名及び住所

　二　再生債務者の氏名又は名称及び住所並びに法定代理人の氏名及び住所

　三　申立ての趣旨

　四　再生手続開始の原因となる事実

　五　再生計画案の作成の方針についての申立人の意見

2　再生計画案の作成の方針についての申立人の意見の記載は，できる限り，予想される再生債権者の権利の変更の内容及び利害関係人の協力の見込みを明らかにしてしなければならない。

第13条　再生手続開始の申立書には，前条（再生手続開始の申立書の記載事項）第１項各号に掲げる事項を記載するほか，次に掲げる事項を記載するものとする。

　一　再生債務者が法人であるときは，その目的，役員の氏名，株式又は出資の状況その他の当該法人の概要

　二　再生債務者が事業を行っているときは，その事業の内容及び状況，営業所又は事務所の名称及び所在地並びに使用人その他の従業者の状況

　三　再生債務者の資産，負債（再生債権者の数を含む。）その他の財産の状況

　四　再生手続開始の原因となる事実が生ずるに至った事情

　五　再生債務者の財産に関してされている他の手続又は処分で申立人に知れているもの

　六　再生債務者について次のイ又はロに掲げる者があるときは，それぞれ当該イ又はロに定める事項

　　イ　再生債務者の使用人その他の従業者で組織する労働組合　当該労働組合の名称，主たる事務所の所在地，組合員の数及び代表者の氏名

　　ロ　再生債務者の使用人その他の従業者の過半数を代表する者　当該者の氏名及び住所

482

〈資料⑦〉　民事再生規則

　　七　法第169条の2（社債権者等の議決権の行使に関する制限）第1項に規定する社債管
　　　理者等があるときは，その商号
　　八　再生債務者について法第207条（外国管財人との協力）第1項に規定する外国倒産処
　　　理手続があるときは，その旨
　　九　再生債務者が法人である場合において，その法人の設立又は目的である事業について
　　　官庁その他の機関の許可があったものであるときは，その官庁その他の機関の名称及び
　　　所在地
　　十　申立人又は代理人の郵便番号及び電話番号（ファクシミリの番号を含む。）
　2　法第5条（再生事件の管轄）第3項から第7項までに規定する再生事件等があるときは，
　　当該再生事件等につき，次の各号に掲げる事件の区分に従い，それぞれ当該各号に定める
　　事項を記載するものとする。
　　一　再生事件　当該再生事件が係属する裁判所，当該再生事件の表示及び当該再生事件に
　　　おける再生債務者の氏名又は名称
　　二　更生事件　当該更生事件が係属する裁判所，当該更生事件の表示及び当該更生事件に
　　　おける更生会社又は開始前会社の商号（金融機関等の更生手続の特例等に関する法律（平
　　　成8年法律第95号）第4条（定義）第3項に規定する更生事件にあっては，当該更生事
　　　件における更生協同組織金融機関又は開始前協同組織金融機関の名称）

（再生手続開始の申立書の添付書面・法第21条）
第14条　再生手続開始の申立書には，次に掲げる書面を添付するものとする。
　　一　再生債務者が個人であるときは，その住民票の写し
　　二　再生債務者が法人であるときは，その定款又は寄附行為及び登記事項証明書
　　三　債権者の氏名又は名称，住所，郵便番号及び電話番号（ファクシミリの番号を含む。）
　　　並びにその有する債権及び担保権の内容を記載した債権者の一覧表
　　四　再生債務者の財産目録
　　五　再生手続開始の申立ての日前3年以内に法令の規定に基づき作成された再生債務者の
　　　貸借対照表及び損益計算書
　　六　再生債務者が事業を行っているときは，再生手続開始の申立ての日前1年間の再生債
　　　務者の資金繰りの実績を明らかにする書面及び再生手続開始の申立ての日以後6月間の
　　　再生債務者の資金繰りの見込みを明らかにする書面
　　七　再生債務者が労働協約を締結し，又は就業規則を作成しているときは，当該労働協約
　　　又は就業規則
　2　裁判所は，必要があると認めるときは，再生手続開始の申立人に対し，再生債務者財産
　　に属する権利で登記又は登録がされたものについての登記事項証明書又は登録原簿に記載
　　されている事項を証明した書面を提出させることができる。

（再生手続開始の申立人に対する資料の提出の求め）
第14条の2　裁判所は，再生手続開始の申立てをした者又はしようとする者に対し，再生手
　　続開始の申立書及び法又はこの規則の規定により当該申立書に添付し又は提出すべき書面
　　のほか，再生債権及び再生債務者の財産の状況に関する資料その他再生手続の円滑な進行
　　を図るために必要な資料の提出を求めることができる。

（裁判所書記官の事実調査・法第21条等）
第15条　裁判所は，相当と認めるときは，再生手続開始の原因となる事実又は法第25条（再
　　生手続開始の条件）各号に掲げる事由に係る事実の調査を裁判所書記官に命じて行わせる

483

資　料

ことができる。

（費用の予納・法第24条）

第16条　法第24条（費用の予納）第1項の金額は，再生債務者の事業の内容，資産及び負債その他の財産の状況，再生債権者の数，監督委員その他の再生手続の機関の選任の要否その他の事情を考慮して定める。再生債権者が再生手続開始の申立てをしたときは，再生手続開始後の費用については，再生債務者財産から支払うことができる金額をも考慮して定めなければならない。

2　再生手続開始の決定があるまでの間において，予納した費用が不足するときは，裁判所は，申立人に，更に予納させることができる。

　第2節　再生手続開始の決定

（再生手続開始の決定の裁判書等・法第33条）

第17条　再生手続開始の申立てについての裁判は，裁判書を作成してしなければならない。

2　再生手続開始の決定の裁判書には，決定の年月日時を記載しなければならない。

（再生債権の届出をすべき期間等・法第34条）

第18条　次の各号に掲げる期間は，特別の事情がある場合を除き，それぞれ当該各号に定める範囲内で定めるものとする。

　一　再生債権の届出をすべき期間　再生手続開始の決定の日から2週間以上4月以下（知れている再生債権者で日本国内に住所，居所，営業所又は事務所がないものがある場合には，4週間以上4月以下）

　二　再生債権の調査をするための期間　その期間の初日と前号の期間の末日との間には1週間以上2月以下の期間をおき，1週間以上3週間以下

2　裁判所は，法第34条（再生手続開始と同時に定めるべき事項）第2項の決定をしたときは，再生債務者等が，日刊新聞紙に掲載し，又はインターネットを利用する等の方法であって裁判所の定めるものにより，次に掲げる事項を再生債権者が知ることができる状態に置く措置を執るものとすることができる。

　一　法第35条（再生手続開始の公告等）第5項本文において準用する同条第3項第1号及び法第37条（再生手続開始決定の取消し）本文の規定により通知すべき事項の内容

　二　債権者集会（再生計画案の決議をするためのものを除く。）の期日

（事業等の譲渡に関する株主総会の決議による承認に代わる許可の株主に対する送達・法第43条）

第19条　裁判所書記官は，法第43条（事業等の譲渡に関する株主総会の決議による承認に代わる許可）第2項の規定による株主に対する送達をする場合において，必要があるときは，再生債務者等に対し，同条第4項に規定する住所又は場所を記載した書面の提出を求めることができる。

2　法第43条第4項に規定する方法により同条第2項の規定による送達をしたときは，裁判所書記官は，送達を受けるべき者の氏名，あて先及び発送の年月日を記載した書面を作成しなければならない。

〈資料⑦〉 民事再生規則

第3章 再生手続の機関

第1節 監督委員

（監督委員の選任等・法第54条）
第20条 監督委員は，その職務を行うに適した者のうちから選任しなければならない。
2 法人が監督委員に選任された場合には，当該法人は，役員又は職員のうちから監督委員の職務を行うべき者を指名し，指名された者の氏名を裁判所に届け出るとともに，再生債務者に通知しなければならない。
3 裁判所書記官は，監督委員に対し，その選任を証する書面を交付しなければならない。

（監督委員の同意の申請の方式等・法第54条）
第21条 監督委員の同意を求める旨の申請及び監督委員の同意は，書面でしなければならない。
2 再生債務者は，監督委員の同意を得たときは，遅滞なく，その旨を裁判所に報告しなければならない。

（再生債務者の監督委員に対する報告）
第22条 裁判所は，監督委員が選任されている場合において，必要があると認めるときは，再生債務者について，監督委員への報告を要する行為を指定することができる。
2 再生債務者は，前項に規定する行為をしたときは，速やかに，その旨を監督委員に報告しなければならない。

（監督委員に対する監督等・法第57条）
第23条 裁判所は，報告書の提出を促すことその他の監督委員に対する監督に関する事務を裁判所書記官に命じて行わせることができる。
2 監督委員は，正当な理由があるときは，裁判所の許可を得て辞任することができる。

（進行協議）
第23条の2 裁判所と再生債務者及び監督委員は，再生手続の円滑な進行を図るために必要があるときは，再生計画案の作成の方針その他再生手続の進行に関し必要な事項についての協議を行うものとする。

（監督委員による鑑定人の選任・法第59条）
第24条 監督委員は，必要があるときは，裁判所の許可を得て鑑定人を選任することができる。

（監督委員の報酬の額・法第61条）
第25条 裁判所が定める監督委員の報酬の額は，その職務と責任にふさわしいものでなければならない。

第2節 調査委員

（調査委員の選任等・法第62条等）
第26条 調査委員は，その職務を行うに適した者で利害関係のないもののうちから選任しなければならない。
2 第20条（監督委員の選任等）第2項及び第3項，第23条（監督委員に対する監督等），第24条（監督委員による鑑定人の選任）並びに前条（監督委員の報酬の額）の規定は，調査委員について準用する。

485

資　料

第3節　管財人及び保全管理人

（監督委員に関する規定の準用等・法第78条等）

第27条　第20条（監督委員の選任等）及び第23条から第25条まで（監督委員に対する監督等，進行協議，監督委員による鑑定人の選任及び監督委員の報酬の額）の規定は管財人及び保全管理人について，第25条の規定は管財人代理及び保全管理人代理について準用する。この場合において，第23条の2中「再生債務者及び監督委員」とあるのは，「管財人又は保全管理人」と読み替えるものとする。

2　裁判所書記官は，管財人又は保全管理人があらかじめその職務のために使用する印鑑を裁判所に提出した場合において，当該管財人又は保全管理人が再生債務者に属する不動産についての権利に関する登記を申請するために登記所に提出する印鑑の証明を請求したときは，当該管財人又は保全管理人に係る前項において準用する第20条第3項に規定する書面に，当該請求に係る印鑑が裁判所に提出された印鑑と相違ないことを証明する旨をも記載して，これを交付するものとする。

第4章　再生債権

第1節　再生債権者の権利

（再生債権者が外国で受けた弁済の通知・法第89条）

第28条　法第102条（一般調査期間における調査）第1項に規定する届出再生債権者及び法第101条（認否書の作成及び提出）第3項の規定により認否書に記載された再生債権を有する再生債権者は，法第89条（再生債権者が外国で受けた弁済）第1項に規定する弁済を受けた場合には，速やかに，再生債務者等に対し，その旨及び当該弁済の内容を通知しなければならない。

（代理委員の権限の証明等・法第90条）

第29条　代理委員の権限は，書面で証明しなければならない。

2　再生債権者は，代理委員を解任したときは，遅滞なく，裁判所にその旨を届け出なければならない。

第30条　削除

第2節　再生債権の届出

（届出の方式・法第94条）

第31条　再生債権の届出書には，各債権について，その内容及び原因，約定劣後再生債権であるときはその旨，議決権の額並びに法第94条（届出）第2項に規定する事項のほか，次に掲げる事項を記載しなければならない。

一　再生債権者及び代理人の氏名又は名称及び住所

二　再生手続において書面を送付する方法によってする通知又は期日の呼出しを受けるべき場所（日本国内に限る。）

三　法第84条（再生債権となる請求権）第2項各号に掲げる請求権を含むときは，その旨

四　執行力ある債務名義又は終局判決のある債権であるときは，その旨

五　再生債権に関し再生手続開始当時訴訟が係属するときは，その訴訟が係属する裁判所，

486

〈資料⑦〉 民事再生規則

　　当事者の氏名又は名称及び事件の表示
2　再生債権の届出書には，再生債権者の郵便番号，電話番号（ファクシミリの番号を含む。）
　その他再生手続における通知，送達又は期日の呼出しを受けるために必要な事項として裁
　判所が定めるものを記載するものとする。
3　再生債権が執行力ある債務名義又は終局判決のあるものであるときは，第1項の届出書
　に，執行力ある債務名義の写し又は判決書の写しを添付しなければならない。
4　再生債権者が代理人をもって債権の届出をする場合には，第1項の届出書に，代理権を
　証する書面を添付しなければならない。

（債権届出書の写しの添付等）
第32条　再生債権の届出をするときは，届出書のほか，その写しを提出しなければならない。
2　前項の規定により届出書の写しが提出されたときは，裁判所書記官は，遅滞なく，当該
　写しを再生債務者等に送付しなければならない。

（届出事項等の変更）
第33条　届出があった再生債権の消滅その他届け出た事項について他の再生債権者の利益を
　害しない変更が生じたときは，当該届出をした再生債権者は，遅滞なく，その旨を裁判所
　に届け出なければならない。
2　前項に規定する場合には，再生債務者等も，その旨を届け出ることができる。ただし，
　再生債務者（管財人が選任されている場合を除く。）については，当該届出をすべき再生
　債権者に対し，当該届出について異議があるときは一定の期間内に異議を述べるべき旨を
　あらかじめ通知した場合において，当該期間内に当該再生債権者の異議がなかったときに
　限る。
3　前項の期間は，1週間を下ってはならない。
4　第1項又は第2項の規定による届出をする場合には，届出書には，再生債権の消滅又は
　届出事項の変更の内容及び原因を記載しなければならない。
5　再生債務者等が第2項の規定による届出をする場合には，前項の届出書に，証拠書類の
　写しを添付しなければならない。
6　前条（債権届出書の写しの添付等）の規定は，再生債権者が第1項の規定による届出を
　する場合の届出書について準用する。
7　第1項又は第2項の規定による届出があった場合には，裁判所書記官は，当該届出の内
　容を再生債権者表に記載するものとする。
8　第1項，第2項本文，第4項，第6項及び前項の規定は，法第101条（認否書の作成及
　び提出）第3項の規定により認否書に記載された再生債権の消滅その他同項の規定により
　認否書に記載された事項について他の再生債権者の利益を害しない変更が生じた場合につ
　いて準用する。

（届出の追完等の方式・法第95条）
第34条　法第95条（届出の追完等）第1項の届出の追完をするときは，再生債権の届出書に
　は，債権届出期間内に届出をすることができなかった事由及びその事由が消滅した時期を
　も記載しなければならない。
2　法第95条第3項の届出をするときは，再生債権の届出書には，当該届出をする再生債権
　が生じた時期をも記載しなければならない。
3　法第95条第5項の変更の届出書には，当該変更の内容及び原因並びに第1項に規定する
　事項を記載しなければならない。

487

資　料

4　第32条（債権届出書の写しの添付等）の規定は，前項の届出書について準用する。

（届出名義の変更の方式・法第96条）

第35条　届出名義の変更の届出書には，次に掲げる事項を記載しなければならない。

一　届出名義の変更を受けようとする者の氏名又は名称及び住所並びに代理人の氏名及び住所

二　再生手続において書面を送付する方法によってする通知又は期日の呼出しを受けるべき場所（日本国内に限る。）

三　取得した権利並びにその取得の日及び原因

2　前項の届出書には，証拠書類の写しを添付しなければならない。

3　第31条（届出の方式）第2項及び第4項，第32条（債権届出書の写しの添付等）並びに第33条（届出事項等の変更）第7項の規定は，第1項の届出書について準用する。

（罰金，科料等の届出の方式・法第97条）

第35条の2　法第97条（罰金，科料等の届出）に規定する再生手続開始前の罰金等についての届出書には，同条に定める事項のほか，次に掲げる事項を記載しなければならない。

一　届出に係る請求権を有する者の名称及び住所並びに代理人の氏名及び住所

二　再生手続開始当時届出に係る請求権に関する訴訟又は行政庁に係属する事件があるときは，その訴訟又は事件が係属する裁判所又は行政庁，当事者の氏名又は名称及び事件の表示

第3節　再生債権の調査及び確定

（再生債権者表の作成時期及び記載事項・法第99条）

第36条　再生債権者表は，一般調査期間の開始後遅滞なく，作成するものとする。

2　再生債権者表には，各債権について，その内容（約定劣後再生債権であるかどうかの別を含む。以下この節において同じ。）及び原因，議決権の額並びに法第94条（届出）第2項に規定する債権の額を記載するほか，次に掲げる事項を記載しなければならない。

一　再生債権者の氏名又は名称及び住所

二　法第84条（再生債権となる請求権）第2項各号に掲げる請求権を含むときは，その旨

三　執行力ある債務名義又は終局判決のある債権であるときは，その旨

（証拠書類の送付・法第101条等）

第37条　再生債務者等は，認否書の作成のため必要があるときは，届出再生債権者に対し，当該届出再生債権に関する証拠書類の送付を求めることができる。

（認否書の記載の方式等・法第101条等）

第38条　法第101条（認否書の作成及び提出）第1項若しくは第2項又は第103条（特別調査期間における調査）第3項の規定により認めない旨を認否書に記載するときは，その理由の要旨を付記することができる。

2　法第101条第3項の規定により届出がされていない再生債権を認否書に記載するときは，自認する内容を記載するほか，次に掲げる事項を記載しなければならない。

一　再生債権者の氏名又は名称及び住所

二　再生債権の原因

三　法第84条（再生債権となる請求権）第2項各号に掲げる請求権を含むときは，その旨

四　法第94条（届出）第2項に規定する事項

五　執行力ある債務名義又は結局判決のある債権であるときは，その旨

488

〈資料⑦〉　民事再生規則

　六　再生債権に関し再生手続開始当時訴訟が係属するときは，その訴訟が係属する裁判所，
　　　当事者の氏名又は名称及び事件の表示
3　認否書には，副本を添付しなければならない。

（異議の方式・法第102条等）
第39条　法第102条（一般調査期間における調査）第1項若しくは第2項又は第103条（特別
　　調査期間における調査）第4項の書面には，異議を述べる事項及び異議の理由を記載しな
　　ければならない。
2　前条（認否書の記載の方式等）第3項の規定は，前項の書面について準用する。

（一般調査期間を変更する決定等の送達・法第102条等）
第40条　第19条（事業等の譲渡に関する株主総会の決議による承認に代わる許可の株主に対
　　する送達）第2項の規定は，法第102条（一般調査期間における調査）第4項（法第103条
　　（特別調査期間における調査）第5項において準用する場合を含む。）に規定する方法によ
　　り法第102条第3項（法第103条第5項において準用する場合を含む。）の規定による送達
　　をした場合について準用する。

（認否の変更等）
第41条　再生債務者等は，認否書の提出後に再生債権の内容又は議決権についての認否を認
　　める旨に変更する場合には，当該変更の内容を記載した書面を裁判所に提出するとともに，
　　当該再生債権を有する再生債権者に対し，その旨を通知しなければならない。
2　前項の規定は，届出再生債権者又は再生債務者（管財人が選任されている場合に限る。）
　　が，再生債権の内容又は議決権についての異議を撤回する場合について準用する。
3　第38条（認否書の記載の方式等）第3項の規定は，第1項（前項において準用する場合
　　を含む。）の規定により裁判所に提出する書面について準用する。

（認否書等の副本による閲覧等）
第42条　認否書，第39条（異議の方式）第1項の書面及び前条（認否の変更等）第3項の書
　　面の閲覧又は謄写は，提出された副本によってさせることができる。

（再生債務者等による認否書等の開示）
第43条　再生債務者等は，一般調査期間内に，裁判所に提出した認否書又は第41条（認否の
　　変更等）第1項の書面に記録されている情報の内容を表示したものを，再生債権者が再生
　　債務者の主たる営業所又は事務所において閲覧することができる状態に置く措置を執らな
　　ければならない。ただし，再生債務者が営業所又は事務所を有しない場合は，この限りで
　　ない。
2　再生債務者等は，再生債務者の主たる営業所又は事務所以外の営業所又は事務所におい
　　て前項に規定する措置を執ることその他同項に規定する情報の内容を周知させるための適
　　当な措置を執ることができる。
3　再生債権者は，前2項の規定により第1項に規定する措置が執られた営業所又は事務所
　　において，再生債務者等に対し，同項に規定する情報のうち自己の再生債権に関する部分
　　の内容を記録した書面の交付を求めることができる。
4　前3項の規定は，特別調査期間が定められた場合について準用する。

（異議の通知）
第44条　届出再生債権者が他の再生債権の内容又は議決権について異議を述べたときは，裁
　　判所書記官は，当該再生債権を有する再生債権者に対し，その旨を通知しなければならな
　　い。

489

資　料

（特別調査期間に関する費用の予納を命ずる処分の方式・法第103条の２）

第44条の２　法第103条の２（特別調査期間に関する費用の予納）第１項の規定による処分は，これを記載した書面を作成し，その書面に処分をした裁判所書記官が記名押印してしなければならない。

（再生債権の査定の申立ての方式等・法第105条）

第45条　法第105条（再生債権の査定の裁判）第１項本文の査定の申立書には，次に掲げる事項を記載しなければならない。

　一　当事者の氏名又は名称及び住所並びに代理人の氏名及び住所

　二　申立ての趣旨及び理由

２　申立ての理由においては，申立てを理由づける事実を具体的に記載し，かつ，立証を要する事由ごとに証拠を記載しなければならない。

３　第１項の申立書には，立証を要する事由につき，証拠書類の写しを添付しなければならない。

４　法第105条第１項本文の査定の申立てをする再生債権者は，第１項の申立書について直送（当事者の相手方に対する直接の送付をいう。以下同じ。）をしなければならない。

（再生債権の確定に関する訴訟の目的の価額・法第106条等）

第46条　再生債権の確定に関する訴訟の目的の価額は，再生計画によって受ける利益の予定額を標準として，受訴裁判所が定める。

（再生債権の確定に関する訴訟の結果の記載・法第110条）

第47条　再生債権の確定に関する訴訟についてした判決が確定した場合において，法第110条（再生債権の確定に関する訴訟の結果の記載）の申立てをするときは，当該判決の判決書の謄本及び当該判決の確定についての証明書を提出しなければならない。

第４節　債権者集会及び債権者委員会

（債権者集会の招集の申立ての方式・法第114条）

第48条　債権者集会の招集の申立書には，会議の目的である事項及び招集の理由を記載しなければならない。

（監督委員等の債権者集会への出席・法第116条）

第49条　裁判所は，必要があると認めるときは，債権者集会に監督委員を出席させ，再生債務者の業務及び財産の状況その他の事項について意見を述べさせることができる。

２　前項の規定は，調査委員について準用する。

第50条及び第51条　削除

（債権者委員会の委員の人数・法第117条）

第52条　法第117条（債権者委員会）第１項第１号の最高裁判所規則で定める人数は，10人とする。

（債権者委員会の承認の申立ての方式・法第117条）

第53条　法第117条（債権者委員会）第１項の規定による承認の申立書には，次に掲げる事項を記載しなければならない。

　一　申立人の氏名又は名称及び住所並びに代理人の氏名及び住所

　二　法第117条第１項に規定する委員会を構成する委員の氏名又は名称及び住所

　三　前号の委員が有する再生債権の内容

　四　第２号の委員会が再生債権者全体の利益を適切に代表すると認められる理由

490

〈資料⑦〉　民事再生規則

2　前項の申立書には，次に掲げる書面を添付しなければならない。
　一　前項第2号の委員会の運営に関する定めを記載した書面
　二　再生債権者の過半数が前号の委員会が再生手続に関与することについて同意していることを認めるに足りる書面

（債権者委員会の活動・法第117条）

第54条　再生手続における債権者委員会の活動は，債権者委員会を構成する委員の過半数の意見による。
2　債権者委員会は，これを構成する委員のうち連絡を担当する者を指名し，その旨を裁判所に届け出るとともに，再生債務者等及び監督委員に通知しなければならない。
3　債権者委員会は，これを構成する委員又はその運営に関する定めについて変更が生じたときは，遅滞なく，その旨を裁判所に届け出なければならない。

第5章　共益債権

（共益債権とする旨の許可に代わる承認をしたことの報告・法第120条）

第55条　監督委員は，法第120条（開始前の借入金等）第2項の承認をしたときは，遅滞なく，その旨を裁判所に報告しなければならない。

（共益債権の申出）

第55条の2　共益債権を有する者は，再生手続開始の決定後に法第64条（管理命令）第1項の規定による管理命令が発せられたことを知ったときは，速やかに，当該請求権を有する旨を管財人に申し出るものとする。
2　第2条（申立ての方式等）第2項の規定は，前項の規定による申出については，適用しない。

第6章　再生債務者の財産の調査及び確保

第1節　再生債務者の財産状況の調査等

（価額の評定の基準等・法第124条）

第56条　法第124条（財産の価額の評定等）第1項の規定による評定は，財産を処分するものとしてしなければならない。ただし，必要がある場合には，併せて，全部又は一部の財産について，再生債務者の事業を継続するものとして評定することができる。
2　法第124条第2項の財産目録及び貸借対照表には，その作成に関して用いた財産の評価の方法その他の会計方針を注記するものとする。
3　前項の財産目録及び貸借対照表には，副本を添付しなければならない。

（財産状況報告集会が招集されない場合の報告書の提出時期等・法第125条）

第57条　再生債務者等は，財産状況報告集会が招集されない場合には，再生手続開始の決定の日から2月以内に，法第125条（裁判所への報告）第1項の報告書を提出しなければならない。
2　前条（価額の評定の基準等）第3項の規定は，前項の報告書について準用する。

（貸借対照表等の報告書への添付等・法第125条）

第58条　裁判所は，相当と認めるときは，法第125条（裁判所への報告）第1項の報告書に，

491

資　料

再生手続開始の申立ての日前3年以内に終了した再生債務者の事業年度その他これに準ずる期間（以下この項において「事業年度等」という。）の終了した日における貸借対照表及び当該事業年度等の損益計算書並びに最終の当該事業年度等の終了した日の翌日から再生手続開始の日までの期間の損益計算書を添付させるものとする。

2　第56条（価額の評定の基準等）第2項の規定は，前項の貸借対照表及び損益計算書について準用する。

（報告書の提出の促し等・法第125条）

第59条　裁判所は，再生債務者（管財人が選任されている場合を除く。以下この条において同じ。）に報告書の提出を促すこと又は再生手続の進行に関し問い合わせをすることその他の再生債務者による再生手続の円滑な追行を図るために必要な措置を裁判所書記官に命じて行わせることができる。

（財産状況報告集会の招集・法第126条）

第60条　財産状況報告集会の期日は，特別の事情がある場合を除き，再生手続開始の決定の日から2月以内の日とするものとする。

2　裁判所は，再生手続開始の決定と同時に財産状況報告集会を招集する決定をしたときは，再生手続開始の公告と法第115条（債権者集会の期日の呼出し等）第4項の規定による公告とを併せてすることができる。法第35条（再生手続開始の公告等）第3項の規定による通知と法第115条第1項本文の規定による呼出しについても，同様とする。

（債権者説明会の開催）

第61条　再生債務者等（保全管理人が選任されている場合にあっては，保全管理人を含む。以下この条において同じ。）は，債権者説明会を開催することができる。債権者説明会においては，再生債務者等は，再生債権者に対し，再生債務者の業務及び財産に関する状況又は再生手続の進行に関する事項について説明するものとする。

2　再生債務者等は，債権者説明会を開催したときは，その結果の要旨を裁判所に報告しなければならない。

（財産目録等の副本による閲覧等）

第62条　法第124条（財産の価額の評定等）第2項の財産目録及び貸借対照表並びに法第125条（裁判所への報告）第1項の報告書の閲覧又は謄写は，提出された副本によってさせることができる。

（財産状況の再生債務者等による周知）

第63条　再生債務者等は，財産状況報告集会が招集されない場合には，裁判所に提出した法第125条（裁判所への報告）第1項の報告書の要旨を知れている再生債権者に周知させるため，報告書の要旨を記載した書面の送付，債権者説明会の開催その他の適当な措置を執らなければならない。

2　再生債務者等は，前項に規定する措置として次の各号に掲げる措置を執る場合には，再生債務者の使用人その他の従業者の過半数で組織する労働組合があるときはその労働組合，再生債務者の使用人その他の従業者の過半数で組織する労働組合がないときは再生債務者の使用人その他の従業者の過半数を代表する者に対して，それぞれ当該各号に定める措置を執らなければならない。

一　前項に規定する報告書の要旨を記載した書面の送付　当該書面の送付

二　前項に規定する債権者説明会の開催　当該債権者説明会の日時及び場所の通知

（再生債務者等による財産目録等の開示）

〈資料⑦〉　民事再生規則

第64条　再生債務者等は，再生手続開始の決定の取消し，再生手続廃止又は再生計画認可若
しくは不認可の決定が確定するまで，裁判所に提出した法第124条（財産の価額の評定等）
第2項の財産目録及び貸借対照表並びに法第125条（裁判所への報告）第1項の報告書に
記録されている情報の内容を表示したものを，再生債権者が再生債務者の主たる営業所又
は事務所において閲覧することができる状態に置く措置を執らなければならない。ただし，
再生債務者が営業所又は事務所を有しない場合は，この限りでない。

2　再生債務者等は，再生債務者の主たる営業所又は事務所以外の営業所又は事務所におい
て前項に規定する措置を執ることその他同項に規定する情報の内容を周知させるための適
当な措置を執ることができる。

（財産の保管方法等）

第65条　裁判所は，金銭その他の財産の保管方法及び金銭の収支について必要な定めをする
ことができる。

　　　第2節　否認権

（否認権のための保全処分の申立ての方式・法第134条の2）

第65条の2　法第134条の2（否認権のための保全処分）第1項（同条第7項において準用
する場合を含む。次条第1項において同じ。）の規定による保全処分の申立書には，次に
掲げる事項を記載しなければならない。

一　当事者の氏名又は名称及び住所並びに代理人の氏名及び住所

二　申立ての趣旨及び理由

2　申立ての理由においては，保全すべき権利及び保全の必要性を具体的に記載し，かつ，
立証を要する事由ごとに証拠を記載しなければならない。

（否認権のための保全処分に係る手続の続行の方式等・法第134条の3）

第65条の3　否認権限を有する監督委員又は管財人は，法第134条の3（保全処分に係る手
続の続行と担保の取扱い）第1項の規定により法第134条の2（否認権のための保全処分）
第1項の規定による保全処分に係る手続を続行するときは，その旨を裁判所に届け出なけ
ればならない。

2　裁判所書記官は，前項の届出があったときは，遅滞なく，その旨を当該保全処分の申立
人及びその相手方に通知しなければならない。

3　裁判所書記官は，前項の規定により同項の相手方に対する通知をする場合において，法
第134条の3第3項の規定による担保の変換がされているときは，当該変換された担保の
内容をも通知しなければならない。

4　裁判所書記官は，第1項の届出があった場合において，当該保全処分について法第134
条の2第4項（同条第7項において準用する場合を含む。）の即時抗告に係る事件が係属
しているときは，当該届出があった旨を抗告裁判所に通知しなければならない。

5　第3条（調書）の規定は，法第134条の3第4項において準用する民事保全法（平成元
年法律第91号）第37条（本案の訴えの不提起等による保全取消し）第3項，第38条（事情
の変更による保全取消し）第1項又は第39条（特別の事情による保全取消し）第1項の規
定による保全取消しの申立て及び同法第41条（保全抗告）第1項の規定による保全抗告に
ついての手続における審尋の調書については，適用しない。

6　民事保全規則（平成2年最高裁判所規則第3号）第4条（申立ての取下げの方式等）第
1項及び第2項の規定は法第134条の3第4項において準用する民事保全法第18条（保全

493

資　料

命令の申立ての取下げ）に規定する保全命令の申立ての取下げについて，同規則第28条（起訴命令の申立ての方式）の規定は法第134条の３第４項において準用する民事保全法第37条第１項の申立てについて，同規則第４条第１項及び第３項，第７条（口頭弁論調書の記載の省略等），第８条（審尋調書の作成等）第２項及び第３項，第９条（決定書の作成），第10条（調書決定）並びに第29条（保全異議の規定の準用）の規定は前項に規定する保全取消しの申立てについての手続について，同規則第４条第１項及び第３項，第７条，第８条第２項及び第３項，第９条，第10条並びに第30条（保全異議の規定の準用）の規定は前項に規定する保全抗告についての手続について準用する。

（否認の請求の方式等・法第136条）

第66条　否認の請求書には，次に掲げる事項を記載しなければならない。

　一　再生事件の表示

　二　当事者の氏名又は名称及び住所並びに代理人の氏名及び住所

　三　請求の趣旨及び理由

2　請求の理由においては，否認の請求の原因となる事実を具体的に記載し，かつ，立証を要する事由ごとに証拠を記載しなければならない。

3　第１項の請求書には，同項に掲げる事項のほか，否認の請求をする否認権限を有する監督委員若しくは管財人又はその代理人の郵便番号及び電話番号（ファクシミリの番号を含む。）を記載しなければならない。

4　第１項の請求書には，立証を要する事由につき，証拠書類の写しを添付しなければならない。

5　否認権限を有する監督委員又は管財人は，否認の請求をするときは，第１項の請求書について直送をしなければならない。

（否認の訴えの係属の通知等・法第138条）

第67条　法第138条（否認権限を有する監督委員の訴訟参加等）第２項に規定する否認の訴えが係属したときは，監督委員は，再生債務者に対し，その旨を通知しなければならない。

2　民事訴訟規則第20条（補助参加の申出書の送達等）第２項の規定は，法第138条第１項及び第２項の規定による参加の申出書の送達について準用する。

　第３節　法人の役員の責任の追及

（法人の役員の財産に対する保全処分の申立ての方式・法第142条）

第68条　法第142条（法人の役員の財産に対する保全処分）第１項の保全処分の申立書には，次に掲げる事項を記載しなければならない。

　一　当事者の氏名又は名称及び住所並びに代理の氏名及び住所

　二　申立ての趣旨及び理由

2　申立ての理由においては，保全すべき損害賠償請求権及び保全の必要性を具体的に記載し，かつ，立証を要する事由ごとに証拠を記載しなければならない。

（損害賠償請求権の査定の申立ての方式等・法第143条）

第69条　法第143条（損害賠償請求権の査定の申立て等）第１項の査定の申立書には，次に掲げる事項を記載しなければならない。

　一　当事者の氏名又は名称及び住所並びに代理人の氏名及び住所

　二　申立ての趣旨及び理由

2　申立ての理由においては，申立てを理由づける事実を具体的に記載し，かつ，立証を要

494

〈資料⑦〉　民事再生規則

する事由ごとに証拠を記載しなければならない。

3　第1項の申立書には，同項に掲げる事項のほか，申立人又はその代理人の郵便番号及び電話番号（ファクシミリの番号を含む。）を記載しなければならない。

4　第1項の申立書には，立証を要する事由につき，証拠書類の写しを添付しなければならない。

5　再生債務者等又は再生債権者は，法第143条第1項の査定の申立てをするときは，第1項の申立書について直送をしなければならない。

第4節　担保権の消滅

(担保権消滅の許可の申立書の記載事項・法第148条)

第70条　法第148条（担保権消滅の許可等）第2項の書面には，同項に掲げる事項のほか，次に掲げる事項を記載しなければならない。

一　法第148条第3項に規定する担保権者（以下この節において「担保権者」という。）の氏名又は名称及び住所

二　法第148条第2項第1号の財産が再生債務者の事業の継続に欠くことのできないものである事由

2　前項の書面には，同項に掲げる事項のほか，再生債務者等又はその代理人及び担保権者の郵便番号及び電話番号（ファクシミリの番号を含む。）を記載しなければならない。

(担保権消滅の許可の申立てについて提出すべき書面等・法第148条)

第71条　法第148条（担保権消滅の許可）第1項の許可の申立てをするときは，次に掲げる書面を提出しなければならない。

一　法第148条第2項第2号の価額の根拠を記載した書面

二　法第148条第2項第3号の担保権で登記又は登録をすることができないものがあるときは，当該担保権の存在を証する書面

2　裁判所は，法第148条第2項第1号の財産が登記又は登録をすることができるものである場合において，必要があると認めるときは，前項の許可の申立てをした再生債務者等に対し，当該財産の登記事項証明書又は登録原簿に記載されている事項を証明した書面を提出させることができる。

(担保権消滅の許可の申立書の送達等・法第148条)

第72条　法第148条（担保権消滅の許可等）第3項の申立書の送達は，再生債務者等から提出された副本によってする。

2　担保権者の全員に対し，法第148条第3項の規定による送達がされたときは，裁判所書記官は，その旨を再生債務者等に通知しなければならない。

(担保権消滅の許可の申立て後の担保権の移転等の届出等)

第73条　法第148条（担保権消滅の許可等）第1項の許可の申立てをした再生債務者等は，前条（担保権消滅の許可の申立書の送達等）第2項の規定による通知を受けるまでに，移転その他の事由により法第148条第3項の申立書に記載された同条第2項第3号の担保権を新たに有することとなった者があることを知ったときは，直ちに，その旨を裁判所に届け出なければならない。

(担保権消滅の許可の申立ての取下げの通知)

第74条　法第148条（担保権消滅の許可等）第1項の許可の申立てが取り下げられたときは，裁判所書記官は，同条第3項の規定による送達を受けた担保権者に対し，その旨を通知し

495

資　料

なければならない。

（価額決定の請求の方式等・法第149条）

第75条　価額決定の請求書には，次に掲げる事項を記載しなければならない。

一　再生事件の表示

二　当事者の氏名又は名称及び住所並びに代理人の氏名及び住所

三　法第149条（価額決定の請求）第1項に規定する財産の表示及び当該財産について価額の決定を求める旨

2　第1項の請求書には，法第148条（担保権消滅の許可等）第3項の規定による送達を受けた裁判書及び申立書の写しを添付しなければならない。

3　価額決定の請求をした担保権者は，再生債務者等に対し，その旨を通知しなければならない。

4　価額決定の請求をする担保権者が第1項第3号の財産（次条（価額決定の請求に関する書面の提出）及び第78条（評価人に対する協力）第2項並びに第79条（財産の評価の基準等）第1項，第2項及び第4項において「財産」という。）の評価をした場合において当該評価を記載した文書を保有するときは，再生裁判所に対し，その文書を提出するものとする。

（価額決定の請求に関する書面の提出）

第76条　再生裁判所は，価額決定の請求があった場合において，必要があると認めるときは，再生債務者等に対し，次に掲げる書面を提出させることができる。

一　財産が土地であるときは，その土地に存する建物の登記事項証明書

二　財産が建物であるときは，その存する土地の登記事項証明書

三　財産が不動産であるときは，当該不動産（当該不動産が土地であるときはその土地に存する建物を，当該不動産が建物であるときはその存する土地を含む。）に係る不動産登記法第14条（地図等）第1項の地図又は同条第4項の地図に準ずる図面及び同条第1項の建物所在図の写し（当該地図，地図に準ずる図面又は建物所在図が電磁的記録に記録されているときは，当該記録された情報の内容を証明した書面）

四　財産の所在地に至るまでの通常の経路及び方法を記載した図面

五　財産について地方税法（昭和25年法律第226号）第341条（固定資産税に関する用語の意義）第9号に掲げる固定資産課税台帳に登録されている価格があるときは，当該価格を証する書面

（価額決定の請求があった旨の通知）

第77条　担保権者が数人ある場合には，裁判所書記官は，その全員（価額決定の請求をした者を除く。）に対し，価額決定の請求があった旨を通知しなければならない。

2　前項の場合において，数個の価額決定の請求事件が同時に係属するときは，同項の通知は，最初の価額決定の請求があったときにすれば足りる。

（評価人に対する協力）

第78条　法第150条（財産の価額の決定）第1項の規定により評価人が選任された場合には，再生債務者等及び価額決定の請求をした担保権者は，評価人の事務が円滑に処理されるようにするため，必要な協力をしなければならない。

2　評価人は，価額決定の請求をしなかった担保権者に対しても，財産の評価のために必要な協力を求めることができる。

（財産の評価の基準等・法第150条）

496

〈資料⑦〉 民事再生規則

第79条 法第150条（財産の価額の決定）第1項の評価は，財産を処分するものとしてしなければならない。

2　評価人は，財産が不動産である場合には，その評価をするに際し，当該不動産の所在する場所の環境，その種類，規模，構造等に応じ，取引事例比較法，収益還元法，原価法その他の評価の方法を適切に用いなければならない。

3　民事執行規則（昭和54年最高裁判所規則第5号）第30条（評価書）第1項の規定は，評価人が不動産の評価をした場合について準用する。

4　第2項の規定は財産が不動産でない場合について，民事執行規則第30条第1項（第4号及び第5号を除く。）の規定は評価人が不動産でない財産の評価をした場合について準用する。

（価額決定の裁判書等の送達までの担保権の移転等の届出等）

第80条　担保権者の全員に対し，法第150条（財産の価額の決定）第6項の規定による送達がされたときは，裁判所書記官は，その旨を再生債務者等に通知しなければならない。

2　第71条（担保権消滅の許可の申立てについて提出すべき書面等）第2項及び第73条（担保権消滅の許可の申立て後の担保権の移転等の届出等）の規定は，価額決定の請求があった場合及び当該請求についての決定に対する即時抗告があった場合について準用する。この場合において，第71条第2項及び第73条中「裁判所」とあるのは「再生裁判所又は抗告裁判所」と，第71条第2項中「法第148条第2項第1号」とあるのは「法第149条（価額決定の請求）第1項」と，「前項の許可の申立てをした再生債務者等」とあるのは「再生債務者等及び価額決定の請求又は当該請求についての決定に対する即時抗告をした担保権者」と，第73条中「前条（担保権消滅の許可の申立書の送達等）第2項」とあるのは「第80条（価額決定の裁判書等の送達までの担保権の移転等の届出等）第1項」と読み替えるものとする。

（価額に相当する金銭の納付期限等・法第152条）

第81条　法第152条（価額に相当する金銭の納付等）第1項の期限は，次の各号に掲げる区分に応じ，それぞれ当該各号に定める日から1月以内の日としなければならない。

一　法第150条（財産の価額の決定）第3項に規定する請求期間内に，価額決定の請求がなかったとき，又は価額決定の請求のすべてが取り下げられ，若しくは却下されたとき。請求期間を経過した日

二　前号の請求期間が経過した後に，価額決定の請求のすべてが取り下げられ，又は却下されたとき。　価額決定の請求のすべてが取り下げられ，又は却下されたこととなった日

三　法第150条第2項の決定が確定したとき。　当該確定した日

2　前項の期限が定められたときは，裁判所書記官は，再生債務者等に対し，これを通知しなければならない。

3　法第152条第3項の規定による嘱託は，嘱託書に，法第148条（担保権消滅の許可等）第3項に規定する裁判書の謄本を添付してしなければならない。この場合においては，第8条（登記のある権利についての登記等の嘱託の手続）第1項後段の規定を準用する。

4　第11条（民事訴訟規則の準用）の規定にかかわらず，民事訴訟規則第4条（催告及び通知）第5項の規定は，第2項の規定による通知については準用しない。

（配当等の実施・法第153条）

第82条　民事執行規則第12条（民事執行の調書），第59条（第1項後段を除く。）（配当期日

497

資　料

等の指定），第60条（計算書の提出の催告）及び第61条（売却代金の交付等の手続）の規定は，法第153条（配当等の実施）第1項の配当の手続及び同条第2項の規定による弁済金の交付の手続について準用する。この場合において，同規則第12条，第59条第1項及び第60条中「執行裁判所」とあるのは「裁判所」と，同規則第59条第1項中「不動産の代金」とあり，同条第2項中「代金」とあり，及び同規則第61条中「売却代金」とあるのは「民事再生法第152条（価額に相当する金銭の納付等）第1項に規定する金銭」と，同規則第59条第3項及び第61条中「各債権者及び債務者」とあるのは「担保権者及び再生債権者」と，同規則第60条中「各債権者」とあるのは「各担保権者」と，「執行費用」とあるのは「民事再生法第151条（費用の負担）第3項の費用」と読み替えるものとする。

2　前条（価額に相当する金銭の納付期限等）第4項の規定は，前項において準用する民事執行規則第59条第3項の規定による通知について準用する。

第7章　再生計画

第1節　再生計画の条項

（共益債権及び一般優先債権に関する条項・法第154条）

第83条　再生計画においては，共益債権及び一般優先債権については，将来弁済すべきものを明示するものとする。

第2節　再生計画案の提出

（再生計画案の提出時期・法第163条）

第84条　法第163条（再生計画案の提出時期）第1項に規定する期間の末日は，特別の事情がある場合を除き，一般調査期間の末日から2月以内の日としなければならない。

2　前項の期間（法第163条第3項の規定により期間が伸長されたときは，その伸長された期間）内に再生計画案を裁判所に提出することができないときは，再生債務者等は，当該期間内に，その旨及びその理由を記載した報告書を裁判所に提出しなければならない。

3　法第163条第3項の規定による期間の伸長は，特別の事情がある場合を除き，2回を超えてすることができない。

（弁済した再生債権等の報告）

第85条　再生債務者等は，再生計画案を裁判所に提出するとき（法第164条（再生計画案の事前提出）第1項の規定により再生手続開始前に提出する場合を除く。）は，次に掲げる事項を記載した報告書を併せて提出しなければならない。

　　一　法第85条（再生債権の弁済の禁止）第2項又は第5項の規定による裁判所の許可を得て弁済した再生債権

　　二　法第85条の2（再生債務者等による相殺）の規定による裁判所の許可を得て相殺した再生債権

　　三　法第89条（再生債権者が外国で受けた弁済）第1項に規定する再生債権

2　前項の規定は，法第164条第2項後段の規定により再生計画案の条項を補充する場合について準用する。

（再生計画案が事前提出された場合の取扱い・法第164条）

第86条　再生手続開始前に，法第164条（再生計画案の事前提出）第1項の規定により再生

〈資料⑦〉 民事再生規則

計画案が提出された場合には，裁判所は，法第35条（再生手続開始の公告等）第3項の事項と併せて当該再生計画案の内容を通知することができる。

2　法第164条第2項後段の規定により再生計画案の条項を補充する場合には，再生債務者等は，当該補充に係る条項を加えた再生計画案を作成して裁判所に提出しなければならない。

（債務を負担する者等の同意の方式等・法第165条）

第87条　法第165条（債務を負担する者等の同意）第1項又は第2項の同意は，書面でしなければならない。

2　法第165条第1項又は第2項の再生計画案を提出するときは，前項の書面を併せて提出しなければならない。

（再生債務者の株式の取得等を定める条項に関する許可の株主に対する送達・法第166条等）

第88条　第19条（事業等の譲渡に関する株主総会の決議による承認に代わる許可の株主に対する送達）第1項の規定は法第166条（再生債務者の株式の取得等を定める条項に関する許可）第3項前段（法第166条の2（募集株式を引き受ける者の募集を定める条項に関する許可）第4項において準用する場合を含む。以下この条において同じ。）の規定による株主に対する送達をする場合について，第19条第2項の規定は法第166条第3項後段（法第166条の2第4項において準用する場合を含む。）において準用する法第43条（事業等の譲渡に関する株主総会の決議による承認に代わる許可）第4項に規定する方法により法第166条第3項前段の規定による株主に対する送達をした場合について準用する。

（再生計画案の修正・法第167条）

第89条　裁判所は，再生計画案の提出者に対し，再生計画案を修正すべきことを命ずることができる。

第3節　再生計画案の決議

（議決権行使の方法等・法第169条）

第90条　法第172条の2（基準日による議決権者の確定）第1項に規定する基準日を定めた場合における法第169条（決議に付する旨の決定）第2項第1号の債権者集会の期日は，特別の事情がある場合を除き，当該基準日の翌日から3月を超えない期間をおいて定めるものとする。

2　法第169条第2項第2号の最高裁判所規則で定める方法は，次に掲げるものとする。
一　書面
二　電磁的方法であって，別に最高裁判所が定めるもの

3　議決権者は，書面等投票（法第169条第2項第2号に規定する書面等投票をいう。）をするには，裁判所の定めるところによらなければならない。

4　法第169条第2項第2号の期間は，特別の事情がある場合を除き，次の各号に掲げる区分に応じ，それぞれ当該各号に定める日から起算して2週間以上3月以下の範囲内で定めるものとする。
一　法第172条の2第1項に規定する基準日を定めた場合　当該基準日の翌日
二　前号に掲げる場合以外の場合　再生計画案を決議に付する旨の決定の日

（社債についての議決権行使の申出の方式等・法第169条の2）

第90条の2　第31条（届出の方式）第2項及び第4項，第33条（届出事項等の変更）第7項並びに第35条（届出名義の変更の方式）第1項及び第2項の規定は，法第169条の2（社

499

資　料

債権者等の議決権の行使に関する制限）第1項第2号の申出及び同号の申出名義の変更の申出について準用する。

（議決権額等を定める決定の変更の申立ての方式・法第170条）

第90条の3　債権者集会の期日においてする法第170条（債権者集会が開催される場合における議決権の額の定め方等）第3項の申立ては，口頭ですることができる。

（代理権の証明・法第172条）

第90条の4　法第172条（議決権の行使の方法等）第1項の代理人の権限は，書面で証明しなければならない。

（債権者集会の続行期日指定等の申立ての方式・法第172条の5）

第91条　第90条の3（議決権額等を定める決定の変更の申立ての方式）の規定は，債権者集会の期日においてする法第172条の5（債権者集会の期日の続行）第1項本文又は第3項本文の申立てについて準用する。

（法人の継続に係る届出・法第173条）

第92条　法第173条（再生計画案が可決された場合の法人の継続）第1項に規定する場合において，法人を継続するかどうかが定まったときは，再生債務者等は，速やかに，その旨を裁判所に届け出なければならない。

第4節　再生計画の認可等

（法人の継続と再生計画認可等の決定の時期・法第174条）

第93条　法第173条（再生計画案が可決された場合の法人の継続）第1項に規定する場合には，前条（法人の継続に係る届出）の規定による届出がされたとき，又は再生計画案の可決後相当の期間内に同条の規定による届出がされないときに，再生計画の認可又は不認可の決定をするものとする。

第8章　再生計画認可後の手続

（再生計画変更の申立ての方式等・法第187条）

第94条　再生計画の変更の申立書には，次に掲げる事項を記載しなければならない。

　一　申立人の氏名又は名称及び住所並びに代理人の氏名及び住所

　二　再生計画の変更を求める旨及びその理由

2　再生計画の変更を求める理由においては，変更を必要とする事由を具体的に記載しなければならない。

3　再生計画の変更の申立てをするときは，同時に，変更計画案を提出しなければならない。

4　法第187条（再生計画の変更）第2項本文に規定する場合には，この規則中の再生計画案の提出があった場合の手続に関する規定を準用する。

（再生計画取消しの申立ての方式・法第189条）

第95条　再生計画取消しの申立書には，次に掲げる事項を記載しなければならない。

　一　再生事件の表示

　二　申立人の氏名又は名称及び住所並びに代理人の氏名及び住所

　三　再生債務者等の氏名又は名称及び住所並びに代理人の氏名及び住所

　四　再生計画取消しを求める旨及びその理由

　五　法第189条（再生計画の取消し）第1項第2号に掲げる事由を理由とする申立てであ

〈資料⑦〉　民事再生規則

るときは，申立人の有する再生計画の定めによって認められた権利のうち履行期限が到来したもので履行を受けていない部分
2　再生計画取消しを求める理由においては，取消しを求める事由を具体的に記載しなければならない。

（破産手続開始の決定等がされた場合の再生計画取消しの申立ての取扱い・法第190条）
第96条　法第190条（破産手続開始の決定又は新たな再生手続開始の決定がされた場合の取扱い等）第1項に規定する場合において，再生計画取消しの申立てがあるときは，裁判所は，その申立てを棄却しなければならない。

第9章　再生手続の廃止

第97条　削除
（再生計画認可後の再生手続の廃止についての意見聴取・法第194条）
第98条　裁判所は，法第194条（再生計画認可後の手続廃止）の規定により再生手続廃止の決定をするには，当該決定をすべきことが明らかである場合を除き，あらかじめ，再生債務者，監督委員，管財人及び法第179条（届出再生債権者等の権利の変更）第2項に規定する権利を行使することができる者のうち知れているものの意見を聴くものとする。

第10章　住宅資金貸付債権に関する特則

（住宅資金特別条項）
第99条　住宅資金特別条項においては，住宅資金特別条項である旨及び次に掲げる事項を明示しなければならない。
　一　法第198条（住宅資金特別条項を定めることができる場合等）第1項に規定する住宅資金貸付債権を有する再生債権者又は法第204条（保証会社が保証債務を履行した場合の取扱い）第1項本文の規定により住宅資金貸付債権を有することとなる者の氏名又は名称
　二　住宅及び住宅の敷地の表示
　三　住宅及び住宅の敷地に設定されている法第196条（定義）第3号に規定する抵当権の表示
（住宅資金特別条項によって権利の変更を受ける者の同意の方式等・法第199条）
第100条　法第199条（住宅資金特別条項の内容）第4項の同意は，書面でしなければならない。
2　再生債務者は，法第199条第1項から第3項までに規定する変更以外の変更をすることを内容とする住宅資金特別条項を定めた再生計画案を提出するときは，前項の書面を併せて提出しなければならない。
（事前協議・法第200条）
第101条　再生債務者は，住宅資金特別条項を定めた再生計画案を提出する場合には，あらかじめ，当該住宅資金特別条項によって権利の変更を受ける者と協議するものとする。
2　前項の場合には，住宅資金特別条項によって権利の変更を受ける者は，当該住宅資金特別条項の立案について，必要な助言をするものとする。
（再生計画案と併せて提出すべき書面等・法第200条）

501

資　料

第102条　再生債務者は，住宅資金特別条項を定めた再生計画案を提出するときは，次に掲げる書面を併せて提出するものとする。
　一　住宅資金貸付契約の内容を記載した証書の写し
　二　住宅資金貸付契約に定める各弁済期における弁済すべき額を明らかにする書面
　三　住宅及び住宅の敷地の登記事項証明書
　四　住宅以外の不動産（住宅の敷地を除く。）にも法第196条（定義）第３号に規定する抵当権が設定されているときは，当該不動産の登記事項証明書
　五　再生債務者の住宅において自己の居住の用に供されない部分があるときは，当該住宅のうち専ら再生債務者の居住の用に供される部分及び当該部分の床面積を明らかにする書面
　六　保証会社が住宅資金貸付債権に係る保証債務の全部を履行したときは，当該履行により当該保証債務が消滅した日を明らかにする書面
２　裁判所は，前項に規定する場合において，必要があると認めるときは，再生債務者に対し，保証会社の主たる債務者に対する求償権の存在を証する書面の写しの提出を求めることができる。

（異議の失効に伴う通知・法第200条）
第103条　法第200条（住宅資金特別条項を定めた再生計画案の提出等）第２項又は第４項の規定により，再生債権の調査において述べられた異議がその効力を失ったときは，裁判所書記官は，当該異議を述べた者及び当該異議の対象となった再生債権を有する再生債権者に対し，その旨を通知しなければならない。

（再生債務者の保証人等に対する通知・法第203条）
第104条　再生債務者は，住宅資金特別条項を定めた再生計画の認可の決定が確定したときは，住宅の共有者（再生債務者を除く。），法第196条（定義）第３号に規定する抵当権が設定されている住宅の敷地を有する者（再生債務者を除く。）及び再生債務者の保証人その他再生債務者と共に債務を負担する者に対し，その旨を通知しなければならない。

第11章　外国倒産処理手続がある場合の特則

（外国管財人の資格等の証明・法第209条等）
第105条　外国管財人の資格は，再生債務者についての外国倒産処理手続が係属する裁判所又は認証の権限を有する者の認証を受けた書面で証明しなければならない。
２　法第210条（相互の手続参加）第１項ただし書の権限は，書面で証明しなければならない。
３　前２項の書面には，その訳文を添付しなければならない。

（外国倒産処理手続への参加・法第210条）
第106条　再生債務者（管財人が選任されている場合を除く。）は，法第210条（相互の手続参加）第２項の規定により，同項に規定する届出再生債権者を代理して再生債務者についての外国倒産処理手続に参加しようとするときは，再生裁判所の裁判所書記官に対し，再生債務者の業務の遂行並びに財産の管理及び処分をする権利は再生債務者に帰属することについての証明書の交付を請求することができる。
２　再生債務者等は，法第210条第２項の規定により，同項に規定する届出再生債権者を代理して再生債務者についての外国倒産処理手続に参加したときは，その旨を当該届出再生債権者に通知しなければならない。

〈資料⑦〉　民事再生規則

3　法第210条第2項に規定する届出再生債権者は，再生債務者についての外国倒産処理手
　続に参加したときは，その旨を再生債務者等に通知しなければならない。

第12章　簡易再生及び同意再生に関する特則

第1節　簡易再生

(届出再生債権者の同意・法第211条)
第107条　法第211条（簡易再生の決定）第1項の申立てをするときは，同時に，同項後段の
　書面（以下この条において「同意書」という。）を提出しなければならない。
2　同意書には，法第211条第1項後段に規定する同意をした届出再生債権者又は代理人が
　記名押印しなければならない。
3　届出再生債権者が代理人をもって前項の同意をする場合には，同意書に，代理権を証す
　る書面を添付しなければならない。
4　再生債務者等は，第2項の同意を得ようとする場合には，届出再生債権者に対し，再生
　債務者の業務及び財産の状況その他同意をするかどうかを判断するために必要な事項を明
　らかにするものとする。
(簡易再生の決定があったときの債権者集会の期日・法第212条)
第108条　法第212条（簡易再生の決定の効力等）第3項の債権者集会の期日は，特別の事情
　がある場合を除き，簡易再生の決定の日から2月以内の日としなければならない。
2　第90条（議決権行使の方法等）第1項の規定は，法第172条の2（基準日による議決権
　者の確定）第1項に規定する基準日を定めた場合における前項の債権者集会の期日につい
　て準用する。
(一般調査期間を定める決定の送達・法第213条)
第108条の2　第19条（事業等の譲渡に関する株主総会の決議による承認に代わる許可の株
　主に対する送達）第2項の規定は，法第213条（即時抗告等）第4項において準用する法
　第102条（一般調査期間における調査）第4項に規定する方法により法第213条第4項にお
　いて準用する法第102条第3項の規定による送達をした場合について準用する。
(再生債権の調査及び確定に関する規定等の適用除外・法第216条)
第109条　簡易再生の決定があった場合には，第33条（届出事項等の変更）第7項（第35条（届
　出名義の変更の方式）第3項，第90条の2（社債についての議決権行使の申出の方式等）
　及び第145条（再生手続参加の届出の方式等）において準用する場合を含む。）及び第8項，
　第4章（再生債権）第3節（再生債権の調査及び確定），第84条（再生計画案の提出時期），
　第85条（弁済した再生債権等の報告）第2項，第86条（再生計画案が事前提出された場合
　の取扱い）第2項，第90条（議決権行使の方法等），第94条（再生計画変更の申立ての方
　式等）並びに第103条（異議の失効に伴う通知）の規定は，適用しない。

第2節　同意再生

(簡易再生に関する規定等の準用・法第217条等)
第110条　第107条（届出再生債権者の同意）第1項の規定は法第217条（同意再生の決定）
　第1項の申立てについて，第107条第2項及び第3項の規定は法第217条第1項後段の書面
　について，第107条第4項の規定は法第217条第1項後段に規定する同意を得ようとする場

資　料

合について準用する。

2　第19条（事業等の譲渡に関する株主総会の決議による承認に代わる許可の株主に対する送達）第2項の規定は，法第218条（即時抗告）第3項において準用する法第102条（一般調査期間における調査）第4項に規定する方法により法第218条第3項において準用する法第102条第3項の規定による送達をした場合について準用する。

（再生債権の調査及び確定に関する規定等の適用除外・法第220条）

第111条　同意再生の決定があった場合には，第33条（届出事項等の変更）第7項（第35条（届出名義の変更の方式）第3項及び第145条（再生手続参加の届出の方式等）において準用する場合を含む。）及び第8項，第4章（再生債権）第3節（再生債権の調査及び確定），第84条（再生計画案の提出時期），第85条（弁済した再生債権等の報告）第2項，第86条（再生計画案が事前提出された場合の取扱い）第2項，第7章（再生計画）第3節（再生計画案の決議），第93条（法人の継続と再生計画認可等の決定の時期），第94条（再生計画変更の申立ての方式等）並びに第103条（異議の失効に伴う通知）の規定は，適用しない。

第13章　小規模個人再生及び給与所得者等再生に関する特則

第1節　小規模個人再生

（債務者申立事件における小規模個人再生の申述の方式等・法第221条）

第112条　再生債務者が再生手続開始の申立てをした場合においては，法第221条（手続開始の要件等）第2項の小規模個人再生を行うことを求める旨の申述は，再生手続開始の申立書に記載してしなければならない。

2　前項の場合においては，再生手続開始の申立書には，第12条（再生手続開始の申立書の記載事項）第1項各号に掲げる事項及び前項の申述のほか，次に掲げる事項をも記載しなければならない。

　一　前項の申述が法第221条第1項又は第3項に規定する要件に該当しないことが明らかになった場合における再生手続の開始を求める意思の有無

　二　再生債務者の職業，収入その他の生活の状況

　三　法第221条第1項に規定する再生債権の総額

3　第1項の場合においては，再生手続開始の申立書には，第14条（再生手続開始の申立書の添付書面）第1項各号に掲げる書面のほか，次に掲げる書面をも添付するものとする。

　一　所得税法（昭和40年法律第33号）第2条（定義）第1項第37号に規定する確定申告書の写し，同法第226条（源泉徴収票）の規定により交付される源泉徴収票の写しその他の再生債務者の収入の額を明らかにする書面

　二　第14条第1項第4号の財産目録に記載された財産の価額を明らかにする書面

（債権者申立事件における小規模個人再生の申述の方式等・法第221条）

第113条　再生債権者が個人である債務者に対して再生手続開始の申立てをした場合においては，裁判所書記官は，その旨及び再生手続開始の決定があるまでに小規模個人再生を行うことを求めることができる旨を再生債務者に通知しなければならない。

2　前項に規定する場合においては，法第221条（手続開始の要件等）第2項の小規模個人再生を行うことを求める旨の申述は，書面でしなければならない。

3　前項の書面には，次に掲げる事項を記載しなければならない。

〈資料⑦〉　民事再生規則

　　一　再生債務者の氏名及び住所並びに法定代理人の氏名及び住所
　　二　前条（債務者申立事件における小規模個人再生の申述の方式等）第2項第2号及び第
　　　3号に掲げる事項
　4　第2項の書面には，前条第3項各号に掲げる書面を添付するものとする。
（債権者一覧表の記載事項等・法第221条）
第114条　債権者一覧表には，法第221条（手続開始の要件等）第3項各号に掲げる事項のほ
　　か，次に掲げる事項をも記載しなければならない。
　　一　再生債権者の住所，郵便番号及び電話番号（ファクシミリの番号を含む。）
　　二　法第84条（再生債権となる請求権）第2項各号に掲げる請求権については，その旨
　　三　執行力ある債務名義又は終局判決のある債権については，その旨
　2　債権者一覧表には，副本を添付しなければならない。
（住宅資金特別条項を定めた再生計画案を提出する意思がある場合の特則・法第221条）
第115条　法第221条（手続開始の要件等）第3項第4号の規定により，住宅資金特別条項を
　　定めた再生計画案を提出する意思がある旨を記載した債権者一覧表を提出するときは，第
　　102条（再生計画案と併せて提出すべき書面等）第1項各号に掲げる書面を併せて提出す
　　るものとする。
　2　第102条第2項の規定は，前項に規定する場合について準用する。
　3　第1項に規定する場合においては，再生計画案を裁判所に提出するときには，第102条
　　の規定は，適用しない。
（再生手続開始の決定等・法第222条）
第116条　次に掲げる場合において再生手続開始の決定をするときは，当該決定の裁判書の
　　主文に，小規模個人再生により再生手続を開始する旨を記載しなければならない。
　　一　法第221条（手続開始の要件等）第2項の申述があった場合（同条第7項本文の決定
　　　があった場合を除く。）
　　二　法第239条（手続開始の要件等）第5項本文の決定があった場合
　2　次の各号に掲げる期間は，特別の事情がある場合を除き，それぞれ当該各号に定める範
　　囲内で定めるものとする。
　　一　債権届出期間　再生手続開始の決定の日から2週間以上1月以下（知れている再生債
　　　権者で日本国内に住所，居所，営業所又は事務所がないものがある場合には，4週間以
　　　上4月以下）
　　二　一般異議申述期間　その期間の初日と前号の期間の末日との間には2週間以下の期間
　　　を置き，1週間以上3週間以下
（個人再生委員・法第223条）
第117条　第20条（監督委員の選任等）第2項及び第3項，第23条（監督委員に対する監督等），
　　第24条（監督委員による鑑定人の選任），第25条（監督委員の報酬の額）並びに第26条（調
　　査委員の選任等）第1項の規定は，個人再生委員について準用する。
（再生債権の届出の方式・法第224条）
第118条　小規模個人再生においては，再生債権の届出書には，第31条（届出の方式）第1
　　項に規定する事項（約定劣後再生債権であるときはその旨及び議決権の額を除く。）のほか，
　　次に掲げる事項をも記載しなければならない。
　　一　当該届出書に記載されている再生債権と債権者一覧表に記載されている再生債権との
　　　関係

505

資　料

二　債権者一覧表に記載されている再生債権を有しないときは，その旨

2　前項の届出書には，第31条第1項の規定にかかわらず，議決権の額を記載することを要しない。

3　第1項の届出書については，第32条（債権届出書の写しの添付等）第1項の規定により添付すべき写しの通数は2とする。

（再生債権に関する資料の送付）

第119条　再生債務者は，届出があった再生債権について法第226条（届出再生債権に対する異議）第1項本文又は第3項に規定する異議を述べるかどうかを判断するため必要があるときは，当該再生債権を有する再生債権者に対し，当該再生債権の存否及び額並びに担保不足見込額に関する資料の送付を求めることができる。

2　再生債権者は，前項の規定による資料の送付の要求があったときは，速やかにこれに応じなければならない。

（届出再生債権を記載した書面）

第120条　裁判所は，必要があると認めるときは，再生債務者に対し，届出があった再生債権について第114条（債権者一覧表の記載事項等）第1項に規定する事項を記載した書面の提出を求めることができる。この場合において，裁判所は，必要があると認めるときは，届出があった再生債権について再生債務者が異議を述べた事項又は異議を述べようとする事項をも当該書面に記載することを求めることができる。

2　第114条第2項の規定は，前項の書面について準用する。

（異議の方式・法第226条）

第121条　法第226条（届出再生債権に対する異議）第1項本文又は第3項の書面には，異議を述べる事項及び異議の理由を記載しなければならない。ただし，当該異議を述べる者が再生債務者であるときは，異議の理由を記載することを要しない。

2　第114条（債権者一覧表の記載事項等）第2項の規定は，前項の書面について準用する。

（特別異議申述期間を定める決定等の送達・法第226条）

第121条の2　第19条（事業等の譲渡に関する株主総会の決議による承認に代わる許可の株主に対する送達）第2項の規定は，法第226条（届出再生債権に対する異議）第4項において準用する法第102条（一般調査期間における調査）第4項に規定する方法により法第226条第4項において準用する法第102条第3項の規定による送達をした場合について準用する。

（異議の撤回）

第122条　再生債務者又は届出再生債権者は，届出があった再生債権の額又は担保不足見込額についての異議を撤回する場合には，その旨を記載した書面を裁判所に提出するとともに，当該再生債権を有する再生債権者に対し，その旨を通知しなければならない。

2　第114条（債権者一覧表の記載事項等）第2項の規定は，前項の規定により裁判所に提出する書面について準用する。

（債権者一覧表等の副本等による閲覧等）

第123条　債権者一覧表，再生債権の届出書，第120条（届出再生債権を記載した書面）第1項の書面，第121条（異議の方式）第1項本文の書面及び前条（異議の撤回）第1項の書面の閲覧又は謄写は，提出された副本（再生債権の届出書については，提出された写し）によってさせることができる。

（再生債務者による債権者一覧表等の開示）

〈資料⑦〉 民事再生規則

第124条 再生債務者は，債権者一覧表，第120条（届出再生債権を記載した書面）第１項の書面，第121条（異議の方式）第１項本文の書面若しくは第122条（異議の撤回）第１項の書面を裁判所に提出したとき，又は第32条（債権届出書の写しの添付等）第２項の規定により再生債権の届出書の写しの交付を受けたときは，一般異議申述期間の末日まで，これらの書面に記録されている情報の内容を表示したものを，再生債権者が再生債務者の主たる営業所若しくは事務所，再生債務者の代理人の事務所又はその他の裁判所が相当と認める場所において閲覧することができる状態に置く措置を執らなければならない。

2　第43条（再生債務者等による認否書等の開示）第２項から第４項までの規定は，前項の場合について準用する。この場合において，第43条第４項中「特別調査期間」とあるのは，「特別異議申述期間」と読み替えるものとする。

（異議の通知）

第125条 再生債務者又は届出再生債権者が届出があった再生債権の額又は担保不足見込額について異議を述べたときは，裁判所書記官は，当該再生債権を有する再生債権者に対し，その旨を通知しなければならない。

（再生債権の評価の申立ての方式等・法第227条）

第126条 第45条（再生債権の査定の申立ての方式等）の規定は，法第227条（再生債権の評価）第１項の再生債権の評価の申立てについて準用する。

（資料の提出を求める場合の制裁の告知・法227条）

第127条 個人再生委員は，法第227条（再生債権の評価）第６項の規定により再生債権の存否及び額並びに担保不足見込額に関する資料の提出を求める場合には，同時に，その違反に対する法律上の制裁を告知しなければならない。

（財産目録の記載の簡略化）

第128条 法第124条（財産の価額の評定等）第２項の規定により提出すべき財産目録には，第14条（再生手続開始の申立書の添付書面）第１項第４号の規定により提出された財産目録の記載を引用することができる。

（再生債務者による財産目録等の開示）

第129条 再生債務者は，法第124条（財産の価額の評定等）第２項の財産目録又は法第125条（裁判所への報告）第１項の報告書を裁判所に提出したときは，再生手続開始の決定の取消し，再生手続廃止又は再生計画認可若しくは不認可の決定が確定するまで，これらの書面に記録されている情報の内容を表示したものを，再生債権者が再生債務者の主たる営業所若しくは事務所，再生債務者の代理人の事務所又はその他の裁判所が相当と認める場所において閲覧することができる状態に置く措置を執らなければならない。

2　第64条（再生債務者等による財産目録等の開示）第２項の規定は，前項の場合について準用する。

（再生計画案の提出時期）

第130条 小規模個人再生における第84条（再生計画案の提出時期）第１項の規定の適用については，同項中「一般調査期間の末日から」とあるのは，「一般異議申述期間の末日から」とする。

（再生計画により変更されるべき権利等を記載した書面）

第130条の２ 裁判所は，必要があると認めるときは，再生債務者に対し，再生計画案とともに，届出再生債権者（法第160条（別除権者の権利に関する定め）第１項に規定する再生債権を有する者を除く。）の権利のうち変更されるべき権利及び法第156条（権利の変更

資　料

の一般的基準）の一般的基準に従って変更した後の権利の内容並びに法第232条（再生計画の効力等）第４項の規定により弁済をしなければならない請求権及び当該請求権のうち法第156条の一般的基準に従って弁済される部分の内容を記載した書面の提出を求めることができる。

2　裁判所は，前項に規定する書面の提出があった場合において，法第230条（再生計画案の決議）第４項の通知をするときは，当該書面の内容をも議決権者に通知しなければならない。

（書面による決議における回答期間等・法第230条）

第131条　法第230条（再生計画案の決議）第４項に規定する裁判所の定める期間は，同条第３項の決定の日から２週間以上３月以下の範囲内で定めなければならない。

2　法第230条第４項の規定により通知を受けた議決権者は，同項に規定する再生計画案に同意する場合にはその旨を裁判所に回答することを要せず，当該再生計画案に同意しない場合には，裁判所の定めるところにより，その旨を回答しなければならない。

（再生計画変更の申立ての方式等・法第234条）

第132条　法第234条（再生計画の変更）第１項の規定による再生計画の変更の申立書には，次に掲げる事項を記載しなければならない。

一　再生事件の表示

二　申立人の氏名及び住所並びに代理人の氏名及び住所

三　再生計画の変更を求める旨及びその理由

2　第94条（再生計画変更の申立ての方式等）第２項の規定は前項の申立書について，同条第３項の規定は法第234条第１項の規定による再生計画の変更の申立てについて準用する。

3　法第234条第１項の規定により再生計画の変更の申立てがあった場合には，この規則中の再生計画案の提出があった場合の手続に関する規定を準用する。

（計画遂行が極めて困難となった場合の免責の申立ての方式・法第235条）

第133条　法第235条（計画遂行が極めて困難となった場合の免責）第１項の規定による免責の申立書には，次に掲げる事項を記載しなければならない。

一　再生事件の表示

二　申立人の氏名及び住所並びに代理人の氏名及び住所

三　免責を求める旨及びその理由

2　免責を求める理由においては，法第235条第１項に規定する要件に該当する事実を具体的に記載しなければならない。

3　第１項の申立書には，前項に規定する事実を証する書面を添付するものとする。

（再生手続廃止の申立ての方式・法第237条）

第134条　法第237条（再生手続の廃止）第２項の規定による再生手続の廃止の申立書には，次に掲げる事項を記載しなければならない。

一　申立人の氏名又は名称及び住所並びに代理人の氏名及び住所

二　再生手続の廃止を求める旨及びその理由

2　再生手続の廃止を求める理由においては，法第237条第２項に規定する要件に該当する事実を具体的に記載しなければならない。

（通常の再生手続に関する規定の適用除外・法第238条）

第135条　小規模個人再生においては，第18条（再生債権の届出をすべき期間等）第２項，第３章（再生手続の機関）第１節（監督委員）及び第２節（調査委員），第33条（届出事

項等の変更）第７項（第35条（届出名義の変更の方式）第３項において準用する場合を含む。）及び第８項，第４章（再生債権）第３節（再生債権の調査及び確定）及び第４節（債権者集会及び債権者委員会），第56条（価額の評定の基準等）第２項，第57条（財産状況報告集会が招集されない場合の報告書の提出時期等）第１項，第60条（財産状況報告集会の招集），第63条（財産状況の再生債務者等による周知），第64条（再生債務者等による財産目録等の開示），第６章（再生債務者の財産の調査及び確保）第２節（否認権），第86条（再生計画案が事前提出された場合の取扱い）第２項，第７章（再生計画）第３節（再生計画案の決議）（第90条の４（代理権の証明）を除く。），第94条（再生計画変更の申立ての方式等），第103条（異議の失効に伴う通知）並びに第12章（簡易再生及び同意再生に関する特則）の規定は，適用しない。

第２節　給与所得者等再生

（債務者申立事件における給与所得者等再生の申述の方式等・法第239条）

第136条　再生債務者が再生手続開始の申立てをした場合においては，法第239条（手続開始の要件等）第２項の給与所得者等再生を行うことを求める旨の申述は，再生手続開始の申立書に記載してしなければならない。

2　前項の場合においては，再生手続開始の申立書には，第12条（再生手続開始の申立書の記載事項）第１項各号に掲げる事項及び前項の申述のほか，次に掲げる事項をも記載しなければならない。

一　前項の申述が法第221条（手続開始の要件等）第１項又は法第244条（小規模個人再生の規定の準用）において準用する法第221条第３項に規定する要件に該当しないことが明らかになった場合における通常の再生手続による手続の開始を求める意思の有無

二　前項の申述が法第239条第５項各号のいずれかに該当する事由があることが明らかになった場合における小規模個人再生による手続の開始を求める意思の有無

三　再生債務者の職業，収入，家族関係その他の生活の状況

四　法第221条第１項に規定する再生債権の総額

五　再生債務者について法第239条第５項第２号イからハまでに掲げる事由のいずれかがある場合には，それぞれイからハまでに定める日から７年以内に前項の申述がされたものでない旨

3　第１項の場合においては，再生手続開始の申立書には，第14条（再生手続開始の申立書の添付書面）第１項各号に掲げる書面のほか，次に掲げる書面をも添付するものとする。

一　所得税法第２条（定義）第１項第37号に規定する確定申告書の写し，同法第226条（源泉徴収票）の規定により交付される源泉徴収票の写しその他の法第241条（再生計画の認可又は不認可の決定等）第２項第７号イからハまでに定める額を明らかにする書面

二　第14条第１項第４号の財産目録に記載された財産の価額を明らかにする書面

（債権者申立事件における給与所得者等再生の申述の方式等・法第239条）

第137条　再生債権者が個人である債務者に対して再生手続開始の申立てをした場合においては，裁判所書記官は，その旨及び再生手続開始の決定があるまでに給与所得者等再生を行うことを求めることができる旨を再生債務者に通知しなければならない。

2　前項に規定する場合においては，法第239条（手続開始の要件等）第２項の給与所得者等再生を行うことを求める旨の申述は，書面でしなければならない。

3　前項の書面には，次に掲げる事項を記載しなければならない。

資　料

　　一　再生債務者の氏名及び住所並びに法定代理人の氏名及び住所
　　二　前条（債務者申立事件における給与所得者等再生の申述の方式等）第２項第３号から
　　　第５号までの事由
　4　第２項の書面には，前条第３項各号に掲げる書面を添付するものとする。

（再生手続開始の決定等）

第138条　法第239条（手続開始の要件等）第２項の申述があった場合（同条第４項本文又は
　　第５項本文の規定による決定があった場合を除く。）において再生手続開始の決定をする
　　ときは，当該決定の裁判書の主文に，給与所得者等再生により再生手続を開始する旨を記
　　載しなければならない。
　2　第116条（再生手続開始の決定等）第２項の規定は，法第244条（小規模個人再生の規定
　　の準用）において準用する法第222条（再生手続開始に伴う措置）第１項に規定する各期
　　間について準用する。

（再生計画案についての意見聴取期間等・法第240条）

第139条　法第240条（再生計画案についての意見聴取）第２項に規定する裁判所の定める期
　　間は，同条第１項の届出再生債権者の意見を聴く旨の決定の日から２週間以上２月以下（届
　　出再生債権者で日本国内に住所，居所，営業所又は事務所がないものがある場合には，４
　　週間以上３月以下）の範囲内で定めなければならない。
　2　法第240条第２項の規定による通知を受けた届出再生債権者は，同項に規定する意見が
　　ない場合には裁判所に対して意見を述べることを要せず，同項に規定する意見がある場合
　　には，裁判所から意見を述べるための用紙の送付を受けたときは，当該送付を受けた用紙
　　に同項に規定する事由を具体的に記載して，これを裁判所に提出しなければならない。

（小規模個人再生に関する規定の準用・法第244条）

第140条　第114条（債権者一覧表の記載事項等），第115条（住宅資金特別条項を定めた再生
　　計画案を提出する意思がある場合の特則），第117条から第126条まで（個人再生委員，
　　再生債権の届出の方式，再生債権に関する資料の送付，届出再生債権を記載した書面，異議
　　の方式，特別異議申述期間を定める決定等の送達，異議の撤回，債権者一覧表等の副本等
　　による閲覧等，再生債務者による債権者一覧表等の開示，異議の通知及び再生債権の評価
　　の申立ての方式等），第128条から第130条の２まで（財産目録の記載の簡略化，再生債務
　　者による財産目録等の開示，再生計画案の提出時期及び再生計画により変更されるべき権
　　利等を記載した書面）及び第132条から第134条まで（再生計画変更の申立ての方式等，計
　　画遂行が極めて困難となった場合の免責の申立ての方式及び再生手続廃止の申立ての方
　　式）の規定は，給与所得者等再生について準用する。この場合において，第130条の２第
　　２項中「第230条（再生計画案の決議）第４項」とあるのは，「第240条（再生計画案につ
　　いての意見聴取）第２項」と読み替えるものとする。

（通常の再生手続に関する規定の適用除外・法第245条）

第141条　給与所得者等再生においては，第135条（通常の再生手続に関する規定の適用除外）
　　に規定する規定及び第90条の４（代理権の証明）の規定は，適用しない。

第14章　再生手続と破産手続との間の移行

**（再生債権の届出を要しない旨の決定等があった場合の通知等を受けるべき場所の届出・法
第247条等）**

〈資料⑦〉 民事再生規則

第142条 法第247条（再生債権の届出を要しない旨の決定）第1項の規定による決定があっ
た場合において，同条第3項の規定により再生債権の届出をしたものとみなされるときは，
同条第1項の破産手続において破産債権としての届出があった債権についての破産規則
（平成16年最高裁判所規則第14号）第32条（破産債権の届出の方式）第2項第2号に掲げ
る事項の届出については，再生債権の届出として第31条（届出の方式）第1項第2号に掲
げる事項の届出をしたものとみなす。
2　法第253条（破産債権の届出を要しない旨の決定）第1項（同条第7項において準用す
る場合を含む。以下この条において同じ。）の規定による決定があった場合において，同
条第3項（同条第7項において準用する場合を含む。）の規定により破産債権の届出をし
たものとみなされるときは，同条第1項の再生手続において再生債権としての届出があっ
た債権についての第31条第1項第2号に掲げる事項の届出については，破産債権の届出と
して破産規則第32条第2項第2号に掲げる事項の届出をしたものとみなす。

(破産手続から再生手続への移行に伴う共益債権の申出)

第143条 法第39条（他の手続の中止等）第3項第1号に掲げる請求権を有する者は，再生
手続開始の決定があったことを知ったときは，速やかに，同号の規定により共益債権とさ
れる当該請求権を有する旨を再生債務者等に申し出るものとする。
2　第2条（申立ての方式等）第2項の規定は，前項の規定による申出については，適用し
ない。

第15章　農水産業協同組合の再生手続の特例

(信用事業の譲渡に関する総会等の議決に代わる許可の組合員等に対する送達)

第144条 第19条（事業等の譲渡に関する株主総会の決議による承認に代わる許可の株主に
対する送達）第1項の規定は農水産業協同組合の再生手続の特例等に関する法律（平成12
年法律第95号。以下「再生特例法」という。）第8条（信用事業の譲渡に関する総会又は
総代会の議決に代わる許可）第2項において準用する法第43条（事業等の譲渡に関する株
主総会の決議による承認に代わる許可）第2項の規定による組合員又は会員に対する送達
をする場合について，第19条第2項の規定は再生特例法第8条第2項において準用する法
第43条第4項に規定する方法により再生特例法第8条第2項において準用する法第43条第
2項の規定による組合員又は会員に対する送達をした場合について準用する。

(再生手続参加の届出の方式等)

第145条 第31条（届出の方式）第2項及び第4項，第33条（届出事項の変更）第7項並び
に第35条（届出名義の変更の方式）第1項及び第2項の規定は，再生特例法第18条（貯金
者等の参加）第1項の規定による参加の届出について準用する。

(異議の通知の特例)

第146条 再生特例法第19条（機構の権限）に規定する機構代理貯金者に対しては，第44条（異
議の通知）の規定による通知をすることを要しない。

511

索　引

[あ行]

異議の撤回……………………… 162

異議の撤回の通知……………… 162

異議の留保…………………29,148

意見書…………………………… 139

移送……………………………… 107

一般異議申述期間……………… 117

一般債権………………………… 179

延長後の最終弁済期…………… 349

[か行]

開始決定事項…………………… 116

開始原因…………………… 41,221

確定申告書………………… 51,234

確定不足額……………………… 371

額の変動の幅が小さい………… 222

家計簿……………………………… 20

可処分所得………………… 225,298

可処分所得額算出シート……… 227

課税証明書……………………… 235

過料の制裁……………………… 140

管轄………………………… 106,236

関数式…………………………… 180

監督委員……………………… 8,138

官報公告………………………… 201

元本猶予期間…………………… 352

管理処分権……………………… 127

棄却事由…………………… 35,139

議決権者………………………… 190

期限の利益の回復……………… 335

期限の利益の喪失……………… 335

期限の利益の喪失約款………… 344

基準債権…………………… 34,174

却下……………………………… 139

給与支給明細書………………… 235

共益債権…………………… 126,179

強制執行………………………… 124

共有……………………………… 125

居住の用に供する建物………… 322

計画弁済総額…………………… 296

形式的平等主義………………… 294

継続的給付……………………… 126

源泉徴収票………………… 51,234

減免率…………………………… 298

権利の変更……………………… 198

牽連破産…………… 115,215,318

公告……………………………… 117

個人再生委員……………… 8,38,137

個人再生委員選任決定………… 141

個人再生チェックリスト……… 14

個人破産事件……………………… 1

[さ行]

債権調査………………………… 371

財産目録…………………… 46,50

再生計画案……………… 39,181,293

再生計画案作成の具体的手順…… 178

再生計画案についての意見聴取…… 309

再生計画案の可決……………… 190

再生計画案の修正・排除……… 189

再生計画案の提出……………… 293

再生計画認可決定……………… 195

再生計画認可率…………………… 30

再生計画の条項………………… 171

再生計画の取消………… 212,318,371

再生計画の内容………………… 171

再生計画の認可要件……… 195,314

再生計画の変更………… 202,317,372

再生債権者の同意……………… 172

再生債権者表…………………… 371

再生債権届出期間……………… 116

再生債権に関する訴訟………… 124

再生債権の減免率………………… 29

再生債権の弁済………… 174,199

索引

再生債権のみなし届出……………… 148
再生手続開始の原因たる事実……… 49
再生手続の再申立て………………… 212
再生手続の廃止………… 190,214,317
最低弁済額………………………34,174
在日外国人………………………… 19
裁判所の役割……………………… 13
債務者像…………………………… 28
債務総額による利用制限………… 32
債務総額要件……………………… 157
再申立ての制限…………………… 224
事業収支実績表…………………… 52
自己破産…………………………… 1
事前協議…………………………… 333
執行力……………………………… 371
自動取立禁止効…………………… 6
支払不能のおそれ………………… 42
住宅………………………… 322,332
住宅資金貸付債権
……………53,320,322,324,359
住宅資金貸付債権に遅滞がない場合
………………………………… 341
住宅資金特別条項…… 19,110,322,359
住宅資金特別条項の不履行……… 371
住宅資金特別条項を定めた再生計画
案………………………… 331,332
住宅資金特別条項を使わない場合
………………………………… 140
収入が不定期の者………………… 32
主債務者…………………………… 34
少額の再生債権…………………… 172
小規模個人再生…………………… 31
小規模個人再生の申述…………… 49
消費者信用残高…………………… 2
消費者破産………………………… 1
資料提出…………………………… 140
審理………………………………… 236
清算価値…………………………… 18
清算価値算出シート……………… 46

清算価値保障原則
………………… 40,46,174,296,363
整備法……………………………… 342
送達………………………………… 117
双務契約…………………………… 125
即時抗告………………………… 123,197

[た行]
多数決原理………………………… 9
担保不足見込額…………………… 200
着手金…………………………… 14,18
調査委員…………………………… 138
通勤手当て……………………… 235,297
通常の民事再生手続…………… 10,33
積立方式…………………………… 4
DIP 型……………………………… 13
定期的な収入……………………… 221
提出期限…………………………… 293
抵当権の実行としての競売手続の中
止命令……………………… 368
手形の引受け……………………… 125
適確条項………………………… 140,371
手続内確定……………………… 10,200
手続廃止………………………… 177,189
同意型……………………………… 341
登記・登録………………………… 125
特定調停…………………………… 3
特別の事情……………………… 175,295
取引当初からの資料……………… 140
取引履歴…………………………… 148

[な行]
任意整理…………………………… 3
認可決定確定日…………………… 197
認否書……………………………… 157
年収が高額………………………… 16
農業に従事している者…………… 32

513

索　引

[は行]

ハードシップ免責……………… 208,372

罰金…………………………………… 139

非免責債権………………………… 198

平等原則…………………………… 172

費用の予納………………………… 108

夫婦………………………………… 35

付議決定…………………………… 190

負債総額…………………………… 16

不同意の意見……………………… 190

不認可事由………………………… 363

文書提出命令……………………… 140

平均審理期間……………………… 30

別除権……………………………… 52

別除権者の予定不足額………… 294

別除権付再生債権…………… 179,342

変更後の再生債権の弁済………… 199

弁護士等のサポート……………… 21

弁護士の役割……………………… 13

弁護士費用………………………… 109

弁済開始日………………………… 295

弁済期間…………………………… 33

弁済期間延長………………… 175,349

弁済協定…………………………… 126

弁済許可の申立て………………… 343

弁済禁止効………………………… 342

弁済計画表…………… 179,188,293

弁済の禁止…………………… 124,343

保証会社…………………………… 325

保証人……………………………… 34

保全処分……………………… 109,236

[ま行]

毎月の返済可能額………………… 17

巻戻し………………………… 354,366

無異議債権………………………… 157

免責不許可事由がある場合……… 43

申立ての棄却……………………… 115

申立ての却下……………………… 114

申立ての取下げ…………………… 115

申立ての趣旨……………………… 49

[や行]

有名義債権………………………… 163

ゆとりローン……………………… 4

養育費………………………… 235,297

予納金……………………………… 292

[ら行]

リース契約………………………… 126

領収証……………………………… 20

劣後条項…………………………… 294

劣後的再生債権…………………… 173

連帯債務者………………………… 34

連帯保証人………………………… 19

労働の対価性……………………… 221

[わ行]

和議法……………………………… 372

514

■執筆者一覧■

小松陽一郎

　昭和23年５月12日生、昭和55年弁護士登録（大阪弁護士会）

　元日本弁護士連合会倒産法制検討委員会委員

　元関西大学法科大学院特別任用教授

　〒530-0005　大阪市北区中之島2-2-2　大阪中之島ビル８階

　小松法律特許事務所　TEL06-6221-3355／FAX06-6221-3344

井﨑　康孝

　昭和45年８月17日生、平成13年弁護士登録（大阪弁護士会）

　元大阪弁護士会消費者保護委員会委員

　元大阪弁護士会副会長

　〒530-0047　大阪市北区西天満1-2-5　大阪JAビル７階

　井﨑法律事務所　TEL06-4709-0050／FAX06-4709-0051

宇田　浩康

　昭和47年６月20日生、平成12年弁護士登録（京都弁護士会）

　元大阪弁護士会消費者保護委員会委員

　〒601-8501　京都市南区上鳥羽鉾立町11-1

尾川　雅清

　昭和28年6月23日生、昭和62年弁護士登録（大阪弁護士会）

　元大阪弁護士会消費者保護委員会委員長

　元日本弁護士連合会消費者問題対策委員会副委員長

　元大阪弁護士会副会長

　〒530-0047　大阪市北区西天満4-3-25　梅田プラザビル別館301

　シリウス法律事務所　TEL06-6364-1133／FAX06-6364-1134

尾崎　博彦

　　昭和39年 8 月22日生、平成 4 年弁護士登録（大阪弁護士会）

　　大阪弁護士会消費者保護委員会委員

　　〒530-0047　大阪市北区西天満4-1-4　第三大阪弁護士ビル404

　　尾崎法律事務所　TEL06-6316-8855／FAX06-6316-8850

幸田　安功

　　昭和22年 5 月23日生、平成 8 年弁護士登録（大阪弁護士会）

　　元大阪弁護士会消費者保護委員会委員

　　〒541-0046　大阪市中央区平野町2-1-14　KDX 北浜ビル 8 階

　　やさか法律事務所　TEL06-6231-5656／FAX06-6231-5657

白﨑　識隆

　　昭和50年 4 月22日生、平成13年弁護士登録（大阪弁護士会）

　　元大阪弁護士会消費者保護委員会副委員長

　　〒530-0044　大阪市北区東天満2-1-4　五高ビル702号

　　白﨑識隆法律事務所　TEL06-6356-2027／FAX06-6356-2028

鈴木　嘉夫

　　昭和35年 5 月 9 日生、平成10年弁護士登録（大阪弁護士会）

　　日本弁護士連合会消費者問題対策委員会幹事

　　日本弁護士連合会倒産法制等検討委員会委員

　　元大阪弁護士会消費者保護委員会副委員長

　　〒530-0047　大阪市北区西天満3-2-9　翁ビル 4 階

　　竹村・鈴木法律事務所　TEL06-6361-8155／FAX06-6361-8156

辻村　和彦

　　昭和48年12月 1 日生、平成13年弁護士登録（大阪弁護士会）

　　大阪弁護士会消費者保護委員会委員

　　〒530-0047　大阪市北区西天満2-5-2　H2O　TOWER 9 階

辻村法律特許事務所　TEL06-6360-9831／FAX06-6360-9832

福田あやこ

　昭和48年9月15日生、平成12年弁護士登録（大阪弁護士会）

　元大阪弁護士会消費者保護委員会委員

　〒530-0044　大阪市北区東天満1-11-15　若杉グランドビル別館803

　福田法律事務所　TEL06-6282-7853／FAX06-6354-5100

前川　清成

　昭和37年12月22日生、平成2年弁護士登録（奈良弁護士会）

　元関西大学法学部非常勤講師、元大阪弁護士会消費者保護委員会副委員長

　〒630-8115　奈良市大宮町1-12-8

　弁護士法人前川清成法律事務所　TEL0742-33-1121／FAX0742-33-1151

丸野　敏雅

　昭和48年9月22日生、平成12年弁護士登録（大阪弁護士会）

　〒541-0041　大阪市中央区北浜2-1-23　日本文化会館ビル8階

　影田総合法律事務所　TEL06-6202-2112／FAX06-6202-2120

山田　治彦

　昭和43年2月8日生、平成11年弁護士登録（大阪弁護士会）

　〒530-0047　大阪市北区西天満4-11-16　ニュー梅新東ビル7階

　山田・長田法律事務所　TEL06-6360-2031／FAX06-6360-2032

山之内　桂

　昭和44年9月26日生、平成10年弁護士登録（大阪弁護士会）

　元大阪弁護士会消費者保護委員会委員

　〒530-0047　大阪市北区西天満4-10-19　神谷ビル5階

　梅新東法律事務所　TEL06-6360-6562／FAX06-6360-6563

書式　個人再生の実務〔全訂六版〕

令和元年10月 7 日　第 1 刷発行
令和 5 年 5 月27日　第 2 刷発行

定価　本体5,400円＋税

編　　者　　個人再生実務研究会
発　　行　　株式会社　民事法研究会
印　　刷　　藤原印刷株式会社

発行所　　株式会社　民事法研究会
〒150-0013　東京都渋谷区恵比寿3-7-16
　　　　TEL 03(5798)7257　FAX 03(5798)7258 ［営業］
　　　　TEL 03(5798)7277　FAX 03(5798)7278 ［編集］
　　　　http://www.minjiho.com/　　info＠minjiho.com

落丁・乱丁はおとりかえします。ISBN978-4-86556-301-6　C3332　¥5400E

裁判事務手続講座シリーズ

2023年3月刊 意思表示の公示送達・公示催告手続等について実務の流れに沿って詳解！

書式 意思表示の公示送達・公示催告・証拠保全の実務〔第八版〕
―申立てから手続終了までの書式と理論―

　第八版では、民法（令和3年）・商法および国際海上物品運送法（平成30年）等の改正その他、最新の法令に対応した実務を収録！　簡易裁判所における特殊事件の実践的手引書として実務に携わる方々から活用されている信頼の書！

園部　厚　著

（A5判・368頁・定価 3960円（本体 3600円＋税10％））

2022年3月刊 改正民事執行法施行後の実務等、最新の法令・実務・書式に対応させ改訂！

書式 不動産執行の実務〔全訂12版〕
―申立てから配当までの書式と理論―

　全訂12版では、不動産競売からの暴力団排除を含む民事執行法（令和2年4月）等の法改正に完全対応するとともに、最新の裁判例・文献・論文を収録し、実務の動向等に基づいて内容を見直し改訂！

園部　厚　著

（A5判・693頁・定価 6710円（本体 6100円＋税10％））

2021年11月刊 民法（債権法）・民事再生法の改正を反映し、最新の判例・学説を収録して改訂！

書式　民事再生の実務〔全訂五版〕
―申立てから手続終了までの書式と理論―

　ＤＩＰ型の倒産手続である民事再生の書式と実践的ノウハウを開示した関係者必携の書！　実際に使われた書式・記載例を織り込み、申立てから手続終了まで、日々の実務に即対応できる必携書！

藤原総一郎・軸丸欣哉・松井裕介　編著

（A5判・691頁・定価 7480円（本体 6800円＋税10％））

2020年8月刊 各目的財産に応じた執行手続を流れに沿って解説し、豊富な書式・記載例を充実！

書式 債権・その他財産権・動産等執行の実務
〔全訂15版〕―申立てから配当までの書式と理論―

　令和2年4月施行の民法（債権法）改正や執行の実効性の向上のために債務者以外の第三者からの財産状況の情報取得手続の新設をはじめとする民事執行法の改正、関係法令の改正、最新の判例を収録して大幅改訂増補！

園部　厚　著

（A5判・1100頁・定価 9900円（本体 9000円＋税10％））

発行　民事法研究会　〒150-0013　東京都渋谷区恵比寿3-7-16
（営業）TEL03-5798-7257　FAX 03-5798-7258
http://www.minjiho.com/　　info@minjiho.com

急増している個人民事再生手続の実務のすべてを書式を織り込みつつ詳解！

個人民事再生の実務
〔第4版〕

日本司法書士会連合会多重債務問題対策委員会　編

Ａ5判・529頁・定価 5,060 円（本体 4,600 円＋税 10％）

▶一部業者の任意整理手続における分割払いの拒否や無利息の拒否、さらには、総量規制の及ばない銀行の無担保ローンによる過剰融資問題や債権回収業者による時効債権請求などの裁判手続を利用した悪質請求など、増加している新しい問題への解決としてもその有用性が注目されている個人民事再生手続のすべてについて、最新の書式も収録して改訂！

▶債務整理の相談から、申立て、開始決定、債権調査・財産評定、再生計画案作成と認可、住宅ローン特則、個人再生委員の職務まで、手続の解説にとどまらず、必要な書式を網羅して実務上の留意点まで詳解した定番書の最新版！

▶申立書や再生計画案には最高裁・東京地裁・大阪地裁の各書式例を掲載！

本書の主要内容

第1章　手続の概要と受任時の留意点
第2章　再生手続開始の申立て
第3章　再生手続の開始
第4章　再生債権の調査・財産の評定
第5章　再生計画の認可手続
第6章　住宅資金貸付債権に関する特則
第7章　個人再生委員の職務

《参考資料1》
　〈座談会〉債務整理事件に関する個人民事再生事件の選択と手続進行の流れ

《参考資料2》
　民事再生規則にもとづく住宅資金特別条項手順例・参考例について〈全国銀行協会〉

《付録》
　給与所得者等再生のための最低生活費算出の手引【第2版】

HPの商品紹介はこちらから→

発行　民事法研究会

〒150-0013　東京都渋谷区恵比寿 3-7-16
（営業）TEL. 03-5798-7257　FAX. 03-5798-7258
http://www.minjiho.com/　info@minjiho.com

特定調停実務に必要な特調法・民調法・非訟法・関連規則を網羅！

特定調停法
逐条的概説

濱田芳貴　編著

A 5 判・258 頁・定価 3,080 円（本体 2,800 円＋税 10％）

▶近時、事業再生や中小企業支援、経営者保証債務整理、自然災害による被災者の債務整理などに活用されている特定調停について、制度、手続が容易に理解できるように特定調停法・民事調停法・非訟事件手続法・関連規則を逐条的に概説！

▶逐条の解説を超えた特定調停制度全般の概説書としても活用可能！

▶東京地裁の新運用にも言及しており、企業の事業再生や私的整理等に携わる実務家の必携書！

本書の主要内容

序　章

第1章　特調法の目的

第2章　当事者と代理人
- 第1節　特定債務者と関係権利者
- 第2節　当事者による手続行為と能力
- 第3節　手続代理人

第3章　特定調停の申立て
- 第1節　申立ての方式
- 第2節　事件の管轄・移送と自庁処理
- 第3節　手続費用
- 第4節　手続の併合・受継
- 第5節　手続前の措置等

第4章　特定調停事件の手続
- 第1節　調停機関と調停委員会
- 第2節　利害関係人等の参加
- 第3節　特定調停の審理
- 第4節　調書の作成と記録の閲覧

第5章　事実の調査と証拠調べ
- 第1節　職権審理
- 第2節　文書等の提出
- 第3節　意見聴取と調査嘱託

- 第4節　専門委員

第6章　特定調停の成立等
- 第1節　特定調停の成立
- 第2節　特定調停成立の促進に関する諸制度
- 第3節　特定調停の不成立

第7章　その他重要な制度
- 第1節　裁判官等による特定調停
- 第2節　特定調停に代わる決定
- 第3節　不服申立て

第8章　他の法令との関係

第9章　罰　則
- 第1節　措置違反等に対する制裁
- 第2節　過料についての決定
- 第3節　守秘義務違反の罪

HP の商品紹介は
こちらから→

発行　民事法研究会

〒150-0013　東京都渋谷区恵比寿 3-7-16
（営業）TEL. 03-5798-7257　FAX. 03-5798-7258
http://www.minjiho.com/　info@minjiho.com

最新実務に必携の手引

― 実務に即対応できる好評実務書！―

2023年5月刊 日常生活から事業活動まで広範な分野について事例に即してわかりやすく解説！

Q&A個人情報取扱実務全書〔第2版〕
―基礎知識から利活用・トラブル対応まで―

デジタル社会形成整備法に基づく2021年法改正の完全施行に対応するとともに、漏えい等の報告・通知、個人データの利用停止・消去等、個人関連情報・仮名加工情報の新設等がなされた2020年法改正後の最新の実務動向を反映して改訂増補！

日本弁護士連合会情報問題対策委員会　編

（Ａ5判・447頁・定価5060円（本体4600円＋税10％））

2023年5月刊 欠陥住宅被害救済に向けてあるべき解釈を提示！

民法（債権法）改正後の建築瑕疵責任論
―欠陥住宅被害救済の視点から―

債権法改正が、欠陥建築物に関する売主、請負人の責任の解釈にどのような影響を与えるのかを、被害救済の視点から第一人者の研究者が論究！　錯誤や定型約款などとの関係など付随する問題も解説した、関係者必携の書！

松本克美　著

（Ａ5判・160頁・定価2420円（本体2200円＋税10％））

2023年3月刊 わが国で統一的な法制度が整備されていない行政代執行について、改正案を提示！

行政の実効性確保法制の整備に向けて
―統一法典要綱案策定の試み―

制度の整備が立ち遅れてきた行政の実効性確保の領域に関し、通則的な法律である行政代執行法（昭和23年法律第43号）及び同法周辺に位置する個別法の仕組みについて改革の具体像を提示！

高橋　滋　編著

（Ａ5判・498頁・定価6380円（本体5800円＋税10％））

2023年3月刊 相続・遺言の基礎知識やトラブル対処法をＱ＆Ａ方式でわかりやすく解説！

相続・遺言のトラブル相談Q＆A
―基礎知識から具体的解決策まで―

財産問題であるのと同時に相続人同士の家族問題でもある相続事件について、東京弁護士会法律研究部相続・遺言部が、専門的知識を踏まえつつ解説！　令和3年改正（共有関係）を踏まえた解説も収録した法律実務家等必携の1冊！

東京弁護士会法律研究部相続・遺言部　編

（Ａ5判・323頁・定価3190円（本体2900円＋税10％））

発行　**民事法研究会**　〒150-0013　東京都渋谷区恵比寿3-7-16
（営業）TEL03-5798-7257　FAX 03-5798-7258
http://www.minjiho.com/　info@minjiho.com